新问题、新探索、新实践

——北京市教育科学规划"双减"研究专项成果集（上册）

主　编　张　熙　姜丽萍
副主编　曹　剑

北京理工大学出版社
BEIJING INSTITUTE OF TECHNOLOGY PRESS

版权专有　侵权必究

图书在版编目(CIP)数据

新问题、新探索、新实践:北京市教育科学规划"双减"研究专项成果集:上下册 / 张熙,姜丽萍主编. -- 北京:北京理工大学出版社,2023.6
ISBN 978-7-5763-2416-7

Ⅰ.①新… Ⅱ.①张…②姜… Ⅲ.①基础教育-教育改革-研究-北京 Ⅳ.①G639.21

中国国家版本馆 CIP 数据核字(2023)第 097055 号

| 责任编辑：徐艳君 | 文案编辑：徐艳君 |
| 责任校对：周瑞红 | 责任印制：施胜娟 |

出版发行 / 北京理工大学出版社有限责任公司
社　　址 / 北京市丰台区四合庄路 6 号
邮　　编 / 100070
电　　话 / (010)68914026（教材售后服务热线）
　　　　　 (010)68944437（课件资源服务热线）
网　　址 / http://www.bitpress.com.cn

版 印 次 / 2023 年 6 月第 1 版第 1 次印刷
印　　刷 / 河北盛世彩捷印刷有限公司
开　　本 / 787 mm × 1092 mm　1/16
印　　张 / 44.25
字　　数 / 986 千字
定　　价 / 258.00 元（上下册）

图书出现印装质量问题，请拨打售后服务热线，负责调换

前　言

　　2021年7月，中共中央办公厅、国务院办公厅印发《关于进一步减轻义务教育阶段学生作业负担和校外培训负担的意见》。北京市紧跟中央部署，同年8月发布了关于进一步减轻义务教育阶段学生作业负担和校外培训负担的措施。北京市教育科学规划领导小组办公室（以下简称"规划办"）作为科研课题管理部门，积极落实北京市"双减"工作，充分发挥教育科学研究的平台作用，及时策划增立"双减"专项课题。2021年9月北京市教委印发了《关于申报北京市教育科学"十四五"规划2021年度"双减"专项课题的通知》（京教策〔2021〕13号）。按照《通知》要求，全市16区、燕山和经开区限额报送了107项课题，经过立项评审、领导小组审批，59项"双减"专项课题获得立项。

　　"双减"专项课题研究得到了各区教委、教科所的大力支持，各区也于2021年和2022年先后增立了"双减"研究专项，形成了市区两级协同管理、互相支撑开展"双减"研究的良好格局。市区两级联动机制既是规划办从治理层面的探索，也是市区科研管理部门联合为学校和教育工作者提供科研支撑与科研服务的一项重要举措。

　　为了推进"双减"专项课题研究成果的实践和应用，扩大"双减"科研成果的学术影响力和实践影响力，规划办面向全市征集市级、区级"双减"专项课题的研究成果，研究成果包括研究论文、专项调研报告和教学案例研究等，59项市级"双减"课题每项课题限报1项研究成果，区级"双减"课题成果整体限报36项，各区"双减"专项课题组织管理等方面的管理成果限报1项。截至2022年年底，全市共报送各类成果126项，经过专家遴选，84篇优秀成果收录在《新问题、新探索、新实践——北京市教育科学规划"双减"研究专项成果集》（以下简称"《成果集》"）中，其中市级课题成果39篇、区级课题成果36篇和科研管理成果9篇。

　　《成果集》分为作业篇、课后服务篇、课堂教学篇、学生发展篇、学校综合篇和科研管理篇六个部分，主要聚焦学校治理、队伍建设、课堂教学、作业设计和家校协同等方面，对"双减"政策落地过程中遇到的现实问题和教学挑战进行总结和分析，提出新的解决办法，贡献新的教学案例。为了提高《成果集》质量，规划办邀请中国教育科学研究院、北京师范大学、清华大学、人民教育出版社、北京教育科学研究院、首都师范大学、北京教育学院等单位的18位专家对入选成果进行专业点评，分析了入选成果的亮点和存在的不足，并提出建议。

　　在此感谢18位专家对规划办工作的支持和贡献、对收录成果的点评和指导，感谢全市各区教科院（所）领导及管理人员的精心组织和管理，感谢课题负责人所在学校领导的支持和重视，感谢全体参与课题研究者的辛勤劳动。

全书由北京教科院副院长张熙和规划办主任姜丽萍统筹策划和总体协调，规划办曹剑老师具体负责本书文稿编辑及组织联络等工作，规划办庞立场、王一丹、王彬、王萍、杨蓓等老师参与了成果遴选会组织和文字校对等工作。

由于时间仓促和水平有限，难免有所疏漏或不当，欢迎社会各界提出宝贵意见和建议。

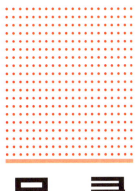

目 录

作业篇 ... 1

"双减"背景下低年级数学实践性作业的研究 / 1
以数学"说题"作业创新"弹性作业"的实践 / 9
"双减"背景下跨学科活动性作业设计的研究成果 / 20
小学语文基础性作业融入课堂教学的实施策略 / 36
区域作业设计标准的研制与实践转化路径 / 42
指向学习动力:"双减"背景下优化作业设计的实践研究 / 50
"双减"背景下农村初中英语作业现状的调查研究 / 60
"双减"背景下农村初中物理实践类作业研究
　　——以实践作业"探究小麦的一生"为例 / 69
"双减"背景下数学学科"精准有效"作业设计与实施的策略 / 76
"减负增质"引领下,基于学生需求的小学英语单元作业设计
　　——以北京版小学英语五下 Unit 6 What will you do in the future 为例 / 84
优化作业管理　赋能学生成长
　　——小学作业系统闭环管理策略探究成果报告 / 92
核心素养立意下单元课后作业设计的研究与实践 / 109
"一单三课六环节"学习策略初探
　　——义务教育学校学生作业统筹管理研究 / 117
"双减"背景下区域作业现状调研与改进的实践研究 / 125
京郊农村学校聚焦"双减"提升初中英语作业设计初探 / 133
基于学业标准优化初中数学作业设计的策略探究 / 143
以组为单位开展作业统筹管理的实践研究 / 150
课程实施视角的作业:内涵、分类与要素 / 163
"双减"背景下初中地理个性化作业的设计与实施教学案例研究 / 170
小学高年级语文作业融合性评价策略研究 / 177
"双减"背景下区域中小学单元作业设计初探 / 185

作业"生态"系统的构建与实施 / 191
基于"双减"政策的初中数学作业设计探索与实践
　　——以人教版教材为例 / 197
"双减"背景下优化初中英语作业设计的研究报告 / 208
"双减"背景下小学数学多元化作业设计与评价的实践研究 / 215
"双减"背景下小学数学综合与实践类作业设计研究 / 223
初中生物、历史、地理跨学科作业设计与实践
　　——以"大运河文化"任务单为例 / 230
"双减"背景下基于知识图谱技术的错题反扫教学研究 / 235
"双减"背景下数学精品化作业设计策略研究 / 245
有效数学作业设计　提升数学学科素养 / 257
"双减"背景下远郊区中小学教师作业观念现状调查与启示 / 268

课后服务篇　280

"双师课堂"应用课后服务教学的实践研究 / 280
"双减"背景下提升课后服务质量的思考与建议 / 286
中小学课后服务质量评价指标体系构建和应用研究
　　——以房山区为例 / 292
"五馆课程、五育并举"
　　——"双减"背景下小学课后服务实践模式探究 / 300
小学课后服务属地课程资源开发利用的实践探索 / 309
关于初中学校课后服务内容供给与实施效果的调查与思考
　　——以北航实验学校中学部为例 / 317
"双减"背景下课后服务体育活动研究报告
　　——以七一小学为例 / 331
"双减"背景下优化学校体育社团提升课后服务供给力 / 345
"双减"背景下小学图书馆特殊育人功能的实践探索 / 352
家长与学生期待怎样的课后服务
　　——基于七万家庭参与的课后服务调查报告 / 360
"双减"政策落地的学校策略
　　——课后服务校本课程体系的构建和实施探索 / 369
"双减"背景下校内外融合推进课后服务的实践研究 / 376

"双减"背景下低年级数学实践性作业的研究[①]

北京市东城区教育科学研究院 孙海燕

摘 要 本成果通过调研低年级数学实践性作业现状以及学生课后自主完成作业情况,发现多数低年级学生具有应用数学知识进行实践的意识和愿望,教师对于低年级孩子实践性作业也较重视,在教学中能够有意识地设计实践性作业。但学生课后自主完成作业的意识欠缺、教师在设计实践性作业的任务情境上存在困难。基于此,本成果从单元视角出发,探索低年级实践性作业设计框架,同时基于具身理论设计低年级数学典型实践作业,并在教学中进行实践。通过研究发现教师可以更好地把握学科本质,使实践性作业不仅成为"补正课之不足"的有效方式,同时提高了学生课后自主完成作业的有效性,让学生在"实践"中获得更有意义的学习经历与体验。

主题词 低年级数学 实践作业 百以内数的认识

2021年7月,中共中央办公厅、国务院办公厅印发《关于进一步减轻义务教育阶段学生作业负担和校外培训负担的意见》,提出了"全面压减作业总量和时长,减轻学生过重作业负担"的政策,并明确要求低年级不留书面作业。但是在低年级的数学学习中有许多重要的概念需要让学生深入理解,仅依靠课堂上的40分钟很难实现深度学习。"减负"与"提质"似乎成了一对"矛盾"。"双减"背景下,低年级数学作业该怎样留?我们逐渐把目光聚焦在实践性作业的探索上,基于培育核心素养的需要以及儿童的年龄特点,低年级数学学习中的实践性作业成为解决前述"矛盾"的突破口。

一、实践性作业现状

实践性作业,顾名思义,就是以具有实践性的学习任务作为作业。关于实践性作业,

[①] 北京市教育科学规划"双减"专项课题"'双减'背景下低年级数学实践性作业的研究"(CDGB21471)成果。

我国学者已有很多研究，认为实践性作业主要强调开放、合作与探究，完成的过程需要学生多感官参与，以动手操作为主，在实践中运用所学知识。聚焦数学学科，实践性作业设计的类型包括调查类、操作类、应用类、创造类。

结合"双减"精神与小学生的年龄特点，实践性作业即有目的地对学生的课后学习活动合理安排和计划，通过有更多肢体参与的操作、应用、探究等活动方式来完成的非书面作业，它以实践的方式促进课堂教学与课后学习的一致，是一种提升应用意识、促进知识理解、发掘创新潜能的作业形式。

本成果利用 Likert 五点计分法，在教师群体和学生群体中开展问卷调查，了解低年级数学实践性作业现状，学生问卷有效份数共计 326 份，教师问卷有效份数共计 119 份。调研发现：

（1）多数低年级学生具有应用数学知识进行实践的意识和愿望，但是课后主动完成作业的学生较少。如在问到"在购物时是否会主动算一算花了多少钱或者共买了几件物品""是否会主动看钟表去确定时间"时，54%的学生选择非常同意，24%的学生选择同意，可见大多数学生都有意识地在生活中运用数学知识。在作业方式的选择上，更喜欢完成那些具有实践性的作业，甚至不在乎它会花去更长的时间。但是如果教师没有布置实践性作业，学生主动完成作业的人数较少。

（2）绝大多数低年级数学教师能够意识到实践性作业的价值，在教学中也能够有意识地设计一些实践性作业。如在问到给学生设计实践性作业的必要性时，56.3%的教师认为是十分有必要的，39.5%的教师认为有必要，由此可见95.8%的教师对实践性作业都持有认可的态度，说明教师非常认同实践性作业在低年级数学学习中的重要地位。

（3）教师在理论上能够认同设计实践性作业应遵循目标导向。如：绝大多数教师都认为在设计实践性作业之前应该先基于学习系统制定作业规划，明确作业目标，然后再进行作业设计，但实际操作中仍然存在一些问题。访谈中，部分教师谈论某些实践性作业设计的前期规划工作显得模糊欠具体。

（4）教师在设计实践性作业的任务情境上存在困难。通过调研发现多数低年级学生具有完成实践性作业的意愿，绝大多数一线教师也具有布置实践性作业的意识和相关经验，但缺乏系统性，需要通过研究探索实践性作业设计的框架为教师设计和实施实践性作业提供支撑。

二、实践性作业框架设计

从系统性考虑，实践性作业是整个教学系统里的重要环节，应包含单元教学目标、单元作业目标、内容设计、评价等，各部分具体含义如图 1 所示。

据此，再结合《义务教育阶段数学课程标准（2022 年版）》，针对低年级数学要发展的学生素养进行设计，如表 1 所示。

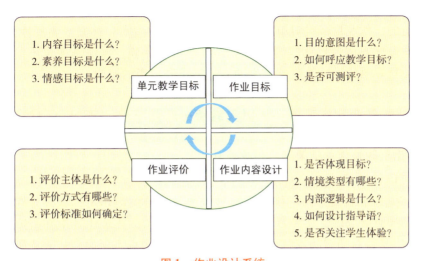

图 1　作业设计系统

表 1　实践性作业设计框架表

所属范围	知识内容	素养目标	单元教学目标	作业目标	作业设计	实践性作业类型
1. 数与代数。 2. 图形与几何。 3. 统计与概率。 4. 综合与实践	1. 数与运算：万以内数的认识，四则运算的意义，探索加法、减法、乘法、除法的算理与算法。 2. 数量关系：在简单的生活情境中，运用数和数的运算解决问题，探索规律。 3. 图形的认识与测量：立体图形和平面图形的认识，线段长度的测量。 4. 数据分类：根据信息对物体、图形或数据进行分类。 5. 主题活动：认识货币单位；认识时间单位时、分、秒；认识东、南、西、北四个方向等	1. 在解决简单实际问题的过程中形成初步的符号意识、数感、运算能力、推理意识，形成初步的应用意识。 2. 形成初步的空间观念和量感。 3. 形成初步的数据意识。 4. 帮助学生积累活动经验，能从日常生活、自然现象等情境中发现、提出并解决数学问题，形成独立思考、勇于创造、敢于质疑的科学态度与理性精神	兼顾内容目标、素养目标和情感目标	结合单元教学目标，落实单元作业设计目标	依据作业设计系统原则，根据单元作业目标进行各课时的作业设计，包括课时内容、课时作业、以及课时评价	操作类（通过动手操作，画一画、折一折、剪一剪、拼一拼、量一量等活动，分析、推理、判断实际操作中得到的现象） 应用探究类（应用知识和生活经验解决实际问题） 创造类（数学小制作，创造数学小论文或创编数学故事等） 调查类（一些社会调查、统计分析，用数学思维解决生活实际问题） 游戏类（通过游戏活动巩固所学，灵活运用） 表演类（将所学知识通过视频或者肢体语言进行表演） 其他

其中知识内容是基于课标关于第一学段的 5 个学习主题要求梳理的，素养目标是对应教学内容提出的，作业目标是对单元教学目标的进一步落实和补充，要具体到可评可测。实践性作业的设计要体现目标，同时又要关注学生的体验，要注重通过不同类型实践性活动的设计和指导语的设计等激发学生的内部需求和思考的愿望。

三、实践性作业实施课例——以人教版一年级下册"百以内数的认识"为例

（一）依据实践性作业框架进行作业设计

依据框架设计单元作业，基于具身认知理论，设计实践性作业。具身认知，又称"涉身认知"，其中心含义是指身体在认知过程中发挥着关键作用，认知是通过身体的体验及其活动方式而形成的。实践性作业设计的基本理念，就是让学生在身心同时参与的"实践"活动中获得对知识的理解，与具身认知理论的观点不谋而合。表 2 呈现"百以内数的认识"部分课时作业。

表 2 "百以内数的认识"实践性作业目标设计框架

单元教学目标	课题	课时学习目标	作业设计
1. 认识 100 以内的数（包括组成、读数、写数、顺序、比大小）。 2. 初步感悟数与运算的一致性。 3. 经历自主构建知识结构的过程，形成结构化思维，多维度活动中发展数感和运算能力。 4. 感受数学与生活的联系	1.1 数数、组成	1. 正确数出 100 个物品。 2. 数数过程中感受计数单位"十"的作用，初步体会数与运算的一致性。 3. 感受数与生活的联系	边数边跳 画一条数线： （1）从左往右或从右往左； （2）几格几格地跳
	……	……	……
	1.3 顺序	1. 构建数与数之间的逻辑关系，基于百数表理解数的顺序与大小。 2. 经历发现规律的过程，培养学生逻辑推理能力。 3. 提高学生探究的乐趣	我的拼图谁能拼 （1）制作百数表，剪成若干份； （2）重新拼百数表
	……	……	……
	1.9 单元整理复习	1. 以计数单位为核心，梳理单元知识内容，形成完整的知识结构。 2. 初步形成结构化思维。 3. 感受数在生活中的作用	假如生活中没有数……请你展开想象，画一画

（二）依据单元设计作业开展教学实践

下面结合表 2 中的作业设计进行实践说明：

1. 体现活动化，关注身体与思维的共同参与

具身认知理论从身体与环境互动的视角看待学习，认为具身学习是个体最大限度地利用内部心理资源和外部环境条件，以达到心智、身体和环境之间动态平衡的过程。可以设计让身体及感官都能参与的学习活动，使儿童做到全身心地投入学习。

如："百以内数的认识"设计作业时，通常会让学生进行数数的活动，那么除了数小

棒、数大米等活动，能不能设计有更多的身体参与的任务来达成目标呢？

实践性作业：小动物跳格子（图2）。

（1）根据需要画一条数线；

（2）可以从左往右也可以从右往左几格几格地跳。

说明作业时，可以在课件上演示小动物在一段数轴上跳格子的"示范"，如从左往右跳，每次跳5格，要求学生随小动物的跳跃，数出每一跳的"落脚点"上的数：50，55，60，65……。

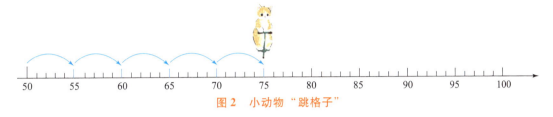

图2　小动物"跳格子"

学生在活动中可以互相提跳格子的要求，跳格子的起点和方向都可以变化，每次跳几个格子也可以自己决定。边数边跳，身体的共同参与调动了学生的积极性，同时还让学生感受到"一跳"可以代表不同的"格数"，向学生渗透了"单位化"的思想。另外，学生"从左往右跳"就是"加"的过程，"从右往左跳"就是"减"的过程，不同的跳格子方向还可以将数的认识与运算建立起联系，落实课标的新理念，帮助学生理解和把握学科知识的结构。

2. 体现游戏化，关注情感在认知中的作用

以游戏承载知识的学习和应用是学生喜欢的学习方式，游戏的特性也符合具身认知的学习观，游戏过程是学生四肢、大脑、情感共同参与的过程，也是学生在时间中不断感知和深入思考的过程。

如：教学"百数表"后，学生通过学习认识到数在百数表中的排列规律，对百以内数的顺序和大小有了进一步的认识。实践性作业可以设计一个"拼图"游戏，把学生对数学规律的发现、表达和运用无痕地融进有趣的游戏之中。

实践性作业：拼"图"游戏

（1）自己制作百数表，剪成若干份（图3）；

（2）自己或让同伴把这些"数块"重新拼成百数表。

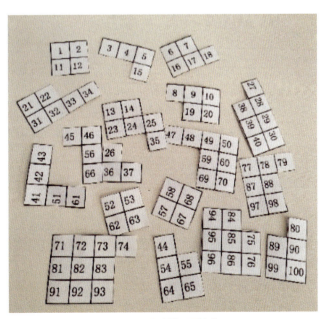

图3　重新拼摆百数表

拼图游戏是学生熟悉的，把它和百数表融合在一起，通过游戏的思维和机制，让学生在玩中

自然用到百数表中数的排列规律,减轻了学习负担,"身体的经验在情境的展开中获得实现,教师或学生在这种情境中体验到与知识接触的快乐,体验到身体的意志和归属。情感的心智和理智的心智在这种情境中双双获得成长。"游戏化任务使学生的学习增添更多的情感因素,促使学生在感悟数学知识的同时,获得学习数学的愿望和自信心。

3. 体现生活化,关注真实世界的真问题

核心素养导向下的数学教育要培养学生的数学眼光,其实就是希望学生有能力从数学的角度看待真实世界的真实问题。孙晓天教授曾指出,"真实"是培育核心素养的必要条件,也是推进学生主动学习的基本教学建设。因为学生每一次的学习都会嵌入一份对社会的认知,每一个数学任务的设计,都关系到学生对数学的理解和对数学价值的认识,未来学生怎么评价数学,怎样看待数学,就取决于我们今天的数学学习活动,不要让"人造的数学"毁了学生对数学的认同。

正视现阶段数学学习的现状,"真实"是我们的"弱项",教学实践与创新要从弥补"弱项"开始,从发现身边的"真实"开始,实践性作业的设计在情境的选取和创设上自然也不能背离这个原则。

如:教学"百以内数的认识"第九课时复习与整理之后,单元教学目标之一是希望学生能够感受数在生活中表达与交流的价值。怎样让学生到真实世界中去感受呢?

实践性作业:创作画。

假如生活中没有数……请你展开想象画一画。

图4是其中一个学生的作品,从学生视角对环境的观察和寻找,到亲手绘制出4个现实场景,获得了真切的数学经验,正体现了具身认知的视角下,在身体与环境相互作用中促进数的意义建构的过程。

图4 学生实践作业作品

以上实践是在单元视角下,基于具身认知理论设计活动化、游戏化、生活化的学习任务作为实践性作业,有利于学生在应用知识的过程中理解知识、理解知识间的联系,初步感悟知识背后的思想方法并体会数学的价值以及思维方式。

四、研究实践性作业的启示

围绕实践性作业的设计,主要有以下收获和思考:

(一)转变观念,破解"双减"命题

"双减"绝不是简单地减少作业量,数学教育者应转变观念,不能把实践性作业的设计看成可有可无、锦上添花的孤立环节,而应从实践性作业设计的系统性出发,将课堂教学与课后实践性作业作为一个教学系统来对待,关注教学目标的实现,在核心知识和重要内容上发力,促进学生对数学知识的深刻理解,提升教与学的质量,同时在一定程度上减轻学生的学业负担。

(二)把握学科本质是设计实践性作业的根

说到底,作业的基本功能仍然是"巩固知识,形成能力",那么巩固什么知识、形成什么能力,就需要立足整体知识框架、遵从知识的内部逻辑、设计指向数学本质的实践性作业。即促进理解的实践性作业,要关注知识的整体性,通过对知识体系的把握来揭示教学内容的基本概念及其背后的数学思想方法,感悟数学特有的思维方式。

(三)推进幼小衔接的有效落实

低年级学生刚从幼儿园步入小学,这个阶段正是儿童结束幼儿园的教育生活,开始接受正规化小学教育的初期阶段,也是儿童心理发展的第一个转折期。通过实践性作业的设计可以很好地规避儿童刚入学不会书写的问题,让儿童用幼儿园熟悉的讲一讲、画一画方法来开始一年级的学习生活,让儿童可以更好地度过这一特殊时期,保证儿童身心健康发展,给儿童一个轻松、从容的生长环境。

(四)实践性作业是促进自主学习的有效路径

实践性作业的设计与实施,是低年级数学教学中"补正课之不足"的有效方式。如何让学生在"实践"中获得更多有意义的学习经历与体验呢?实践性任务本身是否关注学生的需求,激发学生的自主学习是关键。此外,还要关注作业完成情况的展示与交流,这是"学生自主学习的补充与升华",有助于学生在获得知识与能力的同时,获得更多的学习资源、学习策略与心理支持。

优质的实践性作业背后蕴含着高质量的思维。通过研究与实践,我们深切感受到实践性作业设计是一种创造性劳动,需要教师点燃教育智慧,打磨出好的学习任务,促进"减负提质"的有效落实。

参 考 文 献

[1] 刘晶. 小学数学实践性作业设计研究 [D]. 上海:上海师范大学,2020. DOI:10.27312/d.cnki.gshsu.2020.000520.

[2] 孟伟. Embodiment 概念辨析 [J]. 科学技术与辩证法,2007(1):44-48.

[3] 叶浩生. 具身认知:认知心理学的新取向 [J]. 心理科学进展,2010,18(5):705-710.

[4] 刘加霞,周冬梅,刘琳娜. 基于教材练习题学习进阶的作业设计 [J]. 小学教学（数学版）,2022(2):6-11.

专家点评

  课后作业对于促进学生理解、强化知识等的作用都是有意义的,但"双减"背景下低年级的学生书面作业被严格限制,教师和家长都会有所担心,破解这一难题是各方都关心的问题。本成果紧紧抓住低年级数学具有非常广泛的现实背景的特点,以实践性作业为突破口力图破解这一难题。

  研究取得的成果富有价值。能够把握低年级数学和学生的双重特点,对学段的学习主题下的实践性作业进行系统整理、完整设计,作业的类型包括游戏、活动等,形式丰富,指导细致,能够让学生在游戏和操作活动中应用知识、增进理解。开发的实践性作业案例鲜活、生动、有趣,且富有新意,自身就具有推广价值。另外,研究从多个角度建构了实践性作业的意义,也使得本成果在幼小衔接、促进低年级学生学习的相关研究中具有借鉴意义和启发意义。

  建议将更多的实践性作业通过表格的方式呈现,以让同行受益更多;还需进一步开展关于实践性作业的使用效果研究,提供"学生课后自主完成作业的有效性"得以提高的证据。

顿继安
北京教育学院

以数学"说题"作业创新"弹性作业"的实践[①]

北京市东城区史家胡同小学 邢 超

摘 要 教育部表示,"双减"工作之一就是要减轻学生不合理的作业负担。当下,各级教育主管部门和各学校都在系统设计符合学生年龄特点和学习规律,同时体现素质教育导向、涵盖德智体美劳全面育人的基础性作业,鼓励布置分层、弹性、个性化的作业,切实提高作业质量和针对性。

调研显示,教师在作业设计教研、弹性作业设计等方面还有较大提升空间。基于此,我围绕个人微信公众号"数与邢",进行数学"智慧题"作业设计,并创设"小数学家讲坛",带领学生以视频交流、课前5分钟、课间分享会等形式积极参与"说题"活动,促进数学学习力提升,促进数学核心素养养成,以减促升,探索"双减"作业设计质量提升的路径,形成可借鉴、可推广的经验。

主题词 数学 说题 弹性作业

为深入贯彻党的十九大和十九届五中全会精神,切实提升学校育人水平,持续规范校外培训,有效减轻义务教育阶段学生过重作业负担和校外培训负担,2021年7月24日,中共中央办公厅、国务院办公厅印发了《关于进一步减轻义务教育阶段学生作业负担和校外培训负担的意见》。

本实践基于在"双减"背景下,立足课堂教学主阵地,以减促升,以"说题"的方式丰富作业形式,提升作业质量,促进学生数学核心素养提升。

一、研究实践背景

(一)"过重作业负担"现状

当下,学生作业负担过重成为热点。数据显示,在学习日,小学生家庭作业超标平均达0.7个小时,在休息日,更是超标达1.8个小时,繁重作业导致95.5%的小学生睡眠时间不足10小时,为7.7小时,截至目前,我国儿童青少年总体近视率上升为52.7%,学生"过重作业负担"的问题严重损害身心健康。

[①] 北京市教育科学规划"双减"专项课题"'双减'背景下以数学'说题'作业促进学生'三会'的行动研究"(CDGB21475)成果。

（二）"双减"政策背景及落实现状

新华社 2021 年 7 月 30 日刊文：中小学生负担太重是义务教育最突出问题之一。其中，学生作业负担较重，作业管理不够完善，这些问题导致学生作业和校外培训负担过重，家长经济和精力负担过重，严重对冲了教育改革发展成果，社会反响强烈。

针对以上问题，意见指出：要全面压减作业总量和时长，减轻学生过重作业负担，要做到健全作业管理机制，分类明确作业总量，提高作业设计质量，加强作业完成指导，科学利用课余时间。

教育部表示，"双减"工作之一就是要减轻学生不合理的作业负担。

2021 年 8 月 17 日，北京市教委新闻发言人李奕介绍，有效减轻学生过重作业负担是减轻各类负担的重要切入点，包括统筹作业管理、控制作业总量，加强作业的设计和指导，充分发挥作业的诊断、巩固等功能，将作业的设计纳入整体的教研体系，系统设计符合学生年龄特点和学习规律，同时体现素质教育导向、涵盖德智体美劳全面育人的基础性作业，鼓励布置分层、弹性、个性化的作业，切实提高作业质量和针对性。

（三）"双减"作业设计的现状

为落实"双减"政策，各中小学均在制定作业设计方案。北京教科院基教研中心主任贾美华介绍，"双减"后，调研数据显示，96.04% 的学校制定了全校作业管理方案，建立了作业校内公示制度的学校占 92.77%。同时，学校通过控制作业总量和书面作业时间，有效减轻了学生负担。制定作业管理方案的要求得到较好落实。

调研中也反映出一些问题，如学校在作业设计教研、分层作业设计等方面还有较大提升空间。数据显示，97.76% 的学校要求教师把作业设计作为教学设计的必备环节，而已在年级组成立作业设计研究小组的学校仅有 79.86%。

在"双减"作业设计中，还存在作业类型单一、轻学科素养，层次模糊、弱个别差异等问题，作业设计往往缺乏一定的规律性与科学性，导致部分课后作业练习对学生来说较为笼统，不具备有效的针对性，同时也不符合双减背景下的教学规定。在某种程度上，大大降低了教学效率，也提高了教学内容成本。同时数学作业设计的形式可以多样化，而教师在进行作业设计时缺乏一定的转换思维与灵活性，大多以具体的习题作为学生课后作业。这就造成了课后作业量多，形式单一，缺乏一定的趣味性与灵活度。

"双减"背景下，学校和教师更应当站在立德树人的高度，树立与时俱进的大作业观、长作业观、协同作业观和文化数学观。

由此可见，一线教师进行作业设计已经势在必行。

二、创新实践

（一）公众号"数与邢"的创设与"弹性作业"

1. 公众号"数与邢"

2018 年 9 月，我创设个人微信公众号"数与邢"（图 1），三年多以来，我一直坚持原创内容，至今已近 350 篇。在每周三，都会固定推送一篇我对于教育教学的感悟与反思，在每个周末，推送 1~2 道我原创的数学"智慧题"（图 2）。

图1 "数与邢"公众号

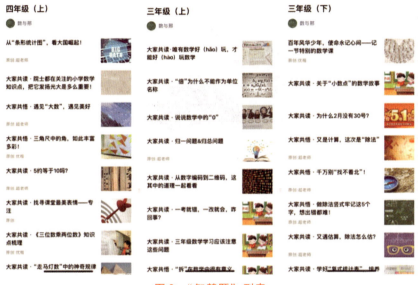

图2 "智慧题"列表

迄今为止,我带领所教班级的近200名学生,已经持续开展了170余期"智慧题"分享"说题"活动,知识内容围绕教材知识点,题目内容包括但不限于数学知识,多学科融合,贴近生活,整体设计,难度适中,重在探求数学知识背后的本真,发掘共性要素,已经形成系列。

2."弹性作业"的实施

何谓"弹性作业"?它是指学生在完成作业的过程中,不受方式、时间等的限制,可以灵活、自主地有效完成作业、评价作业的一种模式。学生通过自选、自写、自说、自批、自评的作业模式,既锻炼了自主学习的能力,又强化了探究能力和合作能力。

"弹性作业"不仅能有效巩固学生所学知识,更能激发学生学习的自主性、独立性、选择性,提升学生思维力、创新力、实践力等多种学习能力,更好地拓宽学习的深度、宽度,从而促进数学核心素养的整体提高。

(二)数学"智慧题"作业设计思路

围绕每道数学题的开发,我的作业设计思路是这样的:

1.研读教材,进行选题

针对近期所学知识点,通过查阅教学参考书、专业期刊等资料,把握好这个知识点学生所需要掌握的程度,以便在题目开发与设定过程中难度适宜。

例如智慧题53（图3），选择的素材是著名教育家陶行知先生在书中的一段话，但其中蕴含着一个数学算式。就数学知识本身而言，难度适宜，更加需要学生重在对文字的阅读理解上，也就是我们经常强调的审题技能。

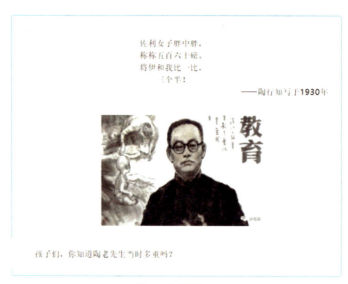

图3　智慧题53

2. 数学“智慧题”作业坚持立德树人

智慧题139（图4），围绕当时“大数的改写”这一知识点，利用教师节前夕教育部刚刚发布的最新教师人数数据，介绍2021年教师节的主题，采用短视频和文字结合的方式，让学生获取信息的同时，思考数学问题。

在第37个教师节到来前夕，教育部9月8日召开新闻发布会。记者从会上了解到，近年来全国教师规模不断扩大，根据最新统计数据显示，教师总数已经达到17929700人，比上年增加609400万人，增长3.52%，其中，特教教师增加6.11%，幼儿园教师增加5.44%，高校教师增加5.34%，有力支撑了教育改革发展。今年以来，共有1910000人次通过认定获得教师资格证书，较去年全年增长28.7%。

2021年9月10日，我国迎来了第37个教师节。教育部确定，今年教师节的主题是：**赓续百年初心，担当育人使命**。请你仔细阅读蓝框中的新闻稿内容。

1. 通过阅读这段新闻稿，你知道了哪些？获取到了哪些数学信息？
2. 找一找这段新闻稿中的“大数”，并尝试着用“四舍五入”法求近似数并把它们改写成用“万”作单位的数。
3. 在我们的生活中，还有很多时候用到“大数”，相信你一定能举几个例子，查阅一下资料，写写看吧！

图4　智慧题139

智慧题168，围绕2022年9月在北京进行的服贸会，突出以“绿色”“双碳”主题的重要活动，将“碳达峰”和“碳中和”问题融入其中，在理解数学知识的同时，打开学习的视野和空间。

智慧题89（图5），结合刚刚过去的“十一”小长假，以及当时中央电视台推出的系列纪录片《坐高铁看中国》，带领学生透过镜头看新时代中国美景，全景式展示"十三五"规划成就和中国之美，与此同时，提供一些真实、具体的数字，让学生进行多位数加减法的计算。

图 5　智慧题 89

我进行主题作业设计，带领全班学生进行了一次集体"智慧题"分享展示，结合三年级下册"面积"这一单元内容，与同学们一起展开《童心向党，礼赞百年》的"数学像素画画展"活动（图6）。以这样的一种方式来庆祝党的百年华诞，学党史、强信念、跟党走，人人讲述红色党史故事，将党史教育与数学课"面积"知识学习、美育教育高度融合在一起，充分体现立德树人鲜明导向，倡导、坚持与推进"五育融合"，取得了思政教育和数学学科知识双丰收。

3. 紧扣现实情景和意义，让学习不止于数学

关于智慧题143（图7），当时刚刚学习完公顷和平方千米，学生对于"公顷"的概念在现实生活中感受不多，如果上来就让他们机械地、重复地进行公式的死记硬背和转换，确实强人所难了。当时我设计了这样一个作业，让学生利用身边现实生活中的停车和车位问题感知 1 公顷的大小。

同时，在设计作业的时候，也对学生即将学习的平行四边形知识进行了恰当的铺垫，让他们的学习也更加具有延续性。

图 6 《童心向党，礼赞百年》"数学像素画画展"活动

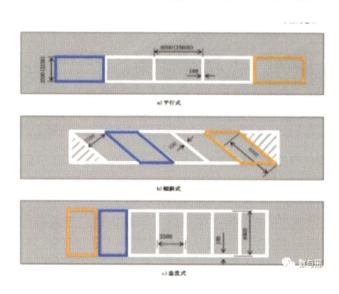

图 7 智慧题 143

在智慧题 145（图 8）中，继续停车问题的讨论，向学生普及道路交通安全法。同时，利用交通标志，理解垂直与平行的位置关系，并留下一个开放问题：生活中，你还在哪里见到过这样的位置关系？记录一下吧！让学生的思考更加开放。

作为系列，在智慧题 146（图 9）中，设计这样一个作业：

（1）什么是"区间测速"？它的原理是什么？

（2）怎样行驶才合法？请你利用最近学习的"速度、时间和路程"之间的数量关系，结合上图，举例说明。

《中华人民共和国道路交通安全法》是2003年10月28日公布的关于道路交通安全的法律。于2007年与2011年两次修订。关于治理乱停车和规范停车，有着明确的法律规定。

1. 这个交通标志牌你认识吗？
2. 图中的两条红色线段的位置关系是？你是怎么判定的呢？
3. 生活中，你还在哪里见到过这样的位置关系？记录一下吧！

图8　智慧题145

图9　智慧题146

以教材为依托，让速度、时间和路程的学习更具有现实意义，学生也非常愿意去接受和理解这样的问题。

在诸多智慧题的作业设计中，我都是本着这样的做法，例如引入"北斗卫星导航系统（智慧题112）""冬奥会场馆设计（智慧题131）""双11购物情景（智慧题80）""世界杯预选赛12强赛分组（智慧题137）""青藏铁路列车运行图（智慧题127）"等等，为每个知识点赋予具有时代意义的现实情景，让学习不止于数学。

（三）数学"智慧题"作业展示交流评价方式

我在班级中创设"小数学家讲坛"，学生以视频交流、课前5分钟、课间分享会等形式积极参与，全员参与（图10～图12），目前小讲师已经累计近1 000人次，每个人都大胆自信地进行创意与表达。

图 10　视频交流

图 11　课前 5 分钟展示

图 12　课间分享会

交流过程中，我结合信息技术手段，利用班级智慧黑板中的"班级管理软件"，对学生及时评价与记录。班级管理软件是一款能够在课堂上实时发送点评的云端软件，可以自定义评价类型，利用各种可视化方式，对学生进行教育教学全方位评价，并形成班级报表，通过 AI 智能评测学生表现。智慧题讲解也被设置为其中一个环节，对学生进行积极评价与记录，多元化评价，捕捉学生闪光点。

同时，视频资料在钉钉班级圈中进行点播式"云展示"，老师、家长、学生进行互评互学（图 13）。

（四）对于数学"智慧题"作业设计的思考

在面向家长和学生的一次调查问卷中，数据如图 14 所示。

数学"智慧题说题"的开展，很好地拓宽了学生的视野，增加了学生数学学习的兴趣，锻炼了语言表达能力等。

图13　依托软件的评价方式

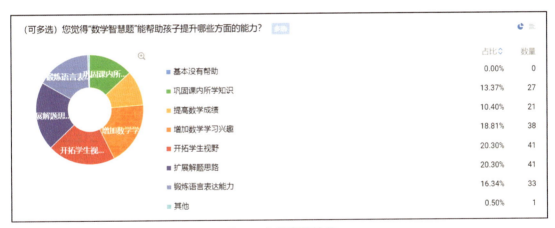

图14　问卷调研情况

在对家长和学生的访谈中，对"说题"大家表示很认可：

"非常欣赏这种课堂以外、与课本知识相得益彰的教学方式。"

"通过开动脑筋把题解出来，自己很有成就感，胆量、表达，都令人赞赏，也更喜欢学习数学了。"

"真正会了才能讲出来表达出来！"

"更多联系生活实际的数学问题，更多种解题思路或不同前提条件下有不同方案的题目，引导孩子开放性思维，而不是囿于唯一答案。"

同时，还提出了中肯的意见和建议：

"可以根据孩子的数学学习的情况对智慧题分层，数学好的可以做有些难度的，弱的可以做容易一点的。"

"可以适当加点附加题，可以做也可不做。数学有点难度，也是提升兴趣的办法。"

基于此，下一步，对于"智慧题"作业设计，我有以下的思考：

（1）要更加贴近生活；

（2）要进行整体的思考设计；

（3）重在探求数学知识背后的本真；

（4）发掘数学知识间的内在练习，挖掘共性要素，形成系列。

通过探索实现在"双减"背景下，以数学"智慧题"作业设计为依托，在班级内建立"小数学家讲坛"，以此进一步将作业提质增效，促进学生最终达成会用数学的眼光观察世界，会用数学的思维思考世界，会用数学的语言表达世界。

三、实践成效

（一）"智慧题"说题作业促进数学学习力提升

《义务数学课程标准（2022版）》指出："数学教学活动应引发学生的数学思考，鼓励学生的创造性思维。"要提升学生的数学学习能力，有效的方法之一就是进行数学"说题"练习。

数学"说题"即让学生以口头表达的方式将问题解决思路和方法说出来。学生"说题"，于己是知识的自我构建，可以很好地激发数学学习兴趣，培养思维习惯、品质，进而养成"想题、做题、说题、反思"的学习能力，提高数学素养；于人引发大家的共鸣，引领大家共同成长。

（二）"智慧题"说题作业促进数学核心素养提升

史宁中教授指出，数学教育的终极目标是，一个人学习数学之后，即便这个人未来从事的工作和数学无关，也应当学会用数学的眼光观察世界，会用数学的思维思考世界，会用数学的语言表达世界（"三会"能力）。数学核心素养的确定要基于这个目标。

"智慧题"说题源于对数学价值的思考。很多数学问题内涵丰富，但往往只成为练习的素材，没有发挥其应有的功能与价值，实属可惜。长期以来，谈到"说题"，往往都认为是语文课堂上的事，很少在数学课上专门训练。此外，对数学"说题"的范围、对象、时空的尝试探索也不够深入，浅尝辄止，没办法让学生通过数学"说题"能力提升，进而促进数学学习力的提高。数学"说题"作为过程作业，必须以师生的正确作业观、科学的顶层设计和教师的科学而规范的实施为条件。

（三）"智慧题"说题作业促进"双减"作业质量提升

在年级范围内，我们认真梳理"智慧题"说题形式、内容和外延，很好地提升"双减"作业设计质量，并加强"双减"弹性作业的指导，充分发挥作业的诊断、巩固与育人等功能。

同时，通过系统设计符合学生年龄特点和学习规律，同时体现素质教育导向、涵盖德智体美劳全面育人的"智慧题"作业方案，为实现"减轻过重的作业负担"和培养核心素养提供实践参考路径。

我还曾多次在市区级活动中做交流发言，分享做法。通过"智慧题"说题研究，很好地对"双减"作业设计提质增效，形成了可借鉴、可推广的固化经验。

"双减"背景下，我们必须正确理解"减负"的本意和实质，站在素质教育的高度，合理、合法、合情地重视教学中平常而又不平常的作业问题，走出误区，研究、优化作业，创设良好的教育生态。

参 考 文 献

[1] 新华社．中共中央办公厅、国务院办公厅印发《关于进一步减轻义务教育阶段学生作业负担和校外培训负担的意见［EB/OL］．（2021 – 07 – 24）．http：//www．sohu．com/a/4793．

[2] 郭宏君．把好"三关"，让作业管理撬动学生减负［J］．福建教育，2021（8）：8．

[3] 刘权华．数学学科素养落地的"四维聚生"方式及其优化［J］．数学通报，2021（5）：58．

[4] 孔凡哲，史宁中．中国学生发展的数学核心素养概念界定及养成途径［J］．教育科学研究，2017（6）：5 – 11．

[5] 马云鹏．关于数学核心素养的几个问题［J］．课程·教材·教法，2015，35（9）：36 – 39．

[6] 中华人民共和国教育部．普通高中数学课程标准（2017年版）［M］．北京：人民教育出版社，2018：4 – 7．

[7] 陈六一，刘晓萍．小学数学核心素养要素分析与界定反思［J］．中小学教师培训，2016（5）：57 – 60．

[8] 何璇，马云鹏．国际视野下小学数学核心素养的价值取向与内涵［J］．课程·教材·教法，2020，40（2）：92 – 98．

[9] 骆娟．由一题浅谈数学课的说题教学［J］．江苏第二师范学院学报，2014（2）：26 – 27．

[10] 李福．浅谈数学教学中的"学生说题"［J］．学周刊，2016（31）：32 – 33．

专家 点评

弹性作业的任务、完成方式、时间和评价方式都赋予了学生选择性，这有利于自主学习能力和自我管理能力的提升。研究借助"说题"这种作业形式，有利于提升学生高水平学习能力，也有利于锻炼学生的表达能力，促进学生更深刻地理解学习。

教师充分利用了现代信息技术手段和媒体技术，开设了学生喜闻乐见且便于接收信息的公众号，作为作业发布和展示学生作品的平台。作业内容丰富，能够紧扣学习进程、学生需要和时事热点等开发和设计，这些作业自身就具有推广价值，值得同行借鉴使用；作业的形式有趣，周期合理，容易引发学生的兴趣，也符合学生的能力，增加了可行性；教师还有意识调动家长参与到评价反馈中来，让家校形成有利于孩子更好发展的合力。

成果的不足之处在于表达的流畅性需要加强，特别是对案例的分析；呈现方式中，图片应该作为补充，主干部分应对图片的内容和意图加以说明。

顿继安

北京教育学院

"双减"背景下跨学科活动性作业设计的研究成果[①]

北京市和平街第一中学 赵 燕 潘 勇

摘 要 以生物学科为主,有机融合物理、化学、地理学科的知识、学科能力及核心素养的跨学科活动性作业,不仅帮助学生突破生物学难点,也有助于提高学生综合运用知识解决实际问题的能力,满足"双减"背景下减负提质的要求。本文对跨学科活动性作业的设计路径、案例分析、评价反思等方面进行了阐述,为教师们设计和实施跨学科活动性作业提供参考。

主题词 跨学科 活动性作业 "双减"背景

研究表明,作业负担过重导致学生睡眠不足,影响身心健康,弱化作业兴趣,阻碍育人功能的发挥。且多数作业的目的是提高分数,对综合能力的培养欠缺(王月芬等,2014)。"双减"政策着眼于建设高质量教育体系,促进学生全面发展、健康成长。这一目标需要通过教学、作业、评价等相关教育实践活动来达成,然而当前的分科作业在促进学生全面发展方面有一定的局限性(代文利,2021)。

上海市中考改革中,首次设置了对生物和地理跨学科案例进行分析的评估方式,以真实情境为背景,以初中生物及地理相关知识为载体,要求学生能够对实际问题进行有效信息提取、逻辑推理和综合阐述,强调学生解决生活实际问题的创新能力(张毅超,2021)。在《义务教育生物学课程标准(2022年版)》中增设了"生物学与社会·跨学科实践"这一学习主题,并要求这部分内容占课时总数的10%。由以上考试要求和新课标增设内容可以看出,初中生物作业急需设计和实施跨学科活动性作业,在落实生物学科核心素养的同时,提高学生综合运用知识解决实际问题的能力。

跨学科作业主要是将两个或两个以上学科或已确立的领域中的观点和思维方式融合起来解决问题的过程,以创造产品、解释现象或解决问题等为主(王月芬,2021)。本研究中的"跨学科"主要是指在运用"跨学科"理论进行活动性作业设计时,以生物学科为主,融合物理、化学等多个学科知识、能力及核心素养来综合性地解决现实情境中的问题,并不是简单的知识累加。"活动性作业"是指基于杜威实验主义的作业方式(熊和平

[①] 北京市教育科学规划"双减"专项课题"'双减'背景下加强跨学科活动性作业的设计研究"(CDGB21485)成果。

等，2008），既有文本类的作业，如查找资料、撰写论文、设计、绘图等；又有实践类的作业，比如观察、制作、实验、社会调查等。

一、跨学科活动性作业的设计思路

作业目的是作业设计的根本性问题，教师如果盲目布置作业，不一定能带来好的成绩表现（Epstein & Van Voorhis，2001）。跨学科活动性作业的目的是作为课堂的延伸和补充，帮助学生突破由于其他学科知识和能力的缺乏而造成的生物学难点，提高学生综合运用知识解决问题的能力，促进学生的全面发展。本研究的设计思路是按照"目标—达成—评价—总结"的路径开发设计跨学科活动性作业，如图1所示。

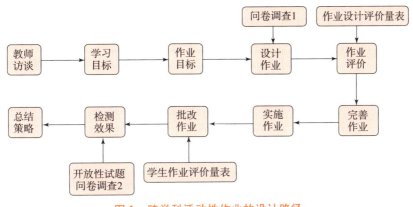

图1　跨学科活动性作业的设计路径

具体步骤是基于生物学科教师的访谈结果（提纲见附件1），得到一系列由于其他学科造成的生物学难点问题，与物理、化学、地理学科教师共同研读新课标、教材，从而确定学习目标和作业目标。对学生进行问卷调查（附件2），了解学生喜欢的作业形式、作业时长、作业频率等相关问题。课题组教师们借助评价量表（附件3）对已设计的跨学科活动性作业进行评价，达标后的跨学科活动性作业先在小范围内实施，通过学生对作业的反馈进一步完善，然后在大范围内实施跨学科活动性作业。借助开放性试题作答和问卷调查（附件4）来评价作业效果，最后归纳总结跨学科活动性作业的优势，并提出跨学科活动性作业的设计和实施策略。

二、跨学科产生的生物学难点

对本校的生物任课教师进行访谈，对照北京版四册教材和生物新课标要求，结合教学经验，梳理出由跨学科知识产生的生物学难点（表1）。

表1 北京版初中生物学教材由跨学科知识产生的生物学难点

序号	北京版生物教材	页码	生物学难点	融合学科	涉及知识、能力
1	七年级上册	P30	显微镜的成像特点；显微镜观察中玻片移动方向问题	物理	凸透镜成像的特点和物像动态规律
2		P40	碘液对细胞核的染色	化学	络合反应
3		P72	用碘液鉴定淀粉	化学	络合反应
4		P86	斐林试剂鉴定葡萄糖	化学	氧化还原反应
5		P65	植物细胞吸水和失水的原理	化学 物理	溶液浓度大小；渗透原理，密度概念
6		P75	鉴定光合作用释放的气体是氧气	化学	氧气助燃的性质
7		P80	有机物可以燃烧释放热量，剩下无机物	化学	有机物的组成和燃烧的条件
8		P86	淀粉和葡萄糖的透过性	化学	分子大小，胶体与溶液的区别
9		P88	温度、酸碱度对酶的影响	化学	外界条件对催化剂性质的影响
10		P90	小分子有机物、大分子有机物的结构	化学	有机分子结构
11	七年级下册	P6	植物根系吸水原理	物理	毛细现象、液体压强的特点
12		P18	血红蛋白在不同氧浓度中的颜色变化	化学	络合反应
13		P21	血压的测定	物理	压强的概念
14		P35-36	呼吸运动过程体积和压强的关系	物理	压强与体积的关系
15		P48	肺泡与血液间气体的扩散作用	化学	分子运动
16		P48	呼吸作用释放二氧化碳	化学	二氧化碳的检验
17		P51	呼吸作用释放热量	化学	化学能转化成热能的能量转换
18		P87	近视眼和远视眼的形成及矫正原理	物理	凸透镜、凹透镜的特点以及对光线的作用
19	八年级上册	P12	人体屈肘、伸肘过程、骨、骨骼肌和关节的关系	物理	杠杆平衡原理，力和运动的关系
20		P93-95	不同地质年代化石的形成	地理	地质年代表、地球的演化过程
21	八年级下册	P54	环境对生物的影响	地理	气候对生物的影响
22		P69	食物链中能量的流动特点	物理	能量的转换、能量守恒
23		P70	人与生物圈	地理	自然环境与人类活动的关系

这些难点主要集中在七年级上、下册教材，涉及物理、化学和地理学科的综合知识和能力的运用。例如，显微镜的成像特点与凸透镜成像的原理有关，呼吸运动过程中胸廓体积增大或缩小引起胸内压强的变化，这些都涉及物理学科的知识和能力；植物细胞的吸水和失水原理涉及化学中的溶液浓度和物理中的渗透原理；生物学中"环境对生物的

影响"可通过人们在不同节气开展特定的生产生活活动（地理）进行阐述说明。

2022年版义务教育各学科的课程标准诠释了学科发展中，中学生必备的学科核心素养，生物学科与物理、化学和地理学科所必备核心素养有许多相似或相融合之处，具体如表2所示。生物学和其他学科在知识点和核心素养上的融合之处的分析，为跨学科活动性作业的设计奠定了基础。

表2 生物学科核心素养与物理、化学和地理学科的核心素养比较

生物学科	物理学科	化学学科	地理学科	相融合之处
生命观念	物理观念	化学观念	区域认知	
科学思维	科学思维	科学思维	综合思维	思维方法相似、比较、总结规律，质疑批判精神和创新意识等
探究实践	科学探究	科学探究与实践	地理实践力	实践活动的动手操作和探究精神
态度责任	科学态度与责任	科学态度与责任	人地协调观	关注绿色、可持续发展，强调责任担当

三、学生对跨学科活动性作业的态度与要求

针对跨学科活动性作业的形式、时长、频率、多样性、层次性和评价等方面进行问卷调查，结果如下：学生喜欢的活动性作业形式有探究实验、查找资料、绘图说明、制作模型等方式，占比分别是57.12%、52.24%、46.94%和44.9%；作业时长倾向于在半小时到一小时之间，希望做作业时间集中在周末（33.06%）、小长假（29.39%）或者寒暑假（32.65%），作业频率根据学习需要而定；45.72%的学生想通过小组合作完成作业，也有41.63%的学生认为是否合作根据作业内容和形式而定；学生喜欢多样性和针对不同层次学生设计的作业；相对于打分（25.71%）和作业等级（8.98%），46.94%的学生更倾向教师给予鼓励性的评语。

四、与不同学科融合的活动性作业案例分析

结合以上研究结果，根据不同的生物学难点问题，有针对性地有机融合其他学科观点和思维方式，设计和完善跨学科活动性作业。对作业内容、作业形式、作业目标，以及在知识、能力和学科核心素养三方面的融合，将通过以下三个代表性作业案例进行具体分析。

（一）与物理学科融合活动性作业的案例

以"呼吸运动过程中胸廓体积与胸内压强之间的关系"为例，说明与物理学科融合的跨学科活动性作业的设计。作业包括6个题目，1~3题涉及物理学中一定质量的气体体积与压强的关系，4~6题是呼吸肌的收缩或舒张引起肺体积的变化，体积变化导致肺内压强的改变，小于或者大于外界大气压，引起肺吸气或者肺呼气。作业的形式有资料阅读、生活体验、绘图、模型制作以及知识问答，具有多样性和层次性的特点。

该跨学科活动性作业的作业目标是：通过阅读压强的概念相关资料，能够理解压强的定义（物理）；通过体验"注射器抽取小瓶中的水"家庭小活动，学生绘制抽水过程中注射器管内气体分子的分布变化图，归纳总结一定质量的气体体积对容器壁压力即压强的影响，落实守恒思想（物理）；学生参照教材制作生物模型，并根据所学知识概述呼吸运动过程中胸廓体积的变化引起胸内压强的变化，培养学生的观察能力、分析能力、动手操作能力和科学表述能力，落实科学思维和探究实践的核心素养（生物）。

作业设计的融合点体现在三个方面，分别是知识融合、能力融合和学科核心素养的融合。

知识融合：呼吸肌收缩，胸廓扩大，肺内气体体积增大，压强变小，导致肺内压强小于外界大气压，引起吸气；呼气过程相反（生物）。气体体积与压强的关系，静态环境下一定质量气体的体积越大，压强越小；体积越小，压强越大（物理）。

学习能力融合：经历观察、猜想、分析、实验、总结规律，完成一系列探究实践，认识一定质量的气体体积对压强的影响。

学科核心素养融合：落实生物学科科学思维和探究实践，物理学科的物理观念——守恒思想，能够从物质守恒的角度思考一定质量的气体体积对于容器壁压强的影响。

（二）与化学学科融合活动性作业的案例

北京版生物学七年级下册第七章第二节尿液的形成过程中，包括肾小球的滤过作用和肾小管的重吸收作用，除了肾单位的各部分结构特点，还涉及化学的知识和能力，这些知识的掌握能帮助学生理解肾小球的滤过作用。跨学科活动性作业"尿液的形成过程"，其形式包括文字阅读、图形识别、模型制作、试题作答，既有文本类的部分又有动手实践的部分。

该跨学科活动性作业的作业目标包括：通过阅读资料，了解相对分子质量的概念，能够应用概念区分大分子和小分子（化学）；通过应用模型完成作业题目，培养学生的分析问题、解决问题能力，落实证据推理和模型认知的核心素养（化学）；通过制作肾单位模型，体会肾小球的滤过作用，加深对大分子和小分子区别的理解，培养学生的动手实践能力，落实生物学的科学思维和探究实践的核心素养（生物）；分析肾单位各个结构的特点，联系相应的功能，落实结构与功能观的生命观念（生物）。

知识融合：肾单位的结构之一肾小球的结构特点是上皮细胞间有一定大小的空隙，利于小分子物质滤过（生物）；理解化学物质的相对分子质量概念，应用概念能够区分大分子和小分子（化学）。

学习能力融合：培养学生的阅读、分析推理、解决问题能力，培养学生的动手实践能力。

学科核心素养融合：通过应用模型完成作业题目，落实化学学科证据推理和模型认知的核心素养；通过模型制作和结构分析，落实生物学科科学思维和探究实践素养、结构与功能相适应的生命观念。

（三）与地理学科融合活动性作业的案例

大多数学生的成长环境在城市，对于大自然和农业生产了解较少，在遇到"温度或者光照对生物生长发育的影响"这类问题时往往比较困惑，难以区分影响的主要因素是什么。与地理学科相融合的跨学科活动性作业的形式有材料阅读、实践活动、试题作答。

该跨学科活动性作业的作业目标包括：通过列举温度和水分对昆虫、小麦等生物生长发育的影响，说明环境能够影响生物，落实生物学的比较、归纳总结等科学思维（生物）；通过列举特定节气人们的生产生活活动，深入认识自然环境对人类活动的影响，落实地理学科中的人地协调观（地理）；通过树叶蒸染这个活动体验，感受传统文化的魅力、人地和谐之美。

知识融合：地球运动导致季节变化，引起节气不同，温度和水分等非生物因素能够影响生物的生长发育，因此在特定的节气人们进行相应的生产生活活动。

学习能力融合：能够对不同节气生物的生长发育情况进行分析，培养学生比较、分析、归纳总结能力（生物）。特定区域适当节气进行地理实践活动，培养区域认知和综合思维能力（地理）。

学科核心素养融合：通过比较、归纳总结得出环境能够影响生物的结论，根据节气正确指导农业生产，落实生物学科的科学思维和态度责任（生物）；通过说明北方地区小满节气水分过多对小麦的危害，落实人地协调观，培养社会责任感（地理）。

五、跨学科活动性作业的实施后效果评价

对跨学科活动性作业进行科学、全面的评价，从而促进学生的学习积极性，发挥作业评价的育人导向功能。本研究主要借助终结性评价，关注作品的效果、观察结果的准确性等。以"呼吸运动过程中胸廓体积与胸内压强之间的关系"跨学科活动性作业为例，作业的评价包括5个要素（表3），从这5个方面分别对学生作业进行客观评价，帮助教师了解作业情况和学生对知识的掌握程度，为下一步的教学服务。

表3 "呼吸运动过程中胸廓体积与胸内压强之间的关系"作业评价量化表

项目	评价要素	分数
1	能够在导图中体现一定质量的气体体积对压强的影响	20
2	能够将胸腔的呼吸运动抽象成一定质量的气体压强模型	20
3	能够用术语解释说明呼吸运动	20
4	能够制作呼吸运动模型	20
5	能够概述呼吸运动过程	20

在新授课阶段，对初一年级学生实施"显微镜的结构和使用""呼吸运动过程中胸廓体积与胸内压强之间的关系""尿液的形成"和"植物细胞吸水和失水"四个作业跨学科活动性作业后，对约200名初一年级学生进行问卷调查，反馈结果如下：77.55%的学生认为跨学科活动性作业难度适中，75%的学生觉得作业的时长适中，88.57%的学生认为跨学科活动性作业形式多样，适合不同层次的学生，说明学生对作业形式、难度和时长等比较满意。62.76%的学生认为跨学科活动性作业对解决生物学难点问题帮助比较大，78%的学生觉得这样的活动性作业很有趣或者有趣，84.69%的学生喜欢老师或者同

学对自己作业的评价，说明跨学科活动性作业提高了学生的学习兴趣和综合思维能力（调查结果见附件4）。

比较实施过跨学科活动性作业和只有生物作业的学生的得分情况，前者普遍高于后者。对一些开放性问题的回答上，实施了跨学科活动性作业的学生能更清楚详细地写出原理。

六、总结与反思

由于其他学科知识缺乏造成的一系列的生物学难点，主要与物理和化学相关，一个原因是生物与物理、化学的联系紧密，另一个原因可能是由于物理、化学的教学顺序滞后生物学教学一到两年造成的。从这些生物学难点出发，确定作业目标，融合物理、化学和地理等学科的知识、能力和学科核心素养，设计了一系列学生感兴趣的跨学科活动性作业，并在新授课阶段实施。

跨学科活动性作业存在以下几点优势：经过跨学科活动性作业的练习后，学生拓宽了视野，培养了综合运用知识解决实际问题的意识。小组合作促进学生间分工和交流，让不同层次学生在活动中都能找到生长点，在提高学习成绩的同时，提高了学习兴趣和积极性，从而在"双减"背景下，达到减负提质的效果。教师研读新课标和教材，提高了设计跨学科活动性作业的能力（表4），这些跨学科活动性作业的布置，能够丰富课堂资源，优化课堂教学，有助于教学难点的突破。

表4 教师论文汇总

序号	论文名称	著作者	发表刊物	发表时间
1	基于跨学科融合的活动性作业设计——以地理生物学科为例	李翠格	电脑校园 优秀论文一等奖	2022.04
2	探究利用两种光源凸透镜成像规律的异同	郑磊 赵秋爽	湖南中学物理	2022.04
3	科学计算软件辅助下的"声音的特性"教学	郑磊	中小学数字化教学	2022.05
4	初中生物和物理跨学科融合活动性作业的案例分析	赵燕 郑磊 崔乐	待发表	
5	跨学科活动性教学设计——以"生态系统"为例	张世伟	待发表	

在实施跨学科活动性作业时要注意把握时机，调整实施策略。初二年级综合复习阶段实施跨学科活动性作业，得到了与初一年级不同的结果：初二年级的学生生物学知识得分普遍高于初一年级，但是实施跨学科活动性作业的学生得分却低于未实施跨学科活动性作业的学生。原因可能是作业量不同，活动性作业增加的新情境提高了作业难度；也可能是短期内没有呈现优势，但是从长远发展来看，对学生综合素质的提高还是非常有益的，具体原因还需进一步研究。

参考文献

[1] 王月芬,张新宇. 透析作业:基于30000份数据的研究 [M]. 上海:华东师范大学出版社,2014:75-128.
[2] 中共中央办公厅、国务院办公厅. 关于进一步减轻义务教育阶段学生作业负担和校外培训负担的意见 [EB/OL]. (2021-07-24). http://www.moe.gov.cn/jyb_xxgk/moe_1777/moe_1778/202107/t20210724_546576.html.
[3] 代文利. 课程整合视角下的跨学科作业设计研究 [D]. 上海:华东师范大学,2021.
[4] 张毅超. 初中生物和地理跨学科评价研究 [D]. 上海:上海师范大学,2021.
[5] 中华人民共和国教育部. 义务教育生物学课程标准(2022年版)[S]. 北京:北京师范大学出版社,2022.
[6] 王月芬. 重构作业——课程视域下的单元作业 [M]. 北京:教育科学出版社,2021.
[7] 熊和平,沈雷鸣. 作业:课程哲学意涵及改革思路 [J]. 教育理论与实践,2008(10):49-52.
[8] EPSTEIN J L, VAN V F L. More than minutes: Teachers'roles in designing homework [J]. Educational psychologist,2001,36(3):181-193.

附件1:教师访谈提纲

1. 您目前在初中生物作业形式上使用最多的方式有哪些?
2. 您平时布置的生物作业量适合吗?学生的完成情况如何?
3. 您布置过什么形式的非常规的初中生物作业?学生做的情况如何?您对创新形式的生物作业怎么看?
4. 您是否了解"跨学科"理论,您认为"跨学科"理论是什么?是否曾经基于"跨学科"理念进行作业设计?
5. 如果您要使用"跨学科"理念进行作业设计,您会在哪些类型的知识点进行跨学科作业设计?
6. 您认为基于"跨学科"理念进行作业设计会有哪些困难?编制作业的资料来源有哪些?

访谈结果如下:

1. 您目前在初中生物作业形式上使用最多的方式有哪些?

教师1:在"双减"背景下,我在平时的作业布置过程会使用内容齐全的教辅资料,还会帮助学生总结知识点,基础的选择题和材料题也是覆盖知识点,加深学生的学习印象。除了平时使用的辅导资料作业,还会利用各种组卷资源,精益求精地选出帮助学生加深知识理解应用的各种题型,以便学生复习时练习使用。

教师2:内容主要与当天课程内容一致,起到巩固和检测的作用;在形式上多以书面试题的形式,有时会增加本学科动手操作的拓展作业。

教师3:平时作业最多的形式是文本性的作业,主要是知识的巩固、梳理和试题的练习。

2. 您平时布置的生物作业量适合吗?学生的完成情况如何?

教师1:在"双减"背景下,根据课程要求,我平时布置的作业题量适中,学生一般

20 分钟左右能完成作业，周末的话会适当增加一些题量。学习程度较好的同学会按质按量地完成作业，并且自我改错也完成得很好。

教师 2：根据"双减"政策的要求，控制在 10~15 分钟，一般 10 道题，以选择和填空的形式出题。学生能够在规定时间内答完；大部分学生能够掌握基础知识，但是个别学生没有达到要求。

教师 3：在"双减"的政策下，在有课的当天布置 15~20 分钟的文本作业，绝大多数学生都能保证完成，但是作业质量不高、错误较多，而且学习落后的学生还存在抄袭现象。每个班都有几个学生不能完成作业。

3. 您布置过什么形式的非常规的初中生物作业？学生做的情况如何？您对创新形式的生物作业怎么看？

教师 1：在"双减"背景下，立足生物学科核心素养，培养学生的科学思维及科学探究能力，布置过生物模型制作，家庭小活动如蒸馒头、发酵酸奶等。学生在做这些非常规作业时，多数还是比较积极认真的，完成质量也较高，部分家长也会很有兴趣地参与其中，密切了亲子关系。我认为创新形式的作业能吸引学生的注意力，促进学生的创新精神，但是前期准备较为烦琐。

教师 2：包括模型制作、调查报告、居家实验等；一小部分学生能够按照要求完成，但是因为没有固定的标准答案，大部分学生在潜意识里觉得这类作业是选做或者糊弄做，能力并没有得到提升。对于这类作业，首先应该说明评价标准，并且在日常的考核中，也应包括这类作业的评分。

教师 3：在平时偶尔布置一些动手操作的拓展作业，比如制作模型、蒸馒头等实践活动，也布置过知识总结梳理的作业，如构建章节的思维导图。在七年级下册学习"生物圈中的人"这个主题时，绘制人体重要器官的模式图。只有部分学生做了非常规性作业，而且作业各具特色，差异比较大，有一部分作业是可以参加比赛的精品，也是教学很好的示范工具和材料。有些成绩不怎么好的学生，却能够制作出精致的模型，说明这些学生擅长制作类的作业。创新作业的设计有的会涉及两个学科以上的知识和能力，比较考验老师的知识面和设计能力，比常规性作业需要花费更长的时间。

4. 您是否了解"跨学科"理论，您认为"跨学科"理论是什么？是否曾经基于"跨学科"理念进行作业设计？

教师 1：我知道"跨学科"是在两个学科之间建立联系，通过联系的部分进行教学，帮助学生使用多学科思维解决问题的能力。我没有使用过"跨学科"理念设计作业，但是我曾经在教学中引导学生用地理学科的知识分析历史问题。

教师 2："跨学科"是利用两门以上学科的知识解决一个共同问题。在假期作业的布置上，曾经与地理学科融合，但是在日常作业中，没有过多体现。

教师 3："跨学科"理论是结合两门以上的学科进行融合，不是简单的累加，而是进行有机融合。没有专门地使用过"跨学科"理念来进行作业设计，有的作业涉及不同学科的知识和能力，融合后帮助学生理解。

5. 如果您要使用"跨学科"理念进行作业设计，您会在哪些类型的知识点进行跨学科作业设计？

教师 1：我作为生物教师，认为跨学科教学的最终目的是促进生物学科能力和素养的提高，当学生对除生物之外的某一学科知识产生兴趣时，我们需要培养学生对这种知识的质疑能力、努力探求知识的心理愿望，以及在请教老师、家长和同学共同讨论时的生物学科交流能力，因此，生物学科与其他学科是辩证的。因此我会联系不同学科中的相关内容，寻找作业设计与实施过程中的根本问题，虽然各学科在教学目标上有着差异，但是其他学科的知识作为学生学习生物课的背景，因此作业就可以整合不同学科的相关内容，让学生进行生物学习。还有从作业的分层方面进行设计，包括作业数量的分层和作业难度的分层等。

教师2：能够与实际生活相关的知识；学生感兴趣的知识；涉及其他学科知识的内容。

教师3：有些重要的生物学知识和能力因为其他学科知识的缺乏导致学生无法理解，即使勉强记住了，但是很快就会遗忘，主要是缺乏相关的知识和能力，因此在这样的重难点问题上会进行"跨学科"作业设计。

6. 您认为基于"跨学科"理念进行作业设计会有哪些困难？编制作业的资料来源有哪些？

教师1：如果让我用"跨学科"理念进行作业设计，我觉得难点是怎么把握好两个学科或者多个学科之间的度，如何平衡学科之间联系的度；还能突出生物学科的特点，这一点在进行跨学科作业设计时还是要注意。

教师2：

困难：课程设计的复杂度；情景的选择；实施进度；学生的积极性；如何调和与学业检测的矛盾。

资料来源：科研前沿论文、现实中的问题、历届真题。

教师3：在设计"跨学科"作业的时候，往往只对生物学科的知识、能力和学科素养很熟悉，对其他学科不清楚，而其他学科也是同样道理，因此，设计这样的作业对教师能力的挑战很大。设计"跨学科"融合作业需借鉴别的学科的课标、教材和文献。

附件2：调查问卷1

亲爱的同学们，本问卷旨在了解目前你在初中生物学科学习过程中遇到的难点问题，我们将以跨学科活动性作业的形式，结合不同学科（物理、化学、地理等）的知识来一起攻克生物难题。在攻克难题、解决问题的同时，体验不同学科的乐趣。本调查结果仅为教学研究提供参考，不会对你个人的学习产生任何不利的影响，希望能如实填写。谢谢合作！

1. 你是哪个年级的学生？
   A. 七年级　　　　　B. 八年级
2. 在学习生物的过程中，你遇到过哪些难点知识（可多选）？
   A. 显微镜的成像原理
   B. 碘液鉴定淀粉的原理
   C. 含铁的血红蛋白在不同浓度的氧气中，颜色会变化的原因
   D. 植物的根尖在吸水时，细胞液浓度和根尖周围土壤溶液的浓度比较

E. 光合作用实验中，产生的气体是氧气

F. 尿液的形成过程中，肾小球的滤过作用和肾小球的重吸收作用

G. 呼吸运动过程中，胸廓体积与胸内压强之间的关系

H. 近视的成像特点和矫正方法

I. 化石的形成、地质年代的鉴定

J. 环境对生物的影响

必填项（除此之外再写一项）：

3. 下列作业属于活动性作业，你喜欢哪些作业形式（可多选）？

A. 查找资料　　　　　　　　　B. 撰写论文

C. 设计实验方案　　　　　　　D. 绘图说明

E. 录制或拍摄观察到的现象　　F. 制作模型

G. 小组合作完成探究实践　　　H. 对周围现象及社会问题进行调查

I. 其他

4. 有的作业除生物学科外还会融合地理、物理的知识和能力，属于跨学科作业，对此你了解吗？

A. 非常了解　　　B. 了解一点　　　C. 不了解　　　D. 看了题干后有些了解

5. 如果需要做跨学科的动手实践作业，你希望在什么时间做？

A. 平时放学回家　　B. 周末　　　　C. 小长假　　　D. 寒暑假

6. 遇到感兴趣的实践作业，且对学习有很大的帮助，你能接受多长时间的动手操作？

A. 0.5 小时以内　　B. 0.5~1 小时　　C. 1~1.5 小时　　D. 1.5~2 小时

7. 你希望老师多久布置一次跨学科作业？

A. 一周一次　　　B. 两周一次　　　C. 一个月一次　　D. 根据学习的需要

8. 你想个人独立还是小组合作完成跨学科作业？

A. 个人独立完成　　　　　　　　B. 小组（两人一组）合作完成

C. 小组（四人一组）合作完成　　D. 根据作业形式而定

9. 你对跨学科作业的形式和层次的期望是什么？

A. 形式单一，层次单一

B. 形式有变化，偶尔有分层

C. 形式较多，题目设置多个层次的小问

D. 形式多样，并能根据学生个体情况量身定制作业

10. 怎样的评价方式，更能增加你对学习的信心？

A. 作业的等级　　　　　　　　B. 试卷的分数

C. 老师鼓励性的评语　　　　　D. 自评与同学间互评

必填项：你对跨学科作业有哪些看法，对老师布置的作业还有哪些建议？（从作业的内容、形式、评价方式来谈）

调查结果：

作 业 篇

1.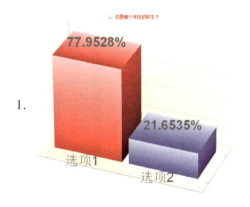

2.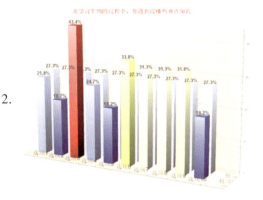

3.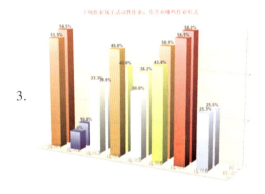

4.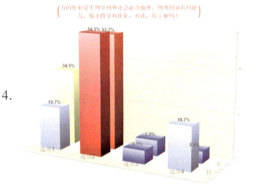

5.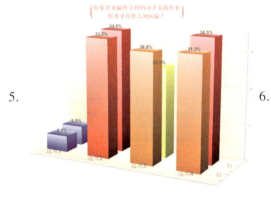

6.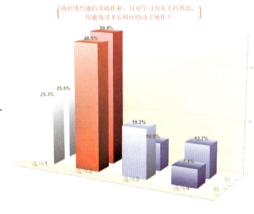

7.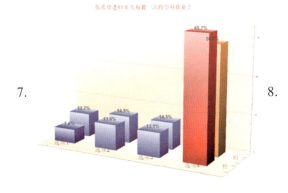

8.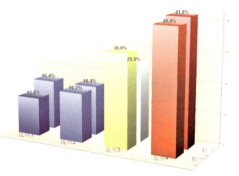

· 31 ·

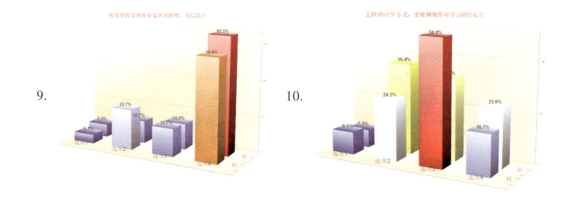

附件3：跨学科活动性作业评价量表

评价指标	评价要素	权重	得分
作业目标 A（30分）	A1. 依据课程标准，立足学生实际和发展，制定适切的学科核心素养作业目标，体现对必备知识、关键能力与正确价值观念的要求，突出能力素养导向	10	
	A2. 物理、化学、地理与生物有机融合，有针对性地解决生物学的难点问题	10	
	A3. 充分挖掘学科的育人价值，落实立德树人根本任务	10	
作业内容 B（40分）	B1. 活动性作业来源于身边真实的情景，材料容易获取，活动简单易操作，现象清晰易观察	10	
	B2. 能根据学习内容和学生特点，选择除生物外至少一个以上学科的学习资源进行有机融合，设计非常规性作业	10	
	B3. 形式多样、层次清晰，表达准确，能明确地向学生传递	10	
	B4. 根据学生作业的完成情况，借助具体易检测的作业评价表，对学生作业进行打分评价或者等级评价	10	
作业功能 C（20分）	C1. 学生能准确理解作业内容，并与生物学相关内容建立内在联系，解决生物学难点问题	10	
	C2. 学生能够对跨学科作业的价值产生共鸣和认同，并表现出进一步学习、探索的愿望	10	
作业特色 D（10分）	D1. 跨学科活动性作业简单有趣但是学科特点鲜明，具有个人作业特色	5	
	D2. 勇于实践探索，在跨学科活动性作业设计的环节上富有创意	5	
总分			
说明：A作业85分以上，B作业70~84分，C作业60~69分			

附件4：调查问卷2

亲爱的同学们，我们在初中生物学科学习过程中遇到的难点问题，结合不同学科（物理、化学、地理等）的知识，以跨学科活动性作业的形式布置了三次作业，分别是"尿液的形成""呼吸运动过程中胸廓体积和压强间的关系""植物细胞吸水和失水"。本问卷主要是了解你做跨学科作业的情况，帮助老师对作业的设计进行下一步修改，希望能如实填写，谢谢合作！

1. 你所在的年级是
    A. 七年级　　　　　　B. 八年级
2. 以下哪些作业中你学到了物理或者化学的知识？
    A. 尿液的形成
    B. 呼吸运动过程中胸廓体积和压强间的关系
    C. 植物细胞吸水和失水
3. 你觉得跨学科作业能否帮助你解决生物学的难点问题？
    A. 帮助很大　　　　　B. 有点帮助　　　　　C. 没有帮助
4. 你认为老师每次布置的跨学科作业难度如何？
    A. 简单　　　　　　　B. 适中　　　　　　　C. 较难　　　　　　　D. 太难
5. 你觉得跨学科作业时间是否太长？
    A. 太长　　　　　　　B. 有点长　　　　　　C. 适中　　　　　　　D. 很短
6. 你对跨学科作业是否感兴趣？
    A. 很感兴趣　　　　　B. 有些兴趣　　　　　C. 不讨厌　　　　　　D. 很枯燥
7. 你认为跨学科作业是否多样性、有层次？
    A. 形式单一，层次单一
    B. 形式有变化，偶尔有分层
    C. 形式较多，题目设置了多个层次的小问
    D. 形式多样，是根据学生个体情况量身定制作业的
8. 你是否喜欢老师或者同学们对你的作业评价？
    A. 很喜欢　　　　　　B. 喜欢　　　　　　　C. 无所谓　　　　　　D. 不喜欢
9. 你对老师布置的跨学科作业的其他建议：

调查结果：

1.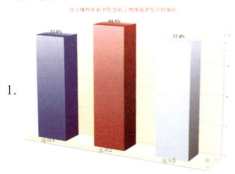

2.

新问题、新探索、新实践
——北京市教育科学规划"双减"研究专项成果集（上册）

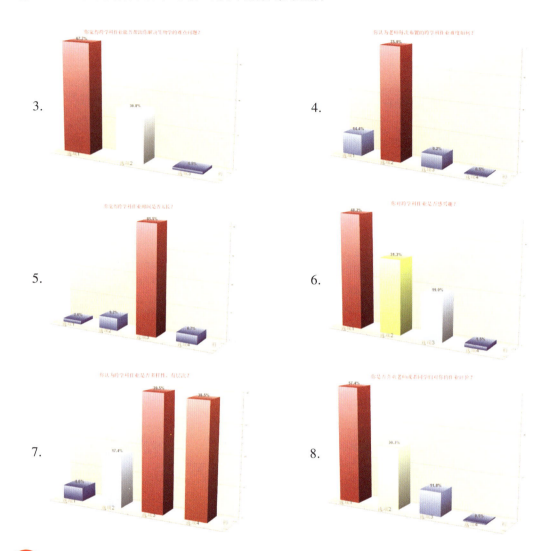

专家 点评

  本课题研究所开展的跨学科活动性作业旨在两方面实现"跨"：一是学习内容方面，即以生物学科为主，有机融合物理、化学、地理学科；二是学习目标方面，即实现知识、学科能力及核心素养的全面综合发展。通过研究探索，实践中不仅帮助学生突破了生物学难点，也提高了学生综合运用知识解决实际问题的能力，满足"双减"背景下减负提质的要求。

  如，课题研究发现生物学中的一些难点（主要集中在七年级上、下册教材）涉及物理、化学和地理学科的综合知识和能力的运用。例如，显微镜的成像特点与凸透镜成像的原理有关，呼吸运动过程中胸廓体积增大或缩小引起胸内压强的变化，这些都涉及物理学科的知识和能力；植物细胞的吸水和失水原理涉及化学中的溶液浓度和物理中渗透原理；生物学中"环境对生物的影响"可通过人们在不同节气开展特定的生产生活活动（地理）进行阐述说明。

通过跨学科的学习与作业，以生物学科为主，有机融合物理、化学、地理学科，可以很好地解决这些教学难点。通过活动性作业的安排，可以很好地实现知识、能力及学科核心素养的全面综合发展。这些，都是经实践检验的正确的科学做法。

总体来看，课题研究通过对跨学科活动性作业的设计路径、案例分析、评价反思等方面进行探索，提出了一套跨学科活动性作业设计思路，可以为教师们设计和实施跨学科活动性作业提供有益参考。

后续建议对跨学科活动性作业设计思路进行更加理论性的概括，以有利于在今后的实践中，在理论指导下更自觉地发挥跨学科活动性作业的优势与价值。

任长松

人民教育出版社

小学语文基础性作业融入课堂教学的实施策略①

北京市朝阳区教师发展学院　蒋秀云

摘　要　基础性作业是学科中最基本的知识、方法、能力、习惯等得以掌握、形成和发展的载体，是全体学生都应按一定标准完成的作业内容。语文教材练习系统中那些与课文内容密切相关、体现教学目标实际达成效果的任务型、活动型基础性作业，都应随着教学进程的推进尽可能在课堂中完成。这就需要教师在明确作业结果指标、清晰划分评价维度与层级标准的基础上，细化作业完成的过程；并通过教学内容的整合，建构结构化课堂，让课堂教学过程既是教学目标的达成过程，同时又是基础性作业的完成过程。通过基础性作业适恰融入课堂教学之中，达到减轻学生课外作业负担的目的。

主题词　基础性作业　融入课堂　实施策略

《义务教育语文课程标准（2022年版）》（以下简称"新课标"）在"课程性质"中，用三个"为……打下基础"的句式，突出强调了语文课程的"基础性"功能以及在学生终身学习与发展中的"奠基作用"；在"课程理念"中又进一步明确要"面向全体学生，突出基础性"的实施要求；还在"课程内容"中专门设置了以识字写字，词句段的积累、运用为主体内容的"基础型学习任务群"。"双减"政策则要求教师能"系统设计符合（学生）年龄特点和学习规律、体现素质教育导向的基础性作业"。可见，基础性是义务教育语文课程的本质属性，基础性作业则是其本质属性在作业中的直接体现。

众所周知，教材是课程理念、性质、目标等得以落实的内容载体。统编版小学语文教材是学科专家将宏观的核心素养分解、细化为若干目标要素，并根据学生的身心与认知发展特点，将目标要素均匀、合理地分布在各学段而形成的循序渐进、螺旋式上升的综合训练系统，由文本系统、知识系统、助读系统和练习系统构成。其中练习系统中的内容是保证每个学生都能掌握学科中最基本的知识、方法，形成基本能力、习惯等而安排的练习型或任务型实践活动，是常规的基础性作业。这些内容规定了基础性作业的范畴和程度水平，是教师自主设计基础性作业的参考依据。

教材中的基础性作业与课文内容密切相关，是直接从文本材料中提炼的指向基本读写能力和思维能力发展的训练内容，也是"基础型学习任务群"的主体内容。主要包括课文中出现的要求认识、会写的常用字、词的书写练习，有新鲜感的、书面化程度较高的

---

① 北京市教育科学"十四五"规划2021年度"双减"专项课题"小学语文基础性作业减负增效的课堂教学研究"（CDGB21487）的阶段性研究成果。

词语的运用练习，典型句式和段式的仿说、仿写等语言实践活动以及对课文典型叙事结构内化积累的讲述（故事）、复述等口语训练任务等。这些作业有的是教学目标的巩固性练习，有的是教学目标的结果性呈现，其与教学目标有内在的一致性关联，因此可以融入课堂教学中完成。然而在以往实际的教学中，这些作业却通常被教师安排在课下完成，这不但加重了学生的课外作业负担，而且因缺乏教学目标的结果性呈现导致课程的教学内容泛化、不聚焦，"教"与"学"的活动相割裂，分析、讲解、阐释占用的时间过多，面向全体学生的自主实践活动严重不足等现象的普遍存在。因此，将基础性作业融入课堂教学中，提高其在课堂中的完成度和效果，以实现在减轻学生课外作业负担的同时，提高课堂教学质量和效率的目的，就成了当前一项十分重要的工作。

一、明确评价标准，细化完成过程

在明确基础性作业的内容和目标要求的基础上，对作业结果进行内容维度和层级水平的划分，明确评价标准；并依据新课标的要求对作业的完成过程进行程序化分解，是基础性作业融入课堂教学的前提。

首先，分析教材课后思考练习中的内容，筛选出那些具有练习或任务性质、同时又需要呈现结果的内容，即基础性作业，明确其目标要求。如：《秋天的雨》课后有三个思考练习：①有感情地朗读课文；背诵第2自然段。②课文从三方面写了秋天的雨，和同学交流你最感兴趣的部分。③想象一下，秋天的雨还会把颜色分给谁呢？照样子写一写。其中"有感情地朗读""背诵"和"仿写"都是基础性作业的内容，目标应达到"能"或"会"的程度，需要分层级划分结果指标。

其次，对基础性作业的结果指标进行维度和层次的划分，明确底线目标与发展目标。维度即内容领域，层次是由低到高的认知水平进阶。如仿说、仿写类作业可从"言语形式"和"言语内容"两个维度来划分。而层次则要从维度的两个方面分别划分，言语形式可划分为与例句的结构和语言表达特点完全一致、较一致、不一致；言语内容可划分为与例句的言语形式完全匹配、比较匹配、不匹配。底线目标是从一个内容、一个方面仿写好一句话；发展目标则应为从一个内容、两个不同方面仿写好两句或以上的内容，从不同内容、不同方面或角度仿写好一组（至少三个）有内在关联的句子。层次既可以通过程度的递进体现认知从低阶到高阶的梯度跃升，也可以通过内容的增加来彰显认知从简单到复杂的递进发展。对基础性作业的结果性指标进行维度和层次的清晰划分，能增强作业指导与反馈评价的针对性和实效性，保证在所有学生都能达到底线目标的基础上，同时满足学有余力学生的个性发展需求。

最后，对接新课标，明确基础性作业结果指标（评价标准）的具体内涵，并对完成过程进行分解、细化。如：写字是常规的基础性作业，也是重要的教学内容。课标在前两个学段明确了"规范""端正""整洁"的要求，第三学段增加了"力求美观"的要求。而在教材层面，只在课后明示了要求会写的具体字，并没有目标的提示。这就需要教师对其进行结果指标内涵的分解、细化：首先"能背着写正确"应是最基本的底线要求，可具体化为写字过程中能做到笔顺正确、笔画书写正确、结构安排正确，这也是"规范"目标的具体内涵；其次是写的结果能做到"端正""整洁"。结果的达成需要步骤的清晰和要求的明确：首先要认真观察，准确找到笔画的起笔、落笔位置，明确偏旁部首与部件的占比，分清字的间架结构；然后按照笔顺规则一笔一画、横平竖直地书写，尽量不涂改，要是非涂改不可，就要擦干净原来的书写痕迹；最后，字写好后，再次对照范字，观察、对比，看自己写的字在正确的基础上，整体效果是否达到了方正、干净、整齐的目标要求。明确了写字目标的具体内涵和操作程序，课上才能合理规划教学的步骤、层次、梯度，进行有针对性的书写指导活动。

二、整合内容，构建结构化课堂

结构化课堂区别于教学内容简单相加、指向单一目标达成的若干教学活动的线性排列的课堂，它是围绕核心目标，将教学内容进行统整、重组，删繁就简、化零为整、突出重点，形成立体多维、系统关联的课堂。这就需要进一步厘清基础性作业内容与课堂教学内容目标之间的关系，将基础性作业适恰融入课堂教学中，让课堂教学过程既是教学目标的达成过程，同时又是基础性作业的完成过程，形成整合融通、自主建构、思维灵动的课堂样态。

（一）分析性质，形成系统关联，实施整合融通的教学活动

有的基础性作业是教学目标的结果性呈现，这类作业往往与整篇课文的学习密切相关，且任务性强，可作为教学主线驱动教学进程的推进；有些则是巩固局部教学内容的练习性作业，这类作业应尽量在学习相关内容时适恰融入，做到讲练结合，当堂学会，将教与学有机统一起来，以减少课下练习时间。

像讲故事、复述等基础性作业，都是建立在对整篇文章的内容、结构、语言、主旨了然于心基础上的综合语言实践活动，这类基础性作业的任务性质十分凸显，就可以以基础性作业的完成过程为线索，整合其他教学内容，实施任务型教学活动。如：《军神》一课的课后设置了"以沃克医生的口吻讲故事"的学习目标，这个目标同时也是任务型基础性作业；而针对课文内容及人物形象的理解，教材设置了两项内容：通过动作、语言、神态描写体会人物内心的情感；说出"军神"的含义。对这类课文的教学，以往教师通常以分析、阐释刘伯承内心情感和沃克医生的心理变化为主线设计教学活动，讲故事的任务则往往在分析完课文后用几分钟时间集中指导，能在课上展示学习成果（讲故事）的也就两三位同学。这样的教学本质上还是线性的、非结构化的。如果以任务型基础性作业"讲故事"的完成过程为线索，统整三项教学内容，进行系统实施，就可以达到删繁就简、一石三鸟的效果。讲之前需要明确如下要求：联系上下文和生活实际，对"我"和刘伯承的内心所思所想，进行合理想象，并适恰穿插到故事的讲述中。这样就能巧妙地将学生对文中人物内心情感的体会、对"军神"的理解整合到"讲故事"的任务完成中，克服了课堂上用大量的时间进行分析阐释，而将作业布置成难以落实和检测的"下课讲给家长听"的课外作业的弊端。

而仿说、仿写、背诵语段等与局部学习内容相关的基础性作业，则可作为隐形任务将其适恰融入相关教学活动中。

（二）基于认知，立足自主建构，实施归纳而非演绎的教学流程

基础性作业融入课堂教学中，需要以学生的原有认知经验、水平为起点，设计并实施归纳而非演绎的教学流程，以让学生在自主建构中，层层深入、循序渐进地理解、内化知识。如：写字属于动作技能，是第一学段的教学重点，它的熟练掌握需要长时间、持续不断、按既定程序的反复练习，学生只有在不断的写的实践中才能逐步领悟写好字的真谛。这就要求教师必须摒弃课上以"分析讲解—观摩示范"为主，课下以"巩固练习"为主的流程设计，因为这种设计割裂了教与学之间的血肉联系。在这样的课堂里，教师往往会安排大量的时间进行分析、讨论关于如何写好字的问题，以至于在长达十分钟的时间里，学生真正写的时间不过两三分钟，其余的时间不是在听、就是在说。写字作业的核心目标应是通过各种形式的书写练习，达到能熟练默写的目的。可设计如下步骤并加以实施：①先让学生认真观察书上的字，根据笔顺和笔画提示，进行自主书空练习，并与同伴对照书上的提示、要求等互写互查，旨在熟悉笔顺、笔画、结构并初步记忆字形；②教师范写并语言提示重难点，学生边用手书空跟写、边说笔画，旨在调动多种感官参与，在看、写、听、说中再次强化记忆；③学生自行临摹书写，可以要求尽量与书上的字写得一模一样，将认真观察、自主实践与结果呈现统一起来；④展示评价，应重在让写得好的学生分享经验，对写得有问题的学生进行及时纠正。此环节不必要求学生阐释得过于详细，点到即可，旨在培养学生初步观察、归纳与反思的元认知能力；教师则可在学生发言的基础上根据目标做诊断性、引领性评价，提升学生的认识。最后，还可设计背着书写（听写）活动。经过几轮不同形式的记忆与书写的反复实践，不仅多数学生可以达到"背着书写正确"的底线目标要求，同时，也为学生提供了独立观察思考、展现个性学习方法的时间和空间。

讲故事等作业同样也应实施归纳的教学流程：在对内容了然于胸的前提下，先放手让学生自主讲、小组内轮流讲，然后指名讲，并针对学生讲的情况来讨论"怎样才能讲得更好"的问题。这样，在针对目标达成的反复实践、完善中，建构、内化讲故事的标准，而不是先讨论怎样讲好，列出若干条标准（目标），然后学生按照设定好的条条框框、亦步亦趋地完成任务。

（三）拓宽思路，搭建思维支架，展现个性化学习成果

让学生完成比较复杂的基础性作业，时间有限，作业又有一定难度，教师为学生搭建一个好的思维支架就显得很有必要。比如，在仿说、仿写类作业中，说、写的形式是固定的，内容则要学生联系自己的生活实际来选择、确定。这类作业在融入课堂教学时，就要充分调动学生的生活积累、情感体验与认知经验，以丰富写的内容领域；并启发学生借助由此及彼的联想和想象，将生活中积累的视、听觉等表象进行言语形式的转化。也就是说需要打开学生生活的多维空间，让他们徜徉在曾经经历过的场景、情境里，思接千里、视通万里，将情感投入其中，才能展现充满个性的言语作品。如，上述《秋天的雨》一课仿写句子（"它把黄色给了银杏树，黄黄的叶子像一把把小扇子，扇哪扇哪，扇走了夏天的凉爽"）的指导，可首先提出拓展想象范围（时空）的问题：你在秋天的什么时候去过哪些地方？在学生打开思维进入情境后，再聚焦具体景物的特点进行层层深入的提问：你在这些时间或地方都看到过哪些景象？它们是什么颜色、什么样子的，有

着怎样的动态？这样的色彩、样子、动态让你想到了什么？怎样用书上的句式描述你的想象呢？这样就可在不知不觉中，让学生完成仿写句子的作业。由于所设计的问题从想象范围的拓展、表象的唤起和言语的转化三个维度展开，同时遵循从整体到部分、再到细节的认知逻辑，为学生拓展了思维空间，为最终能聚焦具体事物特点的言语描摹，搭建了结构完整、逻辑层次清晰的思维支架，为学生在课堂上完成思维灵动、个性张扬、令人耳目一新的作品创造了条件。

将基础性作业融入课堂教学活动中，将惯常课下完成的作业前置到课堂上，不仅可减少学生课下完成作业的时间，减轻学生的课业负担，同时由于在课堂上完成作业可对作业进行及时反馈、评价，还可提高作业完成的质量和课堂教学效率。因此，我们应在深刻理解基础性作业与课堂教学目标、内容之间关系和明确基础性作业结果指标的基础上，努力做好整合教学内容、设计并实施结构化的课堂教学活动的工作。当然，这是一项极具挑战性的工作，怎么才能做得更好，需要我们在实践中不断地加以探讨。

参 考 文 献

［1］中华人民共和国教育部．义务教育语文课程标准（2022 年版）［S］．北京师范大学出版社，2022．

［2］中共中央办公厅、国务院办公厅．关于进一步减轻义务教育阶段学生作业负担和校外培训负担的意见［EB/OL］．（2021 – 07 – 24）．http：//www. moe. gov. cn/jyb_xxgk/moe_1777/moe_1778/202107/t20210724_546576. html．

［3］陈先云．课程观引领下统编小学语文教材教科书能力体系的建构［J］．课程·教材·教法，2019（3）：78 – 87．

［4］格兰特·威金斯，杰伊·麦克泰格．追求理解的教学设计［M］．2 版．闫寒冰，等译．上海：华东师范大学出版社，2017．

［5］余昆仑．基于标准的作业设计及有效路径初探［J］．基础教育课程，2018（12）：72 – 76．

［6］许憬．结构化——让学习深度发生，让思维深度发展［J］．中小学信息技术教育，2021（1）：49 – 52．

［7］殷常鸿，张义兵，高伟，等．皮亚杰 – 比格斯"深度学习评价模型建构"［J］．电化教育研究，2019（7）：13 – 20．

［8］郭华．聚焦活动整体设计，提升教学质量水平［N］．中国教师报，2022 – 01 – 05．

专家 点评

本课题成果旨在将基础性作业融入课堂教学中，提高其在课堂中的完成度和效果，以实现减轻学生课外作业负担的同时，提高课堂教学质量和效率的目的。这个立意好，既是落实《义务教育语文课程标准》（2022 版）的要求——抓阅读和写作的基础，又是落实"双减"的要求——减轻学生过重的课业负担；课题研究对象清楚，研究路径明确，研究方法恰当。需要讨论的是：本成果中对"基础性作业"的范围似乎超出了课标中"基础型学习任务群"规定的内容，即要求高了。根据课标要求，基础型学习任务主要是"激发学生识字、写字、诵读、积累、探究的兴趣……；引导学生在识字、写字、语言积累中感受中华文化的魅力，激发热爱中华文化的情感"；引导学生在语文实践活动中，积累语言材料和语言经验，形成良好语感；通过观察、分析、整理，发现汉字的构字组词特点，掌握语言文字运用规范，感受汉字的文化内涵，奠定语文基础。报告中的"讲故事、复述"等，技能性、整合性较强，宜属于"发展型任务群"中的学习内容和要求。厘清哪些属于"基础"是很重要的。

张彬福
首都师范大学

区域作业设计标准的研制与实践转化路径

北京市海淀区教师进修学校　马耀国　郭学锐

摘　要　区级教研部门在推进作业设计从国家、市区级一系列的文件向教育教学实践转化中发挥着导航和支点作用，研制相关标准为这一转化过程创造了关键工具。本研究对作业设计标准从目标、流程、类型和批改等各个方面进行了翔实的设计。在标准的基础上，构建三级联动和三个支点的推进路径，有效地带动了基于标准引领的区域作业设计与实施探索。

主题词　作业设计　标准研制　转化路径

作业设计是当前落实"双减"、提升育人质量的重要支点。《关于进一步减轻义务教育阶段学生作业负担和校外培训负担的意见》《关于加强义务教育学校作业管理的通知》等一系列的文件，让作业设计有了很多参考，但从文件方案到实践行动，依然还有很长的路要走。调研发现，在作业设计研究与实践方面，学校间、教师间差异明显，水平参差不齐，亟需区级教研部门推动文件方案到实践行动的转化，提升区级作业设计的平均水平线。区级作业设计标准，是从作业设计文件方案走向区级教研和实践行动的关键支点。

一、区级作业设计标准研制的价值取向

为更好发挥引领导航作用，海淀区教研部门组织骨干力量，从研读国家文件、方案出发，充分考虑海淀区教育教学实际和一线教育实践需要，研制出实践需要的、合规、好用的区级作业设计标准，促进教育管理规范提质，引领教师优化作业设计与实施，为学生全面健康成长赋能。

从国家层面发布的相关文件到区级作业设计标准，研制过程主要有三个关键节点（图1）：一是区级教研部门主导，组织一批深入实践的骨干教师，形成标准研制共同体；二是以多元参与、智慧众筹的方式，充分融合区域特色，形成作业设计标准；三是以"研究＋实践"的方式保障标准研制的科学性、指导性和实践性，为更大范围的推广打下坚实基础。

---

①　北京市教育科学规划"双减"专项课题"'双减'背景下单元作业设计与实施研究"（CDGB21492）成果。

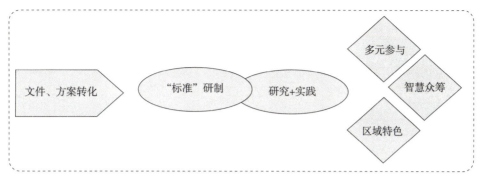

图1 区级作业设计标准研制的价值取向

海淀区以国务院、教育部、北京市等系列与作业相关的文件精神为指导，在充分调研师生需求基础上，针对实践中普遍出现的作业量较大，形式较单一，目标不清，结构性不强，重复训练偏多，实践性、开放性和趣味性不足等问题，充分发挥海淀区近十年的研究优势与实践成果，研制并发布了《海淀区义务教育阶段学科作业设计与实施指导意见》《海淀区义务教育学科作业设计模板》《海淀区义务教育作业设计评价标准》等系列文件，成为区级层面的"作业设计标准"（图2）。三份标准从意见到模板，从上位到具体，从文本到行动，充分实现区级教研所应起到的引领和指导作用，为学校实现作业设计的有效开展、提升区域作业设计平均水准提供了坚实保障。

图2 海淀区区级作业设计系列标准

二、区级作业设计标准的逻辑结构

综合三份区级作业设计标准，抽象概括其内在的逻辑，最终围绕作业目标、作业类型、作业批阅、作业分析和作业结构，形成了五个相互交织、相互促进的实践导向（图3）。

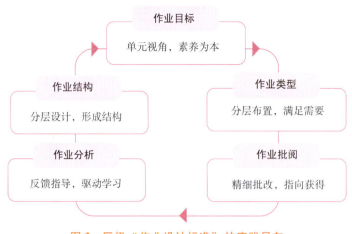

图3 区级"作业设计标准"的实践导向

（一）单元视角，素养为本，让作业目标更加整体与厚重

单元视角是指将作业设计看作单元整体教学设计的有机组成部分，这也是作业设计标准研制和实践要始终保持的基础思维。素养为本是指要以培育学生的核心素养为根本。

在单元视角方面，为了让基础思维更加扎实，标准中明确指出："聚焦单元学习主题、单元学习目标，体现各课时作业目标与单元学习目标的一致"，"基于单元学习目标，规划单元作业目标，确立课时作业目标。作业要求与作业目标相一致，学习目标的重点与难点在具体作业中得到较好体现。贯穿单元的学习目标在不同阶段的作业中得到合理呈现。"在素养为本方面，标准中明确指出："基于课程标准，坚持素养导向，体现学科的育人价值。体现素质教育、发展学生核心素养的导向；目标体现课程育人的方向，突出必备品格和关键能力的培养"。单元视角，充分保证了课上与课下、课内与课外的深度融合、协同发力；素养为本，让作业目标突破知识与技能的单一限制，更加立体、厚重。

（二）分层布置，满足需要，让作业类型更加丰富与个性

在三份标准中，都注重对分层布置作业的要求。首先，依据学生实际学业能力，提供多层次的作业，适应不同能力水平的学生发展需要；其次，引导教师充分关注学生的个性特点，呈现作业多元组织形态，鼓励学生以独立、合作等多种方式完成不同作业；最后，关注学生的个性化兴趣偏好和优势特长，创设能够展示学生多种智能特点、特长和兴趣爱好的作业。

（三）精细批改，指向获得，让作业批阅更加有效与真实

精细批改，是保证作业效果的重要过程，能够让作业指向学生的实际获得。教师要根据作业内容和学情，保证批阅的科学性；要通过书写评语、等级评定等多种方式，丰富批阅作业方式；引导学生借助作业评价单、典型作业互批互改等方式，实现自主发展；师生共同梳理反思作业中的问题、难点，引导学生围绕典型错误进行反思和修正，促进作业目标的达成；鼓励教师实现作业的二次批改，打通学生修改的"最后一公里"。

（四）反馈指导，驱动学习，让作业分析更加多元与深刻

在教学实践中，作业的反馈指导，增加了师生深度交流的机会，从而能够更加有效地驱动学习发生，让作业功能更加多元与深刻。在作业反馈过程中，作业标准强调突出作业反馈指导的个性化、示范性和驱动性。个性化是指对作业中出现的共性问题，可进行集中讲评指导，而对学生的个性问题，可进行单独交流指导；示范性是指对优秀的作业案例，可通过展示、交流进行表扬激励，同时示范引领其他同学的作业完成。驱动性是指学生作业的持续改进过程，立足整个单元，对课时作业持续跟踪反馈，指导学生加强过程反思，形成较为稳定的思路和方法。

（五）分层设计，形成结构，让作业结构更加立体与融合

作业标准强调根据育人目标，分层设计复习巩固、拓展延伸、综合实践等不同类型的作业，将其与育人目标充分整合，形成更加稳定和系统的结构（图4）。复习巩固类作业，引导学生夯实基础；拓展延伸类作业引导学生实现拓展迁移；综合实践类作业引导学生实践创新实践。

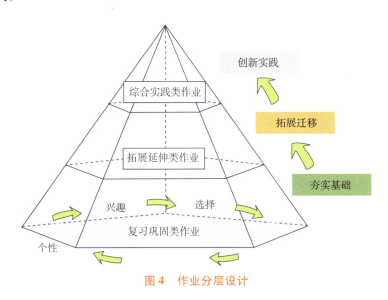

图4　作业分层设计

三、作业设计标准区域推进与落地的实践路径

区级层面研制出了作业设计标准，还需要关注区域的推进与落地。基于此，我们探索以"三级联动"的实践路径和"三个支点"的培训路径，引领教学实践的有效发生。同时，研究与实践相融合，指导一线教师能够在应用标准的过程中，凸显重点，突破难点。

（一）建构以区教研为主导的"三级联动"实践路径

从区级作业标准转化为一所所学校的校本方案，最终成为一个个教师的教学行动，需要整体规划、统筹作业设计标准的实践路径。结合区级教研管理的特色和现实，构建"区级教研—学区教研—校本教研"的三级联动机制，实现区级作业设计标准的有效校本化（图5）。首先，作为区级教研部门，海淀教师进修学校加强专业服务，统筹推进作业管理，引领和指导作业设计，主要包括制定作业管理的指导意见，研制作业设计模板和

作业评价标准，搭建展示与交流平台等。其次，学区组织联片教研，主要包括认真研读和积极落实区域相关文件精神，针对片区学校特点和教师需求，积极探索指向实践、参与性强的互动式研修，帮助教师实现从理念到教学行为的转变。最后，学校开展有针对性和方向性的校本教研，实现作业管理的学校方案和智慧，推动作业管理的校本落地和实践转化。三级管理上下联动，形成合力，共同为区域作业设计标准的研制与实践创造鲜活的实践经验。

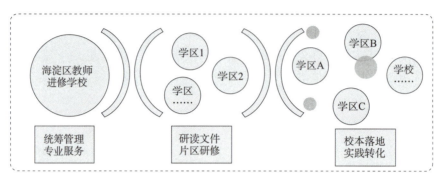

图 5　区级作业设计标准"三级联动"实践路径

（二）建构以区教研为主导的"三个支点"培训路径

在实践中，除了"三级联动"的实践路径，还需要选择合适的推进支点，让三级联动能够持续运转、有效运转（图6）。首先，以"5+M+N"教研课程作为核心支点，将标准的学习与实践作为教师研修的重要课程，使每一位教帅能够深入理解、领会，最终实现行动落地；其次，围绕教学展评、教学比赛等活动，开展专项培训，因需而动，以赛促研，在关键人群中分批次实现作业设计的高效落地；最后，以课题撬动、深化作业标准的引领指导作用，促进作业标准的不断迭代升级，始终保持对教育教学实践的有效引领、科学指导作用。

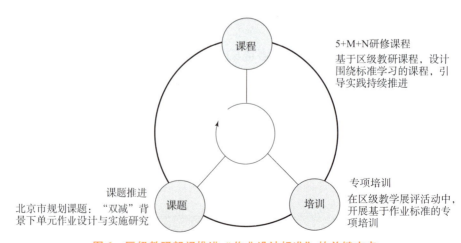

图 6　区级教研部门推进"作业设计标准"的关键支点

四、区级作业标准引领下的实践效果分析

在区级作业标准的指导和引领下，区级作业设计的整体水平有了较高的提升，更重要的是"持续研究"成为大家的共识，让作业设计的研究在标准的指导下，不断迭代升级。

（一）作业设计标准提升了区域内教师作业设计平均水准，带动了教与学的整体改进

自国家发布文件强调作业管理、作业设计以来，短短的一年多时间，海淀区作业设计的实践，已经从一部分教师扩展到了大部分教师，从一部分学校扩展到了大部分学校，从零星尝试转化为教学新常态。特别是在"5＋M＋N"研修课程、专项培训的带动下，教师逐渐能够将标准融入日常实践，推动了教与学的整体改进，促进了区域内教师作业设计平均水平线的有效提升。

例如，在图7的案例中，教师能够从"单元视角"和"素养视角"整合单元课时核心学习活动和单元作业设计，实现课上学习与课下学习的协同发力，促进核心素养的有效落地。更难能可贵的是，这样的案例是以学校教研组的力量共同设计研发的。

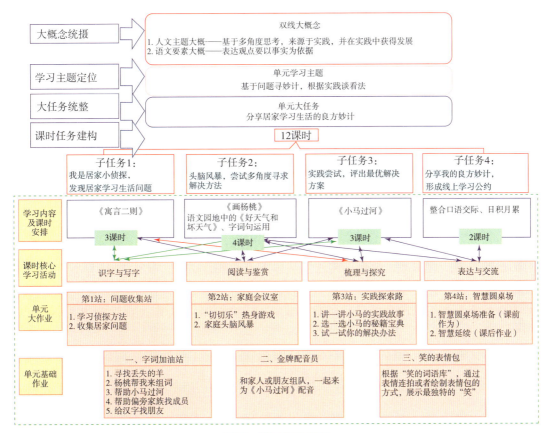

图7　单元作业设计

（二）有效地带动了各个学区、学校对作业设计的深入、个性化探索

在作业标准推进过程中，各个学区联片教研，研读文件，组织研修；校级校本教研，实践转化，管理落地，形成了一批具有学区特色和学校特色的生动实践案例。

例如，首师大附小基于"童心教育"理念，创新"两格作业纸"，一格是必做题，注重基础知识、基本技能的落实，二格是选做题，注重创新能力的培养和提升，既照顾到全体学生，又为学有余力的学生提供了发展空间；北师大实验小学整合课程、创新设计，推出跨学科年级集体备课，为主题式作业的设计奠定了基础。

（三）在各类作业评比中取得了优秀的成绩，形成了一批优秀的典型作业案例

教师作业设计能力的提升，体现在各类作业展评活动中取得的优秀表现。在海淀区2021年世纪杯教学比赛中，共面向语数英三个学科征集优秀案例1 000多份；在2022年北京市作业评比过程中，海淀区也取得了优异的表现（表1）。

表1　海淀区2022年作业评比获奖

学科	提交数量	一等奖		二等奖		获奖百分比
语文	72	48	67%	24	33%	100%
数学	29	9	31%	20	69%	100%
英语	70	41	58.6%	29	41.1%	100%

在优秀作业案例的背后，是作业标准引导下的教学实践转化，是各个学校内部教研组的集体智慧。这些案例既成为各个学校进一步研究的基础，也成为区域共享的优质资源。

五、反思与改进

在区级作业标准的引领和指导下，区域内的教师作业设计能力得到了有效的提升。但是，随着《义务教育课程方案》《义务教育课程标准》的发布，如何在"双新"背景下，持续推进作业设计的研究与实践，并实现作业设计标准的迭代升级，成为区域教研部门不可回避的命题。在未来，海淀区将注重从以下方面展开探索：

首先，促进作业设计标准与"双新"理念的充分对话。《义务教育课程方案》《义务教育课程标准》所强调的素养导向和教与学方式变革等，都为作业设计提出了新的要求和新的方向。

其次，促进作业设计标准与和一线实践的充分对话。作业标准为了实践，同时也要接受实践的检验与反馈，将实践中的有益智慧与经验融入其中，促进作业设计标准的不断迭代升级。

最后，促进作业设计标准各个部分之间的充分对话。不同作业标准之间、每个标准各个维度之间，必须实现逻辑上的自洽、导向上的一致，才能实现对实践的充分引导和指导。因此，要围绕标准的不同文件和每个标准内部的各个维度进行精细打磨、科学建构，形成更加科学合理的作业设计标准。

专家 点评

  成果选题新颖，框架清晰，结构严谨，层次分明，思路清晰，观点鲜明，采用了递进式的分析理路，逻辑性强，表达清晰，重点突出。按照国家、省市级的政策要求，结合区情实际，成果以区域作业设计标准的研制与实践转化路径为突破口，重点分析了区域层级教研部门在推进作业设计教育教学实践改革中应发挥的作用，探寻了涵盖区域作业设计标准的目标、流程、类型和批改等各个重要环节的一体化设计思路，在研制相关标准的基础上提出了构建三级联动和三个支点的推进路径等具有可操作性的对策。论证过程具有较强的说服力，论证方法合理，通过设计结构图形与单元作业，以实证的方式来佐证，增强了结论的可靠性。成果在政策文本分析的基础之上，结合实际并创新性提出了区域作业设计的标准体系，具有独特的理论价值，标准在未来学校层面的实践转化及其进一步研究成果较为值得期待。

王小飞
中国教育科学研究院

指向学习动力："双减"背景下优化作业设计的实践研究[①]

北京十一学校丰台小学　曹　君　张　宇　关　硕

摘　要　在"双减"背景下，"提质增效"是对作业设计质量提出的本质要求。因此，作业设计应能够提升学生积极的学习体验，激发学习动力，提升自主学习力，以达到"提质增效"的目的。基于成就动机理论与小学生的动力特点构建了求知动力、胜任动力、成就动力、交往趋利动力等四类学习动力的表现指标及指向学习动力的作业设计模型，提出作业设计与单元学习相关联、作业设计全要素、促进不同学生发展的差异性等三大作业设计原则，从作业目标、评价标准前置、作业来源、作业支架、作业反馈等方面优化作业设计，提升作业设计质量，提高学生的学习动力水平。

主题词　作业设计　学习动力　双减

2021年7月，中共中央办公厅、国务院办公厅印发了《关于进一步减轻义务教育阶段学生作业负担和校外培训负担的意见》。"双减"政策的主要任务之一是"减轻学生过重作业负担""提高作业设计质量"。当前，作业数量有明显降低，但作业质量参差不齐。作业作为学生自主、自在、自为学习活动的意义和价值没有得到认识和挖掘。作业无法有效激发学生的学习热情，学生在作业中无法感受到强烈的胜任感。由此可见，落实"双减"政策，不仅需要把控作业数量，还要优化作业设计来提升学生的学习动力、学习热情与胜任感。因此，我们应进一步思考与回答：应该设计什么样的作业来激发学生的学习热情，提升学习动力？

一、"双减"背景下的作业现状分析

作业是教师引导学生开展的自主学习任务。它是承载学习内容、体现学习方式、包含过程性评价的任务，应融会贯通在学习的全过程中，同时又是与课堂关联配合的具有独立意义的学习活动。"双减"政策实施后，一定程度上提升了作业设计质量，但仍存在以下问题：作业目标与教学目标一致性不足；作业设计缺乏整体性和系统性，往往是碎片化知识的呈现；作业内容重视知识传授，轻视能力与个性的培养；作业形式多"一刀

[①] 北京市教育科学规划"双减"专项课题"指向学习动力的小学作业设计与反馈机制的实践研究"（CDGB21498）成果。

切"，以练习或重复记忆为主，少有社会实践和专题活动等实际操作类作业，忽视对学生发展差异和学习水平层次性的关注。

笔者曾以丰台区某小学3年级至6年级的400名学生为调查对象，采用半开放式问卷调查了"双减"政策实施后的作业现状。调查发现，作业类型偏单一，69.3%学生认为老师布置的作业多为"习题书面作业"，而动手操作类作业是学生期待值最高的作业形式；作业难度难以满足所有学生的需求，有3.8%的学生认为非常难，28.2%的学生认为非常容易。

由以上分析可知，当前作业问题主要集中在作业类型单一、作业差别化不足及作业设计系统性不足等三个方面。在"双减"背景下，"提质增效"是对作业提出的本质要求。作业的过程，本质上是学生自主学习的过程，要以促进学生自主学习为导向。因此，本文选择有助于调动学生学习积极性的学习动力视角来进行作业设计，从作业类型、作业差别化、作业反馈及作业设计等方面设计指向学习动力的作业，既能够发挥作业促进学生自主学习的功能，又能够回应"双减"的作业要求。

二、指向学习动力的作业设计的实践意义

指向学生学习动力的作业设计有助于提升学生自主学习力。一份优秀的作业会帮助学生对学习做出基本判断，长期坚持，学生就会逐渐找到自己学习的节奏，学会自我调控，成为有能力的学习者。

指向学生学习动力的作业设计有助于改善学生的学习体验。激发学生动力的作业，能够提供恰到好处的挑战，使学生在"烧脑"的同时，又够得着、做得到。经常有这样的积极体验，学生就会感觉自己有驾驭新知的能力，产生学习的愉悦感和胜任感。

三、构建学习动力的作业表现指标体系

本文中的学习动力即学习动机，是激发、维持、引导学生进行有效学习的一种内在动力，能够推动学生在学校中实现其潜力，产生并维持相应的学习行为。奥苏贝尔提出成就动机理论，他认为一个人愿意获得更高的成就，其动力来源于认知内驱力、自我提高内驱力和附属内驱力。在小学阶段，低年级学生的学习动力多受直接的外在因素的影响，随着年级的升高，自我意识也在不断发展，对学习的需要、求知欲等内在因素在学习动机结构中逐渐占有重要地位。因此，基于奥苏贝尔的成就动机理论和小学生的动力特点，本文将学习动力进一步细化为求知动力、胜任动力、关注成绩的成就动力（以下简称成就动力）和交往趋利动力四种类型。

为使作业设计更好地激发学生的学习动力，落实学习动力的作业表现指标，本文结合学术界的相关界定，厘清了四类学习动力的内涵，并制定出学习动力的作业表现指标体系。如表1所示，学习动力的表现指标体系由动力维度、内涵与表现指标四个方面构成。希望学习动力的表现指标能为教师提供作业设计的相关依据和线索。同时，教师可以通过作业设计来提升学生的学习动力，优化学习体验。

表1 学习动力的指标体系

动力维度	内涵	表现指标
求知动力	理解事物、掌握知识、系统地阐述并解决问题的需要，主要通过获得知识而得到满足	在学习和做作业时经常能提出新问题
		愿意挑战在学习中或作业中遇到的难题，主动探索
		在作业中，愿意主动了解学习课外知识
		愿意把学到的知识应用到生活中
胜任动力	通过克服困难和挑战完成任务，获得自我肯定的需要，主要通过感受自我价值而得到满足	相信自己可以理解新知识，做好作业
		相信自己可以克服学习中遇到的困难，并掌握有难度的学习内容
		相信自己可以完成老师布置的任务和作业
		可以给自己制订学习计划并坚持完成
关注成绩的成就动力	渴望通过学习上的竞争提高自我，超越他人，获得与众不同的社会地位的需要，主要通过取得学业成就和地位而得到满足	经常与同学比较作业情况，并希望自己比别人优秀，能在班级中脱颖而出
		帮助同学学习或做作业时，会觉得自己很优秀
		努力学习和做好作业是为了能获得参加一些活动的优先权
交往趋利动力	在学习过程中获得同伴及长辈的接纳和赞许的需要，主要通过获得他人表扬和交往优势而得到满足	好好学习与按时完成作业是为了能交到更多好朋友
		有一个好成绩和满分的作业会让家长和老师更喜欢自己
		好好学习和写作业是为了获得家长和老师的奖励与赞赏

四、指向学习动力的作业设计原则

（一）作业全程设计的全要素原则

指向学习动力的作业设计关注作业设计的全要素参与，并通过全要素的相互配合激发学生的求知欲与胜任感，提升学生的学习动力。如图1所示，作业目标有助于使作业锚定学习动力的提升；评价标准进一步分解了作业目标；作业来源于真实问题；作业类型多样，具有选择性；作业支架具有引导性、提示性；作业反馈及时有效。以上六个要素共同作用，才能使作业设计指向学习动力的提升。

（二）在单元学习中设计作业的关联性原则

指向学习动力的作业设计关联单元学习，并有助于学生理解并达成学习目标。以一个单元来组织学习往往具有目标、情境、知识点等要素，具有周期长、连续性、进阶性和可迁移性的特点。作业设计时强调理解学科知识间的纵横关系，实现单元学习目标，这有助于弥补传统作业只关注单一学科中的散点知识，忽略知识联系与学习目的的弊端。

（三）促进不同学生发展的差异性原则

提升学生的学习动力，需要分析学生的发展水平差异，要使作业难度符合学生的"最近发展区"。而每位学生的"优势智能"与"最近发展区"差异明显，因此指向学习

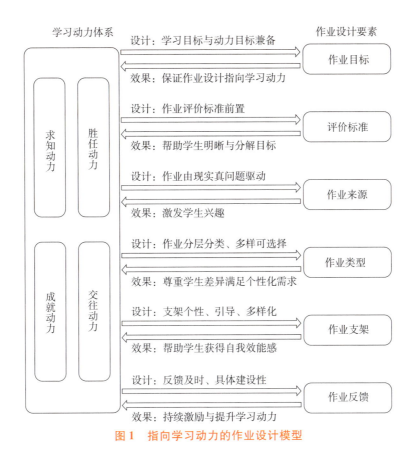

图1 指向学习动力的作业设计模型

动力的作业需要差异化设计以促进不同学生的发展。这有助于改善传统作业设计"一刀切"、只关注多数学生发展的弊端。

五、指向学习动力的作业设计实施要点

结合上述原则，主要从作业设计流程的各要素层面，对指向动力的作业设计与实施中的操作要点做一说明。

（一）作业目标要兼备学习目标和动力目标

作业目标应指向学生对学习意义的理解和体验，这就需要包含动力目标与学习目标统整形成的作业目标。也就是设计者需关注学生在作业和学习中的情感体验与价值实现，帮助学生通过作业感受学习中的成就感与价值感，有助于激发学生的学习热情。如表2所示，在二年级的一项数学作业设计中，教师将知能目标与动力目标相结合，关注学生在其中的收获与感受，并设计与之匹配的作业任务来达成目标，前后两种作业设计比较能清楚看到指向动力的作业设计对学习者内在感受的关切，以及学习结果的不同。

表2　二年级数学作业目标设计案例

传统作业		指向学习动力的作业设计	
作业目标	任务设计	作业目标	任务设计
1. 熟记2~9的乘法口诀，会用口诀熟练口算有关乘法算式。 2. 通过编制乘法口诀的活动，我初步学会了运用类比推理的方法学习新知识	1. 学习将乘法算式改写为乘法口诀。 2. 记忆乘法口诀表	1. 可以熟记2~9的乘法口诀，用口诀熟练口算有关乘法算式，肯定自己从加法到乘法的进步。 2. 通过编制乘法口诀的活动，主动运用类比推理的方法学习新知识。 3. 能够合理安排并完成作业。 4. 愿意展示自己的成果并为同学讲解	课堂作业： 1. 提到乘法你能想到什么？ 2. 如何改写乘法口诀？ 3. 如何编制乘法口诀书？ 课后作业： 自主安排时间，用2周的课后时间，自制1~9的乘法口诀书

（二）作业评价标准前置

以往作业评价标准是在教师心里的，也是相对模糊的。指向动力的作业设计对"评价标准"提出了明确的要求：具体、前置。这就让教师提前预期结果及差异表现，用分级目标分解作业大目标中的关键知能，激励学生"跳一跳，摘果子"。学生明晰自己应该达成的作业目标，才能更好地落实作业目标，提升完成作业的成就感和自我肯定水平，帮助学生在学习中找到乐趣，爱上学习。如在四年级语文现代诗单元学习后的作业设计"创作一首现代诗"，教师从联想策略、情感表达和语言表达三个维度设计评价量规，并厘清优秀、良好和及格的界限，评价标准前置，引导学生在作业过程中不断对照检查，向更高水平提升（表3）。

表3　四年级语文作业设计评价量表案例示例

作业概述：
学习单元为四年级语文上册第一单元的现代诗，在该单元中，鼓励学生探究现代诗中联想的相关策略，理解诗人情感的表达，能够运用联想的思维及策略创作现代诗。具体作业内容为：①根据学习单的提示进行联想创作；②学习现代诗及其相关特点，并结合微型现代诗及秋天这一季节创作微型现代诗。

评价量表：

维度	优秀	良好	及格
联想策略	我能与诗人同步展开联想完成学习单，并在比较整合中清晰地梳理诗人创作诗歌时运用的联想策略	我能像诗人一样展开联想完成学习单，并在比较整合中梳理部分诗人创作诗歌时运用的联想策略	我能完成学习单，并在比较整合中感受到诗人创作诗歌时运用的联想策略
情感表达	我能在与诗人同步展开联想时提炼出诗人表达的情感，理解诗歌是表达情感的载体	我能在与诗人同步展开联想时大体感受到诗人表达的情感，知道诗歌是表达情感的载体	我在与诗人同步展开联想时对诗人表达的情感有想法
语言表达	我能体会到现代诗语言特点并在联想中结合自己的语言特色自由表达	我能体会到现代诗语言特点，在联想中进行模仿并表达	我能大体了解到现代诗语言特点，在联想中进行初步模仿并表达

作业篇

续表

效果说明：
评价量表分解了作业目标，有助于学生了解自己当前的水平与理想水平的差距，能够激发学生追求进步的动力和决心

（三）作业来源于真实问题

好的作业设计需要从生活中选取真实问题、真实场景，解决真实问题既是有趣的，更是有意义的、高成就感的，也是当前追求高阶思维发展的关键和难点。真实问题的开放性，与学科知识技能的适切、匹配都是设计中的要点。如在三年级数学作业的设计中，教师将北京城门的生活化情境与方向的知识相结合，鼓励学生用方向的知识来明确北京城门的位置，既发挥了数学的实用性功能，又与学生生活紧密结合，有助于激发学生的好奇心与求知欲（表4）。

表4　三年级数学作业来源设计案例

作业概述：
学习单元为三年级数学下册第一单元"位置与方向"，希望让学生能运用方向知识解决生活中的简单实际问题并发展其空间观念而设计本次作业，具体作业内容为：①填写方位图；②依据信息找到内外城墙；③依据信息和方向知识找到所有城门

传统作业设计：
做"位置与方向"的书后习题、练习册

基于真实问题的作业设计：
运用位置与方向的知识在地图上找到北京城的内外城门

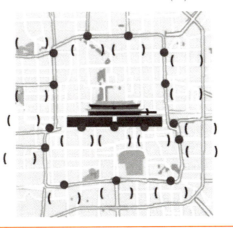

（四）作业类型分层分类、多样、可选择

针对不同学情的学生，设计与之相匹配的作业任务，更贴合学生需求，有助于提升学生学习的热情和胜任感；针对同一作业目的，鼓励学生选择不同的方式来呈现，有助于

发挥学生的能力优势，调动学生的兴趣与自信心，满足个性化的学习需求。如在六年级数学的作业设计中，结合生活情境与学情，分别设计了三种不同难度等级的作业，鼓励学生自主选择其中一项作业完成，有助于使作业难度在学生的"最近发展区"之内，提升完成作业的信心和学习的兴趣（表5）。在三年级的英语作业中，教师将选择权还给学生，学生可以自主选择作业的呈现形式，既有助于发挥学生的能力优势，又能够提升学生的学习兴趣（表6）。

表5　六年级数学作业设计案例

作业概述： 在以"'画'说位置"为主题的生活化问题微研究中，通过绘制各种平面图的分层任务，帮助学生综合运用数对与位置、平面图形测量、比例尺等知识解决真实的生活问题
作业设计： A：请你确定合适的比例尺，将家里房子的结构、布局呈现在图纸上，让我们一起举办一场家庭"云"参观。 B：为帮助即将新入学的弟弟妹妹能够尽快熟悉学校周边环境，请你绘制一幅校园周边地图。 C：请你绘制一幅从学校到你家的地图，方便大家随时到你家做客！
效果说明：A、B、C三项作业难度等级逐层上升，学生在完成时可自主进行任务等级的选择。通过生活化微问题研究，激发学生解决简单实际问题的能力，让学生感受数学在日常生活中的应用

表6　三年级英语作业设计案例

作业概述： 在三年级上册第二单元"COLOURS"中，希望学生能够在情境中运用"What colour is it? It's..."，以及颜色词汇red，yellow，green，brown，blue等进行口语表达。具体作业内容为运用"What colour is it? It's..."句式以及red，yellow，green，brown，blue等颜色词汇回答相关问题
作业设计： 如果你的家里有一只变色龙，它会爬到什么上面去，变成什么颜色呢？请你选择自己喜欢的方式呈现，可以写绘、视频、手工等
效果说明：学生可以充分发挥自己的能力优势，选择喜欢的方式完成作业，有助于提升学生兴趣与胜任感

（五）作业支架多样化

指向学习动力的作业设计不是"只出题"这么简单。给出任务（题目）的同时常常需要教师根据作业任务，针对性地给出不同类型的作业支架，有助于降低作业难度，提升学生完成作业和学习的信心。表7所示为二年级一次科学作业设计中的学习支架。

表7　二年级科学作业支架设计示例

作业概述： 在观察植物的主题学习中，采用科学、语文融合作业的形式。希望学生能够理解生命之环的意义，学会播种方法和种植要点。具体作业内容为：①制作生命之环图鉴；②了解怎样播种和种植植物；③记录植物的生长变化和你对植物的照顾
作业支架设计： A：资源型学习支架 目的：为学生提供学习植物结构和观察植物的资源，补充相关知识，降低学生在作业中的畏难情绪。

续表

B：策略型学习支架

目的：为学生提供使用学习手册的说明，介绍各类支架及相关表格的用途，为学生提供策略和方法的指导。

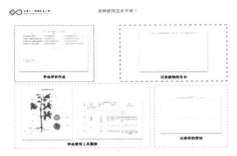

C：导学型学习支架

目的：以植物生长阶段作为框架，采用问题引导，帮助学生进行观察和记录。

效果说明：

　资源性支架：通过提供的文本、视频等学习资源，让学生在对比分析中，找到资源与作业间的区别与关联，降低作业难度，帮助学生更好地完成作业，建立自信心。

　策略性支架：帮助学生掌握策略与方法，提供完成作业的路径，为学生解决问题提供学习工具。

　导学性支架：通过由易到难、从简单到复杂的过程，帮助学生建立思考问题的思路，降低作业难度，培养自主学习能力，提升自信心。

（六）作业反馈有建设性

作业反馈关系到作业布置后的实施过程及结果效能，是作业全流程中最后一环，以此形成完整的闭环。建设性的作业反馈能够为学生提供持续性激励和有效改进策略。作业反馈时，应明确、及时，既要肯定学生的优点，同时指出不足之处，激发学生思考如何改进不足或为其提供相应的参考建议。教师应善于抓住反馈时机，包括作业过程中、作业完成时和作业完成后等时间点，以反馈激发学生学习的内动力。如在二年级的数学作业反馈案例中，教师采用及时、具体的反馈策略，从不同时间点进行反馈，个别反馈与集中反馈相结合，不断激励学生克服作业中的困难（表8）。

表8 二年级数学作业反馈案例

作业概述：
学习单元为二年级数学上册第四、六单元"表内乘法"，为让学生掌握改写乘法口诀的方法，并能主动运用类比推理的方法学习新知识，设计了"我的乘法口诀书"作业，具体作业内容为：自主安排2周的课后时间，自制1~9的乘法口诀书。

反馈形式	反馈时机	反馈示例
及时个别反馈	完成中个别指导	5的口诀这本书，课上讨论出的内容都呈现齐全了，这点非常棒，但是看一看点子图，有没有把几个几的含义表示出来，能不能把它改得更直观一些
及时集体反馈	完成中共性问题说明	请同学们思考一个问题，表示几个几的时候，一定要用点或圆圈来表示吗？可不可以用其他图形或事物来代替，并思考代替后再画有什么值得注意的地方。我们比一比谁画得更有创意，也把乘法的含义表达得更准确！
连续个别反馈	完成中困难学生个别指导	师：能告诉老师是哪里卡住了，后面一直没有画？ 生：就是只听懂了课上带着画的5的口诀，后面不知道怎么画了。 师：那跟老师再看一遍，从5的口诀看，我们是按照1个5到9个5的顺序画的，再看看每一页有哪些要素…… 我们先把最基本的方法和格式掌握，然后你再把封面装饰一些，同样是一本精美的口诀书，加油！
公开集体反馈	完成后集体讲评	下面我们来看一看×××的这套口诀书，请他来给大家展示一下。（展示后）谁来说一说他设计的哪里特别棒
及时动作、表情反馈	完成后讲评中	×××设计的是不是特别棒，我们一起给他鼓鼓掌，一起向他学习！
小组、同伴反馈	完成后小组交流	刚刚我们欣赏完了几位同学的优秀作品，但还有更多的还没能展示，下面我们以小组为单位，互相欣赏一下彼此的作品，并说一说他的作品哪里做得不错，哪里还可以改进
私下个别反馈	完成后个别质量较低	这次口诀书展示你也看了，大家设计得都很棒，包括你设计得也很不错，但是为什么没有设计完呢？你自己想一想，现在其他同学都有了一套属于自己的口诀书了，看着大家展示的时候都多开心，你心里的滋味如何呀？再给你2天时间，把没完成的补上好不好，老师也想看到你精心设计出的作品，能不能做到，加油！

综上所述，指向动力的作业设计需要以学习者为中心，站在学习感受、学习原理、学习效能感等方面从作业设计的全流程去实践探索，才能激发学习者的内在动力，让作业变得有意思、有意义、有挑战、有成就感，成为学生自主发展的助推器。

参 考 文 献

［1］李祥竹，李刚."双减"背景下我国义务教育阶段作业设计优化路径研究［J］.教育理论与实践，2022，42（20）：3-7.

［2］林文智.小学生学习动机的调查分析与建议［J］.教育科学论坛，2007（8）：32-33.

［3］王学男，赵江山."双减"背景下作业设计的多维视野和优化策略［J］.天津师范大学学报（社会科学版），2022（2）：38-44.

[4] 王晶莹,周丹华,李想,等.“双减”背景下的家庭作业:问题回顾、作用机制分析与提质增效路径选择[J].现代远距离教育,2022(1):57-63.
[5] 余昆仑.中小学作业设计与管理如何有效落实[J].人民教育,2021(Z1):34-36.

专家 点评

  该成果具有较强的现实性、针对性和实用性。框架科学合理,思路清晰,层次分明,理论性较强。各部分之间联系紧密,观点表述准确,论证内容比较具有说服力。成果采用规范分析和实证分析等方法来论证自己的观点,研究方法较为合理。成果在以下几个方面有所创新:一是构建了基于成就动机理论与小学生的动力特点形成求知动力、胜任动力、成就动力、交往趋利动力等四类学习动力的表现指标及指向学习动力的作业设计新模型;二是比较系统地运用理论分析来提出作业设计与单元学习相关联、作业设计全要素、促进不同学生发展的差异性等三大作业设计原则;三是设计理念新颖,可操作性强。从作业目标、评价标准前置、作业来源、作业支架、作业反馈等不同角度分析传统作业与指向学习动力的作业设计的异同,从而能够优化作业设计。成果观点鲜明,论证有力,论据充分可靠,数据准确,图表资料翔实。有关优化作业的可操作性成果,值得在学校层面进一步推广验证。

王小飞
中国教育科学研究院

"双减"背景下农村初中英语作业现状的调查研究[①]

北京市大兴区旧宫中学　王　迪

摘　要　初中英语作业是英语教学过程中非常关键的环节，它能够对英语课堂的教学进行补充和巩固。对学生来讲，科学合理地设计英语作业不但能够培养英语的综合能力和水平，还能够巩固知识；对教师来讲，科学合理地布置英语作业也是一种有效的教学手段的体现。本次研究采用自编问卷的形式，对农村学校中 400 名学生展开了问卷调查，对目前农村初中学生英语作业设计的现状、存在的问题以及成因进行了深入探究。经过调查发现，农村初中作业设计在作业内容、作业难度和作业反馈上都有待提高，本文也基于此给出建议。

主题词　农村初中　英语作业　现状

农村初中英语作业普遍都存在着负担过重而导致的完成效率低下的问题，上级教育主管部门也明确强调了要减轻义务教育阶段学生作业负担，因此，如何提高初中英语作业的有效性是每一位初中英语教师必须深入研究的问题之一。

初中阶段的英语作业是开展英语教学的基础，也是一个十分重要的环节，教师设计出高质量的英语作业内容可以帮助学生巩固课堂上所学习的知识，有效培养学生对英语学科的学习兴趣，养成良好学习习惯，同时还能帮助学生形成高效的学习方法，培养学生的合作精神。传统的英语作业设计中，作业形式比较固化单一且实效性欠佳，作业内容非常枯燥，对每一个学生给予同样的要求，评价形式也并未形成多样化，作业的量和质之间形成了巨大的反差，导致英语作业产生了较大的负面效应，影响了学生对英语学习的积极性，对提高学生英语综合素养的帮助有限。

一、农村初中英语作业现状分析

（一）研究问题

（1）"双减"政策前农村初中英语作业的现状，包括作业形式和内容、作业难度、作业量、作业反馈形式以及作业的功能。

[①]　北京市教育科学规划"双减"专项课题"'双减'背景下农村初中英语作业设计的研究"（CDGB21510）成果。

（2）农村初中学生对待英语作业的态度是什么？

（二）研究对象

本次研究的对象为××农村初中的400名学生。学生分别来自初一、初二、初三。学生年龄大多为12~16岁，学生的英语水平相当，所以选择他们作为调查对象具有一定的代表性意义。

各个维度与其对应的题目如表1所示。

表1　各个维度与其对应的题目

调查问卷的维度	对应的题目
维度一：农村初中英语作业量	1~5题
维度二：农村初中英语作业的形式和内容	6~11题
维度三：农村初中英语作业的难度	12~14题
维度四：农村初中英语作业的反馈	15~19题
维度五：农村初中英语作业的功能	20~25题
维度六：农村初中生对英语作业的态度	26~30题

二、结果与讨论

（一）关于英语课外作业量

1. 做作业的频率分析

几乎所有的学生都认可每天布置英语作业，并且高达96%的学生认为英语教师每天所布置的作业是合理的（图1和图2）。

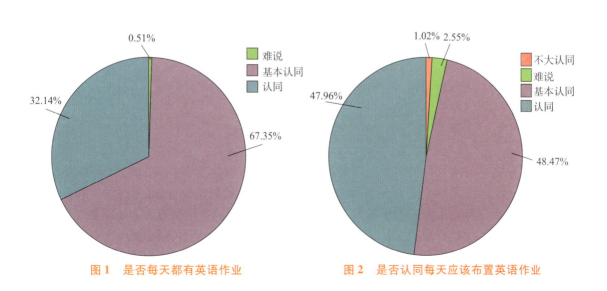

图1　是否每天都有英语作业　　　图2　是否认同每天应该布置英语作业

2. 完成作业的时间

由此可知,80%的学生每天需要在课后花费30~60分钟完成英语作业,其中90%的学生认为是正常的现象(图3和图4)。

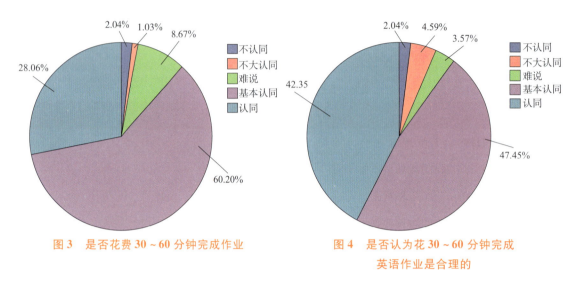

图3　是否花费30~60分钟完成作业　　　图4　是否认为花30~60分钟完成英语作业是合理的

3. 对学业的影响

从图5中可知,只有20%的学生认为英语作业对他们造成了负担。

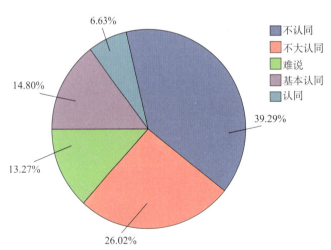

图5　是否认为英语课外作业会造成学业负担

总而言之,目前农村初中学生每天都有英语作业,大部分学生完成的时间都在30~60分钟,目前英语作业的量对绝大部分同学来讲都不会造成学业方面的负担。

笔者认为,学生认为作业量不大,是因为教师所布置的英语作业大多为抄抄写写的内容,这样简单机械的作业,学生可以快速完成。所以,作业量并不是农村初中英语作业现存的明显问题。

（二）英语作业的形式和内容

1. 作业形式

从图6和图7中可知，有63%的学生认可目前的作业形式，并且学生更加认可笔者提出的"英语作业内容经常以背诵或者抄写类作业为主"的观点，同时也赞同"英语教师通常都是面向全班同学统一布置作业"。

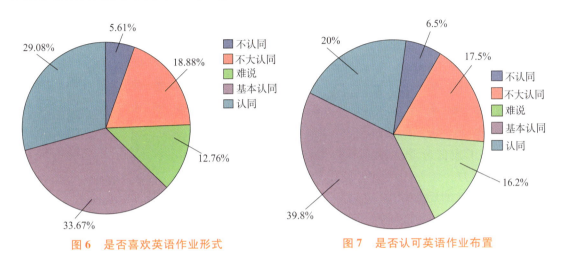

图6　是否喜欢英语作业形式　　　　图7　是否认可英语作业布置

2. 作业内容

通过问卷调查中第9、10、11题的结果可知，学生在完成作业时还需要利用其他辅助工具，并且目前的英语作业在动脑的同时还要动手、动口动耳，以及目前的英语作业和学生的日常生活有着密切关系的以上观点均不赞同。笔者认为造成这一现象的原因都是因为教师布置的英语作业类型通常都是抄写课文或者单词词组类。

由此可知，大部分学生对目前的英语作业形式还是比较认可和喜欢的，原因是教师布置的作业内容都是抄写类的，相较于其他学科的作业是非常容易完成的。另外，笔者还发现现阶段的英语作业内容和形式存在一些问题。首先是英语作业的形式比较单一；其次是教师在目前布置英语作业时都是面向全班同学开展，无法有效地照顾学习能力较弱的学生的作业需求，另外教师布置的英语作业内容非常简单，很难培养学生的综合语言能力；最后是目前教师布置的英语作业内容和学生的实际生活缺乏联系，无法激发学生对英语学习的热情。

3. 英语作业的难度

从图8中可知，问卷中第12题的调查结果表明，目前约60%学生认为英语作业对他们来讲没有挑战性和

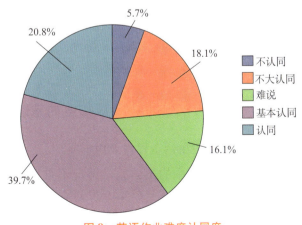

图8　英语作业难度认同度

难度；由问卷中第 13 题的调查结果可知，约 23% 学生经常会因为英语作业比较难而不知道如何完成；由问卷中第 14 题的调查结果可知，大部分学生并不认同目前英语作业难度适中的结论。

笔者结合自己的教学实际情况认为，学生英语作业太难而无从下手的结论，是因为教师通常情况下除了布置抄写类的作业，还会布置练习册中的作业进行配套。学生回到家里，由于家长知识程度有限，无法进行辅导监督，学校的学生英语实际学习情况较为薄弱，接受调查的 400 名学生中，有大部分学生英语基础比较差，英语教师面向全班学生布置作业，对他们而言就存在挑战性。所以，英语教师在进行统一布置作业的过程中忽略了大部分学生的学习水平和能力。

4. 英语作业的反馈形式

由图 9 中可知，大部分学生认同"英语教师有必要批改或检查英语作业""英语教

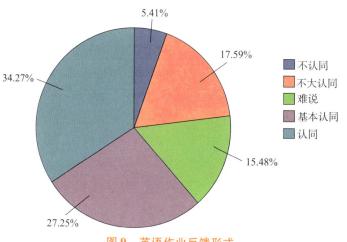

图 9　英语作业反馈形式

师应该针对作业情况给予学生奖惩""英语教师要讲解作业中的错题类型"，同时还认可"英语教师要利用多元化的方式批改作业"，另外在问卷调查 19 题中，大部分学生选择的答案是"不大认同"，这就说明了大部分学生并不重视订正作业的过程。

通过问卷调查结果可知，笔者认为目前在英语作业反馈中，教师对学生作业的订正环节没有加以重视是最主要的问题，长此以往，学生也就不会重视对英语作业的订正，那么教师布置的英语作业内容也就没有任何实质意义。

综上所述，目前农村地区的英语作业并不能将其功能良好地发挥，主要原因有以下几个：第一，现阶段农村英语作业布置比较偏向于机械化，无法培养学生的学习动机和想象力；第二，农村英语教师不重视预习和复习的过程，没有进行良好的落实，无法培养学生的学习习惯；第三，农村英语教师没有布置拓展性的作业内容，仅限于练习册中的习题开展练习，并且练习册中的习题也没有进行筛选，太简单的题目类型学生无法认真对待，太难的题目类型学生无法理解，这样的作业无法帮助学生拓宽英语知识。

三、农村初中教师布置英语作业的策略建议

（一）贴近学生生活布置作业内容

综合考虑农村初中的英语教学情况不难发现，因为学校条件和教师自身条件都受到了限制，英语教师很少参与校本开发过程，农村初中的学生和城市的学生使用的是同样的教材内容，英语教材本身就不具备本土化的特点。所以，英语教师在设计作业时一定要使英语教学内容"本土化"，在教学过程中要适当删减教材中的内容，将剩下的知识进行整合，还应该贴近学生的农村生活布置一些作业内容。比如，英语教师在课堂上教给

了学生"How do you get to school"这个知识点后,让学生利用课后时间,结合英语教材中学习到的知识复习。由于农村学生距离学校的位置远近不同,可以先让学生描述自己家离学校的距离和需要花费的时间,这样就对英语作业进行了简化,同时还贴近了农村学生的生活。笔者认为,英语教师可以结合实际教学情况来对其进行删减,保持合理性。又如,人教版教材七年级下册"Unit12 What did you do last weekend"中就明确要求学生分享自己的周末活动,对多数农村学生来讲,他们更加愿意在假期的时候待在家乡,过着和平时相同的生活。所以,教师可以将这部分内容在课堂上先进行分组讨论,如果学生表述时产生困难,教师可以适当指导和点拨,然后将整理归纳的部分留给学生作为课后作业布置下去,让学生下次上课时再进行整理。另外,教师在布置练习册上的作业时,如果发现练习册上的内容和学生的实际生活存在较大的差别,教师就可以适当地进行删减,这就要求农村英语教师在准备上课资料和教材时,还要适当地准备一些作业内容,因为英语课下的作业内容中如果出现学生从未体验过的语言和情感情境,那么就无法在学生心中产生任何共鸣。

(二) 分层设置作业内容

教师为了保护好每一位学生的自尊心,给予每一位学生充分的尊重,就可以利用隐形分组的方式,让高水平的学生带动低水平的学生,根据群体动力理论,群体中的各种力量对学生个体都能产生积极的作用。在对作业进行管理中,不同学习层次、不同认知能力的学生个体组成一个群体,共同努力,互相扶持,能够有效提高作业的管理效率。比如在对教学过程中的学情进行研究后,可以根据学生的学习能力和水平进行隐形分组,让优等生带动差等生学习,此时差等生就会努力学好基础内容,优等生则会挑战更加高难度的内容,实现合作学习的目标。同时还要提高学生对作业的兴趣,给予学生一定的权利来选择作业,这对学生的潜能和个性也是一种激发,对其各方面的能力也是一种培养。所以,教师要深入研究农村初中学生的个体差异性,分层次设计和布置作业内容,因材施教,因势利导。

(三) 设置多样化的作业内容

作业设计要以多样化为原则,通常表现在教师设计作业时,要充分考虑到学生的差异,提出类型丰富多样的作业内容。可以有练习的作业,帮助学生加强课堂知识和概念;可以有拓展型的作业,让学生在完成作业的过程中学会知识转移;也可以有创造型的作业,对课堂所学习的内容和概念进行拓展延伸。这几种类型在作业设计中,拓展型的作业类型比练习类的作业更加具有效果,因为它能够有效培养学生自主学习的意识,提高学生的学习能力。在进行问卷调查时发现,学生能够对课堂内容进行直观的感知,也能够通过知识开展实践和运用,加强对知识的记忆,真正地掌握知识内容。比如教师在布置如何做一道菜的英语作业时,先让学生介绍自己所喜欢的一道菜,在学习做菜的过程中让学生拍摄视频并且加以解说,这样学生就能将课堂中学习到的有关做菜前的准备、做菜步骤等动词知识点在生活中有效运用。创造型和拓展型的作用设计可以通过小组合作的方式,大部分农村初中学生还是很喜欢合作学习的过程。在完成家庭作业时合作学习也是一项不错的选择。在群体动力理论中,小组合作开展学习的每一位学生都能够感受到归属感,培养了学生的团队精神,增强了学生实践创新、团队合作的能力。比如教师在设计单元复习的作业时，可以将学生分成小组，以组为单位在网络上进行搜集，利用信息技术，以电子小报的形式给班级学生介绍自己小组搜集的内容，不同的小组成员所担任的分工不同，让不同层次的学生都感受到作业管理时的成就感。

四、结束语

农村初中英语教师对作业的管理过程是非常漫长的、循序渐进的。初中阶段的教育是学生基础教育的重要组成，也是对学生的成长起到关键性作用的阶段。初中阶段为学生布置有效的英语作业内容对学生的成长和发展都具有十分积极的作用。

由于笔者的能力不足，本次研究仍然存在不足的地方，因为自己的知识水平和理论水平受到限制，所提出的作业优化策略可能不够系统和全面，在今后的工作和学习中，将进一步根据农村初中学校的实际教育情况对作业的管理问题进行全面的思考和探究，力争在以后的实践中有更加丰富的收获和突破。

参 考 文 献

[1] 李波. 新课程背景下初中英语家庭作业调查研究［D］. 呼和浩特：内蒙古师范大学，2017.
[2] 奉玉娟. 农村初中留守学生英语作业现状的调查及对策［J］. 文教资料，2017（5）：238-240.
[3] 王娟. 农村初中英语作业设计的现状及改进办法［J］. 语数外学习（初中版下旬），2014（2）：77.
[4] 余水淼. 城市初中家庭作业管理及改进研究［D］. 广州：华南师范大学期刊，2019.

附录：关于农村初中英语课外作业现状的问卷调查

亲爱的同学，你好！组织开展本次问卷调查是为了让教师充分地了解目前农村初中英语家庭作业的完成效果和作业难度等实际情况，并且根据问卷调查结果，全面地分析初中英语作业中有哪些可以改进的方面。本次问卷属于不记名的调查形式，所有学生根据实际情况回答即可。同学们的答案将会是我们最终要的改进依据。祝学生们：健康成长、学习进步！

学生年级（　　）　　英语学习情况（　　）

A　优秀　B　良好　C　一般　D　较差

此问卷属于选择题型问卷表，根据实际情况进行填写即可。

（　　）1. 英语教师每天都布置课后练习作业。

A. 不认同　　　B. 不大认同　　　C. 难说　　　D. 基本认同　　　E. 认同

（　　）2. 英语教师每天布置英语作业是合理的。

A. 不认同　　　B. 不大认同　　　C. 难说　　　D. 基本认同　　　E. 认同

（　　）3. 回家后，每天需要花费半个小时到一个小时完成英语作业。

A. 不认同　　　B. 不大认同　　　C. 难说　　　D. 基本认同　　　E. 认同

（　　）4. 每天花费半小时到一小时完成英语作业是合理的。

A. 不认同　　　B. 不大认同　　　C. 难说　　　D. 基本认同　　　E. 认同

(　　) 5. 目前教师所布置的英语作业会给你造成课业负担。
A. 不认同　　　B. 不大认同　　　C. 难说　　　D. 基本认同　　　E. 认同

(　　) 6. 你很喜欢目前英语教师所布置作业的内容和形式。
A. 不认同　　　B. 不大认同　　　C. 难说　　　D. 基本认同　　　E. 认同

(　　) 7. 你的课后英语作业包含了许多抄写和背诵作业类型。
A. 不认同　　　B. 不大认同　　　C. 难说　　　D. 基本认同　　　E. 认同

(　　) 8. 英语教师每一次布置作业都是面向班级统一进行的。
A. 不认同　　　B. 不大认同　　　C. 难说　　　D. 基本认同　　　E. 认同

(　　) 9. 在家完成英语作业时也要查阅资料和网络工具书。
A. 不认同　　　B. 不大认同　　　C. 难说　　　D. 基本认同　　　E. 认同

(　　) 10. 现阶段的英语作业内容不但要动脑动手，还要动耳动口。
A. 不认同　　　B. 不大认同　　　C. 难说　　　D. 基本认同　　　E. 认同

(　　) 11. 目前英语作业的内容和实际生活能进行很好的联系。
A. 不认同　　　B. 不大认同　　　C. 难说　　　D. 基本认同　　　E. 认同

(　　) 12. 你认为目前的英语作业内容对你来说没有任何难度和挑战性。
A. 不认同　　　B. 不大认同　　　C. 难说　　　D. 基本认同　　　E. 认同

(　　) 13. 在完成英语作业时觉得难度较大无法完成。
A. 不认同　　　B. 不大认同　　　C. 难说　　　D. 基本认同　　　E. 认同

(　　) 14. 英语教师布置的课外英语作业难度合适。
A. 不认同　　　B. 不大认同　　　C. 难说　　　D. 基本认同　　　E. 认同

(　　) 15. 英语教师对课后作业进行批改和审阅是有必要的。
A. 不认同　　　B. 不大认同　　　C. 难说　　　D. 基本认同　　　E. 认同

(　　) 16. 英语教师应该将课后作业中的易错题和难题进行讲解分析。
A. 不认同　　　B. 不大认同　　　C. 难说　　　D. 基本认同　　　E. 认同

(　　) 17. 英语教师要使用适当的奖惩制度来分析课外作业情况。
A. 不认同　　　B. 不大认同　　　C. 难说　　　D. 基本认同　　　E. 认同

(　　) 18. 目前英语教师使用不同的方式批改作业，如学生互评、教师面批。
A. 不认同　　　B. 不大认同　　　C. 难说　　　D. 基本认同　　　E. 认同

(　　) 19. 教师审阅完英语课后作业后，你会认真改正。
A. 不认同　　　B. 不大认同　　　C. 难说　　　D. 基本认同　　　E. 认同

(　　) 20. 现阶段，完成英语课后作业时能够有效地开发思维、培养学习动机。
A. 不认同　　　B. 不大认同　　　C. 难说　　　D. 基本认同　　　E. 认同

(　　) 21. 现阶段，英语课后作业能够让你巩固课堂知识的重点内容。
A. 不认同　　　B. 不大认同　　　C. 难说　　　D. 基本认同　　　E. 认同

(　　) 22. 现阶段英语作业能够增强自身英语语境和语感。
A. 不认同　　　B. 不大认同　　　C. 难说　　　D. 基本认同　　　E. 认同

(　　) 23. 现阶段通过英语作业能够养成自学能力。
A. 不认同　　　B. 不大认同　　　C. 难说　　　D. 基本认同　　　E. 认同

(　　) 24. 现阶段英语作业能够帮助你养成自己的学习习惯。

A. 不认同　　　B. 不大认同　　　C. 难说　　　D. 基本认同　　　E. 认同

（　　）25. 通过英语作业能够开阔自身眼界和知识层面。

A. 不认同　　　B. 不大认同　　　C. 难说　　　D. 基本认同　　　E. 认同

（　　）26. 你认为英语课外作业的布置是有必要的。

A. 不认同　　　B. 不大认同　　　C. 难说　　　D. 基本认同　　　E. 认同

（　　）27. 你每次都能以积极的态度对待你的英语课外作业。

A. 不认同　　　B. 不大认同　　　C. 难说　　　D. 基本认同　　　E. 认同

（　　）28. 如果布置的英语课外作业你都会做，你会很有成就感。

A. 不认同　　　B. 不大认同　　　C. 难说　　　D. 基本认同　　　E. 认同

（　　）29. 总体来说，你喜欢现在的英语课外作业。

A. 不认同　　　B. 不大认同　　　C. 难说　　　D. 基本认同　　　E. 认同

（　　）30. 如果你可以选择适合自己英语水平的课外作业，你将更认真完成。

A. 不认同　　　B. 不大认同　　　C. 难说　　　D. 基本认同　　　E. 认同

专家点评

　　论文就农村初中英语作业问题进行问卷调查和提出改进设想，是有意义的探索。主要的亮点有：第一，问题抓得准。一般来说，英语教学往往是农村学校教育工作的一个难点和痛点，论文抓住这个难点和痛点开展研究，并聚焦于"双减"政策的焦点——作业问题，体现出良好的问题意识。第二，调查框架较好。论文使用自编问卷进行调查，调查涉及六个方面：作业量、内容与形式、作业难度、教师反馈、作业功能、学生态度。这个框架能比较全面地反映英语作业的客观状态和实际作用，且操作性较好。第三，改进建议有启发。论文提出的初中英语作业改进建议，符合当前中小学教学改进的大趋势，指明了初中英语教学尤其是英语作业优化的大方向，值得重视和探索。论文可以进一步改进之处有：一是调查研究方面，取样可以更广泛些，如在多所农村初中进行调查，除调查学生外，也有必要进行教师调查或教师访谈，在数据处理上，可以进一步进行统计分析；二是在改进建议上，可以针对区域、学校层面提出配套思路，如拓展作业资源、科组联动协作、资源共享共建，等等。

王本陆
北京师范大学

"双减"背景下农村初中物理实践类作业研究
——以实践作业"探究小麦的一生"为例

北京一零一中大兴分校　胡雪兵　陈伟东

首都师范大学教育学院　石　尧

摘　要　为落实中共中央国务院关于"双减"的要求，我们结合农村初中生特点及农村相关背景，探讨了农村初中物理实践类作业的价值、取材的来源、分类的形式，并开发出相应的评价量表，最终以"探究小麦的一生"为例，设计出一套系统、完整的农村初中物理实践类作业。

主题词　农村中学　初中物理　实践作业

一、问题提出

2021年7月，中共中央办公厅、国务院办公厅颁发了《关于进一步减轻义务教育阶段学生作业负担和校外培训负担的意见》，明确指出义务教育阶段要"减少作业的总量和时长，提高作业的设计质量，建设高质量的教育体系，构建良好的教育生态，促进学生全面发展和健康成长"。为落实这一目标，我们结合农村初中生特点及农村相关背景，研发了针对农村初中的物理实践类作业。

二、农村初中物理实践类作业研究

所谓物理实践类作业，是以"从生活走向物理，从物理走向社会"的物理课程理念为指导，针对当前纸笔类作业弊端而研发的一种作业形式。实践类作业以激发学生的学习兴趣为旨归，强调学生对实践过程的亲身体验，意在丰富学生的直接经验，促进其知、情、意、行的有机融合。

（一）农村初中物理实践类作业的价值研究

首先，农村物理实践类作业可以激发学生的学习兴趣。这是因为，农村实践类物理作业是针对农村学校特点研发的，题目情景与农村的生产生活密切相关，充分考虑到农村学生的日常生活经验，并且作业内容丰富，形式多样，很好地满足了初中生的好奇心，

---

① 北京市教育科学"十四五"规划2021年度"双减"专项课题。立项编号：CDGB21511；课题负责人：胡雪兵。

使"枯燥乏味"的物理学习变成了奇妙的"探索之旅",学生在完成实践类作业的过程中,不仅深化了对所学物理知识的理解,而且还可以接触许多物理课本中尚未触及的知识领域。如在"自己蒸馒头"的实践作业中,学生要将自己动手蒸馒头的过程及成果拍照发到班级微信群中,并阐述其中的经验与教训,尝试分析其中涉及的物理知识,如笼屉上一层的馒头容易蒸熟是因为水蒸气遇到锅盖液化放热所致,开锅后换小火是因为水沸腾时吸热温度不变等。实践显示,学生蒸出的馒头造型各异,蒸失败的馒头还引起了学生的广泛热议,兴致勃勃地谈论了许久。

再者,农村物理实践类作业还可以拉进亲子关系。不容置否,农村学生的家长都有着丰富的农耕经验,而学生在完成农村实践类物理作业的过程,必然会向家长们进行请教与咨询,而家长们在农耕方面渊博的知识和丰富的经验,无不触动着学生,使他们对家长的崇敬之感油然而生,由此在潜移默化中便拉近了他们之间的亲子关系,克服了初中生不愿与家长交流的痼疾。以关涉"小麦晾晒"的实践类作业为例,在家中的院子里如何晾晒小麦,才能使小麦干得更快呢?这个问题超越了一般的物理知识层面,需要将影响蒸发快慢的因素与各家各院的实际情况相结合,综合考虑,做到因地制宜。由此便诱使学生们向长辈们请教具体的晾晒措施,相应地,长辈们会结合晾晒场地的大小、环境等特点,给予学生们悉心指导。

(二)农村初中物理实践类作业的取材研究

农村初中物理实践类作业是对我国传统农耕文化的保留与传承,该如何为农村初中物理实践类作业的编制选择恰当的命题情景呢?针对这一问题,我们从物质文化与精神文化两个层面切入,对农村初中物理实践类作业的取材来源进行梳理。

一是由日常农具的原理入手,编制农村实践类作业。不容置否,作为农耕物质文化代表的农用器具包含着大量的物理知识,由此,教师可以结合身边各种农业器具,在挖掘它们背后物理知识的基础上,将其转为实践类作业,以供学生练习之用。如独轮小推车的原理是一个杠杆模型,便可让学生通过寻找支点、绘制力臂等方式,来阐述小推车省力的原因;或者让学生利用身边的材料,结合杠杆有关知识,仿制一条扁担,并通过实践体验撰写一篇关于扁担使用技巧的科普文章。

二是从农耕的操作环节入手,择取其中与物理知识联系紧密的重要过程,将其编制成农村物理实践类作业。众所周知,经过我国劳动人民千百年来的实践探索,农业生产已形成了一套完备且规范的操作流程,这些流程是我国劳动人民的智慧结晶,其中不乏涉及一些重要的物理知识,由此就构成了农村实践类作业编制的一大来源。如小麦选种是播种前的一项重要工作,人们往往采用"盐水选种"的方法,即借助密度与浮力知识来挑选饱满的种子,这样一道农村实践类作业题便应运而生了。

(三)农村初中物理实践类作业的分类研究

在明确了农村初中物理实践类作业的取材来源后,为了进一步促进农村实践类作业的普及,丰富农村实践类作业习题库的建设,接下来,我们又对实践类作业进行了横向分类,并列举出相关实例。

(1)观察类作业,是指学生通过自身的感觉器官,如视觉、触觉等,有目的、有计划地考察某一生活生产过程,了解其组成结构或操作过程,从而利用所学物理知识予以分析。比如，请学生观察家中的农具，并分析农具本身或在使用过程中所涉及的物理知识。

（2）体验类作业，是一种以学生的体验活动为基础而设计的作业形式，即使学生亲身参与、体验某一农业生产过程，在自身与外界的相互作用过程中获取直接经验。比如，请学生和家长一起完成一项农活，并向家长请教完成此项农活的注意事项和技巧，分析其中运用的物理知识。

（3）制作类作业，是指学生根据所学知识或任务要求，利用适当的工具和材料，按照一定的技术规范，设计并制作某一农业工具，以及手工制品的过程。比如，请学生选用适当的材料，自制一个杆秤或一根扁担，并运用所学知识分析它的工作原理。

（4）参观类作业，意在通过对农业生活过程展开实地观看，并在此基础上提出各种可探究的科学问题，展开科学探究，目的在于激发学生探求知识的兴趣，开阔学生的视野。比如，让学生参观果园、菜园或庄稼地，并结合自身所学物理知识，就植物的种植、成长及收获等过程进行提问与探究。

（四）农村初中物理实践类作业的评价研究

作业评价是对整个作业活动进行综合性的考量，具有诊断、反馈、调控等功能，其中最为重要的部分是对作业活动中学生的学习表现与学习结果的评价。就以往经验来看，学生在认真完成作业后，仅能得到"√""×""A""B"等符号式反馈，而反映具体信息的内容却少之又少，导致作业实施的效果大打折扣。因此，在"双减"的教育改革背景下，我们亟须更新作业评价的方式，探寻更为有效的评价路径。

于是，结合新颁布的 2022 年《义务教育物理课程标准》与 SOLO 评价理论，我们设计了初中物理实践类作业的评价量表（如表 1 所示）。简而言之，评价内容由课标中物理学科核心素养的四个一级主题构成，而具体评价细则由课标中对以上一级主题的具体要求组成。其中，由于只通过一次作业无法对学生的"学科本质和社会责任"作出全面客观的评价，所以量表中只评价科学态度这一个方面。同时，参考教育心理学家比格斯的 SOLO 分类评价理论，我们又对作业的等级予以了划分。SOLO 分类理论是一种以等级描述为特征的质性评价方法，它把学生对某个问题的学习结果由低到高划分为五个层次。

（1）前结构层次（prestructural）：学生基本上无法理解问题和解决问题，只提供了一些逻辑混乱、没有论据支撑的答案，对应表中的不合格。

（2）单点结构层次（unistructural）：学生找到了一个解决问题的思路，但就此收敛，单凭一点论据就跳到答案上去，对应表中的合格。

（3）多点结构层次（multistructural）：学生找到了多个解决问题的思路，但未能把这些思路有机地整合起来，对应表中的良好。

（4）关联结构层次（relational）：学生找到了多个解决问题的思路，并且能够把这些思路结合起来思考，对应表中的优秀。

（5）抽象拓展层次（extended abstract）：学生能够对问题进行抽象的概括，从理论的高度来分析问题，而且能够深化问题，使问题本身的意义得到拓展。由于抽象拓展层次对初中生来说难度过高，绝大多数初中生均难以达到此项标准，所以我们没有把此项标准引入评价的等级中。

表1　史家分校区统编作业教研制度

评价内容	评价细则	优秀	良好	合格	不合格
物理观念	运用物质观念解释自然现象和解决实际问题的能力				
	运用运动和相互作用观念解释自然现象和解决实际问题的能力				
	运用能量观念解释自然现象和解决实际问题的能力				
科学思维	归纳概括能力				
	批判思维能力				
	辩证思维能力				
科学探究	基于观察和实验提出物理问题的能力				
	获取与处理信息的能力				
	基于证据得出结论并作出解释的能力				
	对科学探究过程和结果进行交流、评估、反思的能力				
科学态度与责任	探索自然的内在动力，严谨认真、实事求是、持之以恒的品质				

三、农村初中物理实践类作业案例举隅——探究小麦的一生

近年来农村生活已发生了巨大变化，学生们已经很少甚至不干农活了。虽然他们每天从麦地旁经过，但是对小麦却不甚了解。于是，为了让学生体会粮食收获的不易，感悟物理知识在生活生产中的重要价值，我们设计了以"探究小麦的一生"为主题的实践类作业，整个作业由一系列子课题组成（如表2所示）。

表2　实践类作业：探究小麦的一生系列子课题

探究小麦的一生作业的子课题	作业中涉及的主要物理知识
1. 小麦的选种	密度、浮力
2. 小支的播种	压强、重力
3. 小麦的生长	物态变化（浇冻水）
4. 小麦的收割	压强、相对运动
5. 小麦的晾晒	物态变化
6. 小麦的保存	温度
7. 小麦的研磨	压力、压强
8. 小麦的食用	热传递、物态变化

作业导语：民以食为天，小麦是我国北方地区重要的粮食作物，你了解小麦吗？你知

道小麦在选种、播种、生长、收割、晾晒、保存、研磨、食用等环节中运用了哪些物理知识吗？我们来研究一下吧。

实践环节1：小麦的选种

种子的好坏关系到农民一年的收成，好的种子颗粒饱满。

（1）请同学们思考，或咨询家长，如何把饱满的种子筛选出来；

（2）请同学们亲身体验选种过程，并分析选种时运用了哪些物理知识。

实践环节2：小麦的播种

（1）请同学们查阅资料或实地考察，归纳出小麦播种过程所涉及的物理知识；

（2）请同学们参与一次小麦播种的实践活动，并用文字表述小麦的播种过程。

实践环节3：小麦的生长

小麦在生长过程中不仅需要浇水、施肥，还需要喷洒农药来防治病虫害。

（1）请同学们在浇水、施肥和喷洒农药中任选一个方面参与社会实践活动；

（2）请同学们用文字表述自己的实践过程中所涉及的物理知识。

实践环节4：小麦的收割

（1）请同学们实地调查收割机的功率；

（2）请同学们梳理小麦收割的过程中运用的物理知识；

（3）请同学们参与一次收割小麦的社会实践活动，并用文字表述自己的体验。

实践环节5：小麦的晾晒

（1）请同学们通过查阅资料或访谈等形式，了解晾晒小麦的方法；

（2）请同学们利用物理知识解释小麦晾晒方式的原理；

（3）请同学们参与一次晾晒小麦的实践活动，结合自身经验，想一想在小麦晾晒过程中还要注意哪些问题。

实践环节6：小麦的保存

（1）请同学们结合所学物理知识，思考小麦在保存过程中有哪些需要注意的事项；

（2）请同学们向家长求证自己所构想的注意事项，并进行完善。

实践环节7：小麦的研磨

（1）请同学们向家长咨询小麦研磨成面粉的具体工序；

（2）请同学们梳理小麦研磨过程中的物理知识。

实践环节8：小麦的食用

（1）请同学们通过查阅资料或向家长请教，小麦粉都可以制作成哪些美食，然后自己动手制作一份美食，并把成果拍照留存；

（2）请同学们收集在使小麦粉制作美食的过程中涉及的物理现象，并阐述背后的物理原理。

四、反思与启示

（一）梳理心路历程，提供编制模板

不容置否，农村初中物理实践类作业是一个体系，是一种系列化的课程资源，即初中物理的每个专题都应该有自己相应的物理实践类作业，形成一个实践类作业的习题库。

然而，农村初中物理实践类作业习题库的组建绝非一日之功，需要依靠各位物理教师的群策群力。这里，教师们只有掌握了此类作业的设计流程与编制思路，才能实现农村初中物理实践类作业的再生产。于是，我们结合农村初中物理实践类作业设计的心路历程与亲身体会，确定了农村物理实践类作业的取材来源、形式分类及评价量表，并以"小麦的一生"为例，为教师们展示出一套系统、完整的农村初中物理实践类作业。由此希冀抛砖引玉，使农村初中物理实践类作业库得以丰富，使更多农村校的学生获益。

（二）拓展设问角度，促进学科融合

2022年新颁布的《义务教育物理课程标准》中增设了跨学科实践的主题，旨在发展学生跨学科运用知识的能力，使学生大脑中的各学科知识形成一个整体。农村初中物理实践类作业是围绕农村日常生活中所涉及的物理知识编制的，恰好对应了"跨学科实践"中的二级主题"物理学与日常生活"，为物理跨学科实践提供了有效的素材；并且物理实践类作业的背景除了可以从物理学角度设问，还可以从其他学科角度设问。以"探究小麦一生"的实践作业为例，其作业背景还可以从地理角度设问，即本地区为何适宜种植小麦？从生物角度设问，即从小麦种子萌发到产生新的小麦种子需要经历哪几个周期？可见，农村物理实践类作业的触角可以延伸至各个学科，由此为物理教学的跨学科融合、学生综合能力的发展做好铺垫。

（三）借助实践作业，传承农耕文化

农耕文化是农业劳动者在不断演变的社会中进行耕织而形成的特有的文化形式，该文化以农民、农村及农业作为主体，融合了历史文化、民族信仰、宗教礼仪等，从而形成了鲜明且独立的文化内容。众所周知，教育具有文化再生产的功能，为了使农耕文化从物理教育层面得以再生产，我们设计了以农村为背景的实践类作业，从而借助作业的形式，使农耕文化的基因得以传承。比如，学生在解答实践类作业"探究小麦的一生"中，将会依次经历小麦的选种、小麦的播种、小麦的收获、小麦的晾晒，以及小麦变为面粉、面粉蒸成馒头等一系列过程，借此完成了农耕文化的传承。

参 考 文 献

[1] 秦晓文. 基于核心素养的初中物理作业设计的思考［J］. 中学物理，2020（14）：16-18.
[2] 黄东涛，赖文，刘导. 基于SOLO分类评价的要素综合进阶培养教学实践［J］. 地理教学，2022（13）：40-44.

专家 点评

这是一项很实在、有创意的减负增质探索。主要的亮点有：第一，从课程资源的视角，立足于农耕文化，探讨农村初中物理实践类作业的创新设计。实践类作业设计是当前作业改革的一个热点，但其设计原理，大多不甚了了。本论文触及了实践类作业设计的一个根本性问题：文化依据问题。论文立足于农耕文化及其传承来

●作业篇

设计农村初中物理实践类作业，这就使作业设计有了文化源头，有了源头活水。第二，提出了建设实践性作业（习题）库的设想。作业减负工作的深入推进，需要在作业资源建设上下功夫，要在区域和学校层面，群策群力设计出更多更好的作业题，进而汇总形成习题库。这是一条很好的建议，值得认真对待。第三，在实践类作业评价上，合理借鉴SOLO理论，构建了操作性强的合理的评价等级和具体指标。论文提出了实践性作业的基本类型，即观察类、体验类、制作类和参观类作业，这个分类比较实用，主要考虑了学生活动的性质或类别；可以进一步优化这个分类，如结合学生活动与任务指向两个维度来分类，区分为：经验观察－原理探究型、动手操作－方法掌握型、产品设计－综合应用型。此外，论文如能提供有关学生完成此类作业的过程材料与成果表现，将更有说服力。

王本陆
北京师范大学

"双减"背景下数学学科"精准有效"作业设计与实施的策略①

北京市密云区第三中学 王英华

摘 要 在"双减"背景下,本文围绕"精准有效"书面作业和"精准有效"学科实践探究作业的设计与实施进行阐述。主要从注重在作业布置上做到二次备课;在内容设计上进行分层设计;在作业形式上做到多样化、可选择;在作业反馈上要精准有效,做到个性化,实现诊断、激励和改进功能;在作业成果上注重深度互动交流分享等方面进行梳理,从而实现"提高作业设计质量,加强作业完成指导"的目标,实现"培养学生的实践能力和创新能力,提升学生学科素养"的根本目的。

主题词 双减 初中数学 精准有效作业

2021年7月,中共中央办公厅、国务院办公厅印发了《关于进一步减轻义务教育阶段学生作业负担和校外培训负担的意见》,文件明确指出:"提高作业设计质量,加强作业完成指导。"作业是课堂教学的延伸与拓展,发挥着诊断、巩固、学情分析等功能,是学生学习活动的重要组成部分。如何设计"精准有效"作业,真正发挥作业的育人功能,尤为重要。本文结合初中数学学科实践,阐述"双减"背景下"精准有效"作业设计与实施的策略。

"精准有效"作业是指在特定的环境与条件下,即基于预定课程学习目标,为完成既定的教学任务而展开的,通过学生独立思考或互动交流而完成的"精准有效"书面作业和实践探究作业。如何设计出精准且有效巩固学生所学的书面作业,如何设计出真正让学生感兴趣并能培养学生的实践能力和创新能力、提升学科素养的实践探究作业,是我们一直在探索的方向。

一、"精准有效"书面作业设计与实施的策略

(一)通过二次备课调整细化课时作业设计是实现"精准有效"作业的前提

教师要依托备课组的智慧,在备课组设计的单元作业和课时作业的基础上,进行二次

---

① 北京市教育科学"十四五"规划2021年度"双减"专项课题"'双减'背景下精准有效作业设计的研究"(CDGB21525)成果。

备课。依据布卢姆教育目标分类学的认知过程维度，结合情境维度表以及所教班级学生情况，将备课组集体备课的单元作业和课时作业进行微调、细化，设计出适合本班学生的"精准有效"课时作业（表1）。

表1 情境维度表

知识范围	与本节课学习内容相关	本节课内容，不涉及其他知识点
	与本章节学习内容相关	以本节课内容为主，涉及本章节的其他学习内容
	与其他章节学习内容相关	以本节课内容为主，涉及其他章节的学习内容
	与综合应用学习内容相关	以本节课内容为主，涉及多章节知识综合应用的学习内容
问题背景	学校、个人生活	涉及学生日常的学校、个人生活等
	社会生活	涉及社会生活，如生产实践、科学技术、文学、体育、金融等
	融合其他学科	涉及其他学科知识，如物理、化学、生物等

作业的设计是以数学课堂教学为基础的。数学的知识具有连贯性，必定涉及以前的学习内容或数学知识，而且需要借助适当的问题背景呈现出来，所以要从知识范围与问题背景两个视角来考虑。

（二）基于学生差异的分层作业设计是实现"精准有效"作业的有效保障

教师依据学情，根据学生不同的水平、不同的接受能力，以及学生的课堂表现，进行合理的分层，将作业设计成三层难度系数：A层（初露锋芒），即本节课所学内容，不含生活背景；B层（身手不凡），即跨课时本单元内容，有简单的生活背景；C层（攻坚克难），即跨单元或跨学科的内容。针对不同学生的学习情况，将所设计的作业投放于"超市"中，供学生自主选择，真正实现因材设计、各有所需。例如图1中"相似三角形的性质"这节作业。

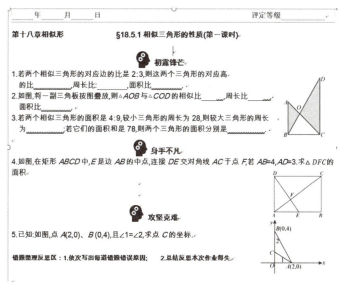

图1 "相似三角形的性质"作业

（三）个性化和激励性的作业评价是实现"精准有效"作业良性发展的催化剂

教师针对学生作业进行个性化、激励性的专业评价，能够激发学生学习内驱力，增强学生学习的效能感。教师对学生每天的作业要有指导性或鼓励性评语，如"今天老师看到了一个认真完成作业的中学生""你的解题过程详细，步步有据，是大家学习的榜样""如果过程再详细些，原因写得再具体些就更好了"，等等。总之，具有指导性、激励性的个性化的评语能够使学生产生持久上进的动力，让学生感受到教师时刻都在关注着他的成长。同时，学生也可以根据教师个性化的评价对自己的学习进行调整、优化和改进。有效评语是师生有效沟通的催化剂，更是有效作业落地的基石。

（四）基于作业的生生、师生深度互动交流分享是"精准有效"作业闭环落实的关键环节

在每天课前 5 分钟，教师设置"你说，我问，他评"的互动点评环节，对作业中的典型错题进行深度分析，具体可采用学生提问、学生点评、生生互动、师生互动的问答质疑形式，从而加大学生的参与程度和对学习内容的深度理解。此环节既是对作业"精准有效"反馈的检验，也能让学生充分认识到自身才是学习的主体，深度思考、互动交流才能真正提升他们的学习能力。通过研究作业，倒逼课堂，提升教师的业务能力，进而提高课堂效率，以达到优化课堂的目的，从而使学生实际获得最大化，最终实现"提质增效"的目标。

二、"精准有效"学科实践探究作业设计与实施的策略

学科实践探究作业强调学生通过自己的探究与实践构建自身知识体系，符合学生的认知发展规律。在这个过程中，学生能掌握科学的方法和技能，锻炼科学的思维方式，形成科学观点和科学精神。教师设计与实施"精准有效"学科实践探究作业的策略有：

（一）作业内容多层次设计

以北京义务教育教科书七年级下"正方体展开图"这节课为例，教师设计了适合不同水平学生的学科实践探究作业。

1. 探究作业一

将 11 种正方体展开轮廓图的对面涂上相同的颜色，再将展开图剪下，还原正方体，看一看你找的正方形对面是否正确。如果正确，写出你确定对面的方法；如果不正确，则修改重新涂色，并分析错误的原因。

设计意图：让学生动手操作和充分体验正方形展开图中各面之间的位置关系。学生在回忆 11 种展开形式的同时，思考对面的特征，培养空间想象力（图2）。其中将展开图剪下，还原正方体，看一看找到的对面是否正确，这个环节的设计意图在于让学生反复折叠、展开、还原操作，直观地显示转化过程，将抽象问题具体化，对空间想象力不好的学生是非常有帮助的。

2. 探究作业二

请学生用彩笔在表 2 第一列中描出所给正方体需要剪开的棱，沿棱剪开后，在表格第

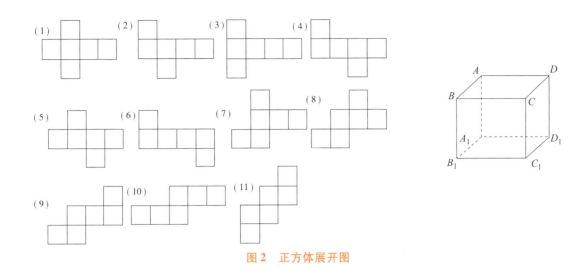

图 2 正方体展开图

二列相应位置画出剪开后的平面图形,结合标记的棱,想象展开后的平面图形,并画在表格相应的位置上;最后将事先做好的纸质正方体沿第一列描出的棱剪开,进行验证、对比、还原,展开后验证是否一致。

表 2 画图形

正方体	想象的展开图	实际的展开图	是否一致

设计意图:在这个过程中,学生会反复尝试,画的时候就会思考、想象和判断,感悟一个面的四条棱不能全剪,否则会全剪掉;哪些棱可以剪?哪些棱不能剪?哪些棱不剪就展不开?在这个过程中,学生会有大量的思考和判断,通过设计抓住学生思考的痕迹,为空间观念的培养提供契机。

3. 探究作业三

动手操作实践作业应用。先做一个正方体,再将正方体正前方的面标上"五角星",然后用红笔描出正方体沿哪条棱剪开就能得到老师指定的展开图(11 种展开图),最后要求学生自己设计一个题目,通过列方程,求出"五角星"表示的值为多少。例如图 3 是学生设计的一个问题。

如图 3 中左侧的正方体,"五角星"图案在正前方,请在正方形上用笔描出沿哪条棱剪开就能得到图 3 中右侧的展开图,且它们的对面数值相等,请求出"五角星"表示的值为多少。

设计意图:此题综合性较强,由立体到平面,学生可以通过实际剪裁正方体操作,直

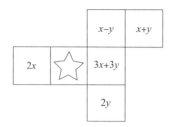

图 3　学生设计的问题

观呈现对面，进而解决问题。

总而言之，分层的学科实践探究作业能够激发学生的实际获得感。

（二）作业内容连贯性设计

以北京义务教育教科书八年级上"事件与可能性"单元为例，学生要在"事件与可能性"整个单元知识学习过程中按课时要求逐步完成此项学科实践探究作业（表3）。通过此项作业，培养学生"乐于探究、勇于创新"的学习品质。

表3　事件与可能性单元学科实践探究作业

单元课时	学生活动	设计意图	实践操作及设计中的思考问题	评价
第1课时	制作一个含指针的转盘，将转盘分成若干面积相等的区域	学生制作转盘，在制作中体会、感受、理解"均匀""相同""全等"中蕴含的可能性相等的含义	设计的转盘质地要均匀，如果不均匀，会影响转盘指针指向可能性的一致性。建议在分割面积时用铅笔画线，因为下节课我们还有其他设计要求，以便同学们修改方案	只要设计参与即"A"；转盘制作美观、转盘分成若干个面积相等的区域为"A＋"
第2～3课时	在制作好的圆盘上，给每个区域随机涂满红、黄、绿三种颜色（每个区域一种随机颜色）。 1. 用力转动转盘，当转盘停止后，指针对准颜色区域的可能性是否相同？如果不同，那么对准哪种颜色区域的可能性最小？对准哪种颜色区域可能性最大？ 2. 请你就此情况，提出一个不可能事件。 3. 请你就此情况，提出一个必然事件	1. 问题1让学生制作转盘、提出问题，感受可能性的大小与不同颜色面积占比的大小有关，经历转盘涂色的实验过程，会求出简单事件可能性的大小。 2. 问题2、3：让学生提出一个问题，培养学生的发散思维，同时充分感受不可能事件和必然事件在生活中的意义	在涂色时建议同学们用蜡笔，不要用水彩笔，转盘潮湿会变形，也会影响转盘指针指向可能性的一致性	只要涂色参与即"A"；转盘制作美观、转盘问题提出正确为"A＋"

续表

单元课时	学生活动	设计意图	实践操作及设计中的思考问题	评价
第4~6课时	1. 请根据制作的转盘上颜色分布，求出转盘转动后，指针指向三种颜色的可能性大小。 2. 请你设计一个三人转盘游戏，通过修改盘面颜色分布（必要时可以重新贴一张盘面纸，重新设计），使得游戏公平公正，并写出游戏规则和实施方案	1. 问题1会求指定事件的可能性大小。 2. 问题2会根据制定公平的游戏规则设计个性的游戏方案，让学生体会所求事件三人获胜可能性相同	同学们在求完指针指向三种颜色的可能性大小后再用你做的转盘多次操作验证你的结论，分析转盘转动结果与计算求出的误差，体会随机的概念。 提示：盘面纸如果先剪后贴则注意半径相等、圆心重合（为什么）；如果先贴后剪则注意剪裁误差	完成1即"A"； 完成2为"A+"
第7课时	元旦将至，班内要进行联欢抽奖环节，请你为本班设计一个抽奖转盘，要求抽到一等奖、二等奖、三等奖的可能性分别为 $\frac{1}{6}$，$\frac{1}{5}$，$\frac{3}{10}$，剩下的为纪念奖	为班级做好事，激发学生的兴趣，从而培养学生的集体意识。分析奖项的可能性大小，设计后，充分理解可能性大小，会求可能性大小。在修改中找到解决问题的方法，提高学生运用本章所学解决实际问题的能力，在实践探索中培养学生及时反思的习惯	思考：转盘上贴的盘面纸圆心一定重合，那么半径是否一定相等？说明你的设计原理	只要设计了即"A"； 问题设计正确为"A+"

注：学生制作转盘存在误差和不准确性，教师在单元学科实践探究作业完成后可以利用信息技术课件制作转盘，让学生体会等可能事件发生的大小

连贯性作业设计在于激发学生对实践作业操作的好奇心，使学生养成实事求是的科学态度。

（三）作业反馈精准有效

教师及时反馈学生完成作业的情况，是学生认知和判断自我学习情况，并做出针对性改进的显性依据，更是教师调整教学的有效依据。通过对作业精准有效的反馈，促进教师改进教学、改进学习，从而更好地达成学习目标。

例如：经统计，44名学生全部完成探究作业任务一，正确率如表4所示。

表4 探究作业任务一完成情况

编号	1	2	3	4	5	6
正确率	93.2%	91%	97.7%	100%	100%	100%
编号	7	8	9	10	11	
正确率	79.5%	72.7%	77.3%	56.8%	63.6%	

教师要分析数据，通过数据研究学生对展开图类型的掌握情况，查找原因，在课堂上多加关注。如果是因为课堂上让学生动手不够，可以增加让学生操作的机会，加深印象，加强理解；如果是学生上课认真程度不够，教师要关注学生上课表现，及时提醒，适时互动，设计出更能吸引学生兴趣、触发思维的教学活动。教师通过精准分析学生完成作业情况调整教学。

教师把学生总结的口诀、解题方法都以学生的名字命名，如："××同学的小妙招""××同学的转化小灵通""××同学优秀小主播"等，多样作业形式使学生有更多选择，多种评价形式激发学习兴趣，实现多元评价。

除此之外，作业形式多样化、可选择。在每章节结束时，学生可任选调查报告、手抄报、录制视频等一种或多种形式，完成学科实践探究作业。学生在任务完成后，展示分享设计成果报告、视频时，感受学习成果带来的喜悦与自豪感。

综上所述，无论是书面作业还是学科实践探究作业，都要注重在作业内容上进行分层、连贯设计；在作业反馈上要精准有效，实现诊断、激励和改进功能；在作业形式上实现多样化、可选择；在作业成果上注重深度互动和交流分享。只有做到以上几个方面，才能真正发挥作业的育人功能。

参 考 文 献

[1] 王月芬. 重构作业——课程视域下的单元作业 [M].北京：教育科学出版社，2021：200－219.

[2] 肖正德. "减负"背景下有效作业的设计策略探究 [J].课程·教材·教法，2014，34（4）：50－55.

[3] 许晓莲，陈佑清. 有效作业的影响因素及提升策略 [J].中国教育学刊，2015（10）：5.

专家 点评

本研究以作业布置精准性的提高作为破解"双减"的突破口，把握了一个关键点，非常有意义。实际上，作业量的多少、是否成为负担因人而异，因此针对学生的个体差异、特殊需要而设计、布置、批改作业在落实"双减"工作中是重要的。

作者开展的精准作业探索中，除了普遍采用的分层设计，以"作业超市"作为学生自主选择作业的方式很有新意，这种方式既给了学生自主选择权，也避免了一些选择要求较低的作业的学生因被当众要求做作业而产生自卑心理，这是对学生人格的尊重。类似的有利于激励学生的方式还有：将学生总结的口诀、解题方法都以学生的名字命名为"××同学的小妙招""××同学的转化小灵通""××同学优秀小主播"等，在班内广泛传播，这能够带动更多的人认真总结、提炼，有利于学生高质量地完成作业。

研究值得借鉴之处还有：对作业的层次性进行了系统建构而非简单地区分难易程度，着眼于单元开展作业设计并提供了案例，针对学生作业中出现的问题进行及时而有针对性的反馈。

顿继安

北京教育学院

"减负增质"引领下,基于学生需求的小学英语单元作业设计

——以北京版小学英语五下 Unit 6 What will you do in the future 为例

北京市东城区前门小学　闫　萍　王　悦

摘　要　"双减"政策全面实施的情况下,小学英语单元作业设计以减负增质为目标。学生在学业水平、学习风格、多元智能发展等方面千差万别,在英语学习上存在着差异化的学习需求,对单元作业的需求也存在差异。在进行基于学生需求的单元作业设计时,通过设计多样的作业表达、展示形式,提升学生兴趣,满足学生学习风格及多元智能发展等方面的差异需求;通过设计单元各子主题学习任务下的三个不同水平的作业,满足学生在语言能力和思维品质上的差异需求,助力学生持续完成学习任务;为学生提供完成作业的路径,满足学生在学习能力上的差异需求,拓展学生解决问题的能力。

主题词　学生需求　小学英语　单元作业设计

"双减"作为一项重大的教育改革,其根本目的在于落实立德树人的根本任务,切实为中小学生减轻负担,以实现高质量地推行素质教育。"双减"政策实施后,对传统的作业设计思路提出了新的挑战。如何更好地设计英语作业,提高作业质量,成为当下英语教学急需探讨和解决的课题。

单元作业是单元整体教学设计的重要环节,是教学评价的重要组成部分,也是落实立德树人根本任务的重要载体。教师设计和实施单元作业的根本目的是促进学生对单元主题意义的探究,通过语言学习,发展学生的核心素养。但是我们的学生存在个体差异,他们在已有知识技能、兴趣爱好、智能倾向等方面千差万别,对于作业的需求也不同,而现有的统一的作业设计,不能满足学生的差异化需求。

一、基于学生需求的单元作业设计理念

基于学生需求的单元作业设计,从学生的角度出发,设计满足学生需求的单元作业。学生的需求是什么?Brindley 和 Robinson 把需求细分为客观需求和主观需求。把所有关于学习者的客观情况,如学习者目前的外语水平、语言学习中的难点等笼统地称为客观需求,而把学习者在语言学习中的认知和情感需求,如信心、态度等概括为主观需求。本

研究中的学生需求聚焦客观需求中学生在英语学习中由于核心素养发展不平衡所造成的差异化的学习需求，和主观需求中学生个体学习风格和智能倾向方面的差异化的需求。

二、基于学生需求的单元作业设计理论依据

（一）《义务教育英语课程标准（2022版）》

《义务教育英语课程标准（2022版）》中提出英语课程要培养学生的核心素养，包括语言能力、文化意识、思维品质和学习能力等方面。在本研究中进行单元作业设计，也是依据它来考查学生在这四个方面的水平差异，通过设计满足学生差异化学习需求的作业，促进所有学生英语学科核心素养的提升。在具体单元作业设计当中，也依据课标中提出的核心素养学段目标，以及学业质量标准作为观察、描述学生学习水平差异三个层次的依据。

（二）布鲁姆"教育目标分类学"理论

布鲁姆在"教育目标分类学"理论当中，将教学目标分为三个领域：认知、情感和动作。其中又将认知领域分为六个逐级递进的层次，即知识—理解—应用—分析—综合—评价。

本研究中，在进行本单元作业设计时，设计符合学生认知层次的、可选择的作业，给予学生支持和协助，引导学生基于自身的学业水平差异化需求，选择并独立完成任务，从而促进学生英语语言能力和思维品质的逐步提升。

（三）多元智能理论

美国发展心理学教授加德纳在他的著作《智力的结构：多元智能理论》一书中提出了多元智能理论，他认为人的智能结构是多方面的，包括语言智能、数理逻辑智能、视觉空间智能、音乐智能、身体动觉智能、人际交往智能、自我认识智能和自然观察智能等，每个个体都有自己擅长的智能。

本研究中，设计多种形式的作业展示方式，让学生自主选择他们喜欢的或者能够证明自己学习结果的方法和表达方式，以此来满足学生在学习风格和多元智能倾向上的差异需求。

在以上理论的指导下，在进行单元作业设计时，从作业的内容和形式上做出了调整，以满足学生主、客观的差异化需求（表1）。在满足主观需求上，作业形式多样化，提升学生兴趣；在满足客观需求上，作业内容多选择，助力学生持续完成学习任务。

表1 基于学生需求的单元作业顶层设计

	单元作业内容设计（多选择）
学生的客观需求 （核心素养发展不平衡所造成的差异化的学习需求）	每课时的作业设计为单元各子主题任务，在每个子主题任务下，设置三个学生可选择的、不同水平的作业： ➢ 借助范例完成的作业； ➢ 借助问题完成的作业； ➢ 借助可视化工具完成的作业

续表

学生的主观需求 （学习风格、智能倾向差异化需求）	单元作业形式设计（多样化）
	设计多样化的作业表达、展示形式，如写作、录音讲述、思维导图或海报、制作幻灯片、表演微视频、创编歌谣等

三、学生的差异分析

本单元作业设计的对象是学校五年级（1）班的学生。

（一）学生学习风格、智能倾向差异

通过量表、问卷调查及课堂观察发现，本班学生听觉型、视觉型和动觉型的学生占比较多（图1）。他们的视觉－空间智能优势明显，大部分学生在学习过程中都喜欢采用绘画、绘制思维导图等方式来展现学习成果。音乐－节奏智能也是本班学生的优势智能，喜欢教学课件中出现的音乐、节奏。排名第三的是身体－动觉智能，他们会对自己看到的画面、听见的声音进行模仿，在上课过程中，如果涉及学生自己无法表述的内容，那么他们往往会通过肢体动作来辅助描述，从而让教师以及其他同学明白他想要表达的意思。

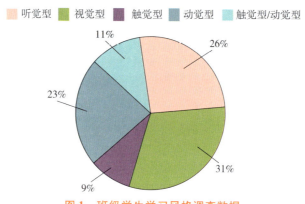

图1 班级学生学习风格调查数据

（二）学生英语学科核心素养及学业水平的差异

以每个学段的学业质量要求为参考，通过课堂观察及学生的标准化测试成绩，依据学生在语言能力、思维能力和学习能力的差异，将学生分为基础水平、平均水平和提高水平三个层次（图2和图3）。他们的学业水平不同，核心素养发展也存在差异。

1. 基础水平的学生

基础水平的学生有6人，占比为17%。学生需要在教师的帮助下，达成学业质量标准要求。语言能力方面：需要在教师的帮助下围绕相关主题，运用所学语言与他人进行简单的交流，语音语调不够准确，不能够进行连贯表达。需要在教师的帮助下读懂主题相关的简短语篇，获取信息，理解内容。思维品质方面：需要在教师的帮助下对获取的语篇信息进行简单的分类对比，识别语篇的关键信息、主要内容、主题意义和观点。学

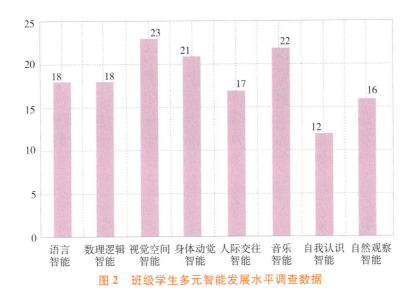

图 2　班级学生多元智能发展水平调查数据

图 3　班级学生学业水平分布

习能力方面：对英语学习的兴趣不高，缺乏自信心。不能够积极参与课堂活动，用英语进行交流，遇到问题不能够积极请教，有畏难情绪。

2. 平均水平的学生

平均水平的学生有 20 人，占比为 57%。学生能够基本达到学业质量标准中的要求，有进步的空间。语言能力方面：能够围绕相关主题，运用所学语言与他人进行简单的交流，语音语调准确，能够进行连贯表达；能够读懂主题相关的简短语篇，获取信息，理解内容。思维品质方面：能够对获取的语篇信息进行简单的分类对比，能够识别、提炼、概括语篇的关键信息、主要内容等，能就语篇的主题意义和观点做出正确的理解与判断；但是在思维的系统性、整合信息的能力方面有待培养。学习能力方面：对英语学习有兴趣，乐于参与课堂活动和实践活动；能够及时预习和复习所学内容；能够在学习活动中与他人合作，共同完成学习任务；但缺乏尝试通过多种方式发现并解决语言学习中问题的意识和能力。

3. 提高水平的学生

提高水平的学生有9人，占比为26%。学生的英语学业水平超出学业质量标准中的要求，英语成绩优异且稳定，喜欢接受挑战。语言能力方面：能够针对主题内容，进行意义连贯的表达，发音清晰准确。思维品质方面：能够对获取的语篇信息进行分类和对比，加深对语篇的理解，能够从不同的角度辩证地看待事物，能够换位思考。能够根据语篇推断作者的态度和观点。具有问题意识，能够初步进行独立思考。学习能力方面：对英语学习有较浓厚的兴趣和自信心，能够积极参与课堂活动，大胆尝试。能够借助多种渠道或资源学习英语。能够在学习过程中主动探究，尝试通过多种方式发现并解决语言学习中的问题。

四、单元教学背景分析

北京版小学英语五年级下册第六单元"What will you do in the future"的教材内容属于《义务教育英语课程标准（2022版）》中提到的人与社会大主题语境下常见的职业与人们的生活领域。学习内容是围绕着"What will you do in the future"这一核心问题展开的有关职业主题的探究。

单元教学围绕"Jobs I want to be"这一主题展开，整合教材的内容和相关资源，把本单元分成5个课时，并分别确立5个子主题。前3课时为会话课，子主题分别为"Future jobs of my friends, Jobs of my parents, My hobby and my dream job"，在子主题引领下学生认识更多的职业，丰富有关职业的表达，联系自身谈论自己的爱好和职业梦想，加深对职业的认识。为了进一步促进学生对主题的探究，教师补充第4课时绘本阅读，通过阅读帮助学生认识到职业不分贵贱，任何职业都有其价值，子主题为"Jobs that help us"。第5课时为综合实践活动"My future job"，学生结合本单元所学内容，从多角度综合考虑，规划自己的未来职业，在这一实践活动中，综合运用、展示本单元主题探究的学习收获。

为检测学生对单元主题的探究，笔者设计了相对应的子主题探究性任务，观测学生在学习过程中的收获，为学生完成单元主题任务奠定基础（图4）。通过对单元主题的探究及各个子主题任务的完成，帮助学生逐步形成职业认同，树立正确的职业观，初步规划自己的未来职业，落实英语课程的育人功能。

五、基于学生需求的单元作业设计策略

（一）通过设计多样的作业表达、展示形式，提升兴趣，满足学生主观需求的差异

在本单元作业设计中，教师通过多样化的作业表达、展示形式设计，来满足不同学习风格的学生，并且符合不同学生的智能倾向。通过让学生自主选择他们喜欢的或者能够证明自己学习结果的方法和表达方式，来满足学生多元智能倾向上的差异需求。例如，语言智能好的学生可以选择写作或录音讲述的方式；视觉空间智能强的学生可以选择图文并茂的思维导图或海报的方式，以及制作幻灯片介绍的方式；身体动觉智能优势的学生可以选择表演微视频的方式；音乐智能好的学生可以选择创编歌谣的方式。鼓励学生以多样形式去选择展示的方式，不规定展示形式，满足不同学生的需求。这样不仅可以

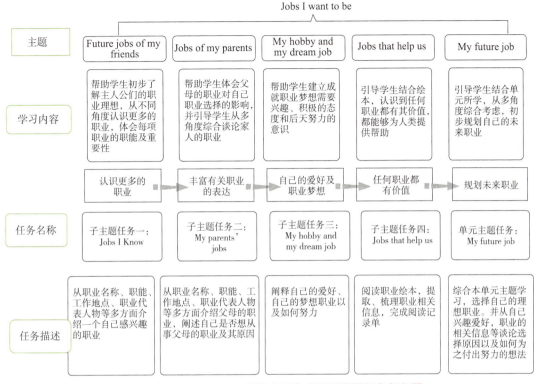

图 4　Jobs I want to be 单元主题内容及子课题任务框架图

让学生各尽其才，收获丰富的学习效果，也可以让学生在各种表现形式的作业当中，收获自信，提高兴趣，获得成就感。

1. 通过设计子主题学习任务下的三个不同水平的作业，满足学生客观需求的差异

提供不同水平的作业，满足学生在语言能力和思维品质上的差异需求，持续完成学习任务。

（1）借助范例完成的作业——提供词、句支持，促进表达运用

对于基础水平的学生来说，他的语言能力不足以支撑他的表达，他在主题下的词汇积累不够，基本句式掌握欠扎实，不能围绕主题运用所学语言进行连贯表达。教师为这部分基础水平的学生呈现促进表达的范例（图5）。

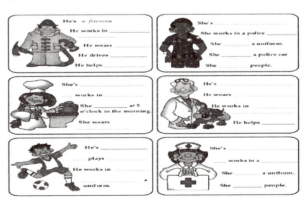

图 5　借助范例完成的作业示意图

在子主题一任务中，要求学生能够从职业名称、职能、工作地点、职业代表人物等多方面介绍一个自己感兴趣的职业。基础水平学生可以选择感兴趣的职业，并从所给单词及短语中选择，填写范例中句式空缺部分。这样基础水平的学生能够在范例的帮助下运用所学语言完成表达，达成学习任务。

（2）借助问题完成的作业——提供思考路径，建立结构意识

对于平均水平的学生来说，单词和句子结构表达起来不困难，但是他们在完成作业的过程中，容易进行碎片化思考，造成表达缺乏逻辑。在子主题一任务中，教师为这部分学生提供如下问题引领：What's the name of the job? Where do they work? What do they do? Do you know any famous people who do this job? 通过提供问题，为学生提供思考路径，引导学生有序思考，整合信息，建立结构意识，逐步提升思维品质。

（3）借助可视化工具完成的作业——提供基础框架，引导思维拓展

可视化工具是思维训练的辅助工具，借助图表，以可视化的呈现、辅助思维分析和问题解决，使学生思维条理化和具有逻辑性，辅助学生围绕主题全面表达。通过长期的应用示范和引导性训练，潜移默化地将逻辑思维方式固化在学生的思维模式和思考习惯中。

对于提高水平的学生来说，他们能够围绕主题，运用所学语言进行连贯表达，能说明理由，交流感受，而且他们乐于接受挑战。在子主题一任务中，教师为这部分学生提供可视化工具，在完成作业的过程中先帮助学生建立基本的表达文本框架，进而引导学生在此基础上尝试丰富框架，完善自己的思维可视图，丰富自己的表达，拓展思维的深度和广度（图6）。

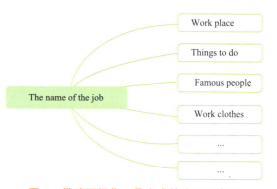

图6 借助可视化工具完成的作业示意图

在每一个子主题探究任务下，教师都给学生提供三个层次的作业，不同水平的学生可以依据自己的学习情况选择一个或多个来完成。每一名学生都处于动态发展中，因此他可以根据自己的学习情况动态选择所要完成的作业。

提供完成作业的路径，满足学生在学习能力上的差异需求，拓展解决问题的能力。

根据学生的个体学习差异及学习需求，尽可能全面地考虑完成作业的所有路径，给予学生支持，便于学生选择最适合自己的方法，学会方法，拓展解决语言学习中问题的能力，发展学习能力（图7）。

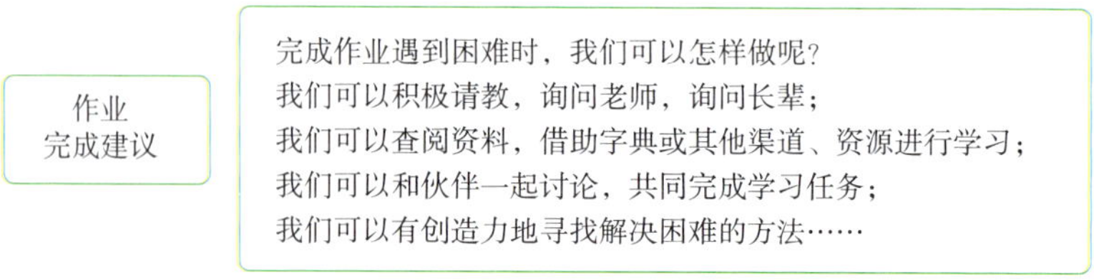

图7 单元作业完成路径

笔者力图通过以上策略，设计出满足学生英语学习差异需求及学习风格、智能倾向差异需求的小学英语单元作业，这既是学生核心素养发展学习需求的满足，又是学生个性的满足。从学生需求的视角来进行单元作业的整体设计，使作业设计满足学生需求，促进学生的英语学习的同时，发展学生的英语学科核心素养。

参 考 文 献

[1] 上海市教育委员会教学研究室. 小学英语单元教学设计指南［M］. 北京：人民教育出版社，2018.
[2] 方臻. 夏雪梅. 作业设计：基于学生心理机制的学习反馈［M］. 北京：教育科学出版社，2014.
[3] 王月芬. 课程视域下的作业设计研究［D］. 上海：华东师范大学，2015.
[4] 王月芬. 重构作业：课程视域下的单元作业［M］. 北京：教育科学出版社，2021.
[5] 张盼盼. 基于需求分析理论的高中英语阅读教学研究［D］. 长沙：湖南科技大学，2013.

专家 点评

"双减"政策中明确提出提高作业设计质量，鼓励布置分层、弹性和个性化作业。当前作业设计存在作业随意性大、创新性少、形式固定、趣味性不足等问题，有效进行作业改革非常迫切。

该研究以小学英语单元作业设计为主题，结合北京版小学英语五下 Unit 6 What will you do in the future 范例，依据布鲁姆在"教育目标分类学"理论和发展心理学多元智能理论，根据学生年龄特点、学习规律、学情诊断作出差异化分类，划分为基础水平、评价水平、提高水平三类，在本单元作业设计中，通过多样化的作业表达、展示形式设计，来满足不同学习风格的学生，并且符合不同学生的智能倾向。通过设计子主题学习任务下的三个不同水平的作业，满足学生客观需求的差异。

从研究方法上来看，通过量表、问卷调查及课堂观察发现等方法，客观全面地展现出学生学情。

从成效看，系统设计符合学生个性化需求的作业，一定程度上克服机械、无效作业。基于学生自身的学业水平差异化需求，促进了学生英语语言能力和思维品质的提升，也满足了发展学生英语学科核心素养的要求。

建议一，进一步围绕英语核心素养要求，在"双减"政策指导下，深入研究学生需求与作业设计关系，做到小学英语单元作业设计完善化、体系化。

建议二，进一步深入研究小学生水平的划分，明确标准，科学分级，建立动态的学生需求调查分析机制，为作业设计科学化奠定更扎实基础。

建议三，在单元作业设计基础上，进一步完善、充实作业的设计策略，提升小学英语整体作业的设计水平与质量。

杨润勇
中国教育科学研究院

优化作业管理　赋能学生成长
——小学作业系统闭环管理策略探究成果报告

北京市东城区史家小学分校　刘力军　孙玮玮

摘　要　学校为有效落实"双减"政策中的"减轻学生过重作业负担"的要求，基于"优化作业管理　赋能学生成长"课题，"以生为本""细化管理"和"形成闭环"，以"作业管理"为起点，指向促进"作业调整"和"作业优化"，最终瞄准"作业育人"。

主题词　作业管理　学生成长

一、问题的提出

（一）政策背景

教育部《关于培育和践行社会主义核心价值观进一步加强中小学德育工作的意见》指出社会主义核心价值观教育的四个基本途径，即"课程育人""实践育人""文化育人""管理育人"。其中，"课程育人"被放置于育人途径的首要地位。2021年5月21日，习近平总书记主持召开了中央全面深化改革委员会第十九次会议，审议通过了《关于进一步减轻义务教育阶段学生作业负担和校外培训负担的意见》，并提出将"全面压减作业总量"作为中小学生减负的重要途径。这与《中共中央　国务院关于深化教育教学改革全面提高义务教育质量的意见》相呼应，都是将中小学作业作为基础教育阶段教育教学改革的一大突破点。为此明确作业改革的价值指向，通过深入探究该价值目标下作业设计的理念和具体的做法，才有助于实现小学作业设计变革的目标，达到优化作业设计并且减轻学生负担的效果。

（二）课堂教学模式的转型

长期以来，受传统教学观的影响，课堂教学容易陷入过于注重知识传授的误区。为不断转变课堂教学模式，《北京市基础教育部分学科教学改进意见》以及《北京市实施教育部〈义务教育课程设置实验方案〉的课程计划（修订）》共同指向了中小学校的教学方式变革，并明确提出了"中小学校各学科平均应有不低于10%的课时用于开展校内外综合实践活动课程"。

在这一政策引领下，各中小学的综合实践课程开发呈现出一派繁荣的景象，能够在课程形式上突破书本的限制。但是，在课堂实施过程中，能否真正引发教师教学方式和学生学习方式的转变，还缺乏理论探索与实践研究，难以触及课程改革的根本。

（三）史家分校办学理念与作业改革的契合点

史家分校是一所图书馆式的学校，办学理念是"学习与生命同行，责任与使命同在"，学校的办学理念也为作业改革提供了思想引领。随着国家出台"双减"政策，从2021学年开始，作为义务教育学校教育教学行为必须进一步规范起来，务必减轻学生过重的作业负担，总体上要以"控总量、提质量、强能力"为基本原则，促进学生身心健康发展。

（四）史家分校学科作业改革实际调研的现实需求

1. 作业管理情况调研

通过学校近2个月作业管理情况的调查发现，影响学校作业管理的难点、痛点主要有以下两个方面：

（1）减作业与作业分层选择性实施的矛盾

每门学科一课一辅，每个学科只配备一本作业本，区编作业本题量适中，难度适中，基础知识和基本技能覆盖全面，但是在分层设计和可选择性上矛盾比较突出，不同层次的学生完成的时间差异比较大。作业量与质的变化极大地影响学生的学习效率。

（2）调控作业总量与提升作业质量的矛盾

"双减"政策严格要求小学阶段学生课后回家作业时间总量控制在60分钟以内，每天在有限的作业时间内教师如何了解学生对新授知识的掌握与理解成为急需面对的一个问题。学校作业指导性管理，正是基于这样的"双减"背景下，结合学校整体工作，帮助教师进行有效的作业研究与布置，帮助学生高效自主地完成课后作业。

2. 受众主体的调研

学生到底喜欢什么样的作业？问卷调查统计的结果是，绝大部分学生喜欢"难度中等""有意思"和"实践活动"等类型的作业；访谈的家长也一致认为布置作业要灵活，少些机械重复的，作业应与培养孩子的动手、思维、创造能力多结合（表1）。教师的想法也使学校意识到作业改革势在必行：随着新课程标准的深入实施，大多数教师都比较重视课堂教学的革新，课堂的教学观念、课堂的教学形式和教学水平都发生了质的变化。然而，对如何以新课程标准为依据设计新型的学科作业，利用学科作业来促进学生发展，关注的却并不多。

表1 史家小学分校作业调研问题统计

问题类型	问题描述
1. 作业功能问题	功能单一，认为作业只是巩固知识，习惯性认为上完课就要布置作业
2. 作业目标问题	缺乏目标意识，目标指向单一
3. 作业难度问题	作业难度不均衡
4. 作业类型问题	以书面作业为主，类型单一，机械重复性作业过多
5. 作业结构问题	作业目标、难度、类型等没有设计，缺乏整体性、结构性思考
6. 作业差异问题	没有因材施教的差异性作业设计
7. 作业不想做问题	懒得做，有抄袭现象

续表

问题类型	问题描述
8. 作业不会做问题	不知怎样写，没有解题思路，不知是否正确
9. 作业时间问题	时间长，作业负担来自教师、校外培训结构、家长乃至学生自己
10. 作业一致性问题	分课时作业设计零碎不成体系，无助减负提质

基于上述思考，我们不断审视与反思作业设计与课堂教学的质量、学生成长的关系，确定从学生的成长出发，外部打破时间、空间、内容、人际的边界，内部突破教师教学设计、教学方式和学生思维、学习方式的边界，以"优化作业设计 赋能学生成长"——小学作业系统闭环管理策略课题进行研究。

二、解决问题的过程与方法

史家小学分校的作业改革历时4年，研究过程注重了阶段性与连续性有机结合，一以贯之，步步深入，经历了自主探索、总结提升、深化拓展几个阶段。

（一）自主探索阶段

从2017年开始，学校深入解读课程改革和培养学生核心素养对教育教学的新要求，鼓励教师自主进行实践创新作业。对于教材中的实践活动内容，学科教师们开始尝试让学生自主阅读学习，制作学科小报、实验小报告、学科日记等。从学生的作品中教师惊喜地发现学生的潜能无限。这个时候的实践作业只是一个一个的散点，没有整体的体系构建。

（二）总结提升阶段

2018—2020年，学校组织作业改革经验交流，挖掘典型案例，并在全校范围内进行推广。自此学校全员全学科开展作业设计的实践。2020年突来的疫情也没有阻挡教师对作业设计的热情。对于新问题的产生，给了教师重新梳理思考的机会，以"阅读""实践"为突破口，以线上线下融合的方式，以培养学生的综合素养为目标，开始整体地构建史家分校的作业体系。

（三）深化拓展阶段

在多年的研究基础上，教师开启了不一样的"优化作业设计 赋能学生成长"——小学作业系统闭环教学策略探究之旅，历时4年时间。建立史家小学分校"课前预学、课中研学、课后拓学"为一体的作业系统闭环教学策略，通过"作业设计—作业布置—作业完成—作业批改—统计分析—讲评辅导"双向作用的过程，促进课堂教学、学生学习方式的改变，助力学生的个性化学习、有效学习和自主学习。

三、成果的主要内容

（一）推进统筹管理：优化作业布置指导

"双减"下作业总量的统筹是个挑战。对于一个年级来说，加强年级组内、学科组间的作业统筹协调，合理确定各个学科作业的比例结构，建立总量监管、质量监控制度，此外，班级任课教师之间需进行合作。因此学校搭建教师共同布置作业的组织架构，主要通过"一制两本"的模式做好年级组、学科组、班级为基本单位的作业布置、批改、评价等管理的指导工作（图1）。

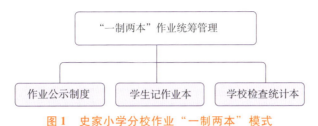

图1　史家小学分校作业"一制两本"模式

1. 一制：作业公示制度

在每班教室黑板上开辟一块区域作为"班级作业公示栏"，向学生公示当天各科必做与选做作业，并提供教师的预计时长（图2）。作业"选做"项为学生提供了个性化作业需求；而教师预计时长的呈现不仅提醒教师控制作业布置时长，更为学生定下了作业完成时间目标，为学生及家长对自我作业效率的判断提供了参考值。

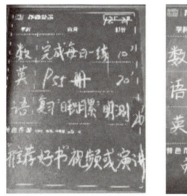 

图2　史家小学分校作业公示制度

2. 两本：学生记作业本和教师作业批改记录本

一本即学生的记作业本，学生每天记录好每科的回家作业内容与要求。另一本即史家小学分校教师作业批改记录本，行政值日教师在巡视教学楼的过程中随机抽取一个班级的2~3位学生的某科必做本进行教师批阅情况的检测，包括作业是否全批全改、是否有评价、学生是否订正、是否进行二批等，如有问题及时反馈给教师。

（二）完善作业选用：确保作业减量提质

作业的对象是具有差异性的学生个体，各年级学科组讨论制定了整体作业设计与实施指导意见，厘清作业范畴，划定作业规范、作业进度、评价标准和作业本数。倡导教师根据学生认知水平、学习状况、学习习惯等实际情况编制作业，用足用好区统编作业，合理使用和改编作业资源，建立学校作业智库。在减量提质、减难增基、减旧倡新、减面增点、减粗增细的策略下学校通过作业设计的"精准化"，重点突破学生作业的完成率、准确性和弹性。

目前学校的作业编制共分为两个部分，即日常作业和假期作业，具体的划分如图3所示。

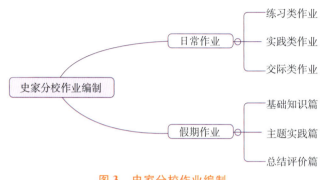

图3　史家分校作业编制

1. 日常作业：减重增基

（1）日常区统编作业《形成性自主评价》：用足用好

东城区的统编作业在质量上是有保障的，在量上也是足够教师选用的，所以每周对区统编作业进行有针对性教研，根据学校自身实际情况用足用好，使之有效锻炼学生思维能力，检测学生知识学习水平（表2）。

表2　史家分校区统编作业教研制度

方法	途径	内容
定原则	教研组长会议	基于学校学生的知识水平，确定以基础知识训练为主，思维提升训练为辅的选题原则
定范围	备课组长会议	确定必做作业、选做作业的筛选分类的依据、规则
定数量		
定进度	每周的备课组活动	确定下周的作业范畴

（2）日常校本自编选做作业：合理使用

学校日常校本自编选做作业定位为"个性化开放作业"，这种形式是对前期已学知识的巩固、深化、拓展，从而转向高阶思维。为了推进校本自编选做作业的有效开展，确保学生使用的精准性及有效性，通过三个步骤开展工作。①制订计划表：开学后各备课组根据教学内容、学期长度、人员数量确定本学期各组的校本日常选做作业编制安排计划表。②确定规范化：每次校本自编选做作业，学校统一确定作业设计要求，如题量、题型、内容（前期已学知识当中的易错点）等。③统一时间段：校本自编选做作业每月一次，每次在周五的课后服务时间段，三门学科在60分钟之内完成。

2. 假期学科实践作业：赋能成长

经过4年的探索，史家分校的假期学科实践作业从小主题短周期、大主题长周期两个角度，分生活应用、探索实践、知识梳理、文化阅读、创意设计五大类开展实践研究（图4）。生活应用类作业着重引导学生体会学科的应用价值，引导学生学会用学科的眼睛观察生活，发现问题，解决问题。探索实践类作业着重培养学生回归生活，运用所学的学科知识、方法去解决实际问题，逐渐积累学科活动经验，感受解决问题的方法和策略。知识梳理类作业重点培养学生学会总结、学会反思、学会提炼概括，把零散的知识构建成有联系的知识体系，从而灵活运用。文化阅读类作业旨在扩展学生的知识领域，开阔视野和思路。创意设计类作业力求释放学生的创造意识、审美情趣、指尖智慧。数学假期实践作业如图 5 所示。

图 4　史家分校假期实践作业

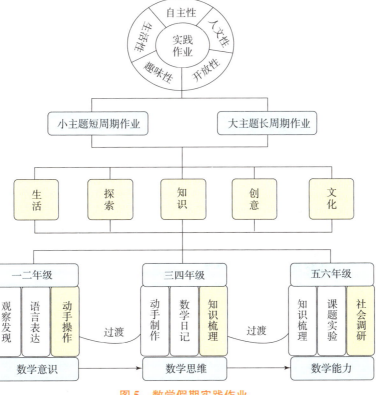

图 5　数学假期实践作业

（1）小主题短周期实践作业

①创意设计实践性作业中学生提升审美创造，获得良好情感体验（图6）。

图6　学生假期实践作业1

在作业设计中尽量选取与生活密切联系的素材，逐步提升学生的想象力、审美创造力，逐步形成用学科眼光观察事物的意识和兴趣。以数学学科为例，布置了"用图形拼图画"的假期实践作业，通过让学生拼一拼的方式，让他们从众多不同的平面图形中分类、概括、抽象出不同平面图形的一般特征，并能辨认、拼组。

漂亮、充满童趣的画面展现了学生丰富的想象创作力，让他们不仅进一步深入理解了知识，同时感受了美，感受了"创造"美的愉悦。

②知识梳理类实践性作业中学生建构知识体系，加深对知识的理解（图7）。

布置"知识梳理"实践作业时，对不同年级有所侧重，不增加学生负担。一年级和二年级学生图文结合梳理知识点。三年级、四年级学生能把知识点清楚地进行梳理归纳。

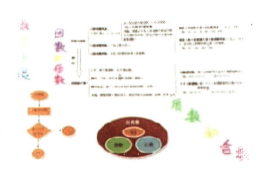

图7　学生假期实践作业2

五六年级的学生则能根据自己的理解构建框架图、网络图，把零散的知识形成体系。

③生活应用类假期实践性作业中学生联系生活实际，发展学科应用意识。

学习就是为了能在实际生活中应用，教师尽可能引导学生从报纸、电视、广播、网络等多个信息来源关注生活、关注社会，建立应用意识。图8是二年级学习"数据的收集和整理"后学生进行的统计小调查。

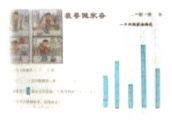

图8　学生假期实践作业3

④探究实践类假期作业中学生感受研究方法，体会问题解决策略。

以六年级学生的节水小报为例（图9），学生不仅可以巩固正反比例、统计等知识的理解，而且通过"实验操作—统计记录—结论分析"学习科学研究问题的策略和方法，其间还可以渗透珍惜水资源、解决用水的思想教育。

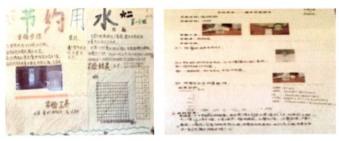

图9　学生假期实践作业4

⑤文化阅读类假期实践性作业中学生拓宽学习领域，提升综合文化素养（图10）。

春　　　　　　夏　　　　　　秋　　　　　　冬

图10　学生假期实践作业5

（2）大主题长周期假期实践作业

①与文本对话——阅读、筛选信息（图11）。

图11　学生假期实践作业6

②与理解对话——整理、制作小报（图12）。

图12　学生假期实践作业7

③与实践对话——分享、演讲交流。

高年级的学生自己动手制作PPT，自己设计演讲动作、表情、语气等，低年级的学生则由教师、家长一起帮助完成。学科组的教师全体出动，在班中全体动员，组织学生利用课前3分钟在班级内演讲，优秀的学生再到年级进行竞演，最后推选出年级优秀的学生到学校展演。

（三）**探索作业课前预学、课中研学、课后拓学模式，深化赋能**

当前学生作业负担重的一个重要原因是很多作业是割裂的，既缺乏学科内的前后呼应，又缺乏学科间的横向关联，当作业被简单地重复叠加时，作业量必然大，学生完成作业所需的时间必然长。为扭转这种现象，必须从整合的角度来设计作业。因此学校对学科作业进行了分类梳理与建构，并且按照课前预学、课中研学和课后拓学模式展开讨论（图13）。

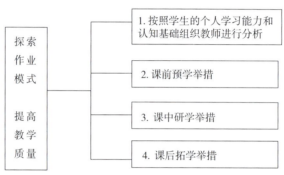

图13　作业课前预学、课中研学、课后拓学模式

1. 课前预学：形成知识链接

学科知识之间是相互联系的，已有知识是学习新知识的基础。前置性作业内容方面可以分以单元重点作业目标和单元常规作业目标（图14），前者主要是落实相应的单元核心知识点；并且在纵向结构方面，要根据学科教学进度落实到教材，强调人文素养与学科素养。单元作业目标分解为课时作业目标、单元作业目标，通过每个课时作业来实现。

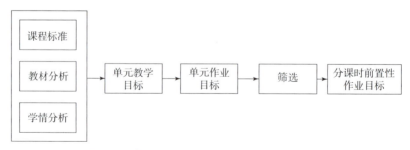

图14　单元视角下确定前置作业目标过程图

2. 课中研学：激活思维

结合教材内容的梳理整合和学生实际情况的分析，站在单元视角下设计作业（图15）。借助作业，进一步提升学生的自主学习能力，引导学生反思、总结、表达，在自主探究学习中，促进思维提升，能力发展，使学习再发生。

第1课时：
【课前预学】
两位小数加一位小数你会计算吗？
2.3+7.23，和家人说说你是怎样算的？为什么这样算？根据什么？

第2课时：
【课前预学】
还记得整数加、减法的运算定律有哪些吗？这些运算定律，小数加减法适用吗？

第3课时：
【课前预学】
小数在生活中应用广泛，你发现哪些用小数解决的问题了？

图15 单元视角下前置作业图

以人教版数学四年级"小数加减法"为例：

根据单元目标、学生具体的学习结果表现，划分了作业的几种类型，明确了本单元的三个关键问题：①为什么要把小数点对齐？②小数加减法和整数的计算道理一样吗？③整数的运算顺序和定律，小数也适用吗？然后具体落实到每一课时，整体设计了单元作业框架（表3）。

表3 "小数加减法"课时作业设计

课时内容	课时学习目标	课时作业要点	作业类型
第1课时 小数加减法计算（例1、例2）	1. 理解小数加、减法的算理，掌握计算小数加、减法的一般方法，并能正确用竖式计算小数的加减法。 2. 经历计算、比较、推理、归纳等活动，在理解算理的基础上，自主探索小数加减法的计算方法，发展运算能力和数感。 3. 体会生活中的数学，感受事物之间的普遍联系性，养成良好的计算习惯	1. 借助计量单位，体会计数单位相同才能相加减。 2. 体会小数点对齐，也就是相同数位对齐，计数单位相同才能相加减。利用小数的性质，突破难点。 3. 通过自主编题，巩固小数加、减法的计算方法，加深对算理的理解	理解概念、巩固知识、迁移应用
第2课时 小数加减法混合运算及简便运算（例3、例4）	1. 掌握小数加减法混合运算的运算顺序，进一步巩固小数加减法的计算方法，能正确地进行计算。 2. 通过自主探究、对比交流的学习活动，积累选择合适的方法进行运算的检验，理解整数运算顺序和定律等同样适用于小数。 3. 体会小数加、减法在生活、学习中的广泛应用，进一步体验数学与生活的联系，增加学习数学的兴趣	1. 巩固运算顺序，能简算的也可以简算。 2. 通过对比，引导学生关注数字所在的数位，强调相同计数单位才能相加减，进步巩固计算方法，加深对算理的理解。 3. 自主编题，引导学生观察数字特点，使计算简便	巩固知识、迁移应用、联系反思

续表

课时内容	课时学习目标	课时作业要点	作业类型
第3课时 小数加减法应用练习	1. 进一步深入理解小数加减法的算理，正确熟练地进行小数加、减法的笔算、混合运算。合理灵活计算，提升运算能力。 2. 在解决问题的过程中，进一步建构小数加减法与整数加减法的联系，整体把握运算的一致性。 3. 养成良好的学习习惯的同时，进一步体会数学与现实生活的密切联系，提升问题解决能力，灵活运用所学解决生活实际问题，提高解题能力	1. 应用所学，解决实际问题，加强简算意识。 2. 提高审题能力，关注数字所在的位置，体会相同的计数单位才能相加减，进一步感受小数点对齐，即相同的数位对齐。 3. 自主整理本单元知识，进一步体会整数与小数加减法的联系	巩固知识、迁移应用、联系反思、实践体验
第4课时 整理复习	1. 学会系统梳理知识，有意识地沟通知识之间的联系，使所学内容体系化。 2. 进一步巩固加、减混合运算与简算的计算方法。在辨析中，提高计算的灵活性，提高计算能力。 3. 能灵活应用所学解决实际问题	1. 联系实际，灵活解决问题。 2. 进一步理解小数与整数加减法之间的联系。引导学生学习新知识以后，善于把新旧知识加以联系与对比。 3. 通过对比练习，提高计算的灵活性。 4. 在尝试中巩固计算方法，同时提高分析与推理能力	巩固知识、迁移应用、联系反思

针对"关键问题：（1）为什么要把小数点对齐"，设计了这样的关键作业，如图16所示。

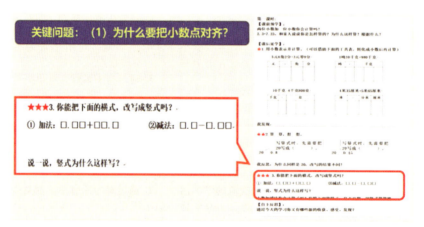

图16 关键问题（1）的作业图

针对"关键问题：（2）小数加减法和整数的计算道理一样吗"，设计了这样的关键作业，如图17所示。

针对"关键问题：（3）整数的运算顺序和定律，小数也适用吗"，设计了这样的关键作业，如图18所示。

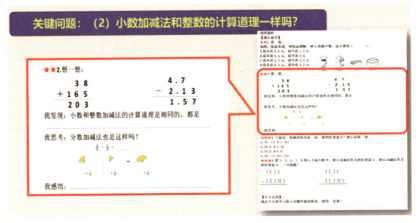

图 17　关键问题（2）的作业图

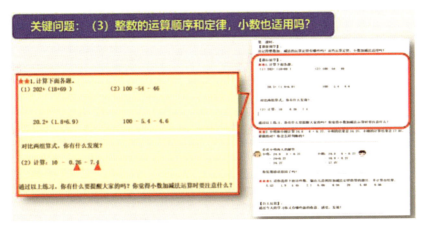

图 18　关键问题（3）的作业图

学生在必做、选做、自编中不断对重点知识进行变化式训练，增强了作业形式的灵活性、难度的梯度性，帮助学生养成了良好的学习习惯，掌握了科学学习方法，提高了发现问题、分析问题和解决问题的能力，调动了学生的学习积极性和创造力。

3. 课后拓学：促进成长

经过 4 年的探索，依据学校学生和综合实践作业自主性、人文性、开放性、趣味性、生活化几方面的特点，设计了综合实践的框架图，并把实践作业大体分成五大类（图 19）。坚持五育并举，践行"双减"政策，凝聚全学科教师之力，开展跨学科碰撞，设置跨学科学习作业单，丰富作业内容，创新作业形式，以主题或项目为中心设计作业，打破单科教学体系，统整学习活动，开发作业新功能，促进学生拓潜赋能（图 20）。

例如，以"食物"作为跨学科研究主题，具体可以从实践目标、美术目标、德育与生活目标、信息技术目标和科学目标等多个维度展开讨论（图 21）。

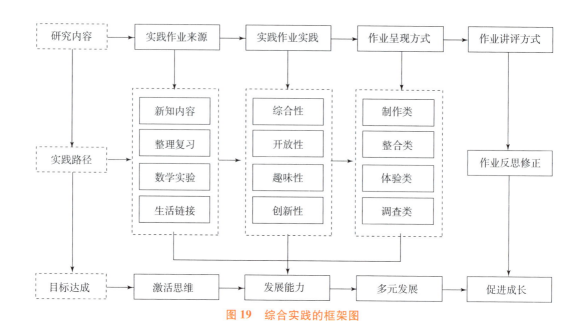

图 19 综合实践的框架图

图 20 跨学科学习作业单和学科问题化学习目标

图 21 跨学科主题课程设计图

（四）"全维度"反馈作业评价，发挥育人功能

作业不仅是对学生"学"的效果检测，同样也是对教师"教"的效果检测，教师可以从学生作业中获得大量的反馈信息，善于反思和积累的教师总是亲自批改学生作业，

对典型问题做好记录和分析，总能够从中筛选最有价值的东西，用于改善自己的教学。为此教师在学生作业的评价方面不能只是关注眼前，而是强调学生整个学习过程，通过对学生实施形成性评价，促进学生的发展与进步。我们改进了传统的讲评辅导的方式，加强作业管理的意识和技巧，设计了教师和学生的错误收集单（图22），成为学生和教师学习成长的档案，成为学校薪火传承的文化。

班级学生错误作业汇总表

序号\页码	...	21	22	23	24	25	26	...
1								
2								
3								

这学期我的作业错在哪儿了呢？

姓名： 　　　　　　　　　　　　学期：

序号\页码	...	21	22	23	24	25	26	...
1								
2								
3								

曾经的我在这里做错了 😈 于是我做了个记号，一定要改正 😄

图22　错误收集单

四、效果与反思

（一）显著效果

在"双减"政策下，学校作业系统闭环教学策略在教学活动中创新思路，赋能学生成长的同时也提高了全体教师的教学水平。为了减少学生的课后作业负担同时提升学生的学习效果，学校教师会继续给予学生更多的重视，强化科学合理的作业设计对学生的综合能力培养意识，优化作业的多样化设计形式，细化作业的分层设计，提升学生的主动学习能力，从核心素养角度，开发更多的课后作业设计，实现减负提质、丰富作业内容的教学目标。

1. 教师的作业设计理念和课堂教学方式明显改善

学校教师对作业的认知理念有新的认知，大多数教师已由原有的教法"单一"的教学过程转变成坚持优化作业设计、赋能学生成长的教学理念，因人而异、因材施教，注重学生兴趣培养，发挥学生的主体作用，通过多媒体手段、电脑技术等形式与课内教学、课外作业有机融合，适应现代教育的发展和素质教育的需求，充分发挥小组合作学习的作用，丰富课堂教学内容，提高学生的学习效能。

研究工作不仅引发了教育理念的提升，而且使教师的专业知识、课题研究水平有了明显的提高，在全校形成了浓厚的教研教改氛围，广大教师不再墨守成规，而是积极地对自己的教学行为进行反思、研究，改进教学设计。

2. 学生的作业完成质量和自主学习能力明显提高

对学校1~6年级学生的抽样调查发现（图23），有39%的学生通过作业系统闭环教学的改革，完成作业的时间和质量都有所好转，他们认为学校留的作业对自己的学习质量提高起到明显作用；有41%的学生觉得作业改革对自己的学习帮助作用一般，这些属于自我学习能力较强的学生，以前作业完成都良好；还有一小部分学生认为作业对自己学习质量改变起到的作用不明显，占比20%，可见作业设计的优化仍是学校未来的重点工作。

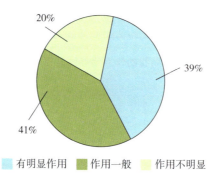

图23 学校作业改革对学生的学习质量提升起到的作用

兴趣是一个人最好的老师。如果在现阶段小学课堂和作业布置中仅采取枯燥的文字作用，很难吸引学生的注意力，如果将游戏、动手、动脑的实践创作融入作业设计中，强调趣味性的同时也可以充分调动学生的学习兴趣。学校积极创建多样化、趣味化、生活化的作业设计，帮助学生自主学习、会学习，通过努力有34%的学生认为现在的作业灵活或有趣，有32%的学生认为作业轻松（图24）。学校也通过减少作业的数量，加强课堂教学的质量，通过各种手段向学生赋能，帮助学生综合成长。

图24 作业优化后学生对作业设计的评价

（二）反思

课题组教师基本上转变了作业教学理念，充分认识到学生的作业离不开生动性，在优化作业教学中要引导学生从课堂学习延伸到课外的自主学习。

1. 作业系统的闭环教学要引领学生进行更多的生活实践活动，有些实践活动会受到周围环境、教学资源、教学内容等方面的限制

学校在双减政策的指导下继续减轻学生的课业，创造更多的生活实践作业活动，进一步强调学生的安全工作。对于学生的作业减负和多样化设计，还需要家长的全力支持和配合，因此，课题研究结束后，我们还需要加强与家长的沟通，进一步建立家校社联动机制，为课题的推广提供保障。

2. 教师的素质和能力有待于提高

在作业的课前预学、课中教学、课后拓展的作业系统闭环教学策略研究中，教师不仅要有扎实的业务基本功、新的教学理念，还要有较高的作业设计水平以指导学生，目前教师的这种能力有待于提高。

参 考 文 献

[1] 王金娜. 改革开放以来小学生减负政策的发展特征、局限与展望 [J]. 教育科学，2019，35（6）：40 – 46.

[2] 周洪宇，齐彦磊."双减"政策落地：焦点、难点与建议 [J]. 新疆师范大学学报（哲学社会科学版），2022（1）：1 – 11.

[3] 龙宝新，杨静，蔡婉怡. 中小学教师负担的生成逻辑及其纾解之道——基于对全国27个省份中小学教师减负清单的分析 [J]. 当代教育科学，2021（5）：62 – 71.

[4] 刘复兴，董昕怡. 实施"双减"政策的关键问题与需要处理好的矛盾关系 [J]. 新疆师范大学学报（哲学社会科学版），2022（1）：1 – 7.

[5] 刘辉，李德显. 中小学作业设计变革：目标确认、理念建构及实践路径 [J]. 当代教育论坛，2022（1）：1 – 11.

[6] 龙宝新. 中小学学业负担的增生机理与根治之道——兼论"双减"政策的限度与增能 [J]. 南京社会科学，2021（10）：146 – 155.

[7] 王东，王寰安. 对减负政策盲点和负效应的反思——基于北京市中小学生课业负担现状的调查研究 [J]. 上海教育科研，2017（3）：30 – 33.

[8] 项贤明. 七十年来我国两轮"减负"教育改革的历史透视 [J]. 华东师范大学学报（教育科学版），2019，37（5）：67 – 79.

[9] 高德胜. 家庭作业的伦理审视 [J]. 教育发展研究，2021，41（18）：11 – 22.

[10] 张抗抗，杜静. 从管理到治理：基础教育作业治理的内涵、框架与进路 [J]. 中国教育科学（中英文），2021，4（5）：98 – 107.

[11] 顾明远. 教育大辞典（增编合订本）[M]. 上海：上海教育出版社，1998.

[12] 凯洛夫. 教育学 [M]. 陈侠，等译. 北京：人民教育出版社，1957.

[13] 吴也显. 教学论新编 [M]. 北京：教育科学出版社，1991.

[14] 加德纳. 多元智能 [M]. 沈致隆，译. 北京：新华出版社，1999.

[15] 石中英. 教育哲学导论 [M]. 北京：北京师范大学出版社，2002.

[16] 钟启泉，等. 为了中华民族复兴，为了每位学生的发展——基础教育课程改革纲要（试行）解读 [M]. 上海：华东师范大学出版社，2001.

[17] 罗伯特·斯莱文. 教育心理学：理论与实践 [M]. 姚梅林，译. 北京：人民邮电出版社，2004.

[18] 刘铁芳. 走向生活的教育哲学［M］. 长沙：湖南师范大学出版社，2005.

[19] 陈桂生. 教育实话［M］. 上海：华东师范大学出版社，2003.

[20] 施良方，崔允漷. 教学理论：课堂教学的原理、策略与研究［M］. 上海：华东师范大学出版社，1999.

[21] 陈厚德. 基础教育新概念——有效教学［M］. 北京：教育科学出版社，2000.

[22] 熊川武. 反思性教学［M］. 上海：华东师范大学出版社，1999.

[23] 熊川武，等. 实践教育学［M］. 上海：上海教育出版社，2001.

[24] Bruce Campbell Dee Dickinson. 多元智能教与学的策略［M］. 王成全，译. 北京：中国轻工业出版社，2001.

[25] F. 库尔特. 家庭作业［C］//中央教育科学研究所比较教育研究室. 简明国际教育百科全书·教学（下册）. 北京：教育科学出版社，1990.

专家点评

"双减"政策将全面压减作业总量和时长作为减轻中小学生过重负担的重要路径，在推进过程中，作业管理还存在形式单一、质量不高、缺乏分层等问题，在一定意义上影响了教育教学质量提升。

该研究在区域中小学校的教学方式变革文件指引下，充分融合学校特色，在充分对学科作业改革需求实际调研的基础上，总结提炼出学校小学作业系统闭环管理方案与策略。

学校经过历时4年的作业改革，形成了"一制两本"的统筹管理机制，划分出日常作业和假期作业两个层次，探索出小主题短周期、大主题长周期的假期学科实践作业设计思路，突出实践作业在引导学生体会学科的应用价值，将作业过程融通于课前预学、课中研学和课后拓学三个阶段，重视学生整个学习过程，提升了作业管理质量。从研究成效上看，教师的作业设计理念和课堂教学方式、学生的作业完成质量和自主学习能力均得到显著改善，研究成果强化科学合理的作业设计对学生的综合能力培养意识，优化作业的多样化设计形式，一定程度上实现了作业管理的减负提质要求。

建议一，在夯实现有实践经验基础上，在"策略"的基础上，深化研究，充实、完善形成具有学校特色的作业管理模式，进而实现作业育人的目标。

建议二，把现有管理系统中的亮点，如"全维度"反馈作业评价等，进行系统梳理，变成研究的系列成果，形成成果体系。

建议三，建议将研究的结果进行讨论，形成有特色的观点和结论，呈现创新之处。

杨润勇

中国教育科学研究院

核心素养立意下单元课后作业设计的研究与实践

北京市朝阳区垂杨柳中心小学　宋　为　王　桐

摘　要　作业是保证课程改革成功的关键环节之一，一定程度上决定课改的成败，既是落实"双减"政策的核心抓手，也是提高学校教育质量、促进学生学会学习的必要途径。但在现实教学中，部分教师还存在对作业的认识过于片面，作业设计缺少系统性、结构性等问题。为了保障不以牺牲教育质量地推进"双减"工作，践行义务教育新课程方案与标准中对于核心素养的新要求，学校针对核心素养立意下的单元课后作业设计进行了较为深入的思考与实践，并取得了一些阶段性成果。

主题词　核心素养　单元课后作业　实践

一、学校单元课后作业设计与实践的实施步骤

（一）充分调研、摸清底数

新课程标准对于作业的要求是，提高作业质量，增强针对性，丰富类型，合理安排难度，有效减轻学生过重的学业负担。我们不难发现，课标中明确了作业是培养与诊断学生核心素养发展的重要领域，强调核心素养是出发点与落脚点，强调作业设计质量、倡导单元作业设计，重视作业类型要丰富多样，注重学生作业结果的应用。为了更加清晰了解学校教师在单元作业设计中存在的问题，在学年伊始我们通过问卷和访谈的方式进行了调研（参与问卷与访谈教师共27人），通过调研发现学校的作业设计存在以下问题：

1. 对于作业功能的认识存在窄化、弱化现象

在访谈中，当被问及"您认为作业都有哪些功能时"，100%（27人）的教师均能从教师与学生两个角度回答，认为对于教师，作业是检测学生是否掌握本节课知识的手段，对于学生，作业是对于知识的巩固与进一步运用；59.26%（16人）的教师的回答涉及"可以把一些课上没有解决的，有思维深度的题目放在课后，作为补充"；29.63%（8人）的教师认为作业还可以引导学生对本节课的学习情况进行评估，查漏补缺（图1）。可见，部分教师片面认为作业只是提升知识运用熟练程度，甚至是提升考试成绩的手段，不关注作业是课堂学习的延伸和补充，不重视反思教学和引导学生进行自我评估。

2. 作业设计形式过于单一，且随意性强，缺乏作业目标引领

在问卷中，在回答"您布置作业的主要依据是"这一多选题时，仅有29.63%（8人）的教师勾选"自己设计"一项（图2）；在回答"您布置作业的主要形式是"这一多选题时，分别有33.33%（9人）和40.74%（11人）的教师在选择常规型（课后习题）

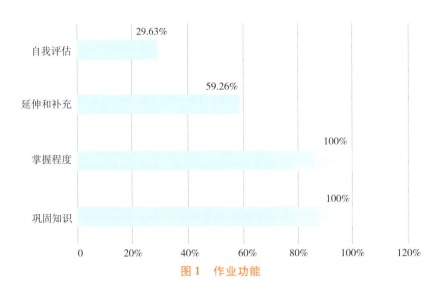

图 1 作业功能

的同时，选择了小组合作型和实践型（图 3）。可见，在实际的教学过程中，教师的作业设计存在布置内容、形式、数量过于单一、随意的现象，缺乏教学内容与作业设计之间整体思考，从而导致作业效率低下、负担增加。

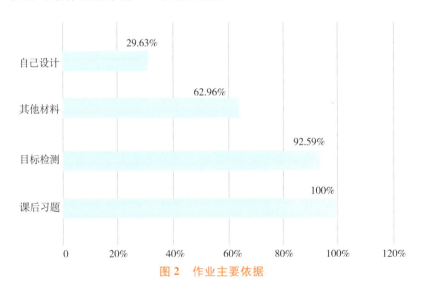

图 2 作业主要依据

3. 作业不能从单元整体视角进行设计，内容缺乏素养立意

在与教师访谈过程中对于"每节课后，如何布置本课时作业"这一问题时，85.19%（23 人）的受访教师表示会针对本节课的教学目标进行设计，但访谈中并未提及本节课在单元中的位置与作用，更未从单元整体视角进行阐述，且对于教学目标的描述更集中于基础知识与基本技能方面，涉及素养培养方面的表述较少。14.81%（4 人）的教师在访谈中提及作业设计时要关注单元的教学目标（图 4）。通过访谈发现，教师在作业设计过程中过于关注单一课时的教学目标达成，较少从单元整体目标角度思考，课时作业中不能体现出单元内的知识结构以及思维水平的递进关系。同时在作业反馈环节执着于结果的正确与否，对素养发展方面的体现不足。

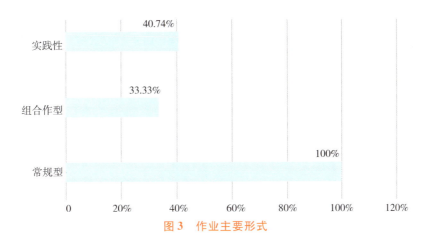

图 3　作业主要形式

图 4　设计视角

（二）针对不足、设定目标

针对调研中发现的学校在作业方面的不足与问题，结合垂杨柳中心小学"健康、向上、担当"的育人目标，从体质健康、学科素养和劳技养成等三个维度设计课后作业，强调从大视角对单元的整体思考、设计，力图实现基础类和拓展类兼顾、长作业和短作业搭配，知识巩固和素养发展协同，达到提质减负，素养提升的目的。

（三）理论培训、任务布置

为了提升教学管理人员、教师对于单元作业设计的认识，学校聘请了北京市教科院王凯主任，北京市基础教育研究中心教研员刘延革、李英杰、王晓东、刘玲、贾欣等老师开展了一系列的培训活动，培训更新了教师的教育理念，将教师对于单元作业设计的认识上升到了新的高度，引发了学科教师的思考。同时自上而下地进行了单元整体目标的的梳理，教学管理人员、教师在学习、领会的基础上，进行年级组内教研，在教学管理人员、教学组长的带领下锚定每一单元的素养发展的主题后，再进行任务分工，分工时也尽量做到每位教师一个单元，保证单元课时之间的完整性、系统性。

（四）教师进行素养立意下单元作业设计

在集体教研的基础上，教师已经明晰自己负责单元的主要素养，教师会以此为出发点，利用寒暑假时间，搭建单元作业框架（表1），思考单元教学目标、单元作业目标、学生具体学业表现、作业类型，再根据单元整体需要，精选、改编、自创对应单元与课时目标的练习题，暑假备好第一学期单元作业设计，寒假备好第二学期单元作业设计。

表1 单元作业框架举例

单元	单元学习目标	课时学习目标	学生学习结果表现	课时作业	作业类型	作业来源	预估时长
二、表内除法	1. 在具体情境中理解平均分及除法的意义。 2. 初步认识乘、除法之间的关系，能够比较熟练地用2~6的乘法口诀求商。 3. 会利用画图、语言叙述等方式表示理解问题和分析问题的过程，能运用加法、减法、乘法和除法解决简单的实际问题。 4. 结合教学，感受到爱学习、爱劳动、爱护大自然的教育，同时培养认真观察，独立思考等良好的学习习惯。	1. 在具体情境中建立平均分的概念，知道平均分就是每一份分得结果同样多。 2. 通过分一分活动，在过程中培养和提高动手操作能力和概括能力	知道平均分的概念是每份分得同样多，会利用概念判断平均分	第1题	理解概念	教材	1分钟
			利用平均分的概念，会用圈、画的方法平均分物体	第2题	巩固知识	习题改编	1分钟
			进一步巩固平均分概念，初步掌握制定份数的平均分方法	第3题	巩固知识	教材	1分钟
			利用平均分的概念在分东西的具体情境中学会迁移应用，提高概括能力	第4题	迁移应用	习题改编	3分钟
		1. 在具体情境中进一步巩固平均分的概念。 2. 掌握按指定的份数和每几个分一份的平均分物品的方法。 3. 通过分一分活动，培养动手操作能力和概括能力	能根据平均分的概念和指定份数（给出几份）进行平均分	第1题	巩固知识	教材	1分钟
			能根据平均分的概念和指定份数（给出每份几个）进行平均分	第2题	巩固知识	教材	1分钟
			进一步巩固平均分的概念	第3题	迁移应用	习题改编	2分钟

（五）审核修改

为了保障作业内容的科学性、合理性，针对年级的单元作业设计，学校会请相应的学科教学管理人员进行审核，审核中既有对有无科学性错误等基本问题的关注，更要审核教师是否围绕单元核心素养进行整体设计，单元内的课时作业是否存在递进关系，同时给予建设性意见，请单元负责教师进行再修改、再审核，保证单元作业的整体设计质量。以上工作均在每学期开始前完成。

（六）实践

我们深知任何教学中的创新想法都需要经历实践检验，在实践中打磨，在本学年学校就假期中的作业进行了实践,并在实践中边行边思,及时将实践中遇到的问题和修改的建议进行记录,再利用教研组活动时间进行研讨,期末将实践中遇到的问题进行汇总,作为下一个学期改进作业设计的重要参考。

(七) 反思优化

经过一个学年的探索,在实践过程中发现了一些之前没有预想到的问题,我们找到了解决问题的方法,积累了宝贵的研究经验与物化成果,后续研究将在此基础上进行优化,使之更加符合日常教学实际需求。

二、学校单元课后作业设计与实践的方法策略

(一) 基于学校现实情况,先想清楚再到做扎实

教师是否有单元作业设计相关经验、单元作业目标是否会设计、学校教师中年龄的分布情况与学习的愿望是我们在研究之初不得不考虑的问题,只有分析清楚学校的实际情况,才能使研究更加有的放矢。通过调研、分析我们发现,学校教师提升自身素养愿望较为强烈,教师年龄分布较为合理,骨干教师、青年教师具有一定的研究能力(图5和图6)。

图5 教师概况统计图

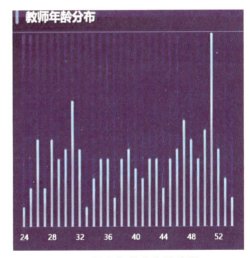

图6 教师年龄分布统计图

(二) 捋清设计思路,明确研发路径

1. 锚定素养立意的单元作业怎么设计

"双减"政策的落地,素养发展的落实,一项重要举措就是大单元整体设计,其中单元作业设计又是其必要的组成部分。所以在研究伊始,我们便锚定素养立意的单元作业设计,以此为抓手,提升教师专业能力,从而促进学校教学质量提升、学生素养发展。

2. 立足单元整体规划

明晰每个单元有几个课时,什么内容,单元教学目标和作业目标是什么,课时目标、课时设计是什么,依据作业目标设计素养立意作业,基于作业结构调整完善(作业结构

是否合理、类型是否丰富），基于作业实施结果改进完善（图7）。

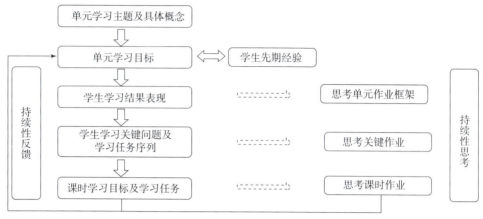

图7 单元设计框架

3. 构建良好的作业结构

在单元作业设计时充分考虑不同类型作业之间的比例，做好内向结构；在单元作业设计时充分考虑课时间递进关系，实现螺旋式上升，做好纵向结构，这是过去作业设计中的薄弱环节，也是本次活动主要力图改善之处；通过作业管理实现不同学科之间的关联（容量、难度），做好横向结构。

4. 多本合一，减量增效

在设计前充分考虑教材、目标检测、作业本之间的关联，将三者进行有机结合，实现多本合一，避免教师布置作业时过于分散、学生需要在多个"本"间切换的情况。

5. 尊重差异，适当留白

作业设计中虽然已经考虑学生的实际情况，但具体到每一位学生又略有不同，所以语数英作业的最后都有一项是"查漏补缺"，任课教师可以根据学生的实际情况在此处进行"一对一的练习指导"。

（三）重视内涵指导

在实践过程中，我们一改之前只关注作业的外在形式，作业的数量，更加注重内涵指导，如设计内容是不是本年级素养要求，是否符合学生实际情况，设计的内容是不是科学、合理，这需要教师一次次"打磨"，长时间投入精力。

（四）凸显过程服务

在实践中，我们更加重视过程服务，而不是结果管理，在作业设计过程中负责人员及时了解在设计中遇到的问题，积极帮助教师解决。同时加强对教师作业批改、讲评、辅导过程中的指导，如针对不同的作业错误类型进行讲评，辅导时尽量暴露学生思维上的问题、在学习上存在的困难等。

（五）注重通过教研提高教师作业设计、实施能力

研究中发现，教师的反思能力、教研组校本教研质量直接影响着教师作业设计、实施能力。在实践过程中，学校对于校本教研的质量、数量做出明确要求，做到有准备、有内容、有思考、有记录，同时引导教师勤反思、深反思。

（六）加强作业的日常管理

学校对于作业日常管理的力度，决定了作业设计质量、作业实施效果以及教师专业能力的发展，学校在实践过程中能够做到环节清晰，有落实、有检查、有追踪，形成作业的闭环管理。

三、学校单元课后作业设计与实践的实际效果

（一）物化成果

根据一至六年级素养立意下单元作业设计目标框架和一至六年级素养立意下单元作业设计－垂杨柳中心小学阳光作业本（图8），为了进一步突出作业的自我诊断与评价功能，本学期我们更名为学业诊断手册（图9）。

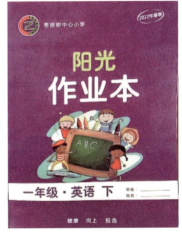

图8　阳光作业本

图9　学业诊断手册

（二）实际效果

在落实"双减"工作过程中，保障作业减量、增效。自本学年进行单元作业设计与

实践以来，学生的作业负担切实得到了减少，但从三、六年级的抽测情况中反映出学校教学质量并没有因为作业量的减少而出现下降，反而相比之前有所提升。

通过课后作业的设计与实践，教师经历作业设计、批改、分析、讲评辅导的全过程，专业能力得到了提升；课后作业渐渐成为重要且有效的教育活动之一，更加整体、全面地发展和扩充作业的教育价值。

学校进行核心素养立意下单元课后作业设计的研究与实践已历时一年，但仍然处于研究的初始阶段，学校计划将在此基础上继续反思与实践，不断优化改进，将学业诊断手册在各年级铺开，力争服务好学校每一位教师与学生，并辐射集团各分校，切实将学生的作业负担减下来，为将"双减"政策落地助力。

学校建构起素养立意单元作业体系，带动教学评一体化的研究，切实减轻学生课业负担，实现学生素养的发展，是学校不断为之奋斗的目标，并将长期坚持下去。

专家点评

深入推进"双减"政策落实落地，需要加强及创新作业管理，做到作业"减量""提质""增效"。一些中小学校在作业管理方面仍然存在弱化作业功能，作业设计形式过于单一、随意性强、缺乏目标引领、内容缺乏素养立意等问题，体现出作业设计质量水平与提高作业管理的政策要求还存在差距。

该研究结合学校特色，坚持"健康、向上、担当"的育人目标，从体质健康、学科素养和劳技养成等三个维度设计课后作业，经过前期调研、目标设定、理论培训、作业设计、教学管理人员审核修改、实践探索、优化提升等七个阶段，从大视角对单元整体思考、设计，兼顾了基础类和拓展类、长作业和短作业搭配，知识巩固和素养发展协同，构建了良好的作业结构。

从研究成效看，学校历时一年的核心素养立意下单元课后作业设计的研究与实践，使学生的作业负担切实得到了减少，教育教学质量也有所提升。

建议一，在成果形成和呈现中，建议强化理论的指导、引领作用，站在前人相关研究的肩膀上，展开深入研究。

建议二，建议进一步清晰核心素养与本课题"单元课后作业设计"的关系，进一步强化其内在联系。

建议三，建议对最终研究成果进一步予以凝练——清楚呈现对于单元课后作业设计的研究最终成果"是什么"。

杨润勇
中国教育科学研究院

"一单三课六环节"学习策略初探

——义务教育学校学生作业统筹管理研究

中央民族大学附属中学丰台实验学校　张华珍

摘　要　基于学生作业统筹管理的"一单三课六环节"学习策略是教师有效地教、科学地教，学生主动地学、科学地学的一种教学策略。要想减轻学生书面作业负担，不改变教师的教学方式和学生的学习方式，单方面控制时长和减少总量不一定能达到"减负"目的。因此，学校用"一单"让学生做"先学"人，用"三课"让学生做"会学"人，用"六环节"让学生做"乐学"人。在整个教学过程（含作业）中，教师始终坚持学生立场，站在学生角度组织教学布置作业，让学生体验快乐学习时光。

主题词　一单三课六环节　学习策略　作业统筹管理

　　为贯彻落实中共中央办公厅、国务院办公厅《关于进一步减轻义务教育阶段学生作业负担和校外培训负担的意见》精神，切实做好"双减"工作，民大附中丰台实验学校积极探索，通过对学生作业的统筹管理，建构"一单三课六环节"学习策略，促进课堂教学改革，改变教师的教学方式，改善学生的学习方式，以此撬动课堂，带动课后服务，推动作业改革，联动实现学校预想中的"减负增效"；把教师从繁重的教学负担中解脱出来，通过科学地教，专业技能得到发展，教得轻松；把学生从沉重的学业负担中解放出来，学习能力得到培养，学得快乐。

一、提出的背景

　　2021年5月，习近平总书记主持召开中央全面深化改革委员会第十九次会议，其中审议通过了《关于进一步减轻义务教育阶段学生作业负担和校外培训负担的意见》，7月，中共中央办公厅、国务院办公厅印发该意见，就强化作业统筹管理提出要求，将"全面压减作业总量"等作为中小学生减负的重要途径。

　　减轻学生的作业负担不是自今日始。早在2000年，教育部就下发了《关于在小学减轻学生过重负担的紧急通知》，要求"小学一、二年级不留书面家庭作业，其他年级书面家庭作业控制在一小时以内。"2013年教育部两次就《小学生减负十条规定》面向社会征求意见。2018年教育部等九部委下发《中小学生减负措施》，要求"严控书面作业总量""科学合理布置作业"。2019年中共中央、国务院发布《关于深化教育教学改革全面提高义务教育质量的意见》,要求"统筹调控不同年级、不同学科作业数量和作业时间"。2021年教育部办公厅下发《关于加强义务教育学校作业管理的通知》,提出"创新作业类型方式""提高作业设计质量"等十条作业管理要求。

长期以来,"唯分数"评价学生,将分数作为评价学生的唯一标准,"唯升学"评价学校,把升学率作为评价学校的唯一标准、教育政绩的具体体现,基本上成为社会"共识"。"减轻学生过重课业负担"成了全社会普遍关心的问题,中小学生作业负担过重的问题一直是义务教育学校的顽瘴痼疾,学生一直在教师与家长围建的"题海"中挣扎。在这样的背景下,基于学生作业统筹管理需要,学校提出了"一单三课六环节"学习策略。

二、内涵解读

"一单三课六环节"学习策略,"一单"指"学习任务单","三课"指"课前先学、课中研学、课后省学","六环节"指"课中研学"中的"前测探底、小组交流、全班研讨、精准解惑、当堂训练、学习小结"六个具体学习步骤(图1)。此"策略"的价值导向在于学生"学习"而不在于教师"教学","教学"之于"学习",如影随形,既"导"于"课前先学",又"融"于"课中研学",还作用于"课后省学"。

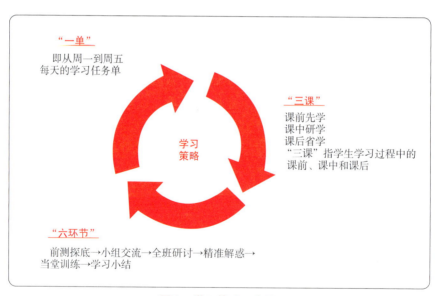

图1 学习策略示意图

(一) 一单:学习任务单

"一单",即从周一到周五每天的学习任务单。此任务单是每天课表中每门课程具体的学习内容统筹。学科教师于前一天发布第二天具体的学习内容,班主任整合成学习任务单发布给本班学生。学生根据学习任务单先学相关内容,形成对即将学习的知识的初步认识。

(二) 三课：课前先学、课中研学、课后省学

"三课"，指学生学习过程中的课前、课中和课后。"课前"和"课后"有课实而无课名，"课"的时间和空间都由学生自主确定，属于课外或者校外快乐时光的精彩片段，学生在"台前"，教师在"幕后"；"课中"指约定俗成的课堂教学，是教师与学生教与学的主阵地。

"课前"突出一个"先"字，也就是围绕学习任务单中的学习任务，学生主动地"学"在教师的"教"之前。"先学"的方式是：预知第二天各门课程的学习内容，运用工具书、网络学习资源和已有的知识经验对第二天的学习内容先行学习。"先学"的任务有：明确本次学习内容的学习目标，阅读并熟悉学习任务单中各门课程的基本内容，解决自己能解决的问题，提出自己不能解决的问题，形成对即将学习的知识的初步认识。

"课中"彰显一个"研"字，通过前测探底、小组交流、全班研讨、精准解惑、当堂训练、学习小结六环节，达成对所学知识的落实和相应能力的提升。"研学"的基本要求是：学生体现主体地位，教师发挥主导作用；师生平等对话，生生良性互动；学生100%参与学习，教师关注100%学生。

"课后"侧重一个"省"字，省，检查、反省（检查自己）、省察（考察），语出《论语·学而》"吾日三省吾身"，意思是我每天多次反省自己，取学习反思之意。"课后省学"主要通过完成融巩固性作业、活动性作业、实践性作业、探究性作业于一体的家庭作业来实施。"课后省学"要严格控制家庭作业的总量和时长，在作业统筹的前提下实现当日多门课程作业的最优组合。小学部一、二年级不布置巩固性作业，可适当布置活动性作业；三至六年级每天家庭作业完成时间不超过60分钟；初中部每天家庭作业完成时间不超过90分钟。布置科学合理的有效作业，帮助学生巩固知识、形成能力、培养习惯。一天的学习任务单中的学习任务完成以后，认真进行学习反思，总结一天的学习收获，找出不足，对接第二天新的学习任务。

(三) 六环节

1. 前测探底（约3分钟）

在开展课堂教学之前对学生进行课前小调查，了解基本情况。"前测"不同于预学单，内容要少而精，3道题以内；题目要"浅入"，即门槛要低些，尽可能让学生都能写出深浅不同的学习探究结果；现场施测，及时评价反馈。

2. 小组交流（约5分钟）

①对学：同位的两人互相交流，提出先学中个人不能解决的疑问和困惑；互相解决问题；确定两人不能解决的问题在四至六人的小组交流。

②群学：小组内互相说明在对学环节已解决的问题，提出不能解决的问题；讨论明确学习目标，解决小组能够能决的问题，明确已学知识的基本结论，提炼小组问题至全班交流。没有问题的小组可向教师领取问题条解答。

3. 全班研讨（约10分钟）

各小组说明小组本次学习的学习目标、对所学知识的初步认识，介绍小组不能解决的问题。鼓励学生在小组问题之外提出更有价值的问题，教师适时点拨引导，助力学生突破学习重点和难点，让课堂充满魅力与活力。全班研讨时，教师要注重激励唤醒学生的

主体意识，为学生搭建展示和阐述观点的平台，引导学生通过开展充分的思维活动来获取知识，显现学生自主学习的思路，寻找学生思维的闪光点，让学生的思维碰撞出智慧的火花，使知识得到整合和提炼，综合思维和创新能力得到发展，学科核心素养得以提升。

4. 精准解惑（约12分钟）

将各小组提出的问题进行归类整合，引导学生聚焦共性问题，提炼核心问题。先解决各小组提出的疑难问题，再搭建学习支架解决共性问题，最后提纲挈领地解决核心问题。做到凸显"重点"、突破"难点"、化解"疑点"，给予学生明确的指导，结论或规律尽量让学生概括、总结，知识结构体系也努力地让学生去构建。

5. 当堂训练（约10分钟）

当堂训练的要旨是落实基础知识，培养关键能力，发展核心素养。精心设计训练内容，控制好时长、题量、坡度和难度，不得占用学生课余时间。题型要多样化，基础题、必做题、选做题、思考题都在训练之列，让处于不同学习层级的学生都达到自己的训练目的。

6. 学习小结（约5分钟）

引导学生在学科笔记本上写出当天的学习收获，找出不足，小组交流，全班分享。

三、具体实施

1. 课前先学

学生一定要科学地"学"。科学地"学"有两个含义：一是主动地学；二是有目的地学。"课前先学"是很重要的一种学习形态，不能简单定位为"预习"。变"要我学"为"我要学""我会学"。科学地"学"要求学生在课后的快乐时光中把处于最佳状态的"我"用之于"先学"。基本方式是：阅读即将学习的课本中的相关内容，明确应该掌握的知识内容，解决自己能够解决的问题，提出自己不能解决的问题，对即将学习的知识要形成初步认识。

2. 课中研学

教师一定要科学地指导学生学，也为科学地"教"。有两个含义：一是道而弗牵，强而弗抑，开而弗达。意思是要重引导而不要牵着学生走，要重鼓励，不要压抑学生，要重指点学习门径，而不是代替学生作出结论。二是聚焦疑惑，精准发力，要言不烦。科学指导，就是要关注全体学生的学习过程、全体学生的主动参与、全体学生合作探究的有效互动，关注对学生聚焦的核心问题的精准解惑。

3. 课后省学

学生一定要正确地反思自己的学。在规定的时间内完成家庭作业，并进行学习反思。反思的主要内容有：当天所学的知识及相应技能是否理解掌握和运用？全天学习是否始终处于振奋状态？还要克服哪些不足？今天学习的哪门课程处于浅层学习，哪门进入了深度学习？与其他同学相比，还有哪些差距？

"三课"示意图如图2所示。

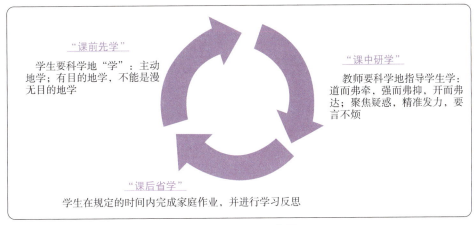

图 2 "三课"示意图

四、教学价值

1. 教师科学地教,学生科学地学

通过实施"一单三课六环节"学习策略,统一筹划、通盘设计学生的课堂作业、家庭作业,以及周末、寒暑假、法定节假日各种类型的作业,严格控制学生作业的总量、时长和难度,切实减轻学生书面作业的负担,把学习之余的闲暇时间归还给学生,让他们找回童年的乐趣,放飞自己的梦想,从事力所能及的家务劳动和社会实践。

2. 教师要研究作业

合理设计学生作业的难度与类型,综合考虑学生每天作业的题量与时长,让学生跳一跳能够摘到果实、跑一跑能够到达终点、想一想能够解决问题,让学生能全面而有个性地发展,提高教师设计作业的水平和运用作业改进教学的能力。

3. 家长要有正确的教育质量观

正面引导家长的教育质量观,切实履行家庭教育的主体责任,营造良好的家庭育人氛围,合理安排孩子的课余生活,与学校形成协同育人合力。

五、初步成果

(一) 作业统筹机制落地见效

1. 以作业管理撬动课堂教学改革

课前先学、课中研学、课后省学的学习策略打通了课前、课中、课后三段,一以贯之。精简导学单,统筹先学;当堂训练,及时诊断反馈;省学小结,助力学生盘点得失。既为学生创设自主学习空间,又为学生留足放松身心的闲暇时间,利于聚焦减负提质增效。

2. 以课堂改革推动作业设计研究

从前测到当堂训练再到课后作业一体,需要各学科组共研发力。

小学部各学科组科学设置作业（不含一、二年级），做法是：研判学情→集体备课→选编改编习题→示范解答→汇编校本学案→实践反馈。初中部以教研组为单位，聚焦核心素养，立足单元整体，尊重差异，科学合理设置分层作业，做法是：集体备课、研究教材→个性备课、认领任务→集中研讨、审核把关→资源共享、实践反思。

（二）作业规范管理初见成效

1. 规范作业管理流程

本着"控总量、提质量、强能力"的要求，学校确定了"年级主任把控作业总量→教研主任审核作业设计→教学校长点评作业实施"的流程。每天各年级统筹各科作业总量，课程中心二次审核，教学校长综合评估，每周学部反馈各班作业的考评结果，每月教研组评选并推广优秀作业案例。

2. 规范作业设计类型

建立每天作业公示反馈制度。统一要求作业分为基础类作业（必做）和提高类作业（选做），实行弹性作业，实现不同层次学生的作业需求。每个班级（除一、二年级以外）从"基础类作业 + 提升类作业 + 创新型作业"类型、预计用时等方面填写并公示《作业清单》，学部从作业类型是否多样、目标达成是否一致、时间是否合适、内容是否科学、结构是否体现梯度等方面及时点评。

3. 规范作业评价方式

探索课后分层作业"一核二翼四层"的评价体系。一核即以正确的价值观为评价的核心，二翼即以培养必备品格和关键能力为评价的根本，四层即以评价的主体多元化为评价的手段，以师评、互评、自评、家（社）评构成四层评价。

小学部师评的典型做法是面批作业，对潜能生的作业当面评改，并跟进练习，采用"印章 + '寻找闪光点'评语"的评价方式。初中部师评的主要做法是全批全改，采用"星级 + 激励评语"的评价方式。均定期布置优秀作业展区，颁发"四美学子"作业勋章，开展导师谈话"灯塔行动"，实行同伴结对帮扶策略，来激发学生学习兴趣，强化作业的育人功能。

（三）作业特色探索初具形态

1. 节假日作业单导航

各年级制定"节假日作业导航单"，包括核心素养、作业内容、具体要求三大项，汇总各科作业（包括德育、心理、体育、劳动等），作业具体内容指向规律作息、科学用眼、坚持运动、自主学习、劳动实践、创作非遗作品、爱心公益、培养特长、陶冶情操等领域。

2. 节假日作业任务群

鼓励教师科学探究体育锻炼、艺术欣赏、社会与劳动实践等不同类型的作业。小学部开发了家庭、社区等六大场域劳动、中草药与科学养生、"三百园"基地农学等学习任务群的序列实践作业；初中部开发了节气文化、中医药文化、农耕文化等学习任务群的序列作业。

（四）课后服务丰富作业体系

学校将课后服务纳入培养"五育并举"的"四美学子"课程体系，以丰富的社团和拓展类课程，开展德育、科普、艺术、阅读、观影、劳动等素质教育活动和适量体育活动，为学生提供更丰富、更温暖、更优质的课后服务，促进学生健康快乐成长。

小学部课后服务时段：周一（16：00—17：20），全校大社团，各年级开设功夫扇、健美操、花样跳绳、篮球等18个项目；周二至周四（15：10—15：50），体育大课间，各班菜单式选择喜欢的体育项目来活动；周五（16：00—17：20），精品社团，特长小班选择民族舞、跆拳道、足球、轮滑、高跷等10个精品项目。供学生充分进行专项练习，提高技能。

初中部课后服务分三个时段：第一阶段（16：40—17：10），30分钟体能训练，确保学生每日一小时强身健体；第二阶段（17：20—18：00），各年级开展"一生一策"的个性化课业辅导，初一、初二年级在周一、周二（15：50—16：30）还开展了校本课程实践活动和国家重器、科技前沿、跟着书本去旅行等拓展类项目学习；第三阶段（18：40—20：30），各年级根据家长及学生需求开设精准晚辅导。三个阶段相互衔接，满足学生多样化需求，让学生学得会、学得好、学得足。

参 考 文 献

[1] 中共中央国务院关于深化教育教学改革全面提高义务教育质量的意见［R］.2019－06－23.
[2] 中共中央办公厅、国务院办公厅．关于进一步减轻义务教育阶段学生作业负担和校外培训负担的意见（中办发〔2021〕40号）［R］.2021.
[3] 教育部办公厅．关于加强义务教育学校作业管理的通知（教基厅函〔2021〕13号）．［R］.2021－04－08.
[4] 熊丙奇．如何做好中小学学生作业管理给学生整体减负？［J］.上海教育评估研究.2021.（4）：30.
[5] 胡杨洋．基础教育"作业"观念重构论纲［J］.教育科学研究.2019（10）：47.

专家 点评

"双减"强调学校要加强作业的统筹管理，但学校为何要进行作业统筹、统筹什么和如何统筹，政策文件并未作出具体规定，需要学校结合具体实践提供对策。

该成果立足学校实际，提出了把作业设计纳入整个教学过程环节进行统筹设计，发明了"一单三课六环节"的教学过程整体优化模式。用学习任务的提出、实施和完成统筹整个教学过程，把课前预习作业、课中练习性作业和课后巩固应用探究性作业做了一体化设计，把作业功能回归到促进学生学习发展的功能。在基于教学过程优化作业全程设计的同时，还从作业设计类型、作业评价方式和作业流程三方面进行了作业管理制度设计，明确了学校作业统筹管理的组织机制、过程内容与评价激励方式。

该成果提供的作业统筹管理方案立足教学过程管理，思路清晰，可操作性强，可供学校进行作业统筹管理参照。

建议按照作业统筹管理遇到的问题、提出的措施、取得的效果和总结的经验来表述，以便作业统筹管理经验得到更好的传播或推广。

胡定荣

北京师范大学

"双减"背景下区域作业现状调研与改进的实践研究

北京教育学院丰台分院　刘青岩　吴　波　张　璇

摘　要　北京市2021年开始大力推进通过提升课程教学供给质量和课后托管服务质量来减轻学生过重课业负担和过重校外培训负担。要完成这个艰巨的任务，切实提高教育服务质量，需要站在教育发展的全局视角重新审视原来的教学经验，作业的改革推进是撬动此项工作的重要抓手。本文从作业改进思考、现状分析、改进实践三个方面，探讨如何把作业设置与反馈的主动权交给学生，引导学生成为作业的主体，发挥作业的最大功能，促进学生全面发展的方法和策略。

主题词　作业　改进

一、"双减"背景下对作业改进的思考

（一）国内外研究现状分析

1. 国内外作业研究的现状

（1）国外作业研究的现状

在西方教育家的研究中，作业问题仅是他们论述自己教育教学观念中的一个要点，是他们理论系统的一个组成部分，对作业的定位也主要服务于其教育主张，如夸美纽斯倡导教学要遵循规律、"循序渐进"，赫尔巴特教学四阶段之"方法"，杜威的"教育是一个社会的过程""教育即生活""教育即生长"等。教师经常设计一种贴近生活的课外作业（Real-life homework），他们认为当鼓励学生在实际生活中运用课堂上所学的知识时，即学以致用，学生对这些知识的理解就特别透彻；当学生意识到所学的知识很快能运用到现实生活中，实现自己所学知识的价值时，那么，学生会觉得课堂上所学的知识对他们来说就特别显得有意义。美、日中学生的课外作业比较突出探究性、实践性、趣味性、整合性。

（2）国内作业研究的现状

在我国作业是课程改革的关键领域，它连接"教学"与"评价"，学生通过作业内化课堂所学，教师通过作业反馈教学成效，检验目标达成；它连接"学生"与"教师"，是学生和教师沟通的重要纽带之一。背诵、复述、答问等口头作业，完成习题、作文、绘制图表等书面练习是我国教师设计作业的主要形式与内容。同时作业又是课程改革比较容易被忽视的领域。作业负担过重一直是我国无法回避的核心问题，1950年以来，减轻中小学生课业负担始终是国家、社会、教育和家庭关注的话题，其中，1955—2013年，

教育部先后颁布11项专门政策，致力于通过政策引导确实减轻学生学业负担。2017年1月，《国家教育事业发展"十三五"规划》（国发〔2017〕4号）更是专门强调把"建立学业负担监测机制，切实减轻中小学生过重课业负担"作为重要内容。2021年7月中共中央办公厅、国务院办公厅印发《关于进一步减轻义务教育阶段学生作业负担和校外培训负担的意见》。然而，多年来，减负的结果并不尽人意，数量失控、良莠不分、整齐划一的作业正在成为学生最为惧怕的事情，成为制约学生健康成长的主要因素。

2. 国内外作业比较

从近几十年的作业设计研究历程来看，作业有两种基本方式：一种是美国杜威提出的基于实验主义的活动作业形式，把作业看成课程本身的重要组成部分，其中的课程就是社会活动作业。作业的类型更倾向扩展型与创造型，即课外作业应有助于学生知识和技能的应用与迁移，作业完成重结果更重过程，给学生广阔的思考余地，有助于学生对知识的综合应用及创新。另一种是苏联凯洛夫提出的基于认知主义的文本性作业，把作业视为家庭范围内完成的课程补充和延伸内容。我国教师为学生设计的课外作业主要是这种类型。在课外作业类型设计上，主要是记忆型和积累型。作业内容往往都是复习课堂教学内容，目的是巩固课堂所学的知识。

3. 作业研究现状的启示

从作业的研究看，虽然国内外都论述了作业的重要性，但都不是作为独立的作业理论来论述的，没有能够充分展开。而在现代学校教学论体系中，作业问题并没有得到足够的重视，一些立足于"学"的作业观也没有能够深入教学一线。可以说，作业理论整体上是不足的，偏差也产生于这种不足之中。

从现有的文献资料和现实的教学实际环境来看，作业的设计与实施主要存在以下三个问题：一是作业内容与形式单一；二是作业设计缺少人文关怀；三是作业负担过重。这些问题的存在，一方面是对作业布置问题背后的原因挖掘不够，导致作业布置影响研究停留在经验层面；另一方面没有借助科学的方法对作业布置问题进行深入探究，无法形成科学的问题解决思路和方案。这样，作业变成了教师经验主导下的无条件服从，学生的学习需求难以得到真正的满足，作业布置背后的理论缺失。而这些问题正是本课题要研究的内容和切入点。

（二）对核心概念的理解

1. "双减"背景

2021年7月24日，中共中央办公厅、国务院办公厅印发《关于进一步减轻义务教育阶段学生作业负担和校外培训负担的意见》，针对义务教育阶段学生的减负减压政策，其中明确提出，一是要全面压减作业总量和时长，二是全面规范校外培训行为，消除学科类校外培训中的各种乱象。

2. 作业

《实用教育大字典》是这样解释"作业"的，"作业是完成学习独立从事的学习活动，包括课内课外两种。课堂作业是教师在上课时布置学生当堂进行操作的各种类型练习；课外作业是根据教师要求，学生在课外时间独立进行的学习活动，在教学活动总量中占有一定的比例"。

● 作 业 篇

《中国教育百科全书》中对"作业"的解释是:"学生为完成学习的既定任务而进行的活动,分为课内作业和课外作业两种。课外作业是课内作业的继续,是教学工作的有机组成部分,学生作业的目的,在于巩固和消化所学的知识,并使知识转化成技能技巧。"

基于上述表述,可以看出作业具备以下特点:作业是由教师根据学科特点及教学内容布置的任务;作业是学生要独立完成的学习任务;作业是通过各种练习活动开展的,作业是学习活动的一部分;作业有两种形式,一是课内作业,二是课外作业;作业的目的是巩固学生的知识,提升学生的能力,形成学生的素养。

二、"双减"背景下区域作业现状的分析

为了了解区域内作业的现状,采用了问卷调查法和访谈法对目前区域内作业的设计、批改、讲评中存在的问题进行了研究,并对现状进行了分析。本次调查对象是从区域学生中按照分层抽样获得的,参加调查的学生样本符合区域学段学生比例,调查对象具备代表性。

(一)了解教师和学生作业实施与完成的现状

1. 教师设计作业的依据与来源

通过对中学千余名教师的调查,"作业来源"这道多选题的调查数据显示,有82.11%的教师在布置作业时使用"课本习题",78.95%的教师使用"教辅材料",21.47%的教师使用"网络资源",10.11%的教师经常会进行"原创或改编",从数据看,很多教师能很好地挖掘教材中习题的价值,但作业设计的选择面还是比较窄。在"作业形式"这道多选题中,有97.68%的教师选择"解答类",45.05%的教师选择"实践与探究类",这与前面学生的数据基本吻合。34.32%的教师会经常布置"反思类"作业,前面我们看到只有19.35%的学生选择喜欢"反思类"作业,学生与教师这两组的差异比较大,是因为教师在布置这类作业时内容太千篇一律,类似"八股文",学生缺少个性化发挥造成的吗?值得教师思考和进一步研究。教师选择布置"记忆类"作业形式的占比为32.21%,"阅读类"占比29.05%,通过数据可以看到,绝大多数教师还是以传统的书面形式布置作业,在布置作业的过程中还缺乏一定的创新意识。

2. 作业布置内容与形式

学生在评价教师布置的数学作业的形式时,认为"丰富"的占比54.69%,37.65%的学生选择"一般",7.66%的学生则认为"单一"。在"你比较喜欢的数学作业形式"这一多选题的回答中,有83.41%的学生选择"解答类",这个数据比我们当初的预想高,通过后期访谈了解,学生认为这种形式相比而言耗时短、见效快。我们也发现有49.33%的学生选择"实践与探究类",这一数据也说明,随着新课程改革的不断推进,新课程理念逐渐深入人心,越来越多的教师开始关注让学生在"做中学"。有38.1%的学生选择"记忆类",30.36%的学生选择"阅读类",19.35%的学生选择"反思类"。

3. 学生完成作业的情况

根据数据显示,55.43%的学生每天完成数学作业的时长为0.5小时左右,34.23%的

学生完成时长在1小时左右，选1.5小时以及更长的学生占比10.14%。在本次对学生进行问卷调查同时，我们也就相关问题对中学400余名数学教师进行了无记名抽样调查，有90.32%的教师在选择设计作业会考虑的因素时选择了"时长"，而且80.21%的教师认为自己布置的作业用时在0.5小时左右，18.95%的教师认为自己布置的作业用时在1小时左右，时长1.5小时的仅占0.84%，没有教师认为自己布置的作业时长超过2小时。从两组数据我们看到，学生的实际用时和教师的经验估计之间还是有较大差异的。据后期对学生的访谈了解，有些学生反思有自己写作业拖沓、有边写边玩的情况。但数据差异之大还是应引起教师对学情的关注，在容量以及难度上进行适当调整。

三、"双减"背景下区域推进作业改进的实践

为了提高区域学生整体学业质量和核心素养，提升区域教师专业发展水平，促进"双减"政策落实，做了以下几点改进的研究与实践。

（一）加作业的目标设计

作业只有基于明确的作业目标，才能让数学作业既能检验学生当前的学习情况，又能巩固所学，发展能力，突显学科的育人功能，满足学生核心素养发展的需要（表1）。在确定作业目标时，还要重视对目标评价的设计，并通过反馈后的数据对目标达成情况做分析，对学生问题做诊断。

表1 【历史案例节选】作业主题：夏、商、周时期单元主题作业

单元主题	知识目标	能力目标	情感态度价值观
早期国家的文明成就	掌握夏、商、周三代的更替，了解夏、商、西周时期文明成就的代表，即青铜器、甲骨文和分封制	提取和概括历史信息的能力；搜集和整理历史资料的能力；在新情境中，调动知识，解释历史问题的能力。学科核心素养：时空观念、史料实证和历史解释	增进对中华传统文化的认同，增强文化自信。学科核心素养：家国情怀
社会大变革	掌握春秋战国时期的社会变革在各个领域的表现，即铁犁牛耕、诸侯混战、各国变法和诸子百家		

（二）加作业的单元设计，整体把握作业内容分布

作业还应基于单元的教学内容进行整体设计（表2）。在一个单元中，一般可将作业分为课时作业和跨课时作业两种，不同作业种类有助于不同类型目标的有效达成。尤其是跨课时作业，需要强化其中的实践性作业、探索弹性作业和跨学科作业，不断提高作业设计质量。

表2 【数学案例节选】"数形结合思想下看一次函数与方程、不等式"单元作业设计

第1课时作业内容		性质	功能
作业1	谈谈你对一次函数、方程与不等式的再认识	巩固性	巩固一次函数与方程、不等式的联系

续表

	第1课时作业内容	性质	功能
作业2	如图，已知直线 $y=x+b$ 与直线 $y=kx+2$ 与 x 轴分别交于点 $A(-2,0)$，点 $B(3,0)$，则 $\begin{cases} x+b>0 \\ kx+2>0 \end{cases}$ 的解集是什么？ 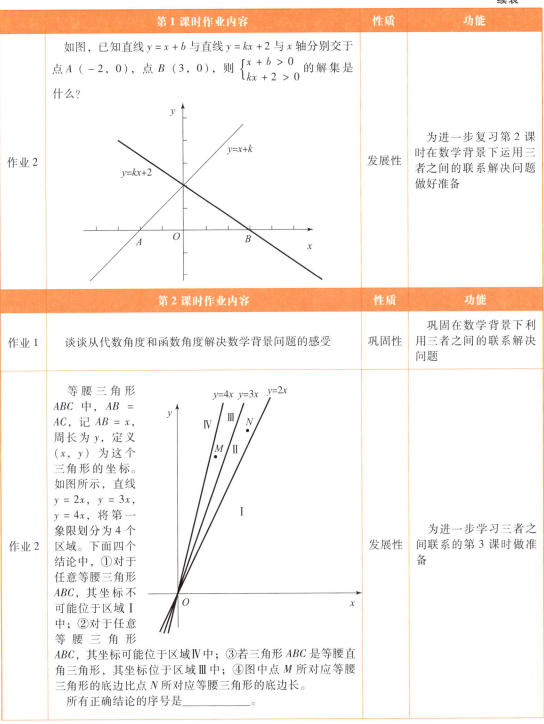	发展性	为进一步复习第2课时在数学背景下运用三者之间的联系解决问题做好准备
	第2课时作业内容	性质	功能
作业1	谈谈从代数角度和函数角度解决数学背景问题的感受	巩固性	巩固在数学背景下利用三者之间的联系解决问题
作业2	等腰三角形 ABC 中，$AB=AC$，记 $AB=x$，周长为 y，定义 (x,y) 为这个三角形的坐标。如图所示，直线 $y=2x$，$y=3x$，$y=4x$，将第一象限划分为4个区域。下面四个结论中，①对于任意等腰三角形 ABC，其坐标不可能位于区域Ⅰ中；②对于任意等腰三角形 ABC，其坐标可能位于区域Ⅳ中；③若三角形 ABC 是等腰直角三角形，其坐标位于区域Ⅲ中；④图中点 M 所对应等腰三角形的底边比点 N 所对应等腰三角形的底边长。 所有正确结论的序号是＿＿＿＿。	发展性	为进一步学习三者之间联系的第3课时做准备

129

续表

作业3	第3课时作业内容	性质	功能
	在初中阶段的函数学习中,我们经历了"确定函数的表达式——利用函数图象研究其性质——运用函数解决问题"的学习过程,而且我们也学习了绝对值的意义:$$\lvert a \rvert = \begin{cases} a & (a \geq 0) \\ -a & (a < 0) \end{cases}$$ 结合上面的学习过程,现在来解决下面的问题:在函数 $y = \lvert kx - 3 \rvert + b$ 中,当 $x = 2$ 时,$y = -4$;当 $x = 0$ 时,$y = -1$。 求这个函数的表达式并在平面直角坐标系中画出函数图象。 已知函数 $y = \dfrac{1}{2}x - 3$,结合你画的函数图象,直接写出不等式 $\lvert kx - 3 \rvert + b \leq \dfrac{1}{2}x - 3$ 的解集	发展性	1. 巩固在较为复杂的题目背景下如何运用一次函数与方程、不等式之间的联系解决问题的一般思路; 2. 巩固利用函数图象更直观地观察从而解决问题; 3. 进一步提高画图、建模的能力

（三）挖掘教材内容,丰富作业类型

为了能让作业的功能得以完善和有效发挥,设计数学作业时,教师应精心编选和组织作业内容,深入挖掘教材内容,结合学生实际情况,丰富作业内容与完成形式,进一步优化作业结构。

【政治案例节选】主题：构建人类命运共同体·理解未来

案例内容：从以下活动中任选其一,完成学科任务。

1. 阅读与写作：阅读《看世界》（傅莹著）,以"走近世界舞台中央"为题,撰写一篇读书报告。

2. 参观与分析：参观中国共产党历史博物馆,登录"中国一带一路官网",挖掘构建人类命运共同体实践中的生动故事,制作一期主题宣传活动,在学校或社区宣讲"构建人类命运共同体中的那人那事"。

3. 演讲与辩论：以班级或年级为单位,组织学生就"合作共赢是最大公约数"这一话题,进行演讲/辩论赛。

案例分析：本案例是完成统编教材选择性必修一"构建人类命运共同体"教学后的综合拓展作业设计。

本作业依据课标要求而设计,引导学生通过阅读、参观、演讲等方式,融会贯通,全面深入理解构建人类命运共同体的内涵和意义,坚定走和平发展的道路,学习如何讲好中国故事,不断增强四个自信,提高政治认同。

四、"双减"背景下区域推进作业改进的策略

为了提高区域学生整体学业质量和核心素养,提升区域教师专业发展水平,促进"双减"政策落实,做了以下几点改进的实践。

（一）整区开展作业研究与学习

作业对于教师来说是一个既熟悉又陌生的话题,如何落实"双减"要求,如何进行

作业设计改革也是一个令人棘手的问题。为了更好地厘清作业的本质、找准作业设计的问题、提升教师作业设计的能力与水平，我们采取教研室先行研究，再进行区域教师培训的行动方案，着力研究作业设计、实施、评价的方法和策略。

（二）研发《丰台区中学作业设计与实施指导手册》

为了更好引导学校和教师全面落实"双减"的要求，有效地进行作业改革，充分发挥作业的育人功能，聚焦"丰台区中学作业设计与实施指导意见"开发。通过指导手册，进一步明确各学科对作业的要求。学科指导意见结构如图1所示。

图1 学科指导意见结构

通过教研活动向全区各学科教师解读指导意见，并进行学科实践。

（三）开展区域中学优秀作业案例及作业设计征集与评选活动

为贯彻落实教育部和北京市"双减"文件精神，落实立德树人根本任务，在课堂教学提质增效基础上，科学合理布置作业，有效减轻学生过重作业负担，帮助学生巩固知识、形成能力、培养习惯，帮助教师检测教学效果、精准分析学情、改进教学方法，促进学校完善教学管理、开展科学评价，切实发挥好作业育人功能。北京教育学院丰台分院中学教研室于2022年开展丰台区中学优秀作业案例及作业设计的征集与评选活动，挖掘作业设计中的优秀案例，促进作业实践的借鉴分享，推动作业研究的持续深入。本次活动评选出400多份优秀案例，并在各学科进行了展示。

（四）建设学科工作坊，以点带面推动作业改革持续研究

建设语文、数学、英语三个学科的作业改革学科工作坊，建立种子教师团队，以教研员为牵头人，带领种子教师学习实践，不断从作业的目标体系建设、设计与实施策略、评价标准制定等方面深入研究作业设计。

通过不断的学习与实践，更加清晰地认识到作业是学校教育教学管理工作的重要环节，是课堂教学活动的必要补充，是培养学生核心素养的重要途径之一。作业质量的优劣直接影响学生的学业质量。如何把作业设置与反馈的主动权交给学生，引导学生成为作业的主体，让整个作业环节都处于最优状态，发挥作业的最大功能，促进学生的全面发展，还需要我们不断地进行改革和创新。

参 考 文 献

[1] 王宝剑，熊莹莹. 国外作业研究及其对我国作业设计的启示［J］. 教学与管理，2010（19）：80-82.

[2] 杨伊，夏惠贤，王晶莹. 我国学生作业设计研究70年：回顾与展望［J］. 教育科学究，2020（1）：25-30.

[3] 王文明. 中小学作业研究：当代主题、核心问题与未来走势［J］. 现代中小学教育究，2019（4）：12-17.

[4] 陈罡. 作业研究：从教学内容到学习经历——基于作业负担为中心的视角［J］. 教育理论与实践，2019（14）：50-52.

[5] 张新，宇邵晓. 优化学校作业管理 提高作业应用效果［J］. 上海课程教学研究，2019（Z1）：131-135.

[6] 李学书. 国内外家庭作业比较研究［J］. 教育学术月刊，2009（10）：65-68.

[7] 李悦. 初中课外作业存在的问题与对策探析［J］. 基础教育研究，2020（17）：37-38.

[8] 何成刚. 坚持、完善和发展中国特色基础教育教研制度——《关于加强和改进新时代基础教育教研工作的意见》解读［J］. 基础教育课程，2020（265）：21-27.

专家点评

落实"双减"政策，需要发挥教育行政部门和业务部门的领导和指导作用，帮助学校进行科学的作业设计、实施、评价和管理。区域教研部门在指导学校作业实践与管理过程中具体要起到什么作用和如何发挥作用，这关系到区县学校作业实践和管理的整体优化水平。

该成果通过文献调研和区县作业实践调研，发现学校作业设计中存在作业设计理念旧、内容单一和完成时间长、效果差的问题。在此基础上，开发了学校作业目标、内容设计的案例，形成了区域推进作业改进的三种政策工具：《丰台区中学作业设计与实施指导手册》、优秀案例和工作坊。对区域内学校作业设计管理提供了可仿照的案例和交流的平台。

该成果开发的作业设计案例和运用的作业政策工具可供区县教研部门推进作业设计指导工作参照。

建议成果表述紧扣题目，说明区县如何了解区域内中小学作业的现状，如何针对现状调查发现的问题制定有针对性的作业改进指导政策，压缩文章第一部分。

胡定荣
北京师范大学

京郊农村学校聚焦"双减"提升初中英语作业设计初探

北京市延庆区八达岭学校　杨　英

摘　要　根据对教育部发布的"双减"政策和《义务教育英语课程标准（2022年版）》的学习，作为初中英语教师，要想提高教学质量，就要教给学生一套准确、系统、有效的学习方法。我们要学会把创新性的教学理念融入课堂教学，有效提升课堂教学质量，并且在减负的前提下给学生提供多样化的作业形式，让学生提升自己学习热情同时提高自身的学习能力，达到增效的目的。同时我们要与时俱进，不断更新教育观念，提升教育教学水平，要教会学生如何学，真正体现教学过程中学生的主体作用，促进学生学会学习，完善自我，以达到学科立德树人的效果。本文旨在探究如何通过多元设计英语作业培养学生英语学习兴趣、提高英语教学质量和学生英语学习的成效，最终促进学生终身学习能力的形成和发展。

主题词　落实"双减"　多种作业形式探究　减负提质增效

一、研究的背景

《普通高中英语课程标准（2017年版）》中明确指出了学生的学习能力目标：树立正确的英语学习观，保持对英语学习的兴趣，具有明确的学习目标，能够多渠道获取英语学习资源，有效规划学习时间和学习任务，选择恰当的策略与方法，监控、评价、反思和调整自己的学习内容和进程，逐步提高使用英语学习其他学科知识的意识和能力。这为教师指明了培养学生学会学习的方向。

2021年7月24日中共中央办公厅、国务院办公厅发布了《关于进一步减轻义务教育阶段学生作业负担和校外培训负担的意见》，"双减"政策成为家长和教师关注的热点和焦点。"双减"政策指出：要全面减压孩子作业负担和减轻校外培训负担；并且明确指出："要加强作业设计指导。发挥作业诊断、巩固、学情分析等功能，将作业设计纳入教研体系，系统设计符合学生年龄特点和学习规律、体现素质教育导向、涵盖德智体美劳全面育人的基础性作业，鼓励布置分层、弹性、个性化作业。"

《义务教育英语课程标准（2022年版）》指出，七年级的学生在语言技能方面包括：理解性技能和表达性技能。理解性技能包括：理解书面语篇的整体意义和主要内容；提取、梳理、分析和整合书面语篇的主要和关键信息。表达性技能包括：完整连贯朗读课文，复述短文大意；围绕主题用简短的表达方式进行口头交流，完成交际任务；自选主题，围绕特定语境，独立写出意义连贯、表意清楚的语句。

在课堂教学中，教师是主导，学生是主体，二者相互协调、相互配合，教学质量才有保证。然而在实际教学中，对于处于北京郊区农村的学生来说，实际英语水平差异巨大。已经是初中生的他们有很多不会听课，课上不会利用眼睛和头脑，不会记笔记，不知道科学有效的学习方法，成绩偏低，甚至书写26个字母都是问题；而相对基础好点的孩子，由于同伴效应，也会出现消极怠工的现象。面对现实问题，教师不得不接受挑战，把问题转化为机遇。如何再次提高学生学习兴趣，从英语学科核心素养中"学会学习"，总结科学的学习方法，把创新性的教学理念融入课堂的同时关注学生作业形式的设计和作业的完成质量，提升学生的"核心素养"，就是我们必须面对的现实问题。

通过对基础较差学生的调查访谈，得知他们也愿意学习，但是在听课过程中，只要有一点儿不会就产生放弃自我学习的意愿，而且在完成作业方面不积极，遇到困难就后退。为了深入解决目前在教育教学中出现的困境，切实贯彻国家"双减"政策，减轻学生的课业负担，精简、优化作业，提升作业的设计，让学生爱写作业，愿意完成作业，提升作业完成的质量，助力双减、促进学生健康成长。

二、研究的目的和意义

《普通高中英语课程标准（2017版）》指出：学习能力构成英语学科核心素养的发展条件，学习能力的培养有助于学生做好英语学习的自我管理，养成良好的学习习惯，多渠道获取学习资源，自主、高效地开展学习。要实践英语学习活动观，着力提高学生学用能力，这就要求教师要关注学生个性化、多样化的学习和发展需求。作为教师，不仅仅要传授他们英语知识，更重要的是培养他们良好的学习习惯，对他们的学习方法进行指导，形成适合自己的行之有效的学习方法，从而为学生未来更好地适应世界多元化、经济全球化和社会信息化奠定基础。

国家的"双减"政策，旨在减少家长对孩子课外培训的经济负担，最重要的是"全面压减作业总量和时长，减轻学生过重作业负担""大力提升教育教学质量，确保学生在校内学好学足"等。对教师的课堂教学提出了更高质量的期望，教师要学习新的理念，创新性地运用英语学科学习方法，更有效地指导英语课堂教学的同时，更要关注学生的作业数量和质量，使学生爱学习，愿意主动做英语作业，更有效地提升教育教学质量，更好地促进学生的成长和发展。

指导学生探究英语学科方法，有利于促进学生自主学习。教师在教学过程中指导学生探究正确的英语学习方法，选择合适的英语学习策略帮助学生，可以根据自身学习目标和学习内容完成自我学习测试。充分利用好学科方法，有利于学生及时调整学习需求，尊重学生个体差异，提高学习能力，并通过与同伴互助学习，反思自己在英语学习过程中的进步与不足，提高学习效率，形成自主学习能力，为终身可持续学习奠定基础。

三、研究的理论基础

《普通高中英语课程标准（2017年版）》指出，所有语言学习活动都应该在一定的主题语境下进行，即学生围绕某一具体的主题语境，基于不同类型的语篇，在解决问题的过程中，运用语言技能获取、梳理、整合语言知识和文化知识，深化对语言的理解，重视对语篇的赏析，比较和探究文化内涵，汲取文化精华；同时，尝试运用所学语言创造性地表达个人意图、观点和态度，并通过运用各种学习策略，提高理解和表达的效果，由此构成六要素整合的英语学习活动观。《义务教育英语课程标准（2022版）》中强调了践行学思结合，用创新型英语学习活动观，坚持学用结合，引导学生在应用实践活动中内化所学的语言和文化知识，加深理解并初步应用，运用所学解决现实生活中的问题。

《普通高中英语课程标准（2017版）》和《义务教育英语课程标准（2022版）》倡导指向学科核心素养的英语学习活动观和自主学习、合作学习、探究学习等学习方式。同时笔者也再次回顾了学习知识建构理论、布鲁纳认知-发现学习理论、有效教学理论。在学习中，笔者更加明确了研究与实践在英语教学中的重要作用，同时汲取已有经验，不断实践，在作业设计方面采取多样化形式，精简作业，提升作业质量，提高学生完成英语作业兴趣。

四、研究多元英语作业，助力"双减"

（一）设计"分层化"作业，尊重学生个性差异

设计"分层化"作业就是从不同层次学生的实际学习水平和学习能力出发，设计不同层次的、有选择性的、能满足不同层次学生需要的作业，从而巩固基础知识，并发展一定的能力。根据学生学习能力和基础不同，学生可以选择抄写翻译作业（图1）、拓展（单词造句等，图2）、试卷等替换作业（图3），或者自主阅读完成思维导图（图4）等作业形式。

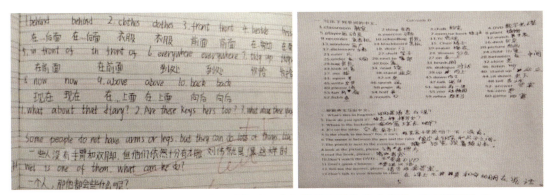

图1 基础薄弱的学生根据自己的基础可选择抄写翻译作业或单词、句子默写作业

（二）实践型作业，提高学生综合能力

实践型作业就是让学生通过说、唱、找、画、写、做等实践活动来巩固所学知识的作业，让学生在做作业的过程中，培养动脑、动口、动手等多方面的综合能力，淡化"作业"的痕迹，提高学生做作业的新鲜感和兴趣，真正把"要我做"变成了"我要做"。

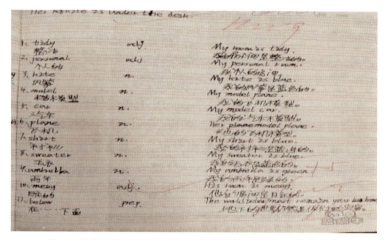

图2 基础比较好的学生选择每日新学词汇编写句子作业

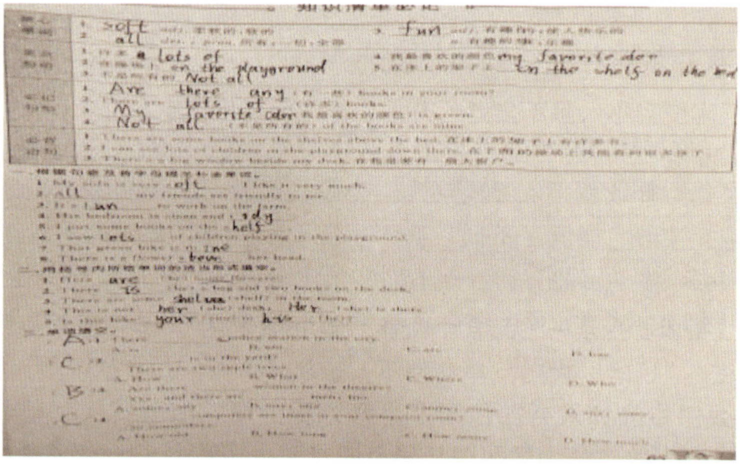

图3 优秀的学生可以选择提高的试卷等替换作业

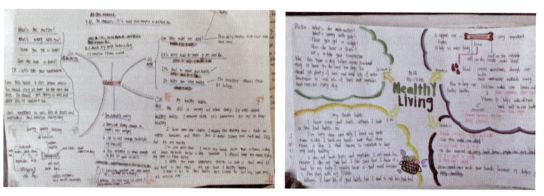

图4 自选英语阅读，画思维导图

例如：积极利用有声作业，促进孩子听说能力的提高。有效利用区统一购买使用的听力软件，根据学生的基础不同，布置不同的实际作业，如同步课文跟读（图5）、趣味配音（图6）、分级阅读绘制思维导图（图7）等，让学生有兴趣选择自己喜欢和力所能及的作业，提升听说能力水平。

图5　基础薄弱的学生可以选择基础朗读、背诵等任务

图6　基础好的学生可以选择有难度的实践任务

图7 选取分级阅读，完成海报的实践作业

（三）创编型作业，增强学生的创新能力

创编型作业就是给学生一个话题或实践性体验类作业，让学生自行分组，搜集资料，最后学生以不同形式进行展示（图8）。这种作业不仅受到学生的喜爱，而且还可以激发学生的学习兴趣。

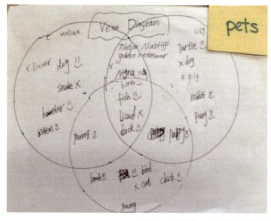
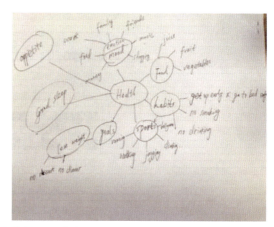

图8 提供一个话题或实践类作业，学生进行展示

（四）提升学生的思维品质，思维导图作业

在阅读文本后，提倡学生在课后完成作业时采用思维导图段落法，帮助学生梳理完文本内容之后，让学生对照课后生词表并结合本课思维导图、文本所渗透的主题意义，编写一段文本，让学生在运用中形成自己的学习方法。例如北师大版七下第六课 going out 一课，内容是 Lucy 问 Alex 以及路上的一男一女有关如何去科学博物馆的一段对话。通过听力帮助学生梳理的思维导图如图9所示。

课后要求学生将对话、本课生词及主题意义内化成一段话。这样将主题意义、语篇和

图 9　有关问路、指路的思维导图

词汇等知识整合成一篇小短文的方法，促使学生思维品质和学习能力同步提升的同时，将学习内容和学习方法融合一起，优化了学习策略，提升了学习效果。对于这个活动，基础薄弱的学生可以暂时停留在复述文本上即可，基础较好的学生可以基于文本进行自我创作复述故事。如果每学一篇文章，学生都可以复述文本或者写出自己的文章，那他们的收获将是最大的。

（五）合作型作业，培养学生合作意识

在英语学习课后，我们很多时候会采用练习法，但是由于班级学生人数较多，练习后趁着学生对答案的好奇劲儿，要趁热打铁地进行批阅，及时进行讲解。在这个过程中，学生之间的互批互改就在很大程度上节约了教师的工作量，也帮助学生识别阅卷过程中的评分标准，让学生在参与阅卷过程中，发现自己在练习中存在的问题，然后小组互相讲解、分享解题思路，充分发挥学习金字塔理论的重要研究成果，最后将学生解决不了的问题，教师再进行集中讲解。这样，最大限度上解决了学生的实际问题。对于学生的自批自改，中上等学生是没有任何问题的，他们对待学习的态度就会促使他们认真根据答案进行自查自纠。这样做的好处是学生可以很容易地发现自身存在的问题，及时改进和提升。

（六）适当的奖励机制（奖状＋小奖品）

为了培养学生学习英语的好习惯，设置各种可以看得到的即时奖励，例如：每月作业、听写，20 个 5 分可换小奖状；每月诵读小师父和徒弟一起领取奖状；每周单元背诵、百词赛和每周单词百词斩背诵分享可以领取小礼品和奖状。这些小奖励可以让学生培养每天听英语、说英语、背诵和默写积累英语的学习习惯，也可以让学生感受到自己努力取得的小成就，同时能鼓励学生坚持积累的好习惯。

五、研究中的困惑

①在作业形式探究的过程中，也出现了明显的问题，例如，学习反馈与预期的课堂效果之间出现差距怎么办？如何平衡作业既保证质量又保证完成的时间最短？

②一份细致认真的思维导图的绘制过程需要很长时间，因此需要教师提前布置任务。学生绘制思维导图过于单一，缺乏分析判断创造性思维，需要教师课上结合学生的导图生成课上内容，但对于部分后进生却难于实现导图的学习作用。

③布置作业的方法有很多种，是否已满足不同学生的要求；对于英语学科的阅读能力的提高，学生的正确率以及及时进行反馈还是存在一些问题；学生口语练习的纠错问题、学生互批的质量问题、基础薄弱学生自批自改的效果问题等都有待思考并解决。

因为出现以上的种种困惑，所以笔者还会继续在自己的教育教学中不断地研究、探索。

六、研究的现实意义

经过近阶段对英语作业的研究、应用和实施，对于农村中学的学生来说，已经初步有了成效。例如，开学初不能开口和不愿意开口说英语的学生，现在可以很主动地在小组长的带领下找教师诵读每天的英语任务；对于一部分英语口语读音不准确的学生，经过课堂以及口语软件的学习和不断跟读纠正语音，语音诵读的准确率大大提升，他们可以很有自信的在课堂上大声朗读和进行口语的交流。随着思维导图在英语作业方面的应用，学生逐步掌握了单词音形意的学习法，进一步深入学习英语语法；通过观察－发现－应用，从语境中理解英语语法的实际意义；在课文的处理上，思维导图的引入，使学生由浅入深，以文本的主题意义为主线，逐步深入地对课文进行整体的理解分析和更深层的文本挖掘。

通过以上在英语作业的探究，能够有效解决实际教学中存在的真实问题。在英语教学和课后的作业中，切实落实"双减"政策，把创新性的教学理念融入课堂，结合多种有效的英语教学方法在英语作业方面实践教学、查找问题，总结经验。但在实际的教学研究中存在诸多不足，例如研究数据不够充实、作业形式不能满足不同层次学生的需要等。笔者会继续在教学中进行研究，根据学生的情况以及先进的教学理念及时调整初中英语教学方法在课后作业中的应用，在减负提效的前提下，增强学生的学习兴趣，更有效地为学生英语学习能力方面的提升和发展提供良性发展平台。

七、研究的后续工作

①访谈调查：学生喜欢的作业类。

例如：我喜欢手抄报这样的作业，也想尝试编剧本。我画画水平很好，也喜欢创作。我不喜欢实践类的作业。我喜欢抄写、背诵。我觉得比较好完成。

我都比较喜欢。

请写出你喜欢的作业形式：_____

②坚持培养学生认真完成作业的习惯，丰富作业的内容和形式，重视作业讲评和评价，加强对学生完成作业方法的指导，精心选择作业内容。

③针对不同学生，精确校正课堂教学，精细反馈作业情况，做到真正的减负提效增质。

八、结束语

作业设计是一项值得我们长期研究的课题，要真正做到减负增效，我们依然任重道远。今后，我们将继续扎根实践探索，力争实现课堂教学效益的最大化、课后作业的精准化，在减负增效提质的同时，让学生爱上学习，享受到在学习中和完成课后作业的成就、收获，以及学习的幸福感。

参 考 文 献

[1] 蒋京丽. 以评促教促学，落实英语教、学、评一体化的五点实施建议 [J]. 英语学习，2021（9）：4－9.
[2] 刘道义. 如何培养学生说英语的能力 [J]. 中小学外语教学，2017（12）：7－11.
[3] 英语课程标准（2011 年版）[M]. 北京：北京师范大学出版社，2012.
[4] 普通高中英语课程标准（2017 版）[M]. 北京：人民教育出版社，2018.
[5] 英语课程标准（2022 年版）[M]. 北京：北京师范大学出版社，2022.
[6] 运用学习策略发展学生外语学习能力 [J]. 英语学习（教师版），2017（5）：18－19.

专家 点评

"双减"政策文件提出，教师要提高自主设计作业能力，针对学生不同情况，精准设计作业，根据实际学情，精选作业内容，合理确定作业数量，作业难度不得超过国家课程标准要求。学校教师如何结合本校学生的实际情况和学科课程教学要求，精准设计作业，切实为每个学生的学习减负提质服务，这是一项艰巨的任务。

该成果以初中英语学科为例，从郊区县学生英语知识基础和学习能力弱、分化大的学情出发，分层分类设计英语作业。通过分层作业满足学生个性化发展需要；通过实践型作业提高学生综合能力；通过创编型作业增强学生的创新能力；通过合作型作业培养学生合作意识；同时，通过思维导图作业引导学生思维，提升学生的思维品质；通过作业奖励制度培养学生的作业习惯建立。这一系列的措施起到了促进学生英语学习质量提升的效果。这说明教师在作业设计中具有一定的自主空间和能力，通过作业类型、过程和评价改进可以起到作业促进学生差异化与全面提质的效果。

该成果可以为学校教师自主设计作业提供依据和实践案例。

建议该成果在政策文件部分立足初中段课标要求和义务教育作业政策要求，对文章一二三部分进行修改，按照问题提出、改进方案、实施效果与经验总结的逻辑进行表述。

胡定荣
北京师范大学

基于学业标准优化初中数学作业设计的策略探究

北京市燕山教研中心　王　景

摘　要　本文结合北京市燕山地区初中数学作业现状的调查结果，分析了初中数学作业设计存在的主要问题。在学业标准的有效指导下，本文提出了优化初中数学作业设计的策略，即基于学业质量标准和课程目标，整体设计作业目标；关注学生的个体差异，多元化分层设计数学作业；丰富作业形式和类型，多角度灵活设计数学作业；控制作业量和难度，预估作业完成时间；根据学生作业结果，反思完善作业设计。

主题词　作业设计　优化策略　学业标准

一、前言

2021年7月，"双减"政策的出台，推进了我国基础教育格局的整体性变革。作业作为课堂教学的延伸，成为落实"双减"政策的关键载体和具体路径，如何提升作业设计的质量，有效实现减负提质，成为全体教育工作者的共性需求。

2021年年底，我们开展科研课题"基于学业标准的初中数学课后作业设计研究"（该课题被确定为燕山地区十四五教育科学规划重点关注课题），旨在结合燕山地区初中学生的实际，基于学业标准构建初中数学作业设计框架，探究更加科学合理的作业设计策略。该课题研究的第一阶段，为了了解燕山地区初中数学作业的现状和存在的问题，我们采用自编的调查问卷对北京市燕山地区4所初中校的全体学生和数学教师进行了调查，共回收有效学生问卷1 382份，有效数学教师问卷38份。调查的主要内容包括作业设计、作业的完成方式、作业的批改与反馈、作业的价值等。本文节选有关作业设计的内容进行统计分析，并在学业标准的有效指导下，提出优化初中数学作业设计的策略。

二、燕山地区初中数学作业设计的现状及分析

（一）调查结果与分析

1. 作业量情况

分析：有接近90%的教师和80%的学生希望完成每日作业的时长不超过半小时，但实际上仅有65.19%的学生能在半小时内完成作业。经粗略估计，有30%的学生实际完成作业的时长超过了自己希望的时长。若以学生完成数学作业时间是平均每天半小时以内为最佳，根据图1中数据，我们提出教师预估学生作业时长的简单模型：（5.56% +

83.33%）÷（9.04% +56.15%）≈1.4，即学生实际完成作业的时间应该是教师预估时间的1.4倍。

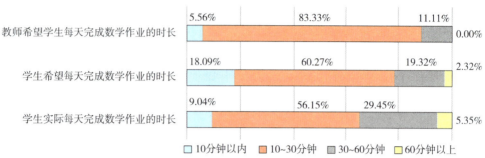

图1 教师希望、学生希望和学生实际完成每日作业的时长百分比

2．作业设计情况

（1）作业的来源（表1）

分析：教师布置作业的目的以教学诊断与反馈、巩固课堂知识为主；作业来源主要是教材和教辅资料，极少有教师自己设计作业；对于教辅资料中的习题，能够经常筛选的教师只有31.58%，大多数教师只是偶尔进行筛选或不进行筛选就直接布置给学生。

表1 教师布置作业的目的、来源统计表

您布置数学作业的目的是？[多选]		您平时留给学生的作业主要来源是？		您对布置的习题册中的题目会进行筛选吗？	
选项	比例	选项	比例	选项	比例
A. 巩固知识	89.47%	A. 教材	47.37%	A. 经常筛选	31.58%
B. 培养能力	68.42%	B. 教辅资料	34.21%	B. 偶尔筛选	57.89%
C. 教学诊断与反馈	92.11%	C. 自己编题	2.63%	C. 基本不筛选	7.89%
D. 培养习惯	55.26%	D. 近年的中考题、考试题、模拟题等	13.16%	D. 从不筛选	2.63%
E. 其他	2.63%	E. 校编习题册（或作业本）	2.63%	—	—
—	—	F. 其他	0%	—	—

（2）作业设计的时间（表2）

表2 教师用于作业设计和批改的时间统计表

您认为教师备课时有必要研究作业的具体方案吗？		您每次备课时用于作业设计的平均时间大约是？		您每天批改学生作业的平均时间大约是？	
选项	比例	选项	比例	选项	比例
A. 非常有必要	76.32%	A. 5 分钟以内	21.05%	A. 半小时以内	0%
B. 基本有必要	23.68%	B. 5~10 分钟	63.16%	B. 半小时~1 小时	36.84%
C. 基本没必要	0.00%	C. 10~20 分钟	10.53	C. 1~2 小时	57.89%
D. 完全没必要	0.00%	D. 20 分钟以上	5.26%	D. 2 小时以上	5.26%

分析：虽然所有教师都认为备课时有必要研究作业的具体方案，但在作业设计上花费的时间却明显偏少，平均不足 10 分钟，教师更愿意在作业批改环节花费大量的时间。

3. 分层作业情况（图2）

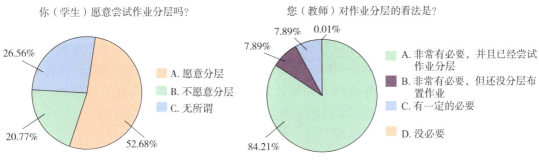

图 2　学生和教师对分层作业的态度

分析：教师更倾向于对作业进行分层，有 84.21% 的教师已经尝试分层作业。但是，教师也不能忽视有 20.77% 的学生并不希望作业分层。

4. 作业类型（表3 和图3）

表3　学生对作业中新题型的态度统计表

类别 选项	你是否愿意在作业中添加自主探究类题目？	你是否愿意在作业中添加不超出学习范围但是有挑战性的题目？	你是否愿意在作业中添加开放型和实践型的题目？
A. 主动想添加	44.65%	50.87%	48.63%
B. 完全不想添加	9.04%	8.39%	8.54%
C. 无所谓，老师布置就做	46.31%	40.74%	42.84%

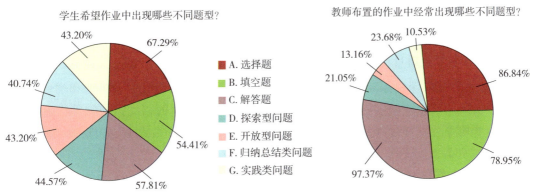

图 3　学生与教师对作业中不同题型的认识对比

分析：教师布置的作业以选择、填空和解答题为主，较少布置探索型、开放型、归纳总结类问题和实践类问题，而多数学生对作业中的新题型并不排斥，完全不想添加的学生比例均不足 10%。

（二）燕山地区初中数学作业设计存在的问题分析

调查发现，在"双减"背景下，燕山地区初中数学作业设计和实施有了一定的改善，然而存在的问题也比较多，主要表现为以下两点：

1. 教师对作业用时预估有偏差，学生作业负担仍然较重

调查发现，教师与学生都认为数学作业时间是平均每天半小时以内为最佳，但教师对作业的预期用时远低于学生实际用时，原因是教师对作业时间的预估主要是观察或询问学习较好学生的作业时间，对于成绩中下游的学生更关注作业的掌握情况，在作业时间方面关注不足。多数教师对作业难度的估计只凭借个人经验而非充分了解学情，致使很多学生实际作业时间超出理想作业时间，部分学生的数学课业负担仍然较重。

2. 教师普遍忽视作业设计，缺乏科学有效的作业设计方法

作业设计质量是保证作业功能发挥和作业效果实现的先决条件。调查显示，教师普遍忽视作业设计，并且缺乏科学有效的作业设计方法。

①虽然所有教师都认为作业设计很有必要，但在作业设计上花费的时间却明显偏少，有的教师甚至在临近下课时翻翻课本、教参或教辅资料布置几道题。

②教师设计作业的目的以巩固课堂知识、应对考试为主，作业目标是个人化的、随意的，缺乏科学性。

③教师设计的作业题型和类型较为单一，多为习题类书面作业，作业来源主要是教材和教辅资料，并且很少进行筛选，只有极少数教师自行设计编制作业。对于教师自编题，也仅仅是对教辅资料上的题目进行组合、变式等，谈不上设计。

④虽然大多数数学教师已经尝试作业分层，但对学生学情及不同层次学生的发展需求关注不足，对于学习水平较高的学生考虑较多，提高拓展有余，但对学困生的学习情况考虑不够，使得部分学生作业完成情况不佳。

三、初中数学作业设计优化策略

针对燕山地区初中数学作业的现状及分析，提出初中数学作业设计优化策略如下：

（一）基于学业质量标准和课程目标，整体设计作业目标

《义务教育数学课程标准（2022年版）》针对内容要求提出了学业要求和学业质量标准，明确了各学段结束时学习内容与相关核心素养所要达到的程度，是教师作业设计和评价的重要依据。教师应在学业标准的有效指导下整体设计作业目标，明确学生所应达到的学业成就水平，将数学核心素养的培养融入作业中去。

案例1：人教版七年级下册"算术平方根"作业设计

依据《义务教育数学课程标准（2022年版）》中对本节内容的学业要求"知道算术平方根概念，会用根号表示算术平方根；会用乘方运算求百以内完全平方数的平方根……"和学业质量描述"掌握相关的运算求解方法，合理解释运算结果，形成一定的运算能力……"，设置本节课的作业目标如下：

目标1：了解算术平方根的意义，会用根号表示数的算术平方根。

目标2：了解开方与平方互为逆运算，会用平方运算求一个非负数的算术平方根。

目标3：会利用算术平方根的概念对具体的结论进行判断并合理解释运算结果，提升运算能力、抽象概括能力和语言表达能力。

作业内容：

题1. 请你写出5个正数，并求出它们的算术平方根。

观察你所求得的算术平方根，可以发现：被开方数越大，对应的算术平方根_____。

题2. 先说出下列各式的意义，再计算：

(1) $\sqrt{16}$；(2) $\sqrt{\dfrac{4}{9}}$；(3) $\sqrt{7^2}$；(4) $\sqrt{3+4^2}$。

题3. 求 $\sqrt{2^2}$，$\sqrt{(-3)^2}$，$\sqrt{5^3}$，$\sqrt{0^2}$ 的值，并归纳：对于任意数 a，$\sqrt{a^2}=$ _____。

题4. 求 $(\sqrt{4})^2$，$(\sqrt{9})^2$，$(\sqrt{25})^2$，$(\sqrt{36})^2$ 的值，并归纳：对于任意非负数 a，$(\sqrt{a})^2=$ _____。

题5. 你能依据算术平方根的意义，对题3、题4中发现的结论进行合理的解释吗？

说明：作业设计紧扣教学内容和作业目标，不仅巩固本课所学知识，还通过具体实例，引导学生自主发现并归纳概括算术平方根的性质，尝试对发现的结论进行合理的解释，培养抽象概括的能力，渗透特殊到一般的数学思想。开放性问题的设计，给学生提供了更多地交流和表达的契机，有效地达成巩固知识和技能、培养能力、发展数学核心素养的要求。

（二）关注学生的个体差异，多元化分层设计数学作业

在核心素养和学业质量标准的视角下设计初中数学作业，教师必须关注学生的个体差异性和发展需求，分层精选并设计作业，给不同层次的学生提供更多自主选择的机会并提供具体细致的指导，促进学生核心素养发展。

案例2：人教版八年级下册"菱形"作业设计

基础性作业：主要是对菱形的定义、性质、判定的巩固练习。（略）

提高性作业：

（1）请以知识框图或思维导图的形式对菱形的定义、性质、判定进行梳理，纳入已有知识体系。

（2）课堂上，我们发现菱形除了具有一般平行四边形的性质以外，还有四条边相等、两条对角线互相垂直，并且每一条对角线平分一组对角等特殊的性质，你还能发现菱形的其他特殊性质吗？请你用文字语言、符号语言、图形语言写出来，并尝试证明。

（3）下节课我们将继续学习一类特殊的平行四边形——正方形，你能结合矩形和菱形的学习经验对正方形进行自主学习吗？下节课进行交流。

拓展性作业：

菱形是一类特殊的平行四边形，等形是一类与菱形有"亲缘关系"的几何图形，请结合菱形的学习，自主研究等形，并写一篇"反思性研究小报告"。

说明：提高性作业（1）引导学生将零散的知识点建构成知识体系，并且直观地呈现出各知识点间的逻辑关系，使得思维更清晰、更有条理；提高性作业（2）将对菱形性质的研究从课内延伸到课外，培养学生的探究意识；提高性作业（3）则指向下一节的课前

作业,前后一致,浑然一体。拓展性作业给学有余力的学生提供更多的学习机会,拓宽视野,激发思维。由此,既尊重了学生的个体差异,又充分挖掘了各层次学生的潜力,让全体学生都有收获。

(三)丰富作业形式和类型,多角度灵活设计数学作业

教师应结合具体的教学内容,依据学生实际,多角度灵活布置作业,丰富作业形式和类型。口答型、讨论型、汇报型的口头作业,可以减轻学生书面作业的负担,激发学习兴趣;动手操作型、调查型、实验型等实践应用类作业,可以吸引学生积极参与到数学活动中,通过操作实践体会数学过程,深化对数学知识的理解,培养数学应用意识;数学文化赏析、数学绘本阅读等阅读类作业,可以增加学生知识面,拓宽学生的视野。拓展开放型、迁移探究型、联系反思型作业,可以培养学生积极思考、自主探索的能力,发展数学核心素养……

例如,在学完"勾股定理"后,让学生查阅资料了解勾股定理的历史和证明方法,写一篇探究小报告或制作一份手抄报,使学生感受勾股定理的丰富内涵,了解我国古代数学家的卓越成就,激发学习热情和爱国情怀;学完"数据的分析"后,让学生调查北京冬奥会赛事的相关数据,利用几何画板、Excel等软件,绘制统计图表进行数据分析,设计完成调查报告,体验实际问题数学化的过程,感受数学的应用价值;教师还可以给学生创造平台和机会,请学生自己或以小组为单位编制数学作业,如学习"因式分解"后,请学生自己编制几个能用公式法进行因式分解的题目,再请其同桌进行解答。学生需要对所学知识点进行分析,对平时的错题进行整理,对数学知识的理解会更加深刻。

(四)控制作业量和难度,预估作业完成时间

贯彻"双减"政策,作业减量是前提。教师在布置作业时,要适当控制作业量与难度,可通过试做的方式,预估学生做作业的时间,然后根据作业时长模型,用教师估计的时间乘以一个系数(本次调查这个系数是1.4)才应该是学生实际完成作业的时间,从而达到控制作业量的目的。关于作业难度,要依据学业质量标准,设计符合学生认识水平的分层作业,不能一刀切。

(五)根据学生作业结果,反思完善作业设计

教师要加强作业的自我反思,要明确作业设计中思考的目标、内容等应该成为作业批改和评价的重要依据,而作业效果的反馈应是后续作业设计思考的重点。教师可通过提问、自我评价的方式(如作业目标是否符合数学课程目标和学业要求,是否指向明确?作业内容是否与作业目标相一致,是否重点突出,是否分层?作业类型是否丰富、有趣、生活化),系统地反思作业目标、作业内容、作业类型、作业数量等分布是否合理,从而进一步改进和完善数学作业的设计。

四、结束语

"教者有心,学者得益",作业研究是一个持续发展的过程,在"双减"背景下,要想达到理想的作业效果,还需要更多的教师和学者投入作业设计的研究上来,希望通过

一系列的后续研究，转变教师作业设计的观念，优化初中数学作业设计与实施过程，提升作业整体品质，最终促进学生核心素养的发展。

参 考 文 献

[1] 中华人民共和国教育部．全日制义务教育数学课程标准［M］．北京：北京师范大学出版社，2011．
[2] 中华人民共和国教育部．全日制义务教育数学课程标准（2022年版）［M］．北京：北京师范大学出版社，2022．
[3] 李青霞．义务教育阶段学业标准与评价：初中数学［M］．北京：北京师范大学出版社，2017．
[4] 肖正德．"减负"背景下有效作业的设计策略探究［J］．课程·教材·教法，2014（4）：50－55．
[5] 潘虹．基于学生发展核心素养的初中数学作业设计［J］．教学与管理，2017（22）：45－46．
[6] 王月芬．课程视域下的作业设计研究［D］．上海：华东师范大学，2015．
[7] 乔冰玉．初中生数学作业的现状及优化研究［D］．武汉：华中师范大学，2021．

专家 点评

"双减"政策文件要求各地要帮助教师检测教学效果、精准分析学情、改进教学方法，促进学校完善教学管理、开展科学评价和提高教育质量。落实这一政策，需要思考如何帮助学校教师精准分析各学科作业实际，找准作业改进点和形成切实可行的作业改进措施。

该成果从学校教师作业设计主观随意缺乏证据、设计无效的现象入手，以区域初中数学作业的设计和完成质量为调研分析单位，通过问卷调查，发现区域内初中数学作业存在忽视作业设计、作业设计不能结合学生实际、类型单一、缺乏分层差异化设计等问题，基于调研证据，提出了基于学业质量标准和课程目标，整体设计作业目标，关注学生的个体差异，多元化分层设计数学作业的行动建议。调研工作全面掌握了区域内数学作业的现状，调研内容细致，不仅考虑到总体的情况，而且考虑到师生全体对作业的态度和完成时间等的差异、学生之间的差异，对作业完成总量和时间的政策建议有充分的事实依据。

该成果对区县教研部门如何基于科学调查把握作业的教学情况，发现诊断问题和出台作业管理政策提供了好的范例。

建议该成果修改报告题目，突出基于调研证据的区域作业设计改进研究。因为该成果是基于调查研究提出的改进建议，并没有改进措施效果的实证支持。

胡定荣
北京师范大学

以组为单位开展作业统筹管理的实践研究

中国教育科学研究院朝阳实验学校　刘　金　刘明成　王　雪

摘　要　　作业是教学的一个重要环节。针对我校当前作业存在的问题，我校以六年级为例，通过将学生各科作业分别进行横向分析与设计、统筹管理与评价，实践探索形成了以学科组、年级组、班级组为单位开发基础性、迁移性、实践性的多形式作业。遵循"作业设计—实施开展—结果分析—诊断改进—再设计"的循环往复过程，并以组为单位开发多角度、多元化的作业评价方式。作业结构得到优化、作业质量得到提升，以此解决我校作业存在的问题，从而开发高质量作业，促进学生全面发展。

主题词　　以组为单位　作业统筹设计　管理与评价　实践研究

一、研究内容

（一）研究背景

近年来，按照党中央、国务院决策部署，各地深入开展"双减"工作。《关于进一步减轻义务教育阶段学生作业负担和校外培训负担的意见》《关于深化教育教学改革全面提高义务教育质量的意见》中明确提到，"应严格控制作业总量和时长，注重"统筹调控不同年级、不同学科作业数量和作业时间，促进学生完成基础性作业，强化实践性作业，探索弹性作业和跨学科作业，不断提高作业设计质量"。

为了解我校学生作业现状，以六年级为例，收集学生一个月的各个学科作业进行调研，结果显示：学生的作业量大、作业形式单调、各个学科作业关联性较差，例如：在周六日的作业中存在各个学科重复性锻炼学生动手能力，对于学生能力的培养"一边偏"的现象。为深入研究，对我校学生和教师进行调研，收集到 148 份有效问卷，结果显示：80% 学生表示作业量大、作业形式单调、不感兴趣、作业做了未得到反馈等，具体比例如图 1 和图 2 所示。当问及喜欢的作业形式，大多数学生喜欢实践参与类、拓展拔高类作业。对教师进行的问卷结果显示：90% 的教师表示只关注自己学科作业，对于其他学科留的作业内容以及总量并不知情，导致学生作业多、效率低下。部分教师提出，学校应对作业时间以及作业总量进行统筹调控。学生作业过多会使学生产生消极懈怠心理、损害学生的学习动机，从而缺乏对学习的热情，不利于学生的身心健康发展，不利于家庭、

---

① 北京市教育科学规划"双减"专项课题"以年级组为单位开展作业统筹管理的实践研究"（CDGB21489）成果。

社会满意度。综上所述，我校作业布置存在的问题主要表现在以下三个方面：一是作业种类单一，缺少可选择性；二是作业量大，学科之间缺乏统筹；三是作业结构和内容标准不清。

图1 学生关于作业情况的调查结果

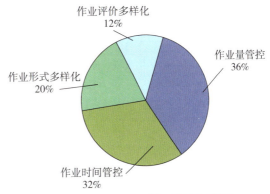

图2 教师关于作业情况的调查结果

（二）研究目标

减轻学生过重的课业负担表面上看是作业量的减少，其本质应该是优化作业结构，提升作业质量。因此本文研究目标如下：

①如何以组为单位进行作业统筹设计？
②如何以组为单位进行作业统筹管理？
③学生作业的结构、作业内容的标准是什么？
④如何以组为单位进行作业统筹评价？

（三）解决问题的思路

我校采取以组为单位将作业进行科学统筹，取得了较好的效果。"组"是指在年级组统领下的年级组、学科组和班级组。"统筹"指统筹作业的设计与管理、统筹作业的内容与标准、统筹作业的结构与类型、统筹作业的实施与评价等。

二、设计方案

（一）以组为单位对作业流程进行统筹设计

探索以组为单位的各个学科的作业设计、批改、讲评、辅导、评价，统筹管理流程，每周、每月以组为单位进行教研，不断完善作业管理流程，拟遵循"作业设计—实施开展—结果分析—诊断改进—再设计"的循环往复过程（图3）。

（二）以组为单位对作业结构进行统筹设计

以六年级组为例，按照年级组、学科组、班级组进行年级作业结构设计，作业形式多样，具体作业设计结构如表1所示。

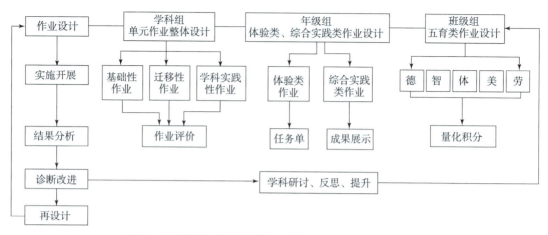

图3 作业设计、批改、讲评、辅导、评价统筹管理流程

表1 以六年级为单位进行作业设计结构举例

	以学科组为单位			以年级组为单位		以班级组为单位
	基础性作业	迁移类作业	综合实践性作业	体验类作业	综合实践类作业	五育类作业
语文	掌握字词等基础知识作业	展开想象，提升阅读、书写能力作业	演绎理解课文内容，提升发散思维作业	家务体验劳动；环保服务劳动；变废为宝我能行；厨艺实践劳动	传统文化风筝实践活动；冬奥黑科技实践活动；参观科技馆活动	德育：国家宪法日教育；智育：同玩益智游戏；体育：居家仰卧起坐、跳绳；美育：宣传冬奥项目；劳育：厨房劳动
数学	掌握计算基础知识作业	引申解决生活实际中的问题作业	发现生活中的数学，发散思维作业			
英语	掌握单词、阅读基础性作业	提升听、说、写能力作业	趣味演绎文本，发展创造性思维能力作业			

（三）以组为单位对作业类型进行统筹设计

1. 以学科组为单位进行基础性、迁移性、实践性作业设计

基础性作业是指根据课标，按单元整理的每位学生都要完成的确保基本知识技能习得的作业；迁移性作业指的是对知识深刻理解基础上能灵活运用和综合运用的作业；学科实践性作业是指会利用本学科所学到的知识，动手实践，解决生活中遇到的问题，促进学生对知识本质和结构的进一步理解，体会学科的思想，内化素养的作业。不同类型作业都有具体的目标，基础性作业培养学生思辨性思维，迁移性作业培养学生开放性思维，学科实践性作业培养学生创造性思维（图4）。

2. 以年级组进行体验类、综合实践类作业设计

体验类作业指整合两门及以上学科知识去进行探究体验，如年级组织学生带着任务去博物馆、图书馆，参加志愿者体验活动类作业；综合实践类作业是指学生从生活当中选取研究主题，查找资料，调查研究，进行成果分享或撰写研究报告的过程。

图4 作业设计促进学生思维发展模式图

3. 以班级组为单位开展促进学生全面发展的五育并举类作业设计

以班级为单位开展促进学生全面发展的五育类作业设计，包含主题教育类作业、行为规范类作业，比如学习宪法宣传主题作业、班级行为先锋作业等，从而促进学生的全面发展。体现五育并举类的作业如表2所示。

表2 以班级组为单位进行五育并举类作业设计举例

作业类型	开展方式	举例	备注
德育方面作业	专题教育； 知识竞赛	国家宪法日； 禁毒日	
智育方面作业	阅读分享活动； 学科游戏	同读一本书； 同玩益智游戏	
体育方面作业	班级体育比赛	居家仰卧起坐、跳绳	
美育方面作业	融入多种学科创意	语文：戏曲创作服饰、头饰； 数学：结合图形创作对称的美； 英语：宣传冬奥项目	
劳动教育方面作业	劳动展示	家务劳动； 厨房劳动	

三、具体做法

（一）以组为单位对作业数量进行统筹管理

定量——以组为单位统筹作业数量。

"双减"政策中对各个年级的作业量有明确规定，针对小学一、二年级不布置家庭书面作业，可在校内适当安排巩固练习；小学三至六年级家庭书面作业平均完成时间不超过60分钟，语数英学科按照每天不超过20分钟的时间设计作业，其他学科不再布置书面作业。因此探索以组为单位统筹作业总量，利用年级例会将作业进行周统筹，从作业内容到作业完成时间以及作业总量进行整体规划，将作业按照学科进行定标、定量、定时长的年级整体作业管理，达到横向对比，避免超量（图5）。

（二）以组为单位对作业标准及时间进行统筹管理

1. 定标——以组为单位对作业标准进行统筹管理

单元是学科知识组成的基本单位，因此在实践探索中我们以组为单位采取单元整体设计作业的方式。站在单元主题/具体概念/要素（各个学科）基础上，秉承科学性、目标

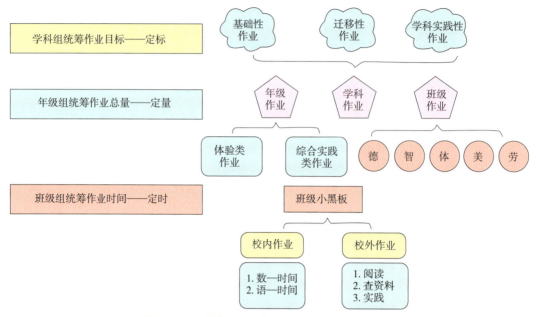

图5 以组为单位进行年级整体作业设计分类图

性、整合性原则，从一条知识线或知识板块中通过深刻理解提炼出核心大概念，然后迁移应用大概念对单元整体教学目标进行制定。在明确单元主题和目标的基础上，确定单元作业框架，关注作业的留、作、批、评、改的过程，明确关键性作业，将关键作业分解为课时作业，不断反馈，再形成关键性作业，持续关注学生在每课时达到的学习效果，从而对单元整体教学目标不断进行调整改进，形成闭环过程（图6）。

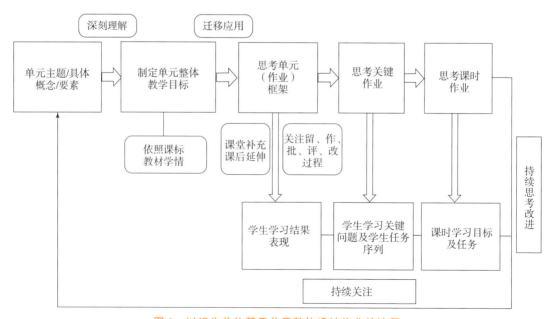

图6 以组为单位基于单元整体设计作业的流程

2. 定时——以组为单位对作业时间进行统筹管理

学生完成作业的时间可以划分为完成学校作业的时间、完成家庭作业的时间两部分。为督促学生落实作业完成的效果，落实"双减"政策中关于时间分配的比例，在班级建立校内外作业公示板，以组为单位对学生校内作业、校外作业时间进行统筹管理。

（三）以组为单位对作业实施过程进行统筹管理

1. 以学科组为单位注重作业的"留、做、批、评、改"过程

在以学科组为单位进行基础类、实践类作业实施过程中，要注重作业"留、做、批、评、改"的过程。作业的实施是一个师生共同完成的过程，教师应不断优化"留、做、批、评、改"的方式，从而调动学生积极性，提高作业实施的效能（图7）。在教学实践中，在我校已有的研究基础上进行作业的优化，善于创新，反思后再行动，形成一个"实践—反思—再实践"的行动研究闭环，不断优化"留、做、批、评、改"的方式，达到"提质减负"的效果。

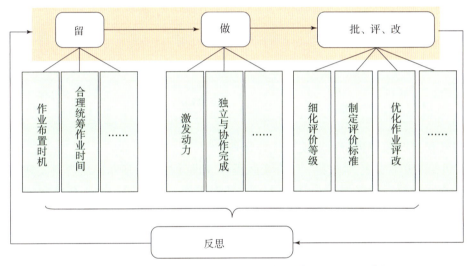

图7 以学科组为单位进行作业"留、做、批、评、改"过程图

以学科组为单位进行作业实施要关注到个性学习的差异性，并注重从作业结果中反思和完善作业设计内容。学科组每周要对教师每天布置的作业质量（目标制定情况）进行检查评估，评估内容如表3所示，语数英进行周作业统计举例如表4所示。以学科组为单位进行的学科实践类活动按照每个学科一个学期/次频率进行，为全员参加，按照"查阅资料—学习研究—成果展示"进行实施。

表3 周作业统计表

1-6 年级第（ ）周作业统计表				
星期	授课内容	作业要求	作业目的	教师自测后的作业完成时间
星期一				
星期二				
星期三				

续表

1-6 年级第（ ）周作业统计表				
星期	授课内容	作业要求	作业目的	教师自测后的作业完成时间
星期四				
星期五				
周作业				

表4 语数英周作业统计举例

（数学、语文、英语）学科第（五）单元作业设计					
六年级（数学、语文、英语）学科第（ ）周作业统计表日期：2021.11.5					
星期	学科	授课内容	作业要求	作业目的	作业完成的时间	教师试做时间
星期一	数学	比的意义	书上52页练习十一1、2题	明确比的意义，理解生活实际中比的含义	15分钟	7分钟
	语文	《竹节人》第一课时	看拼音写词语	掌握字词等基础知识	10分钟	5分钟
	英语	第15课	探究作业：围绕单元主题，寻找"奥运"知识	课后自主探究，扩展背景知识	15分钟	7分钟

2. 以年级组为单位进行作业实施统筹管理

以年级组为单位进行体验类、综合实践类作业设计如表5所示。跨学科实践活动类作业按照"查阅资料—研究报告—分享展示"过程实施，每学期一次，全员参加。体验类活动作业按照行前—行中—行后分别实施"查阅资料—完成任务单—活动收获分享"过程，每学期一次，全员参加。

表5 以年级组为单位进行体验类、综合实践类作业的设计举例

活动名称	活动形式	活动图片	活动流程	融合学科
承传统载理想放纸鸢	课上学习课中实践		做—画—展—放	劳技、语文、数学、科学、体育

续表

活动名称	活动形式	活动图片	活动流程	融合学科
十一特色劳动展示活动	课上学习课后参与		实践—展示—总结	劳技、科学、语文、数学、体育
"一起向未来"英语演讲比赛	课上学习课后参与		学习—展示—总结	英语、科学
保护生物多样性	课上学习课后参与		学习—展示—总结	语文、科学、体育数学、道法

3. 以班级组为单位进行作业实施统筹管理

以班级组为单位进行五育类作业设计实施，比如宪法宣传活动。按照"查阅资料—宪法竞赛—收获展示"过程实施，探索在班级建立校内外作业公示板，加强质量监督。以班级为单位通过班级黑板进行作业时间、作业量的设计管理（图8），通过以班级组为单位对学科作业的整体统筹，真正做到减负提质的目的，促进学生身心健康发展。

图8 以班级为单位进行作业时间、作业量的统筹管理

（四）以组为单位对作业评价进行统筹

1. 以组为单位开发多角度、多形式的作业评价方式

以组为单位开发并采用多维度、多元化的评价方式对学生完成的作业进行评价（表6），利用不同的作业评价方式来帮助学生发现自己的闪光点，不再单一地评判一个学生，给每一个学生同等的机会，让他们体验到多元化的成功和乐趣，从而让他们积极主动地参与到完成作业中来，提高他们的学习效率，让他们的个性得到更好的发展。

表6　以组为单位评价学生作业

单位	评价维度	评价主体	评价方式	使用频率	评价得分
学科组	基础性作业 迁移性作业 学科实践性作业	教师	评价符号多元化		
			纠错符号多元化		
			鼓励符号多元化		
			奖励符号多元化		
			评语多元化		
			温和的纠错评语		
			真诚的鼓励评语		
年级组	体验类作业 综合实践性类作业	教师 学生 家长	激励性评价		
			展示评价		
班级组	五育并举类作业	教师 学生 家长	激励性评价		
			展示评价		

2. 建立以年级组为单位的多角度、多形式的作业评价制度，形成作业评价档案袋

开展以年级组为单位的多角度、多元化的学生作业评价，以过程性评价为主，建立学生作业评价档案袋，收集并积累反映学生学习发展过程的资料。学科组每周进行作业的目标、内容、形式、难度、时间等整体结构性问题反思，年级组反思学科之间作业总量、作业时间的统筹和不同类型作业的统筹，参考作业设计与布置评价标准（表7）进行适当的调整，不断完善初步形成的"以组为单位的不同学科学生作业评价表"（表8）。学科组通过教研开发多角度、多形式的作业评价方式，加强对学科组以单元为整体设计的分层阶段性作业的评价，设计不同学科组学科分层作业评价表。

表7　教师作业设计与布置的评价标准量表

评价内容	评价标准	评价方式		评价结果
		自评	互评	
作业目标	1. 是否体现大单元结构			优（90分以上） 良（80~89分） 中（70~79分） 差（70分以下）
	2. 是否清晰、明确、合理			
	3. 是否体现分层作业			
	4. 是否符合学生的发展要求			

续表

评价内容	评价标准	评价方式 自评	评价方式 互评	评价结果
作业内容	1. 是否符合学生的身心特点 2. 是否有利于激活学生思维 3. 是否有利于学生的能力发展 4. 是否有利于学生的身心健康			优（90分以上） 良（80~89分） 中（70~79分） 差（70分以下）
作业实施	1. 是否符合学生的认知与个性特点 2. 作业处理是否具有自主性和创造性 3. 是否促进学生能力发展和进行积极的生命体验			优（90分以上） 良（80~89分） 中（70~79分） 差（70分以下）
作业评价	1. 是否有时间规定 2. 是否具有激励性 3. 是否具有指导性			优（90分以上） 良（80~89分） 中（70~79分） 差（70分以下）

表8 学生持续发展评价表

评价分类	基础性作业	目的性作业	发展性作业	体验式作业	研究型作业	实践性作业
奖星体系	1. 高效之星 2. 全对之星 3. 合理之星	1. 创意之星 2. 拔高之星	1. 创造之星 2. 发展之星	1. 创新之星 2. 互动之星 3. 体验展示之星	1. 合作之星 2. 自主之星 3. 研究展示之星	1. 体育之星 2. 艺术之星 3. 实践展示之星
数学						
语文						
英语						
科学						
美术						
体育						
音乐						
美术						
评价方式（自评、互评）						
教师评价						
家长反馈						

总之，在"双减"背景下本文探索以组为单位开展优化作业设计，统筹作业的设计与管理，统筹作业的内容与标准，统筹作业的结构与类型，统筹作业的实施与评价等，以此解决我校作业存在的问题，从而让学生在完成作业的过程中，提高实践能力、提升思维能力，在五育并举下，促进学生德智体美劳全面发展。

四、实践成效

（一）以组为单位设计省时、高效的作业，学生作业质量大幅度提升

本文以组为单位对作业进行横向定时、定量、定标的管理，对学生的作业时间进行了统筹，保证了学生休息睡眠时间，教师以组为单位通过实践—反思—研讨—改进的过程设计出了高效的作业，提升学生综合素养。作业是课堂教学的延伸，它的优化设计，可以最大限度地拓展学生的减负空间，丰富学生课余生活，发展学生独特个性。学生作业质量大幅度提升，学生能力提升，从而提升了我校教育教学质量。

（二）促进学生五育并举全面发展，提升学生的综合素养

在以班级为单位开展的主题教育类作业、行为规范类作业的实施中，学生完成作业效果良好。在每周举行的班会课上，学生满怀激情地讲解着自己绘制的主题教育类、行为规范类手抄报，讲述着自己收集的美德小故事，演绎着由语文课本改编的德育类故事，学生在"感动、激励、启示、超越"的情感中促进了五育并举全面发展，提升了学生的综合素养（图9）。

图9　学生活动照片

（三）教师教科研能力不断提升

教师能够从年级组、学科组、班级组的角度集体研究、统筹作业，不断形成自己的想法，得出更多的经验，形成论文、案例成果，提升了教师的教科研能力。定期对教师征集关于作业设计的建议（图10），将后期发现的问题不断进行改进再设计。

（四）家长满意度不断提升

以组为单位进行作业统筹协调，做好各学科作业比例结构的统筹安排，通过班级微信群、"致家长的一封信"等方式，向家长宣传高质量作业形式，家校达成共识、形成合力。利用问卷星向家长与学生进行调研，结果显示：家长对学生作业量适中给了3.84的最高分值（图11），数据表明家长对学校布置作业满意度好。年级组及时向家长征集宝贵意见，将家长的建议融入下一阶段作业设计的整改中，让家长积极地参与到学生的教育中去。

图 10　教师参与作业研讨

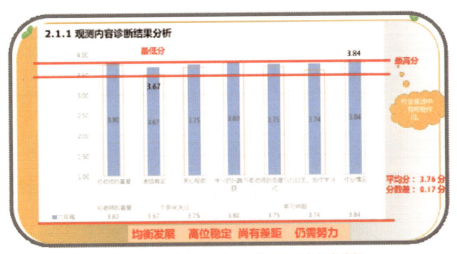

图 11　家长对教师及学生作业情况的调查问卷分析

参 考 文 献

[1] 肖正德. "减负"背景下有效作业的设计策略探究［J］. 课程·教材·教法, 2014, 34（4）: 50-55.
[2] 刘延革, 冯林. 大观念统领下单元学习任务的开发［J］. 中小学管理, 2022（2）: 28-31.
[3] 王月芬. 重构作业: 课程视域下的单元作业［M］. 北京: 教育科学出版社, 2021.

专家 点评

作业量的控制与统筹, 尤其是涉及跨年级、跨学科、跨班级的作业管理, 一向是学校"双减"工作中的现实难题。成果以"组"为突破, 通过年级组的"统领", 试图科学打破年级组、学科组和班级组的"阻隔", 以作业数量和作业时间为主攻点, 从作业的设计与管理、作业的内容与标准、作业的结构与类型、作业的实施与评价等多个方面入手,遵循"作业设计—实施开展—结果分析—诊断改进—再设计"的思路,开发出了基础性、迁移性、实践性的多形式的作业,各"组"的作业结构得到优化、作业总量得到控制、作业质量得到提升。研究初步取得了预期的成效,作业的定时、定量、定标管理实践取得了进展,学生的作业量一定程度上减了下来,作业层面的五育融合有了新的抓手,教师教研获得了新的生长点,家长的满意度也在不断提升……对于营造良好的学校课程教学微观与宏观生态而言,以组为单位的作业管理值得在理论和实践方面做进一步探索。

王小飞
中国教科院

课程实施视角的作业：内涵、分类与要素[①]

北京市第一零一中学　陆云泉

摘　要　在课程实施的过程中，教师要把"理想的课程"和"正式的课程"转变为学生可以感知、体验、思考和探究的一系列学习任务，这个转变过程正是教师职业性不可替代的体现。本文提出，作业是课程实施过程中，教师基于核心素养导向，精心设计并指导学生完成的一系列学习任务。从课程实施的过程来看，把作业分为尝试体验类、课堂达标类、复习巩固类、拓展延伸类、综合实践类五种类型；要考虑作业目标、呈现形式、完成要求、完成时间、反馈方式五个要素，以保障课程实施质量。

主题词　课程实施　作业

作业是学校教育教学管理工作的重要环节，是课堂教学活动的必要补充。2021年7月，中共中央办公厅、国务院办公厅印发的《关于进一步减轻义务教育阶段学生作业负担和校外培训负担的意见》（后文简称《意见》）中明确要减轻义务教育阶段学生作业负担，并从五个角度提出要求。

在"双减"背景下，一线教育工作者如果还用习惯的方式认识和理解作业，则很有可能陷入仅仅关注如何减少作业量的纠结之中，忽视了作业与课程实施的关系，淡化了作业与学生学习过程的衔接，降低了作业蕴藏的育人价值。故本文尝试从课程实施的角度，探索作业的内涵，对作业进行分类，确定作业的要素，以不断提升作业设计质量，从而推进"双减"政策在教学一线的落实落细。

一、课程实施视角的作业内涵

（一）作业的基本定义与功能

《实用教育大词典》对作业进行了细致的划分与说明："为完成学习任务由学生独立从事的学习活动，包括课内作业与课外作业两种，是课堂学习的继续，常用来巩固、消化、理解或迁移。"课外作业也被称为家庭作业或者课后作业，主要是需要学生借助纸笔完成的书面形式作业。库珀认为，作业是由学校教师布置的在非教学时间完成的任务。

[①] 北京市教育科学规划"双减"专项课题"'双减'背景下高质量作业的设计与实施研究"（ADGB21493）成果。

这与我国传统以来对作业的界定很相似，可见作业的内涵和作用在世界不同地区具有一定的普适性。

（二）作业界定的变化

由于对学生高学业成就的期盼，在现实中，作业逐渐转变成为学生的一种负担，占据了学生大量的课外时间。在上学日，学生校外生活时间中做作业占时87.85分钟。

在探索破解作业负担的过程中，有研究者已经意识到作业问题关系课程改革的成败，单纯从课堂教学补充和延续角度理解作业，往往面临新老作业问题破解乏力的尴尬，需要从新的角度认识作业。王月芬提出课程视域下的作业观，将作业作为课程的一个环节，强调作业对于课程目标的诊断，强调改进教学的功能，作为达到课程目标的一个途径，与校内的学习是相互补充的。胡扬洋提出，作业是学生有产出的、专门的学习活动，是学生自我建构良好知识观、能力观、品德观、学习观的活动，是学生认同学习者身份的文化过程。

这些理解，超越了纸笔作业的内涵，关注作业在课程中的作用，分析作业如何更好为学生成长服务，也启发我们进一步从课程实施角度理解作业。

（三）从课程实施的视角认识作业

对于课程实施，成尚荣研究员提出"高质量实施国家课程"的理念。为了高质量实施国家课程，教师首先需理解和领悟正式课程的设计思路，形成"领悟的课程"，进行创造性的再设计，通过教学转变为"实施的课程"，最后把模块流程（"正式的课程"设计）转化为学生的学习体验和思路。换言之，在课程实施的过程中，教师要把"理想的课程"和"正式的课程"转变为学生可以感知、体验、思考和探究的一系列学习任务，这个转变过程正是教师职业性不可替代的体现。

从内蕴来看，看起来不带感情的作业实际蕴含了教师对学生学习的成长期望，即教师希望学生通过完成某项作业达到一定的目标。教师的目标预设既来自实践层面个人的经验积淀和对未来考试要求的呼应，更来自代表国家意志的课程标准导向。最新颁布的《义务教育课程方案（2022年版）》明确提出"聚焦核心素养，面向未来"的基本原则，课程实施视角的作业必然要关注核心素养的培养。

从学生完成作业的过程来看，也是学生正式学习过程中，接受并理解教师学习指导的过程。在这个过程中，作业联系起了教师和学生，成为师生之间的一种交流载体和交往方式，形成师生深度交流的同话语基础。学生完成作业的目的，除了实现巩固知识的基本功能之外，更是落实课程标准要求培养核心素养。

基于上述分析，我们认为，作业是课程实施过程中，教师基于核心素养导向，精心设计并指导学生完成的一系列学习任务。这样的概念界定有以下四个特点：明确设计作业的主体是教师；明确完成作业的主体是学生；明确完成作业的目标是培养核心素养；明确完成作业的过程与课程实施过程结合在一起。

课程实施视角的作业不再是课堂教学的补充和延续，而是与课程实施紧密关联的核心素养实现路径。从作业与课程的关系来看，作业就是贯穿课程实施中的一条明线，也是助力学生基于课程实施实现心智成长的"脚手架"，因为学生的正式学习也是不断完成学习任务的过程。从作业与教学的关系来看，作业已经不单纯是教学的补充，更是基于课程设计与目标达成，与学生学习过程耦合在一起的一系列学习任务。在完成作业的过程中，教师的角色转变成了课程实施过程中的设计者、指导者和反馈者，学生则从课堂的被动参与者变成了学习过程中的主动参与者和任务完成者。

上述对作业的理解，从推进课程整体实施的视角出发，关注学习过程之中的师生关系，关注作业对教师和学生的双向联系与促进作用，同时也涵盖了传统对作业的界定，贯通了实践中课程与教学对作业界定的隔阂，为教学实践的改进提供了可能的突破方向。

二、课程实施视角的作业分类

从课程实施的角度理解作业，会看到在不同阶段，学生的学习任务会呈现不同的形式、内容和要求，即作业会有不同类型。艾琳·迪普卡根据作业的目的和完成时间，把作业区分为诊断性作业、引导性作业、形成性作业、总结性作业四种类型。何捷在课程视域下重新构想作业，把作业分为引导性作业、形成性作业、诊断性作业三种三类。海淀区从作业功能的角度，把作业分为复习巩固类作业、拓展延伸类作业、综合实践类作业三种类型。

课程实施的过程，也是学生学习的过程，教师对学生学习的指导和设计涉及课堂学习之前、课堂学习之中、课堂学习之后三个阶段。已有对作业的研究，往往关注课堂学习之后的作业即家庭作业，默认为家庭作业是课堂教学活动的必要补充，而忽视了教师对学生课堂学习之前的学习指导和设计，也没有从学生学习的全过程来设计作业，所以不能实现课程、教学与作业的三位一体。在前述文献研究基础上，结合课程实施的纵向过程，我们把作业分为尝试体验类作业、课堂达标类作业、复习巩固类作业、拓展延伸类作业、综合实践类作业五种类型。

（一）尝试体验类作业

课程实施视角的作业，要关注起始阶段学生的非正式学习体验。在课堂正式学习之前，教师布置的作业称作尝试体验类作业。这类作业具有预习性质，但不过分聚焦到知识本身，而是关注学生的生活观察、生活体验和对实际的思考，鼓励全体学生完成。现代学习科学认为，学习总是在原有知识背景下发生的。此类作业帮助学生扩充原有知识背景或者引起学生有意注意，让学生有初步的认知、观察、体验和思考，激发学生深入学习的兴趣。

（二）课堂达标类作业

课程实施推进阶段必然要关注课堂教学的实施质量。在课堂教学中，教师为了帮助学生理解新学内容、强化巩固知识、突出教学重点难点而布置的作业称作课堂达标类作业，要引导并激励学生全部完成此类作业。学习科学为此类作业提供的原则涉及分步练习、即时反馈、提供样例、指导发现。这类作业高度关注课堂教学的重点和难点，同时展示解决问题的思路和方法，适当培养学生学科学习能力。

（三）复习巩固类作业

课程实施的效果要体现在学生发生了预期的变化。为了帮助学生复习巩固和理解应用当天课堂学习内容，落实基本知识、技能、方法的作业称作复习巩固类作业，也就是通俗意义所说的家庭作业，要求全体学生完成。学习科学认为，当学习者对上课内容进行自我解释时，学习效果更好。这类作业基于学科核心素养导向，侧重对课上所学知识、技能、方法的落实巩固与运用，以帮助学生进一步理解当天课堂学习的内容，培养初步应用知识的能力。

（四）拓展延伸类作业

课程实施的成效还要关注学生综合能力的提升。为了提升学生的综合能力，结合某一阶段的学习重点，基于多节学习内容整合的作业称作拓展延伸类作业，对学生来说有一定的选择性。与复习巩固类作业相比，拓展延伸类作业在知识整合方面往往有一定的拓展性，在思维培养方面有一定的延伸性。学习科学认为，拥有大量不相关的事实性知识是不够的，为了发展在探究领域的能力，学生必须要有理解性学习的机会。这类作业是对阶段性课堂学习的进一步深化与拓展，基于学习情境，突出课程育人功能，注重作业内容与课内所学的关联，强调在阶段性学习中形成一定的迁移应用能力。

（五）综合实践类作业

课程实施视角的作业，还要关注学生跨学科主题学习，强化课程协同育人功能。在相关学科学习的基础上，基于学科之间的融合和综合性、实践性导向，需要在一定真实复杂情境中才能完成的作业称作综合实践类作业，对学生来说有一定的选择性。已有的研究表明，在真实情境中发生的学习最有效，真实情境还可以让学习者把学习到的经验普遍地运用在更多的情境中。这类作业引导学生对学科内容进一步迁移与创新运用，注重五育并举，突出实践体验，引导学生解决陌生情境下综合、复杂的学习任务，联系生活实际能解决实际问题。

三、课程实施视角的作业要素

从课程的实施来看，教师还要考虑作业的设计质量，要明确设计作业的时候要考虑哪些要素，才能保障课程实施质量。艾琳·迪普卡认为，确保高质量家庭作业的四个要素包括目的、相关性、可行性和数量四个要素。有研究建议，教师在制定家庭作业时可以考虑的因素有匹配、价值、措辞、适切。结合已有研究和《意见》的要求，本文从作业目标、呈现形式、完成要求、完成时间、反馈方式五个角度提出课程实施视角的作业要素。

（一）作业目标

在为学生设计有意义的作业时，第一步是明确作业的目标，因为当预期明确时，学生会取得更高的成就水平。对教师来说，设置作业的目的一定指向学生核心素养的培养，但不同阶段不同类型的作业是学生核心素养培养的进阶之路，也是学生心智成长的发展路径。明确了不同阶段不同类型作业的目标，也就明确了阶段的培养目标。

（二）呈现形式

从教师角度来看，作业的呈现形式要关注语言表达，无论是书面语言还是口头语言都要准确、简洁、通顺，提供的背景和将要达到的目标有内在联系，应排除增加学生认知负荷的冗余文字，但不排除对相关背景的详细描述。从学生角度来看，作业的呈现形式可以是习题解答，也可以是一个其他形式的作品，学生和教师都可以通过客观的作业过程和产品洞察并反思学生的经验结构和品质（学习活动）。

（三）完成要求

作业的完成要求对师生双方都有一定的制约和指导，形成了师生双方讨论作业的共同话语基础。从教师角度来看，提出明确的完成要求既是对作业目标的细化，也是未来评价作业的一种量规，还是对学生的一种细致指导。从学生角度来看，完成要求既是一种明确的学习要求，也是学习行为的规范和导引，还是助力学习的脚手架。

（四）完成时间

关于完成时间，教师一方面要关注作业布置的时间段，即什么时间布置什么作业，让合适的作业在合适的时间出现；另一方面要关注学生完成作业所花费的时间长短，考虑到学生时间的有效利用，不能以一科作业或者一类作业占据学生太多的时间，而要符合《意见》的要求。

（五）反馈方式

教师对学生作业的反馈，包含了传统评估的因子，即判断学生的行为实际上产生了多大程度的变化，是深入理解学生学习过程和思维过程以发现学生个性特点优势的交往过程。从教师的角度看，适切、适时的反馈，增进了师生的交流深度，充分发挥了教师的指导作用；从学生角度来看，来自教师的反馈既能形成正向激励，也能促进学生基于作业成果的反思和提升。结合不同阶段不同类型的作业，教师要明确合适的反馈方式，才能形成作业要素的完整链条。

四、结语

当从课程实施的角度来理解作业，作业自然而然就成为课程实施的载体，与学生学习过程衔接在一起。在这个视角下，教师可以跳出对作业量的纠结，而从整体推进课程实施和培养学生核心素养实现的高度设计具有连贯性和进阶性的作业，在落实《意见》的同时，实现教师专业技能和职业素养的提升。

目前在教学实践中，作业设计的问题主要体现为尝试体验类作业欠缺、课堂达标类作业不精、复习巩固类作业过多、拓展延伸类作业不深、综合实践类作业不足。在未来的教学实践中，要加强学科组、年级组作业统筹，打破课堂时空边界，进一步开发尝试体验类作业和综合实践类作业；以课堂达标类作业和复习巩固类作业为突破口，系统设计符合年龄特点和学习规律、体现学科特点的基础性作业；结合学生的学习过程和个人特点，设计彰显能力提升的拓展延伸类作业，为学生提供更多的分层、弹性和个性化选择。

随着"双减"工作的持续推进，我们也意识到，课堂教学质量的提升将会成为学校"双减"工作成功与否的根本。我们也将进一步探索以作业变革撬动课堂教学组织形式变革的有效路径，进而促进学生学习方式的转变。

参 考 文 献

[1] 中共中央办公厅 国务院办公厅印发《关于进一步减轻义务教育阶段学生作业负担和校外培训负担的意见》[EB/OL]. http://www.moe.gov.cn/jyb_xxgk/moe_1777/moe_1778/202107/t20210724_546576.html.

[2] 王焕勋. 实用教育大辞典 [M]. 北京：北京师范大学出版社，1995：432.

[3] 车晓丹. 哈里斯·库珀家庭作业思想研究 [D]. 沈阳：沈阳师范大学，2014：22-41.

[4] 苑立新. 中国儿童发展报告（2019）：儿童校外生活状况 [M]. 北京：社会科学文献出版社，2019：52.

[5] 王月芬. 课程视域下的作业设计研究 [D]. 上海：华东师范大学，2015：4.

[6] 胡扬洋. 基础教育"作业"观念重构论纲 [J]. 教育科学研究，2019（10）：47-52.

[7] 尚荣. 课程改革几个概念的厘清与意义的澄明 [J]. 课程·教材·教法，2022（5）：4-10.

[8] 徐文彬，罗英. 课程、教材与教学之间的关系辨析——基于课程形态的分析 [J]. 北京教育学院学报，2022（3）：47-53.

[9] 中华人民共和国教育部. 义务教育课程方案（2022年版）[M]. 北京：北京师范大学出版社，2022（4）：5.

[10] 艾琳·迪普卡，聚焦家庭作业：改进实践、设计以及反馈的方法和技巧 [M]. 陶志琼，译. 南京：江苏凤凰科学技术出版社，2020：6-29.

[11] 何捷. "双减"背景下，"课程"视角的作业设计与研制 [J]. 中国教师，2022（1）：22-27.

[12] 北京市海淀区教育委员会. 海淀区义务教育阶学科作业设计与实施指导意见的通知 [R]. 海教发〔2021〕13号.

[13] R. 基思·索耶. 剑桥学习科学手册 [M]. 徐晓东，等译. 北京：教育科学出版社，2010：11-371.

[14] 理查德·E. 梅耶. 应用学习科学——心理学大师给教师的建议 [M]. 盛群力，等译. 北京：中国轻工业出版社，2017：72-74.

[15] 约翰·D. 布兰思福特. 人是如何学习的：大脑、心理、经验及学校（扩展版）[M]. 程可拉，等译. 上海：华东师范大学出版社，2013：15.

[16] 胡扬洋. 作业如何真正成为育人"关键环节"——从"经验对象化"到题型"活力塔" [J]. 教育科学研究，2022（2）：59-66.

[17] 拉尔夫·泰勒. 课程与教学的基本原理 [M]. 罗康，张阅，译. 北京：中国轻工业出版社，2016：113.

专家 点评

成果主题明确，框架完整，层次清晰，格式规范，逻辑严明。成果较好地将作业的内涵与作业的要素有机结合起来进行综合分析；把作业的内涵从课程实施的视角进行阐述，创新性地把作业分为尝试体验类、课堂达标类、复习巩固类、拓展延伸类、综合实践类等五种类型；从作业目标、呈现形式、完成要求、完成时间、反馈方式五个角度提出课程实施视角的作业要素，具有很强的实际操作性与应用性。从作业的角度来提升学校课堂教学质量，抓住了落实"双减"专项工作要求的要害。从课程实施的视角来看作业，作业必然成为课程和学生学习的有机组成部分。这样从理论上来讲，有助于辩证地看待和处理"双减"与课程教学、课内与课后、教与学等关系，对于最终如何在"双减"背景下提升课堂教学质量提供了创新性的思路和可选方案。

王小飞

中国教育科学研究院

"双减"背景下初中地理个性化作业的设计与实施教学案例研究[①]

顺义区教育研究和教师研修中心　仇丽燕

摘　要　作业是教学的重要组成部分，相比结果，它更重要的意义是，学生"做"的过程。这个过程实际上就是"学"的过程，就是我们对学生培养的过程、目标的实现过程。"双减"政策除了对义务教育阶段学生作业"量"的规定，还明确提出了，要优化作业设计，减少机械、重复的无效作业。根据学生个体在爱好、志趣、能力等方面的差异，布置因人而异、因材施教的个性化作业，让不同层次的学生都体会到"跳一跳就能够得着"的学习快乐。本案例中，笔者基于"双减"背景和对学生个性差异的理解，设计并编制具有情境性、实践性、开放性的单元作业，使作业不仅起到巩固知识的作用，更成为激发学生学习兴趣、创新思维，促进学习深入的重要环节，从而实现地理学科的育人目标和核心素养目标的落地。

主题词　双减　初中地理　个性化作业设计及实施

一、引言

2021年7月，中共中央办公厅、国务院办公厅印发《关于进一步减轻义务教育阶段学生作业负担和校外培训负担的意见》（以下简称《意见》），明确提出"减轻学生过重的作业负担"。

对于学生来说适度的学习是动力，过量的学习就是负担；自发的学习是享受，被动的学习就是负担；学习有用的知识技能是财富，接受无用的消耗是负担。但"减≠剪"，作业是学生学习的重要环节，"减负"并不是不学习、不做作业，而是减少不必要的重复和机械劳动。

作业是学校教育的"名片"，是教育减负增效的重要抓手之一。作业设计和实施的质量，成为衡量课程改革成效的尺度。作业不仅在诊断、反馈、检测方面发挥作用，作业的意义更在于激发兴趣，提升学习效果。

由于初中学生接触地理的时间不长，但具备一定的生活经验，因此需要在作业设计时，针对不同教学内容的课标要求、学生核心素养培养目标，针对学生学习的心理特征、

---

①　北京市教育科学规划"双减"专项课题"'双减'背景下初中地理个性化作业设计与实施案例研究"（CDGB21518）成果。

学习形式和学习特点的差异，以及各种评价方法存在的不足，以学生为中心，从生活出发、从兴趣点入手进行个性化作业设计。

简单来讲，地理个性化作业，主要是指地理教师在布置地理作业时因人因时而异，区别对待，不同时期、班级不同层次的学生，其作业的内容和要求也各有不同。

作业的个性化设计可以从以下三个方面实现：一是通过作业的难度或者作业的数量不同体现个性化差异，让学习能力不同的学生达成符合自己现阶段学习需求的目标；二是通过不同作业类型满足学生的学习风格或性别等方面的个性化差异，激发学习兴趣；三是通过给学生提供不同的结构性材料或者辅助性学习材料体现个性化差异，让学生通过不同的时间、步骤来完成作业，实现同一知识的内化，缩小学习成果间的差距。

新课标下地理作业的个性化设计，不仅要让地理作业"新"起来，不仅是形式"新"起来，更重要的是让每个学生做作业的思维与情感都活起来。以作业为支点，充分调动学生做地理作业的积极性，可以激发学生的创造潜能；让学生成为知识获取的主动参与者，在自主、探究、合作中学习地理，开辟地理教学的新天地，真正实现学生学业"减负增效"。

二、初中地理个性化单元作业设计案例

（一）选材

本案例是中图版七年级上册第一章地球和地图中的第三节地形图的判读，在已具备基础知识"地图"后学习的课程，地形图的判读是对"地图"的深入剖析，也是接下来学习更多地理知识的基础和工具。"地形图判读"这个主题单元的作业设计，授课对象是初一学生。

这个主题单元，从教学内容来讲是整个初中地理教学当中的一个难点问题。这节课的难点主要包括两个方面：

①抽象性。七年级的学生抽象思维能力不够，因此，在学习等高线地形图的时候，无疑会给学生的学习造成非常大的困难。

②理论性。学生很难将等高线地形图与他们的实际生活相结合。同时，由于理论性较强，也会使学生学习的兴致不高。另外，还会存在一定的误区，那就是为了学等高线地形图，为了去读等高线地形图而去学这节课，导致课的内容与生活出现脱节。

因此，在本单元的学习中，我们更加关注对学生思考过程的呈现，与思维成长的"学"为主线的课堂教学实践研究。我们以学生"爬山"的真实生活体验作为单元情境，以单元作业"把'山'搬进课堂"作为学习主线，把对作业的"学习—修改—再学习—再完善"作为学习过程。由于学习资源、主线选用的就是学生自己的作业，因此，整个过程中，学生学习热情高涨，知识能力落实快，学习效果好。

我们在这个主题单元的学习中，以生活为支点、以作业为媒介的设计意图主要体现在：从"大"入手，聚焦地图、地形等大概念及综合思维，从"小"落实，把学习内容以课时作业的形式拆分为"最小"的、具有"可操作性"的环节，通过"小步调，低起点，小间距，慢节奏"的学习方式，把大问题拆小化、大任务分解化、大内容简单化，通过"作业"构建起高质量的师生对话，保护和提升学生学习的兴趣和热情，让学生的

思维在课堂逐步呈现、展开、成长。

(二) 作业设计

地形图判读这一主题单元的学习,我们在单元作业"如何判读地形图"的基础上,将之拆分为三个课时的课时作业(图1)。

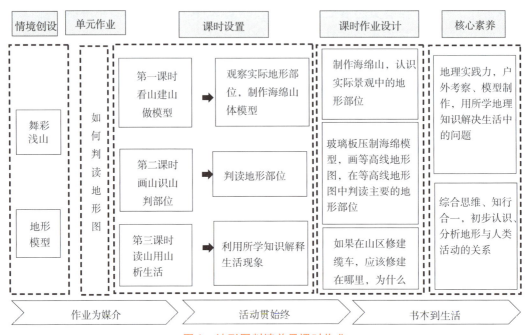

图1 地形图判读单元课时作业

1. "看山建山"——用海绵做山体模型,把"山"搬进课堂

结合学校周边的"舞彩浅山"的爬山活动,观察真实景观中的山体,身临其境感受凹凸不平的山体形态,初步认识山体部位;结合爬山体验和山体照片,分小组利用学校体育组废弃的海绵垫子制作山体模型(图2)。

图2 制作山体模型

【作业任务】

①收集有关地形的景观图片,根据图片中不同山体的形态认识地形部位。

②制作山体模型。四人为一小组,每组分发下去一块洗好的废弃海绵,共同撕海绵块,完成一个海绵山体模型。

【设计意图】利用学生爬山过程中的实际观察、体验,从真实"山"转换为山体模型,将生活中的地理素材与鲜活的地理活动相结合,促进学生在做中学,充分体现了新课标中提出的"活化课程内容"的课程理念。教学中之所以选用海绵作为学生制作模型的材料,主要是考虑到海绵有非常好的弹性且富有延展性。另外,也是基于学校实际情况,恰巧学校体育组更换海绵垫子,在变废为宝的实践活动中不仅促进了学生乐于合作的品质养成,更是提升了学生的节约意识,拓宽了他们的思维宽度和学习兴趣。

2. "画山识山"——把等高线"压"出来,利用二维三维的转换突破难点

【作业任务】利用"海绵山"和辅助工具(玻璃板、三角板、直尺、醋酸纸),小组合作完成"我绘制的舞彩浅山地形图",并在课上结合"海绵山"和所绘制的"舞彩浅山等高线地形图"识别不同地形部位(图3)。

图3 画山识山

【设计意图】在作业"海绵山"的基础上,为学生提供相应的辅助工具,让学生自己思考,如何完成第二份个性化作业"我绘制的舞彩浅山地形图"。学生的学习兴趣被充分激发,探究意识被充分调动起来。之后,我们充分利用了海绵制作的山体模型的特点,一个"压"的动作,实现立体与平面的转换,变的是空间高度,不变的是等高线的形态,既符合地图要素,又能表现垂直信息,让学生在动态中理解等高线的定义,突破了学生空间立体思维弱的难点。学生在模型、等高线地形图、景观图片中相互转换,识别地形部位,判读坡度陡缓。通过观察、比较、分析等方法,认识地形和等高线地形图,判读地形部位,达成学习目标。识别不同地形部位在等高线地形图上的形态,通过观察等高线的变化规律,引导学生总结出不同的地形部位在等高线地形图上的不同特征和规律,与实际生活相结合,用已得出的地形图判读规律,解决现实中的问题。

在山体部位判读当中,山脊的判读和山谷的判读实际上是最难的,而这一部分难点的突破,我们主要是引导学生认真仔细地去观察自己做的"海绵山"和绘制的"舞彩浅山地形图",对应地找到山脊和山谷,从而描述、归纳山脊、山谷等高线弯曲的特点(图4)。

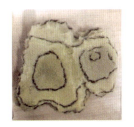

图4 山体部位判读

利用玻璃板按压海绵山体,让学生进行二维和三维这种图形图像的转换,呈现学生对等高线地形图上山体部位的思考过程和认识过程,进而促进他们的思维成长。同时,小组展示汇报——识山:用自己的语言描述山脊、山谷的等高线形态。这个环节不仅是对学生的地理技能、综合思维的培养,同时,也督促使学生使用地理术语,提高学生答题的规范性。在整个学习过程中,既锻炼了他们的语言能力,也培养了他们的探究意识、探索精神和与人合作的能力。

3. "读山用山"——重在知行合一,解释生活

"我们为什么今天要学习认识山体的部位,跟我们的生活究竟有什么样的联系?"这是本单元第三课时学习的主线。

【作业任务】"我为浅山建缆车"。

如果在舞彩浅山景区修建缆车,那么缆车应该修在哪里?为什么?辅助工具是教师为学生提供的一些小牙签儿,鼓励学生尝试在自己的"海绵山"上进行"建缆车实验"。作业要求:说明缆车路线修建地所经过的山体部位,并说明选择理由。

【设计意图】我们地理教育教给学生的不仅仅是知识,更是以提升学生核心素养为宗旨,引导学生学习对生活有用的地理、对终身发展有用的地理,为培养具有生态文明理念的时代新人打下基础。因此,我们传递给学生的更应是一种综合的思维,一种地理的意识,一种人地协调发展的观念。

学生最终所呈现的作业,可以说是各具特色,不仅仅是地理知识,还包括了他们的一些生活常识,以及其他学科的共同融合所形成的综合性的结果。

学生可能不会给我们一个精准的答案,甚至他们给我们的最终答案可能是有些错误的,但我想,这些正是学生自己去思考、去探究的过程,学生的成长也就是在这个过程当中而实现的。同时也可以为我们后面的学习埋下伏笔。

在这个用作业串联起来的主题单元的学习中,学生特别高兴,因为他们觉得这堂课学得有意义。他们觉得自己的学习是快乐的、有用的,他们可以用自己的所学去解释真实的生活,他们可以回家后非常兴奋地继续跟他们的爸爸妈妈探讨,为什么要修缆车,缆车应该修在哪里,长城应该修在哪里,水坝应该修在哪里等一系列的问题。

三、案例反思与总结

以"作业"为纽带,将课堂与生活紧密相连,使学生在解决问题的过程中,体会学习的自信,培养学习兴趣,提升地理实践力,落实课标"学习对生活有用的地理,对终身发展有用的地理"的基本理念。

个性化作业的体现:在整个单元作业的设计中,我们充分考虑到了学生的个体差异,以组为单位,在小组中让学生各展所长;其次,由于学生在爬山过程中所经历的过程、所看到的山体部分存在差异,因此学生的"海绵山"也是千姿百态;除此之外,学生对知识的理解程度、迁移能力、实践能力等方面的差异,也使得第三课时"我为浅山建缆车"所呈现出来的作品异彩纷呈。虽然作业内容相同,但完成作业的过程和最后呈现的作品等,均体现出了个性化的地理作业是对学生差异性的尽可能的包容,个性化的作业设计目的就是让所有学生都有话说。

以课标和学情为依据的地理个性化作业设计，是教学的一个组成部分，是一种学习任务或实践活动，是我们教学的一种充满"快乐"的、"富有生命力"的、便捷而实用的资源。我们将地理个性化作业与现实生活相联系，融画、演、讲、写等多元方式为一体，让学生在"有意思"的学习过程中，学会深入思考与分析，获得更多体验。

转变思维习惯，深入分析学生学情，完善作业布置，由"随意"到"严谨"，是改进作业的关键。设计更具有开放性的作业，通过学生作答表现来衡量和区分学生的不同能力层次，把作业批改、讲评、面批等与课堂教学充分融合，有利于提高教学效益。

作业的价值更在于"做的过程"是否可以改进教学、促进学生发展。作业除了具有教学巩固与反馈的功能，还是重要的教学资源，是推动深度学习的重要契机。如难度适宜的实践性作业，强调学生对生活的体验和感悟。

在"双减"背景下地理个性化作业的设计初步达到了初步的效果：减负——书面作业量大幅减少、时间得到严格控制；提趣——多样的个性化作业，使学生对于地理科学的兴趣明显增强，学习热情高涨；增效——读图绘图的能力得到显著提升，形成了"作业—兴趣—课堂—能力"的良性学习循环。

总之，地理个性化的作业使学生在丰富多彩、趣味盎然的活动中，不经意间掌握了知识，开阔了视野，提升了能力，使学习不再是枯燥的、无味的，而是有趣的、难忘的，从而真正达到了减负增效的目的。

专家点评

"双减"的本质是强调减小达到较高教育质量的成本，而不是放弃教育质量。从表面上看，"双减"政策是对义务教育阶段学生作业"量"作出规定，但其本质是提高作业的"质"，减少机械、重复的无效作业，优化和提升作业设计的水平。本课题研究探索如何根据学生个体在爱好、志趣、能力等方面的差异，布置因人而异、因材施教的个性化作业，让不同层次的学生都体会到"跳一跳就能够得着"的学习快乐，的确是抓住了"双减"政策的实质与精髓。

课题研究基于"双减"背景和对学生个性差异的理解，设计并编制了具有情境性、实践性、开放性的单元作业，使作业不仅起到巩固知识的作用，更成为激发学生学习兴趣、创新思维，促进学习深入的重要环节，从而实现地理学科的育人目标和核心素养目标的落地，在实践中取得了令人满意的效果。

课题研究在实践探索中创造性地总结了作业个性化设计的三条路径：一是通过作业的难度或者作业的数量不同体现个性化差异，让学习能力不同的学生达成符合自己现阶段学习需求的目标；二是通过不同作业类型满足学生的学习风格或性别等方面的个性化差异，激发学习兴趣；三是通过给学生提供不同的结构性材料或者辅助性学习材料体现个性化差异，让学生通过不同的时间、步骤来完成作业，实现同一知识的内化，缩小学习成果间的差距。这是本课题的创新之处，是本课题理论与实践上的出色成果。

通过课题研究与实践探索，学生在丰富多彩、趣味盎然的个性化的作业活动中，不经意间掌握了知识，开阔了视野，提升了能力，使学习不再是枯燥的、无味的，而是有趣的、难忘的，从而真正达到了减负增效的目的，非常难能可贵。总体来看，这是一项非常出色的课题研究成果，抓住了"双减"的实质。

任长松

人民教育出版社

小学高年级语文作业融合性评价策略研究[①]

北京市平谷区第一小学　周玉江　刘春青

摘　要　为贯彻落实中共中央办公厅、国务院办公厅和北京市"双减"工作有关要求,有效引导教师实现作业的减量增质,在保障与提升教学质量与育人水平的同时,切实减轻义务教育阶段学生作业负担,针对优化义务教育阶段学校作业,开展第一线的课题研究。

"双减"政策的落实,使一线顿时沸然:"教与不教,怎么教""作业留不留,怎么留""作业批与不批,怎么批"……红线止步,政策导行,科学统筹,科研破冰,减压不减质,减量不减能。这就迫切推动教师第一时间蹲下来因材施教,一行一尺让孩子们从心里站起来;教师第一课堂慢下来向40分钟要质量,一分一秒一言一行激励孩子们全身动起来;教师第一践行静下来减量不减质,减数不减评,亲子齐心生生互助孩子们自主活起来;教师第一角度课堂融合,互谦互敬各自弱下来,一评引路方法导行各大学科合起来。

主题词　语文作业　融合性　评价策略

一、研究背景

为深入贯彻党的十九大和十九届五中全会精神,切实提升学校育人水平,持续规范校外培训,有效减轻义务教育阶段学生过重作业负担和校外培训负担,中共中央办公厅、国务院办公厅印发了《关于进一步减轻义务教育阶段学生作业负担和校外培训负担的意见》,着重强调全面压减作业总量和时长,减轻学生过重作业负担;健全作业管理机制,严禁给家长布置或变相布置作业,严禁要求家长检查、批改作业;分类明确作业总量,小学三至六年级书面作业平均完成时间不超过60分钟;提高作业设计质量,发挥作业诊断、巩固、学情分析等功能,将作业设计纳入教研体系,系统设计符合年龄特点和学习规律、体现素质教育导向的基础性作业,鼓励布置分层、弹性和个性化作业,坚决克服机械、无效作业,杜绝重复性、惩罚性作业。

为贯彻落实中办、国办和北京市"双减"工作有关要求,有效引导教师实现作业的减量增质,在保障与提升教学质量与育人水平的同时,切实减轻义务教育阶段学生作业负担,针对优化义务教育阶段学校作业,向广大教师提出以下十条建议:树立并落实新

[①]　北京市教育科学规划"双减"专项课题"小学高年级语文作业融合性评价策略研究"(CDGB21520)成果。

的作业质量观；依据学科特点设计适宜的作业类型；建立教师试做作业制度；注重分层并精选作业；加强作业批改；加强作业讲评；对学生作业完成情况进行阶段性评估；进行典型作业的展示与研讨；阶段性检测题目要与作业保持一致性；利用"互联网+"采集学生作业大数据。

"双减"政策的落实，使一线顿时沸然："教与不教，怎么教""作业留不留，怎么留""作业批与不批，怎么批"……红线止步，政策导行，科学统筹，科研破冰，减压不减质，减量不减能。这就迫切推动教师第一时间蹲下来因材施教，一行一尺让孩子们从心里站起来；教师第一课堂慢下来向40分钟要质量，一分一秒一言一行激励孩子们全身动起来；教师第一践行静下来减量不减质，减数不减评，亲子齐心生生互助孩子们自主活起来；教师第一角度课堂融合，互谦互敬各自弱下来，一评引路方法导行各大学科合起来。

二、文献综述

（一）评价方式的突破

"双减"政策下小学语文作业学科内、学科间、课内外、校内外融合评价方式的转型，大多在"控制"与"形式"两个方面着力：控制——作业的总量，完成的总时，完成的场域；形式——改变认知，原先设计的作业只顾应对考试，不怕同类型作业机械重复练；改变命题，原先的作业题目生硬，如今则多了情景化题型。这两类作业的设计改进，在一定程度上减轻了学生的作业负担，但并未实质上改变负担重的局面。让我们知道，仅盯着语文学科"课内知识"这一微观的局部，即便设计得再精致、安排得再妥当，也只完成了20%的研发任务。这就让我们做到从问题出发，向问题要问题、要成效，在问题上找突破，尽可能实践从2到8的突破和飞跃。

（二）评价工具的革新

"双减"政策下小学语文作业设计工具要符合人的全面发展需要，必须以"语文学科核心素养"为中心。核心素养目标，绝非针对"一课知春秋，一语定天下"，更多的是融合多学科指向面对生活的，更具综合性，服务于人的多学科、全方面发展的领域。如杜威针对课程中心和教师中心的教育，提倡"做中学"，朱永新教授的"新教育实验"中，"教师专业发展项目主持人"，魏智渊老师设计了"大语文"的课程构想，为作业设计做了2∶8的清晰划分。作业设计如果只瞄准20%的"课内"教学，对其进行更为精确的设计，未从更上位的宏观层面，清晰认识并建构作业设计的顶层逻辑，这样的"趋于精细"可能导致负担的转移，将压力转换成另外一种形式释放。这些为我们的课题研究定了星，量好行，提供了很多可见性、前瞻性理论性启发和引导。只有合适的评价工具才能创造最大的劳动价值，我们的课题研究要让评价扎根本土，服务学生，激励学生，让他们不仅会用工具，更能用工具去影响自己今后的学习和生活，成为终身学习的尺。

（三）评价策略的融合

"双减"政策下小学语文作业学科内、学科间、课内外、校内外融合评价策略的设计要基于语文学科特质的理解。《义务教育语文课程标准》指出：语文课程是一门学习语言文字运用的综合性、实践性课程。工具性与人文性的统一，是语文课程的基本特点。从根本上减轻学习负担，要在作业的设计的经、纬度上多学科、多层次、多角度、多评价，瞄准80%的"素养空间"，夯实20%的"课内"教学，实现课内外的打通，学科间的融合，课内外协同发展。

三、核心概念界定

（一）语文作业

《辞海》定义：作业是为完成生产、学习等方面的既定任务而进行的活动。

《实用教育大词典》：作业是为完成学习任务由学生独立从事的学习活动，包括课内、课外两种，课外作业是课堂学习的继续，常用来巩固、消化、理解或迁移课上已学过的知识，是课堂教学工作的延续，是教学工作的重要组成部分。

《义务教育语文课程标准》：提倡学生是学习的主人，并且在学习中要有参与的能力，勤于动脑，勤于思考。

叶圣陶先生认为："语文"的本质含义是语言，"语"是口头语言，"文"是书面语言，"语文"就是口头语和书面语的合称。

作业是课堂教学的延续，是课内知识的外向扩展，既是反馈、调控教学过程的实践活动，也是教师在课堂教学之后用以巩固学生知识、培养学生能力的一种手段。语文作业可说、可写、可读、可讲、可绘、可画……致力于学生语文素养的全面提升，为学生的大语文观打下坚实基础，促"双减"背景下学生各学科间的有效融合、协调与发展。

（二）融合性

《汉语辞海》中定义"融合"，在物理意义上指熔成或如熔化那样融成一体，心理意义上指个体或群体由于自身生存环境或发展需求的不同，形成具有自身特点的心理活动。随着个体的发展，个体在社会中将不同程度地接触具有其他特点的个体，从而与他人的心理活动或心理观念产生碰撞。一定程度的熟悉和了解之后，不同个体会形成心理认知上的理解、情感关系上的共情或态度倾向上的协调，从而达到融合的状态；反之，则会形成个体之间的心理区别。从心理健康角度，良好的心理融合有利于个体的成长和发展、有利于群体的幸福感提升。

语文作业内容、模式和资源的研究与实践，推动语文与学科间的作业融合、协调与迁移，促进作业课内外的有效过渡、系统与强化，激发家校社三位一体的良性反馈与评价，从而达到"减负不减质，减量不减能"。

（三）评价策略

充分发挥师生双方在教学中的主动性和创造性。语文教学应在师生平等对话的过程中进行，学生是语文学习的主人。语文教学应激发学生的学习兴趣，注重培养学生自主学习的意识和习惯，为学生创设良好的自主学习情境。自主合作探究的学习方式与有意义的接受性学习相辅相成。应尊重学生的个体差异，鼓励学生选择适合自己的学习方式。教师是学习活动的组织者和引导者，应转变观念，更新知识，钻研教材，不断提高自身的综合素养；应创造性地理解和使用教科书，积极开发课程资源，精心设计教学方案，灵活运用多种教学策略，引导学生在实践中学会学习。

切实保障"双减"下学生健康、快乐地学习和成长，家校间和谐、理性地沟通与合作，积极研究语文学科内、语文与学科间、课堂内外及家校间融合性评价策略，让学生按需而作，按质而评，按评而量，积极体验形式多样、数量多层、评价多向的作业模式，让教"瘦"减量不减质，学"瘦"减负不减能，长"瘦"减压不减力。

四、研究目标与内容

（一）研究目标

落实"双减"政策，针对语文学科特点，促进学科间的科学融合，遵循义务教育阶段教师优化作业的十条建议，在提升课堂质量的同时设计出高质量的作业，这就需要符合学生成长的需要，让作业具备层次性、实践性、多元性。遵循主体性、开放性、创新性原则，根据学生的知识和能力水平，按需而作，内容不同，目标不同，策略不同，训练不同和辅导不同，使作业在横向和纵向上、从内容和形式中都激发活力和生机，全面促进每一科目第一课堂每一层次学生的自主、良性和健康发展。

（二）研究假设

为贯彻落实中办、国办和北京市"双减"工作有关要求，有效引导教师实现作业的减量增质，在保障与提升教学质量与育人水平的同时，切实减轻小学高段学生作业负担。

①会学。通过研究，提炼基本经验，探索规律，提供适合学科融合下学生差异的作业评价内容与形式，寻找更自由、快乐、自主的语文作业分层评价策略。

②乐学。以评促教，以评助学。通过研究增强学生对各科学习的兴趣，养成良好的学习和作业习惯，明确小学生作业的规则要求，学会自主学习，使不同的学生都能在原有的基础上学会管理自己，学会管理学习，学会管理课业。

③双减。以语文为主促学科融合，系统、科学、有效、合理地探寻有效的评价策略，减轻教师、学生和家长的多重课业和心理负担。

（三）拟创新点

《义务教育语文课程标准》提出："教师要精心设计作业，要有启发性，分量要适当，不要让学生机械抄写，以利于减轻学生负担。"各大学科尽皆如此。

1. 评价内容

①语文作业学科内融合评价策略、评价工具的研究。

②语文作业课内外融合评价策略、评价工具的研究。

③语文作业校内外融合评价策略、评价工具的研究。

④语文与学科间融合评价策略、评价工具的研究。

2. 评价

①趣。在"双减"背景下，以语文学科撬动各学科，以新课程标准为依据，确立了以学生为本，新颖多样、面向全体、重视学以致用的新型作业一体化大评价观。

②近。在"双减"背景下，以语文新课标为主融合各学科的统一评价标准，一切贴近学生的学习需要。

③亲。在"双减"背景下，学生是学习的主人，以平等、宽容的态度对待学生，在沟通和"对话"中实现家校和师生间的共同减负，努力建立家校和谐互动的评价合作。

④真。在"双减"背景下，以学生为主体，探索各学科作业融合性的多元化评价元素、资源和平台。

⑤实。在"双减"背景下，以学科融合过程性作业的自主性、合作性、生活性、趣味性、实践性等方面为研究导向，创设出新型作业评价模式。

⑥新。在"双减"背景下，1+X学科作业评价策略地创新，让学生会学、学会、乐学。

3. 评价策略

①变机械的分值性评价策略为人性的等级性建议评语。分数式评价直观、方便又实效，简单机械的对与不对、好与不好、进与不进就在数值的高低和升降，一目了然，学生往往只知其错却不知为什么错，怎么错，如何改错，错的恶性循环就在机械抄写和记忆中重复再重复，累！评语式评价可针对每个学生每个特点每次错误进行一对一式破茧和重生，每个评语每次评价都是每个学生的私人定制，粗略看来这是教师加负，可细算下来一次性投入终生获利，远比机械地重复抄背对学生身心理健康成长更有益，更有力，更高效。

②以语文听说读写做五项三段式评价促各科融入、合作，强化评价系统的形成。学生都有参与性、实践性和创造性，只是我们的评价不能形成系统性和长效性，导致学生的学习态度就像一把火，有兴就着，无趣就灭，直至最后的冷漠。只要我们每一位教师每一个课堂每一次评价都燃起学生的兴趣，并形成可见的评价、归档和表彰，就能将学生的心紧扣其中。学生学无止境，教师教学相长，家长乐享其中，这样的学习才有温度，有风度，有高度，有深度。

③借助《北京市中小学生综合评价手册》（简称《小评》）实现以语文为纲，学科融合的最好评价平台。社会需要的是全面发展，学有所长的全面人才，一项不算好，全面才算强。现在部分学生因心理原因，学习总会出现某些短板，让家长和教师十分头疼。以各学科评价为点，以《小评》融合为面，让学生主观、系统、全面地分析融合性评语和评估自己的整体学习情况更有助于确定目标、掌握方向，做好自己的主人，管好自己、挑战自己、超越自己。

五、研究思路与方法

（一）研究方法

①文献法：积极向专家、导师和文献学习、借荐，汲取众家之长，助课题群策群力而成。

②调查法：针对落实"双减"政策过程中的实际问题进行调查，如"双减"背景下教学管理现状调查、高段的家校课业压力现状调查、双减下学校问题自查现状调查。

③行动研究法：记录研究过程，探索实施途径，评估实施效果，提炼实施经验。

④案例研究法：通过对特定研究团体进行详细、深入、全面的观察、了解，对其家庭教育、学校教育、社会影响、个人自查、年龄特征、身体状况等方面的压力进行综合分

析研究，抓住最典型的问题探讨、方法探究和经验积累。

⑤经验总结法：科学、严谨的研究助益稳步、系统的累积，让课题研究的得与失都成为学生健康、快乐成长的呵护与启航。

（二）研究手段

以先进的教育教学理论为导向，深入学习新课标。把新课标理念渗透到作业设计中，作业设计注重以培养学生的合作交流意识和实践创新能力为主，注重尊重学生的需要。

①"双减双优"作业内容，提高教学质量：了解学生学习能力，了解学生知识基础，了解学生学习能力，了解学生家庭情况。

②"双减双优"作业类型，关注学生兴趣：布置预习学习内容的作业，布置落实训练目标的作业，布置口头识记的作业。

③"双减双优"作业质量，满足学生需要：机械抄写作业适时，知识拓展延伸作业适量，提高突破作业适度。

④"双减双优"作业趣味，保护学生自尊：分层评价，鼓励为主；多向评价，共同参与；创新评价，个别突破。

a. 作业内容具趣味性——让学生味蕾打开。

b. 作业形式具丰富性——让学生主动汲取。

c. 作业布置具创新性——让学生自由咀嚼。

d. 作业难易具层次性——让学生自助点餐。

e. 作业体验具实践性——让学生个性创作。

（三）研究途径

1. 自主预习

预习是培养学生自主学习能力，更是学生学习知识的重要环节之一，它是培养学生良好学习能力和学习习惯的基础，是学会的前提。反观学生和课堂，预习中存在诸多问题：可有可无、可繁可简、可详可略……

在"双减"背景下，指导学生进行科学的预习是学科教学的重要任务，引导学生掌握有效的预习方法更是学好知识的有效途径。

①引导学生树立课前预习的观念，通过各种有效方法激发学生的预习兴趣，并形成预习习惯评价模式。

②指导学生掌握科学的预习方法和评价技巧。在实践中逐步提升学生预习能力，总结符合学生学情的预习有效方法，提高学生预习及自学能力，为学生实现高效互通的学习打下基础。

③通过对小学高年级语文有效预习的研究，拓展出小学高学段各科预习的方法及有效评价方式，并整理成资料，实现教研成果分享。

2. 自主批改

在"双减"背景下，作业批改方面的研究有很多，但是大多数都是一线教师根据经验摸索而来的，理论上的系统指导还有些不足。

（1）批改方式

在"双减"背景下，实践证明家校社三位一体的合作式作业批改模式取得了良好的效果，并且家校社三方在第一时间知己知彼，从而百战不殆。

（2）批改符号

在"双减"背景下，在保护学生自尊心又体现教师对学生的宽容和尊重的基础上，各科作业同样可以尝试。适合自己的就是最好的，大胆使用这些新颖符号，学生喜欢，我们快乐。

（3）批改色彩

在"双减"背景下，教师的评语使师生互通情感而相互理解和支持，选取学生个性喜欢的色彩，只要有助于学生，一切皆可为。

（4）批改原则

在"双减"背景下，作业是教学和学习的重要组成和延伸，它的完成者是具有鲜明个性的人，不可绝对。

（5）批改作用

在"双减"背景下，作业的作用更趋多元化，它不仅能帮助学生巩固课堂内学到的知识和技能，更能培养学生良好的学习习惯和技能，全面发展学生智能，提高学生综合素养。

3. 个性评语

（1）批改反馈

研究发现，85%的教师作业量化评分或教师个性评语更高效。在"双减"背景下，个性评语最为学生所接受，可切实提高学生的学习质量和效率。

（2）批改评语

在"双减"背景下，我们认识到评语是师生间交流、沟通的一种桥梁，可以一边笔批，一边有针对性地对每一个学生进行面对面的口头评价或者个性表情包，这样互通式评语更有温度。

（3）批改评价

在"双减"背景下，借助信息技术进行个别关注和个性评语能够调动学生的主动性、自主性和延续性，从而提高评价效率和评语价值。从教师的角度来看，教师及时组织学生认真互批或自主评价，可积累成就成长。

（4）批改反思与展望

在"双减"背景下，关注知识的同时，还要关注学生在评价中所折射出来的思维过程与方法；关注评价中所折射出的情感、态度与价值观；注意来自学生自身纵向比较的评语艺术，不能忽视学生个体自身的发展过程，更重要的是与自己比，自给自评；评语的范畴，要从全面走向选择性课堂细节，对优生就可点评，对后进生就需详评；评价心态，从主观走向客观，从劳力走向劳心，从被动走向享受。

参 考 文 献

[1] 中华人民共和国教育部. 语文新课程标准[S]. 北京：北京师范大学出版社，2021.
[2] 王月芬. 重构作业：课程视域下的单元作业设计[M]. 北京：教育科学出版社，2021.
[3] 李煜晖，郑国民. 核心素养视域下的中小学课堂教学变革[J]. 教育研究，2018（2）：80-87.

［4］廖丽萍．多维度融合 让语文素养在评价中提升——统编三上命题策略谈［J］.小学教学设计，2019（9）：32-34.

［5］吕虹．小学语文项目化学习评价的优化［J］.教学与管理，2021（32）：32-35.

［6］马倩．小学语文前置性作业策略研究［D］.成都：西华大学，2018.

［7］屈艳娥．小学语文作业设计存在的问题及优化策略——基于语文核心素养发展的视角［J］.教育观察，2021（7）：132-134.

［8］陈显莉，陶勋冬．语文学科学生增值性评价工具的研制与运用［J］.教育科学论坛，2019（29）：55-56.

［9］赵璐．有效进行信息技术与语文课程融合主题评价策略［J］.课外语文，2020（7）：55+57.

专家点评

如何遵循主体性、开放性、创新性原则，设计出这样的作业：根据学生的知识和能力水平，内容不同，目标不同，策略不同，训练不同，辅导不同，在横向和纵向上，从内容和形式中都激发其活力和生机，全面促进每一科目，第一课堂，每一层次学生的自主、良性和健康发展，这是本课题表述的成果追求。其中，重点研究的是如何以小学语文作业为轴心，兼顾学科间、课内外、校内外作业进行融合性评价问题。减轻过重的作业负担，如果只着眼于本学科而缺少学科之间的协调，对学生来说作业总量依然会形成不小的负担。本课题试图通过评价手段解决学科间作业的融合问题，应该说选题是具有实践价值的，同时也具有一定的难度。难度之一是学科之间如何有效协调，其二是作业如何合理融合评价。从本报告的"研究途径"来看，这两个问题似乎并没有给出有效解决的路径，其"自主预习""自主批改""个性评语"似乎难以回答"融合评价"这个关键词。期待后面的研究能有新的发展。

张彬福
首都师范大学

"双减"背景下区域中小学单元作业设计初探[①]

北京市怀柔区教科研中心　黄海明　高春蕾　王金菊　刘立清　王晓晋

摘　要　作业是学校教育教学管理工作的重要环节，是课堂教学活动的必要补充。"双减"政策提出要有效减轻学生过重作业负担，这对教师作业设计的有效性提出了更高的要求。以单元为基本单位的作业设计，立足科学性和长远性，是优化作业设计的一种途径，可以解决作业类型单一、层次性弱等问题，提高作业的整体性、系统性，更好地发挥作业育人功能，确实减轻学生过重作业负担，对于提升区域整体教育教学水平起着重要作用。本文是"'双减'背景下区域中小学单元作业设计的实践研究"的研究成果，通过对怀柔区中小学教师作业设计现状进行调查分析，找出存在问题，最终探索出适合区域整体的单元作业设计流程、单元作业设计策略以及单元作业设计的评价标准。

主题词　单元作业　设计流程　评价标准

2021年1月起，教育部办公厅陆续出台了关于作业、睡眠、手机、读物、体质管理的通知，其中《关于加强义务教育学校作业管理的通知》提出要"把握作业育人功能，严控书面作业总量，创新作业类型方式，提高作业设计质量"。2021年7月，中共中央办公厅、国务院办公厅《关于进一步减轻义务教育阶段学生作业负担和校外培训负担的意见》指出，要"有效减轻义务教育阶段学生过重作业负担和校外培训负担"。在这一过程中，我们努力实现了三个转变：一是从重视知识立意、方法再现向注重启发学生学习思考、领悟新的作业方面转变；二是从注重单一的作业向单元统筹的作业转变；三是从整齐划一的角度向个性化、分层分类的角度转变。

作业是学校教育教学管理工作的重要环节，是课堂教学活动的必要补充。怀柔区研究制定的《怀柔区中小学作业指导性实施建议》指出，要科学合理布置作业，注重作业的针对性、开放性、探究性、量力性等。结合相关文件要求，通过收集、整理作业研究相关文献，我们发现，以单元为基本单位的作业设计，立足科学性和长远性，可以解决作业类型单一、层次性弱等问题，提高作业的整体性、系统性、多样性和趣味性。单元作业从单元整体角度出发，强调知识间的联系性和逻辑性，可以有效帮助学生整合碎片化的知识；同时单元作业是对知识内容的整体设计和统筹安排，根据单元作业目标合理安

[①] 北京市教育科学规划"双减"专项课题"'双减'背景下区域中小学单元作业设计的实践研究"（CDGB21521）成果。

排作业类型、内容、难度等可以帮助学生更好地理解所学知识。教师也可以通过单元作业设计提升对单元整体的把握能力，更好地发挥作业促进学生全面发展的功能。

基于此，在"双减"大背景下，我们提出了这个课题，通过对区域中小学教师作业设计现状的调查，结合区域特点，探索单元作业设计流程，厘清单元作业设计的原则、策略和设计思路，充分发挥作业的育人功能。从而在区域层面上，规范区域中小学作业管理，优化作业设计，确实减轻学生过重课业负担，进一步提升区域整体教育教学水平；在教师层面上，带动教研员与教师积极开展研究，提升教师的专业素养，促进教师的专业发展；在学生层面上，通过优化作业设计，提高作业的整体性、系统性，切实提高学生学习能力，培养学生创新思维，提升学生核心素养，同时帮助学生合理分配休息和自我发展的时间，促进学生身心全面健康发展。

一、核心概念

（一）单元教学

王月芬认为，单元大体可分为教材原本设计的"自然单元"和由某一主题或能力所构成的"重组单元"。本研究中的单元教学，是指在"双减"背景下，以一个自然单元或重组单元为教学的基本单位，在课程标准、核心内容、基本学情的基础上进行整体设计，统筹安排与科学设计单元整体学习目标（包括课时目标）、课时、课型、单元作业（包括课时作业）等要素，达成课程目标，提高学生学习能力，培养学生学科核心素养，提高教学整体效益。

（二）单元作业设计

本研究中的单元作业是指在单元教学中，针对学习目标及学生学习特点，进行设计与实施，形成完整的单元作业，促进单元整体学习目标达成。单元作业设计是指在单元教学中，以学生为中心，对单元作业目标、单元作业内容、单元作业反馈等进行整体设计。

二、区域中小学单元作业设计研究成果

从区域整体出发，教研、科研、评价多方联动，扎实推进，通过教研、科研活动，结合区域现状，分析存在问题，征集区域中小学单元作业设计案例，提炼出单元作业设计的基本流程、策略，探索出单元作业设计评价标准。

（一）区域中小学单元作业设计流程1.0版

结合王月芬主任所给出的单元作业设计流程图的思考要素，在单元教学设计的基础上重点突出单元作业设计，引导教师对课堂教学进行研究和反思，从单一课时向单元（或主题）整体教学设计转变，对教学过程进行动态调整，为教师教学转向整体性、结构化的素养型教学提供思路，最终设计出怀柔区中小学单元作业设计流程1.0版，如图1所示。

以"全景"视角设计单元教学方案，以"少而重要"的核心知识、关键问题统率课时教学，让课时与课时关联起来，让教学和评价关联起来，让课堂学习与课外实践关联起来。

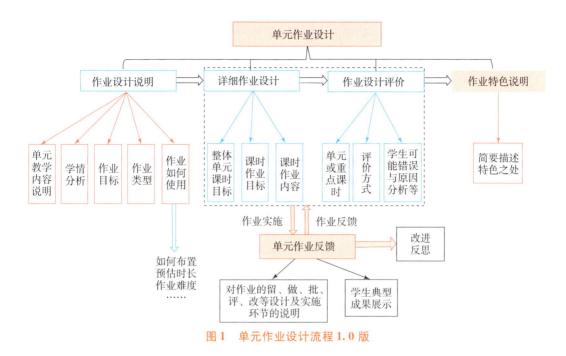

图1 单元作业设计流程1.0版

该作业设计流程聚焦核心素养的落实，是基于学科核心知识和关键能力开展的整体性设计，包含作业设计说明、详细作业设计、作业设计评价以及作业特色说明四个方面。把课程内容的结构化和情境性统一起来，凸现学科思想和学科思维，把浅学习、浅加工的课堂变为促进学生深刻理解和迁移运用的深度课堂，切实提高课堂教学效益，减轻学生过重课业负担。从以上四个维度出发，首先明确单元教学目标和内容、作业目标、学生学情等基本信息，在此基础上进行详细的单元作业设计，包括每课时的作业目标、作业内容以及评价方式，在后续的实施过程中记录反馈信息，从而对单元作业设计进行改进。

充分发挥作业的育人功能，让学生明白"我现在在哪里，我将要去哪里，如何去那里，怎样证明我到达了那里"；教师也能清晰知道每一步应该给予学生怎样的评价、反馈、支持和帮助。

（二）区域中小学单元作业设计策略

1. 整体性策略

单元作业设计需立足于单元整体，从单元整体教学设计出发，实现从单一课时向单元（或主题）整体教学设计转变。作业的设计也要从单一课时的作业设计转变为单元整体的作业设计，结合单元整体教学目标与课时目标，将作业有机整合，综合考虑学科特点，注重核心素养的落实和学生能力的发展。

2. 层次性策略

教师在设计单元作业时要坚持生本观念，关注学生的差异，明确不同学生的知识起点，设计多层次的作业，加强作业的针对性和选择性，积极探索分层次的弹性化和个性化作业，满足不同学生的发展，让作业服务于学生的真实学习。如在高一数学"三角恒等变换"单元的教学中，在综合考虑单元整体性目标的基础上，将"倍角公式"这一课时的作业分层设计为：层次一（基础性作业），独立完成课本练习；层次二（进阶性作业），结合倍角的正弦、余弦、正切公式及其运用，归纳这些公式能够解决的问题。

3. 目标导向策略

单元作业的布置必须是依据课程标准、教学目标、教学内容以及学生实际水平精心设计的。教师要依据单元主题内容和课标要求确立单元学习目标，依据单元学习目标再确定单元作业目标，最后依据单元作业目标进行作业设计。教师在作业设计时可以将终结性目标分解为不同阶段的目标，有目的、有计划地设计与阶段目标相匹配的作业。例如，在初三语文活动探究单元有关戏剧的主题学习中，教师将单元学习目标确定为阅读剧本、理解感悟和演出实践；针对单元学习目标，设计了三个任务共计8课时，针对不同任务设计相应的作业目标，如掌握阅读策略、了解历史背景等。

4. 创新导向策略

单元作业的设计能够解决作业类型单一、内容枯燥重复等问题。教师在设计单元作业的时候应该注重提供多种学习方式和学习途径，促进学生多动手、多动脑，把作业与教学有机结合。比如英语教师设计角色扮演、辩论赛等作业来激发学生的学习积极性和学习兴趣；高一"化学元素与物质分类"的教学中，教师结合疫情形式，设计了撰写课程小论文的社会实践作业，让学生在日常生活中进一步感受化学原理。

（三）区域中小学单元作业设计的评价标准 1.0 版

单元作业设计应综合考虑课标要求、学生学情，指向学习习惯养成，整体设计，具有情境性、趣味性，具有一定的思维挑战性，让学生获得成就感。所以，在区域中小学单元作业设计评价标准的研制中，最终形成了三个一级指标、八个二级指标，并依据此标准开展了怀柔区单元作业设计评比活动（表1）。

表1 单元作业设计的评价标准 1.0 版

一级指标	二级指标	指标描述
单元框架	单元目标	依据课标和教材，单元目标定位合理，符合学情和课程标准要求
	每课目标	教学目标明确具体、可检测，重难点突出，注重培养学生核心素养和创新精神
	课堂容量	课堂容量适度，突出学生学习实践的主体地位，符合现实学情
	任务策略	学习任务明确，情景设置与现实生活紧密联系，方法策略尊重学生认知规律，凸显学习过程的自主、合作和探究
作业设计	作业总量	课上作业与课下作业时间分配合理，符合国家对义务教育阶段学生作业总量的要求
	作业设计	课上练习、课后作业、实验活动（如有）紧扣教学目标，难易适度，既能够发挥作业诊断、巩固、学情分析等功能，又能关注不同层次的学生，体现分层作业、弹性作业和个性化作业特点
	作业形式	作业形式新颖灵活，体现创新性、多样性和合作性，能够引导学生自主学习、实践和探究
设计意图	作业意图	对标单元目标与课时目标，学情分析、作业目标、作业类型、作业如何使用（如何布置、预估时长）等描述得清楚明白，有条有理，层次分明

三、课题研究效果

（一）常规视导，发挥课堂主阵地作用

立足课堂主阵地，以作业为抓手，聚焦人的发展，努力实现教-学-评一致，让减负提质真正落地。"双减"以来，学科教研活动的重点是提质，教研员示范引领，带动学科教师共研减负提质的高质量课堂。举办了教研员与教师同台、师徒共构、骨干跨校联合等多形式的大单元大概念整体教学研究课活动，开展单元整体教学之下的单元作业设计研讨交流，举办教研赋能大学习大讨论活动。

（二）大赛推优，以活动促进教师成长

2021年11月至2022年3月，举办了怀柔区单元作业设计评比，共收到作业设计1 100余份，包含中小学各学科不同类型的作业设计，教师的参与积极性很高，很多学校也非常重视，几乎全员参与；除此之外，2021年和2022年区级教学基本功大赛，也都把作业设计作为重要评价指标。教师在参与活动的过程中，提升了从单元整体角度科学系统地设计作业的意识，也在参与和学习的过程中提高了自己的作业设计能力。

（三）典型引领，专家助力，提升教师专业水平

怀柔区举办中小学单元作业设计评比活动，推出优秀单元作业设计典型，由优秀教师代表介绍单元作业设计思路，分享作业设计经验。同时聘请专家，针对目前单元作业设计中存在的问题给教师提出十条建议，并对国内外优秀作业案例进行分析，为教师打开了眼界、拓宽了思路，更为教师"双减"背景下进一步优化作业设计指明了清晰的方法和路径。

（四）部门联动，促进区域整体发展

我们从区域整体出发，教研、科研、评价等多部门联动，优势互补，资源共享，用科研引领教师更好地发现问题解决问题，提升教育教学质量，在同教研部门进行的基础调研中发现问题，从行动研究与效果评价方面做出实证分析，为教研改进提供数据与理论支撑。在这个过程中，教师参与科研的热情高涨，大部分教师都至少参与了一项课题。

参 考 文 献

[1] 杜秀锦. 例谈基于核心素养的高中生物学单元作业设计［J］. 生物学教学，2019，44（9）：77-79.

[2] 王月芬. 重构作业：课程视域下的单元作业设计［M］. 北京：教育科学出版社，2021.

[3] 梁志侬. 小学语文第三学段课外作业设计存在的问题及对策探究［D］. 锦州：渤海大学，2021.

[4] 孙倩. 高中生物学单元作业设计研究［D］. 扬州：扬州大学，2020.

[5] 提质增效，助推教师专业发展——"双减"背景下教师作业设计策略研究［J］. 江西教育，2022（5）：12-15.

专家点评

　　这份研究成果，针对怀柔区中小学教师作业设计所存在的问题，探索适合区域整体的单元作业设计流程、单元作业设计策略以及单元作业设计的评价标准；其中提出的"三个转变""三个关联""四个维度""四个策略""三·八评价指标"等，不论从认识、理念上，还是策略、方法上都具有实践参考价值。以一个区域为单位开展这样的研究是有一定困难的，学校之间的不均衡、学科之间的差异、督导评估的工作量等，都需要有统筹设计，具体实施，全面推进。因此本成果报告若能进一步从理论和实践上对其中这些"关联""维度""策略""评价指标"进行深入阐述，若能进一步提出实施区域作业设计的关键问题和主要困难，并提出破解的策略和方法，若能进一步用质与量双方向的效果证明本研究的有效性，回答已经或正在完成"三个转变"的实效，那么这个"研究成果"将会更加充实，研究质量会更高，课题研究效果也会得以充分彰显。

张彬福
首都师范大学

作业"生态"系统的构建与实施[①]

北京市育英学校密云分校　张玉淑

摘　要　作业"生态"系统是借鉴生物学生态系统的理念和概念，在学校整体的空间和时间范围内，将作业的主体从教师、学生拓展为学校、部门、教备组、教师、学生，实现学校统筹、全学科联动，从而把作业设计和作业管理构成一个统一的整体。在这个统一的整体中，各学科关于作业设计理论与作业设计各要素之间、作业管理各主体之间，以及作业研究、设计、实施、反馈、展评等各管理环节之间，通过量与质的监管把控和行动与策略的互动反馈而相互作用、相互影响、相互制约，实现作业管理流动、作业设计与管理策略循环、作业质与量的信息传递三大功能，使作业设计与管理处于相对稳定且自我调节的动态平衡状态，最终实现作业的提质减负。

主题词　作业生态　减负提质

落实"双减"，切实减轻学生过重的作业负担，让我们对作业问题有了更多的思考：作业减负如何结合校情、学情？如何实现作业"质"与"量"的双向奔赴，使作业的"提质减负"改革真正落地，并持续下去，见到实效？

基于对以上问题的思考，我校成功申报市级课题"'双减'下提质减负的作业生态系统行动研究"并稳步推进实施。本课题重点研究如何构建作业生态系统，把作业设计和作业管理构成一个统一的整体，纳入学校作业生态系统，从而实现作业的提质减负。

作业生态系统包括两个方面，即作业设计与作业管理。通过二者的双向互动，对作业进行质与量的把控，实现质与量的生态循环；同时，通过制定、打磨、反思、改进作业设计和管理的有效措施与规范流程来指导实践，并在实践中不断进行措施与流程的修改完善，这样就又实现作业实践与理论的生态循环、良性互动，直到探索出符合学校学情、具有学校特色的，让每一届学生、每一学科、每一个教师都可以遵循的科学、有效的作业设计和管理的措施与规范流程，以及作业设计和管理的范例，并不断积累、不断完善，达到作业提质减负的可持续、可循环，最终实现作业提质减负的校本化。

[①]　北京市教育科学规划"双减"专项课题"'双减'背景下提质减负的作业生态系统策略研究"（CDGB21524）成果。

一、统筹规划，构建作业生态系统

作业生态系统是借鉴生物学生态系统的理念和概念，在学校整体的空间和时间范围内，将作业的主体从教师、学生拓展为学校、部门、教备组、教师、学生，实现学校统筹、全学科联动，从而把作业设计和作业管理构成一个统一的整体。在这个统一的整体中，各学科关于作业设计理论与作业设计各要素之间、作业管理各主体之间，以及作业研究、设计、实施、反馈、展评等各管理环节之间，通过量与质的监管把控和行动与策略的互动反馈而相互作用、相互影响、相互制约，实现作业管理流动、作业设计与管理策略循环、作业质与量的信息传递三大功能，使作业设计与管理处于相对稳定且自我调节的动态平衡状态，最终实现作业的提质减负。

学校以教备组为单位组建研究团队，基于学科、年级特点，结合课标、大单元作业目标及课时作业目标等要素，明确学科作业形式、内容、批改、反馈、管理等各项要求，使作业生态系统良性循环。

（一）加强作业指导

1. 统筹作业管理

进一步完善作业统筹管理机制，制定作业管理办法，建立作业校内公示制度，公示内容含基础性、拓展性分层作业的数量、完成时限、反馈方式等。加强质量监督，坚持作业全批全改、及时反馈，加强面批讲解。不得布置机械重复、惩罚性作业。严禁给家长布置作业或要求家长检查、批改作业。

2. 控制作业总量

学生每天书面作业平均完成时间不超过90分钟，语文、数学、英语不超过20分钟，其他学科不超过10分钟。年级建立作业公示、协调制度来控制学生的作业总量，特别是临近期中或期末考试，学校要加强对各学科练习卷数量的控制。

（二）优化作业设计

发挥作业诊断、巩固、学情分析等功能，将作业设计纳入教研体系，系统设计符合学生年龄特点和学习规律、体现素质教育导向、涵盖德智体美劳全面育人的作业。各学科丰富作业类型，布置分层作业，教备组研究制定出不同层次的作业目标、内容和类型，使教师在作业布置时，做到心中目标清晰、脑中题型明确、手中方法得当。

1. 明确作业目标

各学科依据课标和学情，制定明确、具体、可测的作业目标。在总的作业目标基础上，进一步形成单元作业目标和课时作业目标。

2. 确定作业内容

作业是课堂的延伸，是课堂教学内容的巩固和深化。因此，作业内容应该与课堂教学目标和教学内容紧密相关，重视作业对课堂目标达成的检测与巩固。

3. 丰富作业类型

各科教师根据作业目标和课程学习内容，设计不同类型的作业，丰富学生的学习体验，增强学生的学习兴趣。以语文学科为例，除阅读、作文等书面作业外，教师还紧密结合课堂所学，关注学生校内外生活和社会发展中的热点问题，创设真实的学习情境，设计言语实践活动等多种类型的作业。再以英语学科为例，有书面形式作业，如通过写作对知识内容加以巩固练习；也有视听或口头形式作业，如通过课下观看与课堂所学相关的视频材料学习语言，并在此基础上撰写或口头简单评述；还有实践类形式，如通过角色扮演等形式，增加使用语言表达思想的机会。

4. 落实作业分层

教师在进行作业设计时，针对学生的差异，将作业设计成难易有别的两组或三组，让学生根据自己的实际情况进行选择。基础比较弱的学生可以完成一些巩固性作业；中等水平的学生可以重点完成理解和简单应用类作业；较高水平的学生可以完成对思维水平要求较高的实践探究类作业。

（三）细化作业评价

一是作业全批全改，鼓励面批面改。教师在作业批改的过程中要圈画出学生作业的错误点，并指出问题所在。在进行作业反馈时，教师要重点讲解作业的思考及推理过程，帮助学生养成正确的思维方式，提升学生的思维水平。

二是作业评价采用"等级或分数与激励性语言"相结合的形式。教师从内容、书写等多方面评价鼓励学生，发挥作业评价对学生的指导与激励作用。

三是及时批改作业。对于学生作业中特别精彩的地方，采用符号或语言进行鼓励。对具有创造性、独特性的作业以鼓励和引导为主，注意保护学生的积极性。

四是对于作业中出现的错误，教师指导学生及时订正，学生在改错前标注"订正"二字，然后按照作业的基本要求书写，教师及时进行复批。教师应充分利用信息技术，收集学生的错题信息，分析学生错题的原因，建立每个学生的错题档案，形成学生的错题图谱。隔一段时间，要再次检查学生的掌握情况。

五是对作文的批改有眉批、尾批，标出习作中的优美语句，批改有针对性、指导性，既有对习作格式、语言表达等方面的评价，也有对学生情感态度价值观方面的鼓励性评价。

二、学科落实，实践改进，实现整体提质减负

"双减"政策的落地实施，促使学校将"减负提质增效"作为核心工作。近年来，我校带领教师构建以学生为中心的"全学习"课堂，提高课堂效率和作业质量，从而全面提升学校的育人水平。各学科在学校作业生态系统的整体引领下，积极探索和尝试，取得了良好的效果，真正做到了"双减"下的提质增效。

（一）语文学科言语实践作业案例

语文言语实践作业的设计根据课标及教学目标要求，挖掘学习资源，为学生创设情境，在生活实践中运用语言文字，旨在实现语言的建构与运用、审美的鉴赏与创造、思维的发展与提升、文化的传承与理解，进而提升语文学科核心素养。各单元内容都将"人文主题"和"语文素养"有机融合，创设的学习情境与现实生活联系紧密，引导学生关注社会生活，关注周围的环境，真正落实我校"关心社稷、勇于担当"的培养目标。

每次布置的任务内容多元，表现形式多样，有与学生生活紧密相关的"老师初印象"，有对课文学习进行拓展延伸的"我和我的'百草园'"，还有极具个性与创意的"有一种境界叫'自黑'"；有抒发真情实感的"感恩节里话感恩"，有了解古人"字号"对自己名字进行介绍的"说'名'解'字'"，还有结合对联、病句、字体的学习，在生活中运用的"创城有我——寻找城市中的语言文字问题"……在每次完成学习任务的过程中，语文教师对学生进行一对一的指导，从立意、选材到语言表达，乃至标点符号，都帮助学生一一完善。此外，每次作业由学生编辑以美篇形式分享到班级群、朋友圈，同伴、家长的转发、点赞和点评，极大地激发了学生的学习兴趣和热情。

1. 制作班刊

学生以小组为单位，每组负责出版一期班刊，他们自主确定主题、设计封面和插图、编写内容、校对文稿。在完成任务中学习语文，在情境中感受语文，在交流中运用语文。

2. "菜香四溢"言语实践作业

作业包含四个任务：独立做一道菜，给菜命名并介绍菜的制作过程；撰写菜肴推荐词；评价同行的菜；抒发活动感受。将劳动教育与语文学科融合，用做菜的"皮儿"包语文的"馅儿"，在潜移默化中训练学生的语言表达能力。

3. 项目式学习综合实践作业

（1）"一蓑烟雨任平生"——《苏轼传》阅读成果展。基于学生对《苏轼传》这本书的阅读，教师设计了"画苏轼""读苏轼""评苏轼""悟苏轼"等项目学习活动，并由学生确定本次展览的主题，撰写前言和尾声，最后将学习成果编辑成册。

（2）"我们是校园小小设计师"项目式作业。学生从语文学习的角度，设计校园文化标识，撰写设计理念、内容和意图，将作品展示在学校的各个角落。有的学生在体育馆门前撰写对联，有的学生在莲花池旁将《爱莲说》改写成一首七言律诗，有的学生结合校训在竹林撰写"胸有成竹"的解读，鼓励同学们好好学习……

（3）制作班级居家学习抗疫宣传片。学生组建团队、自主设计问卷、撰写问卷分析、确定宣传片主题、撰写文字脚本、旁白录音、钢琴伴奏、编辑视频。除了提取信息、分析概括、选材立意、诵读等语文学科知识，学生还需要综合运用信息技术、数学、音乐、美术等跨学科知识，更让他们体验到细致认真、勤于思考、精诚合作、耐心负责的品质在完成作业中所起的重要作用，从而在潜移默化中进行学科育人。

（二）历史学科开放性作业设计案例

"双减"要求作业要减量提质，要注重对学生思维的训练。同时，近几年随着新中考的变化，历史中考试题越来越侧重学生对历史知识的迁移与应用，并逐渐形成两种趋势：一是历史问题的观点结论从封闭性向开放性转变；二是重视考查历史问题的结论向重视考查历史问题的认识过程转变。这就需要在平时的作业设计中注重开放性作业的设计，培养学生思维的灵活性和广泛性，体现学生的实践能力和创新意识，让学生学会多角度考虑问题和历史知识的迁移应用，以及跨学科知识的整合。

1. 作业内容的开放

关于中国早期原始人类的开放作业——设计"古人类身份证"。通过内容上的拓展迁移，锻炼了学生学习乡土历史的能力，培养学生对历史的亲近感、熟悉感。

2. 作业形式的开放

关于青铜器的开放作业——青铜文创产品设计。既可以引导学生进一步了解文物，也可以增长知识，还可以服务社会，是比较贴近生活的历史开放作业。

3. 作业完成方式的开放

关于郑和下西洋的开放作业——郑和下西洋大海报。通过完成这项任务，每一个学生都参与其中，收集、分析、整理具体生动的郑和下西洋的历史素材，学会以图文并茂的形式呈现自己收集的内容，掌握绘制大海报的基本技巧，并通过集体创作激发学生的积极性和创新意识，体验相互启发、相互激励、共同完成一件作品的乐趣，让原本自己单独完成的难度较大、枯燥的史事总结，变为生动、有趣、探究、创新的小组合作比赛活动。

（三）生物学科实验探究性作业设计案例

在学习生物的过程中，引导学生通过实验探究，从结构与功能观的角度去思考每一个生物学的现象，进而得出其中的规律。生物学科的作业既要体现学科特点，又要培养学生的科学思维和动手能力、小组合作能力等。

1. 模型制作类作业

利用超轻黏土制作肾单位模型，要求体现肾单位的各个结构，并录制讲解视频。完成本次作业，首先需要对各部分结构的位置和功能分析透彻，进而更好地理解尿液形成的动态过程是如何发生的，动手能力得以锻炼和展示，学生更乐于和同伴分享制作成果，语言表达能力潜移默化中得以提升。

2. 实验探究类作业

小组合作进行光合作用的实验，要求学生分工合作，完成实验并进行汇报展示。从发现问题、提出假设、设计实验、完成实验，到得出结论的整个过程，学生的科学思维得以培养，设计实验能力、小组合作能力等得以提升。

在"双减"背景下，减负、提质、增效是关键词，只有做学者型、科研型的教师，才能与时俱进，切实提高课堂效率，保证学生在校内学足、学好。我们将进一步完善作业"生态"系统构建，助力"双减"政策落地，实现学校高质量发展。

专家 点评

论文对在学校层面如何构建作业生态系统做了有意义的探索，主要的亮点有：第一，从生态系统视角讨论作业改革，视角比较独特。作业改革不能就事论事，而要结合教学改革、学校教育、学生发展来讨论，要基于负担与质量的辩证关系来讨论。论文把作业研究、作业设计、作业实施、作业管理、作业评价作为一个系统来研究，构建了作业内部生态系统，同时，这一系统又与学校教育大系统互动，形成了整体的作业生态系统。这说明，作业改革和学校其他改革一样，是牵一发而动全身的，必须树立系统观念，整体设计，有序变革。第二，抓住了作业改革的关键问题，即作业设计的科学化问题。从我国教学改革的全局看，作业改革无疑是一个相对滞后的研究领域，如何提高作业设计的科学性和教育性，既缺少有影响力的典经验，又缺乏学理性强的科学原理，因而，这是亟须深入研究的课题。论文触及了这一核心问题，这是一个良好的开端。第三，提供了三个学科作业设计创新的案例成果，具有一定的模仿借鉴意义。论文有必要进一步总结作业系统运行的经验和取得的成绩，以及新发现的有待深入研究的问题。换言之，作业生态系统的构建是否科学合理，需要有经验证据（尤其是数据）的支持，如学生的发展变化、教师的认识变化、学校面貌的变化。

王本陆
北京师范大学

基于"双减"政策的初中数学作业设计探索与实践
——以人教版教材为例

北京汇文中学　刘　慧

摘　要　"双减"政策强调减轻学生作业负担，强化学校教育的主阵地作用。在此背景下，教师应该在减少作业量的前提下，提高作业的质量。教师可以依据作业设计的科学性、针对性、多样性、趣味性、联系性原则，结合作业设计框架，设计分层作业、探究型作业、开放型作业、生活化作业、操作类作业以及创新型作业，优化的作业设计能为学生营造一个丰富多彩的作业世界，能关注到每一位学生的成长，有助于调动学生学习数学的积极性，培养学生的应用意识、创新意识，促进学生全面发展。

主题词　"双减"　作业设计　核心素养

一、缘起

"双减"政策中，学生的课后作业被重点关注。如何设计数学作业，既能兼顾巩固基础知识与发展能力的双重目标，又能减轻学生压力，帮助学生形成正确的学习观，充分发挥作业在数学教学中的功效，促进学生发展，是每一位教师应认真思考的问题。

二、基于"双减"政策的初中数学作业设计原则

（一）科学性原则

数学作业的内容要符合课程标准的要求，要紧扣教材，以教学目标为依据，还要符合学生的认知发展规律，表达也要准确、严谨、清晰。

（二）针对性原则

教师应根据学生的学习经验及学习能力，结合教学进度和教学内容按照学生的需求有针对性地设计作业，辅助当前的教学重点和难点，提高学生掌握知识的效率和学习数学的热情。

（三）多样性原则

教育要面向全体学生，而学生的个体差异又是客观存在的，所以教师要因材施教，对同一问题尽可能多角度设计，设计多样性的作业，学生则可以根据自己的数学学习水平和学习需求自主选择作业内容，这样既能让所有学生都学有所得、学有所获，又可以提高学生学习数学的兴趣，促进学生建立数学自信。

（四）趣味性原则

学生完成作业的兴趣，可以转变成学生完成作业的动力。教师希望学生自主完成作业，就需要设计趣味性的数学作业，由此使学生感受到数学作业与数学学习中的趣味性，这样可以激发学生学习和完成作业的欲望。

（五）联系性原则

教师在设计数学作业时，既要注意前后知识的衔接，体现知识之间的逻辑性、联系性与整体性，也要注意和其他学科之间的联系，促进学科间融合，还要注意和生活的联系，体现数学来源于生活、服务于生活，促进学生数学综合能力的提升。

三、基于"双减"政策的初中数学作业设计框架

为了更好地落实"双减"政策，发挥作业的作用，促进学生的健康发展，教师应该合理地构建初中数学作业设计框架，提高作业的设计评价品质（图1）。

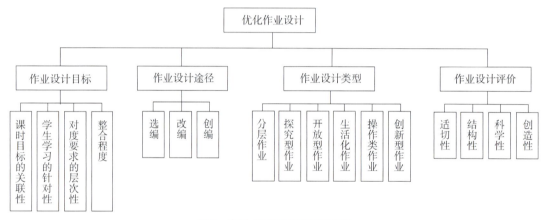

图1　初中数学作业设计框架

四、基于"双减"政策的初中数学作业设计举措

（一）设计分层作业

教育要促进人人进步，教师应针对不同的学生设计不同的作业，既让学生巩固了基础知识，又给学生提供了发展的空间。

【案例1】八年级下册第十八章"平行四边形"，得到直角三角形的一个重要性质：直角三角形斜边上的中线等于斜边的一半。在求线段长或线段倍分关系时，这个性质常被用到（表1）。

表1　作业内容、目标及相应的核心素养

作业内容	作业目标	相应的核心素养
直角三角形斜边中线的性质	1. 会利用该性质进行简单的几何计算	几何直观、推理能力
	2. 会利用该性质进行简单的几何证明	
	3. 能构造直角三角形斜边中线解决问题	

作业设计1：如图2所示，在Rt△ABC中，∠ACB = 90°，CD⊥AB于点D，∠ACD = 3∠BCD，E是斜边AB的中点。∠ECD是多少度？为什么？（教材61页第9题）

作业设计2：如图3所示，在△ABC中，$\angle B = \frac{1}{2}\angle A$，CD⊥BC，CE是边BD上的中线，求证BD = 2AC。

作业设计3：如图4所示，已知AE与BD相交于点C，AB = AC，DE = DC，M、N、P分别为BC、CE、AD的中点，判断线段PM与PN的数量关系，并说明理由。

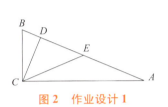

图2　作业设计1

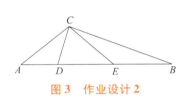

图3　作业设计2

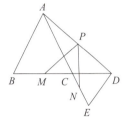

图4　作业设计3

该作业共3道题目，预计平均用时7分钟。前两道题目，直接应用性质进行简单的几何计算与证明，要求学生会从文字、图形、数学符号中获取基本信息、能进行简单的说理和判断，可以反映学生对于基本知识的记忆和巩固。第3题利用性质判断线段的数量关系，是等腰三角形判定和直角三角形性质定理的综合应用。要求学生会将复杂图形分解为基本图形，解题时需添加辅助线，使图形变为具有一个公共斜边的两个直角三角形，能反映学生对于知识的综合应用能力。当然该题目也可以构造中位线，利用全等三角形来解决，但比较烦琐。

分层作业充分考虑学生的知识、能力基础和学习压力情况，注重循序渐进，并在作业数量上坚持"最小化原则"，力争让每位学生都能够在作业中获得成功体验与进步发展。

（二）**设计探究型作业**

"双减"背景下，探究不宜过度，作业设计应以教材内容为生长点，充分挖掘教材中的例题、习题价值，通过有限的探究、拓展，达到以点串线、以少胜多、全面联系数学知识的目的，既可以减轻学生的负担，又能培养学生勤思善想、好问深钻的良好习惯。

【**案例2**】九年级下册第二十八章"锐角三角函数"应用举例。

如图5所示，热气球的探测器显示，从热气球看一栋楼顶部的仰角为30°，看这栋楼底部的俯角为60°，热气球与楼的水平距离为120 m，这栋楼有多高（结果取整数）？（教材75页例4）

教材中给出的解法是，分别在Rt△ABD和Rt△ACD中，利用解直角三角形的知识分别求出BD和CD，通过分割作和求出BC。

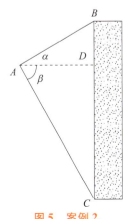

图5　案例2

而求线段长度的方法通常有：割补、三角函数、勾股定理、等面积、相似等。此题又是"双垂直"模型，思考角度较多，可以设计跨课时作业（表2）。

表2　作业内容、目标及相应的核心素养

作业内容	作业目标	相应的核心素养
利用直角三角形的边角关系解决实际生活中的测量问题	1. 会运用直角三角形的两个锐角互余及锐角三角函数解直角三角形	抽象能力、运算能力、几何直观、推理能力、模型观念、应用意识、创新意识
	2. 会根据直角三角形中元素间的关系，选择适当关系式，求出所有未知元素	
	3. 能从不同角度思考问题，进一步熟悉直角三角形各元素之间的关系	

作业设计：此题还有其他解法吗，你能想到几种？每种解法的依据是什么？

思路一：利用含30°角的直角三角形性质。

先在 Rt△ABD 中求得 AB，在 Rt△ACD 中求得 AC，在 Rt△ABC 中，通过 BC = 2AB，求得 BC。

思路二：利用勾股定理。

先在 Rt△ABD 中求得 AB，在 Rt△ACD 中求得 AC，在 Rt△ABC 中，通过 $BC = \sqrt{AB^2 + AC^2}$，求得 BC。

思路三：利用等面积法 $S_{\triangle ABC} = \frac{1}{2} AB \cdot AC = \frac{1}{2} BC \cdot AD$。

思路四：利用相似三角形性质。

角度1：通过△ABC∽△DAC，对应边成比例求解。

角度2：联想"一线三等角"图形，构造新的相似三角形，如图6所示，通过△AEB∽△CFA，对应边成比例求解。

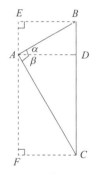

图6　角度2

需要注意的是，"一线三等角"图形在教材中曾多次出现。

如：八年级上册，43页练习1。如图7所示，C 是路段 AB 的中点，两人从 C 同时出发，以相同的速度分别沿两条直线行走，并同时到达 D、E 两地。DA⊥AB，EB⊥AB。DE 与路段 AB 的距离相等吗？为什么？

八年级上册，52页拓广探索7。如图8所示，∠B = ∠C = 90°，E 是 BC 中点，DE 平分∠ADC。求证 AE 是 ∠DAB 的平分线。

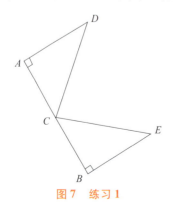

图7　练习1

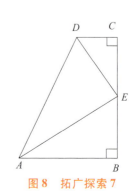

图8　拓广探索7

思路五：构造辅助圆，如图 9 所示，可得 $OB = AB = OA$，$BC = 2AB$，求得 BC。

思路六：依据垂直关系，建立平面直角坐标系，如图 10 所示，通过坐标法求解。

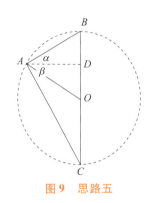

图 9 思路五

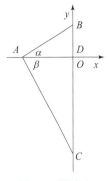

图 10 思路六

该例题是整个初中数学学习的章末内容，学生已经学习了"相似、圆、平面直角坐标系"等内容，教师借用此题，可设计跨课时作业。引导学生从多方面、不同角度进行思考，让学生在学习新知识的同时，巩固、提高旧知识，建立知识间的纵向联系，既能对所学知识有个系统的认识，又能体会方法择优，提高学习效率。

【案例3】九年级上册第二十四章"圆"，直线和圆的位置关系（表3）。

表3 作业内容、目标及相应的核心素养

作业内容	作业目标	相应的核心素养
应用切线性质	1. 会用切线的性质定理解决简单问题 2. 能用切线的性质定理结合圆的性质、锐角三角函数、勾股定理等解决问题	几何直观、推理能力、模型观念

作业设计1：如图 11 所示，AB 为 $\odot O$ 的直径，C 为 $\odot O$ 上一点，AD 和过点 C 的切线互相垂直，垂足为 D。（教材102页12题，原题只有第（1）问，添加的两小问都需要用到第（1）问的结论）

（1）求证：AC 平分 $\angle DAB$；

（2）连接 BC，求证：$\angle ACD = \angle ABC$；

（3）连接 BC，若 $\angle B = 60°$，$CD = 2\sqrt{3}$，求 AD 的长。

作业设计2：如图 12 所示，四边形 $ABCD$ 是 $\odot O$ 的内接四边形，过点 D 的 $\odot O$ 的切线与 BC 的延长线垂直于点 E。

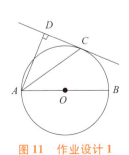

图 11 作业设计 1

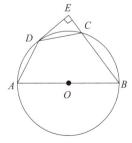

图 12 作业设计 2

(1) 求证：点 D 是 $\overset{\frown}{AC}$ 的中点；

(2) 若 $BC=6$，$\tan\angle DAB=2$，求 AD 的长。

作业设计 2 改变了作业设计 1 的图形背景，将作业设计 1 的图形进行翻折，将直线改为线段，去掉了角平分线，将求证角平分线改为证明点平分弧，实际仍然是求证角平分线。作业设计 2 入口较宽，每一问都有多种解法，如第（1）问：

思路 1：连接 BD、OD，利用平行线的判定和性质求解。

思路 2：如图 13 所示，连接 BD、OD，利用圆周角定理求解。

思路 3：如图 14 所示，连接 AC、OD，利用垂径定理求解。

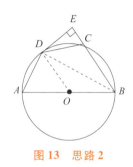

图 13　思路 2　　　　　　　　图 14　思路 3

第（2）问可利用锐角三角函数、勾股定理求解，也可利用锐角三角函数、勾股定理结合相似求解。

教师在教学中，要避免题海战术，要不断提高改编题目的能力，通过对教材例题、习题的选择、改编、拓展，使得作业更具针对性和选择性，通过知识间的相互联系，既可以让学生发现问题的本质，又能让学生的思维更具有灵活性、变通性和创造性。

（三）设计开放型作业

开放型问题以其新颖的问题内容、生动的文本形式和问题解决的发散性，给学生发挥创造性思维提供了广阔空间，它能有效地反映高阶思维，能更好地培养学生的探索精神和创新意识。

【案例 4】八年级上册第十二章"全等三角形"，三角形全等的判定（表 4）。

表 4　作业内容、目标及相应的核心素养

作业内容	作业目标	相应的核心素养
三角形全等的判定	1. 能在全等三角形中正确找出对应边、对应角	几何直观、推理能力、创新意识
	2. 会用"SSS、SAS、ASA、AAS"方法判定两个三角形全等	
	3. 能灵活应用条件判定两个三角形全等	
	4. 会多角度看待问题	

作业设计 1：如图 15 所示，△ABN ≌ △ACM，∠B 和 ∠C 是对应角，AB 和 AC 是对应边，写出其他对应边及对应角。（教材 33 页第 2 题）

作业设计2：如图15所示，已知点 M、N 在 △ABC 的边 BC 上，$AB = AC$，$AM = AN$。从已知条件可以得到哪些结论？

作业设计3：如图15所示，已知点 M、N 在 △ABC 的边 BC 上，$AB = AC$。只需添加一个条件，即可证明 △ABN ≌ △ACM，这个条件可以是什么？（图中不添加辅助线和其他字母）

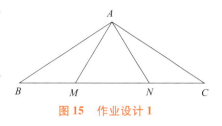

图15　作业设计1

作业设计4：如图15所示，已知点 M、N 在 △ABC 的边 BC 上，现有四个论断：①$AB = AC$；②$AM = AN$；③$BN = MC$；④$\angle BAM = \angle NAC$。

（1）请从中选出两个论断作为条件，另外两个论断作为结论，组成一个真命题，你选的条件是＿＿＿＿＿＿＿＿，结论是＿＿＿＿＿＿＿＿。

（2）证明你所组成的真命题。

上述作业，在原始问题的基础上，从结论、条件、条件与结论等方面设置了开放问题，思考角度较多，教师关注的不是作业的结果，而是学生思考的过程，它要求构建学生自己的反应，而不是一个简单的、固定的答案，这有助于培养学生对数学的积极态度，锻炼学生的全面思维能力。

（四）设计生活化作业

数学教学融入日常生活的衣食住行，对激发学生学习兴趣、积累生活经验、提升数学素养有着重要的推动作用。因此，在现实生活与数学学习的交汇处设计作业，可以增加学生的数学经历和体验，有助于学生用数学的眼光看世界，用数学的思维发现和解决问题，感受数学的应用价值。

【案例5】九年级上册第二十四章"圆"，圆周角（表5）。

表5　作业内容、目标及相应的核心素养

作业内容	作业目标	相应的核心素养
同弧所对的圆外角小于圆周角的应用	1. 能将实际问题转化为数学问题 2. 会用同弧所对的圆外角小于圆周角解决问题	抽象能力、几何直观、模型观念、数据观念、应用意识

作业设计1：如图16所示，一个海港在 $\overset{\frown}{XY}$ 范围内是浅滩。为了使深水船只不进入浅滩，需要测量船所在的位置与两个灯塔的视角 $\angle XPY$，并把它与已知的危险角 $\angle XZY$（$\overset{\frown}{XY}$ 上任意一点 Z 与两个灯塔所成的角）相比较，航行中保持 $\angle XPY < \angle XZY$。你知道这样做的道理吗？（教材91页17题）

作业设计2：如图17所示，在足球比赛中，甲带球奔向对方球门 PQ，当他带球冲到点 A 时，同伴乙已经冲到点 B，此时甲是直接射门好，还是将球传给乙，让乙射门好？（仅从射门角度大小考虑，教材124页11题）

图 16　作业设计 1

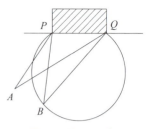

图 17　作业设计 2

这两道题目都是生活情境问题，所用的数学知识都是同弧所对的圆外角小于圆周角，属于多题一解。教材中有很多生活化的问题，教师可以合理利用。

学生在完成生活化作业的过程中，可以发现生活中的数学知识，并且通过生活中的数学加深对数学知识的理解，同时可以提升学生应用所学知识的能力，达到学以致用的目的。

（五）设计操作类作业

动手操作能力是初中生必须具备的重要能力之一。为不断提高初中生的动手操作能力，教师可适时设计一些操作型作业让学生完成，这类作业以操作为载体，蕴含数学的本质，让学生在操作中感悟数学知识。

【案例6】七年级上册"几何图形初步"，点、线、面、体（表6）。

表 6　作业内容、目标及相应的核心素养

作业内容	作业目标	相应的核心素养
正方体的展开图	1. 能识别正方体的 11 种展开图	空间观念、几何直观、模型观念、应用意识
	2. 能在展开图中找到正方体相对的面	

作业设计：如图 18 所示，这些图形都是正方体的展开图吗？如果不能确定，折一折，试一试。你还能再画出一些正方体的展开图吗？（教材 122 页第 7 题）

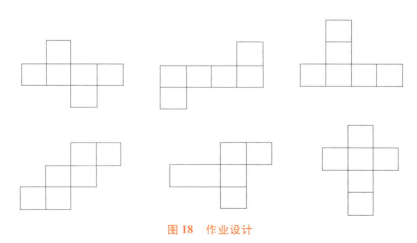

图 18　作业设计

此题具有一定的开放性，答案不唯一，沿不同的棱展开正方体的表面，可得到不同的图形，要让学生在思考的基础上动手操作，验证自己的结论。

教学中，有很多地方可以设置操作类作业，如在学习角平分线、轴对称时，可布置折纸作业，还可以折纸做 60°，30°，15°的角；学习正多边形时请学生设计一幅镶嵌图形；学习中心对称时请学生设计班徽。

操作类作业可以调动学生的学习兴趣，激发学生的主观能动性，学生在完成作业的过程中，可以获得快乐的情感体验。

（六）设计创新型作业

为了提高作业效率，引导学生主动积极学习，还可以在控制作业总量的前提下设计一些"异类作业"，这类作业争取形式多样，努力表现学生的长处和兴趣点，提升数学自信（表7）。

表7 作业内容、目标及相应的核心素养

作业内容	作业目标	相应的核心素养
函数解析式	1. 能判断两个变量间的关系是否可以看成函数 2. 能写出两个变量间的关系式 3. 会利用函数观点认识现实世界	抽象能力、模型观念、应用意识

【案例7】下列是三种化合物的结构式及分子式。

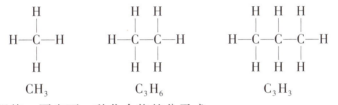

（1）请按其规律，写出下一种化合物的分子式_____。

（2）每一种化合物的分子式中 H 的个数 m 是否是分子式中 C 的个数 n 的函数？如果是，请写出关系式，如果不是，请说明理由。（跨学科作业）

【案例8】二次函数单元复习（弹性跨课时作业，见表8）。

表8 作业内容、目标及相应的核心素养

作业内容	作业目标	相应的核心素养
二次函数单元复习	1. 能构建二次函数的知识结构 2. 能综合其他知识，利用二次函数解决问题 3. 会适当添加条件，自行设计问题	几何直观、模型观念、推理能力、应用意识、创新意识

问题1：关于二次函数 $y = -x^2 + 2x + 3$，你能写出哪些结论？

问题2：二次函数 $y = -x^2 + 2x + 3$ 与 x 轴交于点 A、B，与 y 轴交于点 C，顶点为点 D。在此基础上，请你根据以往的经验，参考做过的题目，添加条件，从我已掌握的、我认为有难度的、欢迎挑战的3个方面设计问题（写在方框内），同时给出参考答案。

通过对学生完成情况的分析（图19），可概况为以下几个方向

方向1，对二次函数进行深入探究：对称性、增减性、图象变换；

方向2，引入直线：公共点、线段长、动直线、整点；

方向3，动抛物线，引入参数变化（此类题目为学生感觉最难的）；

方向4，与其他知识结合，如面积、圆、三角形、四边形等；

方向5，命题中暴露的问题：无解、出现矛盾（没有尝试解答或概念不清）、目前知识还无法解决（值得鼓励，只有不断思考寻求答案，数学才得以发展）。

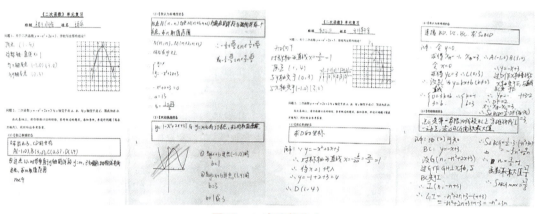

图19　二次函数作业

另外，在试卷讲评课时，可以针对错误较多的问题或较综合的问题，布置"析题"作业，教师先给出标准答案，请学生分析标准答案中每一步所含知识要素，概括思路流程，从而找到"症结"所在（图20）。教师也可设计反思性作业，可以以学习小报或数学小作文的形式，反思知识点、解题易错点、解题方法或学生学习的心理感受等。

总之，数学教育的目的应是培养有思想、有创新能力的人、而不是做作业的机器。传统的作业设计已经无法满足当今学生的学习需求，"双减"政策要求教师重视作业设计，优化的作业设计可以帮助学生建立良好的数学认知结构，促进学生的高阶数学思维发展，提升学生的综合能力，学生的一些非智力因素如自信心、学习动机等也获得同步的启迪，养成应对未来生活必备的品格和关键能力，切实做到减负增效。

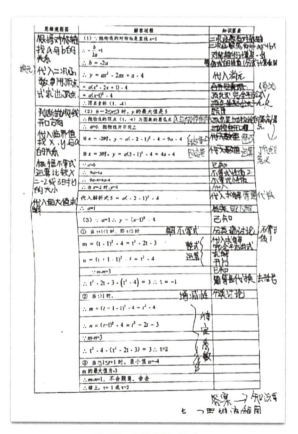

图20　"析题"作业

参 考 文 献

[1] 朱益明."双减"认知更新、制度创新与改革行动[J].南京社会科学,2021(11):141-148.
[2] 闫冰,潘海燕.核心素养视角下的小学低年级数学作业设计与思考[J].内蒙古教育,2018(7):96-97.
[3] 林志强.基于核心素养的初中数学作业设计原则[J].当代家庭教育,2018(10):85.
[4] 曹一鸣,冯启磊,陈鹏举.基于学生核心素养的数学学科能力研究[M].北京:北京师范大学出版社,2017.
[5] 北京教育科学研究院基础教育教学研究中心.义务教育阶段教师优化作业十条建议[Z].2021.
[6] 钟红,孙洪波,陶元."双减"背景下初三综合复习数学作业内容设计初探[J].吉林省教育学院学报,2021(10):103-106.
[7] 方晶.基于自我诊断的初中数学阶梯式作业设计的研究[D].上海:上海师范大学,2019.

专家点评

本研究选题具有较强的实践应用性,基于"双减"政策,对初中数学作业设计进行研究,呼吁教师重视作业设计,以建立学生良好的数学认知结构,促进其高阶数学思维及综合能力的提升与发展。

全文首先对初中数学作业设计的原则进行论述,然后提出了基于"双减"政策的作业设计框架,并针对不同类型作业,如,分层作业、探究型作业、开放型作业、生活化作业、操作类作业及创新型作业,以图文案例的形式重点阐述作业设计的一系列举措。例如,设计探究型作业时以表格的形式呈现了作业内容、作业目标以及相应的核心素养,在此基础上扩展探究不同的解题思路,引导学生从多方面、不同角度进行思考,让学生在学习新知识的同时,巩固、提高旧知识,建立知识间的纵向联系。该文对不同类型的作业设计有较强的实用价值,提供了新的作业设计思路。

文章结构科学合理,材料比较充实,叙述层次分明。此外,在论证方法上采用案例论证,观点具有独创性,有一定的参考价值。该文还参考了丰富的文献资料,其时效性较强。该论文对不同类型的作业设计有较强的实用价值,提供了新的作业设计思路,可供学校作业设计参考。

建议论文中研究"缘起"部分增加相应内容,该部分与全文其他部分相比篇幅过短、内容过简,建议在该部分阐明其研究背景、研究选题的重要性或研究意义。第二部分"基于双减的作业设计原则",建议与"双减"政策相结合,作业设计原则能体现出该政策的特点。

王 强

首都师范大学

"双减"背景下优化初中英语作业设计的研究报告

北京市朝阳区教育科学研究院 张秀红

摘 要 "双减"政策旨在减轻学生的作业负担,最大限度地发挥教育价值。教师依据课程标准、基于学科核心素养,整体设计了七年级上册全部章节共十个模块的单元作业和课时作业。教师创设真实的情景,建立课堂所学与学生生活的关联,注重在作业完成过程中学生主体的参与性和实践性。为了让学生有选择权,设计了基础达标类、自主提升类和迁移拓展类等分层作业,学生可以根据自己的真实水平选择所在层次的作业。在作业批改、布置和反馈中创新形式,建立过程性评价机制,加强作业的激励性。并且,教师注重趣味性,落实"双减"政策,并对教学效果进行分析,发挥作业设计的价值,让学生用最少的时间巩固最多的知识,实现作业设计效益最大化。

主题词 减负增效 作业设计 整体性

在初中英语教学中,由于词汇和语法知识较多,教师仅仅依赖课堂讲解是不够的,还要通过课后作业,让学生巩固与强化所学知识,加深学生的印象。"双减"政策的出台对教师设计课后作业提出了更高要求,教师应遵循减负增效的原则,处理好作业设计不合理的地方,使作业精简化、多样化,帮助学生获取丰富的知识,强化学生的英语思维,推动高效英语课堂的构建,促进学生更好的发展。

一、初中英语作业现状

(一)课后作业整体设计力度不够

目前的初中英语作业基本上是书面作业,以写和记为主,如抄写单词、翻译课文、记单词、做配套练习等,作业形式比较单一,不利于学生综合能力的发展。很多学生虽然记住了不少单词,也读懂了阅读材料,但是口语表达能力、听力都比较薄弱。

(二)作业缺乏层次,难以满足学生的学习需求

学生的语言基础、学习投入、学习能力和学习态度都不尽相同,导致英语水平参差不齐。所以,教师必须对作业进行分层设计,满足学生的学习需求。然而,就目前初中英语作业设计情况来看,缺乏层次是一个突出的问题。

(三)作业批改时间长,评价方式较为单一

教师用于作业批改的时间普遍较长,特别是读写结合类和书面表达类作业批改耗时较

多。而教师在前期进行作业设计、作业批改后的结果统计分析以及必要的跟进式辅导时间就显得严重不足了。

二、优化作业设计的目的

在学生英语学习与复习、巩固与提升的重要环节，科学、合理、适量地安排作业，能够有效地减轻作业负担。在作业设计过程中，引导教师对作业功能、作业内容和作业类型进行反思，减少作业布置的盲目性和单一性，强化作业的整体性、实践性、选择性、趣味性和激励性，进一步提高教师作业设计能力，提升作业在教学质量中的提升作用。

三、优化作业设计的研究

（一）关注作业的整体性

作业是教学设计非常重要的组成部分，因此把作业设计和批改纳入备课过程中，成为课堂教学的组成部分，关注作业的数量和质量。教师依据课程标准，参考现行的外语教学与研究出版社教材，基于学生学习基础和学习需求，按照学生语言学习的基本规律，整体设计单元作业和课时作业。教师从单元层面考虑作业目标的分配、作业内容的分配以及作业类型的分配，并且教师将长短不同的周期作业和各种类型的作业融入单元整体教学设计和教学的全过程，与课时教学有机结合，精心设计相对应的作业。

外研版七年级上册第5模块"My school day"，主题是学校生活。本模块与第1、2、3模块密切关联，可以说是学生步入初中、了解初中学习生活的收尾模块。教师设计了非常有意义的模块任务——畅谈理想校园，它既是课堂输出活动的进阶任务，也是矫正学生错误认识的良好契机。在完成任务的过程中，学生能在教师的引导下懂得"理想校园"并不是可以为所欲为的地方，而是改进现有不足、促进自身更好发展的地方。由于课上留给学生"畅谈理想校园"的时间非常有限，很难发挥其促进语言提升和育人的功能，因此，我们围绕模块任务设计了单元整体作业——制作"理想校园"手册，并将手册中所包含的内容拆分到了课时作业中，形成了从局部到整体、层层递进的内在关联（图1）。

（二）注重作业的实践性

在"双减"政策下，教师注重学生主体的参与性和实践性，创设真实的情景，建立课堂所学与学生生活的关联，引导学生做中学、做中思、做中用。这种实践性的作业符合初中生的认知规律与学习特点，能够调动他们的积极性；另一方面，英语是一门语言学科，强调听、说、读、写能力的发展与运用，所以，教师设计实践性的作业是必然的。在实际教学中，教师应结合"双减"内涵以及初中生的学习能力等，不断丰富作业形式，促进学生的多方面发展，提升学生的整体素质。

外研版七年级上册第6模块的作业是制作"Amazing Beijing Zoo"主题系列生日贺卡，以期学生通过"在学中做"和"在做中学"的过程，提升对动物的喜爱之情，培养尊重动物的意识。第1课时为听说课，主要介绍了狮子、熊、大象和熊猫的不同饮食习惯，因而这一课的小观念可提炼为"不同动物有不同的习性和特征"，对待"不同"我们理应尊

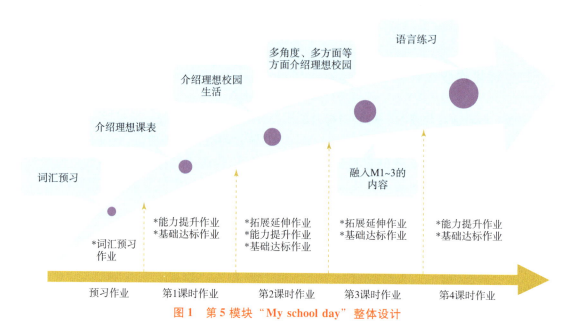

图1 第5模块"My school day"整体设计

重。第2课时为阅读课,主要对动物的栖息地、食物和其他特征进行了简单介绍。第3课时为阅读拓展课,主要对鲨鱼的数量、栖息地、大小、颜色等方面进行了较为详细的介绍,是在第2课时基础上的提升。这两个课时的小观念可以概括为"尊重动物需要了解动物"。第4课时为语法课,我们创设了"动物百科知识竞赛试题征集活动"这个情境,从而让学生在情境中运用语法、感染、号召他人尊重动物,因而这节课的小观念可提炼为"对动物的尊重体现在行动中"。4个课时联系紧密、层层递进,共同指向该模块的大观念"对动物心怀尊重能够让我们成为更好的人类"。通过本单元4个课时的学习,每位学生将通过4次作业完成4张贺卡。最后,全班同学将贺卡组合成一个完整的系列,共同为北京动物园115岁生日献礼(图2)。

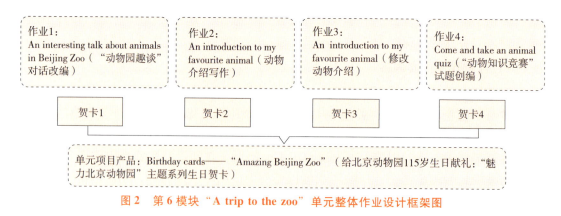

图2 第6模块"A trip to the zoo"单元整体作业设计框架图

在学生完成实践作业过程中,教师始终是从旁协助的作用:充分调动学生的参与度和积极性,引导每个学生发现自己的特长并充分发挥自己的优势,找到英语学习的突破口。而学生在完成项目式作业的过程中,需要分析和掌握作业要求,并不断地提高自己的自学能力与合作能力。

（三）增加作业的选择性

"双减"政策的本质就是减负增效，既要减轻学生的作业负担，又要提升学生的学习效率。教师设计了基础达标类、自主提升类和迁移拓展类作业，学生可以根据自己的真实水平选择所在层次的作业。设计分层作业对于减负增效能够起到一定的促进作用，它遵循因人而异的原则，可以为学生"量身定做"作业，这样的英语作业对学生来说难度适中，不会增加学生的学习压力，不会打击学生的积极性，避免学生的自信心受挫，更不会出现学生轻轻松松完成作业而潜能得不到发展的情况，这既达到了减负的目的，又起到了增效的作用。

外研版七年级上册第 10 模块的主题是"Spring Festival"（春节），以制作为冬奥运动员宣传春节的百科全书和 Vlog 宣传片为单元整体任务。在作业难度上，分为基础达标、能力拓展和拓展拔尖三个层次。基础达标主要考查学生对于单词等基础知识的掌握；能力拓展对学生语言组织表达能力以及对所学知识点的掌握提出更高要求；拓展拔尖则锻炼提高学生的能力，要求学生有一定拓展能力。根据课程视域下的作业观，作业的合理分层设置能够帮助学生培养自主学习能力和元认知能力。因此在 4 个课时的作业设置中，每一课时作业对语言知识、语言能力、文化意识和思维品质的目标要求均逐层递进，且在每一课时作业内部，活动的设置，对语言知识、语言能力、文化意识和思维品质的目标要求也逐层递进（图3）。

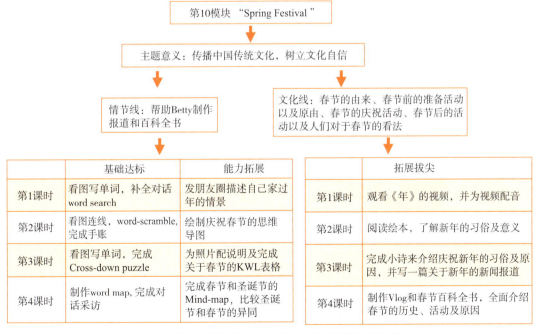

图3 第 10 模块"Spring Festival"主题作业分层

学习巩固活动可以设定为复习本课重点词汇，强化基础知识。需要注意的是，要把握好词汇复习的有效性和有趣性，要既引起学生的兴趣，又能帮助有效复习单元课时的重难点。能力提升环节，要确保学生能够在真实的语境中使用本节课所学的语言，既源于课本，又有十足的新鲜感。迁移拓展环节要聚焦拓展主题意义，活动设计要适切。

这样的作业设计体现了课程视域作业观下单元整体要求的综合性作业特征，这样的单元作业不是作业的简单累加，而是需要学生学习完一个单元以后，综合运用该单元的核心知识和方法完成的作业。这一类单元作业设计带有单元整体性、内容结构化、综合运用等性质。

（四）提高作业的趣味性

"双减"政策强调减负增效，要想真正达到减负的目的，教师就要激发学生的学习兴趣。《义务教育课程标准（2022年版）》指出，英语教学不仅要重视"学什么"，更要关注学生是否"喜欢学"，以及是否知道"如何学"。而且实践证明，只有在兴趣的驱动下，学生才有学习动力，不管遇到什么样的困难都会主动地、积极地克服，无论学习过程是艰难的还是轻松的都会保持良好的心态，让学习成为愉快的经历。因此，在减负增效的初中英语教学实践中，教师在设计作业时要注重趣味性，要让学生在做作业的过程中感受到快乐。

外研版七年级上册第4模块"Healthy food"的大背景为"健康饮食文化节"，主题意义是"养成健康饮食习惯"。为了帮助学生最终达成树立健康饮食习惯这一与学生健康成长生活息息相关的认知目标，本模块的单元作业设计主要任务为在健康饮食文化节背景下的四个活动——"制作购物清单""绘制健康生活方式的海报""制定一周健康早餐""中西方早餐饮食差异对比报告"，内容从"了解健康饮食"到"探究健康生活方式"再到"健康饮食习惯养成"，最后到"中西方饮食文化的对比"，层层递进，帮助学生认识健康饮食，提升审辨式思维，养成良好健康的饮食习惯，形成健康的生活方式，感受中西方文化异同（图4）。

图4　第4模块"Healthy food"学生作品

作业类型的丰富性也是解决作业兴趣问题的有效途径，让不同水平、不同智能倾向、不同认知风格的学生都能从作业中找到乐趣。另外，丰富的作业设计，均指向从学科学习走向生活情境。作业的设计，从学生的日常饮食出发，最终又以"设计一周健康早餐"的任务，回归学生的生活，不仅引导学生对课堂所学进行了巩固和运用，同时深化了学生的课堂学习效果，而且还将课堂教学应用到生活实践中，让学生深刻地意识到英语学习的意义和重要性，真正实现了作业的生活性、真实性和有价值性，在丰富的情境中进行有意义的学习。

（五）加强作业的激励性

在作业批改、布置和反馈中创新形式，建立过程性评价机制，加强作业的激励性。通过引导学生参与自评和互评的方式促进评价主体多元化，评价目标多维化和评价方式多样化的发展，以灵活多样的形式获取学生学习过程的信息。例如，对于外研版七年级上册第7模块"Computers"的作业，教师在批阅过程中，能够结合学生出现的问题进行针对性评阅，给予适当的提醒，鼓励学生通过教师的提示进行自我纠正，完成作业的过程也是学生自我反思、自主学习的过程（图5）。

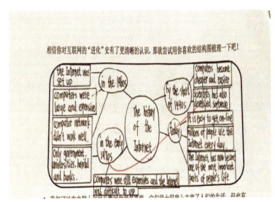
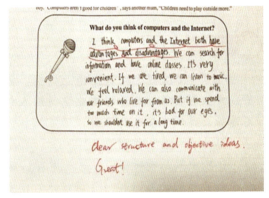

图5　第7模块"Computers"作业评价

教师还精心设计自评和互评活动，并设计了评价量表使学生从评价的接受者转变为评价活动的主体和积极参与者，及时有效地调控自己的学习进程，促进自我监督式的学习，并从中获得成就感和自信心。同时学生在彼此互动交流的过程中相互借鉴、取长补短。

例如，在外研版七年级上册第2模块"My family"的教学中，教师非常用心地设计了作业评价表，从内容和语言两个方面引导开展学生自评和同伴互评（表1）。而学生自评和互评自然发生的过程也是对个人初步学习结果不断完善和改进的过程。

表1　第2模块"My family"作业评价量表

评价维度	评价内容	评价人	评价等级	备注
内容	1. 介绍全部家庭成员； 2. 表达个人情感	自评 组评	☆☆☆☆☆ ☆☆☆☆☆	介绍人物完整，语言丰富5星；人物欠缺，语言少量错误4星；依次递减
语言	1. 含有指示代词和方位介词； 2. 含有形容词性物主代词和名词所有格	自评 组评	☆☆☆☆☆ ☆☆☆☆☆	

总之，在"双减"背景下的英语教学中，教师积极拓展教学内容，帮助学生构建知识体系，有效设计有针对性、实践性、选择性、趣味性和激励性的课后作业。教师及时更新教育教学理念，摒弃过去的"题海"战术，合理设计课后作业，提升学生的学习效率，充分发挥作业的价值，更好地落实"双减"政策。

参 考 文 献

［1］北京教育科学研究院基础教育研究中心. 中小学语言类作业指导手册［Z］. 2021，12.
［2］中华人民共和国教育部. 义务教育英语课程标准（2022年版）［S］. 北京：北京师范大学出版社，2022.
［3］王月芬. 重构作业——课程视域下的单元作业［M］. 北京：教育科学出版社，2021：35.
［4］赵晓宇，林炳祥. 项目化学习在小学英语教学中的应用［J］. 中小学电教，2020（12）：73-75.
［5］黄海东. 单元话题背景下英语课外作业项目化实践尝试［J］. 英语教师，2018（12）：131-133.
［6］江川. 项目式理念下初中英语作业设计探究［J］. 英语教师，2021（10）：177-178.

专家点评

为了有效减轻学生过重作业负担，需要加强作业设计指导。发挥作业诊断、巩固、学情分析等功能，将作业设计纳入教研体系，系统设计符合学生年龄特点和学习规律、体现素质教育导向、涵盖德智体美劳全面育人的基础性作业，鼓励布置分层、弹性、个性化作业。

此项成果是教研部门针对初中英语课后作业整体设计力度不够、作业缺乏层次、作业批改时间长等问题，引导教师对作业功能、作业内容和作业类型进行反思，减少作业布置的盲目性和单一性，设计基础达标类、自主提升类和迁移拓展类等分层作业，强化了作业的整体性、实践性、选择性、趣味性和激励性，进一步提高教师作业设计能力，发挥作业设计的价值，使学生可以根据自己的真实水平选择所在层次的作业，让学生用最少的时间巩固最多的知识，提升作业质量和完成作业的效益。

该成果也呈现了在作业批改、布置和反馈中创新形式，建立过程性评价机制；设计了评价量表，使学生从评价的接受者转变为评价活动的主体和积极参与者，及时有效地调控自己的学习进程，促进自我监督式的学习，并从中获得成就感和自信心。

建议进一步完善研究设计和数据收集，更多地从学生角度看作业设计给学生的学业进步及切实感受方面带来的变化，提炼作业设计方面的好经验。

邱 磊
北京教育学院

"双减"背景下小学数学多元化作业设计与评价的实践研究

北京市朝阳师范学校附属小学　杨　欣　吴　爽　梁　利

摘　要　在"双减"背景下,以数学核心素养为指引,将数学学科学习与学生真实生活之间建立联系,确定了小学数学多元化作业设计理念。基于作业设计理念形成了"基础、拓展、个性发展作业"实施模式,根据小学数学多元化作业设计构建了有效的小学数学作业评价标准和评价方式,实现了作业育人的功能,真正将"减负增效"落地生根。

主题词　多元化数学作业　作业设计　作业评价

一、"双减"背景下小学数学多元化作业设计与评价的研究背景

(一) 教育评价聚焦作业改革

减轻过重课业负担是中小学生健康快乐成长的现实需要,是全面实施素质教育的基本要求,也是人民群众普遍关心的热点难点问题。《国家中长期教育改革和发展规划纲要(2010—2020年)》指出,"学校要把减负落实到教育教学各个环节,给学生留下了解社会、深入思考、动手实践、健身娱乐的时间。"2013年十八届三中全会《中共中央关于全面深化改革若干重大问题的决定》指出:"立德树人作为教育的根本任务,就是深化教育领域综合改革之魂。"

作业是教育评价改革中重要组成部分,也是课堂教学的补充与延伸,还是学生学习能力提升的关键。为进一步加大"双减"工作的力度,北京市教委在2013年发布了《关于切实减轻中小学生过重课业负担的通知》,对于切实减轻中小学生过重课业负担提出严格控制作业量,教师布置作业必须坚持"精选、批改、讲评"原则,不得布置简单重复性和惩罚性的作业。

(二) 传统作业育人功能缺失

针对作业布置情况,我们对某校三至六年级学生的数学作业情况进行了问卷调查研究,通过调研我们发现:目前小学数学作业存在数学作业效能不高,数学作业设计与评价方面的深度不够,缺乏具体有效的措施,数学作业不能很好地发展学生的数学核心素养,实现减负增效、作业育人的功能。具体问题如下:

1. 作业设计导向性不强,没有体现核心素养导向

教师在作业设计时数学核心素养意识淡薄,不能将小学数学核心素养融入作业设计与

评价中,对作业价值认识不够深刻,没有将作业与生活联系。

2. 作业设计适应性不强,没有针对学生的个性化

教师没有针对学生个体差异进行分层作业设计,盲目布置重复性、实践性少的作业,不能较好地满足学生个体需求和发展。

3. 作业评价有效性不高,没有系统的评价机制

教师缺乏对作业评价进行具体设计,只是简单地对作业进行正误判断,缺乏量化等级与质化评语的结合,没有起到激励、调动学生学习积极性的作用。

基于小学数学作业的现状,结合学生发展的实际情况,目前迫切需要对作业设计和评价进行细致的研究,以便有效地构建作业设计与评价体系,通过多元化数学作业做到减负增效,实现作业的育人功能。

二、小学数学多元化作业设计的构建与实施

哈里斯·库珀(Harris Cooper)提出了作业效能,作业效能的研究范围不再局限于作业对学生成绩提高的作用,还应包括技能、实践能力、态度、方法等方面。多元化作业是在作业设计方面,设计基于不同情境的、跨学科融合的、适用不同学生的数学作业组合。

在"双减"背景下,以数学核心素养为指引,针对数学学习评价,既要关注学生学习的结果,也要重视学习过程的要求,我们不断丰富完善,设计了小学数学多元化作业及评价。

(一)以生活情境为导向的多元化数学作业设计理念

在小学数学核心素养中,对小学生创新意识的培养是现代数学教育的基本任务,它贯彻数学教育的始终。创新意识是让学生在解决问题中从新角度思考,用新方式解题,面对新情境下的问题会变通、能联系,与此同时会用数学的思维方式思考。以核心素养为导向的小学数学多元化作业设计理念如图1所示。

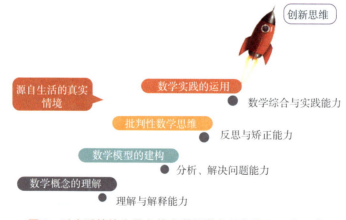

图1 以生活情境为导向的小学数学多元化作业设计理念

1. 突破口:营造源自生活的真实情境

情境认知理论认为,基于现实世界的真实情境是学习者学习的基本条件,任何脱离特定情境或场合的知识都是毫无意义的。教师应把学生喜爱的、有趣的、熟悉的生活内容

融于教学知识中，代替枯燥的纯数学情境以沟通认知桥梁。教师要关注学生的最近发展区，仔细斟酌创设的情境，将现实生活与数学知识结合，把获得的知识和经验有效迁移应用到解决社会生活中，搭建走向核心素养的数学之路。

2. 素养发展路径：搭建走向核心素养的数学之路

（1）多元化作业帮助学生巩固数学概念，提升理解与解释能力。数学概念反映了现实世界的空间形式和数量关系的本质属性，它是思维的形式。我们通过多元化作业引导学生借助语言、图示、类比等思维外化方式一步步将概念解释清楚，用自己的理解进行个性化表达，帮助学生理解基本概念、核心概念，撬动创新。

（2）多元化作业帮助学生建构数学模型，促进分析、解决问题能力。模型思想的建立是学生体会和理解数学与外部世界联系的基本途径。我们通过多元化作业引导学生运用批注、画图等方法分析问题，建立模型，从而解决数学问题。

3. 多元化作业帮助学生形成批判性数学思维，形成反思与矫正能力

学习的过程学生经常会出现各种各样的错误，这就需要学生经历回顾、梳理、搜罗错题、分析评价的过程。通过识错、思错、纠错、防错等一系列方法对错误进行再加工、再利用，有助于培养学生的数学反思习惯，发展学生自我反思能力和批判思维。

4. 多元化作业帮助学生开展数学综合性实践，发展数学综合与实践能力

"综合与实践"是一类以问题为载体、以学生自主参与为主的学习活动。我们通过多元化作业引导学生综合运用知识和方法设计方案、执行方案、调整方案，最终解决生活中的实际问题，引领创新。

（二）形成"基础、拓展、个性发展作业"设计与实施模式

本研究以生活情境为导向的多元化数学作业设计理念为基础，形成了"基础作业·拓展作业·个性发展作业"设计与实施模式，其框架如图2所示。

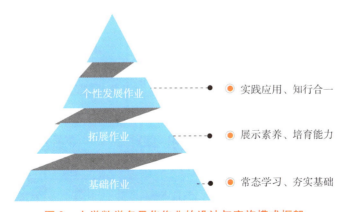

图2 小学数学多元化作业的设计与实施模式框架

基础作业是人人必须完成的作业，我们依据学生必须掌握的关键知识点、能力点，精选教科书提供的练习、区教研团队编制的数学目标，找到符合学生最近发展区、体现核心素养导向的作业，为学生夯实基础。拓展作业是为学有余力的学生布置的展示素养、培育数学思维能力的作业，教师根据学习进度和要求，精心设计作业单，作业单上的作业有思维导图、错题整理、重点题目讲解等内容，学生可以根据自己的实际需要自主选

择完成。个性发展作业是结合学生某方面爱好、特长打造的灵活、体现应用实践的作业，教师鼓励学生将数学知识与兴趣爱好结合，知行合一，培养创新精神和实践能力。

我们对多元化数学作业进行了精心设计和有效实施，具体如下：

1. 依托"基础作业"——助数学知识生根

学生学习教师授课内容，需要及时对知识进行巩固。依托基础作业来帮助全体学生及时巩固课上的内容，协助教师及时了解学生对所学知识的掌握情况。通过精选作业，降低整体作业量，减轻学生的作业负担。

2. 联动"拓展作业"——助数学知识生长

学生掌握了基础知识和基本技能后，需要将所学知识进行必要的延伸和拓展。联动拓展作业让不同层次的学生弹性选择，进一步提升推理、综合等能力。

3. 融入"个性发展作业"——助数学知识开花

学生具备基本数学思想、积累基本活动经验后，借助个性发展作业鼓励学有余力的学生将所学知识与个人兴趣爱好结合，提高学生跨学科思考、整体设计的能力，发展学生的创新思维。

下面以人教版六年级上册第二单元"位置与方向"为例来说明基础作业·拓展作业·个性发展作业的设计与实施，如表1所示。

表1 基础作业·拓展作业·个性发展作业的设计与实施案例

作业类别	设计内容	学生作品	核心素养
基础作业	书P23：4~9题	—	空间观念
拓展作业	1. 梳理单元知识； 2. 在生活中寻找本单元相关知识在特色作业本上记录（请你任选一个任务完成）		空间观念、应用意识
个性发展作业	数学漫画《阅兵方阵中的数学》		空间观念、创新意识

学生学习完"位置与方向"单元后,教师基于学生参观国庆阅兵花车这一生活情境设计了拓展作业和个性发展作业。从表1学生作品中可以看出,学生能主动将数学知识与真实情境结合,梳理出单元知识点,创作出数学漫画。

根据学生不同生活情境设计数学作业,把作业融入参与某项活动的真实生活情境中,既是一种减负,也是对学生参加活动的支持。拓展作业与个性发展作业的设计与实施发展了学生的空间观念、应用意识、创新思维等数学核心素养,改善了学生的学习方式,改进了教学方式,最终达到"减负增效"和"作业育人"的目的。

三、小学数学多元化作业评价标准和评价方式

作业评价是数学教学的重要组成部分,《义务教育数学课程标准(2022年版)》指出:"评价的结果应具有激励导向作用,更应具有发展的眼光看待学生。"基于此本研究以多元化数学作业为基础构建有效的小学数学作业评价原则、评价标准和评价方式,通过作业评价激励学生、促进学生核心素养的发展。

(一)作业评价原则

我们结合小学数学多元化作业特点,制定相应的评价原则,如表2所示。

表2 小学数学作业评价的原则

评价类别	评价原则					
	引导性	激励性	启发性	科学性	创新性	过程性
基础作业				√		
拓展作业		√				√
个性发展作业			√		√	

对多元化数学作业进行评价时,我们以引导性、激励性、启发性、科学性、创新性、过程性为原则,其中基础性作业侧重科学性原则,拓展作业侧重激励性、过程性原则,个性化发展作业评价侧重启发性、创新性原则。

(二)评价标准和评价方式

我们结合多元化数学作业特点,制定相应的评价标准、评价方式,如表3所示。

表3 评价标准和评价方式

作业类别	评价标准					评价方式
基础作业	正确		书写		改错	等级划分
拓展作业	逻辑	内容	书写	分析	过程	思路	星级评价
个性发展作业	知识		创新		结合生活	实用	激励评价

我们从正确、书写、改错三方面制定基础作业的评价标准，每一个评价标准划分为四个等级，分别是优秀、良好、合格、不合格。

我们从逻辑、内容、书写、分析、过程、思路等方面制定拓展作业的评价标准；其中思维导图侧重单元知识内容是否完整，逻辑是否清晰，错题整理侧重题目抄录是否美观，错因分析是否精准，解答过程是否正确；重点题目讲解侧重讲题思路是否清晰，讲解过程是否体现三大，即大胆发言、大声说话、大段表述。拓展作业评价时采用星级评价方式，评价标准每达到一项可得一颗星。

我们从有无知识错误、是否体现创新、是否实用、是否结合生活等方面对学生个性发展作业进行激励评价。评价标准中一项或几项表现突出，就采用语言、文字、搭建展示平台等方式进行激励评价。

以人教版六年级下册"百分数"单元为例来说明个性发展作业的激励评价过程。首先根据评价标准对完成个性发展作业的学生用语言激励，激励时注重公开性，即在班里对设计出优秀个性化作业的学生颁奖并拍照。激励时还注重宣传性，即将优秀作品分别在班级、学校展示。其中《关于打折那些事儿》（图3）好评如潮，于是将该作品与语文学科融合，转化成剧本，在学校的童话梦工厂中进行展演，使得更多的学生对数学中的打折问题理解得更透彻。

图3　学生的个性发展作品

通过构建有效的小学数学作业评价原则、评价标准和评价方式，解决了作业评价有效性不高的问题。

四、小学数学多元化作业设计与评价的效果

多元化数学作业设计与评价的实施使得数学核心素养得到发展，具体体现在：学生的问题解决能力增强，实践能力得到发展，形成创新思维。

例如：学生课堂上更乐意用多种方法解决问题，课上学生乐于表达自己的想法，形成了以学生为中心的课堂（图4）。

个性发展性作业的实施与评价，挖掘出学生创造潜力，使学生将所学知识和实际生活

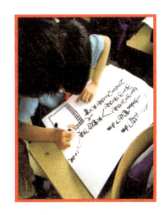  

图4 以学生为中心的课堂

结合到一起，把知识转化为能力，落实小学数学核心素养的培养。

例如：某学生主动将数学知识与自己的兴趣点结合，锤炼出高效学习法，创作了生活中的数学系列漫画（图5）并汇编成书，在校内举办新书发布会（图6），让更多的学生得到启发，领悟到数学的无穷魅力。

图5　学生漫画作品　　　　　　　　图6　学生新书发布会

"双减"背景下小学数学多元化作业设计与评价的实践研究中，我们带领学生积累了特色作业库、数学口语报告视频库，引导学生创作了《生活中的数学》系列漫画，让学生的思维通过多元化数学作业更加开阔，让学生在有限的作业中，得到了无限的发展，有效减轻了学生的作业负担，有效激活了学生的数学思维，最终实现了达到培养具有创新思维的社会公民的目标。

参 考 文 献

[1] 范红梅．基于数学核心素养的小学数学作业现状研究［D］．牡丹江：牡丹江师范学院，2018．
[2] 李宗旗．减负增效背景下的分层数学作业研究［J］．教育观察，2019，8（41）：124－125．
[3] 陈琳．小学低年级数学非书面家庭作业存在问题与成因分析［D］．上海：上海师范大学，2019．

[4] 王雪. 小学数学实践性作业现状调查研究 [D]. 兰州：西北师范大学，2018.

[5] 邱九凤，宋向姣. 试析小学数学作业批改存在的问题及改进措施 [J]. 教育探索，2016（7）：45 - 48.

[6] COOPER H. Synthesis of Research on Homework [J]. Educational Leadership，1989，47（3）：85 - 91.

[7] 曹秀华. 基于多元智力理论的分层作业设计 [J]. 教育探索，2006（11）：40 - 41.

[8] 陈月芹. 关于小学数学作业设计的若干思考 [J]. 小学教学研究，2011（3）：50 - 52.

[9] 史宁中. 数学基本思想18讲 [M]. 北京：北京师范大学出版社，2016：5 - 6.

[10] 中华人民共和国教育部. 义务教育数学课程标准（2022年版）[S]. 北京：北京师范大学出版社，2022：89 - 91.

专家点评

本研究具有较强的实用性，基于"双减"背景下，对小学数学多元化作业设计与评价进行研究，通过多元化数学作业以开阔学生的思维，减轻学生的作业负担以及实现培养具有创新思维的社会公民的目标。

全文首先介绍了小学数学多元化作业设计与评价的研究背景，阐述了其当前存在的问题，然后提出了基于"双减"政策的作业设计的构建理念和实施方式，并以图文案例的形式从逻辑、内容、书写、分析、过程、思路等方面制定拓展作业的评价标准，相应地制定了评价方式，最后对作业设计与评价的效果进行了展示。个性发展性作业的实施与评价，挖掘出学生创造潜力，使学生将所学知识和实际生活结合到一起，把知识转化为能力，落实小学数学核心素养的培养。文章对小学数学的多元作业设计有较强的实用价值，提供了新的作业设计思路。

文章结构科学合理，材料比较充实，层次清晰，写作时参考的相关文献资料与主题联系紧密。论证方法合理，主要用事实论证，更增加了论证的可靠性。文章对小学数学的多元作业设计有较强的实用价值，提供了新的作业设计思路，可供学校作业设计参考。

文章在第一部分"研究背景"对数学作业情况进行了问卷调查，建议附上所用的问卷，并阐明其调查方法、调查过程等情况。此外，在第二部分"作业设计的构建与实施"提到了作业设计的四个理念，但未能与"双减"政策相结合，建议要能体现出"双减"特色。第四部分"作业设计与评价的效果"建议明确一个参照标准或要求，按照该标准或要求分别展示其效果，增添其效果说服力。

王 强

首都师范大学

"双减"背景下小学数学综合与实践类作业设计研究

北京医科大学附属小学 李 程

摘 要 "双减"政策的实施对教师作业设计能力和质量提出了新的要求，2022年新颁布的课程标准进一步强调了综合与实践领域的重要性。高质量的数学综合与实践作业的设计为减负增效策略提供了新的思路。本文分析了数学综合与实践类作业的内涵、功能价值、总结了此类作业设计的基本原则，并从学科融合的综合作业、联系生活的实践作业、结合传统文化的作业三个视角出发，结合具体作业设计案例呈现此类作业设计研究成果，助力"双减"的有效实施。

主题词 "双减" 综合与实践类作业 作业设计

2021年7月中共中央办公厅、国务院办公厅印发了《关于进一步减轻义务教育阶段学生作业负担和校外培训负担的意见》，明确要求全面控制作业总量和时长，减轻学生过重的作业负担。2022年4月颁布的《义务教育数学课程标准（2022年版）》，进一步强调了数学综合与实践领域学习的意义和重要性。新政策的实施和新课标的颁布，犹如一剂有效的催化剂，加速作业发挥积极的功能，也对教师作业设计的能力提出更高要求。然而，现阶段的作业设计仍然存在一些问题，因此研究设计具有创造性、趣味性、综合性和实践性的高质量数学综合与实践作业，对实施减负增效、助力"双减"具有重要的意义。

一、数学综合与实践类作业及功能价值

（一）概念与内涵

《义务教育数学课程标准（2022年版）》进一步加强了综合与实践，强调以解决实际问题为重点，以跨学科主题学习为主，以真实问题为载体，运用数学和其他学科的知识、技能、方法，经历发现、提出、分析解决问题的过程，培养应用意识和创新意识。它的核心是学生在教师的引导和帮助下，自主进行有目标的实践活动。数学综合与实践类作业则是以《义务教育数学课程标准（2022年版）》对综合与实践领域的理念和要求为依托而设计的数学作业，是学生数学学习内容的扩展和延伸。数学综合与实践类作业结合了学生所学的数学知识、其他学科的知识与方法、科学技术与生产生活，注重凸显作业的实践性和综合性。作业呈现的形式多样、个性鲜明，给予学生更多空间和机会，发挥

学生学习的自主性。让不同基础、不同需求的学生都可以有所参与，有所收获。

（二）功能与价值

借助数学综合与实践作业，学生得到用数学的眼光观察世界、用数学的思维思考世界和用数学的语言表达世界的机会，为锻炼学生的数学眼光、数学思维和数学语言提供了很好的媒介。在完成作业的过程中，学生的创新意识和实践能力得到培养，社会担当得到锻炼，核心素养得到发展。不再是简单、机械、重复性作业，取而代之的是精心设计的综合性、实践性作业，提高的是学生的学习效率和兴趣，减少的是学生过重的作业负担（图1）。设计好数学综合与实践作业，能够推进"双减"政策更加有效落实。

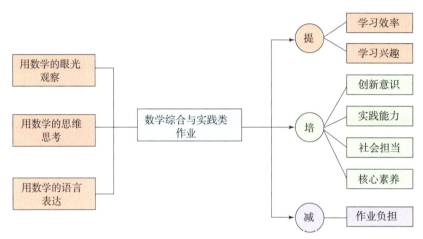

图1　数学综合与实践类作业的功能与价值

二、存在的问题

（一）重视程度不高

以赫尔巴特、凯洛夫为代表的教育家强调，作业是对教学中知识与技能的巩固，是进行课堂教学管理的重要手段之一，独立作业和书面式的文本作业是作业的主要形式。这种思想认为，作业只是作为教学的一个环节而存在的，是课堂教学在课余时间的延续，与校内的学习高度一致。在这种传统作业观的影响下，教师容易窄化作业功能，更倾向于通过作业提升学生对知识与技能的理解和掌握。由于数学综合与实践作业需要学生投入较多精力综合运用所学知识和技能，通常完成作业情况比较复杂，作业时长难以评估，作业短期内"见效"没有传统作业显而易见。因此教师对于此类作业的设计相对忽视，重视程度没有基础类的作业高。

（二）设计不科学

随着"双减"政策的不断推进，数学综合与实践作业的重要性愈发凸显，教师在设计作业时也有意识地设计不同类型的作业，如基础类、拓展类、综合实践类等。然而在设计数学综合与实践类作业时，教师可供参考的优秀作业案例有限，作业的设计与实施更多地依靠教师的经验与自主开发。而综合与实践领域内容又非常丰富，能够独立设计综合与实践类作业的教师相对有限，这样就造成教师设计的数学综合与实践类作业的随意性比较大，目标不够清晰，科学性不高。

（三）效果不明显

对于教师而言，数学综合与实践类作业的设计是具有一定挑战的；对于学生而言，能够完成这类作业也并非易事。学生最初接触数学综合与实践类作业时容易出现"无从下手"的状况。学生的作业成果也会因人而异、因事而异、因时而异，不同学生的作业呈现出来的结果也不同，没有一个绝对的标准。如果没有教师及时的引导、高效而具体的反馈，就会降低学生完成数学综合与实践类作业的成就感，从而影响作业效果。

三、数学综合与实践类作业设计的原则（图2）

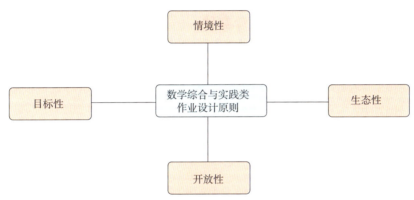

图2　数学综合与实践类作业的设计原则

（一）目标性

数学综合与实践类作业设计的目标性是指此类作业设计的目标要清晰而明确，即将数学综合与实践类作业作为良好数学教育的一种表现形式，为的是让不同的学生通过此类作业能得到不同的锻炼和发展，培养和发展出适应未来挑战的数学核心素养。同时数学综合与实践类作业的设计目标要以学习兴趣激发为指向，丰富数学作业的功能，关注学生兴趣点，促进学习效率的提升。

（二）情境性

数学综合与实践类作业设计的情境性是指作业任务有真实情境为依托，这是由综合与实践领域的特点决定的。此类作业不是基础巩固习题或者简单的拓展作业，而是源于发生在真实世界的问题，作业的情境是促进学生学习真实发生和开展认知学习活动的基础，促使学生构建和理解知识，提高和应用技能，让学生意识到数学与实际生活的联系，体会到数学对生活实际的作用和影响，从而提高学生的实践能力和社会担当。

（三）生态性

综合与实践类作业设计的生态性指的是此类作业的设计要视学生的学习为一个灵动的过程，要有一定的整体观。设计此类作业内容时要考虑学生实际水平和认知情况，整体、系统、科学、合理地设计，要考虑到学生知识、能力和品格等核心素养各维度的平衡可持续发展，同时关注生态效果，控制作业量和难度，以调动学生的学习积极性和创造力，保证学生乐学善学的学习状态。

（四）开放性

数学综合与实践类作业设计的开放性是指作业所涉及的知识概念和结论有丰富的空间，所涉及的方法具有发散性，没有唯一的解决方案和答案。这种作业设计的开放性给予学生有问题可思考、有空间可想象、有内容可表达、有经验可积累的机会。同一项数学综合与实践作业，可以让具有不同学习能力的学生经历不同的过程，收获不同的体验，产生不同的灵感，展示不同的结果，呈现不同的思考，积累丰富的经验，开阔思维，大胆创新，体会成功的喜悦。这样才能激发学生的主动性，实现思想的碰撞，引发探究心理，发展创新能力和应用意识。

四、数学综合与实践类作业设计实践

（一）学科融合的综合作业

当今社会和生产生活中遇到的诸多问题，都不是传统的单一学科就可以解决的，而是需要各类学科的知识、方法、技能、特点相互融合，协同作用才能解决问题，有很强的综合性。新时代的发展更是需要培养具备跨学科视野的复合型人才。而人的能力发展和素养的形成，需要在一定的操作、实践和活动中才能实现。教师可以抓住数学与其他学科的交汇点，将不同学科知识加以整合，形成适合学情的学科融合性作业，这样就能促进学生将各类学科知识和方法相互连接，帮助学生经历全面、丰富、深刻的数学活动体验，提升学生应用数学解决实际问题的能力，激发学生的想象力和创造力，锻炼和发展学生的思维品质，形成创新意识。

比如，三年级数学安排了年、月、日的相关内容，同时科学课学习了常见的天气及其记录方式，美术课学习了排版和设计。可以结合各个学科所学内容，设计"天气日历"的综合与实践类作业。

科学课中我们学习了天气的几种类别，数学课里我们由认识了年月日，请用你喜欢的方式做一个好看的本月天气日历吧！并选择你感兴趣的问题进行研究。

如：

A. 观察自己制作的天气日历，你有什么发现？

B. 根据自己制作的天气日历，尝试统计本月天气的情况，你能得出什么结论？

C. 本月中哪种类型的天气出现的天数最多？是多少天？哪种类型出现的天数最少，是多少天？你还能发现哪些数学信息？

通过这样作业的设计，学生不仅能体会到数学在生活中的广泛应用，更能体会到数学与其他学科的广泛联系，将所学的知识和技能融会贯通，完成一幅自己满意的作品，体会到学习的快乐和成就感（图3）。不仅如此，个性化的作业设计，给予学生足够的空间，可以结合自己的发现去研究自己感兴趣的内容，也可以根据作业的提示去思考，让不同的学生在数学上得到不同的发展，激发了学生的乐学意识和进取精神。

图3　学生制作的天气日历

（二）**联系生活的实践作业**

数学源于对现实世界的抽象，是自然学科的重要基础，在社会科学和生活中发挥着重要的作用。随着人工智能的发展，数学研究与应用的领域更是不断拓展。对于小学数学学习而言，让学生感受到数学和生活之间的密切联系是非常必要的。从生活中有趣的数字到上学时间的记录，从旅游攻略中的数学到购物中的精打细算，处处都与数学相关。综合与实践类作业设计如果能从学生熟悉的生活情境和问题入手，将会提高学生学习数学的主动性与积极性。

例如，在学习完三年级"周长"单元后，结合学校实际情况，可以设计这样的综合与实践作业。

为增强同学们的体质健康，学校计划增加下午体育锻炼时间，项目为跑步活动。每天有两个年级同时参与跑步活动，每年级8个班，每班按40人计算，每位同学至少间隔1米。各年级跑步队形根据需要自行设计（如两队或四队等），但注意各班之间应有适当间距，避免发生碰撞。

体育老师为了能合理充分地利用好操场资源，现向全校学生征集跑步路线设计方案。请同学们在图上（图4）设计跑步路线，注意验证跑步队伍总长与路线图形周长的关系。可以自愿结合成研究小组，合作画出方案设计图，并配以简单说明，帮助体育老师设计一个合理的跑步方案。可以用数据展示、计算推理、文字论证、研究报告等形式完成。

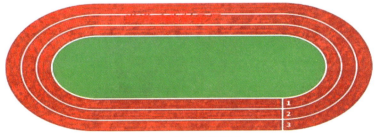

图4　跑步路线设计

学生在解决校园中操场场地有限的真实问题过程中，充分将所学的知识和技能综合应用，积累解决问题的经验。不仅如此，学生从被动地、接受式地完成作业，转变为通过自主探究、小组合作的学习方式和作业方式，促使学习兴趣也得到大幅提高。

（三）结合传统文化的作业

中国是拥有五千年历史的文明大国，在五千年时间的流逝下，所流传下来的传统文化是我国人民最值得自豪与骄傲的东西。而数学文化更是人文性与科学性交融、开放性与包容性并存的文化，这与中华优秀传统文化有很多契合点。无论是历史文化所传承下来的古朴数学智慧，还是在人类探索史上有着浓墨重彩的数学发现，都是值得我们去学习、挖掘、继承和发扬的。

《义务教育数学课程标准（2022年版）》在综合与实践领域的教学提示中谈到，除了开展有目的、有设计、有步骤、有合作、有反思的实践活动，还可以结合中华优秀传统文化，以保证不同基础、不同需求的学生都可以参与活动。由此可以看出，在作业设计中渗透数学文化并以此达到文化育人的目的是数学作业改革的重要方向之一。教师可以尝试设计将数学与传统文化相结合的数学综合与实践作业，让学生感悟中华五千年璀璨文化，体会中国劳动人民的智慧，并继续传承中华民族优秀文化。

例如：在学习完"图形的运动"单元后，可以设计图形与传统文化相结合的综合与实践类作业。

中国剪纸艺术是我国最为流传的民间艺术之一，是国家级非物质文化遗产。在2009年，中国剪纸艺术入选联合国教科文组织"人类非物质文化遗产代表作名录"。早在南北朝时期《木兰辞》中就有"对镜贴花黄"的诗句，当家有喜事或者逢年过节，总少不了用剪纸作品来烘托节日的气氛。其中，折叠剪纸是经过不同方式折叠剪制而成的剪纸。最早的"对马""对猴"等团花就是经折叠剪出的，是最常见的一种制作表现方法，尤其适于表现结构对称的形体和对称的图式。学过了"图形的运动"这一单元后，请你查找关于折叠剪纸的资料，利用轴对称的知识，完成一幅剪纸作品，体会传统文化的奥妙吧！

这种将剪纸传统文化与数学相结合的综合实践类作业，使学生兴致盎然，满足了学龄儿童喜欢动手操作的特点。同时，在对折、剪断、展开的过程中，学生积累了数学活动经验，体会到轴对称图形的特点，并根据轴对称的知识进行创作，培养了创造能力（图5）。在完成作业的同时，促进了学生对中华优秀传统文化的了解，提升了民族认同感。这种作业不仅将中华优秀传统文化为现今教育教学所用，还彰显了数学知识与人文精神的和谐与统一。

图5　学生根据轴对称制作的剪纸作品

综上，随着新教育政策和新课标的密集出台，思考并探索出一种指向未来的、可持续发展的新作业形态，是教育者肩负的重要责任和巨大挑战。随着"双减"政策的不断深化，数学综合与实践类的设计研究的不断深入，相信越来越多的学生都能够在适合自己的作业中、学习方式中、擅长的领域中有所收获和成长。

参 考 文 献

[1] 中华人民共和国教育部．义务教育数学课程标准（2022 年版）［S］．北京：北京师范大学出版社，2022．
[2] 刘莉．数学"综合与实践"领域的主要变化［J］．湖北教育（教育教学），2022，（8）：8 – 10．
[3] 杨伊，夏惠贤，王晶莹．我国学生作业设计研究 70 年：回顾与展望［J］．教育科学研究，2020（1）：25 – 30 + 54．
[4] 张黎，曹湘洪．基于核心素养的作业设计研究［J］．教学与管理，2020（7）：98 – 101．
[5] 郭圣涛．小学数学作业要以"质"提"效"［J］．人民教育，2021（21）：68 – 70．
[6] 许兵．在小学数学教学中实施传统文化教育的尝试［J］．科幻画报，2022（4）：337 – 338．
[7] 曹一鸣．中华优秀传统数学文化进中小学数学课程：从意义到实施［J］．教育研究与评论，2022（6）：46 – 49．

专家 点评

本研究基于教育改革的新背景，抓住教学中存在的实际问题，从概念界定到问题分析，再到最后作业设计的实践展开，环环相扣，逻辑清晰，体现了研究的科学性与规范性。

此外，"综合与实践"是小学数学中的一个新领域，为学生提供了实践性、探索性、研究性的学习渠道。课后作业的设计应与时俱进，不仅要体现此领域的特点，也要结合"双减"政策的提出，设计出高效且有趣的课后作业，激发学生学习兴趣的同时减轻学业负担，平衡二者之间的关系。本研究以此为切入点展开分析，具有较为新颖的研究视角。

最后，在强调数学综合与实践类作业具有重要现实意义的基础上，提出切实可行的作业设计案例，点面结合地使研究问题落地。例如，研究从数学综合与实践类作业设计原则层面提出四原则，随后将四原则与实际教学内容相联系，举例说明作业与各学科、实际生活和传统文化相融合的具体设计思路，使研究问题不仅停留在理论层面，进一步具体到实践教学中，研究的实践意义更加凸显。

建议在论文撰写中进一步加强研究成果与"双减"背景的联系，在数学作业设计原则的阐述以及数学综合与实践类作业设计实践中渗透融合"双减"理念，强化本研究与"双减"政策背景之间的关联度。

王 强
首都师范大学

初中生物、历史、地理跨学科作业设计与实践
——以"大运河文化"任务单为例

北京理工大学附属中学通州校区　李方园

摘　要　随着义务教育的全面普及，教育需求从"有学上"转向"上好学"，在"双减"政策和新的课标中也处处透露着提升教学质量的需求，提升学生的思维能力和学习质量的需求。跨学科教学对培养学生综合思维能力具有重要意义，在生物教学中统筹其他学科，实现学科知识间的横向协调配合已明确写入新课程标准。本文通过历史、地理、生物等跨多学科的融合探究任务的设计，让学生在参观、走访过程中了解运河文化发展历程，感受家乡深厚的运河底蕴，了解弘扬传统文化，渗透各学科新课标的核心素养，锻炼与人交往合作、处理问题的能力，提升社会责任感。

主题词　跨学科教学　核心素养　真实情境

一、历史、地理和生物跨学科作业设计的理念依据

跨学科教学是对传统的单一学科自成体系实践教学模式的创新与扩展，运用两种或两种以上的学科知识或者学科方法，在具体生活情境中解决真实问题的学习活动。"跨学科学习"的基本理念是"为理解而学、为生活而学、为学科而学"，对打破学科知识隔离、促进各学科交叉融合具有重要意义。初中生物的教学是在小学科学教学的基础上进行，然而小学阶段的科学课，实质是一门具有跨学科性的课程，它涉及初中生物、化学、物理、地理等科目。初中生物跨学科教学既有效地衔接了小学科学课程，同时发展了小学科学课程。

（一）学科内容的关联性

就学科内容而言，初中生物学科中的生态系统、生物与农业、工业、生活的关系等重要内容，初中地理学科的自然地理环境部分知识中的大气圈、水圈、岩石圈、生物圈、土壤圈等圈层等基本概念，以及初中历史学科的时间与变迁、与自然环境之间的相互影响等基本知识高度相关。

（二）核心素养培育的一致性

从核心素养培育要求方面看，生物学科的"生命观念、科学思维、探究实践、责任态度"、地理学科的"人地协调、综合思维、区域认知、地理实践力"和历史学科"唯物史观、史料实证、家国情怀"虽然在表述上有差异，但从实质上来说，地理学科中的自

然地理部分属于自然科学，与生物学科的"理性思维、科学探究"要求差异不大，地理学科的"人地协调"观念与生物学科的"生命观念、社会责任"也基本相同，历史学科的"家国情怀"也是生物学科的"态度责任"的一种体现。这些为历史、生物、地理学科开展跨学科教学提供了较多的切入点。

（三）新课标的课程设计要求

新课标中明确指出高度关注学生学习过程中的实践经历，强调学生的学习过程是主动参与的过程，选择恰当的真实情境，设计学习任务，让学生积极参与动手和动脑的活动。通过实验、探究类学习活动或跨学科实践活动，使学生加深对学科概念的理解，提升应用知识的能力，进而能用科学的观点、知识、思路和方法探讨或解决现实生活中的某些问题。

二、跨学科作业的设计与实践过程

（一）作业设计背景

京杭大运河是我国古代伟大的水利工程，也是世界上最长的运河工程，是中国古代文明重要标志，京杭大运河显示了我国古代水利航运工程技术领先于世界的卓越成就，留下了丰富的历史文化遗存，孕育了一座座璀璨明珠般的名城古镇，积淀了深厚悠久的文化底蕴，凝聚了我国政治、经济、文化、社会诸多领域的庞大信息。大运河与长城同是中华民族文化身份的象征。保护好京杭大运河，对于传承人类文明，促进社会和谐发展，具有极其重大的意义。大运河北京段在北京城市发展中扮演了重要角色，见证了城市的沧桑巨变，承载了宝贵的文化记忆。大运河文化和自然环境是通州区学生的天然真实情境，通过对其蕴含的历史、生物和地理学科知识和核心素养的挖掘，设计以大运河历史、环境为载体的跨学科任务单。

（二）研究目的

通过历史、地理、生物等多学科的融合探究，通过参观、走访了解运河文化发展历程，感受家乡深厚的运河底蕴，了解弘扬传统文化，锻炼与人交往合作、处理问题的能力。

其中生物学科要求学生通过深入了解北运河河流生态系统的生物与环境之间的关系，体会生态系统是生物与环境组成的统一的整体，渗透结构与功能、进化与适应的生物学观念，加深入地协调发展的认识和理解，感受劳动人民的勤劳和智慧，增强学生对家乡的热爱和民族自豪感。

（三）研究任务

1. 历史学科任务——大运河的前生今生

历经 2000 多年的沧桑，大运河的命运从繁华到衰落。它曾是国家的生命线，维系着封建王朝的兴盛；它更是中国水利工程史上的一座丰碑，展现着古人的聪明才智；它又是一条血泪之河，浸透着无数黎民百姓的苦难。请大家利用网络资源，查找大运河的相关资料，结合下面时间轴，梳理大运河的前生今世，完成图表（图1）。

2. 地理学科任务——地理视角参观通州博物馆

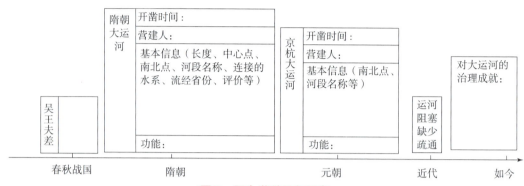

图1　历史学科任务图表

由于北京的政治地位变得突出，元朝时期对大运河进行了截弯取直，老北京人都说北京是"水上漂来的城市"，这句话体现了大运河的价值。被誉为"京畿门户"的通州，是京杭大运河的北起点，在明清时期享有"一京、二卫、三通州"的盛名。请大家自行前往通州博物馆（通州区西大街9号），通过参观、采访、查找资料从地理视角分析古代大运河修建对通州的影响。

3. 生物学科任务——大运河生态系统探秘

2021年，北运河通州段40公里实现了全线通航，营造出了人、水、天、绿、动物和水生植物等共生的和谐景观。其中，大运河森林公园的湿地生态作用逐步凸显，生物种类十分丰富，水质与环境改善很大，为迁徙季水鸟栖息提供了很好的基础。中华秋沙鸭、鸊鷉、斑背大尾莺、乌雕、小杓鹬等多种鸟类"稀客"的身影在城市副中心的生态环境中出现。我们的任务是走进美丽的森林公园，探索其中丰富多样的动植物种类，完成下列任务。

任务一：植物

（1）用微信小程序"识花君"或"一键识别"识别你感兴趣的大运河森林公园的植物，详细记录不少于8种植物主要特征，尝试进行分类。

（2）将植物的形态结构进行对比，结合植物的进化顺序对所拍植物进行排序。

任务二：动物

（1）下载鸟类百科APP，寻找大运河森林公园里珍稀鸟类的身影，记录名称并拍照。

（2）在大运河森林公园中，选一种你喜欢的鸟类，描述其适于飞行的结构特征。（提示：空气阻力、高空缺氧等）

任务三：生态系统

（1）举例说明大运河森林公园生物与环境的关系。

（2）根据你寻找的生物，写出一条食物链。

三、多形式评价学生过程性成果

为了在完成任务中真实记录他们参与活动的表现，全方位评价学生的参与态度、参与过程、参与水平、参与成效。采取了多样的评价方式，下面以生物学科为例进行展示：

①学生在完成任务过程中的图片及视频作品由教师评价并做优秀作品展览。

②依据暑期任务单中体现的学生找寻生物种类的多少、对生物的特征习性描述详尽程度等标准，由生物学科教师根据完成情况进行赋分评价。

③在任务完成过程中分工情况、合作态度等由小组成员完成互评。

④将任务完成过程中的资料进行整理和反思，进行汇报展演（图2和图3）：《大运河一日游记》展现学生对各种昆虫形态特征及生活习性的了解。《蝉——生命的歌者》舞台剧表演，展现蝉从受精卵—若虫—成虫的不完全变态发育过程，并结合语文学科《昆虫记》阅读活动，对蝉的描述进行演绎。表演结束后由全年级同学进行投票打分。将学科内容融入剧情中，让学生寓学于乐，在活动过程中的编剧、排练、制作道具等环节中再一次锻炼学生的各项技能，以活动育人。

图2 大运河森林公园汇报展演现场1

图3 大运河森林公园汇报展演现场2

四、反思

本次任务单设计对学生的学习过程进行了多样有效的评价，针对一些可量化的实践活动设计相应的评价量表，对学生参与实践的全过程有详细的赋分，对学生的参与过程、小组合作和责任态度方面都有详细的赋分和评价。量表的评价主体是多样的，包含了学生自评、小组互评。在评价过程中学生检视自己的时间过程，有些时候自己的标准可能比教师要求的更严苛，促进学生自主学习、合作学习、探究学习。教师在评价过程中，可以及时发现学生出现的问题和薄弱点，调整课堂教学内容和重点，反哺教师课堂。全面多元的评价可以提高生物教学的效率，加深学生对所学新知识的理解和对新技能的掌握，对所学知识由"会"到"熟"，促进教师的教学，实现教学评一体化的效果。

参 考 文 献

[1] 中华人民共和国教育部．义务教育生物学课程标准（2022年版）[S]．北京：北京师范大学出版社，2022．

[2] 张华. 跨学科学习：真义辨析与实践路径 [J]. 中小学管理, 2017 (11): 21-24.
[3] 张一丹, 张迎春. 我国五种版本初中生物学新教材的比较 [J]. 生物学教学. 2010, 35 (8): 11-13.

专家 点评

"双减"政策对教学质量的提升有了更高要求，本研究聚焦于跨学科教学的理论探讨和社会实践，提出了从生物学课程中的生态系统出发，巧妙地与历史、地理、语文等跨学科融合探究任务设计，从具体问题出发，进行实地考察，通过研学任务分解，包括历史学科任务（大运河的前生今生）、地理学科任务（地理视角参观通州博物馆）、生物学科任务（大运河生态系统探秘）等，让学生真情实景地综合解决各学科任务，对于各学科之间的体系关系也会有更系统全面的认识。在研学过程中，本研究也指导师生充分运用现代高科技手段，例如用微信小程序"识花君"或"一键识别"识别感兴趣的大运河森林公园的植物，下载鸟类百科APP，寻找公园里珍稀鸟类的身影，符合现代化教学线上实时自主学习能力培养的导向。本研究的评价体系也采用了多样有效的全方位综合评价，通过汇报展演等形式，在寓学于乐过程中鼓励学生个性化展示，通过编剧、排练、制作道具等活动，锻炼学生与人交往合作、处理问题的能力，进一步激发了学生的学习热情，提高了学生自主学习的能力，提升了学生的社会责任感。

建议通过对此次跨学科教学的全过程进行细致整理，组织各学科教师对于融合课程作业设计和评价标准展开深度研讨，促进多学科教师之间的合作教学，加强多学科教学评一体化的研发，进一步梳理出跨学科教学的各学科知识合作点，逐步形成跨学科融合任务的设计指南，持续深化"双减"政策下提质增效的教学效果。

孙 慧
清华大学

"双减"背景下基于知识图谱技术的错题反扫教学研究

北京市大兴区第一中学 韩松竹

摘 要 错题反扫对于提高学生学习效率及质量具有重要作用。传统教学过程中，错题统计、分析、利用往往会消耗掉学生和教师大量的精力和时间，从而导致作业效率低的问题。本文通过研究以知识图谱技术为核心的智能教学辅助系统如何在教学过程中发挥作用，并利用其展开教学实践，希望总结出基于知识图谱的错题反扫的教学经验，提出如何更进一步利用知识图谱技术进行教学改革，做到对课堂教学的提质增效，减少学生作业负担，力求将"双减"工作落到实处。

主题词 错题反扫 知识图谱 智能教学

一、研究背景

（一）"双减"提质增效

"双减"是党中央部署的一项重要政治任务，是中央关心、群众关切、社会关注的一件大事。如何将"双减"政策落到实处，特别是在保证教学质量的前提下减轻学生过重的作业负担，是目前一线教师应该努力研究解决的问题。近年来人工智能技术飞速发展，深刻地影响着社会各个领域。在教育领域可以借助人工智能领域的新兴技术，如知识图谱来进行错题反扫的教学研究，使学生的作业更具针对性和个性化，减少数量，提高质量，将学生从重复性练习、无效作业中解脱出来，让学生有时间、有精力参与社会实践、文艺、体育、劳动、科技等社团，促进学生"五育并举"，引导学生全面而有个性地发展。

（二）错题反扫

本文所研究的错题反扫课题定义为错题统计、错题分析和错题利用的综合运用过程。错题反扫属于教育心理学家 David Pawl Ausubel 所提出的有意义学习的理论范畴，通过分析错题原因，找出学生的知识结构与错题之间的关系，从而对知识结构进行重新完善，提高学生学习效果。国内外的相关研究主要是将错题反扫视为一种技术性的知识学习方法，通过错题的收集、分类、分析、利用，以达到建构知识结构、提升学习效率、强化知识理解水平等效果。美国的著名心理学家 R. Bainbridge 从心理学方面对错题进行了分析，指出错题类似于一种错误，错误谁都会犯，正如谁都会出现错题，但是教师应该积极利用这些错题，只有错误才能够促进正确的出现，应该将错误作为台阶。国内研究者陈敏从不同的视角对错题管理进行了分析，分别从错题管理和成绩的关系、知识类型、错题类型以及错题管理的目的等方面对错题管理的含义进行分析。

（三）知识图谱

知识图谱是通过将应用数学、图形学、信息可视化技术、信息科学等学科的理论与方法与计量学引文分析、共现分析等方法结合，并利用可视化的图谱形象地展示学科的核心结构、发展历史、前沿领域以及整体知识架构达到多学科融合目的的现代理论。

它把复杂的知识领域通过数据挖掘、信息处理、知识计量和图形绘制显示出来，揭示知识领域的动态发展规律，为学科研究提供切实的、有价值的参考。

知识图谱技术用在教育中是以图谱的形式存储知识点与知识点之间的关系，比如父子包含长幼关系、前置后置关系等，最终形成以"知识点"为图谱节点的知识点网络。其应用场景主要分为以下几种：

1. 知识库建设

知识库是教育行业中最重要的基础资源库，所有教育信息化的应用都是建立在知识库的基础之上。而知识库的内容结构框架可以用知识图谱来搭建。知识库中的各种资源比如视频、学习资料、试题等都可以链接到知识图谱中的知识点节点上。从而根据知识图谱的关系构建相应的资源图谱。

2. 自适应学习

自适应学习根据学习者的行为和对知识的掌握程度，构建学习者画像，然后通过知识图谱来规划不同的学习路径，为学习者提供个性化难度和个性化节奏的课程和习题，从而提高学习者的学习效率和学习效果。

3. 虚拟学习助手

虚拟学习助手可以为学习者提供个性化的陪练答疑、助教等服务，并且同时能获得大量用户数据反馈数据。及时的问题反馈，对学习者成绩的提升有很强的正面效果。

二、技术解析

（一）基于知识图谱技术的错题反扫技术

错误是学习中不可避免的，错题是学习者学习的难点与盲点的集中体现，能最大限度上展现学习者的学习现状，且具有很强的真实性。归纳总结这些错题对学习者能否掌握知识有着巨大的影响，错题知识点的推荐也就成为学习者学习进步过程中至为重要的关键环节。通过使用具有较高推荐准确率的方法，能够有效利用错题集给学习者提供精准的知识推荐，利用错题集强化学习者的知识理解与记忆。错题的巩固练习作为学习中极其重要的一部分，其主要目的就要是让学习者练习其所研究领域中较为薄弱的知识点，根据学习者的需求向其推荐一定数目的习题，以巩固知识。

通过构建试题的知识图谱，将实体、关系以及路径都在低维的向量空间中表示，然后计算各个知识点的语义相识性，通过对错题分词，提取知识点，得到该知识点的语义近邻，然后在知识图谱中给出所有知识点语义近邻的试题推荐。同时计算错题与试题库的相似性权重，得到试题的相识性矩阵，根据协同过滤算法给出相应的推荐。结合两种推荐结果，利用加权、混合、层叠和元级别等方式，给出最终的推荐结果。

（二）错题反扫功能组成说明

错题反扫总共分为重练统计和共性错题两个板块，它的技术实现方式就是把之前教师发布过并且通过打开错题重练按钮即可找到的学生做错的所有题目都自动收集在这个板块中，每个人都会有自己的个性错题本以及普遍共性错题，将日常教学中的错题都电子化。

应用方式就是协助教师让原错题的练习从无序到有序逐步推进，在重练统计中依据错题重练覆盖率和得分率等清晰的数据帮助教师明确教学成果。比如在某一个班级中，教师可以通过时间以及得分率等条件筛选出这个班内学生普遍得分率不高的题目发布给学生，并且在下一次的错题重练的时候，可以加上一次得分率仍旧较低的题，再次发给学生，以这样的方式将学生的基础稳固，然后再根据相似题目等方式去提升。通过这样一系列操作，学生再次加强训练的习题更加有针对性。这样不仅能够精准提高学生的学习能力，更重要的是学生能够有大量的课余时间发展他们其他方面的兴趣，让他们真正体会"双减"带给他们的实惠！

三、教学实验

（一）实验概况

在1+3学部20级化学学科第一章"化学反应的热效应"和第二章"化学反应速率与化学平衡"两章开展基于知识图谱技术的错题反扫教学实验。

从2021年9月份平台使用，截至2022年4月11日，化学学科任务量总共252次，任务完成率82.3%，阅卷率91.4%，题量2776道，自学132次，视频观看662次（图1）。

图1　2021年9月15日至2022年4月11日数据概览（1）

分科后建立不同的教学班级后，从 2022 年 1 月 29 日开始布置作业，化学学科任务量总共 49 次，任务完成率 90.5%，阅卷率 90.4%，题量 540 道，视频观看 46 次，（图 2）。

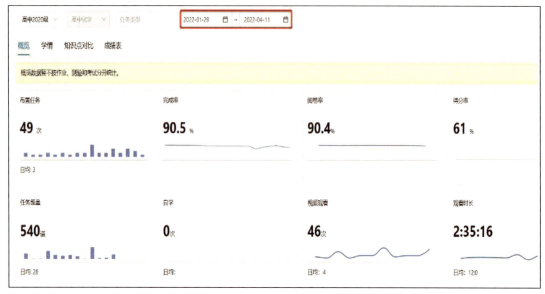

图 2　2022 年 1 月 29 日至 2022 年 4 月 11 日数据概览（2）

（二）实验方法

化学学科本学期教材为选择性必修一，期中考试范围大多是选择性必修一的知识点，所以错题反扫主要以本学期积累的错题为主，辅以之前所学知识点，并且化学学科选课后教学作业从 1 月 29 日就开始布置不同的作业，所以错题筛选时间至少从 1 月 29 日开始，图 3 是选择性必修一的章节目录。

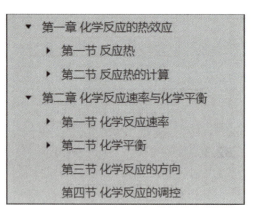

图 3　教学实践章节

1. 阶段性清理积累的错题数据（测试＋日常作业）

以班级为单位，以周为时间单位进行错题反扫，4 月 1 日—4 月 17 日为第一阶段，4 月 18 日—4 月 24 日为第二阶段，4 月 25 日—4 月 30 日为第三阶段，配合在错题反扫板块内容，依据不同的时间段和得分率选出错题，每阶段一次原错题测试。

共性错题（图4）：以班级为单位，第一阶段对应错题筛选时间段为1月29日—3月1日，得分率0%~100%选原错题，然后组卷，进行原错题的考试；同样地，第二阶段筛选时间为1月29日—4月1日，第三阶段筛选时间为1月19日—4月30日。根据三个阶段的筛选，教师找到了学生日常学习中的共性问题，进而在课堂上进行加固提升。

图4　共性错题筛选

个性错题（图5）：以学生为单位，同样的错题筛选时间，一键发送原错题，让学生自己进行原错题的反扫和相似题训练，可作为日常作业的一部分内容。

图5　个性错题筛选

2. 利用知识图谱进行劣势知识点针对训练

教师可以利用知识图谱对劣势知识点进行针对性训练。例如以班级查看从1月29日的化学知识图谱，在本学期所学的内容中，化学反应原理板块，平均得分率在78.5%，（图6），所以教师可以把化学反应原理的相关知识题目给化学1班学生做加强，点击化学1班查看详情，可以一键发布共性错题和个性错题，也可以根据每道题所对应的知识点进行相似题的搜索再发布。

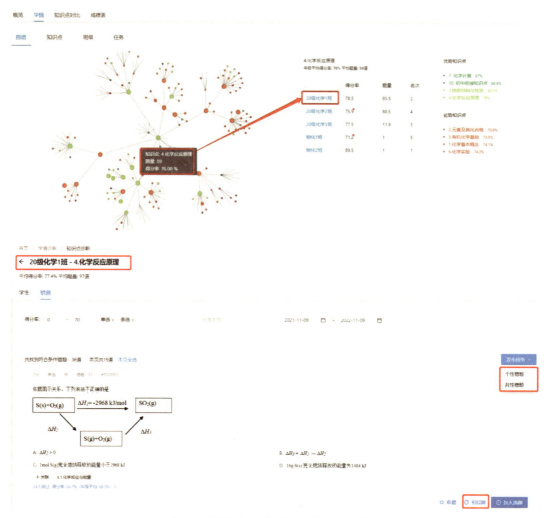

图6　利用知识图谱进行劣势知识点筛选

学生可以通过知识图谱进行针对性训练（图7）：在"学情诊断"成绩表一栏，可以精细到每一个学生的得分率趋势变化和个人知识图谱。例如崔屹松同学在班级排名靠前，但是点开他的个人成绩表趋势和知识图谱就会发现，他在化学反应速率的年级排名39名，但得分率较低，是74.4%。所以针对这种情况，教师可查看详情或者点击智能推题功能，轻松推送化学反应速率训练题。

3. 班级分层作业智能推送

依托知识图谱，建立靶向班，布置分层作业（图8），可一键智能推题给整个班级（图9）。

图7 学生通过知识图谱进行针对性训练

靶向分层:"学情图谱"栏找到学情知识点细分表,化学1班在化学反应能量和化学反应速率的知识点较薄弱,点击知识点详情可以依据题量和得分率筛选人数建立靶向班。此类作业根据得分率进行推送,只推送错题及相应图谱中与此概念相关的问题,通常根据错题的120%布置分层作业。

例如:图8中化学1班的化学反应能量专题的得分率为78.7%,若按以往要布置50道试题,此次我们推送的试题数目为13道,这些题都是有针对性有时效性的,所以学生不仅提升速度快,同时也真正达成了减轻课业负担的目的。

4. 实验效果与分析

为验证实验效果,分别对班级和特定学生的实验结果进行统计分析。对1+3学部20级1班在错题反扫功能使用后进行随机截取时间段(2022.6—2022.9),考察班级在化学反应原理模块的表现(图10)。

实验结果如下:20级1班在进行错题反扫前对于本部分的知识掌握以问题的形式体现出的得分率为76%,在进行错题反扫后得分率攀升为82.2%。

随机选择了崔屹松同学,对他在化学反应原理模块化学反应速率的学习中的错题反扫后的表现进行分析(图11),与图8进行对比发现:错题反扫前该同学对于本部分的知识

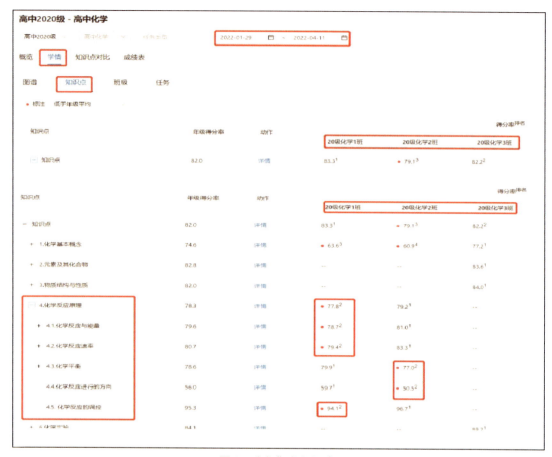

图 8　班级靶向知识点

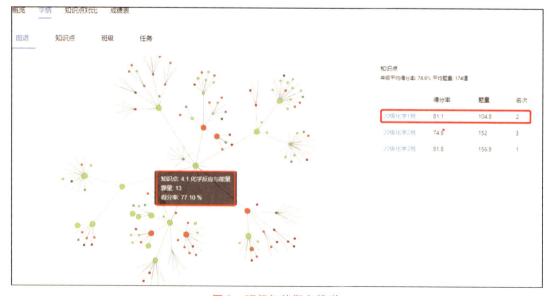

图 9　班级智能靶向推送

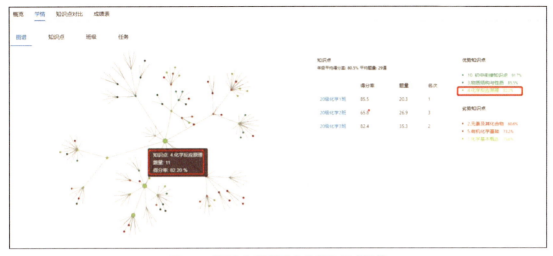

图10 利用知识图谱进行劣势知识点筛选

掌握以问题的形式体现出的得分率为74.4%，而经过错题反扫后该同学的得分率已经达到了86%。

图11 崔屹松同学在进行错题反扫后的数据表现

上述两组数据的对比显示：无论对于群体还是个体，通过基于知识图谱构建的错题反扫教学实验，学生对知识点的掌握情况获得了及时精准的分析，作业效率得到了提高，知识点得分率优化明显。经过这样的日常教学处理，我们真正意义上将"双减"工作落实到了学科教学中。

四、下一步工作

通过利用知识图谱技术进行错题反扫教学的实践，证明了利用知识图谱技术可以大大提高教师和学生的教学效率，提高学习的目标性和准确性。在今后教学活动中会更大范围内推广知识图谱等信息技术的应用，对人工智能技术进行更全面和深入的了解并应用到教学实践中，进一步减轻学生的课业负担，将"双减"工作真正落到实处，为其他学科也能推开这样的教学模式抛砖引玉！

参 考 文 献

[1] 孔晶，郭玉翠，郭光武．技术支持的个性化学习：促进学生发展的新趋势［J］．中国电化教育，2016（4）：88－94．

[2] 杨玉基，许斌，胡家威，等．一种准确而高效的领域知识图谱构建方法［J］．软件学报，2018，29（10）：2931－2947．

[3] 钟亮．面向百度百科的化学知识图谱构建方法研究［J］．软件导刊，2017（8）：168－170．

[4] 刘峤，李杨，段宏，等．知识图谱构建技术综述［J］．计算机研究与发展，2016（3）：582－600．

[5] 徐增林，盛泳潘，贺丽荣，等．知识图谱技术综述［J］．电子科技大学学报，2016（4）：589－606．

专家 点评

本研究研究内容明确，从图谱技术的功能讲解到错题反扫中的具体应用，整个研究过程思路清晰，前后衔接顺畅。研究方法合理，使用实验方法对知识图谱技术的效果进行验证，数据表明该技术可以有效解决研究问题，完成预设的研究目的。整个研究论文框架完整，且论证内容较为充分。

本研究围绕知识图谱技术在教学中如何发挥作用为核心展开，概括介绍该技术的功能，随之结合学生的错题详细阐述知识图谱技术在教育教学中的应用。知识图谱技术的应用可以减少教师和学生的时间与精力，并且可以提高学生做题的得分率，有效提高效率，即体现了在"双减"背景下，智能教学辅助系统的提质增效作用。

研究将知识图谱运用到帮助学生解决错题中，具有较高的创新性和研究价值。教育技术与"双减"政策相结合，以学生错题这一实际教学中经常出现的问题为切入点，对实际教学提供实际的帮助。且在真正解决教育教学问题的同时，能切实减轻教师、学生的负担，提高学习水平，提升学习效率。

建议在论文中进一步阐述知识图谱技术除得分率提高之外，在其他方面如何发挥其提质减负作用，尽可能避免仅从做题数量、软件利用率分析，要更多地挖掘数据背后蕴含的意义，以期促进研究成果在区域内外推广和转化。此外，建议论文撰写中加强与"双减"的联系，凸显本研究的提质增效作用，响应"双减"政策，提升教学成效。

王　强

首都师范大学

"双减"背景下数学精品化作业设计策略研究

北京市顺义牛栏山第一中学 张传海 胡亚萍 韩春禹

摘　要　作业是教师日常工作的一个环节,在新课程标准下发挥作业的功能、提高教育质量是教师十分关注的问题。本文提出数学作业要精选、数学作业要精做、数学作业还要精研,使作业成为学生学习的延续;为了避免作业选择的盲目性、作业形式的随意性等尝试构建设计作业的指导框架;提出了精品化数学作业设计的五个原则,并总结出"精品化作业设计"原则有:认同原则、发展性原则、整体性原则、系统性原则、持续性原则。

主题词　双减　数学　作业设计

一、问题提出的背景

(一) 国家"双减"背景

从1988年开始,教育部不断出台政策,力图减轻学生的作业负担。2021年7月中共中央办公厅、国务院办公厅又针对"双减"政策,明确提出了全面压减作业总量和时长,提高教育质量、提高作业管理水平、提高课后服务水平等要求。

(二) 新课标的要求

《普通高中新课程标准(2020年版)》中指出:"教师要把教学活动的重心放在促进学生学会学习上,积极探索有利于促进学生学习的多样化教学方式,不仅限于讲授与练习,也包括引导学生阅读自学、独立思考、动手实践、自主探索、合作交流等。教师要善于根据不同的内容和学习任务采取不同的教学方式,优化教学,抓住关键的教学与学习环节,增强实效。例如丰富作业的形式,提高作业的质量,提升学生完成作业的自主性,有效性。"

"高中数学课程标准修订的重点是落实数学学科核心素养,这对数学教师提出了新的要求,……要通过创设合适的学习任务、学习情境、学习活动等,把学生数学学科核心素养的养成渗透到日常教学中;要创新评价的形式和方法,把知识技能掌握程度的评价与数学学科核心素养达成状况的评价有机融合,完成课程标准中提出的学业质量的要求,落实立德树人根本任务。""教师应充分尊重学生的人格和学生在学习上的差异,采用适当的方式,在数学学习和解决问题的过程中,激发学生的数学学习兴趣,帮助学生养成良好的学习习惯,形成积极探索的态度、勤奋好学、勇于克服困难和不断进取的学风。"

"在教学与评价中，要关注学生对具体内容的掌握情况，更要关注学生数学学科核心素养水平的表现；要关注数学学科核心素养各要素的不同特征及要求，更要关注数学学科核心素养的综合性与整体性。""形成性评价应该考虑学生的学习动机，……可以通过采取保护学生自主性、提供选择性、提供建设性反馈、创造自我指导的机会等评价方法来维持或提高动机水平。"

（三）作业现状

有的一线教师目前还认为学生的成绩与作业数量是正比关系，作业多一点一定好过少一点，采用"题海战术"；在与学生谈话中，总是能听到学生反映作业量偏大，课余时间几乎被作业分割掉了；有的学生直言，每天有做不完的作业，其实可以不必要那么认真，要不完不成，遇到难题有时直接看答案，甚至因为时间紧张只好利用电子手段查找答案直接抄袭完事，这样省时间；有的学生说能完成作业，按时完成作业利于考高分；有些学生会选择感兴趣的学科作业……学生总是被作业追着跑，没有时间思考、探索问题，渐渐觉得单调，学习失去色彩。

事实上，作业作为学生有效利用课余时间的一种途径，其质量很大程度上影响着学生的发展。怎样才是一份好的数学作业呢？学生在完成作业的过程中有怎样的收获、体验和发展？理想的作业行为除了"完成"和"正确"之外，更重要的到底是什么？

二、国内外研究现状述评和核心概念界定

"作业"一词由来已久，早在《学记》就被视为课内学习的继续和补充。中国知网期刊数据库在 2011 年 1 月至 2021 年 10 月期间，核心期刊中收录以"作业"为"题名"的相关论文有 708 篇，其中研究"数学作业"的数学论文仅有 56 篇，其中具有鲜明代表性观点如下：黄小瑞、占盛丽认为，作业时间越长，数学焦虑越高；在同等数学成绩下，作业时间越长的学生数学焦虑越高。朱胜强认为，教师应该通过作业培养学生良好的学习习惯，如及时复习的习惯、独立思考的习惯、认真审题的习惯、反思的习惯。黄华、顾跃平提出，通过构建数学作业设计框架，能提高作业设计和评价的品质。查阅的文献中，很多论文有相似的观点，譬如，许晓莲、王成营认为，提升数学作业的有效性的策略，为加强数学作业设计的目的性、多样性、探究性；加强对作业完成过程的要求和指导；提升作业评价的针对性、差异性；关注作业反馈的诊断性、反思性。李军等认为，应该丰富作业批改和反馈方式，如适时面批、学生互批、巧用评语或符号、动态分层批改作业、展示交流作业、加强与家长的沟通。林柳燕主张，应从如下三个方面改良作业的结构：丰富作业内容；激发兴趣、拓展作业形式，增强信心、增强作业层次性，培养能力。张秋云认为，布置作业应遵循目的性原则、适量性原则、多样性原则、层次性原则。

上述研究中教师对作业研究的角度较多，如作业设计、作业布置、作业批改、作业评价和作业反馈。但是显现出作业设计的研究是零散的、不全面、不系统的，更多的是一线教师的经验总结，鲜少见到一线教师在教育学、心理学理论的指导下的作业设计。随着新课程标准的实施和"双减"政策的落地，数学作业的设计面临着全新的挑战。

在上面研究的基础上，本文所论述的"精品化作业设计"与传统意义下作业有所不同。

本文中的"精品化作业设计"是指以新课程标准为依据制定精准的作业目标，选择高质量的题目，高质量完成，高质量交流反思的总和，包括如下三个方面：精选，精做，精研。

（一）精选

（1）在设计作业之前，教师要根据教学目标制定一个作业目标，在此基础上，精选作业题。精品化作业内容上就是要避免题目的盲目选择和堆砌。

（2）精选作业形式。关注到学生的差异，作业要分层设计，有复习巩固作业、综合应用作业、拓广和探索作业，课时作业、单元作业，长作业、短作业，课前作业、课后作业。

（3）精选批改形式。教师全批全改是重要的一种批改作业形式，学生之间互批互改、学生自批自改也很必要，但之后教师要对学生批改的情况进行积极评价，这样能激发学生自主学习和交流。

（二）精做

精品化作业能更好养成学生分析问题和解决问题的习惯。在精选作业题的基础下，精做是要学生养成如下的"全过程"思考问题方式：弄清问题—拟订计划—实现计划—回顾与反思（即波利亚提出的数学解题四步骤）。拟订计划主要指方法的选择及要有逻辑性地表达。回顾与反思主要指的是：你能否检验这个结论，你能否用别的方法得到这个结论？你能否一下子看出它来？你能否把这个结果或方法用于其他问题？第四步尤为重要，然而，现在的学生往往略去这一步，极大弱化了作业的巩固和提升功能。

（三）精研

精品化作业中，作业是学生学习成果的反馈，是教师和学生交流的载体，还是研究问题素材的重要来源之一。把握好的素材，进行全过程（多为一题多解）的课堂讨论式教学是培养学生多（全）角度、多（全）方位、多层次思考问题意识的形成、解决问题能力提高的重要方法，也是培养学生创新能力发展的重要途径。

三、理论依据

建构主义认为学生并不是空着脑袋进入学习情境的。在日常生活和以往各种形式的学习中，他们已经形成了有关的知识经验，他们对任何事情都有自己的看法。即使有些问题他们从来没有接触过，没有现成的经验可以借鉴，但是当问题呈现他们面前时，他们还是会基于以往的经验，依靠他们的认知能力，形成对问题的解释，提出他们的假设。教学不能无视学生的已有知识经验，简单粗暴地对学生实施知识的"灌输"，而应当把学生原有的知识经验作为新知识的生长点，引导学生从已有的知识经验中生长新的知识经验，教师应该重视学生对知识的理解，倾听学生的看法，思考学生想法的由来，并以此为据，引导学生的进一步学习。

建构主义学习理论认为，主体、情境、协作和资源是教学过程必备的四个基础条件，强调知识与生动的情境相结合,在情境中利用丰富的学习资源进行有效的整合。数学情境教学要求教师创设贴近学生实际生活的情境,把知识融入情境,以情境促进思考,学生得以在思考中通过接触丰富的社会性交互作用的信息资源,帮助其恰当地探究、解决问题并建构知识结构,将从简单到复杂的建构过程和学生知识的学习相对应。以情境创设为"引子",在符合学生认知发展规律的同时,还可以激发学生积极向上的情绪和情感体验,在恰当的情境中,使学生的思维得到激活,促进学生积极参与问题的探究,最终利于学生的发展。

四、精品化作业设计的研究

为了达成课题研究的目标,在研究过程中需首先查阅并收集和研究与作业设计相关的文献资料,使本课题研究的内涵更丰富,研究方向更明确、更科学,以保证课题研究更科学。在此基础上采用调查法、案例研究法、行动研究法。研究中期,再设计问卷及开展座谈会,关注精品化数学作业设计方案实施对学生学习和教师教学的影响,对课题进行的情况进行评估。

(一)数学作业情况调查

参考相应的文献并结合教学实际,编纂了《高中数学作业状况调查问卷——教师问卷》和《高中数学作业状况调查问卷——学生问卷》,主要包括作业设计、作业完成、作业批改与评价、作业反馈四个方面。问卷测试题经教研组进行集体研讨、修改,并选取了高一13班进行试测,对容易引起学生理解偏差的测试题进行了再次修改,形成了最终的调查问卷。对我校高一、高二两个年级的数学作业情况进行了问卷调查,共发放学生问卷793份,剔除不合格问卷104份,回收率约为87%;发放教师问卷29人,剔除不合格问卷6人,回收率为79%。

调查结果显示:在作业设计方面,高中数学教师在设计作业时存在凭着感觉、经验留作业或者盲目留作业的现象,追求知识的覆盖率,片面相信题型的强化作用,简单重复的现象存在。首先,教师设计作业时考虑的主要因素由高到低,依次是题型是否全面、知识点的覆盖率、题量是否合适、学生的能力和态度。数据说明教师设计作业过程中首要考虑的是知识和知识结构,很少考虑学生的认知水平以及完成作业能力和态度。可见我校高中数学教师依然信奉大题量,存在做得越多数学成绩越好的观念,这种观念导致"大水泡倒墙""题海战术"的做法屡见不鲜。

在作业完成方面,问卷结果表明,学生在完成作业过程中存在被动应付作业的现象,没有形成好的学习方法,解题缺乏方向性,知识掌握不系统。首先17.7%学生没有复习直接做作业,18.5%的学生复习是为了完成作业,只有5%的学生能够在完成作业后进行主动复习。其次,22.8%学生感觉在解题中不知道解题方法;34.1%的学生不会应用,即当题目稍加改变就不会了,说明存在较普遍的模仿现象;25.7%左右的学生不理解知识,17.4%的学生不理解题意,这说明这些学生缺乏对知识的深刻理解。最后,调查结果显示,65.1%的教师要求学生要按时完成作业,只有25.4%和7%的教师要求学生考虑多种方法和最优解方法。所以,只强调按时完成作业,对方法没有要求,会使学生缺乏反思，形成为了完成作业而做作业的应付现象。

在作业批改与评价方面存在形式化现象，没有充分发挥数学作业的纽带作用。首先，78.2%的教师采取自己批改作业的方式，少部分教师采取与学生互动的批改方式。实际上，与学生互动的批改方式，不仅对教师而言更能从学生那里了解学生做作业的情况，问题出在哪里，而且对学生而言能够帮助学生了解批改和评价作业标准，从而更有利于学生对知识和方法的掌握，同时培养好的作业习惯。其次，分别有12.1%的教师只在作业上标对错，56%的教师在标出对错的基础上给出等级性评价，仅18.4%的教师在标出对错的基础上作出鼓励性评语，13.5%的教师提示改错。这说明大多数教师只是按照学校的要求完成任务，但作业批改与评价流于形式，没有发挥作业评价的激励功能。最后，调查结果说明大多数学生认为教师批改数学作业对学生数学学习有帮助，并且关注教师对数学作业的评价。但调查数据也显示，两成的学生对作业的批改不满意，说明个性化的批改作业以及激励性的评语或改正作业错误的建议也是学生数学学习过程中不可或缺的。可见，作业的批改和评价存在低效现象。

在作业反馈方面，问卷结果说明师生虽然都非常重视作业的情况，但缺乏有效的作业反馈手段，无法使数学作业中的问题转化为新的教学资源。首先，调查显示，高达44.5%的教师让学生自己处理作业中的问题，不可否认的是相当一部分学生会对判过的作业置之不理，更谈不上订正和反思了，换个角度说，这部分教师在作业反馈这个环节缺少管理，弱化了作业在学生学习过程中的作用；其次，从调查数据看出，学生对教师判过的作业和错题的方式是存在很大差异的，33.7%的学生只看对错和等级，这也印证了上面所说的学生对作业没有进一步的整理和反思，仅有25%的学生反思出错的原因。这说明，在作业反馈环节大多数学生处于无效的状态。

（二）源于命题工具——双向细目表

双向细目表是教师命制试题时常常用到的工具（表1）。考试命题双向细目表是一种包含考查目标（认知层次）和考查内容的关联表，实际上就是教学内容和学习结果两个维度，其中一维反映教学的内容，另一维反映学生的学习水平。双向细目表可以规范命题行为，增强计划性，减少盲目性，提高命题的效率和质量。命题双向系目表中包含三个构成要素：①考查内容，即命题中明确考查的知识内容（核心知识点），一般地，知识内容中的核心知识点要依据新课程标准要求规定；②考查目标，明确上述①中的考查知识点的认知层次要求，同样地，认知要求也是依据新课程标准中要求和规定；③考查内容和考查目标的比例，即根据考查目标和知识点的重要程度，确定各知识点所占的权重。

表1 常用命题工具——双向细目表

考查内容	考查目标		
学期/单元	了解__%	理解__%	掌握__%
知识点1			
知识点2			
……			

如果单单从操作的角度看，在试题编制中若能从知识结构、能力结构、难度结构、题

型结构和分值分配结构等方面加以考虑，双向细目表就能充分体现学业水平考试的各项指标。如果使用双向细目表设计数学作业，有利于明确作业目标、把握命题比例和分量，为科学且规范地设计作业提供了可能。就认知要求和考查内容而言，双向细目表具有较高的效度、有序的难易安排，能比较好地反映出学生的学习情况，能部分反映出课程标准的作业设计的部分特点。但是就作业整体设计而言，仅立足双向细目表还是远远不够的，需要在双向细目表的基础上增加维度。

首先，将双向细目表作为作业设计依据是基于作业是用来考查和检验学生客观知识掌握情况的主要手段的预测。但是作业不仅仅是教学的重要组成部分，还有巩固、拓展、体验和验证课堂教学内容的功能，同时作业设计的目的也不仅仅是检验学生知识掌握情况，还有数学学科核心素养的提升等。

其次，考查目标和范围窄化。作业是学生学习的重要部分，考查内容就是课程标准中所规定的内容。双向细目表能部分反映课程标准规定的认知目标，但是过程、方法和情感态度等无法得到实现。

再次，双向细目表关注命题的内容，而作业设计的其他必要因素，如蕴含的价值取向、难度、命题类型和分量、作业评价等并没有得到应有的重视。更重要的是此表是结果取向，如果用双向细目表来指导作业设计，更多关注的是作业的甄别功能，突出知识掌握和技能完成完善程度的考查。

最后，双向细目表只是作业命题的一个工具或组成部分，对整个作业环节缺乏整体系统的规划。作业命题是基于一定课程和教学理念，由一定步骤环节等内容组成，如作业目的评价细则和评价方法、作业进度和时间安排等。因而，只关注作业命题编制的双向细目表，显然有些把问题过于简单化了。

（三）基于双向细目表，构建作业设计指导框架——多维细目表

作业设计是教学的重要环节，为了避免其盲目性和随意性，减轻学生负担，提高教学效能，必须与课程标准保持高度一致。考虑到双向细目表在设计数学作业时的优势和存在的问题，在此基础上应关注价值取向、教学引导、测试内容、认知要求、范围、难度、题量等多个维度。

作业设计应以新课程标准为依据，进行作业目标的确定、内容的选择与组织、评价方式的确定、以及作业练习的开发，并使得作业成为实现新课程目标的主要手段。作业设计除了考虑命题是应用的双向细目表的考量因素外，还应包含作业设计的目标、作业类型、作业情境、批改与评价反馈等。

首先，作业设计的目标是作业设计的核心，决定作业设计的方向。作业目标不仅关注学生知识和技能的掌握情况，还应关注学生学习过程和学生得以发展的核心素养。

其次，作业类型多样化源于作业需求的差异。在设计作业时，教师不仅要确定作业的类型（如辨析题、单选题、多选题、填空、作图题、解答题等），还要确定作业形式（如课内作业和课外作业并重，灵活运用口头作业、书面作业、线上作业、实践作业、拓展作业、展示作业、长作业、短作业、单元作业等形式）以及作业的直接功能（如概念落实作业、技能形成作业、体系把握作业、学科素养提升作业等）。

再次，作业需要适当的批改方法、评价及反馈。例如，主观题需要客观统一的评价标

准，必要时还要制定评价细则描述出学生在不同学业水平上的表现，其质量在某种程度上决定了评价结果的信度，还反映了教师对学生表现和课程标准的把握程度以及教师的专业水平和态度。

最后，作业情境是作业完成的重要保障，它包括作业实施的环境以及作业内容的情境化处理。一般而言，作业设计以课堂教学为基础，由于课程与教学内容的连贯性，必然涉及学生以前的经验和学习内容，借助于适当的问题情境加以呈现，能激发学生兴趣，丰富体验过程。数学作业中的情境多样的、多层次的，数学作业情境包括现实情境、数学情境、科学情境，每种情境可以分为熟悉的、关联的、综合的。贴近学生生活的作业能让学生产生学以致用的感觉，作业过程变成了用所学知识做事的过程，适宜的作业情境能提高作业效率和效果。

表 2　作业设计框架表

考查内容（核心知识）	考查目标（认知层次）			作业过程因素				批改与反馈	
单元/课时	了解__%	理解__%	掌握__%	难度	题型/类别	题量/时间	情境	价值取向	评分细则和评价方式	反馈及方式
内容1										
内容2										
……										

在结构上，表 2 中的作业设计框架给出了作业设计的程序和要求，为作业设计、选择和评价提供指导，加强了作业的解释性。在内容上，表 2 中的作业设计框架所包含的内容（如难度与价值取向、考查内容与目标、题型与题量、评分细则和评价理念等）与新课程理念一致。

（四）精品化数学作业设计的实施

表 2 中的作业设计框架，是以新课程理念为依据，为教师精选作业提供了一种可操作性的分析框架，体现出了作业是课堂教学的延续，作业是学生学习的一个环节，实现了作业、教学和评价三者的一致性，是进行精品化数学作业设计的基础。

下面以人教 A 版必修第二册的第六章"平面向量"第一节 6.1 平面向量的概念作业设计为例。本节课的核心知识点有 3 个：①平面向量的实际背景；②平面向量的意义和两个向量相等的含义；③平面向量的几何表示和基本要素。在表 3 中分别用相应的序号表示。

【巩固作业】

（1）（口答题）下列量中哪些是向量_____?
①悬挂物受到的拉力　②压强　③摩擦力　④频率　⑤加速度

（2）（作图题）画两条有向线段，分别表示一个竖直向下、大小为 18 N 的力和一个水平向左、大小为 28 N 的力（用 1 cm 长表示 10 N）。

（3）写出图 1 中各向量的模（方格边长为 1）。

表3 平面向量的概念作业设计框架表

考查内容 （核心知识）	考查目标 （认知层次）			作业过程因素					批改与反馈	
单元/课时	了解 11%	理解 67%	掌握 22%	难度	题型/ 类别	题量/ 时间	情境	价值取向	评分细则和 评价方式	反馈及 方式
(1)	√			A	1 口答 基础	1	课堂 提问	交流 兴趣 自信	准确性	同下
(2)		√		A A A B B C	3 简答、基础 5 辨析、基础 6 简答、基础 7 简答、基础 8 选择、拓展 9 填空、拓展	6	课前 小测 课后 作业	兴趣 合作 独立思考 坚韧 好奇心	主动参 与次数 测试正 确率 新办法 提出	教师 评分
(3)			√	A	2 作图、基础 4 作图、基础	2	课堂 练习	积极参与 自信 求知欲	准确性	同上

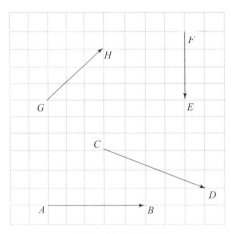

图1 第（3）题

(4) 如图2所示，在坐标纸上用直尺和圆规画出下列向量（方格边长为1）：

① $|\overrightarrow{OA}|=4$，点A在点O正南方向；

② $|\overrightarrow{OB}|=2\sqrt{2}$，点$B$在点$O$北偏西45°方向；

③ $|\overrightarrow{OC}|=2$，点C在点O南偏西30°方向

(5)（辨析题）判断下列结论是否正确，并说明理由。

①若$\vec{a}$和$\vec{b}$都是单位向量，则$\vec{a}=\vec{b}$。（   ）

②方向为南偏西60°与北偏东60°的向量是共线向量。（   ）

③直角坐标平面上的x轴、y轴都是向量。（   ）

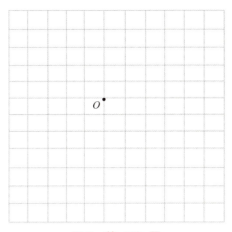

图2 第(4)题

④若$\vec{a}$和$\vec{b}$都是平行向量，则$\vec{a}=\vec{b}$。（　　）

⑤若用有向线段表示的向量$\overrightarrow{AM}$与$\overrightarrow{AN}$不相等，则点M与N不重合。（　　）

⑥海拔、温度、角度都不是向量。（　　）

（6）如图3所示，写出两组平行向量，写出两组共线向量。

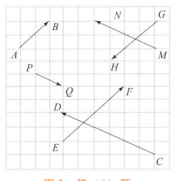

图3 第(6)题

（7）如图4所示，点O是平行四边形$ABCD$的对角线的交点，且$\overrightarrow{OA}=a$，$\overrightarrow{OB}=\vec{b}$，$\overrightarrow{OC}=c$，分别写出折线中与$a$，$\vec{b}$，$c$相等的向量。

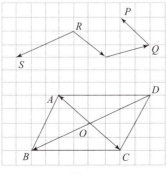

图4 第(7)题

【拓广探索】

（8）如图5所示，四边形 $ABCD$，$CEFG$，$CGHD$ 都是全等的菱形，HE 与 CG 相交于点 M，则下列关系不一定成立的是（　　）。

A. $|\overrightarrow{AB}| = |\overrightarrow{EF}|$
B. $\overrightarrow{AB}$ 与 $\overrightarrow{FH}$ 共线
C. $\overrightarrow{BD}$ 与 $\overrightarrow{EH}$ 共线
D. $\overrightarrow{DC}$ 与 $\overrightarrow{EC}$ 共线

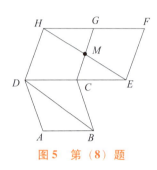

图5　第（8）题

（9）如图6所示，已知四边形 $ABCD$ 是矩形，O 为对角线 AC 与 BD 的交点，设点集 $M = \{O, A, B, C, D\}$，向量的集合 $T = \{\overrightarrow{PQ} \mid P, Q \in M$，且 P, Q 不重合$\}$，则集合 T 有_____个元素。

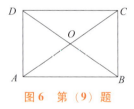

图6　第（9）题

（五）探索过程中的修正

新课程标准指出：高中数学教学以提升学生数学学科核心素养为导向，创设适合的问题情境，启发学生思考，把握问题的实质。提倡独立思考、自主学习、合作交流等多种学习方式，养成良好的学习习惯，激发数学学习的兴趣，增强学习的自信。通过数学的学习，感悟数学的科学价值、应用价值、审美价值、文化价值。那么，数学课堂的教学，特别是数学作业，其设计的趣味性、有效性、实践性、广泛性、层次性、科学性等每一点都极为重要，同时也变得更难于做到。然而，这正是实施策略中最重要的内容。在实施的过程中，不断地检验、座谈、互动、调整，以求更适合学生学情的实际，达到更好的效果。

精选、精做和精研是一个完整的系统，缺一不可。虽然，精选是落实"双减"方案的出发点，但是，精做和精研更是保障"双减"真正做到减量增效的必要条件。

对于精做环节，由于方案在实施之初已得到学生对方案的认同，那么，学生在对于教师所给作业的解答过程中要做到如下几点：

①多（全）角度审视、分析问题，应有尽有；

②多方法解决问题，应用尽用；

③给学生留足解决问题的时间，保证节奏；

④学生经历了独立思考、自主学习的过程。

对于精研环节,对于一个个有代表性的典型问题,课堂的精研实际上就是一场场"盛宴"。

①理解层面:一个个学生的表达,体现出各种解释、思想;

②解决层面:一个个学生抢上讲台,讲解各个知识,每个知识系统包含着各种解题策略、方法等,务必精彩纷呈、一网打尽;

③做到一个问题的解决,牵动了中学多个章节的知识、多种数学思想方法,提升了学生多种学科核心素养;

④做到作业减量但是思想、方法不减量,并且更加深入;

⑤真正做到了合作交流,起到以一当十的功效,做到减量增效。

精做和精研过程的实践,会促进教师和学生对学习过程进行反思,对过程进行改进,螺旋式上升,一步步改进和发展着减负增效的过程。

五、精品化作业设计策略

"精品化作业设计"原则有认同原则、发展性原则、整体性原则、系统性原则、持续性原则。

(一) 认同原则

精品化,顾名思义,一是减少作业题的数量和作业所用时长,二是提高知识技能掌握的质量,更好地提升学生数学学科核心素养。但是,这一点必须要得到学生、家长的认同,才能保证方案的顺利实施。史书有载:淝水之战中,东晋兵5万大败前秦兵100万。前秦兵虽多,乃乌合之众,不知为何而战,毫无战力。反观东晋兵,保家卫国,目标明确,无不以一当十,作战极为勇猛。这是历史上以少胜多的著名战例,在此战中,数量不是决定性因素,还有方法、思想、策略等。迁移到数学学科作业上,不以数量取胜。"伤其十指,不如断其一指"就是这个道理。只有精品化才能减负,只有精品化才能增效。

(二) 发展性原则

精品化作业力求让学生摆脱重复低效的处境,减少学生的负担,调动、激发学生的学习兴趣、交流的热情、探索的欲望和创新精神,更利于学生的进一步发展。

(三) 整体性原则

精品化作业中的精选—精做—精研是一个整体,不能割裂来看。只有精选,放任做和研的环节,只能是表面上减负,不能达到增效,而有可能"减效"或"无效";如果没有精选,只有做,那么学生就会被大量的作业所围绕,负担过重;如果不精研,就不会发挥精品化作业最大价值,就会错过生生之间、师生之间思想上的碰撞、灵感的火花,错过的也许是激发学生创新的"星星之火"。

(四) 系统性原则

精品化作业是学生课堂学习的延伸,也是中学各个知识系统的密切联系及灵活选择、巧妙运用，所以要在系统高度设计作业。

（五）持续性原则

精品化作业这种方式，适合数学学科的学习，能够激起学生数学学习的兴趣，固化严谨的数学学习态度、探索和创新的意识，就像引领学生进入了学科领域更高的一扇门，会获得更广阔的发展。此外，潜移默化地影响着学生的人生观、世界观、方法论的生成，那就是——要做就要做精品，要做就要做得更好。

参 考 文 献

[1] 中华人民共和国教育部. 普通高中数学课程标准［S］.北京：人民教育出版社，2020.

[2] 黄小瑞，占盛丽. 家庭作业及课外补习对学生数学焦虑的影响［J］.全球教育展望，2015（12）：105 – 124.

[3] 朱胜强. 通过课外作业培养学生良好的学习习惯［J］.数学教育通报，2012（6）：59 – 61.

[4] 黄华，顾跃平. 构建初中数学作业设计框架，提高作业设计和评价的品质［J］.课程·教材·教法，2013（3）：81 – 85.

[5] 许晓莲，王成营. 高中数学作业有效性问题的调查分析与对策［J］.教学与管理，2015（4）：8 – 11.

[6] 李军，历芳. 浅谈提高数学作业批改与反馈效率的思考［J］.小学教学研究，2019（6）：7 – 9.

[7] 林柳燕. 基于多元智能的数学作业设计与布置［J］.成才之路，2019（19）：59.

[8] 张秋云. 基于问题导学的高中数学作业设计研究［J］.数学学习与研究，2021（13）：34 – 35.

专家 点评

本研究基于建构主义学习理论，围绕研究主题进行了大量文献搜索，采用多种研究方法，并随着研究的进展召开中期、方案影响调研等会议，确保课题的顺利进展。在丰富的文献和大量实证的基础上得出结论，论证充分合理，体现出研究的科学性和规范性。

本研究紧密结合"双减"政策，研究团队编纂了研究问卷，对教师和学生的数学作业的作业设计、作业完成、作业批改与评价、作业反馈等方面进行了调研。为减轻学生学习负担，避免教师作业设计的盲目性，本研究依据双向细目表构建多维细目表，根据多维细目表搭建作业设计框架，在实际教学中再次验证框架，并提炼出了5项数学精品化作业设计原则。整个研究的设计学理意识较强、逻辑缜密、环环相扣，使得本研究有重要的实质性成果输出，具有理论意义也兼具实践参考价值。

建议进一步阐释精品作业与设计原则、双向细目表等内容之间的联系；建议增加精品作业设计策略相关内容，与题目中的"策略研究"相呼应，同时丰富发展性原则和系统性原则的内容；建议将本研究中用的问卷作为论文附件展示以供同行参阅借鉴。

王 强
首都师范大学

有效数学作业设计　提升数学学科素养

密云区檀营小学　李连英

摘　要　落实"双减"与2022版新课标要求，课题初研提炼总结成果如下：从学校师生作业现存实际问题入手，研究设计"两精准""一量表""三改变"，开展有效作业设计。两精准——精准调研，聚焦作业问题；精准设计，提高作业质量；即通过作业类型、作业目标和作业题型题目来源的精准设计，提高作业设计质量。一量表——研究设计作业评价量表，使作业设计更科学。三改变——改变相同作业内容、相同作业要求和相同作业评价，促进"双减"落实，提升数学学科素养。

主题词　有效作业　核心素养

2019年，中共中央、国务院在《关于深化教育教学改革全面提高义务教育质量的意见》和2021年《关于进一步减轻义务教育阶段学生作业负担和校外培训负担》的意见中都指出：促进学生完成好基础性作业，强化实践性作业，教师要布置分层作业、弹性作业和个性化作业，不断提高作业设计质量。

"双减"政策和新课标的实施，让教师的教育教学工作面临着巨大挑战。特别是我校，地处城乡结合部，学生来源复杂，学习能力参差不齐。学校28名数学教师中，只有13名专职，其余15名教师语数包教。数学教师年轻化，在作业设计上，存在着目标把握不准、作业形式单调，题目来源混乱、作业内容随意，题型设计不准、作业功能单一等实际问题。

作业设计的现存问题，制约了学生核心素养的发展。为改变这一现状，实现学生在校内学会、学好、学足的教学目标，我校开展了科学设计、布置有效作业的研究，总结出"两精准，一量表，三改变"，提高教学质量，提升学生数学学科素养。

一、"两精准"——精准调研、精准设计

（一）精准调研，聚焦作业问题

作业存在的问题，来源于学生真实感受与反馈。教师对三至六年级学生进行问卷调研（图1）：约87.5%的班级，学生的作业题目来源于数学书；约93.75%的班级，作业要求全班统一；约96%的学生感觉作业的目的是巩固知识。大多数学生希望数学作业要有针对性，不重复，题型要多样化，作业要分层。

图1 檀营小学数学作业调查问卷

（二）精准设计，提高作业质量

1. 精准作业类型设计

作业类型不仅会影响学生的负担，而且也会影响学业成绩。因为不同类型的作业对学生的能力发展作用是不一样的，丰富的作业类型可以减少学生在作业完成过程中的乏味感，从而减轻学生的负担。结合问卷调查结果，我们将作业划分为基础巩固类、拓展提升类、实践创新类、反思构建类四类作业。

2. 精准作业目标设计

作业设计强调目标导向，作业目标主要反映作业需要实现的功能和作用，作业目标科学与否决定了作业设计的起点是否正确。根据四类作业的特点即课程要求，我们分别设计出四类作业的作业目标。

（1）基础巩固类作业

新课程标准强调"双基"，学生只有牢固地掌握基础知识、基本技能，才能有创新思维和能力。基础型作业针对全体学生，实行"低起点"习题设计，重点在于理解概念、夯实知识，巩固应知必会的内容，要求人人都会。因此设计了如下作业目标：

①巩固应知必会内容，达成教学中知识目标，通过作业，让学生掌握数学中的概念、法则、性质、公式等内容。

②针对全体学生，实行"低起点"练习设计，让学生掌握基本知识和基本技能。

③在巩固基础知识和基本技能的同时，让学生掌握习得基础知识与基本技能的过程与方法。

（2）拓展提升类作业

拓展提升类作业题目是积累数学活动经验和培养应用意识的重要载体，是一种经验性、实践性、合作性较强的作业。这类作业侧重于在具体情境中综合运用数学知识、技能和方法探究数学问题或解决现实生活问题，由此，我们设计了如下作业目标：

①通过作业，达到让学生理解当天所学知识的要求。

②提高学生运用数学的思维方式进行思考的能力，并增强问题的解决能力。

③提高学习数学的兴趣，增强合作意识、创新意识和实事求是的科学态度。

（3）实践创新类作业

数学源于生活，在生活中寻找易于激发学生学习兴趣的数学原型，使学生感受到数学与生活的密切联系。新课标指出：学生学习应当是一个生动活泼的、主动的和富有个性的过程。除接受学习外，动手实践、自主探索与合作交流同样是学习数学的重要方式。实践创新类作业题目一般结合一节课的能力要求，有一定的难度，具有一定开放性、挑战性、创新性的题目，培养学生灵活解决问题的能力。我们制定了如下作业目标：

①为达成一节课的能力要求，培养学生的应用意识。

②通过作业，提高学生灵活解决问题的能力。

③以培养学生思维的深刻性、灵活性、创新性为主。

（4）反思构建类作业

学习是一个不断反思的过程。通过引领学生进行错题整理分析，反思学习过程中的短板。通过单元知识整理反思等，寻找知识之间的联系，构建网状知识体系。通过数学日记书写，反思学习方法及问题解决的策略等。反思构建类作业，让学生及时查漏补缺，对知识理解更深入。我们制定了如下作业目标：

①让学生通过作业，学会对单元知识进行整理与构建，养成整理分析错题的习惯。

②让学生通过撰写数学日记，学会对数学学习方法、策略及思想的总结与反思，提升表达能力。

③通过反思构建，提高学生数学的好奇心、求知欲、创新意识，建立数学自信。

3. 精准题型题目来源

（1）基础巩固类作业

基于此类作业目标设计，设计作业题目一般来源于教材、教参、练习册、试卷册等，教师根据学习情况，选取适合课时内容的基础作业题目进行设计。作业题型一般以计算、选择、简单的问题解决等形式出现。

三年级"长正方形面积"学习之后，作业题目来源于数学书，目的在于巩固长正方形面积的求法（图2）。

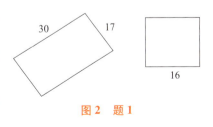

图 2　题 1

五年级"三角形三边关系"学习之后，教师设计了选择题。这类题目不需要写出思考过程，但从学生的选择结果中，就能判断他们是否掌握了基础知识。例如：小明要用三根小棒围成三角形，先选了长度分别是 4 厘米和 6 厘米的两根，如果再从长度为 2 厘米、3厘米、11厘米的小棒中选一根,那么他应该选择长度为( )厘米的小棒。

（2）拓展提升类作业

结合此类作业目标,设计题目来源一般是依据教材内容和教学目标,对教材或教参、试卷上的题目,通过条件增减、转换题型、问法等进行设计,具有一定的灵活性和针对性。作业题型要求以较复杂的实际问题、动手实践、说理、辨析类题目为主,学生要综合运用知识和方法才能进行解答。

三年级"长正方形面积"学习之后,拓展提高类作业的设计为把两张长80厘米、宽40厘米的长方形餐桌,设计成适合家庭聚会使用的餐桌,并计算这个餐桌的面积是多少。

四年级学习了"除数是两位数除法"之后,我们根据书上的基础类作业进行改编的拓展提升类题目:小红说,除法试商时,如果将除数看大了,商可能会小,图3中哪一个例子可以说明这句话是有道理的(   )。

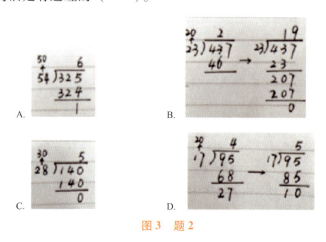

图3　题2

（3）实践创新类作业

结合此类作业目标,确定此类作业题目来源于数学与各学科学习的整合,根据数学与生活的实际联系、应用等进行改编作业题目设计。题目类型一般由学科整合题目、实际问题解决题目、动手实践类题目组成。

如:学科整合作业,根据古诗提出三个数学问题（图4）。

请看下面这首诗:
春池春水满,春时春草生。
春人饮春酒,春鸟戏春风。

图4　题3

问题一:哪一个字出现得最多?共有几个?

问题二:求"春"字的出现率。即"春"字出现的次数占全诗总字数的几分之几?（百分之几）

问题三:在这首诗中,"春"字出现得特别多。请你找一首诗,在这首诗中,使某一个字出现的次数至少占全诗总字数的10%。

三年级"长正方形面积"学习之后，在实践创新类作业题目中，教师设计了：如果给你一条 32 米长的绳子，让你去围一块面积最大的菜园，你打算怎么围？围出的面积是多少？

（4）反思构建类作业

根据此类作业目标，确定此类题目一般由教师根据教材内容和学情拟定，既和学习目标一致也要体现数学核心素养。此类作业题型一般为错题积累、数学日记、单元复习整理（图 5 ~ 图 7）。

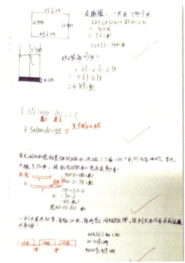
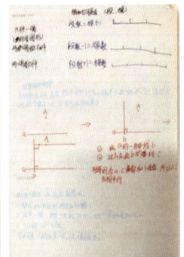
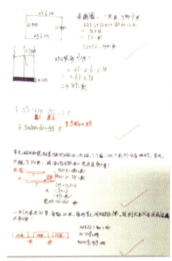

图 5　学生的错题分析整理

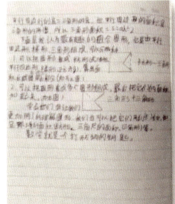
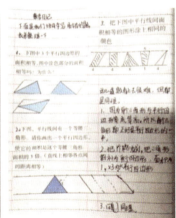

图 6　学生撰写的数学日记

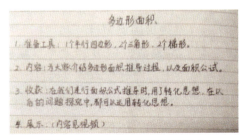

图 7　学生制作的短视频类作业

二、"一量表"——作业设计评价量表

作业设计是否有效,需要客观细致的作业评价。结合作业设计,我校研制作业设计评价量表,保障作业设计的科学性(表1)。教师在作业设计后,先进行自我评级,作业实施后进行评价反思,让作业设计目标更聚焦、作业设计更科学。

表1 作业设计评价量表

一级指标	二级指标	权重
目标	作业目标题目符合四类作业目标要求	10
	每道作业题目目标,分解作业总目标,分目标与总目标一致	10
	分层作业,帮学生达成学习目标	10
结构	作业设计结构符合AB作业单要求	10
	四类作业不同组合,符合学生需求	10
	作业布置分层,照顾到不同类学生需求	5
科学	作业内容科学,目标具体清晰	10
	题目有一定开放性	10
	完成作业时间合适,符合年段作业时长要求	10
创新	题目有创意,内容有创新,完成方式多样	5
	激发兴趣,培养动手能力和创新意识	10

三、"三改变"——改变相同的作业内容、要求、评价

有效作业题目设计,教师往往在作业布置时,忽视学生自身的独特性和差异性,要求学生在相同的时间内完成相同的作业。即便我们在精准的作业目标下设计的有效作业题目,仍不能实现作业的最大功能。因此我校研究设计作业"三改变",即改变相同的作业内容、改变相同的作业要求和改变相同的作业评价,从而促进"双减"落实,提高教学质量。

(一)改变相同的作业内容

统一的作业内容设计,会让学困生吃力,让优秀生无趣。因此把四类作业题目分层选择,设计AB作业单。两张作业单既有相同的当天所学知识的"基础巩固类"作业题目,也有根据学生需求,分层设计的"常规巩固类题目"和"拓展提升类题目"。基础+常规的A作业单,适合于学困生,有一定挑战性的B作业单,则面向的是学有余力的学生(图8)。两类作业单,针对不同的学生,即减轻了学习负担,又达到作业的目的。改变相同的作业内容,真正减轻学生的学习负担。

(二)改变相同的作业要求

为了更好地促进学生发展,教师根据各层次学生的实际情况,通过四类作业题目的布

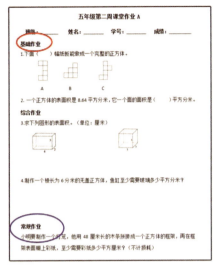 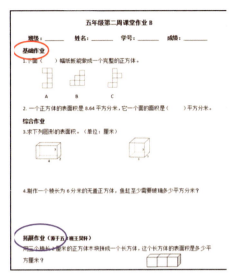

图 8 重复作业示例

置，采取不同类作业和分层要求，使不同类型的学生，通过作业，在各自能力的基础上都有所发展，既减轻了学生的学习负担，又提高了学生的数学核心素养。

1. 布置反思构建类作业——错题收集与整理

对于学有困难的学生，只需要将错题进行整理，能分析出简单的错因；而对于学有余力的学生，则要求他们除清晰分析出错因外，用不同方法撰写出正确解答过程，还要结合错题类型进行同类题目的创编（图9）。

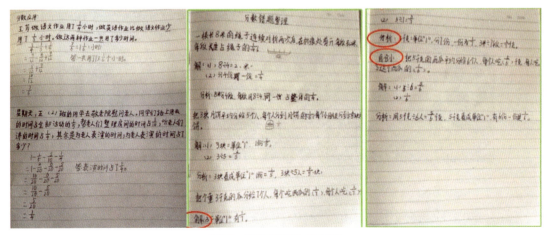

图 9 错题整理作业示例

2. 数学日记的撰写

对于学困生的布置，就是简单地记录下自己的学习过程，而对于学有余力的学生，除了要记录下自己的学习过程，还要总结一些学习的方法、解决问题的策略、学习的体会感悟等（图10）。

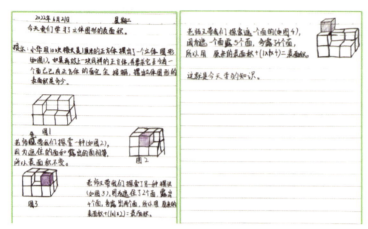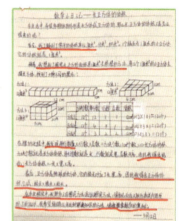

图 10 学习记录示例

（三）改变相同的作业评价

改变千篇一律的对与错的相同的作业评价模式，增加面批式评价、激励语评价、微讲座评价、微互动评价和微创编评价等方式。

1. 面批式评价

每天选择当堂知识学习不透、作业粗心大意、学习状态不佳的学生进行面批，实现个别辅导（图 11）。

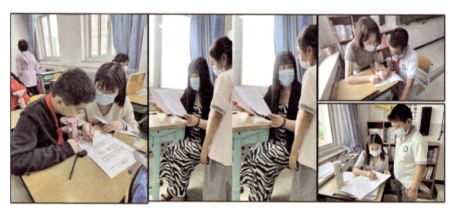

图 11 个别辅导

2. 激励语评价

没有面批的学生，选择用激励性评价语与学生进行交流。学生有时也会以文字的方式回复教师，在一来一回的文字交流中，激发了学生不断创造与创新的想法，也增进了师生情感。

3. 微讲座评价

创办数学微讲座，利用每节课前的 3 分钟展示时间，为学生搭建展示的平台（图12）。分享者在同学羡慕敬佩的目光中以及大家的掌声中感受到成就感。

图 12　数学微讲座

4. 微互动评价

数学日记，在同年级班级中展示交流，同学通过留言的形式进行微互动（图13）。别样的评价，大大激发了学生完成作业的热情。

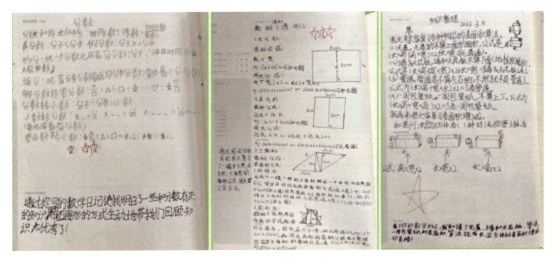

图 13　互动式评价

5. 微创编评价

学生错题整理后的同类题目创编，被录入年级课堂作业，题目后面清晰标注此题来源于××班××同学（图14）。别样的评价方式，充分展示了学生的创新成果，激发了他们继续创新的动力。

有效作业设计承载着教师的教学智慧、教学方法与教学目的；有效作业设计，秉承核心素养理念与新课程改革理念，为小学生提供更精准、更科学、更优质的作业设计；更好地落实了"双减"要求，真正实现了让学生在校内学会、学好、学足的同时，更培养了动手能力、创新意识，从而提升学生数学学科素养。

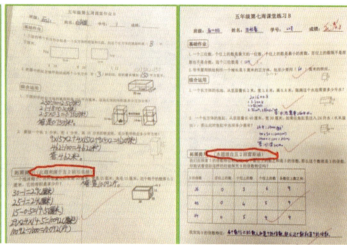

图 14　微创编评价

参 考 文 献

[1] 中华人民共和国教育部. 义务教育数学课程标准 [S]. 北京: 北京师范大学出版社, 2011.
[2] 王月芬. 重构作业———课程视域下的单元作业 [M]. 北京: 教育科学出版社, 2021.
[3] 陈燕. 高质量小学数学作业设计体系与实施路径研究 [J]. 小学教学, 2023 (2): 39-43.

专家 点评

　　本论文语言精练、案例丰富,能充分对研究主题与研究内容进行论证。围绕如何优化数学课后作业,从前期调研开始,根据调研结果对现有作业设计进行完善。研究者自创评价量表,对调整后的作业设计展开评估,最后总结"三改变"帮助教师设计数学作业,提升学生数学素养。全文论证清晰,主题明确,研究合理规范,对实践工作指导意义较强。

　　本论文抓住目前作业存在的"痛点",发现目前作业设计存在重复、随意等弊端,造成学生学习负担和教师工作量增加。结合"双减"政策的提出,针对这些问题提出了精准化整改方案。在作业设计理念及实践方面切实落实"双减"要求,体现教师教学研究智慧。

　　研究中的"一量表"———作业设计评价量表的提出具有原创性,教师完成作业设计后,先根据此量表进行自我评估,分析作业设计的合理性。在此过程中,教师不断进行自我反思,螺旋上升式提高作业设计能力,使作业设计更科学有效,从而助力提升学生的数学学科素养。

建议进一步聚焦评价量表的阐述，将评价量表的制定过程分享出来，规范研究工具的介绍，以期对其他教师有所指导；建议进一步完善论文的结尾，在高度概括文章内容的基础上紧密契合"双减"背景。

王　强

首都师范大学

"双减"背景下远郊区中小学教师作业观念现状调查与启示

北京市密云区教师研修学院 闫 霞

摘 要 "双减"背景下,教师如何理解和认识作业值得关注。基于此,笔者开展了中小学教师作业观念的调查,从作业功能认识、作业实施现状和作业困难与需求三个维度来反映。基于数据分析,提出相关结论,如教师具有客观正确的作业观念;教师比较重视科学有效的作业设计;教师逐步关注多样化的作业,并提出了相关建议,如加大对单元作业设计的培训和指导;引导以校为本的作业设计;关注分层作业的设计与展示;引领教师开展作业课题研究。

主题词 双减 教师作业观念 调查研究

2021年7月24日《关于进一步减轻义务教育阶段学生作业负担和校外培训负担的意见》正式发布。在落实"双减"过程中,无论是对于教师还是干部,怎样认识、怎样思考、怎样研究、怎样工作,都成为面向新时代的新问题。"双减"背景下的作业研究、设计与管理,成为备受关注的重要话题。作为作业设计的主体——教师群体如何看待和认识作业问题,尤其值得我们关注。

一、调查背景

(一)"双减"政策下教师作业观值得关注

《关于进一步减轻义务教育阶段学生作业负担和校外培训负担的意见》要求,全面压减作业总量和时长,减轻学生过重作业负担,具体措施如下:健全作业管理机制;分类明确作业总量;提高作业设计质量;加强作业完成指导;科学利用课余时间。教师作为作业设计、实施与评价的主体和直接参与者,如何看待作业,如何认识作业的功能,在实际的教学中如何布置作业,是一个特别值得关注的问题。在这样的背景和要求下,我们希望通过了解教师的作业观念现状,发现存在的问题,进一步改进和提高教师的作业设计和实施能力。

(二)远郊区教育环境需求高质量作业

相对于中心城区来说,北京市的远郊区在地理位置、经济发展等方面都有独有的特点。从教育上来看,远郊区教育环境也有不一样的特点。从教师层面看,教师的教育观念相对比较落后，对于新的教育政策、教育改革等接受相对较慢。在这样的背景下，远郊区教师群体如何接受"双减"政策，如何理解和落实"双减"政策对于作业的要求，更加值得关注。从家长层面看，远郊区家长的教育水平和教育观念和家庭经济状况，决定了家长更加关注、更加依赖学校教育，尤其是家庭作业的质与量。在"双减"背景下，家长的教育焦虑依然存在。教师如何认识和布置作业，也直接影响了家长的教育焦虑程度。

二、调查基本情况

（一）调查目的

通过开展教师问卷，全面了解远郊区教师群体的作业观念，分析教师群体在作业认识、设计、布置和评价当中存在的困惑、问题和需求，为教师改进作业设计提供客观依据，进一步落实"双减"政策关于作业的要求，切实减轻学生过重的作业负担。

（二）调查对象

密云的中小学教师，具体抽样5所中学、5所小学。

（三）调查内容与方法

参考相关文献和调研需求，尤其是"双减"政策关于作业的相关要求，我们将中小学教师的作业观念构建为以下几个方面：作业功能认识、作业实施现状（设计、布置、批改和讲评）、作业困难与需求（作业设计提升、作业设计困难、作业培训需求）三个维度，从19个题目去呈现。编制了《中小学教师作业观念现状调查问卷》，问卷由封闭题（单项选择题、多项选择题）、开放题以及背景信息题构成。教师均采用网络在线填答方式进行答题，共收到有效问卷667份。

三、调查结果分析

（一）调查对象的基本情况

如表1、图1、图2、图3所示，从所调查对象教师群体的基本信息来看，性别上以女教师居多，高级教师以下职称的教师超过一半；所教年级和所教学科上，高中教师、语数英教师居多。调查对象的样本能代表整个群体的样本特征。

表1　教师的基本情况

项目	类别	人数	百分比（%）
	总计	667	100.0
性别	男	149	22.3
	女	518	77.7
最后学历	大专及以下	8	1.1
	本科	544	81.6
	研究生	115	17.2

续表

项目	类别	人数	百分比（%）
职称	无职称	74	11.1
	高级教师以下	416	62.3
	高级教师	176	26.4
	正高级教师	1	0.1
学校地域	城市	310	46.5
	乡镇	176	26.4
	农村	181	27.1

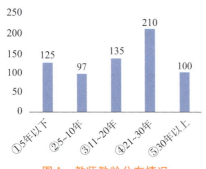

图1 教师教龄分布情况

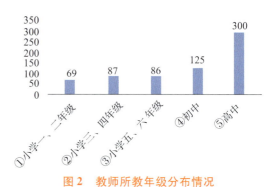

图2 教师所教年级分布情况

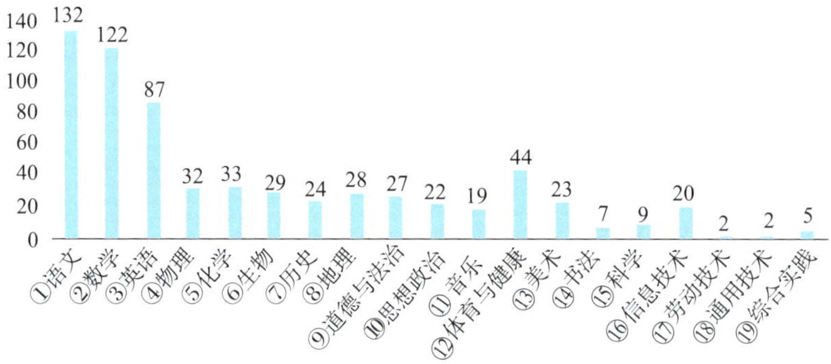

图3 教师所教学科分布情况

（二）教师对作业功能的认识

教师对作业功能的认识，通过多选并排序题来呈现。对于数据的分析，主要关注教师对作业功能认识排序第一和第二的情况。从图4和图5看出，在作业功能上，教师认同度最高的是：理解和应用课堂所学的知识；为了巩固知识，防止遗忘；为了检验教学的效果，诊断存在的问题。这说明教师能正确认识和看待作业的功能。

（三）教师实施作业情况

本调查中对于教师实施作业情况，主要从教师的作业设计、布置、批改和讲评等方面进行反映。

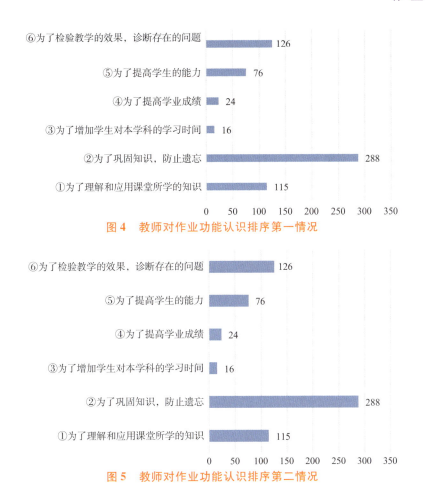

图4 教师对作业功能认识排序第一情况

图5 教师对作业功能认识排序第二情况

1. 教师设计作业情况

教师设计作业的主要依据是什么？通过数据分析发现，教师设计作业依据排序第一的情况依次是课程标准、教学内容与教学目标、学生的实际情况（图6）。从组合情况看，

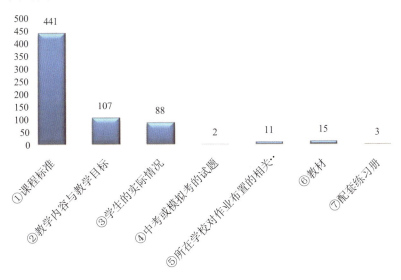

图6 教师设计作业依据排序第一情况

教师选择的三种主要组合如表2所示,教师认同度高的依据是"课程标准、教学内容与教学目标、学生的实际情况"。

表 2　教师设计作业依据组合情况

组合	人次
①课程标准→②教学内容与教学目标→③学生的实际情况	71
①课程标准→②教学内容与教学目标→③学生的实际情况→⑤所在学校对作业布置的相关要求	27
①课程标准→②教学内容与教学目标→③学生的实际情况→⑥教材	44

2. 教师布置作业情况

（1）作业来源情况

在教师布置作业的主要来源调查中,排序第一情况如图7所示。学校教研组自主设计、直接使用教材习题、直接使用配套练习册为主,也有部分教师自己设计作业。从主观题答题中反映出,教师希望能自己设计作业,但又太花费时间。

（2）作业布置类型情况

在教师经常布置的作业类型调查中,教师布置最多的作业类型依次是书面类、实践探究类、阅读类和制作操作类（图8）。教师能有意识布置实践探究类和制作操作类作业,值得肯定。对参观体验类、跨学科类的长作业关注较少,值得加强。

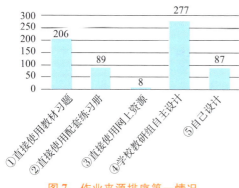

图 7　作业来源排序第一情况

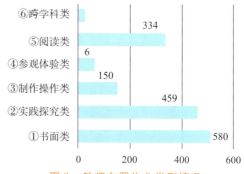

图 8　教师布置作业类型情况

（3）教师布置分层作业和小组合作作业情况

从图9可以看出教师能经常布置分层作业,占比为77%;但经常布置小组合作作业仅占49%（图10）。从作业完成时间情况来看,图11反映了教师布置长周期作业的完成时间,可以看出将近一半的教师不布置长周期作业,如果有布置,基本是在一周完成。图12反映了学生课后作业的完成时间,从图中可以看出,在"双减"政策下,教师对于作业完成时间都有明

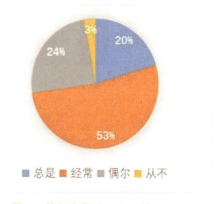

图 9　教师布置分层作业情况

确的认识，严格控制作业的完成时间。

在周末作业布置上，有40%的教师周六、周日会给学生布置比平时更长时间的作业。48%的教师认为自己从不会在周末布置更多的作业（图13）。

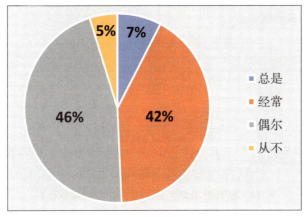

图10　教师布置小组合作作业情况

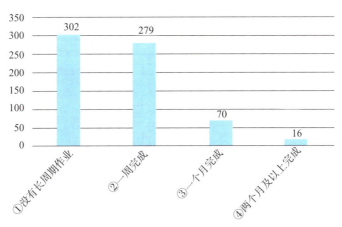

图11　教师布置长周期作业完成时间

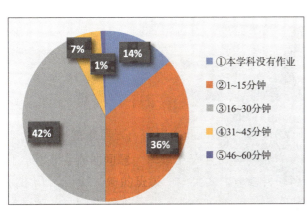

图12　学生完成作业时间

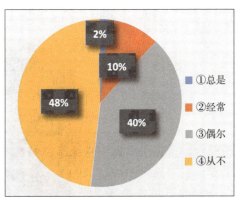

图13　教师布置周末作业情况

3. 作业批改与改进

为了激励学生自主完成作业，教师也进行了不同的尝试与探索，统计结果如图 14 所示。大部分教师经常选择让学生自主选择不同难度的作业、自主选择不同形式的作业等方式激励学生自主完成作业。在自主选择做不做作业和自主选择同学合作完成作业上，教师基本上持不鼓励的态度。

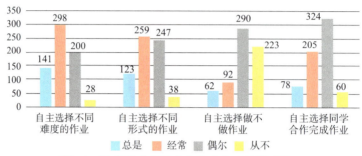

图 14　教师激励学生自主完成作业的措施情况

作业批改也是教师的一项重要工作。从图 15 中可以看出，教师普遍喜欢的一些批改方式是面批、画对错、写评语，指出作业的优点或问题、写"你真棒""加油"等鼓励的话语等方式。

图 15　教师作业批改方式情况

教师布置作业，其中一个目的就是发现教学中存在的问题，进行教学改进。从调查中我们也发现，绝大多数的教师能根据学生在作业中出现的问题进行讲评并改进教学（图16），这是一种非常好的现象。

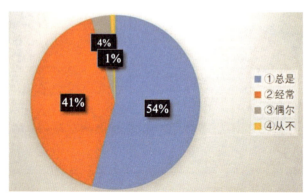

图 16　教师通过作业改进教学情况

（四）教师实施作业的困难与需求

面对"双减"政策的新背景和新要求，教师在作业设计、布置、批改和讲评等方面会有一些困难，也会有一些培训和指导的需求。

1. 设计的作业功能还需提升

教师感觉自己设计的作业功能在以下方面还需要提升：帮助学生培养自主学习习惯；帮助学生形成能力；提高学生学习兴趣；精准分析学情（图17）。看来教师对于作业功能有更加深刻的认识，对于作业功能的认识不仅仅停留在知识和成绩层面，而是更多追求通过作业达到能力层面的提升。

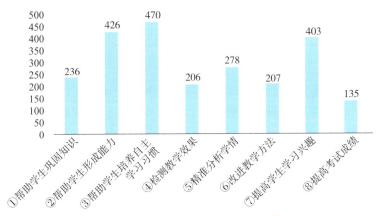

图17　教师认为作业功能还需提升情况

2. 作业类型设计困难

教师在"对目前自己在设计作业方面还存在哪些困难"的认识上，反映非常困难的，主要是设计跨学科作业和设计创新类作业；反映比较困难的，主要是设计有效诊断学情的常规作业和依据作业情况精准讲评和跟进指导（图18）。

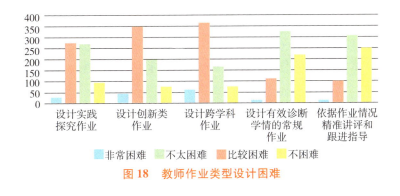

图18　教师作业类型设计困难

3. 作业设计的困难

在作业设计上，调查反映比较困难的依次是：依据单元目标确定整个单元作业结构、确定作业的难度、选择作业的内容和确定作业目标（图19）。在依据单元目标确定整个单元作业结构的调查上，教师反映非常困难的，要高于其他项目；反映比较困难的，要远高于其他项目，这说明教师在单元作业设计上还存在比较明显和突出的问题。

4. 作业批改的困难

在作业批改上，教师在"学生作业时间太短，不能落实课堂目标""工作量太大，没有时间精批作业"上，持肯定态度和模糊态度的人数占到一半以上（图20）。

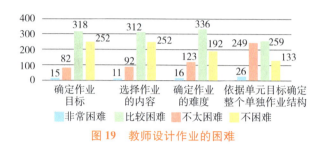

图19　教师设计作业的困难

图20　教师批改作业的困难

5. 培训和指导需求

对于作业设计能力提升需要的培训和指导，教师反映比较突出的几个方面是：优质作业资源共建共享；专家进行作业设计的讲座；开展作业设计的课题研究（图21）。

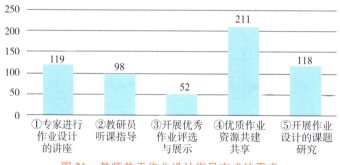

图21　教师关于作业设计指导方式的需求

在教师作业设计培训内容需求的调研，也是通过多选并排序题来反映。排序第一的需求比较集中，主要是能切实提升学生学业成绩的作业设计、分层作业的设计和指向核心素养培养的作业设计三个方面（图22）。排序第二的需求相对比较分散，主要是分层作业的设计、指向核心素养培养的作业设计、基于课程标准与教学标准的作业设计和多样化作业设计（图23）。

在教师需求的排序组合上，组合最多的是"①能切实提升学生学业成绩的作业设计→②分层作业的设计→③指向核心素养培养的作业设计"，有67人选择此项组合；其次的组合是"①能切实提升学生学业成绩的作业设计→②分层作业的设计→④基于课程标准、教学标准的作业设计"，有12人选择此项组合。

四、结论与建议

（一）主要结论

1. 教师具有客观正确的作业观念

从调查数据可以反映出，教师能正确认识作业的功能，并且非常认同作业的作用：理

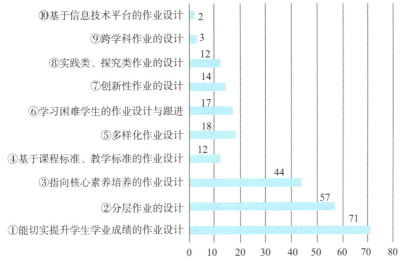

图22　教师作业设计培训内容第一需求

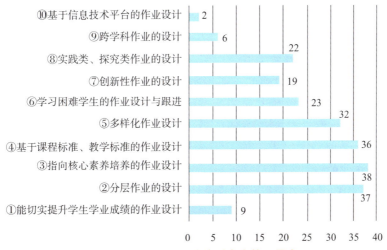

图23　教师作业设计培训内容第二需求

解和应用课堂所学的知识；为了巩固知识，防止遗忘；为了检验教学的效果，诊断存在的问题等功能。尤其在作业功能提升上，教师期望通过作业达到能力层面的提升。在作业的问题上，教师能抛弃急功近利的思想，如作业主要是为了提高学生的学习成绩。

2. 教师比较重视科学有效的作业设计

在作业设计的依据上，教师关注课程标准、教学内容与教学目标、学生的实际情况。在作业来源上，教师能以校为本，以学校教研组自主设计、直接使用教材习题、直接使用配套练习册为主。教师注重严格控制作业时间。

3. 教师逐步关注多样化的作业

教师在作业布置上关注了书面类、实践探究类、阅读类和制作操作类。教师能有意识布置实践探究类和制作操作类作业；教师能经常布置分层作业，占比为53%；在经常布置小组合作作业上也有所进步。

4. 教师在作业设计上存在困难

在作业类型设计困难上反映比较突出的是：设计跨学科作业和设计创新类作业；设计有效诊断学情的常规作业和依据作业情况精准讲评和跟进指导。在作业设计困难上，反映比较突出的是：依据单元目标确定整个单元作业结构。在依据单元目标确定整个单元作业结构的调查上，教师反映"非常困难的"，要高于其他项目；反映"比较困难的"，要远高于其他项目。这说明教师在单元作业设计上还存在比较明显的问题。

5. 教师作业设计培训与指导需求比较突出

教师反映，需要在优质作业资源共建共享、专家进行作业设计的讲座、开展作业设计的课题研究等方面进行培训和指导。在教师作业设计培训内容需求上，教师反映比较集中的是能切实提升学生学业成绩的作业设计、分层作业的设计和指向核心素养培养的作业设计三个方面。

（二）建议

1. 加大对单元作业设计的培训和指导

由于现在提倡单元教学，对于作业的设计，也从课时作业和课堂作业转向了单元作业。依据单元目标确定整个单元作业结构，是教师反映比较突出的问题。因此，我们需要加大对单元作业设计的培训和指导，让教师能进行配套的单元作业设计。

2. 引导以校为本的作业设计

在作业设计来源上，教师反映的主要来源中有学校教研组自主设计，这是特别值得肯定和提倡的。我们应该引导教师更加关注以校为本的作业设计，引导教师依据学校的校情、基于学生的学情，设计具有学校特色、适合学校的校本化作业设计，改变过于依赖配套练习册的现状。

3. 关注分层作业的设计与展示

教师在实际工作中开展了分层作业的设计和实施。在培训需求中，分层作业的设计也是教师非常关注的。因此，我们可以在开展分层作业设计培训和指导的基础上，增加展示和交流的机会，让教师将分层作业设计和实施中的经验及问题进行梳理和总结，开展更加科学合理的分层作业，让分层作业在"双减"背景下，发挥其应有的作用，成为切实减轻学生过重作业负担的重要手段。

4. 引领教师开展作业课题研究

科研是推进教育教学工作的重要手段，课题研究是改进教育教学的重要途径。在需求调研中，教师也将开展作业设计的课题研究放在了突出的位置，这表明教师具有用课题引领工作的意识。因此，我们要引领教师开展作业的课题研究，通过科研的路径，总结和规范作业设计、实施与评价的经验和做法。

5. 鼓励教师设计创新型作业

从调研中可以看出，教师比较关注常规作业的设计和实施。对于长周期作业、跨学科作业、参观体验类作业、基于信息技术平台的作业等创新型作业关注得比较少。因此，要鼓励教师开展这些方面的探索和实践，促进作业的多样化发展。

6. 加强优质作业的展示和交流

优质作业资源共建共享,是教师反映比较突出的需求。这表明教师期望学习和了解优质作业。因此,我们要组织相关活动,让优质作业在学科内、学科间、学校间进行展示和交流,让教师相互借鉴和学习。

参 考 文 献

[1] 刘晓晴. 中学生作业量干预研究——以深圳市某区属学校高中部为例 [J]. 教育研究, 2015, 36 (5): 122 - 132.
[2] 肖正德. "减负" 背景下有效作业的设计策略探究 [J]. 课程·教材·教法, 2014, 34 (4): 50 - 55.
[3] 任宝贵. 我国家庭作业研究综述 [J]. 教育科学究, 2013, (9): 58 - 63.
[4] 张济洲. 中小学作业观: 特点、问题与走向 [J]. 课程·教材·教法, 2013, 33 (7): 25 - 30.

专家 点评

"双减"背景下,教师如何理解和相应地加强作业设计值得关注。本研究针对远郊区中小学(密云的中学、小学各5所)教师,运用问卷调查的方法,对收集到的667份问卷进行了数据分析,结合实际情况,深入探讨了教师群体在认识理念、作业设计、布置和评价当中存在的困惑、问题和需求。本研究发现,教师能正确看待作业的功能,已经在有意识地布置实践探究类和制作操作类作业,对于参观体验类、跨学科类的长周期作业关注也正在逐步加强。研究表明,教师在作业设计上存在一定的困难,对于分层作业、多样化作业等作业设计能力的提升,教师期待更多的培训和指导;对于作业批改上教师存在一定的疑虑,担心学生作业时间太短不能落实课堂目标,教师工作量太大没有时间精批作业等。本研究针对问卷调查中分析出的问题,提出了加大对单元作业设计的培训和指导、关注分层作业的设计与展示、引领教师开展作业课题研究、鼓励教师设计创新型作业、加强优质作业的展示和交流等具体解决建议,其中优质作业资源共建共享,是教师反映比较突出的需求。作为远郊区学校,教育观念、教育政策、教育改革等转变相对较慢,本研究提出让优质作业在学科内、学科间、学校间进行展示和交流,让教师相互借鉴和学习,具有一定的现实意义。本研究为教师改进作业设计提供了客观依据,为进一步加强"双减"政策下科学设计作业提供了调查研究数据支撑。

建议补充《中小学教师作业观念现状调查问卷》样本,依据学校的校情、基于学生的学情,本研究可以继续加强各学科教师之间的作业设计研究与交流,提高作业设计的质量和效果,进一步落实"双减"政策关于作业的要求,切实减轻学生的过重作业负担。

孙 慧
清华大学

"双师课堂"应用课后服务教学的实践研究[①]

北京市陈经纶中学分校望京实验学校 管永新

摘　要　"双减"政策实施后，义务教育课后服务"5+2"模式，强化了学校教育主阵地地位，推动了学生课后服务回归校园，学校承担起了课后服务育人的重要使命。提升课后服务水平，创新课后服务模式，满足学生多样化、个性化课后学习需求，成为学校当前重要教育职责。本文在充分调研课后服务现状的基础上，发挥互联网+教育优势，将"双师课堂"模式创新性应用于课后服务教学，巧妙解决了当前"双减"背景下学校面临的课后服务优质师资不足、教师负担过重、课后服务课程资源匮乏和质量不高等一系列课后服务难题。

主题词　双师课堂　课后服务　教学

一、问题的提出

2021年7月，中共中央办公厅、国务院办公厅印发《关于进一步减轻义务教育阶段学生作业负担和校外培训负担的意见》，明确提出了减轻义务教育阶段学生作业负担和课外培训负担的"双减"要求。"双减"政策的实施推动了课后服务回归校园，强化了学校课后服务的主体责任和主阵地地位。提升课后服务水平，创新课后服务模式，开发课后服务课程，优化课后服务管理，满足学生多样化、个性化课后学习需求，成为学校当前重要教育职责。然而由于"双减"政策实施前，学校教育主要供给为课内教育教学，而非课后服务教学，家长大多会选择校外培训机构作为学生的课后服务补充，对学校课后服务的期待和需求并不高，这就造成了义务教育学校在课后服务供给方面的顶层设计和系统规划不足，学校课后服务供给水平不高。因此，"双减"政策实施后，学校就出现了课后服务课程资源匮乏、课后服务师资不足、教师课后服务负担过重和课后服务管理水

---

① 北京市教育科学规划"双减"专项课题"基于'双师课堂'理念的课后服务模式创新研究"（CDGB21484）成果。

平不高等一系列问题。基于上述问题,笔者创新性地将"双师课堂"应用于课后服务教学实践,提升了学校课后服务水平,建立了良好的教育生态,满足学生多样化、个性化发展需求,促进学生的全面发展、健康成长。

二、"双师课堂"应用课后服务教学实践

(一)构建"双师课堂"应用课后服务教学模式

所谓"双师课堂",是一种集合了线上线下教学优势而出现的教学新模式。其中"双师"原指的是一位"主讲教师"+另一位助讲教师,随着"互联网+教育"的兴起,逐步衍生成一位"主讲教师"+N位助讲教师。主讲教师通过视频会议的方式远程实时授课,"助讲教师"在课堂现场进行学习组织、指导、答疑、辅导等共同完成教学。"双师课堂"应用课后服务教学是笔者在对"双师课堂"教学模式充分研究的基础上,创新性提出的一种课后服务教学模式,是将"双师课堂"教学方式应用于课后服务教学的一种新的教学样态(图1)。

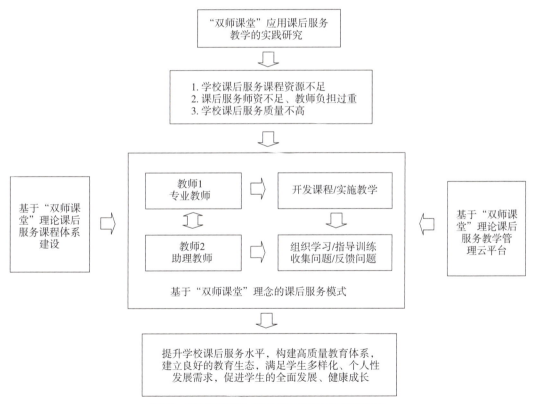

图1 "双师课堂"应用课后服务教学模式图

主讲教师一般由校内、学区内或区域内某学科知名或骨干担任,其主要职责是在深入学习课程标准、理解教材和充分调研学生学习需求的基础上开发课后服务课程,并将课程实施或录制形成教学视频后上传至学生学习平台。另外主讲教师还要负责对助讲教师进行培训,通过培训帮助助讲教师梳理课程目标、重点、难点和教学策略,指导助讲教

师进行课程实施。助讲教师则在主讲教师的指导下，组织学生学习，指导学生有效训练，同时收集学生问题，及时解决或反馈主讲教师后协助一起解决问题。

（二）"双师课堂"应用课后服务教学课程开发

课程是学校育人的重要载体，是育人目标达成的基础。"双师课堂"应用课后服务教学的实施同样需要与之配套的课后服务课程予以保证。"双师课堂"应用课后服务教学模式提出后，为了满足学生课后服务多样化、个性化学习需求，我们围绕国家教育方针、学校办学理念、育人目标，充分考虑社会主义核心价值观和学生核心素养培育，从学生兴趣、需要和能力提升出发，以德智体美劳五育并举为导向，对外整合教育资源，借助区域丰富的社科院所、社会大课堂、博物馆和人文景观公园等跨学科整合形成课后服务课程。对内挖掘教师潜力，开发一系列内容故事化、形式数字化的高品质"双师课堂"应用于课后服务教学课程，包括"书法""艺术大师的画笔""遇见恐龙""趣味表达""识情绪善社交""哇！建筑""玩转魔方""简单机械"等8门课程，为学生提供形式丰富、多纬度和多领域的课后服务课程资源，既满足了学生国家课程课后课业辅导和学科拓展学习需要，也满足了学生多样化、个性化的学习需求，还促进了学生实践能力、创新精神和社会责任感的提升。以"双师课堂"应用课后服务教学书法课程为例，我们制定的教学目标是培养学生掌握汉字书写技巧，养成正确书写习惯，从小夯实基础并写得一手好字，进而领略中华汉字之美。课程内容包括正确坐姿与握笔习惯的培养、笔画与偏旁部首的书写方法，独体字与合体字的书写要领、汉字结构与汉字知识的学习。我们选择的课程形式是主讲教师视频讲解＋助讲教师指导练习两大环节。主讲教师书写讲解环节包含笔顺、书写示范、书写技巧、错误书写对比等重难点，细致全面；助讲教师书写练习环节主要包括纠正良好的坐姿与执笔习惯，随学随练。课程的开发一方面满足了学生书法学习需求，促进了学生专注力、观察力、感知力、实践力提升，另一方面也放大了书法教师产能，提升了学校课程供给能力。

（三）"双师课堂"理念下课后服务管理平台研究

"双师课堂"应用课后服务教学模式是借助"互联网＋教育"优势，打破了传统一师一班原有教学模式，实现了1＋1或1＋N课后服务教学模式，即一名教师授课，多个班级共享的课后服务教学模式，充分发挥了"互联网＋教育"在课后服务领域应用，实现了优质课后服务课程和师资资源的共享。"双师课堂"应用课后服务教学必须以信息化学习平台为依托，数字化教学平台是集数字化资源管理、教师数字化教学、学生数字化学习，师生、生生互动与交流和信息反馈的重要载体。

为了做好数字化教学平台建设，更好地满足师生教与学需求，我们对因疫情学校"停课不停学"期间教师所采用的学习平台进行了调研，通过调研我们发现：教师教学采用的软件主要有微信、QQ、腾讯会议、腾讯课堂、钉钉、希沃课堂等十余个，受这些平台的专业性、教师对平台使用熟练程度、各学科学习平台不统一、学生多平台交叉切换使用以及网速快慢等因素影响，学生普遍对平台的满意度较低。因此，我们认为：做好数字化教学平台建设是当前和未来学校开展在线教学的关键所在。为此，我们组建专班对教师、学生对教师使用平台情况进行认真的分析和研究，淘汰一些操作烦琐、不方便和性价比不高的平台，聘请专业公司为我们量身定制了数字化教学平台，平台操作简单、方便、快捷、性价比较高；同时，做到全校统一学习平台，这样也能避免因平台交叉和切换等因素影响学生在线学习效果。平台开发建设完成后，学校还加强了对教师和学生使用平台的培训，为"双师课堂"应用课后服务教学做好支撑，进而促进课后服务方式的转变，提升课后服务质量和品质。

三、问题解决与研究反思

（一）问题解决

1. 创新课后服务模式，推动"双减"政策落地

"双减"政策出台后，学校成为学生课后服务重要供给方，提供优质的课后服务供给，满足学生多样化、个性化需求是学校不可推卸的责任和使命，也是学校新时代落实立德树人根本任务的新使命和新要求。由于课后服务作为一个"新生事物"，国内大多学校还处于边研究、边实践、边完善阶段，目前还没有形成相对成熟的模式和经验，且随着时间的推移各地学校课后服务困难和短板日益突出，因此探索课后服务有效路径和策略，推动"双减"政策落地俨然成了学校当前核心工作。我校通过开展"双师课堂"应用课后服务教学实践研究，创新性提出了"双师课堂"应用课后服务教学模式，并开发和实施8门与之配套的课后服务课程，开发"双师课堂"应用课后服务教学平台。这些都有效推动了"双减"政策的落地，为我校突破课后服务教育瓶颈，积累课后服务经验，为我校、我区、我市乃至全国义务教育学校开展课后服务研究提供经验和借鉴价值。

2. 缓解优质师资不足，放大"优专"教师产能

一方面"双减"政策出台后，义务教育课后服务"5+2"模式要求"小学书面作业不出校门、初中疑难作业不带回家"，课后服务要满足在校学生"全员""全学科""全时段"需求。同时课后服务也拉长了教师在校工作时长，教师需要承担起比以前更大的工作量，大大增加教师的工作负担。我校开展"双师课堂"应用课后服务教学实践研究，借助"双师课堂"模式，主讲教师+助讲教师共同完成课后服务教学，能有效优化教师资源，解放教育生产力和放大优秀教师产能，有效缓解学校课后服务师资紧张问题。同时，也可以充分发挥本校、教育集团、学区内、区域内或优秀教师教育资源优势，弥补一般教师在课后服务教学方面的不足，特别是在素质类课程方面，更有利于发挥专业教师学科专业优势，和其他教师（如班主任）在学生管理的优势，实现课后服务效益的最大化。比如："双减"政策不可避免地带来了学生的心理焦虑，学生的心理辅导尤为重要，但我们全校仅有一位心理教师，远远无法满足全校54个班级学生需要，"双师课堂"帮助我们完美地解决了这个问题，提升了学生课后服务时段学习的实际获得感。

3. 优化课后服务供给，推动"服务"走向育人

"双减"政策实施前，由于学校在课后服务课程开发、课程实施和课程评价等方面缺少设计和思考，在"双减"政策实施后，学校在课后服务教学实施过程中显得尤为被动。本学期学校依托"双师课堂"课后服务教学平台，共开设配套课后服务课程8门，课程内容涵盖了科技、艺术、心理健康和学科辅导等多个领域和方面，学段覆盖1~6年级，

满足了40个班、约1 400名学生对课后服务多样化和个性化学习需求,切实推动了学校课后服务教学逐步从"服务"走向"育人",促进了学校良好的教育生态形成和学生的全面、健康成长。

(二)研究反思

"双师课堂"应用课后服务教学的实践研究,为"双减"政策真正落地探索出了一条有效路径和一系列实施策略,积淀了学校课后服务育人经验。然而"双师课堂"应用课后服务教学作为一种新的教育实践,受研究和实践时间局限,在课后服务课程建设、模式创新和平台开发等方面依然还有很长路要走,还需要通过大量的课堂实践去检验其合理性和有效性。但通过前期的研究和实践我们已经看到了它独特的育人功能和价值,虽然目前还存在着一些不可回避的问题,但作为推动"双减"落地的重要举措,确实有着更加广泛的研究空间。因此,我们认为:"双师课堂"理念下课后服务模式创新研究不应是学校"双减"落地应急之举,更应该把它当成撬动教育变革的重要契机,重新审视教育的本质,重新构建学校课内+课后一体化育人路径,探索构建更为有效的课后服务教学模式,提升学校课后服务水平,建立良好的教育生态。同时在研究和实践中,不断积累课后服务育人经验,让课后服务更好地满足学生多样化、个性化发展需求,促进学生的全面发展、健康成长,为学生终身发展服务。

参 考 文 献

[1] 林海燕."双师教学"课堂模式建构的探索与思考[J].课程教育研究:学法教法研究,2019(13):2.

[2] 李永芹."双师课堂"线上教学的实践与思考[J].教学与管理,2020(17):2.

[3] 史玲燕.思政课"双师教学"模式的实践探索[J].文存阅刊,2021(28):83-84.

[4] 郑英."互联网+"背景下"双师教学"模式的实践探索[J].考试周刊,2019(60):1.

专家 点评

研究聚焦于"双减"政策背景下提升课后服务质量的迫切现实需求,针对课后服务课程资源匮乏、课后服务师资不足、教师课后服务负担过重和课后服务管理水平不高等问题,尝试借助互联网技术,将"双师课堂"延伸至课后服务中,建设了相关课程资源,提炼形成了课后服务教学模式,搭建了教学平台,以一系列实践措施有针对性地解决了实践问题,取得较好实践效果。

研究在后续逐渐深入的过程中,强化问题导向,通过一定科学可行的方法,聚焦学生需求,梳理相关问题,明确解决问题的路径,采取有效措施,切实达到减负增效提质的改革效果。建议进一步提升对实践研究效果的评价意识,明确研究的起点，在研究过程中注意搜集相关的数据、实物等，作为实践研究效果的证据支撑。还可以适当扩展研究视域，将课内和课后服务统筹考虑，形成一体化的改革措施。

牛瑞雪

人民教育出版社

"双减"背景下提升课后服务质量的思考与建议[①]

北京市海淀区教育科学研究院　王宇航
北京市第一〇一中学　平亚茹

摘　要　　课后服务已经不是单纯的托管服务,而是一种育人活动,需同时关注学生的学业指导与素质拓展。从课后服务的实施现状来看,学生主要参与社团、体育锻炼、学习指导、自习四种活动;从家长和学生的未来期待来看,他们希望继续参与体育锻炼、素质拓展和学习指导三类活动;从劳动教育开展现状来看,学生体验不足,要增加趣味性与实用性结合的劳动活动;从学段差异来看,初中生和小学生需求明显不同。为了提升课后服务质量,从关注学生个性化的学习指导、引导学生持续化的体育锻炼、加强学生应用化的劳动体验、增加学生多样化的社团活动、建构课程化的课后服务体系五个方面提出建议。

主题词　　课后服务　提升质量　建议

2021年7月,中共中央办公厅、国务院办公厅《关于进一步减轻义务教育阶段学生作业负担和校外培训负担的意见》(后文简称《意见》),对课后服务提出了具体细致的工作要求。推进课后服务是支撑实现"双减"工作目标的重要举措,是彰显学校办学特色、促进学生全面发展的重要途径。

随着"双减"的持续推进,很多学校也遇到了现实问题,即在提供课后服务满足学生和家长的基本需求之外,怎样进一步提升课后服务质量,从而对学生和家长产生持久的吸引力。我们认为可以从两个方面进行突破,首先在于深入理解"双减"政策对课后服务的要求,从顶层设计的角度来认识课后服务的作用和功能;其次在于从需求侧的角度,了解家长和学生的需求,以促使学校不断丰富和完善课后服务的内容供给。

一、在"双减"政策背景下重新认识课后服务

课后服务虽然是近几年才有的说法和名称,但课后服务本身已有一段发展历程,大致可以分为起源、发展和进阶三个阶段。

[①] 北京市教育科学规划"双减"专项课题"'双减'背景下提高课后服务质量的实践研究"(CDGB21490)成果。

（一）课后服务的起源

课后服务的需求起源于解决家长接孩子放学难的"三点半问题"，即学生下午一般在15:30至16:30放学，而家长往往在17:30至18:00之间下班。学生放学时间和家长下班时间的不一致形成了学生的"监护真空期"，这个时间段内家长如何接孩子、孩子交给谁看管成了普遍存在的现实问题。从解决问题的方式来看，部分家庭让孩子放学后自己回家，部分家庭委托长辈或者亲朋好友在放学后帮助接孩子回家，多数家庭通过支付费用的方式委托校外的"小饭桌"或者"托管班"来托管孩子。

家长非常关注孩子放学后那段时间的利用，希望孩子有更多的收获。"小饭桌"或者"托管班"又往往通过开设文化课辅导或者兴趣班的方式，增加对家长和学生的吸引力，"小饭桌"或者"托管班"又逐渐演变成了课外培训班。很多校外培训机构也意识到了家长对孩子托管和培训的需求，通过每天下午放学后两个小时甚至持续到晚上七八点以后开设课外文化课培训的方式，吸引了更多家长让孩子参与校外学业辅导和培训。在这样的现实需求下，以托管为名，导致的校外培训负担过度增大、家长教育焦虑和费用支出迅速增长的问题，让家长和学生都感受到了巨大的压力。

（二）课后服务的发展

为促进学生健康成长、帮助家长解决按时接送孩子的困难，教育部办公厅印发《关于做好中小学生课后服务工作的指导意见》，要求中小学校主动承担起学生课后服务责任，并对课后服务内容提出了要求。北京市教育行政部门结合本市实际，对课后服务做出界定，明确课后服务的内容与形式包括组织开展课外活动与提供课后托管服务。

从上述文件可以看到，实施课后服务的主要动因就是帮助家长解决放学后不能接孩子的现实问题。但教育行政部门也希望课后服务不仅仅是托管服务，而是丰富多彩的课外补充，所以对课后服务的内容也提出了明确的要求。

（三）课后服务的进阶

《意见》第9条指出：学校要充分利用资源优势，有效实施各种课后育人活动，在校内满足学生多样化学习需求。从这样的论述可以看到，"双减"政策下的课后服务，是学校提供的一种育人活动。

《意见》第10条对课后服务的内容进行了论述，包括以下四个方面：一则在于对学生完成作业的指导，二则在于对于部分学习有困难学生的补习辅导与答疑，三则在于对部分学有余力的学生拓展学习空间，四则在于开展丰富多彩的社团活动。在"双减"背景下，"课后服务"的概念界定和内容供给已经发生了巨大的变化。

在"双减"背景下，课后服务已经不是学校可有可无的一种延伸服务，也不是单纯看管学生完成作业的服务，而是学校进一步发挥育人主战场的新路径，是探索学生学习个性化指导和素质拓展的新场域，是融合学生校内生活和校外生活的新领地。课后服务也对学校管理能力提出了新要求，为教师育人能力提出了新目标，为学生在课后服务期间的成长指明了新方向。

二、学生和家长对课后服务的感受与需求调研分析

学生和家长是课后服务的受益者，也是评价课后服务工作的参与者和观察者。为了全面了解本区域课后服务开展的现状，研究团队在入校调研的基础上，基于家长和学生的访谈，又从个人情况、参加课后服务现状、对课后服务的感受和建议三个维度，研制出了分别针对家长和学生两个群体的课后服务调研问卷。两类问卷内容具有内在的一致性，也有形式上的互补性，能分别了解家长和学生的想法、感受与需求，同时问卷都设置了开放性题目，以便于补充选择类题目的不足。研究团队选取本区包含多种类型小学和中学且具有代表性的北京一零一教育集团校开展问卷调研，于2021年11月通过问卷星的形式发放和回收问卷，共回收有效学生问卷6 236份，有效家长问卷5 236份，涉及海淀区部分一年级到九年级学生和家长。结合访谈和问卷结果，得出如下调研结论。

（一）**实施现状：主要参与社团、体育锻炼、学习指导、自习四种活动**

学生问卷和家长问卷均显示，课后服务期间，学生参与的活动主要包括参加有老师指导的选修课、社团或者兴趣小组，参加体育锻炼，参加学科学习指导、作业辅导或者检测，在老师看护之下写作业或者看书（自习）四种类型。

（二）**未来期待：希望继续参与体育锻炼、素质拓展和学习指导**

从学生问卷可以看到，学生未来想参与的活动主要集中在参加体育锻炼、素质拓展与学习指导三个方面。问卷显示，家长和学生都关注体育锻炼，79.7%的家长和69.16%的学生希望在课后服务期间参加体育锻炼，这个比例远高于其他选项。我们把学生选择参加有老师指导的选修课、社团或者兴趣小组统一归结到素质拓展方面，66.12%的学生希望参与素质拓展类活动。家长问卷显示，家长希望学生参与的活动，前三项和学生问卷结果完全一致，其中希望学生参加学科学习指导、作业辅导或者检测的结果远高于学生问卷。可见家长除了希望孩子参与运动锻炼和兴趣类社团之外，也希望孩子能获得更多的学习指导。

关于运动种类的选择，学生选择比例从高到低依次是三小球（乒乓球、羽毛球、网球之类的运动）、三大球（足球、篮球、排球之类的运动）、水上运动（游泳、跳水、水球之类的运动）、冰上运动（滑雪、滑冰、冰壶、冰球之类的运动）。针对运动种类和年级的交叉分析显示：小学生对运动类社团的期望明显高于初中学生；三大球对初中生来说，一直具有很强的吸引力，初中各年级学生选择三大球的比例均超过50%。

关于素质拓展类的选择，机器人与人工智能、编程设计受到学生的普遍认可。学生对艺术类社团的需求集中在书法、乐器演奏、动漫三种类型上。数据交叉分析显示：各年级的小学生选择书法的比例均超过50%；选择动漫的比例，初一初二的学生略低于小学生；选择乐器演奏的比例随着年级增长呈下降趋势。

（三）**劳动教育：体验不足，要增加趣味性与实用性结合的劳动活动**

按照北京市教委的要求，各学校在课后服务期间都要设置统一的大扫除活动。但从问卷中看到，只有40.86%的学生和38.5%的家长选择了课后服务期间参加了劳动活动。对于劳动教育的感受和希望，只有28.3%的学生表示喜欢参加课后服务期间的劳动活动，

只有26.73%的学生希望参加劳动活动。从这样的数据可以看出，学生对劳动教育的感受不强烈，呈现体验不足状态。

从学生劳动项目的选择情况来看，61.85%的学生希望参加厨艺、面点制作之类的活动，54.44%的学生希望参加植物栽培、园林美化之类的活动，46.84%的学生希望参加风筝制作、纸雕画之类的活动，只有25.77%的学生希望参加校园保洁、志愿服务之类的活动。也许在时间有限的前提下，学生希望能参加更有趣味性与实用性结合的劳动活动，同时在劳动体验和活动中培养自己的能力提升自己的素养。

（四）学段差异：初中生和小学生需求明显不同

问卷显示，初中生和小学生对课后服务需求的内容有明显不同。对初中生来说，随着年级增长，他们希望首先完成作业，然后参加学科学习指导、作业辅导或者检测，参加有老师指导的选修课、社团或者兴趣小组的意愿呈现下降趋势，参加体育锻炼的意愿一直比较高。对各年级的小学生来说，参加有老师指导的选修课、社团或者兴趣小组和体育锻炼的意愿一直都很高，且都明显高于初中生。

三、提升课后服务质量的建议

《意见》对课后服务的内容要求，与学生、家长的需求具有一致性，故关注学生和家长的需求，必然能提升课后服务质量。基于调研结论，我们从以下五个方面提出建议。

（一）关注学生个性化的学习指导

《意见》中关于学生课后服务期间的学习内容有三个方面的要求，一是完成作业，二是对部分学习有困难学生的补习辅导与答疑，三是对部分学有余力的学生拓展学习空间。结合《意见》对"提高作业设计质量"的具体要求，可以看到，课堂教学之中的作业设计与课后服务之中的学习指导具有内在一致性和指导连贯性。课后服务期间的学习指导，应该是学生课堂学习之后的一种补充或者提升。而不同学生的需求又有所不同，故学生的个性化学习指导应该成为课后服务的首要关注点。

对不同学段的学生来说，学习内容和学习要求也不同，个性化的学习指导也会随着学生成长发生变化。这也需要学校在关注课堂教学质量的同时，关注课后服务之中学习指导的针对性和适切性，让每一个学生掌握适合自己的学习方法，进而提升每一个学生的学习能力和学业成就。

（二）引导学生持续化的体育锻炼

体育锻炼的重要性已经被社会各界高度认可，家长和学生也普遍希望能在课后服务期间参加体育锻炼。课后服务期间的体育锻炼，既可以涉及长跑、跳绳、投球等大众化运动，也可以涉及各种球类活动。

建议学校结合体育课、课间活动和课后服务三个时段，关注每一个学生参与体育锻炼的时间和强度，努力实现每天校内运动两小时的锻炼目标，引导学生形成持续化的锻炼习惯，在身体全面发展的同时，适当掌握二至三项能持续终身的运动项目。

（三）加强学生应用化的劳动体验

囿于学校课程设置和课时规划，劳动教育是中小学教育中的一个短板，课后服务为劳动教育的开展提供了时空支持。但校园保洁和校园志愿服务等劳动形式并没有得到学生的普遍认可。以厨艺、面点制作、植物栽培、园林美化为代表的劳动内容,却被多数学生认可。建议学校在课后服务期间,开设传统劳动项目的同时,更要关注应用性的劳动项目,让学生有更多方面的劳动体验、情感收获和能力培养。

课后服务也为学生走出校园走入社会提供了可能性和选择性,建议学校整合已有的德育活动和劳动活动,为学生提供更多的融合生活劳动、生产劳动和服务劳动的体验活动。

(四)增加学生多样化的社团活动

社团活动和各类兴趣班是课后服务期间拓展学生素质的主要方式。从学生和家长的问卷反馈可以看到,体育类、科技类、艺术类、文学类、手工类等社团对学生都有很大的吸引力。对小学生来说,社团活动更是课后服务期间的一个主要内容。建议学校在发掘人力资源、充分利用物力资源的基础上,尽量多地提供多样化的社团活动。

关于社团活动,还需要关注学校社团丰富多彩但学生感受却是没得可选的尴尬的矛盾的困境,即学校的社团种类很丰富,但落在每一个学生身上却是极为有限,甚至还有一些学生一直没有参与社团活动。出现这种现象的具体原因比较复杂,一是有的社团具有选拔比赛的性质,不能面向多数学生;二是有的社团因为人数限制和开设次数限制,只能满足一部分学生的需求。建议学校结合学生需求,增加社团活动的种类和频次,力争实现同一类社团,不同学生分别参与,努力实现小学生每周能参加一到三个社团,初中生每周至少有能参加一个社团,有条件的学校可以季度或月为单位调整课后服务内容与形式。

(五)建构课程化的课后服务体系

学校提供的课后服务,既满足了家长在孩子放学后不能及时接孩子的现实需求,也在逐渐探索实现"课堂教学+课后服务"育人全时段覆盖的学校教育新格局。课后服务课程化建设,已经成为学校进一步提升课后服务质量的应然之需,对学校已有课程具有延伸和补充的作用。从学业指导方面来看,课后服务课程与学校教育高度衔接;从素质拓展方面来看,课后服务课程又是学校已有课程的有益补充。

建议学校从课程规划的视野来理解和认识课后服务,并结合不同年龄段学生的身心发展特点和成长需求,从课后服务课程的目标、内容、实施和评价四方面着手,建构高质量课后服务课程体系。

四、结语

从2021年秋季学期,很多学校在仓促之中开展了课后服务。课后服务必然要经历从无到有、从有到优、从优到精的发展过程,对每一所学校来说,都要在实践之中探索前进,才能不断提升课后服务质量。

课后服务在满足家长和学生需求的同时,也需要学校全面统筹师资配备、场地设施、社会资源,增加了学校的管理难度。教师是参与课后服务工作的主要力量,课后服务也增加了教师的工作强度,对教师的教学素养提出了新要求。为了提升课后服务的质量,教育行政部门、人力资源部门、财政部门需要通力合作,落实课后服务配套政策,既通过课后服务激发学校的办学活力，也让参与服务的教师在参与过程中实现专业素养的提升，并且通过多劳多得、优劳优酬，才能实现课后服务质量的不断提升。

参 考 文 献

[1] 中共中央办公厅，国务院办公厅．关于进一步减轻义务教育阶段学生作业负担和校外培训负担的意见［EB/OL］．http://www.moe.gov.cn/jyb_xxgk/moe_1777/moe_1778/202107/t20210724_546576.html.

[2] 教育部基础教育司司长吕玉刚介绍秋季学期中小学教育教学工作情况［EB/OL］．http://www.moe.gov.cn/fbh/live/2021/53659/.

[3] 教育部办公厅关于做好中小学生课后服务工作的指导意见［EB/OL］．http://www.moe.gov.cn/srcsite/A06/s3325/201703/t20170304_298203.html.

[4] 中共北京市委教育工作委员会，北京市教育委员会，北京市政府教育督导室．关于依托社会大课堂完善中小学实践育人体系的指导意见［EB/OL］．http://jw.beijing.gov.cn/xxgk/zxxxgk/201809/t20180929_1447121.html.

[5] 北京市教育委员会．关于加强中小学生课后服务的指导意见（试行）［EB/OL］．http://jw.beijing.gov.cn/xxgk/zxxxgk/201809/t20180918_1447044.html.

[6] 上海市教育委员会．关于印发《上海市义务教育课后服务工作指南》的通知［EB/OL］．https://edu.sh.gov.cn/xxgk2_zdgz_jcjy_01/20220216/f90de00dbede4c37a8a51c96ba4341a3.html.

[7] 罗生全，卞含嫣．高质量课后服务课程的体系建构与实施路径［J］．北京教育（普教版），2022（2）：14-19.

专家 点评

研究聚焦于课后服务质量提升这一"双减"政策的明确要求，抓住了落实"双减"政策的一个重要议题。基于对课后服务发展历史的回顾，深度解析了"双减"背景下课后服务的价值指向，进一步解读了教育政策的深层内涵，对于深刻理解政策要求具有借鉴意义。研究还通过问卷调查等研究方法，提炼出学生和家长的需求，更加明确了当下课后服务的基本样貌及需要解决的问题，对其他学校制定相关措施提供了有借鉴价值的信息。针对研究发现的问题，提出改进建议，整体研究思路较为清晰。

建议在发现问题后与提出对策建议之间，通过恰当的科学的方法，建立二者的必然联系，避免经验之谈。还可以进一步深入研究各项对策之间的关联性如何，有没有内在的逻辑关联，侧重点如何，形成以问题为导向的系统解决方略。在实践研究基础上，提升研究的思辨力，同时增加对实践效果的考量，切实发挥实践研究的特长。

牛瑞雪

人民教育出版社

中小学课后服务质量评价指标体系构建和应用研究
——以房山区为例[①]

北京市房山区教师进修学校　李文辉

摘　要　　课后服务质量评价指标体系的建构须遵循科学性、目标性、可行性原则，从课后服务规划、课后服务实施、课后服务质量等一级指标，以及项目内容、设备设置、经费保障、规则制度、时间保障、师资队伍、作业辅导、校外合作、目标达成、学生发展、家长满意、服务特色等二级指标来构建整体框架。依据课后服务质量评价指标体系框架编制了学生和家长的调查问卷，在房山区投放后回收了10 244份学生有效问卷，1 786份家长有效问卷。通过对问卷的统计、分析，提出了继续加强作业辅导、对教师学科答疑和作业辅导进行方法性指导、对课后服务评价进行系统谋划、稳妥推行弹性工作制、进一步突出体育锻炼趣味性和参与度等建议。

主题词　　课程服务　　质量评价　　指标体系

一、研究缘起

国家层面的宏观教育政策对课后服务质量评价、学校课后服务质量考评等议题非常关注。2021年7月中共中央办公厅、国务院办公厅印发《关于进一步减轻义务教育阶段学生作业负担和校外培训负担的意见》，指出"将'双减'工作成效纳入县域和学校义务教育质量评价，把学生参加课后服务、校外培训及培训费用支出减少等情况作为重要评价内容"。2021年8月，中共北京市委办公厅、北京市人民政府办公厅印发《北京市关于进一步减轻义务教育阶段学生作业负担和校外培训负担的措施》，要求"将'双减'工作成效等情况作为区、校义务教育质量评价的重要内容"。2017年2月教育部办公厅发布《关于做好中小学生课后服务工作的指导意见》（以下简称《课后服务意见》），指出"要把课后服务工作纳入中小学校考评体系，加强督导检查，创新工作机制和方法，积极探索形成各具特色的课后服务工作模式"。国家和北京市层面的教育政策对课后服务质量评价提出了较高的要求。房山区自2021年下半年以来开始持续推进课后服务课程化实施，区域教育行政机构如何对学校实施课后服务的质量和效果进行评价？如何对学生参与积极性、学生参与效果、家长满意度等考查要点进行动态性、增值性的监测？如何有效发挥评价对学校的激励作用？以上诸多问题成为亟待解决的教育实践问题。

[①] 北京市教育科学规划"双减"专项课题"区域中小学课后服务质量评价研究"（ADGB21504）成果。

二、文献综述

在中国知网平台分别以"课后服务"为主题进行检索，核心以上的学术期刊中有97篇相关文献，检索到博士学位论文1篇、硕士论文125篇（数据来源于中国知网，收集日期2022.9.23）。目前国内关于课后服务研究的文献数量相对较少，理论基础较为薄弱，高层次文献量较少，相关研究呈现上升态势（图1和表1）。

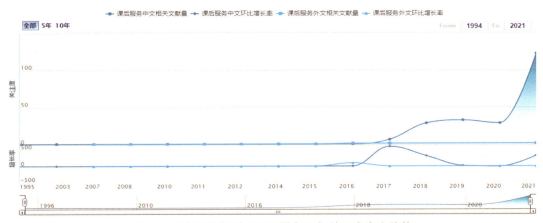

图1 国内学术期刊"课后服务"相关研究发文趋势

表1 国内学术期刊"课后服务"相关研究概要一览表

研究内容	主要观点（理论思辨、个案分析等）
概念界定	以促进学生全面健康成长为根本目的，以发挥学生的自主性和主体性为根本，注重培养学生的兴趣爱好和个性特长（游莎，2020）；准公共产品属性（刘宇佳，2020）；妥善的安全看护和生活照顾，得到适当的课业辅导，进一步养成良好的生活、行为和学习习惯，发展人际交往和社会融合素养，身心获得均衡发展，综合素质得到提升（崔晴，2018）；学校充分利用在管理、人员、场地、资源等方面的优势，遵循教育规律和学生成长规律，科学合理地确定课后服务的内容和形式，保障学生课后服务安全（苗建成，2018）
存在问题	责任主体意愿低下、管理制度乏力、监督体系不完善、人财物保障不足（刘慧琴，2022）；经费来源方式受限、相关主体权责不明和法律法规体系不完善（晋银峰等，2022）；"权宜性执行"的实践逻辑，表现出重策略而轻规则、重硬指标而轻软指标、重短期而轻长远的特征，造成了高参与率、低实效性名实分离的执行偏差（张冰等，2021）；服务人员的模糊性、教育收费的敏感性、服务时间的复杂性、服务内容和形式的多样性（杨清溪，2021）；香港校内课后补习服务可能背离服务于家庭贫困学生的"补偿性"初衷，变成"补差"型课后服务；参加校内课后补习会对学生科学、数学、阅读三科成绩有显著的负向影响作用；香港校内课后补习多由自己任课老师或聘请的校外专业补习机构老师提供，但对学生学业成绩不但没有帮助甚至会产生负向影响作用（李佳丽，2020）；粗线条式的文件的操作和落实（韩登亮等，2019）；教师普遍对政策重视度不高，参与积极性较低（王玉洁，2019）；服务功能比较单一、时间比较短、学校自主权弱化（马健生，2019）；对学校课后服务的庸俗化理解、开展课后服务思路保守、政策回避课后服务的保障性条件等现实制约（马莹，2018）；学校当为与能为的制度陷阱、课后服务评价体系无意遮蔽、社会性主体权力与权利的模糊性边界（顾艳丽等，2018）；发展不平衡、性质定位不明确、主体权责不明晰、缺少标准与配套举措、质量无法保障（程斯辉，2018）；安全、教育负效果（刘宇佳，2018）

续表

研究内容	主要观点（理论思辨、个案分析等）
影响因素	责任认同在教师课后服务价值观形成中起到关键作用（李虹，2021）；学生个体因素如是否独生子女、年级、健康水平能显著影响其满意度，学生家庭经济状况、父亲及自我教育期望、学校质量均能显著正向影响其满意度，主动参与的学生满意度更高（付卫东，2021）
国外实施启示	准确把握定位、优化课程结构、立足政府主导、强调多方协同育人（李文美，2021）；以学生发展为本，通过组织建设、政策保障、简政放权、灵活管理，引入竞争机制（张忠华，2021）；多方共建的服务体制，服务内容以学生全人发展为导向，打造专业化的课后服务教师队伍（贾利帅等，2021）；明确义务教育和课后时间的边界（蔡英辉等，2020）；课后服务的认识定位、经费保障机制、场所供给、内容设计、师资配置、质量监管（张亚飞，2020）；制定发展规划与评价标准、建立动态调整与退出机制、优质资源倾斜弱势群体、弥补学生课后发展差距（熊熊，2019）；国家层面立法与政策的支持、地方层面教育福祉的积极推进、个体层面主体教育功能的释放（屈璐，2019）；追求专业化的质量保障，在多方的努力配合下构建集教育、健康和社会服务于一体的服务体系（郭静，2019）；服务类型不够多元、服务方式不够灵活、服务费用偏高等都成为阻碍服务质量提升的因素（李震英，2016）；推动课后照顾服务与课后教育活动的融合，在社区建立了综合性的教育福利服务体系（李智，2016）
实施策略建议	学校教育质效双增、校外培训标本兼治、课后服务保证公平、课余时间科学利用、教师关切有效回应、家长焦虑切实减轻、学生负担快速下降、评价导向彻底扭转（周洪宇等，2022）；协同提高学校教育教学质量和课后服务质量（倪闽景，2021）；坚持"实践育人"理念，让学生在各类课后服务活动中释放天性、培养兴趣、发展特长、增强体质（蔡琳，2021）；学校通过全方位、全过程、立体化管理，实行课程、师资、选课、考核、评价一体化治理（崔世峰，2021）；科学界定学校的课后服务责任限度，促使其积极履行与教育、管理职责相对应的安全保护职责的同时，避免因过于强调安全责任而弱化课后服务的教育功能（邹敏，2020）
改进建议	灵活采取本校教师和校外专业机构等不同主体的组合提供方式（周玲，2022）；建立健全课后服务体制机制、加强课后服务师资队伍建设（付卫东等，2022）；健全服务工作机制，加强监督管理，购买社会服务，提供优质资源（晋银峰等，2022）；缩小了不同社会经济地位家庭学生在教育结果上存在的不平等（张伟平等，2021）；以遵循最佳研究为手段，促进课后服务内容的精细化、形式的项目化与实施过程的标准化（杨文登，2021）；服务行业人才招募与培养、成本保障、质量评估机制（张璐，2021）；鼓励多主体参与、形成课后服务工作合力，明确准公共产品属性、健全课后服务制度，维护教师获取报酬权（刘宇佳，2021）；推动学校治理现代化步伐，全面提升课后服务质量（李醒东，2020）；建立长效的社团资金保障制度、优化社团教育活动的具体组织实施和促进社团与家庭的有效结合等（冉源懋，2020）；减轻在校教职工负担的主要路径在于积极吸引志愿者进入学校，同时培育壮大公益性社会组织机构（吴开俊，2020）；政府推动、学校组织、社会参与、行业自律、家庭支持和学生选择（康丽颖，2020）；加强服务经费、人员、质量保障（崔晴等，2019）；纳入现代学校制度建设议题，调动教师积极性（马健生，2019）；探索教师志愿服务、招募大学生辅导员、外聘机构补充（徐欣等，2018）；社会成员广泛参与的多元治理体系（刘宇佳，2018）

《课后服务意见》发布后，学界主要针对课后服务基本概念、存在问题、国外实施启示、实施策略建议等方面进行研究。"双减"政策发布后，学界对影响因素、效果评价、改进建议等方面进行研究。因此"课后服务"相关研究正在走向深入，更加注重课后服务效果、评价、改进等方面的研究，并逐渐走向课后服务配套的制度、机制、保障研究，即"课后服务后"研究。

基于本文的研究问题，对服务质量评价相关文献进行梳理，目前对于"服务质量评价"的研究涉及的领域宽泛,包括物流、医疗、企业、交通运输、旅游等,但较少涉及教育领域,主要表现在:国外学者对该领域的研究已经形成基本体系,适用于服务质量评价的模型基本是由国外学者提出并应用广泛。很大程度上,国内学者纷纷选取 SERVQUAL 模型和 SERVPERF 模型作为理论基础,在此基础上符合实际情况加以改进和优化,研究方法较为单一。

总体而言,相关研究内容视野开阔、方法多样、富有新意,基本涵盖了该领域的大部分重要理论和实践问题,包括基本概念、存在问题、难点重点、实施经验、国外实施启示、影响因素、效果和满意度、改进建议等。但在基本理论和实践研究方面也存在一定局限,不足之处主要在于:①理论演绎多数处于"描述"层面,缺乏基于理论层面、政策层面的深层次分析;②针对课后服务评价方面的研究较少,因此提出的改进建议,多是经验性、应然性建议;③研究方法以经验总结、理论思辨为主,实证性研究较少。

三、核心概念界定

(一)课后服务

《课后服务意见》中明确了课后服务的目标:"开展中小学生课后服务,是促进学生健康成长、帮助家长解决按时接送学生困难的重要举措,是进一步增强教育服务能力、使人民群众具有更多获得感和幸福感的民生工程。"本研究认为,课后服务是指在学生在自愿的原则下,在学校规定的教学时间结束后,选择由学校及社会机构人员在校内针对学生提供的体育锻炼、课业辅导和综合素质拓展类活动等服务。实施目的是为促进学生全面发展和健康成长,实施主体是学校。课后服务在中小学实施操作过程中,主要包括体育、课业辅导、科普、文体、艺术、劳动、阅读、兴趣小组及社团活动等。

(二)课后服务质量

课后服务质量是学校教育教学质量、高质量教育体系的重要组成部分。"双减"政策中多次出现"整体提升学校教育教学质量""提高作业设计质量""提高课后服务质量""提升课堂教学质量"等。依据相关政策文本的整理和梳理,结合课后服务的概念界定与服务质量的相关定义,本研究认为课后服务质量是指学校开展课后服务活动过程中,围绕学生全面发展和健康成长所形成的全面育人目标达成、项目吸引力增强、作业认真完成、学业质量提升等方面的优劣程度。

(三)课后服务质量评价

本研究认为,课后服务质量评价是指对学校提供的体育锻炼、课业辅导和综合素质拓展类活动等服务的育人效果进行有效的考察、衡量。评价依据相关指标体系进行,重在考察是否能够满足学生和家长的需求,能否通过该服务进一步促进学生的发展。评价主体是教育行政部门,评价对象是学校,评价参与者是学生、家长、教师、学校、教育行政部门等,评价周期是每学期两次,期中一次,期末一次。

四、课后服务质量评价指标体系构建原则

课后服务质量评价指标体系的建构须遵循一定的原则,以此保证它的规范化。明确指标体系构建的准则是研究中不可或缺的重要环节,也是指标体系有效构建的科学依据和前提条件,在已有研究的借鉴基础上,提出制定课后服务质量评价指标体系的基本原则。

(一)科学性

科学性是指建构评价指标体系必须要在理论指导下进行指标的划分,客观界定课后服务质量评价指标体系中各级指标的内涵、观测点,以确保反映出评价对象真实有效的情况;对指标的权重赋值要选取科学的方法和手段进行,利用德尔菲法、层次分析法等对具体的问题进行研究,保证每个环节的规范性,确保小学课后服务质量评价指标体系具有事实依据,符合学校发展的基本规律。

(二)目标性

目标性原则是指课后服务质量评价指标体系的构建应该要围绕课后服务最终目的进行。课后服务的主要目的是帮助家长解决接孩子难的现实问题,即能够有效缓解"三点半现象",其次是学生在学校参加课后服务的时间段内应该要做什么,并且能够对其身心发展起到良好的促进作用。这也是衡量学校课后服务的标准之一。《课后服务意见》指出,开展中小学生课后服务,是促进学生健康成长、帮助家长解决按时接送学生困难的重要举措,是进一步增强教育服务能力、使人民群众具有更多获得感和幸福感的民生工程。本研究在制定课后服务质量评价指标体系是将上述文件以及与质量评价相关的文献作为指标体系构建的方向和依据。

(三)可行性

可行性原则是指制定课后服务质量评价指标时,要根据教育部颁布的《课后服务意见》以及地方开展情况设计质量评价指标体系,保证一、二级指标在评价工作中合理可行。对服务质量进行评价需要在指标确立的前提条件下编制问卷,以此对教师、家长、学生进行信息收集。如若指标设定不符合实际,则会影响到数据统计的结果,该指标体系不具备实施的可能性。故所制定的指标应观测点明确、维度划分清晰、信息方便采集,而可行性原则便是进行评估活动的前提条件和切实保障。

五、课后服务质量评价指标体系内容

评价指标体系包括课后服务规划、课后服务实施、课后服务质量等一级指标,包括项目内容、设备设置、经费保障、规则制度、时间保障、师资队伍、作业辅导、校外合作、目标达成、学生发展、家长满意、服务特色等二级指标,包含内容全面、设施完备、参与意愿、参与次数、喜爱程度、家长支持度、满意度等具体的观测点(表2)。

表 2　课后服务质量评价指标体系框架

一级指标	二级指标	观测点（评价内容）
课后服务规划	项目内容	学校开展课程服务项目内容是否全面，是否发展了学生特长，是否安排了学生自主学习、自主娱乐、开展个性特长发展、体育艺术科普活动、娱乐游戏、拓展训练社团及兴趣小组活动等
	设备设置	具备满足学生需求的活动场所，具备相关实验设备和器材
	经费保障	学校开展课后服务的经费保障，课后服务教师补贴的发放，课后服务教师的培训
	规则制度	完善的课后服务制度体系，建立了课后服务安全保障体系，建立了家校课后服务安全联系责任制
课后服务实施	时间保障	保障服务时长，安排合理
	师资队伍	课后教师队伍的组成，教师的综合素质以及服务能力
	作业辅导	作业时长，在校是否能够完成作业，学科答疑能否有效实施
	校外合作	学校与课外活动场所联系，组织开展学校综合实践活动。学校借助家长社区、大学生志愿者或第三方校外机构的力量
课后服务质量	目标达成	目标落实是否有效，落实服务内容作为服务主体，是否有效解决了家长接孩子难的现实问题
	学生发展	参与意愿、参与次数、喜爱程度、参与收获，学生运动时间、书面作业完成时间、睡眠时间
	家长满意	家长支持度、满意度
	服务特色	存在问题，探索形成各具特色的课后服务的模式

备注：从服务质量出发，参考 CIPP 模型、教育质量评价相关文献中的指标体系构建、以《教育部办公厅关于做好中小学生课后服务工作的指导意见》《北京市关于进一步减轻义务教育阶段学生作业负担和校外培训负担的措施》《房山区中小学课后服务课程化建设实施意见》等作为参考依据。

通过编制课后服务质量评价测评量表，选取房山区 562 名学生、148 名教师、457 名家长进行调查发现，在三个一级指标和十二个二级指标上均大于 4，实证表明该校服务质量的测评结果较好，但也在验证中发现尚需加以调整改进的部分问题，比如学校应进一步完善相应的制度体系、在保障学生安全的前提下增加校外实践活动机会、如何更好地利用第三方力量进行联动服务等。该校可根据验证结果在下一阶段集中调整，以期打造出让教师、家长、学生都能有所进步、有所收获、有所成长的课后服务活动，形成具有自身特色的课后服务模式。在指标体系指导下量表的编制，结合实际运用，表现出该指标体系合理，具有可行性。

六、课后服务质量评价调查问卷编制

依据课后服务质量评价指标体系框架，编制了课后服务质量评价调查问卷，共调查了基本信息、课后服务需求、课后服务参与、课后服务效果等方面的信息。1~4 题属于基本情况，统计了学生运动、作业、睡眠等方面情况，5~16 题从参与意愿、参与情况、参与效果等维度（对应课后服务前、中、后三环街）展开调查。

其中，第5题（参与意愿）、第6题（支持意愿）、第10题（参与次数）是关联题，指向学生参与意愿和家长支持度的匹配；第3题（作业时长）与第14题（校内作业）是关联题，指向校内作业效率；第9题（不喜欢）、第12题（喜欢）、第16题（存在问题）是关联题，指向参与项目和内容的喜好程度；第8题（参与校外辅导）、第11题（参与收获）、第15题（总体满意度）是关联题，指向参与课后服务满意度。

使用本调查问卷采集学校两次及以上数据，可以统计出学生运动时间、书面作业完成时间、睡眠时间、参与意愿、参与项目选择度、参与项目喜好度、课后服务满意度等动态变化。

七、房山区课后服务质量评价调查问卷数据分析与建议

使用调查问卷共回收学生有效问卷10 244份，家长有效问卷1 786份。

（一）学生问卷统计与分析

学生问卷整体情况如下：参加了哪些课后服务，体育类（52.86%）、艺术类（43.44%）、学科类（34.20%）；课后服务项目和学生需求，体育锻炼（57.91%）、作业辅导（51.70%）、兴趣类课程（44.29%）；现阶段存在问题，能选的课程太少（28.75%）、体育活动时间太短（27.19%）、班级纪律需要加强（20.33%）、在校时间太长（19.96%）；放学回家后时间安排，完成作业（60.40%）、自主复习预习（51.67%）。

分析发现，学生参加体育类最多，对体育类需求最大，认为体育活动时间太短。建议继续增加体育类、艺术类、兴趣类供给，增加其可选择性、趣味性和参与度。

整体来看，学生作业辅导需求较大，回家继续完成作业情况普遍存在。建议继续加强课后作业辅导，使作业辅导全覆盖、高效率，逐步达到"小学生在校内基本完成书面作业，初中生在校内完成大部分书面作业"的目标。

（二）家长问卷统计与分析

家长问卷整体情况如下：作业布置主要依据，教研组集体研究设计（66.01%）、自己设计（64.78%）、参照教辅资料（51.06%）；学生作业数量，按照学校规定的各学科作业时间布置适量作业（73.96%）、布置不同类型或层次的作业由学生自主选择（48.32%）；课后辅导中承担的主要任务，学科答疑（63.33%）、作业辅导（59.63%）、培优补差（32.64%）；学校对您参与课后服务评价的方式，过程记录（56.05%）、工作时长（52.86%）、实施督导（46.86%）、学生评价（28.89%）；认为弹性上下班，适合教师工作特点（64.39%）、维护教师工作权益（59.13%）；存在问题，教师负担重（73.07%）、专业教师不足（26.60%）；课后服务评价建议，从学生需求满足度（44.29%）、学生参与率（30.74%）、学生实际获得（30.24%）。

分析发现，相当一部分教师的作业设计由自己参考教辅完成，其科学性需要加强。建议推行教研组集体研究设计作业，参考课标、教材，围绕每一课的教学重难点对作业进行优化，并探索个性化、分层作业。

整体来看。第一，教师现阶段承担的主要课后服务任务是学科答疑和作业辅导。建议对教师学科答疑和作业辅导进行方法性指导，促使教师掌握高效进行学科答疑和作业辅导的技巧，提升其工作效率。第二，课后服务评价主要根据过程记录、工作时长等，学生较少参与课后服务评价。建议对课后服务评价进行系统谋划，突出学生需求满足、学生参与、学生实际获得等在评价中的分量。第三，教师负担过重，对弹性上下班有期望。建议在完善教师绩效考核、教学评价、课后服务评价等制度的基础上，稳妥推行弹性工作制。第四，对于学校整体而言，建议体育锻炼进一步突出趣味性和参与度。

在"双减"背景下，随着中小学课后服务的深入开展，科学的质量评价必将引导学校不断进行内容改革，对提高服务水平具有积极意义和重要作用。

专家 点评

"双减"政策落实在中小学具体工作上集中表现为"课后服务"。"课后服务"对于学校而言属于"新生事物"或"新增事项"：没有成熟经验，不在常规范畴，打乱了教师原有的工作和生活秩序。国家和省市的政策安排都要求将"课后服务"纳入办学评价的内容之中，作为区级业务支撑机构，研究、建构和应用"中小学课后服务质量评价指标体系"就成了紧迫而重要的课题。该研究在对"课后服务"相关研究文献进行较为详尽的梳理和深入的分析基础上，对"课后服务质量"作出操作定义，其中将"项目吸引力""作业完成程度""学业质量提升"几个方面作为评价体系的关键要素，并明确了评价主体（教育行政部门）、评价对象（学校）、评价参与者（学生、家长、教师、学校、教育行政部门）、评价周期（每学期两次），使之形成一个基本完整的评价方案。经过编制调查问卷，在全区实施了课后服务评价。该评价方案基本符合"科学性、目标性、可行性"的原则，通过评价能够基本把握该区课后服务的现状和问题。

该研究具有阶段适用性。随着"双减"工作的持续推进，课后服务的内容、形式甚至性质都会不断发生变化，课后服务质量评价的研究同样需要不断深化。

耿 申
北京教育科学研究院

"五馆课程、五育并举"
——"双减"背景下小学课后服务实践模式探究

北京市朝阳区第二实验小学　郝朝阳　田凤艳　张睿靖

摘　要　自"双减"政策实施以来，学校结合自身实际情况和学生的学习需求，秉持"多彩童年"的办学理念，以国家和市区级课程为依托，以学校"五馆课程"为实施框架，以课后服务为发力点，创造性地将学校课后服务课程体系与国家课程融为一体，形成了一个由基础课程、拓展课程和实践课程所组成的完整教育教学体系。本体系从"生命第一"的原则出发，关注学生身心健康，坚持"五育并举"、确保教学实效，是学校探索教育教学方式变革道路上的又一次创新之举。

主题词　五馆课程　小学课后服务

一、问题的提出——"双减"精神的时代呼唤

长期以来，过于繁重的校内课业负担和校外培训负担，对学生的健康成长和全面发展造成了较为严重的不利影响，成为义务教育阶段亟待解决的突出问题。为了教育发展的长久大计，2021年7月，国家正式颁布了《关于进一步减轻义务教育阶段学生作业负担和校外培训负担的意见》，该意见指出，要有效减轻义务教育阶段学生过重作业负担和校外培训负担。

作为北京市朝阳区内的一所多校址跨片区学校，北京市朝阳区第二实验小学结合区域内不同类型学生发展特点，积极回应家长和学生的实际需求，克服现阶段各种办学困难，摸索出了一条适合片区内学生的课后服务实践模式。即，通过自主研发的"校安宝"家校共育平台广泛开展调研和实践，实现家校共育；提供菜单式课后服务单、切实有效施行五育并举，将减轻学生课业负担、减轻校外培训负担的"双减"精神落到实处，真正做到坚持以学生发展为本、落实立德树人的根本任务。

二、总体工作思路——"五馆课程、五育并举"

学校秉承"办孩子们喜欢的学校，让孩子享受多彩童年"的办学理念，以培养全面发展、个性成长的多彩少年为育人目标，坚持实事求是原则，统筹家长、社会资源共同参与、协商共治。通过开设以国家课程为核心、以地方课程为主导，以及以"图书馆""科技馆""艺术馆""体育馆"和"博物馆"为代表的特色校本"五馆课程"，分级提

供学科类、非学科类以及特色课后服务内容，以"五育并举"为方针，从"德育、智育、体育、美育、劳育"方面为党和国家培养人才，促进学生全面发展和健康成长。自实施课后服务以来，凭借着一体化的设计思路、多年来开展校本"五馆课程"研究所积累的丰富经验，以及一支具有较高教学水平和实践能力的教师团队，学校参与课后服务的学生人数稳步攀升，目前已达到了总人数的98%。

（一）一体化"五馆课程"框架设计思路

在"多彩童年"教育理念的指导下，学校提出并建构了"五馆课程"体系。由"多彩童年"到"五馆文化"再到"五馆课程"，由办学理念到学校文化再到课程建设，形成了一个正金字塔形，"五馆课程"是载体、是基础，培养五馆素养，形成五馆文化，最终实现多彩童年的办学理念是我们的终极目标（图1）。

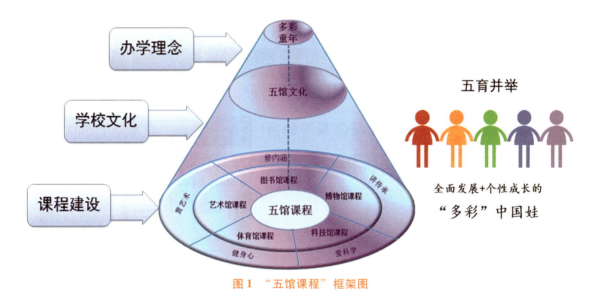

图1 "五馆课程"框架图

"五馆课程"中每一馆即是一个领域的课程。同时，"五馆课程"中每一馆又分为基础课程、拓展课程、实践课程三个层次，所以便形成了五个领域、三个维度的结构（图2）。

横向看是"五馆课程"的五个领域，分别对应人文与交流、科学与技术、艺术与审美、体育与健康、文化与传承。纵向看"五馆课程"每个馆的内容都包含三个维度，即基础课程、拓展课程、实践课程。例如：图书馆课程中的基础课程对应的就是国家课程中的语文、英语学科，拓展课程中就要对儿歌、童话、诗歌、小说进行学科拓展或学科整合的学习。实践课程就是要带领学生走进图书馆进行社会实践。如此一来，学校的课后服务课程体系就与国家课程融为一体，形成了一个由基础课程、拓展课程和实践课程所组成的完整教育教学体系。

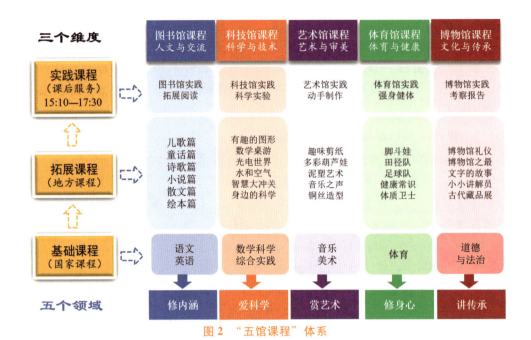

图 2 "五馆课程"体系

三、实践模式——三级课程体系下的家校共育

（一）依托"校安宝"平台，实现家校共育

随着信息化的不断发展与教育信息化的深入改革，传统的家校合作已经不能有效缓解日益突出的教育问题。在现代教育理念下，教师和家长不仅是教学与监护的关系，教师、家长也不是彼此孤立、相互对立的矛盾体。学生、教师、家长三者之间已经成为以学生成长为核心，师生家长生命互动的成长共同体。在提高家庭与学校在教育上的联合与互动、形成育人合力、提升家校共育效果等方面，教育信息化具有天然的技术优势和不容忽视的重要意义。

如图 3 所示，校安宝平台整合了学校教育教学管理、班级日常工作和学生家庭教育等多方面内容，能够及时收集并汇总学生各项数据，并向教师和家长推送相关信息。

多年来，学校凭借自主开发的校安宝平台开展"互联网+"家校共育研究，积累了较为丰富的实践经验。目前已更新至进一步搭建"校安宝"应用 2.0 版本（小程序+应用双平台模式），深入探

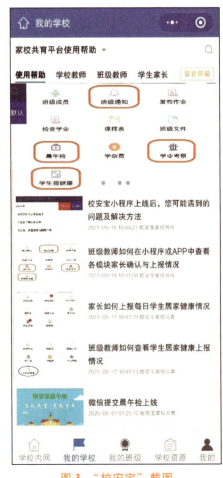

图 3 "校安宝"截图

索"双减"时代背景下,家校沟通的高效模式,切实提升课后服务的准确性和满意度。面对区域内城区和城乡结合部学生的不同发展需求,学校对不同校区学生开展调研,准确掌握家长接送孩子上下学的时间规律,并在梳理学生体质健康情况和兴趣特长的基础上提供具有针对性的课后服务内容。

根据统计,学校学生课后服务的需求如表1所示。

表1 学生课后服务需求统计表

基础类服务需求	拓展类服务需求	校外类服务需求
体育运动:解决"小胖墩""小眼镜"的锻炼需求,增强学生体质	提升综合素质: 1. 参与校本"五馆课程":选修乐器、校足球队和田径队,阅读和手工制作等活动。 2. 参与学校特色课程:金帆书画院和金帆合唱团、朝花社团	参与校外综合实践活动(校外专业机构送课进校园):"飞象星球""民间手工艺社团"等第三方机构免费送课进校,进一步拓宽"五馆课程"实践活动空间
课业辅导:在学校完成家庭作业,减轻家长和学生的课业负担		

(二)构建基础、拓展、校本实践课程融合的三级课程体系

通过调研,根据学生、家长对课程的选择,结合学校师资空间等实际情况,进行数据整理与具体课程的统筹协调安排。学校整体课后服务分两个时段进行,以体育锻炼、课业辅导和综合实践课程的形式,向全校学生提供相应课程,并在整体上融入课表安排,无论在时间还是内容上都形成了与基础类、拓展类和实践类三级课程相融合和衔接的课程体系。

1. 课后服务时间安排

第一时段:15:10—15:40。

课后服务内容:全校体育锻炼。

服务目标:发扬学校体育特色,丰富体育锻炼项目,确保学生每日运动量。根据学校施工实际,加大体育家庭作业实施,增加跑、跳类运动项目的练习,增强学生整体体质。

第二时段:13:50—16:30。

课后服务内容:课业辅导。

服务目标:语数英教师指导学生在校完成当日作业;针对不同的层次需求给予相对性提升与辅导。

第三时段:16:40—17:30。

课后服务内容:社团活动(必修课+选修课学习)。

服务目标:为学生量身定制不同发展需求的服务。全面发展学生的兴趣特长,提升学生业余时间拓展学习的积极性,丰富学生学习成长的全面性、丰富性、特色性。

为丰富学生课后活动内容,根据学校硬件、师资及经费实际情况,学校每天提供不同类型课后服务,主要包括年级组定制课程和菜单式课程。菜单式课程包含两方面内容:周二为"五馆课程",周四为社团活动。全体学生自主选修。

2. 课后服务内容安排

(1)全学科覆盖:

考试学科:提供主科课业辅导,包括数学游戏、软笔书法、语言艺术、阅读分享等培

优补弱内容，确保学生在校完成作业，提升教学质量。

考察学科：以"五馆课程"为载体，科任教师开设"五馆课程"实践课。提供丰富的学科实践拓展课程，拓宽学生知识广度及深度。

（2）体育锻炼、劳动教育全覆盖：

体育锻炼：每天上午、下午各安排30分钟集体锻炼时间。确保活动场地、时间及活动效果。

劳动教育：结合"劳动清单"创新项目，每周五班主任进行劳动教育，学习一项劳动技能，进行一次劳动实践。

（3）必修课与选修课全覆盖：

艺术、体育、科技拓展类社团：以年级组为单位，每年级提供2～3门课程，学生轮换上课。

特色社团：现有区级以上优质社团8个。特色社团为选修社团，师生双向选择。

3. 全体教师参与课后服务

除产假教师外，全体教师参与课后服务，保普惠性社团质量，促特色社团形成。校内教师进行体育锻炼、课业辅导、劳动教育、五馆课程、阅读、书法、桌游等活动的实施，校外教师负责艺术、体育、科技拓展类社团，全方位打造学校课后服务特色品牌。

四、工作亮点和做法

（一）抓家校共育，转变育人理念

以"双减"工作为切入口，明确教师、家长，家庭教育"三者联动"新定位。家校共育平台开设新栏目，每周推送一篇优秀家庭教育案例，每月召开一次家庭教育专题讲座，综合施治，久久为功。

（二）抓全员体育，确保锻炼时间

每周一至周五下午3:10—3:40为全员体育锻炼时间。学校推行"2+1"模式，"2"即跳绳、武术，两个项目人人过关，"1"即学生从球类、休闲娱乐等项目自选1个，形成个人特长。

（三）抓作业教研，确保校内作业完成率

加强作业设计研究，提高实效。98%学生参与学校第一阶段课后服务，大多数学生能做到在校内完成所有作业。每周一、三、五下午第二时间段，骨干教师进行潜力生分层作业辅导。

语文、英语学科：重点抓课前预习、课中语言实践、课后语言应用，进行单元整合式作业设计。

数学学科：以单元为单位，系统化选编、改编、创编作业，关注四个点，即数量、难度、综合、个性。

科任学科：以国家课程为中心，以"五馆课程"为主线，进行学科综合素质拓展类作业设计。

（四）抓特色课程实施，促进学校创新项目实施落地

为使"五馆课程""劳动清单"两个创新项目落地，以年级为单位，以校内学科教师为主体，每周一、五下午第三时间段进行爱国主义、劳动技能教育。每周二下午第2、3时间段实施"五馆课程"，学生固定班级，教师走班上课。

（五）抓普惠性社团丰富多彩，保精品社团高质量发展

每周四下午第2、3时间段为学生普惠性社团，在此基础上成立精品社团，确保合唱、管乐、舞蹈、戏剧、健美操、足球、柔力球、田径等区级朝花团、朝跃团高质量发展。

（六）抓服务质量，推送自选式课程菜单（表2）

表2 学校自选式课后服务菜单

年级	图书馆课程	科技馆课程	艺术馆课程	体育馆课程	博物馆课程
低年级	一年级绘本课程	数学桌游系列课程	趣味拼搭、超轻黏土创意制作	玩转"多彩童年"体育游戏	节气与生活
	二年级绘本课程	有趣的纸牌系列课程	塑料袋大变身、玩转打击乐	玩转"多彩童年"体育游戏	遨游汉字王国
中年级	三年级必读书目	生活中的数学系列课程	糖纸变变变、当古典音乐遇上动画	玩转"多彩童年"体育游戏	餐桌上的礼仪传承
	四年级必读书目	身边的科学系列课程	多彩粉笔画、铜铁交响曲	玩转"多彩童年"体育游戏	中国传统节日
高年级	五年级必读书目	有趣的科学系列课程	剪纸图案与自然、RAP走进音乐课堂	玩转"多彩童年"体育游戏	民俗风情之饮食
	六年级必读书目	小小设计师系列课程	趣味纸造型、陕北民歌与流行音乐的碰撞	玩转"多彩童年"体育游戏	认识中华老字号

周四社团活动菜单如表3所示。

表3 学校各类社团活动菜单

	艺术	科技	体育	手工及其他
周四	书法、合唱 戏剧、舞蹈 管乐、线描 刮画 儿童创意绘画	植物栽培 科技小制作 科技画报	柔力球 田径 足球 健美操 脚斗娃 武术	泥塑 纸艺 手工DIY 铜丝艺术

五、主要成效

学校结合自身实际情况和学生的学习需求，秉持"多彩童年"的办学理念，创造性地构建了以市级和区级课程为依托，以学校"五馆课程"为实施框架，以课后服务为发

力点的育人体系。该体系从"生命第一"的原则出发,关注学生身心健康,坚持"五育并举",确保教学实效,是学校探索教育教学方式变革道路上的又一次创新之举。

(一)课后服务参与人数稳步攀升

通过课后服务与教育教学一体化设计,自课后服务实施以来,参与的学生人数稳步提升,学生参与热情高涨,家长满意度较高。以管庄高部校区为例,该校址共有教职工98人,教学班41个,学生1 576人。自推出课后服务自选菜单及骨干教师和校外优秀师资力量承担的精品社团以来,报名参与课后服务的学生人数逐年增加,由2017年的82%,增加到2021年下半年的98%。

(二)培育研究成果并出版相关论著

在不断的探索实践中,学校出版了《走进五馆课程,享受多彩童年》的课程成果读本以及五个课程读本;即《五馆课程——科技馆课程》《五馆课程——博物馆课程》《五馆课程——艺术馆课程》《五馆课程——体育馆课程》《五馆课程——图书馆课程》(图4)。

图4 "五馆课程"丛书读本

(三)多彩舞台引领师生发展

在教师队伍成长方面:通过参与"五馆课程"课程研发、实施与评价,教师树立了全新的课程观与教学观,成为课程建设的受益者和重要的助推力量,从专业性人才转化为复合型人才,师资队伍进一步优化,教师依托各层次的平台取得了非凡的成绩。2017年到2021年间,学校教师累计完成市级课300余节;2015年到2021年教师获区级以上奖励1 000余人次,其中课程类获奖128人次;学校骨干教师在京教杯、朝阳杯、杨帆杯、启航杯等大赛中屡屡斩获殊荣。

在学生发展方面:以教育主题为引领,以研究性学习为形式,通过整合、实践、体验等方式,助推全体学生全面发展(表4)。

表4 学生获奖情况统计表(2018—2021年)

学习领域	五馆课程	获奖级别	获奖人数	集体奖
体育	体育馆	市级	46	7
		区级	78	40
音乐、美术	艺术馆	市级	58	8
		区级	73	35

续表

学习领域	五馆课程	获奖级别	获奖人数	集体奖
科学、数学	科技馆	市级	65	10
		区级	75	28
品德、综合	博物馆	市级	48	3
		区级	34	7
语文、英语	图书馆	市级	35	8
		区级	68	18

在此基础上，学生社团建设成果亦十分丰硕：2017年获得了"北京金帆书画院"称号，合唱社团、舞蹈社团、书画社团、小提琴社团、管乐社团、戏剧社团等8个艺术类社团被评为"朝花社团"，空竹社团、快板社团被评为朝阳区"人文社团"。

六、结论

学校将课后服务与课程整合，基于"校安宝"家校共育平台调研数据，创造性地构建了基础类、拓展类和校本"五馆课程"相互衔接并融合的三级课程体系，为不同需求的学生提供菜单式课后服务内容，切实减轻学生课业负担和校外培训，实现高效家校共育，为今后深入贯彻"双减"精神，进一步推进教育教学变革提供了有益参考。

专家 点评

提升课后服务水平是"双减"工作的重要载体，一些中小学校，特别是多校址跨片区学校存在着课后服务资源不足、课后服务创新不够、课后服务实践不强等问题，影响和制约了课后服务质量。

该研究充分立足多校址跨片区学校现实，开设以国家课程为核心、以地方课程为主导、以"图书馆""科技馆""艺术馆""体育馆"和"博物馆"为代表的特色校本"五馆课程"，从广度上涉及人文与交流、科学与技术、艺术与审美、体育与健康、文化与传承五个领域，从维度上涵盖基础课程、拓展课程、实践课程。

从效果上看，"五馆课程"分级提供学科类、非学科类以及特色课后服务内容，以"五育并举"为方针，从"德育、智育、体育、美育、劳育"方面促进了学生全面发展和健康成长。

从研究方法看，学校经多年探索，自主开发了"校安宝"平台，充分利用现代教育技术优势，对区域内城区和城乡结合部学生的不同发展需求、对不同校区学生开展调研，准确掌握了家长接送孩子上下学的时间规律，系统梳理了学生体质健康情况和兴趣特长，推动了教育资源的均衡发展，提升了课后服务水平。

从研究成效上看，学校出版了《走进五馆课程，享受多彩童年》的课程成果读本，课后服务参与人数稳步攀升，课后服务效果显著。

建议一，核心成果再聚焦，这就要求研究的核心问题再聚焦。建议遵从有限目标原理，一个研究聚焦于一个核心问题，建议聚焦于特色校本课程体系构建上。

建议二，成果呈现，进一步将重点从"工作"转到"研究"上，避免工作过程、亮点、经验代替研究，避免成果呈现为"工作经验总结"。

建议三，进一步强化研究规范。具体操作中，建议进一步清晰界定核心概念，科学运用适切研究方法，规范研究过程，呈现研究创新之处。

杨润勇
中国教育科学研究院

小学课后服务属地课程资源开发利用的实践探索

北京市西城区西单小学　贺　颖　苏海燕　杨　静

摘　要　2017年初，教育部办公厅印发《关于做好中小学生课后服务工作的指导意见》，学校也一直在按照意见要求，寻求解决之道，尝试共建共治开展课程；根据学生生活需求、发展特点筛选资源，关注教育性实践性，通过属地生活资源、属地学校资源、本校教师资源来开发课程，从而拓宽学校教育、家庭教育之外的社会教育"场"，让学生在真实情境中学习知识，运用知识，感受社会。

主题词　属地资源　敲门行动　可持续

2021年7月，中共中央办公厅、国务院办公厅印发《关于进一步减轻义务教育阶段学生学业负担和校外培训负担的意见》，对减轻学生作业负担和校外培训负担作出了明确规定，并提出减轻学生过重的校外培训负担的途径——要求学校、家庭、社区等主体有效承担起学生的课后服务工作。

事实上，早在2017年年初，教育部办公厅就印发了《关于做好中小学生课后服务工作的指导意见》，学校也一直在按照意见要求，通过保证服务时间、提高服务质量、拓展服务渠道等，努力让学生享受到更多优质的课后服务资源。

一、小学课后服务课程资源面临的困境

由于学校自身资源有限，西单小学前几年的课后服务工作曾面临种种困难。最大的困难是场地不足——普通教室27间，专用教室仅8间，塑胶操场2 068平方米，且场地功能单一，远远不能满足学生及家长对活动性课程、学科拓展类课程的要求。其次，课程内容单一——主要以社会机构的文体活动为主，棋类、绘画类课程学生喜欢程度低。再次，课程创新不足——本校专任教师70人，69名本科学历，1名研究生毕业，所学专业多以管理、教育、汉语言文学相关（图1），教师长期以来把主要精力放在课内，课后实施缺乏经验和能力，课后服务主要以指导学生完成作业，补习辅导答疑、简单文体为主。

"硬件"不足怎么办？我们从"软件"入手。

通过综合分析西单小学生源、家长、区域等特点，我们找到了几个有利条件（图2）。

首先，学校家长受教育程度逐年提升且普遍较高，对课后服务质量充满期待，家委会成员群及班级群健全，愿意为学校建设及学生成长服务。

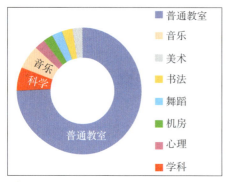
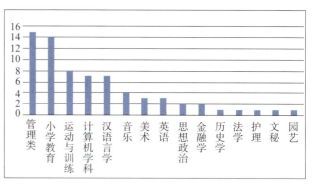

图1 学校教师分布、教师专业分布

其次,学校坐落在首都核心功能区,属地有文物场馆、全国性专业机构。这些场所一方面离学校近,方便学校组织和实施;另一方面场馆、专业机构的领导有积极参与教育的意愿和专业能力。

再次,学校是中学教育集团成员校,贯通课程已经实施一学年,有一定基础,为继续探索课后服务的管理模式提供了保证。

图2 硕士毕业家长占比、SWOT分析

基于以上三点分析,学校以"雏鹰"为学生培养目标,注重四个着力点,即成长视野(强调学生要有未来视野,关注自我成长)、科学思维(注重学生科学思维方式的培养)、勇于表达(引导学生敢于表达、勇于表达)、追求创新(有追求创新的意识)。从课程开发,以盘活属地资源作为突破口,打破围墙,开展"敲门行动",挖掘"最近一公里"教育资源,共建共治,构建课内课后一体化的课后服务课程体系。从课后服务到课内提质增效,营造良好的教育生态,回归学校教育主阵地。

二、小学课后服务课程寻找资源的思考

(一)资源筛选要关照学生日常生活

习总书记指出:"一种价值观要真正发挥作用,必须融入社会生活,让人们在实践中感知它、领悟它。要注意把我们所提倡的与人们日常生活紧密联系起来,在落细、落小、落实上下功夫。"课程资源的筛选要和学生的日常生活世界相契合,寻找那些与他们的认知特点、文化记忆、生活轨迹相关的资源,让他们在课程实施中与生活相连接,在情境中使学生理解和掌握校本课程所承载的育人功能与价值。

（二）资源筛选要符合学生发展特点

资源筛选要符合学生的心理发展水平，适应学生的心理需求，这也是确定课程目标的"第二个筛子"。不同年龄阶段的学生，其身心发展特点不同，认知和接受事物的方式也不一样。在选取课程资源时必定要选取学生能够理解的内容，要注重课程内容的感染力和说服力，让他们的体验更加深刻。

（三）资源筛选要关注教育性实践性

开发资源就是要进一步丰富学校课程形态，补充国家课程与地方课程中尚未涵括的内容或课程实施形式，体现学校的办学理念，将学校的育人目标与课程进行深度融合。在课程资源的筛选过程要不断整合学生的素养要求，强化课程合力因素。

三、小学课后服务属地资源开发利用的路径

根据学校的困境和课程筛选的思考，学校从以下途径进行课程开发（图3）。

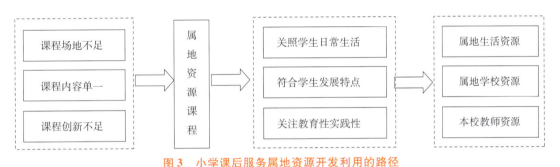

图3　小学课后服务属地资源开发利用的路径

（一）开发利用属地生活资源，培养学生生活能力

学校地处在北京的核心地带，金融街、民族宫、医院、社区服务站、商超……承载着不同的社会功能。鉴于属地资源多样化的优势，学校梳理了周边"最近一公里"的资源，通过对这些资源教育性的调研、归类、分析，我们走出学校，主动敲开了邻居单位的大门，将周边金融资源、博物馆资源作为首期属地资源开发课程的载体（表1）。

表1　属地生活资源开发利用

课程	课程目的	课程类型	课程特色
财商课程	立足于正确培养学生对金钱的认知，充实学生的金融知识，开启学生的财富密码，培养学生的理财技能，挖掘学生的财商潜能	货币演变史 银行的变迁 我的专属存折 银行体验日	1. 双师课堂聘请行业专家进校园； 2. 银行体验、博物馆参观，拓宽学生学习场域； 3. 沉浸式体验让学习发生得更真实
财商进阶课程	培养学生感知、动手、规划、独立思考、逻辑思维等能力，形成正确的财富观、劳动观和人生观	金融机构发展史 畅游智慧银行	
民族宫博物馆课程	走进博物馆，改变原有的学习方式，多学科融合，为学生创建一个崭新的学习平台	博物馆参观课 美术创作、民族体育、舞蹈文化等	

民族文化宫和我们一路之隔,我们主动走入民族宫,邀请专家和我们联合开发课程,学生在课后服务时段就能走进博物馆,安静地坐在博物馆,聆听着文物述说它们的故事,我们想这就是最好的博物馆教育,问卷反馈学生对博物馆课程的非常喜爱度达63%。

学校地处金融街,银行多是一大特色,我们主动敲开银行的大门,联合工商银行总行、广发银行为学生开设了双师财商课程,既调动了属地银行的资源,又丰富了学生学习生活的真实情景。问卷反馈学生对财商课程的非常喜爱度达47%。

(二)开发利用属地学校资源,培养学生研学能力

西单小学是北师大实验中学教育集团的成员校,与实验中学仅一墙之隔,校长又是从集团中学轮岗到集团小学工作的教师,占据天时、地利、人和的优势。学校成立课程项目开发小组,充分借力属地的中学集团资源,发挥距离近、场域足、教师优、能贯通的优势,成为课后服务重要的组成部分。

我们在六年级开设了普适型的衔接课程,包括语文、数学、英语三个学科,由学校教师授课;在四、五年级开设"数理思维""人工智能""科学实践""人文国学"课程,由实验中学的教师进行授课。开设工程挑战赛、DI创新思维等科技课程,DI创新思维的同学们在实验中学教师的指导下,第一次参加全国比赛就获得了小学组一等奖的好成绩。我们还利用实验中学排球传统校的优势,组建西单小学排球队,由实验中学提供教练和训练场地。西单小学是棒球特色校,我们也在实验中学成立了棒球队,实现了体育项目的上下贯通培养。

随着贯通课程的不断成熟,我们把数理思维、科学实践、人文国学等课程下沉到低年级,尝试以课后服务课程为抓手的中小贯通培养的探索与实践。

(三)开发利用本校教师资源,培养学生创新能力

1. 鼓励自己的教师从"T"型人才向"π"型人才的转换

激发教师的创新能力,才能培养学生的创新能力。现在西单小学70人中有40多位教师申请开设课后服务的特色课程,充分发掘了教师的"π"型潜能,使得27个教学班的西单小学有110节课后服务课程供给(表2)。

表2 课后服务课程供给

课程	课程目的	课程特色
服装设计	服装设计通过动手实践,体会创作的乐趣,提高审美、思维创作和动手能力,体验设计展示的成就感	1. 激发教师创新能力,将爱好及特长变成课程; 2. 在特定情境中关注学生动手能力的培养,在合作和成品中感受动手的乐趣
创意DIY折纸	折纸通过千变万化的造型和巧妙新奇的构思,激发学生尝试的欲望和无限的创造力	
节气里的中国	在课堂上欣赏古诗、了解风俗、制作手工,品味节气里的中国	
静心冥想	课程包括冥想训练和静心绘画,引导并帮助学生觉察和管理情绪,有助于集中注意力,减轻压力缓解疲劳,带来内心的平静和谐	
体能课	通过常规运动技能、基础力量、柔韧性等训练,发展柔韧、速度、灵敏等身体素质,培养正确的运动习惯,建立正确的运动模式	

2. 开发自家十几平方米的地方开设种植课

种植课由本校教师及其搞园艺的爱人一起开发课程。从育苗到浇水，都由种植课的学生完成。疫情期间学生每天拎着水来浇菜，家长隔着学校栅栏把菜苗种在学校围墙边，复课后参加种植课的学生收获了丰收的果实。这片小菜园也成了社区的一景，每天经历着"大爷大妈"各种种植指导，还有附近公司白领的"午间检阅"，学校成了社区最有生机的地方，除了孩子的欢声笑语，还有生机盎然的小菜园。问卷反馈，学生对种植课的非常喜爱程度达到72%。

3. 开发家长资源，设立百行家长讲堂

家校共育，家长是学校最好的也是最容易调动的资源。根据学生需求、家长专长进行合理的课程设置，请家长根据课程需求录制相关视频，主动参与到课程中来，并有计划地丰富学校资源库，为课后服务的可持续发展做好铺垫。通过家长委员会发布"课后服务招募书"，了解家长授课意愿、专长方向、课程特色、实施方式等，通过反复沟通，"财商课程""种植课""体能课"等课程如期实施，给学生打开一扇扇了解社会的窗口。

四、小学课后服务属地资源开发利用的效果

（一）属地资源课程实施现状

1. 体验式学习

目前，属地资源课程形态以跨学科实践活动、特色主题活动、社团活动、项目式学习、劳动实践等为主，每个课程通过学生作品设计、游戏活动、结果呈现展示学习成果。

课程实施者由本校教师、集团教师、机构教师、行业专家等构成；学生可以在博物馆中进行参观，与文物近距离对话；在银行柜台前模拟办理业务，亲自体验理财的过程；在小菜园中育苗播种，体会劳动的快乐（图4）。

图4 体验式学习

2. 双师课堂

以财商课为例，学校缺乏对财商教育领域的了解，教师队伍在财商培养方面的专业知识属于零基础。让学生获得财商方面专业培养，实现高质量课后服务，需要聘请专业的财商专家进行授课。学校与银行专家牵手，聘请他们走进学校，由行政领导牵头带领两

名一线教师与外请银行专家共同成立课程开发小组，共同研讨确立财商课程教学方向，细化教学内容的选择和形式。课堂上，以双师同课堂的教学模式进行，专家授课，学校课程教师参与课堂的组织教学和教案前后期的调整与完善，共同帮助学生在有序的课堂中开阔眼界、收获知识。

（二）属地资源课程机制保障（图5）

在属地资源课程中，我们以家长牵线，对接单位直属部分，通过多次深度沟通、争取与协商，达成长期合作的共建共治目标。同时还得到了相关单位党支部的大力支持，被列为"为群众办实事"的重要举措之一，单位领导亲自带领党员干部深入到我校，为学生提供有计划、可持续、更好的课后服务，为我们续航课程规划、落实项目式推进方案保驾护航。

热心负责的家长们，还根据自己的优势和专业，按我们的课程需求为学生录制了许多与新的生产生活紧密相关、简单易懂、趣味横生的短视频，逐渐构成资源库，为突发疫情校外人员不能入校提供了有力的资源保障。

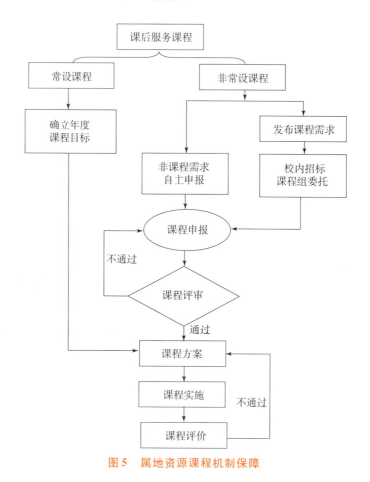

图5 属地资源课程机制保障

五、小学课后服务属地资源开发利用的启示

学校盘活属地资源，变革课后服务实施及管理方式的过程，就是建立新的场域观，拓

宽学校教育、家庭教育之外的社会教育"场"的过程。我们构建了课内和课后一体化课程体系，开设"财商""博物馆""种植"等课程，就是为了让学生在社会教育场中、在真实情境中学习知识，运用知识，感受社会。

丰子恺说："人生有三层楼，一是物质生活，二是精神生活，三是灵魂生活。"我们的课后服务要建立新的内容观，除了要给学生多方面的能力、多角度的见识、多层面的感受，满足学生多维度的需求，还要让与学生生命成长相关的内容以不同的方式进入或渗透到课程中，从而为学生爬上这三层楼提供更多的可能。

参 考 文 献

[1] 封葑. 浑南区案例入选教育部"双减"典型［N］.沈阳日报，2021－12－02（001）.
[2] 刘复兴，董昕怡. 实施"双减"政策的关键问题与需要处理好的矛盾关系［J］.新疆师范大学学报（哲学社会科学版），2022（1）：1－7.
[3] 周洪宇，齐彦磊．"双减"政策落地：焦点、难点与建议［J］.新疆师范大学学报（哲学社会科学版），2022（1）：1－11.
[4] 代麒麟. 提升管理水平，完善课后服务体系［J］.四川教育，2021（19）：17－18.
[5] 李琳，谢娟. 课后服务课程体系应注重融通性和特色化［J］.四川教育，2021（19）：19－20.
[6] 江凌. 构建精准自主温馨的课后服务课程体系［J］.四川教育，2021（19）：23.
[7] 唐小春. 课后服务活动课程开发与实施策略探究［J］.新课程，2021（24）：16.
[8] 马莹. 城市小学课后服务供给保障研究［D］.济南：山东师范大学，2019.
[9] 王欣. 加强课后服务助力学生成长——以牡丹江市长安小学为例［J］.牡丹江教育学院学报，2019（5）：79－80.

专家 点评

"双减"政策重在减轻中小学生的学业负担，增加学习兴趣和学业质量，对提高课后服务水平作出了部署要求。一些中小学校在推进课程服务过程中，仍然存在场地不足、课程内容单一、课程创新不足等问题，在一定程度上影响了课后服务效果。

该研究立足区域教育资源，充分利用校内校外、课内课外两个场域，构建出课内课后一体化的课后服务课程体系。学校从关照学生日常生活、符合学生发展特点、关注教育性实践性三个角度出发，针对学校自身教育教学资源现实情况，从利用属地生活资源、利用属地学校资源、利用本校教师资源三个层面开发出三套课后服务属地课程。利用区域环境资源与社会衔接，开设"财商""博物馆"等课程，培养学生生活能力；利用校际资源与其他学校衔接，开设"数理思维""人工智能""科学实践""人文国学"等课程，增强学生研学能力；利用自身资源与家长衔接，激发教师的创新能力，开设"创意DIY折纸""节气里的中国体能课""种植"等课程，提升学生的创新能力。

从研究效果看，建立了体验式学习、双师课堂，形成了属地资源课程机制保障，充分利用了学校资源优势，从课后服务到课内提质增效，营造良好的教育生态，回归学校教育主阵地。

建议一，清晰界定"小学课后服务属地课程资源"的核心概念，进一步清晰"课程资源"的定位。

建议二，进一步清晰课程资源开发的路径，研究进一步挖掘课后课程服务资源的路径。

建议三，在现有研究基础上，进一步完善构建相应的特色课程体系。

杨润勇

中国教育科学研究院

关于初中学校课后服务内容供给与实施效果的调查与思考

——以北航实验学校中学部为例

北京航空航天大学实验学校中学部　吴　红

摘　要　基于海淀区区级"双减"专项课题"初中学校课后服务供给与实施现状调查研究",以北航实验学校中学部为研究对象,采用自编问卷,选取初一、初二学生和家长近乎全样本开展课后服务问卷调查和个别访谈。结果发现:学校课后服务能够满足大部分学生学习需要;家长对学校课后服务提供的内容、组织安排、活动形式等满意度较高;课后服务内容的丰富程度、对学生个性化学习需要的满足等方面还有待进一步完善。为此,建议优化课后服务内容设置、积极整合校内外资源、拓展课后服务渠道等提升课后服务质量,更好地促进学生发展。

主题词　课后服务　调研　思考与建议

一、问题提出

高质量地开展课后服务工作既是学校教育教学工作的重要延伸,也是学校教育生态重构、教育资源优化和教育方式创新的重要契机。2017年教育部办公厅印发的《关于做好中小学生课后服务工作的指导意见》要求,"广大中小学校要结合实际积极作为,充分利用学校在管理、人员、场地、资源等方面的优势,主动承担起学生课后服务责任。要强化学校管理,建立健全课后服务制度。"2018年《北京市教育委员会关于加强中小学生课后服务的指导意见(试行)》也指出,要"加大政府保障力度,努力满足学生和家长课后服务需求,不断提高学校课后服务能力。""结合区域、学校资源条件、服务能力等实际情况,组织开展课后服务。"2021年中共中央办公厅、国务院办公厅印发的《关于进一步减轻义务教育阶段学生作业负担和校外培训负担的意见》也明确提出,要"提升学校课后服务水平,满足学生多样化需求",对学校开展课后服务的质量、水平、管理等提出了具体要求。

在"双减"背景下,学校非常关注学生、家长、教师各群体对课业负担、课后作业量、工作强度等指标的满意度。2021年《北航实验学校初中部社会满意度调查数据结果报告》显示:学生课业负担得分82.52,全区均值86.12;课后作业量84.23,全区均值86.48;家长对课业负担满意度得分76.63,全区均值84.26;教师工作强度得分77.67,全区均值83.71。而"课后服务供给"与以上指标息息相关,作为科研负责人特将此作为研究内容，申请海淀区"十四五"2022年专项课题，为学校课后服务和学校满意度的提升提供理论和策略研究。

二、国内外研究现状评述

从世界各国开展课后服务的现状来看，发达国家课后服务开展较早，形成了较为完善的课后服务体系，在一定程度上实现了供需平衡。我国课后服务在政府主导下系统性地实施时间不长，在相应的服务内容、供给主体、质量监管和服务效果等方面还有待进一步完善。从课后服务的内容供给来看，国外课后服务定位和内容兼具照看、娱乐和教育的功能。国内课后服务在解决家长看护之忧的基础上，也注重扩展学生学习空间，丰富学生的学习体验。大多中小学校提供的课后服务内容大致可归纳为知识类、科技类、艺术类、体育类和劳动实践类等。服务提供主体基本是学校教师。劳动实践类课后服务大多也以学校为基地。科技、体育、艺术类内容是课后服务的重点领域，其服务内容门类众多，提供主体多元。

综上可见，课后服务不仅仅是学校落实"双减"政策的必然之为，更是学校回归育人主战场的主动之为。课后服务对学校的管理能力、课程开发能力、资源利用能力等都提出了新的挑战和要求。

目前有关课后服务效果调查的研究并不多见。为了进一步改进和完善课后服务供给、提升课后服务质量，需要全面了解当前国内学校课后服务开展的现状，以及家长、学生等对课后服务工作的需求情况及满意度。通过对学生课后服务满意度的分析，了解当前课后服务之中存在的不足之处，达到基于学生的视角完善课后服务功能、提高课后服务水平的目标。因此，本研究是深化学校课后服务的重要基础。

三、研究技术路线（图1）

图1 研究技术路线

四、调研目的

近年来，各学校根据市区政府要求，所采取的积极实施课后服务工作、优化课后服务内容、统筹课后服务资源、完善课后服务管理等一系列措施，产生了积极效果。当然，在学校实施课后服务的过程中，由于各个学校只能依靠现有资源和师资力量提供课后服务，在服务内容、服务方式、服务质量、资源配置等方面依然存在一些问题，今后如何更好地通过课后服务满足学生个性化选择的需求，还有待对现有课后服务工作进行专项调研，以期全面了解学校课后服务工作现状、效果和存在问题，为今后进一步改进和完善学校课后服务工作提供数据支持和策略实施依据。

本项调研的具体目的在于：

第一，调查了解初中学校课后服务实施情况，系统掌握学校课后服务实施的现状、问题及效果反馈。

第二，借助调研数据信息，改进学校课后服务工作方案、内容供给、组织管理、资源配置等具体工作，提高学校课后服务的质量和水平，为学生的全面健康发展提供更好的课程支持。

第三，借助课后服务工作，进一步优化学校课程管理机制，提升学校治理水平，探索国家课程与课后服务更好融合的途径方式，为师生的健康发展营造更好的环境氛围。

第四，探索优化初中学校课后服务的典型经验，为深化"双减"、更好开展"立德树人"提供学校个案。

五、调研对象、方法

（一）调研对象

本调研以北航实验学校中学部初一、初二年级学生和家长为对象，在初一、初二年级结束的暑假期间，通过自愿填写问卷方式实现随机抽样开展调查，最终参与调查学生和家长样本分布如表1所示。

表1 调研对象样本分布

对象名称	样本人数	占总体比例	对象名称	样本人数	占总体比例
初一学生	304	87.9%	初二学生	222	84.4%
初一家长	326	90.6%	初二家长	253	96.2%

（二）调研方法

采用自编问卷，从学生课后服务的参与时间、课后服务参与内容、课后服务的参与感受、对学校课后服务工作的意见建议等方面详细收集了调研数据；通过问卷星平台编辑问卷并下发对应二维码和网址链接给样本学生和家长，采用自愿填写原则，要求在规定时间完成问卷填写。对问卷回收数据采用SPSS18.0和Excel2010进行了清洗和统计分析。

六、调研结果

课后服务是满足学生多元发展需要和个性发展的重要平台，也能够充分发挥学校相应的资源优势，延伸和拓展学生的学习时空，为学生提供高质量的教育服务。本次以学校课后服务的供给情况及实施效果为重点进行调研，结果如下：

（一）从学生参与课后服务的时间看，大多数学生积极参与课后服务

通过调查学生上学期"每周下午3:30左右你离开学校的天数"来考查学生参与学校

课后服务的具体情况（表2）。

表2 学生未参与课后服务的比例分布

离开天数	初一学生选项比例	初一家长选项比例	初二学生选项比例	初二家长选项比例
0 天	37.83%	38.65%	58.11%	50.2%
1 天	13.16%	13.8%	19.82%	19.37%
2 天	17.76%	16.56%	12.61%	13.04%
3 天	16.78%	18.1%	4.5%	9.49%
4 天	8.55%	9.2%	1.35%	1.58%
5 天	5.92%	3.68%	3.6%	6.32%

由上表可以看出，初一年级中有37.83%的学生5天都参与了学校提供的课后服务活动，初二年级58.11%的学生5天都参与了课后服务。5天都没有参与学校课后服务的学生比例很少，初一年级在3%至6%之间，初二年级在3%至7%之间。可见，大多数学生都积极参与学校提供的课后服务课程，其中1/3以上的初一学生和一半以上的初二学生每周5天全部参与了学校课后服务活动。

调查还进一步分析了学生"每周下午5:30以后你离开学校的天数"，结果见表3。

表3 学生5:30后离开学校的天数比例

离开天数	初一学生选项比例	初一家长选项比例	初二学生选项比例	初二家长选项比例
0 天	14.47%	15.03%	6.76%	10.28%
1 天	14.47%	17.18%	5.86%	7.51%
2 天	14.8%	16.87%	12.61%	12.25%
3 天	16.12%	13.8%	16.22%	17.79%
4 天	9.21%	10.12%	15.32%	16.21%
5 天	30.92%	26.99%	43.24%	35.97%

从表2数据可见，有14%~16%的初一学生和6%~11%的初二学生每周5:30后还

对学校的课后服务活动意犹未尽,不愿离开。总体而言,初一学生中有2/3多的学生每周5:30后至少一天还在学校参与相应活动,初二学生相对初一学生少些,有一半多点的学生5:30放学后还会留在学校,参与相关活动。

(二)学生参与的课后服务内容最多的是拓展课和选修课类

课后服务的重点在于所提供的内容是否丰富,是否能够吸引学生的学习,是否能够服务学生的发展需要。调查显示,学生参与的学校课后服务内容如图2和图3所示。

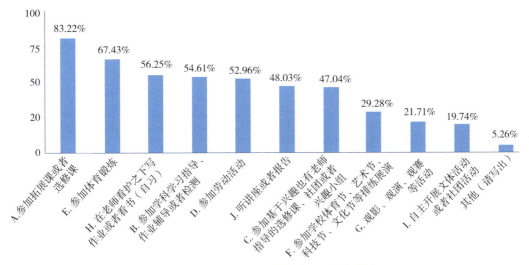

图2 初一学生在学校参与的课后服务内容

图3 初二学生在学校参与的课后服务内容

由图2可以看出,初一学生参与的课后服务内容按选项比例由高到低依次为:参加拓展课或者选修课,参加体育锻炼,在老师看护之下写作业或者看书(自习),参加学科学习指导、作业辅导或者检测，参加劳动活动，听讲座或者报告，参加基于兴趣也有老师指导的选修课、社团或者兴趣小组，参加学校体育节、艺术节、科技节、文化节等排练展演，观影、观演、观赛等活动，自主开展文体活动或者社团活动。

图3显示，初二学生在课后服务时段参与的活动大多与初一类似，其中初二学生参加劳动活动，参加体育锻炼，参加学科学习指导、作业辅导或者检测等方面的比例高于初一学生，而初一学生在老师看护之下写作业或者看书（自习），听讲座或者报告，参加基于兴趣也有老师指导的选修课、社团或者兴趣小组，参加学校体育节、艺术节、科技节、文化节等排练展演，观影、观演、观赛等活动的比例高于初二学生。

进一步调查了学生参与的兴趣小组和社团类别情况，结果如图4所示。

图4　学生课后服务时段参与的兴趣小组和社团

数据显示，初一初二学生在课后服务时段参与的兴趣小组和社团有艺术类、体育类、科技类、手工类、文学类以及职业模拟类等，形式比较丰富。相比较而言，初一学生参与各类兴趣小组和社团的比例均高于初二学生。

（三）学生和家长对学科拓展课和选修课类课后服务满意度最高

学校为学生提供了相应的课后服务内容，这些内容是否符合学生的需要，是否受学生欢迎等，都是改进和提升学校课后服务需要重点考虑的内容。本次调研通过关注学生在课后服务时段喜欢做的事情，来考查学生对学校课后服务内容供给的喜欢程度，结果如图5所示。

由图5可以看出，初一学生和初二学生对学校提供的课后服务内容喜欢程度由高到低排序基本一致；学生喜欢比例较高的有参加拓展课或者选修课，参加体育锻炼，在老师看护之下写作业或者看书（自习）等；学生喜欢程度较低的有参加劳动活动，听讲座或者报告，以及自主开展的文体活动或者社团活动等。

相比初一学生，初二学生对参加拓展课或者选修课的喜欢程度较低，对参加体育锻炼，参加学科学习指导、作业辅导或者检测的需求比例较高。初一学生对参加基于兴趣也有老师指导的选修课、社团或者兴趣小组，观影、观演、观赛等活动，听讲座或者报告的喜欢程度高于初二学生。

调查还关注了学生对学校课后服务时段提供内容的整体喜欢程度评价，具体如图6所示。

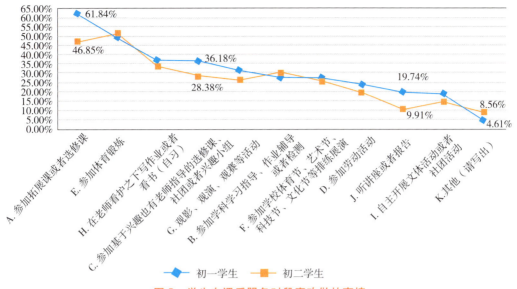

图5 学生在课后服务时段喜欢做的事情

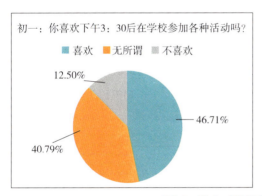
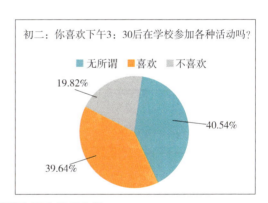

图6 学生对学校课后服务喜欢情况自评

由图6可以看出，在喜欢学校提供的各种课后服务活动学生中，初一比例为46.71%，初二比例为39.64%；而在不喜欢的学生比例中，初一为12.50%，初二为19.82%。可见初一学生对学校提供的课后服务内容总体评价高于初二学生。

针对学生课后服务总体反馈情况，本调查从学生和家长视角，围绕"满足学生个性化成长需要""参加意愿""满意度"三个方面进一步做了调查，如图7和表4所示。

图7 学生对学校课后服务的满意情况

表 4　家长对学校课后服务情况的总体反馈

题目/选项	年级	非常符合	比较符合	不确定	比较不符合	完全不符合
我愿意让孩子参加学校的课后服务	初一家长	162（49.69%）	120（36.81%）	28（8.59%）	12（3.68%）	4（1.23%）
	初二家长	140（55.34%）	72（28.46%）	22（8.7%）	13（5.14%）	6（2.37%）
学校提供的课后服务能够满足家长需求	初一家长	91（27.91%）	149（45.71%）	56（17.18%）	21（6.44%）	9（2.76%）
	初二家长	72（28.46%）	95（37.55%）	64（25.3%）	19（7.51%）	3（1.19%）
对学校提供的课后服务很满意	初一家长	101（30.98%）	157（48.16%）	47（14.42%）	15（4.6%）	6（1.84%）
	初二家长	73（28.85%）	107（42.29%）	54（21.34%）	17（6.72%）	2（0.79%）
课后服务能满足孩子个性化成长需求	初一家长	74（22.7%）	152（46.63%）	75（23.01%）	19（5.83%）	6（1.84%）
	初二家长	54（21.34%）	97（38.34%）	80（31.62%）	21（8.3%）	1（0.4%）
这一年来，我对孩子的教育焦虑减少了很多	初一家长	42（12.88%）	84（25.77%）	79（24.23%）	61（18.71%）	60（18.4%）
	初二家长	31（12.25%）	58（22.92%）	55（21.74%）	61（24.11%）	48（18.97%）

从学生视角来看，学生总体认可学校所提供课后服务实施实效，50.80%的学生认为能够满足自身个性化成长需求，63.48%的学生对学校提供的课后服务表示满意，另有58.98%的学生愿意参加学校的课后服务。

从家长视角来看，家长对学校提供的课后服务满意度在71%以上，表示学校课后服务能够满足孩子个性化成长需求的比例在59%以上，愿意让孩子参加学校课后服务的比例在83%以上，认为学校课后服务能够满足家长需求和对孩子的教育焦虑减少的家长比例在66%和35%以上。从年级来看，初一年级学生家长对表3中所列各项满意度均高于初二年级学生家长。

（四）学生和家长对学校课后服务的需求最多的是完成作业

了解学生及家长对学校课后服务的需求，是改善学校课后服务供给、提升课后服务管理、提高立德树人实效的重要方面。

调查显示（图8），在可以自主选择的情况下，初一初二学生都对课后服务时段需要做的事情作出了自己的规划。其中，完成作业是初一初二学生共同的第一需求；此外，初一学生更倾向于参加社团或兴趣小组活动、看课外书、参加更多类型的拓展课或选修课，初二学生则更关注参加体育锻炼；初一初二学生普遍对于参加劳动活动兴趣较低。

另外，调查还通过开发题的形式收集了学生的需求，结果如图9所示。

● 课后服务篇

图8 学生课后服务需求

图9 学生建议学校提供的课后服务内容

可以看出,除了学校现有课后服务内容,学生建议中最高的词频是"活动",包括"更多体育活动""自由活动时间""活动""拓展更多学科活动"。这说明,一方面,除了现有供给内容,学校还可以考虑给学生提供一定的自主活动时间,由学生自由支配,在这段时间,学生可以做自己想做的事情,对于学生放松身心、自由想象、自主管理、团队互动等素养的培养也是非常重要的。另一方面,对于学校已经提供的体育活动、学科活动、社团活动、作业辅导、观影等,学生也提出要求,说明原有活动在内容、形式、时间安排等方面还有进一步丰富完善的空间,这也是学校今后改进完善课后服务的方向。

家长需求也是改进学校课后服务工作、提升课后服务育人质量的重要参考,本调查也关注了家长对课后服务的需求。

从图10可以看出,初一初二家长希望学生活动排第一位的都是体育锻炼,可见家长普遍重视学生的身心健康。初一家长希望学生参与活动排在二、三、四位的依次是:参加学科学习指导、作业辅导或者检测,参加更多类型的拓展课或选修课,参加基于兴趣

图10 家长对学校课后服务的需求

也有老师指导的选修课、社团或者兴趣小组。而初二家长希望学生参与活动排在二、三、四位的分别是：参加学科学习指导、作业辅导或者检测，在老师看护下写作业或者看书（自习），参加更多类型的拓展课或者选修课。可见初一、初二家长除了共性的关注体育活动、学科学习指导，初一家长更多关注学生兴趣和视野的拓宽，初二家长则更多关注学科作业或者看书（自习）等。

另外，初一初二家长都提出了在课后服务时段，自己最希望孩子获得发展的方面，如图11所示。

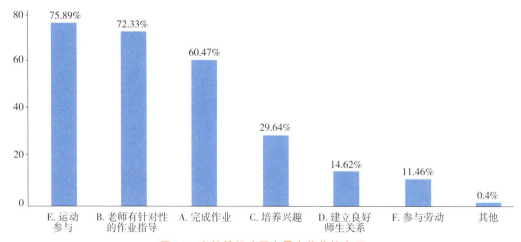

图11 家长希望孩子有最大收获的方面

可以看出，初一初二家长一致关注孩子的运动参与、老师有针对性的作业指导、完成作业、培养兴趣、建立良好师生关系、参与劳动等。对此，也要求学校不断丰富体育运动项目供给、时间安排，以及为学生提供针对个性发展的学科学业指导服务等。

七、调研结论

（一）学生课后服务参与率较高

课后服务是学校教育的重要组成部分，也是课堂教学和课外学习重要的衔接内容。调查显示，学校学生课后服务参与率较高，半数以上学生每周5天均参与了学校课后服务，部分学生在课后服务结束后，还继续参与相关项目，意犹未尽，说明课后服务确实满足了学生的发展需要。

（二）学校课后服务内容供给比较丰富

总体而言，初一初二学生参与的学校课后服务活动比较丰富，既有基于学校统一安排的老师看护之下的写作业或者看书（自习），参加学科学习指导、作业辅导或者检测，也有基于学生自身兴趣和个性特长发展需要的拓展课或者选修课，基于兴趣也有老师指导的选修课、社团或者兴趣小组，自主开展文体活动或者社团活动，听讲座或者报告，体育节、艺术节、科技节等排练展演，观影、观演、观赛等活动，大大丰富了学生的课外学习活动。

另外，课后服务内容中重点关注了学生的健康状况和劳动技能培养，安排了较为丰富的体育锻炼活动和劳动活动。一方面为学生提供相应场地、设施、设备，供学生运动、锻炼，另一方面，也结合学校师资条件，为学生配备了专业的指导教师，为学生的技能发展和个性特长养成提供指导和帮扶，满足了学生需求。

（三）学生和家长对学校提供的课后服务满意度总体较好，但也存在年级差异

学生的满意是学校努力的方向，学生对于学校课后服务的总体满意度在60%以上，而家长的满意度则高达70%以上。40%左右的学生喜欢学校提供的各种课后服务内容，50%以上的学生认为能够满足自身个性化成长需要；家长愿意让孩子参加学校课后服务的比例在83%以上。因此，总体上学校提供的课后服务内容和实施效果还是得到了学生和家长的一致认可。

从年级来看，初一、初二年级学生对学校提供的课后服务内容的喜欢程度有差异，初一年级学生总体评价高于初二年级学生。初一年级学生家长对学校提供的课后服务内容、实施效果、参与意愿等的满意程度均高于初二年级学生家长。

（四）学校课后服务内容、形式、时间安排、组织管理等方面还有进一步改进完善的空间

学校虽然已经为学生提供了丰富多样的课后服务内容，有学科拓展、文体活动、社团小组、劳动实践、观影观赛、学科指导、节日活动等，但面对学生多元、个性化的发展需要，学校课后服务的内容、形式等还有进一步丰富完善的空间。比如学生提出给一定"自由活动时间"，说明学生对自主自由支配空间和时间的渴望，对此，学校可以作相应尝试；对已有活动，则需要根据学生意见和反馈，在活动时长、活动项目设置、活动组织管理等方面进一步丰富，如对体育活动、学科拓展活动，学生都提出了新的要求，学校需要在充分研究的基础上，满足学生进一步的发展需要。

另外，学生和家长普遍提出还可以进一步改进和提升学校课后服务的形式，丰富内容，使课后服务能更好地为学生学习、发展提供更多和更好的平台。

八、问题与建议

通过调研结果发现，大家对课后服务的认知有偏差，选择最多的还是学科学业类。课后服务和课堂教学应该有鲜明的定位和科学的错位，如何引导学生和家长形成合理的课后服务需要，如何丰富课后服务内容，如何健全课后服务机制，如何以课后服务更好地服务学生发展，都是需要思考和完善的问题。同时调研中也存在着具有冲突性的结论，其客观数据说明家长和学生更倾向于学科拓展类课，开放题又说明想要活动，特别是自主支配的时间和活动。

（一）基本问题

从学校目前所提供的课后服务内容来看，学科辅导、拓展选修课程、社团活动、兴趣小组、学校文体活动等是重点，在一定程度上满足了学生的基本需求。但从学生和家长需求反馈来看，目前学校的课后服务在内容供给、课程组织形式等方面还存在一些可以进一步改进和提升的空间，问题大致有如下几点：①课后服务内容丰富程度、选择度还有待加强；②课后服务内容在满足不同年级之间的差异性发展需求上还不充分；③组织形式方面，给学生自主活动时间、空间不足；④在高端资源的开发利用方面空间很大；⑤课后服务运行和反馈机制还可进一步完善。

（二）几点建议

1. 在内容供给和组织形式方面，关注不同年级学生的需求差异

不同年级由于学生自身的身心发展以及学段重点任务的不同，学生对课后服务的内容需求有所差异。比如对于拓展课与选修课，初一年级学生希望开阔视野，扩展知识体系，对此充满了期待；初二年级学生则明显对拓展课与选修课方面的需求有所下降，而对参加学科学习指导、作业辅导的需求比例上升，这一方面可能与学生的学习任务增多有关，另一方面也可能存在初二年级拓展课与选修课内容设置的丰富程度、课程实施形式的创新程度等有关。

2. 加强劳动教育内容和形式创新

调研数据显示，无论初一还是初二年级学生对参加劳动活动的喜欢程度排位都比较低，说明学校劳动活动在内容设计、实施形式、组织方式方面都有待进一步创新和发展。特别是在2022版新义务教育劳动课程标准发布之后，国家更加强调了劳动教育的育人功能。对此，需要学校结合劳动教育课程标准，树立劳动教育在立德树人方面的重要价值，根据学校特色，因地制宜地设置劳动教育内容，创新劳动教育组织形式，发扬劳动教育育人价值，服务初中学生的综合素养发展需要。

3. 为学生的个性发展和自主成长提供更大支持

在学生的反馈中，对"自主开展的文体活动与社团活动"等喜欢程度排名很低，说明学校课后服务内容和形式在支持学生自主发展、个性发展方面还满足不了学生需求。在人工智能到来的新时代，学生的自主学习能力、个性化创新能力等的发展和培育尤为重要，这也是基础教育的重要目标。为此，学校要充分根据学生需求，积极探索多种途

径和方式，为学生的自主学习、个性发展、创新实践等提供相应的平台和机制支持，为培养具有未来创新意识和实践能力的新一代社会主义建设者服务。

4. 基于大学资源、学校周边资源的高端服务内容供给还可加强

目前学校课后服务内容供给主体以学校教师为主，在内容的体裁、内容的组织实施方式、活动形式的丰富情况等方面都存在与学科课程、学科教学的雷同情境，不能很好满足学生的兴趣发展和个性提升的新需要。另外，也因疫情原因，学校的大学资源、社区资源、家长资源等不能很好运用，课后服务的内容和组织形式不够丰富。对此建议，在条件允许的情况下，学校可以首先充分利用北航大学得天独厚的各种学科和课程资源、场地资源、实验室及专家资源，开发一批基于学生素养发展、创新实践方面的高端课程和活动项目，在满足学生兴趣和个性发展需要的基础上，培养和引导学生的高阶技能、核心素养，凸显学校课后服务课程特色。

5. 进一步健全课后服务供给与反馈机制，提升学生个性化发展的服务和指导能力

课后服务是课堂教学和学校学习空间的延伸和拓展，课后服务更关注学生兴趣特长与个性发展，从学业发展、品德发展、身心健康、兴趣特长等多个领域为学生搭建成长平台。为此，在课后服务内容的选择、课后服务组织与管理、学生参与课后服务过程评价等各个方面，都需要健全和完善相应的组织管理机制，使课后服务能够最大限度地发挥其育人价值。为此，学校可以在现有组织管理机制基础上，进一步加强与学生、家长的沟通反馈机制建设，如每一项活动、每一个内容之后，可以组织学生、家长提供反馈意见，以便学校根据需要及时调整和改进内容和组织方式，更好地服务学生发展的需要。另外，随着学生年级的变化，不同年级之间课后服务内容的设置、活动组织与年级教学活动的关联等都需要做好统筹，提高课后服务实施的针对性和实效性，真正服务于不同学生的发展需要。

参 考 文 献

[1] 史自词，李永涛. 澳大利亚中小学课后服务的发展之路和基本经验［J］.比较教育学报，2022（2）：67-80.

[2] 徐珊珊，邱淼，宋雀. 打造高质量中小学课后服务的国际经验——以美国"放学后计划"为例［J］.中国教师，2022（2）：38-41.

[3] 张忠华，杨会聪. 英国学龄儿童课后服务的发展与借鉴［J］.教育科学研究，2021（11）：11-16.

[4] 周玲."双减"背景下的课后服务供给方式及质量评估［J］.中小学管理，2021（12）：35-38.

[5] 赵红光，聂倩."双减"背景下学校课后服务质量的问题、原因及策略——以重庆市大足区双路小学班级课后服务实践为例［J］.教育科学论坛，2022（12）：12-15.

[6] 郑琳."双减"下优化中小学课后服务的校本化探索［J］.上海教育，2022（12）：158-159.

专家点评

"双减"政策指出，学校课后服务基本满足学生需求是学生学习更好回归校园的重要路径。当前课后服务内容供给不足、课程组织形式与学生个性化需求之间存在差距、高端资源的开发利用缺乏等问题在一些中小学校逐步显现。

该研究以学校初一、初二年级部分学生和家长为对象，调查了解初中学校课后服务实施情况，系统掌握学校课后服务实施的现状、问题及效果反馈。

从调研效果看，学生课后服务参与率较高，半数以上学生每周5天均参与了学校课后服务，部分学生在课后服务结束后，还继续参与相关项目。课后服务内容丰富，既有指导学生完成作业，也有学生基于自身兴趣和个性特长发展需要的拓展课程，总体上看学生和家长对学校提供的课后服务满意度较好。

从研究方法上看，采用自编问卷，通过SPSS18.0和Excel2010进行了统计分析，提炼出相对客观真实的调研数据信息。从研究结论上看，提出了加强劳动教育内容、加大高端服务内容供给、健全课后服务供给与反馈机制等对策建议，为课后服务提质增效提供了可行性方案。

建议一，建议清楚界定"课后服务供给"的概念，建议进一步明确本研究的核心问题。

建议二，对于课后服务供给予以强化。建议清晰并呈现其现状、问题。

建议三，建议适当扩大研究范围、增加研究样本量，特别是研究抽样要兼顾区域内其他学校；建议在调查结果与结论之间，增加研究讨论的内容，以增强成果的可信度；建议调查之后提出清晰具体可操作的针对性策略。

杨润勇
中国教育科学研究院

"双减"背景下课后服务体育活动研究报告
——以七一小学为例

北京市海淀区七一小学　王　晶

摘　要　随着体育课时增多，家长也越来越关注孩子的体育成绩和身体素质，体育在学生的学习中越来越重要，同时在2022年版课标标准和"双减"中特别提出对于课后服务中体育活动的要求。因此，减轻学业负担，提高课后延时体育服务时效迫在眉睫，保护中小学生健康刻不容缓。本研究针对北京市海淀区七一小学，开展了对家长、学生和教师三个主体之间的调研，分别以问卷和访谈的形式，以家长对课后服务的态度、学生的感受以及教师的展望三方面为主要研究内容。为此，对于学生与家长，应丰富课后活动，以丰富应对学生差异和家长的不同需求；对于教师，参与多元化的活动，促进家校合作；在课程方面，细化量化标准，提高课程质量，服务于学生的全面发展。

主题词　双减　课后服务体育活动　学生

一、选题缘由

（一）选题背景

1. "双减"下的新形势

2021年7月24日，中共中央办公厅、国务院办公厅印发《进一步减轻义务教育阶段学生作业负担和校外培训负担的意见》，目的在于减轻学生作业负担和课外机构负担。其中明确指出"要提高课后服务质量，减轻学生作业负担，提升课后服务水平，满足学生多样化需求"。然而，目前我国课后延时体育服务还存在师资力量薄弱、运动风险顾虑、服务内容单一、支持手段有限等困境，表现为不重视、参与低、内容少、时间短、效果差，呈现出复杂性、广泛性、低效性等特征，降低了课后延时体育服务时效，而课后延时体育服务对中小学生体魄锻炼和人格塑造发挥着不可代替的作用。因此，"双减"政策下，减轻学业负担，提高课后延时体育服务时效迫在眉睫，保护中小学生健康刻不容缓。而课后服务作为重要的社会工程，对促进社会进步、教育公平、青少年健康以及体育核心素养的形成具有很重要的意义。

2. 学生发展新背景

首先，国家体育总局印发《"十四五"体育发展规划》，强调要有效落实立德树人根本任务，提升体育教育质量，促进体教融合，要让"青少年普遍掌握1~2项运动技能"。

其次，2022年版课程标准中提出：学校教育不仅培养学生学习能力，还要培养学生健全人格，身心健康，敢于承担社会责任，学会处理人与人、社会、自然三方面之间相互和谐关系，以及培养学生能够"德、智、体、美、劳"全面发展，其中体育是教育重要组成部分。学校体育是国民体育基础，增强学生体质，传授体育知识、体育技能，培养学生养成良好体育运动习惯，增强学生社会适应能力，为终身体育奠定基础。为学生创设优质的课后服务意义重大，必不可少。

3. 课后"530"① 难题

虽然教育部办公厅于 2017 年印发《关于做好中小学生课后服务工作的指导意见》，然而，为解决"三点半"难题而生的课后服务的走向并不如预期所设，资本涌入、教育产业野蛮生长导致家庭经济实力和学生课余时间的"内卷"。随着社会经济的进步，家庭结构的不断转变，"小学生放学早没人接"成为千家万户的难题，加之新课改以来不断出台的减负政策，使学生在校时间缩短，课后服务成为家长的刚需；"双减"政策颁布以来，家长的需求增多，众口难调，课后服务"530"成为当下的大难题。

综上，在"双减"政策的大环境下，《"十四五"体育发展规划》和 2022 年版课程标准的相继出台，既为学校课后服务多元化的发展带来契机，更为体育融入"双减"政策背景下的课后服务创造条件。

二、文献综述

（一）国内研究综述

通过中国知网数据库的文献检索，有关我国小学课后服务的研究有 1 700 条之多，其中关于体育课后服务的文献有 355 篇（图1），关注度逐年提高。

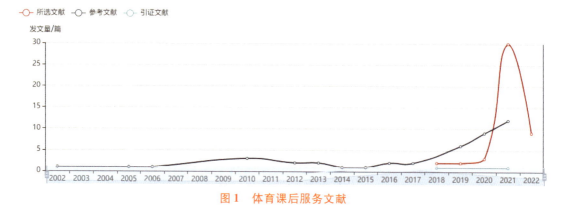

图1　体育课后服务文献

关于课后服务内容方面的研究，李成英认为校内课后服务的课程设置要与小学生的核心素养培养相结合；汪明提出"弹性离校"要从实际出发，避免变相补课，课后服务内容应多样化，适合开展小学生身心发展健康的社团兴趣活动；陈慧建议整合社会教育资源，为小学生提供更多样的教育实践活动。

关注课后服务现状方面，从记者调查得知，自 2017 年教育部对课后服务工作作出部

---

① "530" 即学校放学时间推迟到五点半，由学校安排校内活动和作业指导等课程，学生自愿参加，简称"530"。

署，截至2021年，全国共有10.2万所义务教育学校开展了课后服务，有6 500万学生参加课后服务。

学者对于课后服务有两方观点。一方面是表示赞成的。学者认为：体育课后服务可以引导学生通过参加体育活动，发展个性特长，促进学生身心健康发展，培养参与体育活动的积极性，促进体教融合，激发学生参与体育活动的兴趣，树立"健康第一"的理念，把体育真正地落实到学生的成长中去，从而更好地培养出德智体美劳全面发展的一代新人，提高国家的软实力，为终身体育奠定基础。

另一方面，也有学者提出不同看法。袁翠松认为，课内课后托管安全责任难以厘清；范诗武等认为经费不足是课后服务优化发展的绊脚石；苗建成认为课后服务增加了教师的工作量，付出的劳动没有得到相应合理的薪酬，导致教师积极性不高；王海燕认为，小学课后服务需求量大，缺乏有关部门的监管；刘敏认为课后服务的实施过程中出现的问题表现在课后服务能力需要提高，参加课后服务的学生在学习过程中个性发展受阻，相关制度不完善，父母期待学生综合发展的需求以及学生个体性发展需求无法满足。

（二）国外研究综述

对于国外发达国家在课后服务现状方面的研究，比较有代表性的是周红霞的《发达国家小学课后托管政策的比较与借鉴》，研究中涉及英、法、美等欧美国家以及亚洲教育比较先进的日本和韩国，文献中提出课后照顾是政府应有的公共责任，政府在提供课后照料中发挥着越来越重要的作用。

美国的课后服务从20世纪80年代立法，到2002年出台《不让一个孩子掉队》的法案，再到2015年《每个学生成功》等不断完善的政策，推动着美国课后服务的迅速发展；日本在1998年确立了课后服务社会福利事业的地位，《放学后儿童计划》这一政策明确让各福利部门合作执行课后服务方案；英国于1995年出台《儿童法案》，各地政府提供照料服务，满足学龄儿童和家长的需要，保证儿童安全成长；新西兰政府因学龄儿童的课后照料问题提出了"五年计划"，其中对托管的人事安排、经费来源等方面作出了具体的规定，同时建立了课后质量监督体系，保障学生的受教育权利。

（三）综述

关于课后服务，国内外的课后服务对于学生的身心发展都有着积极的促进作用，对培养德智体美劳全面发展的青少年起着决定性的作用。国外对于课后体育的文献研究比较多，相对比较完善，我国的研究相对较少。国外课后体育服务运行机制成熟，对于课后服务研究主要集中于开展现状以及发展问题的探析；国内对校内课后体育的研究还较少，课后服务运行评价机制还不是很成熟。特别是关于"530"活动等课后服务的探索，只有少数专家学者或者教育界的人士对此展开研究。自"双减"政策落地，全国各地陆续发布地方政策并开展校内课后服务，相关研究与论文也随之增加，但总体数量依然较少。

三、成果主要内容及调研结果分析

（一）"双减"政策下的课后服务

"双减"政策的落实必然带来学校教育体系的系列变革，学校体育活动必然随之嬗变，"双减"政策与学校体育活动的内在逻辑呈现为"双减"政策落实与学校体育活动质量提升的互利促进。

一方面，"双减"政策明确要求，全面提高学校教育活动质量，做到应教尽教，强化学校教育的主阵地作用，提升中小学课堂教学质量。同时，"双减"政策明确提出，提高课后服务质量，在课后开展丰富多样的课外活动，涵盖科普、劳动、艺术、文体、阅读、兴趣小组、社团活动等，这为学校课外体育活动拓展了时间和空间，必然也会带来师资力量的强化和体育场地设施的改善。通过高质量的体育课堂教学、课间操活动、校内课后体育服务，促进学生在体育知识与技能上学足、学好、学会，促进学生常态化参与课外体育练习与竞赛活动。学校体育活动质量提升给学生身心健康带来的积极成效，必然成为"双减"政策实施落地的助推力量。

另一方面，高质量的学校体育活动是理想化学校体育活动的充分展现，必然是中小学校遵循以核心素养为新目标，"教会、勤练、常赛"是学校体育工作的新要求。在体育课堂教学、课间操、课外体育服务中，实现学校体育教育教学质量和课外体育服务水平进一步提升。此外学校体育还可以联合家庭体育共同进行，不仅可以提高学生的身体素质，也可以提高家长的身体素质，营造良好的家庭氛围，丰富体育课程，完善体育设施，提高体育课程的效率和质量，为构建良好的教育生态，促进学生的身心健康，体魄强健、全面发展作出更大贡献。

（二）问卷、访谈结果分析

为了解北京市海淀区七一小学延时课后服务的发展状态，本研究在广泛查找阅读文献资料、搜集信息的基础上设计了此问卷，在 2022 年 6 月下发家长和学生问卷各 420 份，回收家长有效问卷 416 份，学生有效问卷 413 份，分别涉及家庭基本信息、对体育课后活动的认知与参与情况以及参加体育课后活动的原因等几个方面（表 1 和表 2）。

表 1　家长问卷的发放和回收情况

发放/份	420
回收/份	416
有效/份	416
回收率/%	99
有效率/%	100

表 2　问卷的发放和回收情况

项目	水平一	水平二	水平三
发放/份	140	140	140
回收/份	136	138	139
有效/份	136	138	139
回收率/%	97	99	99
有效率/%	100	100	100

1. 家长对于课后体育服务的态度

（1）多数家长认同课后体育服务对学生体质健康有帮助

从调研中看（图2和图3），有52%的家长认为参加课后体育服务对孩子的体质健康水平有很大帮助，有21%的家长认为参加课后体育服务对孩子的体质健康水平比较有帮助，有19%的家长认为参加课后体育服务对孩子的体质健康水平一般有帮助，仅有8%的家长认为参加课后体育服务对孩子的体质健康水平不大有帮助和完全没帮助，由此可见大部分家长对于开展体育课后服务持支持态度，并让孩子积极参与。

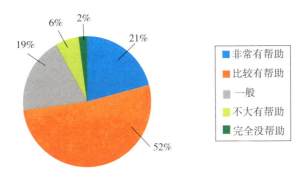

图2　您认为参加课后体育服务对您孩子的体质健康水平（体测成绩或身体素质）有帮助吗？

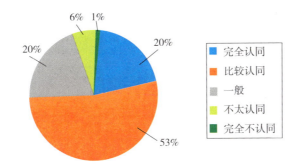

图3　您是否认同课后体育服务能成为提高中小学生体质健康水平的手段？

我校开展课后体育服务以来坚持"健康第一"的教育理念，从学生身心健康出发，从学生长远发展出发去思考课后服务，把体育运动作为课后服务的一个必选项。课后时段，留出足够的时间，让学生进行户外活动、体育运动，尽力给学生营造更加丰富的课后服务氛围。

（2）家长对课后体育服务的需求增多

小学生尚处于未成年阶段，因此作为监护人的家长对于小学生是否参加体育课后服务起着决定性和主导性的作用。通过问卷调查和对部分家长的访谈我们可以看出，学生家长对体育课后服务功能的认知对此项研究工作的开展尤为重要。通过图4中的数据可以看出，在本次调查中，家长让孩子参加课后体育服务最主要的原因排在首位的是"培养体育兴趣"，占比89%；排在第二位的是"掌握运动技能"，占比87%；排在第三位的是"提高体质健康水平"，占比83%；认为参加体育课后服务能交到新朋友的家长占比47%；认为参加体育课后服务可以预防疾病的家长占比42%；认为参加课后体育服务可

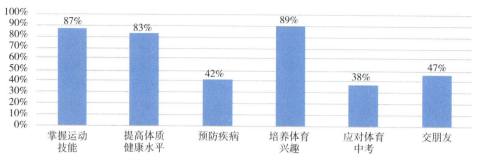

图 4 您让孩子参加课后体育服务最主要的原因是什么?

以应对体育中考的家长占比38%。由此可见，大部分家长希望通过课后体育服务培养孩子对体育运动的兴趣，在兴趣的牵引下可以掌握一个或多个运动技能，从而提高孩子的身体健康。

（3）家长对课后体育服务的看法差异较大

通过访谈得知，家长一方面支持学生参与体育活动，也认可体育锻炼的积极意义，同时，家长更加关注体育带给学生的团结意识。

访谈：在政策没有下发的时候，孩子每天都有很多的功课要去处理，每天都是很忙碌的，没有一点的自己时间，看着他就很辛苦。我家孩子是个比较胖的，也不怎么喜欢运动。小时候在家学习完以后，除了画一会儿画，看看电视，摆摆积木，总之就是"宅"在家里，身体抵抗力也有些差，这让我们很是头疼，劝他出去运动成为一项很艰难的任务。

后来政策下来了，孩子的学习负担小了，腾出了很多时间。这个时候学校正好也有体育课后管理班，我就义无反顾地让他去参加，加上体育现在国家也很重视。刚开始的时候，他有点吃不消，经常回到家里不是躺着就是趴着，经常抱怨脚疼、腿酸。不知不觉一个多月过去了，这些抱怨慢慢消失了，他已经适应了这些锻炼。除了学校的体育锻炼，每周三到周五，放学后还主动提出来要去操场上跑一会儿，从开始的跑两圈，增加到现在的三圈，跑完以后也不会再气喘吁吁，明显看得到孩子的耐力在增强。另外，周末的生活也不光是与书和动画为伴了，我们也积极参加与家庭体育锻炼，一起进行跳绳、打羽毛球等室外活动，仰卧起坐、蹲起等室内活动，这些已成为我们周末生活的一部分了。

参加体育活动也大大地提高了他的团结互助意识、不怕吃苦的精神，最后希望他能够坚持下去，身体变得棒棒的。

2. 学生对课后体育服务的感受

（1）大多数学生对于课后体育服务较为满意

由图5可以看出87%的学生对于课后体育服务的满意程度持比较满意和完全满意的态度，这部分学生满意的原因有5个：85%喜欢参加体育活动，73%有自己喜欢的运动项目，

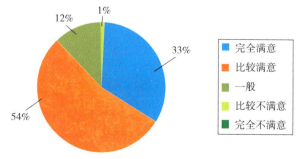

图 5 你对学校开展课后体育服务是否满意?

89%可以参加各种兴趣小组或社团活动，58%可以学到很多体育与健康知识，93%以上的学生认为满意的点是可以跟同学一起玩（图6）。但是也存在着12%的学生对课后体育服务持一般的态度和1%的学生持比较不满意的态度。对学生的这种态度进行调查得知，30%以上的学生觉得"没有喜欢的项目""更喜欢校外培训机构的课程""对学习没有帮助"，20%左右的学生认为"课后体育服务的内容枯燥""回家有很多家庭作业，自由时间少了""没时间跟朋友玩""父母一起交流活动的时间少了"（图7）。由此可见，我们应该在课后体育服务中根据学生的喜好选择学生喜爱的体育活动并且多开发体育游戏，让更多的学生加入进来。

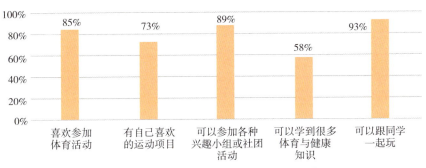

图6　你对课后体育服务满意的原因？（最多选3项）

图7　你对课后体育服务不满意的原因？（最多选3项）

（2）学生对课后体育服务的期望与收获基本一致

在"双减"背景下，为了能够让我校体育课后服务工作高质量地开展，教师在实际开展课后体育服务的过程中，要始终坚持做到以学生为本，结合各学段学生的实际情况与需求，选择学生比较感兴趣并且有利于提高学生身体素质的项目，给予学生足够的选择空间，从而更好地实现课后体育服务的整体效果及质量的提升。由此，我们通过问卷调查的方法，通过图8的数据可以看出，在被调查的各学段的学生中，体育游戏和体育赛事在各学段学生的需求中占比相对较高；实践活动水平一占比为62%，水平二占比为73%，水平三占比为75%；户外拓展水平一占比为43%，水平二占比为48%，水平三占比为51%；体育课程水平一占比为47%，水平二占比为35%，水平三占比为28%。

由此可以看出，在本研究中，不同学段学生的期望与需求是有差异的。为此，根据不同学段学生的需求，我们秉持因材施教的原则，结合各学段学生实际需求而展开多元化

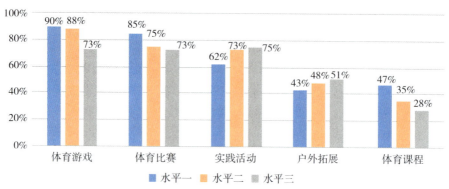

图 8 你希望课后体育服务以什么样的形式开展？

的课后体育服务内容，我们将日常体育课中的"以游戏为载体"的教学方法延伸到课后体育服务中，在课程具备趣味化和竞赛性的形式下，不断提高学生的运动技能和体质。我们将参与课后体育服务的学生划分为若干兴趣小组，并结合学生不同的实际情况进行教学计划的制订，并且认真落实。如此一来，既有效地拓展了学生的选择面，又具有针对性，从而实现课后体育服务的实效性（图9）。

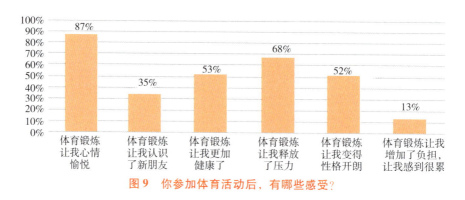

图 9 你参加体育活动后，有哪些感受？

3. 教师对课后服务体育服务有更多期望

在"双减"政策实施以来，我校在课后服务体育服务中投入了大量的人力物力，做了很多的工作，也取得了一定的成果。在这期间有成长，也有不足，通过不断总结经验教训，来展望今后的课后体育服务工作。

我校在一、二年级开展了民族舞学习活动，受到了学生和教师的一致好评。在这样一个前提下应该把成功的案例继续向中高年级发展，让更多的学生受益。同时开辟一条引入更多民族体育活动的方向，例如抖空竹、武术、踢毽子等，结合学校情况与学生年龄的身心特点进行选择性引入。

我校还在全年级普及性开展了传统体育项目，其中以足球运动和田径项目投入力度最大。当前社会对学生的身体素质越来越重视，而这两个项目更是能全面提高学生的身体素质，而且对于培养学生的意志品质也有一定的效果。初期由于受场地条件的限制，影响了活动效果，后来教师通过利用时间区分和活动内容区分很好地解决了这一难题。同时我们还开展了一些比较有针对性的项目，例如健美操、冰球、乒乓球等，帮助一些学生提高运动水平。下一步还将准备引入篮球项目，这也是一个比较好的普及项目。

体育教师还在与学生家长沟通后在课后服务过程中开展了针对体育健康监测的训练，根据学生本身的情况制定比较有针对性的训练项目，从而帮助学生提高运动成绩，得到了广大家长和学生的一致认可。体育教师根据现在的训练总结经验，下一步要在训练中打破班级限制、年级限制，这样就会节省教师资源，使针对性更强，更好地为学生提供帮助。

我校的课后体育服务在以帮助提高学生的身体素质前提下，不断总结创新，每学期都有新气象，为学生创造更好的体育活动环境。

四、结论与讨论

（一）尊重学生规律，满足个性化需求

1. 结合学生喜好，划分运动小组

随着我校课后体育服务的开展，体育教师对学生的兴趣爱好做了统计，根据学生的需求开展了足球、田径、健美操、旱地冰球、游泳等多种体育活动，学生可以根据自己的兴趣和特长自由选择体育项目形成运动小组，这样能够发挥学生的主观能动性。

2. 设置体育活动，提高学生身体素质

在每天下午的课后体育服务时间，学生参加自己选择的体育社团或者运动小组，每个社团的教师会指导学生进行体育锻炼。比如我校为了提高部分困难学生的体质检测成绩，组建了"小胖墩"社团，教师根据社团里每个学生的基本情况，针对性地布置练习内容，能力强一点的学生就安排多练一点，体质弱一点的学生就少练一点，总之培养学生的运动兴趣，提高学生的技术动作。通过一学年的练习，我校学生的整体身体素质都有了较为明显的提高。

3. 提高学生心理素质，助学生成健康少年

通过课后体育服务的开展，学生的身体和心理素质都有了明显的改善。通过课后体育活动，学生能够更加热爱参加体育活动。

4. 划分年级，细化体育标准

（1）增加低年级课后体育游戏活动

通过调查我校近五年学生的体质健康测试成绩发现，我校的体质健康测成绩并不理想，其中跳绳在一二年级的高分率很少，这主要是一二年级学生身体素质较差，对跳绳的基本动作要领掌握不牢。因此在课后体育服务中我们不是单纯地进行跳绳练习，而是开展一些对肌肉耐力、腿部力量、手臂手腕腰腹的力量以及身体的协调配合等有帮助的身体素质小游戏，学生从游戏中既获得趣味性，又使身体素质得到有效提高。在本学期末，对一二年级的跳绳进行检测发现，所有学生的跳绳成绩有了质的飞跃，有10%的学生不仅可以满分而且能够拿到附加分。

（2）为中年级学生量身定制活动内容

通过调查发现我校在体测中有将近20%的学生因为BMI值过高而影响学生的体测成绩。针对这一调查结果，我校迅速成立"小胖墩"社团，给这些学生制订特殊的训练计划，使这部分学生既能得到有效锻炼又不会对他们的膝盖以及身心受到影响。我们定期

监测他们身高体重的变化,并有相应记录,到6月底,这部分学生的身高体重指数都呈现下降的趋势。

(3) 提高高年级学生体育素质

对于高年级学生主要丢分的项目是 50 米和 50 米 ×8,特别是 50 米 ×8,既要有速度又要有耐力,因此在课后体育服务中,体育教师增加了灵敏性、耐力以及爆发力的体育游戏,使学生体质得到有效提升。

(二) 给予教师支持,提供资源保障

1. 制订计划,合理安排教师课后服务时间

合理制订课后体育服务计划,既能使学生感受到体育带来的快乐,又能在不知不觉中锻炼自身的体质。但就目前学校的现实情况而言,在场地设施、教师专业多样性上还需要进一步改进。

2. 提供心理辅导,确保教师全身心投入

首先,"双减"的课后服务体育活动开展以来,不仅学生的体质有显著的提升,对于教师而言更是一个很好的学习与提升的过程。尤其对于年轻教师来说,与学生相处的时间不仅是在体育的课堂上,课后服务让他们有更多的时间了解学生,真正听到学生的诉求,用更多的方式带领学生参与体育锻炼,对于今后课堂的组织与把控也有所帮助。

其次,体育教师经过研究讨论制定不同的课后服务体育活动的项目与组织方式,让学生有更多的选择与活动方式,使学生在不同的项目中更好地发挥自己的特长。教师也对学生的评价维度更加丰富,可以更有针对性地作出评价。

3. 完善课后服务制度,保障活动全面开展

在体育活动的开展过程中教师也不断思考,将课后服务体育活动更系统更完善。课后体育活动不单单是一个独立的活动形式,更是对于体育课堂的延伸,在锻炼身体强健体魄的同时也穿插着关于体育理论知识、竞赛知识的了解和对学生体育品德的培养。

(三) 科学引领家长,保障有效沟通

1. 丰富理论,促进家校合作

协同学理论的根本在于子系统间互相协调一致的合作,这样才能为总系统服务。历史上家庭教育与学校教育独立存在的时期不复存在,学校教育为强势主导的时代慢慢也在发生转变,家庭教育与学校教育共存、相辅相成一定是家校合作的必然状态。

通过一个学年的实践我们发现,首先,课后服务体育活动的开展得到了家长的支持与理解。有些家长反馈说,孩子越来越爱运动了,体育监测成绩也变好了,原本内向的孩子更加开朗了。这也给体育教师对于课后服务体育活动的项目制定和开展提供了信心,相信通过体育课和课后服务体育活动能更好地帮助七一小学的学生们,让他们拥有阳光的心态、健康的身体、优秀的品质。

2. 理论联系实际,给予家长更大空间

由于家长的需求差异大,在条件合适的情况下,给予家长和学生丰富的选择,是"双减"后课后体育服务中较为合适的选择。丰富课程内容的同时,加强对课程的筛选,才能提供更加丰富有内涵的课后服务。

总之,只有各系统之间相互理解、配合,更应当参考协同学理论,帮助家长和教师之

间建立好机制保障，保障家长多参与，给学生、教师多一点关爱，创设更丰富的活动，以丰富来应对家长间的差异，才能使家校之间协同一致发展，为学生服务。

附件 1

学生调查问卷

同学们：

你们好！本卷是为了更好地了解同学们在课后服务体育活动中情况而进行的调查。该问卷填写不记名，结果只做论文数据分析统计。（请同学们认真阅读以下问题，在自己所选的选项上画"√"，希望你能认真填写，非常感谢你的支持与帮助！）

1. 你的性别（男、女）
2. 你所在的年级（1、2、3、4、5、6年级）
3. 你每天放学后安排了哪些内容？

   A. 在家写作业　　　　　　　　　B. 体育锻炼

   C. 文化课辅导班　　　　　　　　D. 看电视、电影

   E. 和朋友玩

   其他

4. 你所在的学校开展了哪些课后服务？（可多选）

   A. 学科类辅导（如作业辅导、答疑等）

   B. 体育类活动（如体育社团、体育游戏等）

   C. 阅读类（如读书、讲故事等）

   D. 艺术类（如舞蹈、音乐、美术等）

   E. 科技类活动（如机器人制作、科学小实验等）

   F. 社团类活动

   其他

5. 学校开展的课后服务，你最喜欢哪项？（可多选）

   A. 学科类辅导　　　　　　　　　B. 体育类活动

   C. 阅读类　　　　　　　　　　　D. 艺术类

   E. 科技类活动　　　　　　　　　F. 社团类活动

   其他

6. 你是否参加了校内开展的课后体育服务？（参加了、没有参加）
7. 你参加了课后体育服务的哪些项目？（可多选）

   A. 球类运动（足球、篮球、排球、羽毛球、乒乓球）

   B. 田径类运动（跑步、跳远、投掷）

   C. 体操类运动（健美操、舞蹈）

   D. 冰雪类运动（旱地冰球）

   E. 新兴体育类运动（飞盘）

   其他

8. 你每周参加校内体育课后服务的天数？（1、2、3、4、5 天或其他）

9. 你每次参加课后体育服务的平均时长为？

A. 30 分钟以内　　　　　　　　　　B. 30～60 分钟

C. 60～90 分钟　　　　　　　　　　D. 90 分钟以上

10. 你对学校开展课后体育服务是否满意？

A. 完全满意　　　　　　　　　　　B. 比较满意

C. 一般　　　　　　　　　　　　　D. 比较不满意

E. 完全不满意

11. 你对课后体育服务满意的原因？（最多选 3 项）

A. 喜欢参加体育活动

B. 有自己喜欢的运动项目

C. 可以参加各种兴趣小组或社团活动

D. 可以学到很多体育与健康知识

E. 可以跟同学一起玩

其他

12. 你对课后体育服务不满意的原因？（最多选 3 项）

A. 没有喜欢的项目

B. 课后体育服务的内容枯燥

C. 回家有很多家庭作业，自由时间少了

D. 没时间跟朋友玩

E. 跟父母一起交流活动的时间减少了

F. 更喜欢校外培训机构的课程

G. 对学习没有帮助

其他

13. 你希望课后体育服务以什么样的形式开展？（最多选 3 项）

A. 体育游戏　　　　　　　　　　　B. 体育比赛

C. 实践活动　　　　　　　　　　　D. 户外拓展

E. 体育课程

其他

14. 你参加体育活动后，有哪些感受？（可多选）

A. 体育锻炼让我心情愉悦

B. 体育锻炼让我认识了新朋友

C. 体育锻炼让我更加健康了

D. 体育锻炼让我释放了压力

E. 体育锻炼让我变得性格开朗

F. 体育锻炼增加了负担，让我感到很累

15. 参与体育锻炼的其他情况？

你所在学校校内课后体育活动有固定的场所吗？（有、没有）

在进行体育锻炼时，感到拥挤或活动场地太小吗？（有、没有）

在参加体育活动时，有同学没有活动器材吗？（有、没有）
你参加体育活动有没有喜欢的项目？（有、没有）
你会因为朋友在锻炼而参加体育锻炼吗？（会、不会）
你的家长会经常参加体育锻炼吗？（会、不会）

附件2

访谈提纲

家长：
问题一：您认为参加课后体育服务对您孩子的体质健康水平（体测成绩或身体素质）有帮助吗？
问题二：您对孩子参加课后体育服务的学习成果是否满意？
问题三：您让孩子参加课后体育服务最主要的原因是什么？
问题四：您是否认为课后体育服务能成为提高中小学生体质健康水平的手段？

参 考 文 献

［1］中共中央办公厅，国务院办公厅．关于进一步减轻义务教育阶段学生作业负担和校外培训负担的意见［R］．2021．
［2］李成英．试论课后服务于学生核心素养结合的有效性策略［J］．学周刊，2020（6）：175．
［3］汪明．"弹性离校"要从实际出发［J］．人民教育，2017（7）：1．
［4］陈慧．用好区域资源，助力学校发展——南师附中仙林学校小学部合作办学的实践探索［J］．江苏教育，2020（66）：50－51．
［5］邢文娜．"三孩"政策不是单打独斗，配套举措已经在路上［J］．中国经济导报，2021（7）：1－2．
［6］袁翠松．探索弹性进、离校（校内课后服务）问题及建议——以江西省为例［J］．教育界，2019（12）：49－50．
［7］范诗武，张媚．破解"课后三点半"难题，打造课后服务杭州模式［J］．探索，2019（41）：44－45．
［8］苗建成．城区中小学开展课后服务工作的问题与对策［J］．教育管理，2018（7）：31－33．
［9］王海燕，鲍雪晴，李国峰．城区小学生课后托管问题的调查研究［J］．时代报告，2019（7）：248－249．
［10］陈星星．R市C小学课后服务的现状问题研究［D］．武汉：华中师范大学，2021．
［11］张亚飞．主要发达国家中小学课后服务研究［J］．外国教育研究，2020（2）：59－69．
［12］周红霞．发达国家小学课后托管政策的比较与借鉴［J］．外国中小学教育，2016（6）：36－42．
［13］庞威．英国课后托幼服务评述［J］．上海教育科研，2008（10）：32－34．
［14］CHRISTINE W. Qualit yout - of - school care in Aotearoa/New Zealand［J］. New Directions for Youth Development, 2007（12）：59－69.

专家点评

"双减"政策旨在通过减轻学生过重的课业负担与课外学业培训负担来达成促进学生全面个性发展的目的。课后体育服务课程建设是新的增长点，需要加大和丰富课程供给。但学生、家长到底需要什么，学校能够提供和满足什么，学校提供的课后体育服务活动课程能否满足学生和家长的课程需求，这构成了教学矛盾，需要通过调研来为课后体育服务课程建设提供依据。

该项成果以一所小学为调研单位，通过对家长和学生群体的课后体育服务需求态度、需求目标、需求内容和需求满足情况的问卷调查分析，得出了家长和学生对课后体育服务课程设置需求态度、课后服务效果等方面的结论，提出了学校课后体育服务课程建设的政策建议，起到了促进学校课后体育服务课程建设个性化、差异化和高质量发展的作用。

调查情况较为全面，证据较充分，得出结论明确可信，对实践工作指导性较强，可供学校科学开发课后体育服务课程参照。

建议报告聚焦课后体育服务课程需求调查，规范调查问题、调查过程方法、调查结论与建议的表述思路。加强课后体育服务课程建设中学生、家长和教师三类群体意见的比较分析。

文中第三部分的"教师对课后服务体育活动有更多期望"与全文不协调，建议删除，或与学生、家长进行对比分析。

胡定荣
北京师范大学

"双减"背景下优化学校体育社团提升课后服务供给力[①]

北京市东城区府学胡同小学　牛　力　吕晓峰　张鹤伟　张莹莹　王兆龙

摘　要　本研究现有成果是在严格落实"双减"政策背景下,依据学生与家长需求以及学校体育课后服务现状,在课后服务实践过程中,以多层次和服务性视角,从时长、频次、内容、方式等几个方面,逐步提升体育社团对课后服务的供给力及体育课后服务水平。在以往单一竞技类体育社团基础上,建构起为不同需求、不同层次水平学生提供服务的体育社团新架构,通过高水平竞技社团动态分组、单一性竞技社团分类建团、新兴性竞技社团多元供给、小众化兴趣社团新团迭代,实现体育社团课后服务课程由1.0版向3.0版升级,最终目标是开创依托体育社团课后服务课程的建设来增强教育服务力,实现学校课后服务供给增量、学生需求满足、体育社团发展"三赢"的新局面。

主题词　双减　体育社团　课后服务

2021年7月,中共中央办公厅、国务院办公厅印发了《关于进一步减轻义务教育阶段学生作业负担和校外培训负担的意见》,使学校课程建设的关注重心从课上延伸到课后,构建学校"课后服务课程"是落实"双减"政策的迫切需要。

体育社团如何提升课后服务课程供给力,成为学校体育教师亟待思考与解决的问题。本研究从供需关系、社团建设、政策执行视角,对体育社团课后服务课程具体实践进行反思与改进,释放体育社团潜能,提升课后服务课程供给能力。立足学校特色与教师特长,充分发挥课后服务的育人功能,积极优化课后服务内容,拓展课后服务外延,开发出具有特色的课后服务课程。课后服务模式异彩纷呈,让"双减"工作落地有声,促进学生全面而健康地发展。

一、体育社团课后服务课程体系升级

(一) 研究基础：优长竞技性1.0版体育社团活动

北京市东城区府学胡同小学(以下简称"府学")是一所体育传统特色学校,是国家级冰雪特色校、啦啦操示范窗口学校、北京市排球重点示范校……与之相关的20个竞技

[①] 北京市教育科学规划"双减"专项课题"依托体育社团提升课后服务水平促进学生体质健康发展实践研究"(CEGB21476) 成果。

性体育社团（图1）活动在府学校园蓬勃开展，并在国家、市、区各级各类比赛中屡获佳绩。

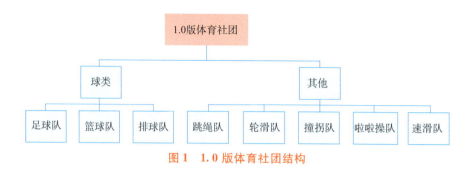

图1　1.0版体育社团结构

"双减"政策的出台，使体育社团关注的焦点由针对在运动方面有特长学生"如何教""如何学"，转变为针对有不同运动需求学生"教什么""学什么"。

2021年8月，学校依托"东城区智慧教育云服务平台"开展课后服务调研，问卷内容主要涉及学生参与课后服务时间、频次（天数）、内容、建议等，课后服务供需失衡的问题浮出水面。相关统计数据显示，"双减"政策出台后，家长对于课后服务的内容、频次等需求迅速上升。

另外，问卷收到课后服务需求建议1 012条。其中，体育类需求建议361条。有关增加体育社团课后服务内容的建议203条，占56%；增加活动频次的建议138条，占38%；提高训练针对性的建议8条，占2%；其他建议12条，占3%。

尤其是在"每周需要课后服务的天数"的问题中，3～5天需求的占到49.5%，较"双减"政策前上升了33%。因此，增加课后服务频次是提升学校课后服务供给力的首要任务。以学校20个体育社团为例，只有5个社团达到每周活动3次，占25%；14个社团每周活动2次，占70%；还有1个社团每周仅活动1次，占5%。而且家长对于学生参与课后服务内容进一步丰富的需求也上升了12%。

综上所述，家长对体育社团课后服务方面需求旺盛，而学校的竞技性体育社团还不能满足家长和学生的教育需求。课后服务的供给面是全体学生，而不仅仅是具有较高竞技水平的学生，因此，学校展开了针对不同学生的运动需求，提供多元化的体育社团课后服务课程的实践探索。

（二）第一阶段（2021.9—2022.1）：因需求优化的2.0版体育社团课程

学校在课后提供的不是正式课程，而是一种教育服务。学校的课后服务质量取决于课后服务课程供给的质量。本研究以体育社团为切入点，探索体育课后服务新模式，改变以往单一化、竞技性为多层次和服务性视角，建构为不同需求学生提供服务的体育社团课程新架构，以此进一步提升学校课后服务水平。

以往学校体育社团主要是针对高运动水平学生开设的竞技比赛类团体组织，在原有基础上丰富为竞技比赛类、专项兴趣类、身体素质类三类29个社团（图2）。新增"BMI（身体素质指数）体质提升"身体素质类体育社团1个、"女子篮球"等兴趣类体育社团8个。竞技比赛类课程针对体质健康水平优秀，具有良好专项竞技技能水平的学生。专项技能类课程针对体质健康水平良好，具有学习专项技能兴趣的学生。身体素质类课程针对 BMI 有进步空间，具有参加体育运动锻炼意愿的学生。

图2　2.0版体育社团结构

2019 年 9 月 4 日，教育部公布了《第八次全国学生体质与健康调研结果》。调研结果显示，自 2014 年教育部颁布实施《国家学生体质健康标准》以来，我国学生体质健康达标优良率总体呈上升趋势，但学生体质健康仍存在一些突出问题。如：学生的超重肥胖率还在上升，握力水平则有所下降，尤其是城市男生身体素质呈下降趋势。当然，造成这些问题的原因是多方面的，既有学校的因素，也有学生、家长和社会因素。

近些年，家长对于提高孩子体质健康水平普遍越来越重视，对于通过体育课后服务提升学生体质健康水平方面的需求也就旺盛起来。因此，学校依据有的学生身体超重，有的学生体质柔弱的实际体质情况，因势利导在课后服务时段开设"BMI 体质提升班"，通过每周 4 次的社团活动对这部分学生进行耐力、灵敏、力量等身体素质训练，帮助家长解决对孩子体育锻炼指导束手无策的实际困难，最终助力参与学生在每年的国家学生体质健康标准测试中达到优良成绩标准。

深入落实"双减"文件精神，通过对学校现有体育社团课程进行升级，满足学生多样化、多层次体育运动需求，提升了体育社团对课后服务的供给力，提高了学生的体质健康水平。

（三）第二阶段（2022.2 至今）：有限而多元的 3.0 版课后服务课程

体育社团建设视角转变为提升课后服务水平，受益学生在具有良好专项竞技技能水平的学生基础上，增加了体质健康水平良好、BMI 有进步空间的学生，让全体学生都可以通过参加体育社团课后服务得到良好的体育教育，获得素质提升和全面发展机会。

建设高质量的体育社团课后服务课程，不仅有利于有效落实"双减"政策，有利于促进学生体质健康、满足多样化运动需求，还可以构建起良好的体育教育生态。为此要对 2.0 版的体育社团课后服课程进行完善，构建 3.0 版高质量体育社团课后服务课程。为此，新增排球、篮球、足球等5个兴趣类社团，社团总数增至34个（图3）。

图3　3.0版体育社团结构

体育社团活动课程化落实"双减"，提升课后服务质量，是研究的关键点和着力点。在实践层面通过"课内课程""体锻活动""体育社团"三维整合进一步清晰课程层次，"竞技水平优秀""体质健康良好""身体素质提升"三类学生实现教育服务全面覆盖。"动态分组（一个团内设竞技组、兴趣组）""分类建团（同一项目分建竞技团、兴趣团）""多元供给（一个社团兼顾竞技、兴趣与参与）""新团迭代（兴趣团裂变出竞技团）"四种方式提升课后服务供给力，建设高质量体育社团课后服务课程，助力学生增强体质，帮助学生实现超越。

二、体育社团课后服务实施优化路径

（一）高水平竞技社团动态分组

学校的体育社团数量与专项体育教师数量密切相关。在专项教师带团满负荷情况下，团内动态分组是提升课后服务力的途径。

府学是北京市体育传统项目排球传统校，分设男、女排球社团，具备很高竞技水平。因其是竞技性社团，在全体学生中普及程度不够高，而学生在课后又希望选择排球项目。在"双减"背景下，学生对排球运动的刚性需求与体育课后服务力提升一拍即合。为此，依托排球社团有针对性设计和开展多元化的排球运动，成为实践探索的新方向。

府学排球聚焦社团建设，竞技性与兴趣性兼顾，提升课后服务质量。应家长、学生需求，排球项目在二至六年级都成立了社团。校园排球社团采用"内部分组"制度，引入升、降组机制，根据运动竞技水平动态调整竞技组和兴趣组的队员。训练频次也从每周2次训练增加到每周4次训练，全方位激发学生的运动兴趣、提升学生的运动技能。

学生们在一起混合训练，教师关注每一个学生的任务完成情况，为学生制定周目标、月计划。中间穿插简单比赛，对学生的训练情况进行反馈。刚刚参加训练的兴趣组学生，半年时间进步飞速，很多学生已融入竞技组。

疫情之下，排球社团训练始终未停止。社团指导教师提前录制相关教学视频，分为游戏类、身体类、技术类，满足不同学生的居家学习和练习需求。家长们主动担当"助理教练"，每天及时打卡反馈孩子练习的情况，与指导教师及时沟通情况、反映问题，对排球社团满意度很高。

（二）单一性竞技社团分类建团

合理的专项教师配置是体育社团能够良性发展的重要基础。府学是基于男子篮球的"校园篮球特色校"，课后服务调研问卷结果显示，全校有十几个家长有意向让女孩子参加篮球练习。虽然在府学近4 000名学生中占比很少，但学校还是第一时间研讨成立女篮课后服务社团的方案，制定了适合的训练策略。最终虽然只有12名学生，但学校安排篮球专项带排球社团教师"回归"篮球专项，府学第一个女篮社团成立了。

发展学生运动能力，要注重一般化与专项化的合理配置。竞技性体育社团每周训练4次，每次不仅要进行一个小时以上基本动作和基本战术的常规练习，每周至少有一至两次力量训练以保证竞技水平。作为兴趣性体育社团，每周安排两次训练，练习内容则以篮球球性基础练习为主，减少了体能性、力量性的练习，也不涉及过多的战术练习。

在竞技类社团之外开设兴趣类社团，开启了府学篮球以男团为主，到男女团均衡发展的新篇章。

（三）新兴性竞技社团多元供给

体育社团项目特点决定着体育社团的人数。花样跳绳社团是府学重点发展的新兴体育项目之一，原本就已实行分组教学，参赛队员进行系统化专业训练，实现能力的自我超越；兴趣爱好为主的学生安排基础花样跳绳练习，让他们掌握技能。

在课后服务调研中发现，学生对于学校课后服务体育社团活动频次有了更高的需求，尤其是3～5天的活动需求上升了33%。体育社团工作又增加了一层服务的意义。其他体育社团，尤其是球类社团，受场地安排限制，无法保证队员每周每天都训练的频次。对于那些每天课后服务时间都想到操场参加锻炼的学生，参加其他体育社团之余，也吸收他们参加花样跳绳社团，尽管他们每周只训练一两次，也要让他们"玩"得健康快乐。

花样跳绳社团作为学校课后服务体育社团中的一部分，在国家政策方针的指引下进行了有效转型，实现了竞技性、兴趣性、参与性的多元供给。

（四）小众化兴趣社团新团迭代

与花样跳绳社团形成鲜明对比的冰雪运动社团，不具有高密度参与人群。府学作为教育部授予的国家级"冰雪特色校"，自2013年开始，陆续成立了冰球、速度滑冰、花样滑冰和旱地冰球四个冰雪项目兴趣性社团，由其中有潜质的学生组成的冰球队代表北京市参加了全国少年组冰球比赛。

冰雪运动属于小众社团，以课后服务为契机，学校决定从冰雪项目兴趣性社团中升级出竞技性社团，让冰雪社团完成迭代更新。2021年9月，在一年级成立冰球社团，招入30余名学生，探索每个年级都具有一定密度的参与人群，在课后服务时间，逐步提高技能水平，以持续为竞技性冰球队输送人才，为学校、东城以及北京市冰雪运动增辉添彩。

"双减"背景下，推动课后服务高质量发展呼声强烈，建设高质量课后服务课程刻不容缓。目前，府学参与课后体育社团学生的总人数由2020—2021学年度的677人，增加到2021—2022年度的931人，扩招254人，每周的社团活动总频次也由73次增加到99次，每周参与体育社团课后服务总人次达到3 000余次。

在学期末"满意度"调查问卷中，家长们对于课后服务体育社团满意度为95.93%，其中"非常满意"占70.25%，"比较满意"占25.67%。

随着"双减"的深入推进，我们在坚持"健康第一"的教育理念的同时，也要在课后时段留出足够的时间，让学生进行户外体育运动。体育课后服务的内容安排要真正从学生需求出发，给予学生选择的权利，要能够引起学生强身健体的兴趣，让学生能够从中选择适合自己或感兴趣的活动内容，助力学生健康成长。

社团教师、学生密度、社团建设、场地、时间、合理的结构配置是体育社团能够良性发展的重要基础。依托体育社团课后服务课程建设增强教育服务力，实现学校课后服务供给增量、学生需求满足、体育社团发展"三赢"，府学的实践才刚刚起步。

参 考 文 献

[1] 熊晴，朱德全. 学校"课后课程"供给体系建设：逻辑框架与推进机制[J]. 中国教育学刊，2022，347（3）：29-34.

[2] 杨忠英. 课后服务课程建设的原则、实施与评价[J]. 辽宁教育，2022，663（6）：20-22.

[3] 罗生全，卞含嫣. 高质量课后服务课程的体系建构与实施路径[J]. 北京教育，2022，953（2）：14-19.

[4] 刘晓婷，王晓辉. "双减"政策下"走班制"课后服务校本化课程体系的建设[J]. 辽宁教育，2022，663（6）：16-19.

[5] 程磊. "双减"背景下小学体育课后服务助力学生健康成长[J]. 试题与研究，2022，1106（23）：44-46.

[6] 栾楠，陈培友. "双减"新政背景下学校体育课后服务的策略研究[J]. 体育科技文献通报，2022，30（6）：175-179. DOI：10.19379/j.cnki.issn 1005-0256.2022.06.047.

👍 专家 点评

课后服务是学校落实"双减"政策努力开发、改进的教育空间，课题研究着力于通过优化体育社团提升学校课后服务的供给力，是推动"双减"有效落实的很好的实践探索。

研究依据学生的需求和学校的实际条件,在已有竞技体育社团的基础上,从服务所有学生的立场出发,兼顾学生的健康、兴趣与特长发展,构建起为不同需求和不同层次水平学生提供服务的体育社团新架构,实现了体育社团课后服务由单一社团向多元、多层社团的跃迁,增强了学校课后服务的供给力,取得了学生受益、家长满意的良好效果。体育社团是学校体育在体育学科课程的基础上向纵横两个方向的延伸,课题研究成果的价值不仅在于成为学校体育开拓创新具体实践的一个范例,也为其他学科教育者如何依据学科自身的特点将学科教育有效向课后延伸提供了启示与参考,是学校教育实现"双减"的路径探索。

　　成果从课程体系的角度阐述体育社团的课后服务,需要对课程理念、目标、知识、课程实施条件等多方面要素有较为完整的思考、论述,这是课题研究需要继续努力推进的。

张景赋

首都师范大学

"双减"背景下小学图书馆特殊育人功能的实践探索[①]

北京大学附属小学 贾 宁

摘 要 "双减"指向的是学生健康、活泼成长与全面、和谐发展,需要学校所有部门的优化协同。作为小学中的重要部门,图书馆在学校育人中发挥着重要作用。文章基于北大附小在"双减"背景下对图书馆的特殊育人功能的进一步探索,梳理出两条实践经验:一是彰显学生主体的图书馆环境设施,包括空间、硬件、文化氛围、智慧系统和制度;二是图书馆育人功能发挥的路径,包括配备专业教师、开发实施校本课程、提供课后服务课程和打造特色主题活动课程。

主题词 小学图书馆 课后服务 活动课程

图书馆"是学校教育教学和教育科学研究的重要场所,是学校文化建设和课程资源建设的重要载体,是促进学生全面发展和推动教师专业成长的重要平台"。简言之,图书馆在学校育人中发挥着重要作用。

"双减"的本质是回到教育本真,帮助学生健康、活泼地成长,和谐、全面地发展,这需要学校基于校内所有部门(其中包括图书馆)优化协同("1+1>2")而达成好的教育。通过对相关文献梳理,无论是学术领域还是实践领域,目前看,更多的是对高校、社会公共图书馆育人功能的探讨,对小学的研究相对较少,且对图书馆育人功能的挖掘仍有较大空间。在这样的背景下,北大附小结合学校的实际情况,进一步挖掘图书馆的特殊育人功能,具有重要意义。

一、精心设计图书馆环境设施,彰显学生主体地位

"任何行为都是在一定的物质环境中产生的,重复某种行为模式的环境必然有着适合于这一行为的因素"。好的图书馆环境,能够通过感知媒介作用于读者的心理和大脑,使其产生与图书馆的亲近感,以及阅读动机。2017年,学校新图书馆"博雅书园"建成并使用,原来的图书馆作为书库继续使用。博雅书园的建设基于以人文本的理念,以健康、实用、合宜、美观为前提,充分考虑空间、通风、采光、材料等诸多方面,创造舒适、

[①] 北京市教育科学规划"双减"专项课题"'双减'背景下小学图书馆协同育人的策略研究"(CDGB21496)成果。

温馨、美感的环境。

（一）空间应用灵活多样，满足师生需求

博雅书园的空间设计基于弹性思维，注重空间的适应性和灵活性。博雅书园共三层，约630平方米。一、二层为学生用区，三层为教师用区。各层总体可分为阅读区、讨论区、展览区、教学区，实际使用时，这些区域可"一区多用"，比如：讨论区可以用作阅读；没有教学时，教学区可以用作阅读、讨论。不同区域间，没有固定的"硬隔"，而是通过书架、桌椅、移动隔扇等"软隔"实现区域划分。整体看，是一个通透的阅读大空间；需要时，可通过"软隔"实现功能需求。在相关区域，提供电脑、投影仪、电子屏、电源插座等。

（二）以学生为主体，量身定制硬件设施

博雅书园的书架、桌椅、坐台、地面，全部使用实木材料。学生用区的书架、桌椅、坐台的设计，都考虑学生的特点。比如，书架的高度，是以书籍基本处在学生的目光所及之处而设定的。一些书架设计成圆形、半弧形等不同的形式，这在外观上增加了活泼感；学生找书时，会沿着书架外部弧形界面行走，这样的路径也有助于营造更加丰富的阅读场景。书架标识安置在书架上方的合适位置，包括书号和所属类别，便于学生查找书籍。除了木质座椅、坐台，还安排了很多柔软的棉垫，既方便学生可随时坐下阅读，也进一步增强了舒适感。

（三）创设文化氛围，彰显人文关怀

博雅书园的地面、书架、桌椅、坐台为原木色，墙面为浅灰白色，加上植物的绿色、装饰书画和物件的各色，整体显得既温和又不失活力、既明亮又不失沉稳、既简洁又不致单调，无论是在视觉感知上还是在心理感受上，都让身处其中者觉得非常舒服。装饰所用书画作品，都出自学生之手，书画内容，也是学生知道目的后的自主选择，这让学生在一定程度上参与了自己阅读、学习环境的设计。

（四）打造智慧图书馆，服务学生阅读需求

博雅书园更换了原来的借阅系统，建设了智慧图书馆系统。它依托超星云图书馆管理平台，充分利用大数据、互联网等信息技术，统一管理图书馆的资源、用户、应用以及界面。除了方便借阅操作、书报刊资源管理等，我们通过对其记录数据的深度挖掘，可以更好地了解学生阅读（如兴趣、需求、思考等）的实际情况，进而于相关方面合宜调整，为学生提供更好的服务。

（五）制定阅览制度，培养学生规则意识和自理能力

图书馆教师本着清晰、简洁、好用的原则，制定了《图书馆指南》，它包括入馆须知、阅览制度、借书须知、书库导航、各阅览室开放时间。为了帮助学生更好地了解、熟悉《图书馆指南》，除了将其张贴在博雅书园的合宜位置，还将其张贴在班级教室合宜位置。考虑不同学段学生的特点，《图书馆指南》分为"一二年级版"和"三至六年级版"。基于《图书馆指南》，图书馆教师选择合适时间面向学生进行入馆培训。《图书馆指南》帮助学生对图书馆是怎样的、如何在图书馆中进行基本活动等方面问题"一清二楚"，使得他们利用图书馆进行阅读、学习等更加踏实、自主、有序。

二、小学图书馆育人功能发挥的路径探索

（一）配备专业教师，为学生发展保驾护航

学校在人财物方面大力支持图书馆的建设，不仅建了新图书馆、提供充足的经费，而且引入了图书馆学专业背景人才。目前，学校有三位图书馆教师：一位教师获得北京大学图书馆学专业硕士学位；两位教师具有班主任、语文教学经验和多年的小学图书馆工作经验。在合力共事的基础上，三位教师各自的重点工作有所侧重。具有图书馆学专业背景的教师工作重点是努力协调学校各部门及教师的合作，建设高质量的馆藏，策划组织并实施阅读服务活动，引导校园阅读文化建设。另外两位教师在相关指导下保证图书馆的日常运转，参与各项活动。专业素养加上一线教育教学经验，在一定程度上保证了图书馆工作能够符合小学特点、小学生特点地合宜开展。

（二）开发实施校本课程，让学生爱上阅读

学校在一年级开设了校本课程图书馆课程，包括两类：一是认识图书馆，包括图书馆的样子与功能、图书馆的结构与布局、图书的分类与摆放、图书借还的过程与规则、图书馆的安全与环境等。教师引导学生通过听讲、观察、讨论等形成初步认知，在体验中加深印象。二是阅读，包括与学科课程相关的阅读、图书馆中的自由阅读。前者是图书馆教师基于研读课程标准、学校的课程设置、与一年级教师的沟通，选择基于学科教材或学科学习的拓展阅读书籍引导学生阅读；后者是带着学生在图书馆中自由阅读。在图书馆课程的实施中，图书馆为学生提供多样化、个性化的资源和灵活自由的学习空间，帮助学生对图书馆的方方面面形成较为清晰的了解，爱上图书馆和阅读，使校本课程对国家课程进行有益补充。

（三）提供课后服务课程，发展学生兴趣特长

在课后服务中，图书馆教师开设了跨年级选修课"图书馆资源利用与信息素养"，旨在使学生于完成主题任务的过程中，学习明确自己的信息需求、如何查询所需的信息、筛选和评价信息，了解信息的不同呈现方式等。图书馆教师还成立了博雅阅读社，主要在课后服务时段开展活动。博雅阅读社的活动围绕图书馆利用、阅读指导展开，活动以单元为单位展开，每一单元一个主题，学生自由选择适合的任务，以小组的形式完成任务。

（四）立足图书馆资源，打造特色主题活动课程

1. 基于世界读书日的活动

4月23日是"世界读书日"。基于这样的特别时间，博雅书园会协调学校各部门组织开展主题活动。以2021年为例，博雅书园开展了"一起读书吧之共赏书中角色"主题阅读周活动，共设五项子活动：一起猜书谜、主题晨诵会、海报展览会、视频放映会、好书大调查。4月18日起，五项子活动分布在校园各处，天天有活动，处处都精彩。全校学生一起读好书、看展览、写留言、猜谜题，还有很多学生主动报名成为活动志愿者，参与策划方案、筹备展览、制作宣传物料、维持秩序等工作。学生用不同形式以书会友，体会阅读、交流、合作的快乐。儿童文学作家、图画书插画家、童书编辑、学校教师、

校友等 50 余位阅读领航人,通过视频形式为学生推荐好书、分享阅读建议。4 月 25 日,学校进行活动总结,与同学们一起回顾、庆祝。

2. 基于学校"图书馆点亮日"的活动

12 月的第二个周二,是学校的"图书馆点亮日"。基于这样的特别时间,博雅书园会协调各部门组织主题活动。以 2021 年为例,11 月 22 日,博雅书园发起了"点亮图书馆"项目活动,通过游戏的形式,挑战完成五大任务:获取图书馆的信息、使用图书馆的资源、参与图书馆的活动、协助图书馆的建设、开展图书馆的研究。活动持续三周,其间,来自 64 个班级的 1 000 多名学生积极参与,完成 800 多份图书馆成长手册,开展了 4 000 多次图书馆探索行动,近千份"我和图书馆"主题创作、照片和感言在线上线下持续展出。12 月 15 日,学校举行了点亮图书馆庆祝仪式。该项目也获得国际图联 2022 年第 19 届图书馆营销奖第二名。

3. 基于学校广播的阅读广播

周一至周五的每天中午,学校都安排专题广播,周三是阅读广播,目前由学校教学副校长负责并进行现场广播。广播内容主要分为两部分:一是经典欣赏,二是好书推荐。经典欣赏主要围绕适合小学生阅读的且已成为经典的作品展开,除了介绍或回顾主要内容、精彩片段,还会从作品的不同方面深入探讨。好书推荐主要围绕适合小学生阅读的优秀作品展开,特别关注新作品以及挖掘较少被关注但确实好的作品。

4. 基于日常的阅读活动

除了上述基于特殊时间的活动,博雅书园日常也会有计划地组织、开展不同的活动。以 2021 年为例:博雅书园面向全校学生发布了作品征集消息,欢迎学生分享自己与阅读相关的创作,包括好书推荐、阅读趣事、读后感受等各种主题,学生作品在公众号"学生作品"专栏发表;博雅书园每周发布一次"阅读大挑战"任务,学生完成每周"阅读大挑战",即可获得博雅书园绿色阅读章;博雅书园与学校德育室联合举办"大手牵小手"阅读主题思政课,邀请北大学子、北大少年同上一堂阅读课,由历史中的北大图书馆和当下北大附小图书馆的阅读故事出发,缅怀历史伟人、致敬图书经典、交流阅读感悟、升华爱国情感。

三、小学图书馆育人的效果

博雅书园建成并使用后,受到学生和教师的喜爱,学生对它"一见钟情",它已经成为学生在校学习、生活的重要场所,是学生"特别想去的地方"之一。

(一)学生更愿意在图书馆看书、借书

中午大课间时段、午管班时段、课后服务时段,在博雅书园总能看到学生阅读的身影。从 2021 年 9 月至 2022 年 9 月 19 日(寒暑假、因疫情居家学习时段除外),在博雅书园阅读的学生达 17 779 人次,阅读时间达 10 001.92 小时(图 1)。2022 年 1 月至 9 月 19 日(寒暑假时段、因疫情居家学习时段除外,实际大概三个月),生均借阅量 3.96 册(图 2)。以上数据均不包括六年级已毕业学生及新一年级学生的相关数据。

(二)学生更积极地参与图书馆组织的相关活动

如前所述,博雅书园每学期都会组织、开展各种各样的活动。无论规模大小,学生都

图 1　2021 年 9 月至 2022 年 9 月 16 日阅读人次及时长

图 2　2022 年 1 月至 9 月 16 日人均借书量

踊跃参加，并积极用图文等创造自己的作品，随时写下自己的感受，表达自己对图书馆、对活动、对阅读的喜爱，交流自己的收获（图 3）。

图 3　学生的感想

图3 学生的感想（续）

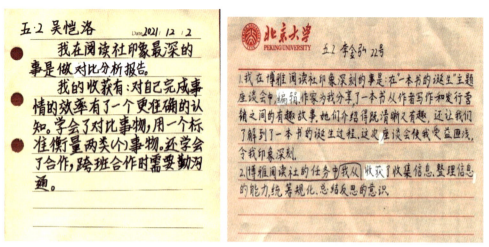

图3　学生的感想（续）

（三）家长感受到孩子的快乐与收获

家长在与孩子的日常交流中，了解了博雅书园以及相关课程、活动，感受到了孩子参与其中的快乐、收获（图4）。在参与"点亮图书馆"的活动中，学生茱莉雅的妈妈作为家长代表讲道："莉雅在学校，图书馆成了她的第二个'家'，有时去看书，有时是参加活动。读到精彩的故事，听了有趣的分享，她都会第一时间告诉我。"

图4　家长评价

参 考 文 献

[1] 中华人民共和国教育部.《中小学图书馆（室）规程》的通知［EB/OL］.（2018－05－31）. http://www.anhua.gov.cn/1681/1686/content_1253193.html.

[2] 洪芳林，束漫. 公共图书馆空间促进阅读研究［J］.国家图书馆学刊，2020（4）：20.

注：文中部分素材由北京大学附属小学刘晓慧老师提供，在此表示感谢！

专家 点评

"双减"的本质要求是回归育人，遵循育人规律，切实发挥好学校主阵地作用。该成果以学校中的图书馆作为研究主题，具有新颖性和创新性。成果开宗明义提出"图书馆是学校教育教学和教育科学研究的重要场所，是学校文化建设和课程资源建设的重要载体，是促进学生全面发展和推动教师专业成长的重要平台"，这一认识和理念在当下具有特别重要的意义。这是对"沉睡的图书馆"的唤醒，也是对教育者的警醒，有多少学校的图书馆仅仅是作为学校基础建设必不可少的组成部分，而其育人功能的发挥和挖掘远远不够。

该成果不仅提出了学校图书馆育人功能这一重要话题和命题，而且通过行动研究梳理出两条实践经验：一是彰显学生主体的图书馆环境设施，包括空间、硬件、文化氛围、智慧系统和制度；二是图书馆育人功能发挥的路径，包括配备专业教师、开发实施校本课程、提供课后服务课程和打造特色主题活动课程。在此基础上，通过量化数据、质性数据展示了学生更愿意在图书馆看书、借书，学生更积极地参与图书馆组织的相关活动以及家长感受到孩子的快乐与收获。

耿 申
北京教育科学研究院

家长与学生期待怎样的课后服务

——基于七万家庭参与的课后服务调查报告[①]

北京市大兴区教师进修学校 贺争光

摘 要 课后服务"服务"的对象就是学生和家长,"双减"政策实行一年来,学生、家长对我区课后服务的满意度如何?他们还有哪些期待?不同家长群体的认识有哪些差异?学校课后服务需要加强哪些方面的工作?为此,我们精心设计了调查问卷,对我区中小学七万家庭参与课后服务的情况进行了系列调研。在我区义务教育阶段在籍学生 77 172 人中,参与问卷调查的学生 66 317 人,占比 85.93%,参与问卷调查的家长 70 012 人,占比 90.72%。经过对调查结果的分析,以及对疫情背景下课后服务的补充调查和部分家长、学生抽样访谈,比较全面地了解了我区家长、学生对课后服务的需求与期待,最后对学校课后服务工作提出了相关建议。

主题词 家长 学生 课后服务

课后服务的目的是促进学生健康成长,解决家长接送学生的难题,从而增强教育服务能力,让人民群众具有更多获得感和幸福感。"双减"政策实行一年来,学生与家长对我区课后服务的满意度如何?他们还有哪些期待?不同家庭群体的认识有哪些差异?学校课后服务需要加强哪些方面的工作?为此,我们对大兴区中小学课后服务工作进行了系列调研,具体情况如下。

一、调查内容与过程

3月份,我们设计了调查问卷,从被调查者背景情况、课后服务情况、反思与建议三大维度,主要围绕课后服务的整体设计、供给内容、运行管理、实施效果四个方面分别设计,家长卷40题,学生卷43题,内容基本相同,角度不同。设计的内容框架见表1。

表1 大兴区课后服务调查问卷内容框架

调查维度	具体内容
被调查者 背景情况	关联学校、地域、个人的相关信息,对参加课后服务的态度、意愿情况等

[①] 北京市教育科学规划"双减"专项课题"大兴区课后服务供给情况调查研究"(ACGB21512)成果。

续表

调查维度		具体内容
课后服务情况	整体设计	对学校"双减"后变化情况的了解，参加课后服务的目标与期待等
	供给内容	参加课后服务的主要类型、课程数量、课时数量、安排次序、个性化内容等
	运行管理	时间管理、师资安排、研发方式与比例、资源利用、内容选择性、过程管理等
	实施效果	师生参与率、内容丰富性、方式适切性、主体获得感、满意度、学校与课程的特色化等
反思与建议		总体评价，困惑与问题，对区域行政与教研指导的建议，对学校管理、家校协作的建议等

4月初，我们选择七所学校的部分学生、家长进行了试测，完善了问卷设计的内容与调查实施的细节。4月8日，我们召开了全区课后服务调查工作启动会，明确了工作要求，组建了问卷调查"区教研部门—学校—班主任—家长、学生"的闭环管理体系。4月13—14日，正式开展全区课后服务线上问卷调查活动。区教研部门下发问卷和填答要求，各学校组织班主任发动班级学生、家长填答。5月份，我们组织了疫情防控背景下课后服务情况调研，对少数家长、学生进行了抽样访谈，完善了调查内容。6—7月，我们系统分析学生、家长问卷的相关数据，结合有关情况进一步核实，最后形成调研报告。

二、调查结果与分析

（一）调查规模与家长、学生参与概况

我区义务教育阶段在籍学生77 172人，参与问卷调查的学生66 317人，占比85.93%，参与问卷调查的家长70 012人，占比90.72%。我们设置了每个设备只能作答一次，家长、学生分别填答，强调每名学生只可一位家长填答，家有多个学生的家长要分别使用不同设备填答，确保每个学生家庭有效填答，保证了调查的覆盖率。

我区义务教育阶段82所学校（中学、小学、一贯制学校合计）的学生、家长都参与了问卷调查。关于"学校所在区域"，城市占57.41%，农村占31.40%，城乡结合部占11.19%。关于"学校性质"，公办占93.91%，民办占6.09%。关于"学生所在年级"，见表2。

表2 各年级学生、家长参与调查情况

年级	一年级	二年级	三年级	四年级	五年级	六年级	七年级	八年级	九年级
学生比例/%	13.55	16.05	14.43	13.84	11.48	10.19	7.81	7.04	5.61
家长比例/%	13.88	16.30	14.70	14.06	11.32	9.79	7.51	6.90	5.53

以上数据属于客观信息，通过对家长和学生的分别调查，并按区域分布、学校类型、学段年级分析，经过与相关数据比对，家长和学生的回答比例基本一致，符合我区实际情况，在一定程度上说明此次调查信息的信度和效度较高。

（二）从家庭信息反馈的区域社会发展情况

1. 关于家长的学历情况

我区义务教育阶段学生家长受过高等教育（大专、本科、硕士及以上）的人数占比达到63.61%，其中，大专学历26.59%，本科学历31.52%，硕士及以上学历5.50%。家长的学历水平较高，与对孩子学历的期望成正相关。

2. 关于家庭的经济情况

其中富裕家庭占比2.7%，小康家庭占比46.66%，温饱家庭占比42.24%，其他家庭占比8.40%。本题设计的目的是通过学生家庭经济情况了解其相应的教育需求，结合学生选择课后服务内容情况，发现家庭经济条件与参加课后服务的比例呈正相关，在选择课后服务内容方面也存在一定差异。家庭经济条件好，参与课后服务比例略高，更加关注体育、艺术、学科等方面的素质培养（表3）。

表3 不同家庭经济情况学生选择课后服务内容情况统计 单位：%

经济条件	体育	学科	艺术	德育	实践	人文	劳动
富裕	33.95	25.38	22.16	16.02	7.99	6.19	4.39
小康	35.31	24.11	24.88	13.55	7.00	5.08	4.01
温饱	32.21	22.61	19.81	14.81	7.04	4.54	4.89
其他	30.20	19.94	17.57	13.09	6.71	3.70	3.87

目前我区社会经济发展水平较高，多数学生家庭经济条件已得到根本改善，不同家庭对课后服务的期待有细微差别，但总体上都重视参加课后服务，客观上普遍需要课后服务提供更高质量的教育内容。

3. 关于"您有几个孩子"

其中一孩家庭占比49.54%，二孩家庭占比46.93%，三孩及以上家庭占比3.54%。家庭孩子数量与学生家长在教育方面的精力投入呈负相关，与选择课后服务成正相关。目前，我区二孩、三孩及以上家庭占比超过50%，二孩以上家庭对课后服务的需求更为迫切。

4. 关于家庭与学校距离

其中1公里以内家庭占比45.24%，2~3公里家庭占比33.36%，4~5公里家庭占比11.55%，5公里以上家庭占比9.84%。

此外，关于家长"放学后有无时间照看孩子"，69.71%有，30.29%无。关于学生"是否可以独立完成作业"，88.83%是，11.17%否。关于"家长是否可以为孩子答疑辅导课业情况"，完全可以（16.29%家长，25.93%学生），基本可以（36.36%家长，37.05%学生），一般（14.11%家长，11.04%学生），偶尔可以（22.38%家长，18.09%学生），不可以（10.86%家长，7.89%学生），家长自认的辅导能力低于学生印象中家长的辅导能力，家长辅导能力与年级增量呈负相关。具体数据如表4所示。关于"您是否支持孩子参加课后服务"，52.95%非常支持，30.53%比较支持，13.07%一般，3.00%不支持，0.45%非常反对。家长总体上很支持孩子参加课后服务，低年级的支持率高于高年级。

表4 各年级家长有看孩子时间和具备辅导能力情况统计　　　　单位：%

年级	一年级	二年级	三年级	四年级	五年级	六年级	七年级	八年级	九年级
有时间看孩子	71.04	67.17	68.51	68.86	68.28	69.31	72.47	73.51	74.27
完全可以辅导	30.57	24.78	18.45	14.85	12.36	11.10	4.28	3.25	3.13
基本可以辅导	45.07	45.34	45.20	41.49	35.43	31.80	20.47	14.86	9.89

这几题主要是了解课后服务的必要性。根据家校距离了解其家庭接送、家长有无照看孩子的时间以及能否辅导孩子作业等方面的情况，分析家庭对课后服务的真实需求。目前，我区家长"接送学生的难题"不算突出，但从促进学生全面发展、增强教育服务能力的角度而言，各学校还需要加大工作力度。

（三）家长对课后服务的期待

1. 关于"对学校课后服务最期待的"（备选10项，选择不超3项）

家长选择的前6项为：教师辅导作业（54.74%），增强体育锻炼（47.20%），提供更多的兴趣课程（46.02%），有老师照管孩子（36.57%），老师帮助培优（28.31%），老师帮助补差（27.21%）。学生选择的前6项为：提供更多兴趣类课程（46.87%），增强体育锻炼（40.47%），教师辅导作业（40.19%），有同伴陪同自己（38.49%），有老师照看管理自己（29.54%），提供更多活动类课程（25.51%）。家长和学生关注点相似，都关注教师辅导作业、增强体育锻炼、提供兴趣课程等，但从选择比例的次序看，家长更侧重于学习效果，学生更侧重于学习感受。

2. 关于"最希望在课后服务中提升的方面"（备选12项，选择不超3项）

家长选择的前5项为：身体素质（60.58%），思维方法（39.82%），行为习惯（39.78%），文化知识（38.04%），道德品质（35.40%）。学生选择的前5项为：身体素质（55.93%），文化知识（42.05%），思维方法（39.32%），行为习惯（30.25%），道德品质（29.90%）。家长与学生的关注点相似，都很重视身体素质，家长更重视思维与方法培养，学生更侧重文化知识。

3. 关于"希望课后服务能优先安排哪些人员"（备选11项，选择不超4项）

家长选择的前5项为：班主任（72.38%），特级、学带、骨干（56.39%），考试科目老师（47.59%），教研组长、备课组长（44.87%），干部（19.26%）。这些教师在学校承担的日常工作相对较多，家长的选择期望可能导致相关教师的工作量进一步加大，不同教师群体负担进一步两极分化。

家长关注孩子的全面发展，认同教育系统的主流评价体系，希望全面提升孩子的核心素养，对学习效果、作业的关注处于核心位置，还关注体育、兴趣以及培优补差拔高等，实际是一种更加多元、更加个性化的教育需求。这些可为学校设计课后服务提供参考。

（四）家庭对学校课后服务供给情况的印象

1. 关于学生"感觉本学年作业比上学年的变化"（表5）

表5 "双减"政策实施后学生的作业情况统计 单位：%

题目/选项	大幅增加/增多	有所增加/增多	没有变化	有所减少/降低	大幅减少/降低
作业数量	1.50	13.09	37.31	35.64	12.45
作业难度	2.02	23.09	46.63	20.84	7.41
学习兴趣	10.54	32.06	47.60	7.25	2.55
作业时间	2.01	13.28	41.07	31.20	12.44
作业形式	2.22	17.27	54.47	19.26	6.78
作业选择	2.12	14.96	59.76	17.02	6.14
作业要求	4.26	21.65	60.70	9.73	3.66
作业批改	4.90	19.38	63.96	8.18	3.57

本题主要了解"双减"后学生的作业减负情况以及课后服务实施的宏观背景，学生选择最多的均为"没有变化"，其次是作业数量、作业时间"有所减少"。

2. 关于"目前参加了学校哪些类型的课后服务"（备选12项，选择不超3项）

学生选择前6项是：体育类（49.70%），艺术类（33.81%），学科类（33.26%），德育类（18.58%），科学类（16.48%），实践类（11.04%）。从参与类型次序来看，家庭都比较关注学生身心健康、全面发展，相对重视体育。从不同年级参与类型来看，学校课后服务供给内容丰富性与年级递增呈负相关，选择体育类与年级递增呈负相关，选择学科类与年级递增成正相关。

3. 关于学生"与班级同学的课后服务内容"

学生有35.29%选择"完全相同"，5.95%选择"完全不同"，58.76%选择"一些相同一些不同"。本题是了解学生对课后服务的个性化选择情况，如果同一班级学生的课后服务内容完全相同，说明课程供给缺乏选择性、针对性与个性化。

4. 关于"是否因特殊情况让学校在17：30后继续为您孩子提供服务"

家长有92.15%选择"否"，7.85%选择"是"。根据选择"是"的后面补充说明，数量少的每学期有几次，数量多的则每个工作日都有。有"特殊情况"需求的家长人数虽然占比不多，但给教师延长工作时间和增加工作责任的影响不容忽视，需要加强规范。

5. 关于家长"是否参与过学校评价课后服务的活动"

家长有46.23%选择"是"，53.77%选择"否"。说明多数学校的课后服务需要加强家校协作，进一步调动家长参与学校管理的积极性，发挥家长在家校共建中的主体作用。

总体而言，"双减"政策对各学校的教育实践产生了一定的影响，但学校采取的减负措施让家长感受到的"减负"有限，学校"减负"的力度还有待增加，需要加大课后服务供给，增加选择性，加强家校协作。

（五）家庭对目前学校课后服务的评价

1. 关于"对学校课后服务的总体满意度"

家长选择非常满意的人数占比为30.56%，比较满意43.65%，一般23.11%；学生选择非常满意的人数占比为38.65%，比较满意36.52%，一般15.54%。此题是从宏观上了解家庭对课后服务的评价，目前家长、学生对我区课后服务的总体好评（非常满意、比较满意）为 74% 左右，负评（如不太满意、非常不满意）为 3% 左右。

2. 关于"目前您孩子参加校外培训班（兴趣班、辅导班）的情况"

没有校外培训班的人数占比为 49.84%，有 1~2 个校外培训班的 42.87%，有 3~4 个校外培训班的 6.69%，有 5 个及以上校外培训班 0.59%（表6）。

表6　各年级学生参加辅导班情况统计表　　　　　　　　　　　　　单位：%

年级	一年级	二年级	三年级	四年级	五年级	六年级	七年级	八年级	九年级
没有辅导班	41.29	37.66	41.57	44.17	50.39	58.05	65.28	72.31	78.95
1~2 个辅导班	48.00	50.18	49.03	48.33	44.05	38.20	32.46	25.85	19.45
3~4 个辅导班	9.96	11.28	8.52	6.99	4.96	3.39	2.04	1.70	1.29

3. 关于学生"每天放学回家后时间安排最多的是"（备选7项，选择不超3项）

选择"完成作业"的人数占比为 72.67%，"娱乐、游戏等活动"51.62%，"自学课外内容"48.27%，"自主复习预习"44.23%，"家务劳动"17.06%，"上课外班"9.82%，"其他"7.03%。学生放学回家后的主体时间还是完成作业与进行其他学习活动，总体负担较重，相关任务量与年级递增呈正相关（表7）。

表7　各年级学生放学回家后时间安排情况统计　　　　　　　　　　单位：%

年级	一年级	二年级	三年级	四年级	五年级	六年级	七年级	八年级	九年级
完成作业	54.32	54.73	79.78	76.93	75.71	74.36	90.13	91.04	86.57

4. 关于"实行课后服务后亲子关系情况"

家长和学生的选择比例大体相似，各选项"没有变化"占半数左右，选择"略有增加"的较多，说明亲子关系稍有改善，但家庭对学生教育的核心关注点没有太大变化，相关焦虑还存在（表8）。

表8　实行课后服务对家长教育观念以及亲子关系影响统计　　　　单位：%

题目/选项		大幅增加	略有增加	没有变化	略有减少	大幅减少
家长学习要求严格程度	家长	7.46	24.17	55.03	10.62	2.71
	学生	8.92	26.12	49.78	11.53	3.64
亲子交流活动多少	家长	9.23	28.12	54.40	6.93	1.31
	学生	11.63	30.16	49.10	6.78	2.30
家长对学习成绩的关注程度	家长	10.87	30.36	49.83	7.23	1.70
	学生	14.18	31.37	46.95	5.75	1.74
家长对综合素质提升的关注程度	家长	12.14	36.80	46.57	3.56	0.92
	学生	14.35	34.98	45.81	3.47	1.37
家长布置课外作业和安排课外学习多少	家长	5.16	20.32	56.53	12.50	5.48
	学生	6.52	20.92	55.38	11.37	5.80

这几题是了解学生参加课后服务的直接效果和间接影响，以及"双减"政策的真正

落实情况。目前，半数学生没有参加校外培训班，尤其是初中各年级学生的"校外培训负担"显著减轻，参加校外培训的势头正在扭转，但42.87%的学生仍有1~2个培训班，72.67%的学生在每天放学回家后时间安排最多的是完成作业，尤其是初中各年级的学生，回家后学业任务较重，需要加大作业减负，加强作业的针对性和个性化设计。课后服务对改善亲子关系、引领家长对教育的关注和重视等方面有着一定的影响。道路仍艰难曲折，学校课后服务要增加丰富性、增强优质性。

（六）家庭对课后服务有关建议

1. 关于"目前学校课后服务最需要改进的方面"（备选12项，选择不超3项）

学生认为：能选择的课程数量太少（41.81%），难以选到喜欢的课程（33.84%），体育活动时间太短（25.15%），作业、答疑、课程的内容跟平时上课差不多（18.51%）。

2. 关于"从哪些方面评价课后服务质量比较合理"（备选15项，选择不超3项）

家长与学生选择的前4项为：学生的参与率（家长40.22%、学生42.24%），学生的实际获得（家长36.24%、学生30.33%），服务供给的丰富性（家长34.59%、学生34.27%），学生需求的满足（家长22.69%、学生24.31%）。此外，家长对课后服务的设计、管理、师资较为重视，例如服务安排的科学性（21.57%）、管理的规范性（15.32%）、师资的专业性（15.20%）。学生对课后服务的感受、管理、保障较为重视，例如学生的满意度（15.93%）、管理的规范性（13.60%）、配套条件保障情况（11.70%）。

目前，各学校课后服务存在的主要问题是供给数量太少、丰富性不够、质量不够优质等。家长和学生都建议从学生的角度去设计课后服务评价，关注学生的参与率、实际获得、课程丰富性、满足感等方面，为我们优化课后服务工作提供了启迪。

三、调查后对学校课后服务的建议

（一）提升思想认识，确保课后服务开展

"双减"背景下，学校开展课后服务不仅是一件民生工程，也是发挥学校育人主阵地作用、彰显学校办学特色的重要举措，更是做好教育服务，满足多元教育需求，减轻学生、家长负担，促进学生健康成长，助力"双减"落地的重要途径。在课后服务实施过程中，还存在不尽人意的地方，尤其是疫情等特殊情况对课后服务造成了较大冲击，曾发现部分学校暂停了课后服务。因此，建议各学校要领会"双减"政策精神，完善学校课后服务方案，积极探索疫情防控期间以及其他特殊情况下的课后服务内容、方法和形式，确保能高质量地开展课后服务。

（二）基于实际需求，明确课后服务目标

课后服务是一个复杂的系统工程。根据我区的社会发展水平与家长的实际需求分析，我区课后服务其实是高起点、高要求。家长、学生需要真正的个性化、针对性的多元化学习，我们必须回应区域社会的需求，解决学生的"差异性学习""个性化学习"。因此，我们要从教育治理视角对课后服务整体构思，明确目标，坚持"五育"融合育人的原则。

（三）加强课程建设，优化课后服务设计

相对学生和家长多样化、个性化的发展需求，我区学校课后服务总体上优质教育资源供给不足，课后服务供给内容的丰富性、适切性不够，"碎片化"现象突出，导致学生的实际获得感不强，部分家长认为效果不好。建议：强化课后服务的规范性和科学性，将课后服务纳入学校整体育人系统，完善课内课后课程一体化设计，在内容、师资、方式、机制、资源上统筹安排，避免课后服务课程内容的随意化、零碎性，降低"不确定性"因素。

（四）整合相关资源，保障课后服务供给

各学校要不断拓展供给渠道，统筹利用校内外资源，开发各类课后服务课程。既要通过内部挖潜，学习先进经验，分享优质资源，充分利用本校资源、最近资源、网络资源，发挥师生积极性，开发在地资源、在地课程、合作课程，不断提升课程开发、供给和保障能力，逐步实现校内自主特色供给，减少对校外资源的依赖性。同时也要通过外部引入，购买社会服务或利用教研资源及家长志愿者等，共同营造教育发展的良好生态。

（五）关注教师负担，建设课后服务团队

目前多数学校利用本校教师开展课后服务，家长的意愿也是优先选择班主任、骨干教师等群体，很多教师工作时间太长、负担过重。建议学校提升管理的精准性，规范课后服务相关管理细节，研制教师课后服务工作量认定、绩效考核等细则，确保教师基本权益；增强课后服务课程内容和时间安排的科学性，注重教师承担课内课后课程工作的关联配合，减少低效重复性工作；加强教师培训，提升教师课后服务课程开发与实施能力；统筹社会资源，吸纳社会专业人士参与，实现课后服务教育人员的多样化。

（六）完善评价机制，引领课后服务发展

目前，各学校课后服务的评价方面存在一些普遍性的问题。建议学校建立评价组织，形成学生、教师、家长、学校等多方参与的评价机制；加强准入审核，对课后服务课程门类、内容、师资及相关课程资源等的审核评价，将通过审核的课程再提供给学生选择，然后正式实施。加强过程监管，形成过程性评价；注意多维评价，从师生参与率、学生需求满足度、课程供给的丰富性和选择性、师资的专业性、条件保障、管理的规范性和实施的有序性等方面进行周期性评价和反馈，促进课后服务持续改进、健康发展。

👍 专家　点评

七万家长、七万学生，一个区级调查能达到这个规模，怎么说都是一个巨无霸的存在，足以有资格将这傲人的数字故意晒在标题中，吸引我们的眼球。更何况，所调查的主题是与"双减"政策直接相关的课后服务呢！诸如课后服务的供给内容、参与状况、运行管理和实施效果，以及家长和学生对课后服务的满意度和期望等，无一不是教育决策部门、学校、家庭和社会所感兴趣的话题。

对于论文标题所发出的问题：家长和学生期待怎样的课后服务，这份调查还是颇有些信息量的。例如，家长们最期待的课后服务是辅导孩子作业，而孩子们将其摆在了第三位，他们最期待的却是兴趣类课程，这样的反差真够家长们细细玩味一番的了。再如，无论家长还是学生最希望学校课后服务提升的方面居然是身体素质问题，尽管实际上近一半的学生在课后服务中已经参加了体育类活动，这一特别的期待值得教育工作者特别反思了。

还有好些有意思的结果，这里就不一一列举了，需要我们静下心来去细细地挖掘、分析，进行前后联系，作出综合判断。这些深度学习本可以由这份报告来完成的。这份报告如果能够在呈现上再精细加工一点儿，例如，多多采用直观的条形图、饼图什么的；将表格中频繁出现的百分号取消而只需在表题上标明表格中数据为百分比等，就能大大节省我们的认知负荷了。更为重要的，如果能够在素朴的百分比报告的基础上，做数据分析、统计检验，那结论就更有说服力了，研究就显得更强了。搞调查研究，做大毕竟只是手段，做强才是目的。

刘儒德

北京师范大学

"双减"政策落地的学校策略
——课后服务校本课程体系的构建和实施探索

北京师范大学附属实验中学 尚建军 马 云

摘 要 北师大实验中学基于"'双减'与'双增'是辩证关系"的认识,形成了以增促减的实施思路。其一,增强课内学习获得感,减轻过重学业负担。包括:加强校本教研,开展课堂分类、学习课堂、教学评一体化等方面的研究,核心指向课内提质;加强作业调控,系统控制作业总量和难度。其二,增强课后服务获得感,减轻校外教育培训带来的负担。学校构建了可供学生个性化选择的分时段课后服务校本课程体系,并形成了课内课后一体化统筹方案。

主题词 双减 课内学习 课后服务

一、学校观念的形成

(一)"双减"政策撬动教育体系的改革

以 2021 年 7 月 24 日中共中央办公厅、国务院办公厅印发的"双减"政策文件为界,课后服务工作在目标、内容、要求等方面分为差异较大的前后两个阶段,学校教育生态、人才培养方式将发生显著变化。7 月 24 日以来,"双减"政策的显著特点是:"双减"是重大决策部署,须雷厉风行地执行落实。等一等、看一看的被动态度,无法贯彻落实该项政策,无法完成相应工作。

2017 年教育部办公厅印发的《关于课后服务的指导意见》提到"帮助家长解决按时接送学生困难""增强教育服务能力",它的定位是一般性的服务提供。2021 年 7 月 24 日的中央"双减"文件,对课后服务的目标有了更高要求。比如从整体看,要"着眼建设高质量教育体系""构建教育良好生态";从学校角度看,强化"学校教育主阵地""整体提升学校教育教学质量和服务水平"。在对校外教育培训机构的态度上,原来的文件提到"中小学校要主动提醒家长选择有资质、有保障的课后服务机构","双减"政策实施后,则要求"学校课后服务基本满足学生需求,学生学习更好回归校园""学生过重作业负担要在一年内有效减轻、三年内成果显著"。课后服务已升级为中央重大决策部署、学校重要工作。

党中央、国务院要用"双减"政策撬动整个教育体系改革发展,为此学校应用好"双减"政策,构建新的学校教育生态,吸引学生回归校园,促进学生个性化高质量发展。

（二）"双减"与"双增"是辩证关系

中央政策要求实现"双减"，为什么反而提增加呢？

从系统论角度看，影响"双减"政策实施效果的系统因素有很多，其中校内的重要因素，就是要让学生在校学得会、学得够、学得好，以增强校内课堂学习的获得感，作为减轻学生过重学业负担的解决方向；以增强校内整体学习特别是课后服务的获得感，作为减轻学生校外培训负担的解决方向。反过来说，只有增强学生课内学习的获得感，才有可能解决过重的作业负担问题；只有增强学生校内整体学习的获得感，才能满足校外培训机构取消所带来的学习需求。

从教育哲学角度说，就是要处理好"减"与"增"的辩证关系。

"双减"政策实施后，社会教育培训机构进一步规范办学，学生对校内提供课程的愿望比以往更加迫切。多年来，利用更多时空帮助学生养成良好的学习习惯、基础知识、提升基础能力、拓展综合素养，也是教师们的期盼，但因缺少政策支持，一直未能实现。

正是基于以上情况和现实需求，我校从辩证法角度思考如何落实"双减"与"双增"的辩证关系。

（三）学校基础分析

"以人为本，服务社会，追求发展，追求卓越"是学校办学宗旨，与"双减"政策的导向契合。尊重学生个性，满足学生发展需求，使全体学生在生动活泼的教育教学活动中得到主动的、充分的发展，达到所能达到的最高水平，已成为学校教育教学改革的永恒主题和教育追求。学校有比较完善的教育教学管理制度，如走班教学管理制度、课程研发制度、后勤保障制度等，为落实"双减"政策，做好课后服务工作提供了制度保障。

学校有一定数量的自主开发课程，有定期开展教育教学研究的传统，有助于有效落实"双减"工作。"双减"政策发布前，每学期学校都会开展各种教育教学探索和校本教研，一方面为落实课后服务工作积累了丰富的教研成果和课程资源，另一方面也为课内再提质、切实减轻学生过重课后学业负担提供可能。

二、学校实施方案的形成

（一）通过增强课内学习获得感，减轻过重学业负担

1. 加强主题校本教研，提升课堂学习效果

"双减"政策的落地推动我们进入教学研究的快车道，主要在三个方面加强研究：课堂分类研究、学习课堂的打造、教学评一体化研究，核心指向课内提质。

课堂分类研究，以实用为目标，不在学理上纠缠，聚焦于教学有效性。我们把课堂分为起始课、新授课、总结课、复习课、试卷讲评课、常态课、研究课等类型，分别在不同时间段聚焦于不同课型，探索不同课型教学的差异和提升质量的有效策略。如2021—2022学年第一学期期中考试后，初三年级开展试卷讲评课专题研究，以研讨和培训开始，历经研磨展示研究课、专家团队听评课交流、全员再培训等环节，提高试卷讲评课的课堂效率。

第二个校本教研的主题是"学习课堂"实施策略研究。在"学习课堂"主题研究中，

强调以学生的学习为中心开展课堂教学研究，目标更加聚焦学生学习的获得感。如初二英语备课组，以打造深度学习型课堂为目标开展研究，几位教师分别从"进阶式问题的设置""生活情境的设置""思维导图的构建""以学定教现场生成的运用"等角度，进行课堂教学实践研究，取得了非常好的效果。

第三个教研主题是"教学导评一体化"。把学生的学习放在中心位置，通过教导评促使学生更好地通过课堂学习获取知识和能力，健康成长。如初二学部，在期中考试后教研小结中，提出几点课堂增效课后减负的措施建议，包括以组织形式的变化调动学生课堂参与和习得，布置差异化学习任务等内容。他们认为这些措施是显而易见地减轻作业量的有效措施，是提高学生课堂学习获得感的有效探索。学校课程教学评价处组织开展主题为"双减"背景下，教学评一体化教学研讨会，初高中所有备课组在实践探索的基础上总结交流提升课堂教学实效、减轻学生课后学业负担的有效策略。初一生物备课组在发言中提到，减负增效的有效策略有精心设计板书，精选习题编写导学案，课堂内讲练结合。初二物理备课组的改进策略有：精简改进物理实验，激发课堂学生参与度，使学生课堂收益最大化，增加课堂重难点内容小练习环节，提升实效。高二数学备课组在交流中提到，提升每周集体备课实效，注重课内重点习题的落实，编制使用课内同步练习等。

2. 加强作业调控，系统控制作业总量和难度

作业是学习、指导、评价的重要方式之一，其价值是不言而喻的，但是过量、过难却适得其反。"双减"目标之一是要把学生作业总量、难度减下来。我们升级完善学校原有的作业管理制度，包括作业公示制度，形成学部有每天、每周作业总量和难度调控机制，课程教学评价处有每周、每月（包括各种假期）作业汇总监控反馈机制。在作业公示方面，从形式到内容进行整体规划，给每个班制作了统一的作业公示栏，详细规定了作业公示的要求。同时把作业公示栏作为一个教育园地，要求形式上美观、清晰，内容上对难度、数量进行控制，类型上体现层次和弹性。课后服务领导小组和执行小组会对作业公示栏进行不定期的巡检和评选。

这些管理措施取得了一定的成效。如学生问卷调查显示，学生认为每天书面作业完成时间平均不超过 90 分钟的比例，初一是 88%，初二是 87%，初三是 67%，就是说，大多数学生如果参加课后服务的学习，基本能完成当天的作业。

（二）通过增强课后服务获得感，减轻校外教育培训带来的负担

1. 构建课后服务课程体系

课后服务提供个性化可选择的菜单式项目课程，具有丰富、系统、分类、分层、自愿、自主几个特点。具体到时段，分为三个时段，每个时段承担不同的功能。第一个时段是学习时段，第二个是多元时段，第三个是暖心时段。

第一个时段主要落实作业的写作和答疑辅导。学部和学科备课组作为执行单位。这个时段的目标是实现两个大多数，即让大多数学生在校内能完成大多数学科的作业。

第二个时段之所以叫多元时段，是因为它具有多元化、选择性的特点。有学科发展、劳动、科技、体育、艺术、心理健康等领域的课程，每类课程又分不同的项目或模块。比如学科发展课程包括基础提升、兴趣发展、特长发展等，劳动教育课程有劳动类选学

课程和大扫除及志愿者活动等，科技教育类课程包括科学实践活动、科学探究等，体育教育类课程包括体能提升、体育爱好者俱乐部等，艺术教育、心理健康教育等课程也有系统性课程。

这一时段的课程，充分体现五育并举、学生全面健康发展的理念，共计115门课，其中学科类36门，体育类10门，科技类33门，心理类2门，其他兴趣素养类34门。其他兴趣素养类，比如传统文化课方面，开设京味儿文学、中国刺绣初探、走进汉服、蔚县剪纸、传统面食技艺、茶艺等课程。劳动教育方面还开设了劳动歌曲赏析、中国古代的农业技术、植物嫁接、插花、园林园艺等课程。科技类课程有生活中的中医中药、中国古代建筑模型、中学生科学研究初探、F1在学校、DI创新思维、飞机模型设计与制作、变变变的奥秘（化学）等。

第三时段叫暖心时段，指的是两小时课后服务结束后，学校提供的延时服务。延时服务期间，学校提供晚餐、自习托管、自主锻炼和自主阅读等服务。参加延时服务的学生，可以在食堂用餐之后就地学习等待家长，也可以到阅览室学习、阅读，到操场锻炼。

2. 课内课后一体化统筹

课后服务课程和课堂学习之间，形成延伸和互补的关系。课堂落实国家必修课程，规定动作；课后服务提供个性化可选择的课程——但课后服务又不是另起炉灶、与课内学习完全割裂，而是从延伸、补充、提高、补弱等配合的角度，形成一体化的大课程形态。

比如第一学习时段，是课堂学习的延伸，以解决课内学习问题为指向，重点放在复习和作业的落实上。实现把重要的学习时段（包括作业）放在校内的目标，从而减轻家长"盯作业"的负担和避免相关的亲子矛盾。

再比如第二个多元时段，是课堂学习的补充。学科发展课程是课内学习的再延伸，有补弱、有提高，进一步解决因材施教的问题，如劳动课程、科技课程、体育课程、艺术课程、心理健康课程等。

三、学校保障机制的创设

（一）组织管理

作为国家重大决策部署，学校高度重视，校长牵头成立了领导小组，下设一个教学校长牵头的执行小组，在现有的组织架构内统筹实施课后服务工作，没有成立新的组织架构。从短期看，现有的职能部门可以快速调动已有资源，快速执行。从长期看，课后服务不是局部工作，是一个系统工程，利用已有的组织架构，能够着眼于从课后服务到课内质量的整体提升和长远发展。

（二）完善管理制度

管理制度包括设计方案和工作方案（含管理办法）。在工作方案里，形成管理部门职责、外聘教师职责、答疑辅导管理、学生晚自习管理、学生考勤管理、工作量统计和学生手机管理等若干具体管理办法。

如对学生手机实行动态管理。为什么叫动态管理呢？即在正课上课期间，班里有手机柜，学生早晨到校第一件事就是把手机放到手机柜里由专人保管。下午3:30放学后，课后服务是选课走班模式，学生可以把自己的手机带到选课教室，由任课教师组织学生把手机放到教室内专设的课后服务手机管理箱内保管。

（三）保障师资

师资来源主要有三个渠道，分别为本校教师、优质教育机构和大学生志愿者。根据三类教师的特点和课程内容进行科学匹配。本校教师是主体，建立课后服务教师资源库，鼓励教职工跨年级、跨部门参与课后服务。

学校通过规范的方式保障教师基本权益，用激励的办法，挖掘资源潜力，设定工作量上下线，不让教师超工作量参与，保证课后服务工作持续性开展。

（四）工作量核算

统筹考虑教师课后服务工作量与总体工作量之间的关系，设定工作量冲抵方案。制定了工作量的统计流程，明确部门责权利，如谁开发、谁负责、谁获益。工作量的统计分为四类，分门别类进行统计，最后由校务中心核算工作量（图1）。

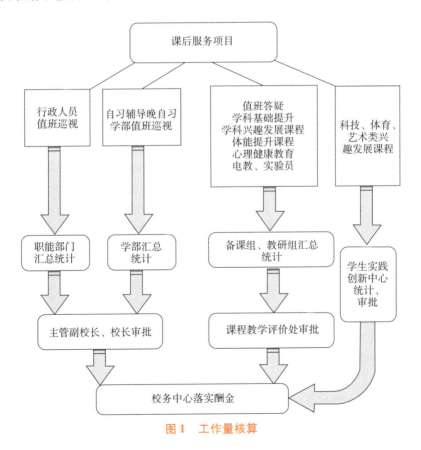

图1　工作量核算

（五）信息化支持

利用信息技术可以实现课后服务工作的高效管理，我们在原有的数字校园网内，增加了课后服务管理模块，设置了选课系统和学生考勤管理系统。我们把课程提前发布到选课平台上，附上课程内容说明、上课时间地点、任课教师、人数要求等信息，供学生在线选择。利用这个平台学生非常便利地自主选择课程，学校管理方便清晰。在学生考勤管理模块中,任课教师通过手机APP可以直接看到学生请假信息,可以在APP中填写当天学生出勤情况并反馈给相关管理人员。

四、成效和展望

方案实施一学期,学校生态已经发生了惊人的变化。课后服务参与率稳定在96%,不愿意离开学校的学生在增加。过去我们在下午6:10的时候要静校,现在整个校园变得生机勃勃。

提质增效是我们继续努力的方向。"双减"是推动学校发展的契机,提升教育教学质量,提升治理水平,提升全体教师的育人理念,最终作用于学生的全面发展和健康成长。

课后服务的广度和质量还有提升空间。比如论证所有运动场馆,周末对学生的全开放;比如进一步丰富学校自建的网络教学资源;再比如优秀学生更加个性化的发展、国家战略性拔尖人才的培养,等等。

希望通过学校策略,让校园中课内和课后、不同学段之间,形成一个新的教育生态,为区域打造高质量的基础教育体系,作出我们的努力。

专家点评

"双减"政策落地过程中,课后服务的重要作用更加凸显。本研究紧扣"双减"主旨,提出了基于"'双减'与'双增'是辩证关系"的认识,体现出研究者的深入思考,在此理论思考的基础上,对于课后服务校本课程体系的构建和实施进行探索,形成了"以增促减"的实施思路。本研究提出一方面通过增强课内学习获得感,减轻过重学业负担,包括:加强校本教研,开展课堂分类、学习课堂、教学评一体化等方面的研究,核心指向课内提质;加强作业调控,系统控制作业总量和难度。另一方面通过增强课后服务获得感,减轻校外教育培训带来的负担。本研究归纳了课后服务提供个性化可选择的菜单式项目课程,具有丰富、系统、分类、分层、自愿、自主等几个特点。据此,学校构建了可供学生个性化选择的分时段课后服务校本课程体系,并形成了课内课后一体化统筹方案。课后服务不是另起炉灶、与课内学习完全割裂,而是从延伸、补充、提高、补弱等配合的角度,形成一体化的大课程形态。学校通过制度保障和动态管理。该方案实施一学期后,对照研究发现学校生态已经发生了惊人的变化。课后服务参与率稳定在96%,放学后不愿意离开学校的学生也在增加。该校从过去在下午6:10的时候基本静校,到现在整个校园那时依然生机勃勃。本研究诠释了通过深入思考,对"双减"政策下课后服务校本课程体系的构建和实施,促进了构建新的学校教育生态,吸引学生回归校园,促进了学生个性化高质量发展。

建议文末增加参考文献和学生问卷调查表样本，在已有的管理制度基础上提炼出宝贵的经验，对方案实施中存在的问题加以分析和解决，确保课后服务校本课程体系建设不断完善，促进"双减"政策对整个教育体系的改革发展。

孙　慧

清华大学

"双减"背景下校内外融合推进课后服务的实践研究

通州区潞城镇中心小学　王玉霞

摘　要　随着"双减"政策的推进，农村学校课后服务已基本实现了覆盖所有学生，但专业师资缺少、经费不足、资源匮乏等问题制约着农村小学课后服务质量提升。本文针对上述问题，结合农村小学实际，对"双减"背景下校内外融合推进课后服务进行了实践研究，形成了挖掘乡土文化、整合地域资源，发挥机构优势、整合项目资源，引入智力支持、整合课程资源的模式，实现了为课后服务赋能、聚力、汇智、开源，促进了农村小学课后服务的提质增效。

主题词　双减　校内外融合　课后服务

2021年7月，中共中央办公厅、国务院办公厅颁布《关于进一步减轻义务教育阶段学生作业负担和校外培训负担的意见》以来，基础教育开始从认知型育人转向实践型育人，努力倡导在"做中学、用中学、创中学，在真实丰富的情境中学会学习、学会创造"。而这真实丰富的情境，一方面需要学校引入校外资源助力，另一方面则需要学校打开校门，让学生走入真实丰富的情境当中。也就是说，学校要努力形成校内外融合的育人生态，增强教育的综合性和实践性，才能让学生拥有核心思维、实践品性，拥有面向未来的关键能力和必备品格。

我们学校是一所农村小学，受农村原生家庭的影响，学生的实践、探究能力较弱，知识面窄，较少自主建构学习力。教师受地域影响，外出学习机会少，研究意识和能力有待提升，自主创新实践力不足，专业和骨干师资力量欠缺。这种状况，要求我们必须要构建校内外融合育人机制，才能助力学校可持续发展。

鉴于此，我们学校借"双减"之势，开展了"融合校外优质资源助力学校课后服务的实践"研究，以期通过"内外联手"，实现课后服务的提质增效。经过一年的实践，我们形成了三种资源融合模式，助推了学校课后服务质量的提升。

一、通过"研学+课程"模式整合地域资源助力课后服务

未来教育的显著特征是"学校无围墙，学习无边界"。学习方式会从学校中心拓展到社会中心，博物馆、田园、机关、厂矿等社会、文化、自然资源都可以成为学校的教育

资源，丰富学校教育的内涵，提升学生的综合素养……受这种思想启发，我们通过三种方式深入挖掘潞城地区的资源，研发了一系列地域研学课程，充实了学校课后服务内容。

（一）非遗研学

潞城是座千年古镇，有着2 200年历史。在历史更迭过程中，积淀下丰富的文化遗产。"双减"政策实施后，我们重点组织师生对潞城地区的非遗文化进行研学。通过查阅资料、走访村中老人、与镇领导交流、与文委领导沟通，形成了潞城地区非遗项目清单。在此基础上，学校研发了课后服务课程，并通过镇政府协助学校聘请非遗传承人或相关人员入校，利用课后服务时间对学生进行训练。在这一过程中，我们请到了卜落垡村非遗剪纸传承人、大东各庄村非遗吹歌传承人、非遗运河号子传承人、非遗木作项目负责人、非遗糖人负责人、安塞腰鼓负责人……走进潞城镇中心小学各校区组织学生学习。不仅让学生传承了潞城地区的非遗文化，而且形成了回应地域文化的课后服务特色。

学生在非遗剪纸课程中，设计出"长津湖"英雄人物剪纸、中国童话故事剪纸、四大名著人物剪纸，还结合大运河上的景观，设计出运河景观剪纸，激发了学生的学习兴趣。

在非遗糖人课程中，学生了解了画糖人、吹糖人、捏糖人的知识，了解了糖人的历史，认识了原材料蔗糖和麦芽糖，掌握了一笔画出生肖动物、花草树木的方法，并亲身体验和实践，尝试制作了动物十二生肖、简单器物……不仅培养了学生的审美能力，而且激发了学生传承民间艺术瑰宝的热情。

在运河号子课程中，学生了解了号子的知识，学习了运河号子的历史，观赏了通州区运河号子传承人和相关表演者在市区乃至国际上展示的视频，并和运河号子传承人赵义强老先生一起唱响了属于大运河的非遗民歌。

在非遗木作负责人的引领下，学生认识了潞城镇七级村非遗木作——"瞎掰"，知道了"瞎掰"的传说，了解了"瞎掰"的制作过程，掌握了瞎掰"以缺补缺"的制作原理。在此基础上，非遗负责人还协助学校研发了大运河森林公园内的漕运码头、亭台桥阁等木作模具。在课后服务时间，通过测、绘、锯、磨、拼、粘等活动，亲手制作大运河森林公园观景台和部分小桥的微缩模型，不仅培养了学生的动手、审美、实践能力，而且激发了学生热爱劳动、热爱劳动人民的情感。

（二）基地研学

潞城镇不仅历史悠久，而且还有丰富的教育场域，消防教育基地、党史教育公园、农业种植园区等，为师生提供了很好的教育资源和实践条件。"双减"政策实施后，学校将这些资源进行整合，研发了基地实践课程，利用课后服务时间组织学生进行实践。比如：我们与中农富通联系，组织学生开展种植体验，还让园区负责人协助学校培育彩椒秧苗，研发彩椒种植课程，成立科技种植社团，在大东各庄校区农耕园进行探索。这种课后活动，集项目学习、劳动、科学、综合实践为一体，提升了学生的综合素养。我们还与潞城镇佳合公司联系，让师生到佳合公司参观场区内的特色建筑，了解各种屋顶的建筑风格和作用，认识该公司生产的各种装饰材料；参观公司的文化理念展示区；认识公司负责人收藏的传统农耕工具，了解中国农耕文化；到现代种植区观赏特色动植物，了解科技种植和养殖方法；观摩该公司研发的水下防漏电设施，感悟科学技术的魅力；到肥皂盒博物馆，观赏馆藏的万件瓷肥皂盒，了解肥皂和瓷器的发展史；到艺术家工作室、书法长廊、绘画长廊，观摩全国优秀画家、书法家的作品，受到艺术熏陶……这一系列活动形成了基于产业基地的课后体验活动课程，不仅开阔了学生眼界，而且实现了在真实的场景中学习、实践的目标。

（三）文化研学

北京城市副中心建设过程中，发掘了很多历史文化遗址和石碑，这些都是非常有价值的文化教育资源。作为紧临城市副中心的学校，我们积极组织干部教师研读《智临潞城》这本书，欣赏相关碑文，研发《路县故城研学手册》，为学生在课后服务时间开展潞城文化专项研学活动奠定了基础。

通过上述三种形式，我们突破城市学校课后服务的模式，在满足农村学生和家长基本需求的前提下，充分挖掘乡土资源，吸纳非遗传承人和能工巧匠走进学校，为课后服务聚力，以乡村教育基地为载体，推进多学科融合性实践，不仅促进了学生思维发展、能力提升和社会性成长，而且形成了对接地域文化的课后服务特色，增强了课后服务的吸引力。

二、通过"开'源'+项目"模式整合机构资源助力课后服务

农村学校，特别是完小专业师资少、经费不足、资源匮乏等问题严重制约着课后服务质量的提升。要想为农村，特别是完小学学生提供精品课后服务，学校就必须要注重开"源"，通过多种方式引入物力和人力资源，才能实现课后服务的高质量、精品化。《中国教育之声》刊发的《"多条腿走路"，补齐乡村学校课后服务短板》一文提示我们，可以借助科技馆、博物馆等具有资质的社会组织和机构的力量，补充乡村学校课后服务资源，为学生提供丰富的个性化课程，这样有效"开源"，能够实现农村课后服务的精准脱贫，促进农村学校课后服务的高质量发展。实践中，我们学校通过"引入和订制"项目的方式，有效整合了社会机构的项目资源，助力课后服务提质。

（一）开"公益项目"之源助力课后服务

社会上很多机构有面向青少年的公益项目，整合这些项目，不仅能够缓解学校资金紧张的问题，而且能够为师生提供优质课程或资料，实现课后服务的精品化。比如，传统文化嘉年华项目、心理健康安全自护项目、京剧进校园项目、作家进校园项目等。这些项目中讲课的人员往往都是专家，安排的活动也大多是精心设计的，能够充分调动学生参与实践的积极性。实践中，我们引入了三类公益项目：

一是利用首都师范大学基于信息技术的教与学模式变革项目，启动课后服务时段线上线下双师"创客"课程。学生们在首师大项目专家指导下，学习设计 VR 模型方案，掌握团队合作技巧，练习使用计算机搭建简单模型，进而在专家指导下，利用 20 课时，完成了大东各庄小学校园内耕种园 VR 模型的设计和制作，展示效果得到项目专家充分肯定。

二是引入青少年活动中心到基层学校指导教学和教研的项目，聘请青少年活动中心书法、科技、舞蹈、声乐、模型等课程的优秀师资到潞城镇各个完小对师生进行辅导。卜

落堡校区的机器人社团和合唱社团、大东各庄校区的海模航模社区、大豆各庄小学的书法和舞蹈社团,在青少年活动中心教师的带领下,认真学习实践,取得很好的活动成效。

三是引入"我与自然同行"生态文明和垃圾分类研学项目,以项目研学的方式,组织学生到各个村镇、森林公园开展垃圾分类项目式学习。各校区学生自主选择主题,在项目专家和本校教师带领下,利用课后服务时段,开展问卷调查、实地调查、文献检索、数据汇总和分析等研究性学习,提高了学生研究性学习能力,研究成果在北京市"我与自然同行"项目成果展示中得到专家好评。

(二)开"订制项目"之源助力课后服务

课后服务无"标准答案",各校要根据自身特色、学生需求设置有特色的课程,实现个性化,才能提高课后服务质量。实践中,我们根据潞城镇中心小学学生阅读面窄、书面表达能力弱、英语学习质量不佳等问题,订制、研发了"阅读与习作""绘本阅读指导""朗诵与演讲""模型搭建""名著演绎"等项目,在专家和教师指导下组织学生进行专项研学,有效弥补了学生能力的不足。2021年9月以来,大豆各庄小学借助"英文绘本阅读"项目,带领学生读绘本、演绘本、唱绘本、画绘本,通过绘本剧、英文歌、讲故事等多种形式,展示绘本阅读成果,激发了学生学习英语的兴趣,在区级2021年年底举行的英语质量调研中消灭了不合格成绩。

三、通过"供给+赋能"模式整合课程资源助力课后服务

在整合地域、项目资源的同时,我们也十分注重整合校外课程资源,为师生课后服务助力。比如,引入爱因斯坦科学馆的网上科技教育资源,对各校区教师进行相关培训,成立科学社团,组织学生开展科学实验、观摩科学研究、学习科学知识。同时,教师也利用这些资源,推进大东各庄校区的地震社团活动,促进大豆各庄校区气象社团活动。2022年4月,通州区教委为全区书法教师引入故宫学校课程,我校作为书法特色学校代表参加会议之后,立即与故宫学校取得联系,签订公益服务协议,为书法、绘画、语文、德育学科教师开通网上账号。师生们既可以观看网上书法实践课、书法赏析课、古画赏析课、古代建筑课、陶瓷艺术课……也可以运用其中的课程任务单、PPT和教案进行授课。这些课程是由故宫博物院的研究员和知名专家录制和研订的,是一种高品质的供给和赋能,有助于提升师生专业素养和学校课后服务品质,实现课后服务的个性化、精品化。此外,通州博物馆、潞城镇南刘各庄村党支部、国家开发银行等单位为我们提供了儿童文学作家韩静慧的系列作品、《智临潞城》读本、中外儿童名著等阅读资料,协助学校开展阅读活动。潞城镇政府还为学校提供了党史公园解说词,指导教师给学生讲党史,提高党史教育实效……

强化农村学校课后服务资源整合,推进农村学校课后服务质量提升,是实现教育公平的"必答题"。一年的实践,我们基于乡土文化,整合地域资源;发挥机构优势,整合项目资源;引入智力支持,整合课程资源……构建起多维、交互的资源整合模式,弥补了学校课后服务资源不足的问题,促进了课后服务的提质增效。今后,我们会继续立足乡

村学校实际，有效整合资源，为学校课后服务赋能、聚力、汇智、开源，有效助力义务教育均衡发展。

<h2 style="text-align:center">参 考 文 献</h2>

［1］新修订的义务教育课程方案和课程标准有哪些主要变化？教育部发布会详解［EB/OL］. https：//mp. weixin. qq. com/s/－x2BTBIRdShUXnqRE5Pb7w.

［2］"多条腿走路"补齐乡村学校课后服务资源短板 | 快评［EB/OL］. https：//mp. weixin. qq. com/s/Io6IkQKrNdqq3-Frvmd5IeA.

专家点评

"双减"政策的推进，农村小学专业师资少、经费不足、资源匮乏等现状，在一定程度上制约了课后服务质量提升。本研究结合农村小学实际情况，借力"双减"政策的东风，深度挖掘非遗等乡土文化，着力推进校内外融合课后服务实践研究，以"研学＋课程"等模式整合本地地域资源，开展剪纸、运河民歌、木作、糖人等非遗项目学生的课后实践；发挥机构优势，整合当地项目资源，探访消防教育基地、党史教育公园、农业种植园区等，为师生提供了很好的教育资源和劳动实践条件，一定程度上缓解了师资、经费、资源匮乏的困境；本研究引入智力支持，整合课程资源的模式，组织教师研读《智临潞城》，欣赏相关碑文，研发《路县故城研学手册》等，加强教师的科学研究水平。经过一年的实践，学校形成了以上三种资源融合模式，助推了学校课后服务质量的提升，不仅让学生传承了潞城地区的非遗文化，而且形成了回应地域文化的课后服务特色。从成效上来看，这些丰富多彩的活动，弥补了受农村原生家庭影响而导致的学生实践、探究能力较弱、知识面窄等不足，引发了学生的学习兴趣，培养了学生的审美能力，激发了学生传承中国传统文化的热情，促进了"双减"政策下农村小学课后服务的提质增效。

建议研究能在已有广度的基础上，充分挖掘课后服务课程的深度，特别是农村小学的劳动类课程，归纳总结课后服务课程对于学生个性化发展的作用，在"双减"政策引领下，通过课后服务与课堂教学内容的深度融合，进行综合分析，逐步提高农村教师的科研和教学水平，提升学生的学习能力，进而稳步提高教学质量。

孙　慧
清华大学

新问题、新探索、新实践

——北京市教育科学规划"双减"研究专项成果集（下册）

主　编　张　熙　姜丽萍
副主编　曹　剑

北京理工大学出版社
BEIJING INSTITUTE OF TECHNOLOGY PRESS

版权专有　侵权必究

图书在版编目（CIP）数据

新问题、新探索、新实践：北京市教育科学规划"双减"研究专项成果集：上下册／张熙，姜丽萍主编．--北京：北京理工大学出版社，2023.6

ISBN 978-7-5763-2416-7

Ⅰ.①新…　Ⅱ.①张…②姜…　Ⅲ.①基础教育-教育改革-研究-北京　Ⅳ.①G639.21

中国国家版本馆 CIP 数据核字（2023）第 097055 号

责任编辑：徐艳君		**文案编辑**：徐艳君	
责任校对：周瑞红		**责任印制**：施胜娟	

出版发行／北京理工大学出版社有限责任公司
社　　址／北京市丰台区四合庄路 6 号
邮　　编／100070
电　　话／（010）68914026（教材售后服务热线）
　　　　　（010）68944437（课件资源服务热线）
网　　址／http：//www.bitpress.com.cn

版 印 次／2023 年 6 月第 1 版第 1 次印刷
印　　刷／河北盛世彩捷印刷有限公司
开　　本／787 mm×1092 mm　1/16
印　　张／44.25
字　　数／986 千字
定　　价／258.00 元（上下册）

图书出现印装质量问题，请拨打售后服务热线，负责调换

前　言

2021年7月，中共中央办公厅、国务院办公厅印发《关于进一步减轻义务教育阶段学生作业负担和校外培训负担的意见》。北京市紧跟中央部署，同年8月发布了关于进一步减轻义务教育阶段学生作业负担和校外培训负担的措施。北京市教育科学规划领导小组办公室（以下简称"规划办"）作为科研课题管理部门，积极落实北京市"双减"工作，充分发挥教育科学研究的平台作用，及时策划增立"双减"专项课题。2021年9月北京市教委印发了《关于申报北京市教育科学"十四五"规划2021年度"双减"专项课题的通知》（京教策〔2021〕13号）。按照《通知》要求，全市16区、燕山和经开区限额报送了107项课题，经过立项评审、领导小组审批，59项"双减"专项课题获得立项。

"双减"专项课题研究得到了各区教委、教科所的大力支持，各区也于2021年和2022年先后增立了"双减"研究专项，形成了市区两级协同管理、互相支撑开展"双减"研究的良好格局。市区两级联动机制既是规划办从治理层面的探索，也是市区科研管理部门联合为学校和教育工作者提供科研支撑与科研服务的一项重要举措。

为了推进"双减"专项课题研究成果的实践和应用，扩大"双减"科研成果的学术影响力和实践影响力，规划办面向全市征集市级、区级"双减"专项课题的研究成果，研究成果包括研究论文、专项调研报告和教学案例研究等，59项市级"双减"课题每项课题限报1项研究成果，区级"双减"课题成果整体限报36项，各区"双减"专项课题组织管理等方面的管理成果限报1项。截至2022年年底，全市共报送各类成果126项，经过专家遴选，84篇优秀成果收录在《新问题、新探索、新实践——北京市教育科学规划"双减"研究专项成果集》（以下简称"《成果集》"）中，其中市级课题成果39篇、区级课题成果36篇和科研管理成果9篇。

《成果集》分为作业篇、课后服务篇、课堂教学篇、学生发展篇、学校综合篇和科研管理篇六个部分，主要聚焦学校治理、队伍建设、课堂教学、作业设计和家校协同等方面，对"双减"政策落地过程中遇到的现实问题和教学挑战进行总结和分析，提出新的解决办法，贡献新的教学案例。为了提高《成果集》质量，规划办邀请中国教育科学研究院、北京师范大学、清华大学、人民教育出版社、北京教育科学研究院、首都师范大学、北京教育学院等单位的18位专家对入选成果进行专业点评，分析了入选成果的亮点和存在的不足，并提出建议。

在此感谢18位专家对规划办工作的支持和贡献、对收录成果的点评和指导，感谢全市各区教科院（所）领导及管理人员的精心组织和管理，感谢课题负责人所在学校领导的支持和重视，感谢全体参与课题研究者的辛勤劳动。

全书由北京教科院副院长张熙和规划办主任姜丽萍统筹策划和总体协调，规划办曹剑老师具体负责本书文稿编辑及组织联络等工作，规划办庞立场、王一丹、王彬、王萍、杨蓓等老师参与了成果遴选会组织和文字校对等工作。

由于时间仓促和水平有限，难免有所疏漏或不当，欢迎社会各界提出宝贵意见和建议。

目 录

课堂教学篇 1

依托教研组区校协同推动"双减"政策实施的研究 / 1
中小学生阅读参与度影响因素的比较研究 / 8
课程一体化：以系统思维落实"双减" / 18
"双减"背景下学校教研组评价体系的构建研究 / 25
基于深度学习的语文学科结构化教学探索 / 34
用真实情境体验促进入学适应 / 44
关于"双减"背景下基于常态课数据分析的课堂教学改进报告 / 50
落实"双减"促进"双升"让课题研究赋能师生成长
　　——"'阅读剧场'视域下小学语文阅读有效活动设计研究"课题实施报告 / 58
智能平台赋能数学核心素养表现性评价的实践探索
　　——以"乘法分配律"为例 / 75
"双减"背景下基于数据分析的小学语文课堂诊断与改进实践研究 / 86
"双减"背景下，依托数学主题活动，落实"五育"并举 / 96
跨学科整合单元备课，优化美术课堂作业设计 / 113
"双减"背景下基于学科大概念的道德与法治教学策略与实施 / 119
基于博物馆资源的初中跨学科项目式教学设计初探
　　——以初中历史与美术学科融合的教学设计"探秘北京中轴线"为例 / 125

学生发展篇 137

"双减"实践对学生的影响研究
　　——以北京市三十五中学初一、初二学生为例 / 137
促进学生自主学习的教学策略研究 / 147
义务教育阶段学生健康生活指导研究 / 154
"双减"背景下区域学生发展质量相关因素研究 / 160

"双减"政策下指向批判性思维培养的中学"探究实证"教学模式的构建与应用 / 170
提高教师合作能力减缓学生"负担感"的实践探索 / 179
"双减"背景下中小学生自主学习能力培养的教学实践研究报告 / 185
"双减"背景下体能训练对提高初中男生身体素质实验研究 / 191

学校综合篇 198

"双减"背景下教师工作压力对工作倦怠的影响：教学效能感和应对方式的调节作用 / 198
深化"双减"：重构"一日学校生活"的创新实践 / 205
"双减"背景下，教育集团校本教研资源平台优化的研究 / 214
"双减"背景下缓解一年级新生家长教育焦虑的路径探究 / 219
多措并举，"减负"提质
——"双减"背景下的北京八中初一年级组的尝试 / 226
借"双减"政策东风，圆"望子成龙"之梦
——初中生亲子教育期望差异与学业成绩的关系 / 232
问对与求解："双减"背景下轮岗教师到流入校面临的五重困境及解决策略 / 241
"双减"政策背景下家园协同做好幼小衔接的实践研究 / 247
"双减"背景下家校共育的指导策略研究
——以《西游记》亲子阅读为例 / 253

科研管理篇 259

以九大机制扎实推进"双减"的"朝阳实践" / 259
以完善教育科研管理机制助力中小学"双减"实践探索 / 264
"双减"科研管理与区域科研推进的关系探索 / 269
区域教育科研管理助力"双减"政策落地的实践策略 / 275
面向科研能力建设的区域"双减"研究管理优化转型 / 283
昌平区教育科研赋能"双减"的系统构建 / 289
以高质量课题研究助力区域"双减"政策落地 / 294
"双减"政策下顺义区学校育人功能的实践探索 / 298
专项管理、层级示范、真实推进，助推"双减"课题成果落地 / 303
立足日常机制优化的区域"双减"科研管理探索 / 308

依托教研组区校协同推动"双减"政策实施的研究[①]

北京教育学院石景山分院 李 文 李爱霞

摘 要　国家"双减"政策实施是区域教师研修机构和中小学校的重要任务。依托教研组区校协同推进"双减"是落实"双减"政策的一条可行路径。依托教研组区校协同推动"双减"政策实施指的是区域教师研修机构与中小学校在教研组层面进行协作，共同推动国家"双减"政策的研究与实施。依托教研组区校协同推动"双减"政策实施可有三种模式：区域研修部门主导、区校协同推动教研组"双减"实施模式；学校主导、区域研修支持教研组"双减"实施模式；教研组主导、区校协同支持教研组"双减"实施模式。

主题词　教研组　区校协同　"双减"政策　实施

2021年7月，中共中央办公厅　国务院办公厅印发《关于进一步减轻义务教育阶段学生作业负担和校外培训负担的意见》，"双减"成为区域教师研修机构以及中小学校共同关注与研究的重要主题，也是共同面对的关键问题。

区域教师研修机构是引领教师学习、研究与专业发展的区域教师研修专业组织，在"双减"政策实施中肩负着重要的培训、研究与引领职责，区域教师研修机构如何找到助推"双减"政策实施的切入点，给予区域中小学校以系统、深入、专业的支持，成为区域教师研修机构推动落实"双减"政策的重要问题。中小学校是落实"双减"政策的主阵地，学校"双减"政策实施的路径、方法、策略等都需要进行研究探索与实践，而教研组"是教师直接面对的、关系最密切的专业组织"，在"双减"政策实施中应成为最基础、最关键的组织单位。基于区域、学校及教研组各自职能定位以及在"双减"政策实施中所应发挥作用，并使三者实施效益最大化，我们确定依托教研组区校协同推动"双减"政策实施，探索区校协同在教研组层面推动"双减"政策实施的基本模式。

[①] 北京市教育科学"十四五"规划2021年度"双减"专项课题"依托教研组区校协同推动'双减'政策实施的行动研究"（CAGB21502）的成果。

那么，什么是依托教研组区校协同推动"双减"政策实施？依托教研组区校协同推动"双减"政策实施有何价值？依托教研组区校协同推动"双减"政策实施有哪几种基本模式？本研究主要探讨以上三个问题。

一、依托教研组区校协同推动"双减"政策实施的内涵

关于教研组的含义，目前有几种观点：第一，教研组是学校基层教学研究组织。"教研组是学校基本的教学研究组织"，"教研组是由同一或相似学科教师组成的教学研究组织"，强调基础性、学科性、教学研究性与组织性。第二，教研组是学校基层管理组织。"教研组并非单纯的学习型组织，具有一定的基层管理组织性质"，"它不是单纯的教学研究组织，还是学校基层行政组织"，指出其管理性、行政性、基层性。第三，教研组是学校教师学习、专业发展组织。"教研组是学习型组织"，教研组"是促进教师专业发展的学习共同体，它使教师专业发展由外控走向自主成为可能"，"我国中小学校的教研组天然地具有促进教师专业发展的功能"，强调教研组的学习性、专业性、发展性、共同体特征。第四，教研组具有中国文化特征。"我国中小学教研组制度是产生于本土文化背景下的一种基层教学研究组织"，强调本土性、文化性。

关于区校协同的含义，从协同的主体而言，主要是两类：其一是区域政府、企业与学校之间的协同，主要指的是高职院校的一种人才协同培养与使用机制，"区校协同"是指通过地方政府、学校、行业企业等社会力量共同努力，充分整合区域资源优势，协同发展，相互促进。其二是区域教育行政部门、教师研修机构与学校之间的协同，区校之间既是专业指导关系，也是行政管理关系。本研究中，"区"主要是指区域教师研修机构，包括教研部门、科研部门和师训部门等；"校"主要指中小学学校，以义务教育阶段学校为主，"区校协同"指区域教师研修机构（区教师进修学校）与中小学一线学校之间协作、合作。

依托教研组区校协同推动"双减"政策实施指的是区域教师研修机构与中小学校在教研组层面进行协作，共同推动国家"双减"教育政策的研究与实施。

二、依托教研组区校协同推动"双减"政策实施的价值

（一）有利于有效推动"双减"的实施

"双减"政策有效实施，需要经历一个教师研究、探索、反思与实践的过程，而这个过程需要专业人员支持，需要团队合作、互动创新。区校协同为中小学校"双减"政策研究与实施提供了可行的路径，教研组是教师研究与实施"双减"的重要组织载体，在教研组层面开展区校协同的"双减"实施，有利于推动区域教研员、研修员对教研组及教师进行专业指导、提供研究展示平台、构成关键性任务等，进而推动国家"双减"政策的有效实施。

（二）有利于建立区校协同研修的机制

"校本研修是教研组存在的基本形态"，教研组通过校本研修进行听评课、课例研究、

推动教学改革、落实教育政策等，而外部指导者的介入能够促使教研组突破其成员的知识与经验结构，引入新的知识、观念与方法。在依托教研组区校协同推动"双减"政策实施过程中，区域教师研修机构为学校教研组提供资源、平台等，区域教研员、研修员参与到教研组"双减"实践探索之中，构建形成区校协同进行校本研修的新机制。

（三）有利于推动学校教研组专题研究

很多研究者指出了当前教研组存在的一些问题，如"我国教研组在其发展过程中先后异化成了备课组和课题组，'教''研'本真基本丧失"，"教研组多了日常教学事务的烦恼，少了教学研究的兴趣与探讨"，教研组专题研究的缺乏是其主要原因。而依托教研组区校协同推动"双减"政策实施中，作业设计、课堂提质增效、课后服务三大主题成为教研组的研究专题方向；同时，由区校协同开展"双减"，实施探索构成跨界研修共同体，实现"双减"研究的深入进行以及知识之间的流动，从而有利于学校教研组专题研究的推动。

三、依托教研组区校协同推动"双减"政策实施的模式

依托教研组区校协同推动"双减"政策实施的模式主要有以下三类：

（一）区域研修部门主导、区校协同推动教研组"双减"实施模式

区域研修部门主导、区校协同推动教研组"双减"实施模式指的是区域研修部门发起和主导的，区域研修部门与学校、教研组协同推动"双减"政策实施的一种合作研修模式。协同推动的主导者是区域教师研修机构，一般是教师研修机构中的教师培训部门或教学研究部门，其与学校及教研组进行协同研修，共同推动"双减"政策研究与实践。在协同过程中，区域教师研修机构教研员、科研、师训研修员等作为教研组教师指导者的角色，而教研组教师则是进行"双减"专题研究的具体行动者、实施者。

以北京市石景山区对该模式的具体实施为例，区域教师研修机构中的教师培训中心组织举办教研组长"双减"专题研修班，招生对象为区域内中小学校教研组长，主要有三个阶段：第一阶段，对教研组长进行"双减"政策与理论、专题研究方法等的集中研修培训。第二阶段，教研组长领导本组教师开展"双减"专题研修实践，区域教研员在此过程中进行专题研修实践指导，参与听评课、研磨课例、打磨案例、专题研讨等，当然，过程中也离不开教研组所在学校支持。教研组长"双减"专题研修班还组织了一些教研组"双减"专题研修展示活动，通过这些关键性任务推动参与展示的教研组进行更为深入的研究探索，并促进教研组之间的互动交流、探讨借鉴。第三阶段，教研组长对教研组"双减"专题研究成果进行提炼，将研究经验系统化、理性化，区域师训、科研研修员对教研组长"双减"专题研究成果提炼进行指导，也聘请一些区外高校、科研院所专业人员进行指导。具体模式如图1所示。

区域研修部门主导、区校协同推动教研组"双减"实施模式体现了在中国本土教育系统结构中，区域教师研修机构及其部门、学校及教研组所具有的行政性、管理性特征，区域教师研修机构及其部门具有一定权威性，学校及教研组往往会自动接受其安排与指导，这些特征使得这一"自上而下"推动教研组实施某一教育政策、课程改革等的研修

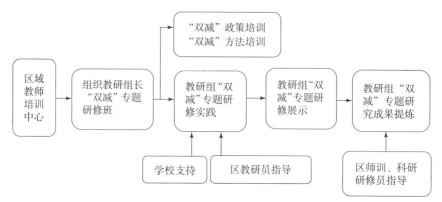

图 1　区域研修部门主导、区校协同推动教研组"双减"实施模式

模式得以实现。

（二）学校主导、区域研修支持教研组"双减"实施模式

学校主导、区域研修支持教研组"双减"实施模式指的是中小学校发起与主导、区域教师研修机构或专业人员予以支持的教研组"双减"政策实施研修模式。这一模式中，中小学校是主导者，通常是由校长或教学副校长提出"双减"政策实施的思路，进而整体推动学校教研组进行"双减"主题校本研修，邀请区域教师研修机构教研员、研修员进行指导，有时也会获得区域研修机构某部门支持，开展区级展示活动，区校协同推动教研组"双减"实施。区校协同双方中，一方为中小学校，另一方为区域教师研修机构或者教研员、研修员个体。

以北京市石景山区对该模式的具体实施为例，有两种形式：其一，学校与区域教师研修机构的教师培训中心进行协同合作，并举办区级展示活动。学校为扩大其研究影响力，主动与区域教师培训中心联系，进行沟通协商、取得支持。区域教师培训中心为学校提供展示平台，并对学校各个教研组"双减"主题校本研修进行过程性、成果性指导，包括教研组"双减"主题确立、实践探索、经验提炼等，形成典型案例，在区域中小学校范围内进行展示交流。其二，学校直接与区域教师研修机构教研员、研修员协同合作。学校直接邀请区域教研员、研修员对于教研组"双减"主题校本研修进行指导，全过程性指导或者部分过程指导。学校主导、区域研修支持教研组"双减"实施模式如图2和图3所示。

学校主导、区域研修支持教研组"双减"实施模式体现了学校作为主导者在"双减"政策实施研究中的主动性，其主动推动教研组开展"双减"政策实施研究，与区域协同合作提升教研组"双减"研究的专业性。该模式中，部分学校与区域教师培训中心合作开展区域"双减"研究展示活动，其基础是该活动对于区、校所具有的共赢性，学校能够扩大自身的区域影响力、提升教师专业能力、激发教师发展活力，区域教师培训部门能够通过学校典型案例对于整个区域中小学形成推动力以及引领性、示范性。

（三）教研组主导、区校协同支持教研组"双减"实施模式

教研组主导、区校协同支持教研组"双减"实施模式指的是学校某一教研组自主发起和主导"双减"研究与实践，同时，取得学校支持，获得区域教研或科研方面指导的

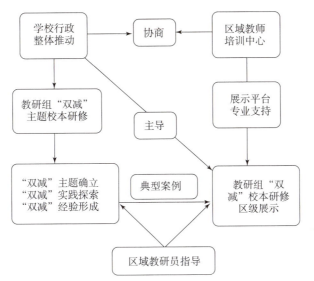

图 2　学校主导、区域研修支持教研组"双减"实施模式一

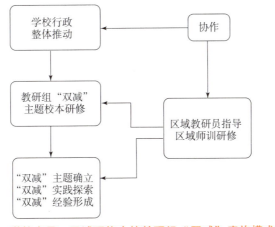

图 3　学校主导、区域研修支持教研组"双减"实施模式二

一种研修模式。该模式中,教研组居于主导地位,是研究的主体,其根据"双减"政策要求及本组教学实践问题与需求开展"双减"主题相关的研究,通过校本专题研修或者课题研究的方式推进研究。在此过程中,学校给予行政性、专业性支持,获得区域学科教研员的专业指导,或者立项为市区课题,纳入区域科研管理系统,从而获得教科研专业人员的指导,实现区校协同支持下的教研组"双减"政策实施研究模式。

在国家"双减"政策大背景下,教研组通过各级培训、学校行政会议等方式,理解"双减"的本质与要求,确立"双减"校本研修方向及主题,教研组教师运用集体力量开展"双减"专题研修,实践探索、获得支持、形成经验,而有些教研组则在专题研修基础上立项成为市区课题,"以课题研究来促使教研组形成新的研究态势,并汲取课题所具有的许多新的研究力量",增加教科研方法的运用以及课题研究成果的提炼,获得区域科研人员专业指导。教研组主导、区校协同支持教研组"双减"实施模式如图4所示。

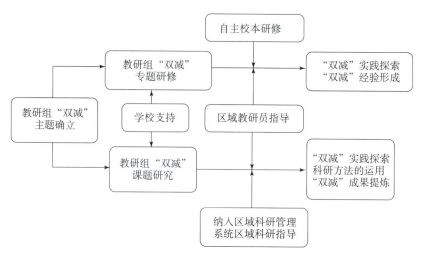

图 4　教研组主导、区校协同支持教研组"双减"实施模式

教研组主导、区校协同支持教研组"双减"实施模式中,存在两条路径,在一定条件下两条路径也可实现互动转化。一条路径是学校及教研组与区域教研员个体之间的合作,这种协同是建立在中国教育系统中区域教研员对于学校教研组及教师指导职责基础之上的;另一条路径则是学校及教研组与区域科研部门之间的合作,这种协同是建立在区域科研部门对于学校及教研组教师课题研究的管理职能基础之上的;这些都构成了区校协同的基础和依据。

总之,国家"双减"政策实施需要教师真正落实于日常教学行为之中,教研组对于"双减"政策实施的探索则为这种日常教学落实提供了研究基础,而区校协同为教研组"双减"政策实施探索提供了组织上、专业上的支持,依托教研组区校协同推动"双减"政策实施模式为国家"双减"政策落实提供了可行的路径。

参 考 文 献

[1] 胡惠闵. 教师专业发展背景下的学校教研组 [J]. 全球教育展望, 2005, 34 (7): 21 - 25.

[2] 徐伯钧. 我国中小学教研组建设研究述评 [J]. 教育研究, 2016, 37 (9): 73 - 82.

[3] 胡艳. 专业学习共同体视角下的教研组建设——以北京市某区中学教研组为例 [J]. 教育研究, 2013, 34 (10): 37 - 43.

[4] 陈桂生. "中国的教研组现象"平议 [J]. 南通大学学报(教育科学版), 2006 (4): 1 - 4.

[5] 牟映雪. 教研组协作文化构建与教师专业发展 [J]. 课程. 教材. 教法, 2006 (9): 83 - 86.

[6] 单志艳. 走向中国特色教师专业学习共同体的教研组变革 [J]. 教育研究, 2014, 35 (10): 86 - 90.

[7] 廉依婷. "区校协同"视域下高职院校高层次人才引进政策机制的优化研究 [J]. 中国职业技术教育, 2021 (31): 22 - 27 + 58.

[8] 毛齐明. 教研组"教""研"的丧失与回归 [J]. 中国教育学刊, 2012 (2): 32 - 35 + 39.

[9] 周彬. 与"教学研究"渐行渐远的"教研组" [J]. 上海教育科研, 2005 (4): 28 - 29.

[10] 李爱霞. 基于课题研究的中小学教研组组织变革的价值分析 [J]. 中小学教师培训, 2017 (2): 33 - 35.

专家点评

　　落实"双减"政策是各级教育机构的共同责任，距离学校最近的是区一级教研机构。"依托教研组区校协同推动'双减'政策实施的行动研究"课题，全面分析了区级研修机构（教研、科研、师训等）与学校、校内各科教研组三方各自的优势，将协同关系中的三方分别给予了落实"双减"政策过程中的实际职责定位。以区校协同促进教研组的改进为基本思路，归纳出区域教师研修机构与中小学校在教研组层面进行协作，共同推动国家"双减"教育政策的研究与实施的三类行动模式：一是"区域研修部门主导、区校协同"模式；二是"学校主导、区域研修支持教研组"的行动模式；三是"教研组主导、区校协同支持教研组"的行动模式。探讨了区校协同研修、教研组专题研究、以教研组为核心实施区校协同的可行性及其推进落实"双减"政策的实际效用。这些探索既有利于充分发挥区级研修部门的专业潜力，也有利于提升学校的教研水平，还有利于丰富学校各教研组的研究活动，从而为学校"双减"工作提供了有利的专业支持。

　　该课题还可在发挥区级研修部门的跨学科研究优势，以支持学校在培养学生自主性、探究性、合作性学习方面进一步开展深入探索。

耿　申

北京教育科学研究院

中小学生阅读参与度影响因素的比较研究[①]

北京市通州区教师研修中心　李　颖　商学军　任智茹　席　蓉

摘　要　　阅读参与度是衡量、检验学生阅读过程、阅读结果的重要依据。本研究运用调查研究法，以学生、教师为主要研究对象，探究了"双减"背景下中小学生阅读参与度的影响因素并进行比较分析，提出中小学生阅读素养培养的方法与策略。研究发现，中小学生阅读参与度具有一致性、发展性、差异性；家庭阅读互动、阅读资源和家长阅读态度，以及学校阅读空间建设、资源使用与组织管理、课后服务阅读活动，对中小学生阅读参与度具有积极影响，不同学科的课堂教学活动则以积极正向影响为主。本研究建议：科学、全面地认识阅读参与度；建立家、校、社协同推进机制；加强中小学学段衔接、学科融合与阅读实践；优化学校课后服务中的阅读活动供给。

主题词　阅读参与度　中小学　影响因素

一、问题的提出

中小学生阅读素养作为促进核心素养发展的重要组成部分，已经成为当代教育教学研究的热点问题。阅读参与度作为衡量、检验阅读过程、阅读结果的重要依据，无疑为阅读素养研究与探索提供了有力抓手。"双减"背景下探究中小学生阅读参与度的影响因素并进行比较分析，可以让我们理性地审视不同学段阅读素养培养的方法与策略。

已有关于阅读参与度相关影响因素的研究，主要是将阅读参与度作为影响因素，研究其对阅读素养、学习成绩及道德情感等"结果性"变量的作用，而对于阅读参与度这一"过程性"变量的影响因素研究非常缺乏。阅读参与度是指学生对阅读的认可、投入程度以及实现自我价值的重要程度，包括情感参与、行为参与、认知参与，其中情感参与包括阅读动机强度和阅读目标效价，行为参与包括自主阅读行为和互动阅读行为，认知参与包括任务管理策略和文本处理策略。教学实践中我们发现，中小学教师对于学生阅读参与度关注不足，尤其在认知和行为层面存在偏差。为此，本研究企图通过对小学、初中两个学段学生阅读参与度现状及其影响因素的全面了解，提出有针对性的阅读参与度提升策略。

---

① 北京市教育科学规划"双减"专项课题"'双减'背景下中小学生阅读参与度的研究"（CEGB21508）成果。

二、研究方法

（一）研究工具

1. 中小学生阅读参与度的测量

本研究借鉴李丽等研究者的阅读参与度量表，改编了中小学生阅读参与度量表，包括三个子维度：情感参与、行为参与、认知参与。面向 99 名中小学生进行试测，经测量学指标检验，量表整体内部一致性 α 系数为 0.976，且三个子维度的信度均大于 0.9；阅读参与度及三个子维度间相关系数均超过 0.8，为强相关。说明量表具有良好的信效度。

2. 家庭、学校因素的调查

（1）学生问卷。对学生的调查采用自编的"阅读参与度影响因素问卷"，包括家庭与学校两个层面（表 1）。问卷整体内部一致性 α 系数为 0.848。

表 1　中小学生阅读参与度家、校影响因素

家庭	学校
1. 阅读空间建设 2. 阅读资源使用 3. 阅读组织管理	1. 家庭阅读互动 2. 家长阅读态度 3. 课后服务阅读活动 4. 家庭图书资源 5. 语文教学活动 6. 数学教学活动 7. 英语教学活动

（2）教师问卷。对教师的调查采用自编的"中小学教师阅读情况调查问卷"，主要调查教师阅读态度、阅读兴趣、阅读教学等 9 个维度的情况。问卷整体内部一致性 α 系数为 0.944。

（二）研究对象及方法

1. 学生

采用分层随机抽样，抽取城镇、农村 35 所中小学（18 所小学、17 所初中）三、四、五、七、八共五个年级的学生。通过线上平台，发放学生问卷 8 362 份，回收问卷 8 362 份，其中有效问卷 8 248 份，小学生占比 66.2%，初中生占比 33.8%。

2. 教师

面向 35 所中小学三、四、五、七、八共五个年级的语文、英语、数学、道德与法治、科学、地理、历史、生物、物理所有任课教师进行调查。通过线上平台，发放教师问卷 1 484 份，回收问卷 1 484 份，其中有效问卷 1 483 份，小学教师占比 54.9%，初中教师占比 45.1%。

（三）分析方法

本研究采用 SPSS20.0 对数据进行处理，使用了描述性统计分析、独立样本 t 检验、多元线性回归分析等统计分析方法。

三、研究结果

(一)不同学段学生阅读参与度及其影响因素基本情况

中小学生阅读参与度的总体特点是情感参与高,认知参与次之,行为参与最低。阅读参与度及子维度的得分均为初中高于小学,独立样本 t 检验显示中小学生阅读参与度及认知参与的差异显著(表2)。

家庭层面的三个因素中,家庭阅读互动、家长阅读态度得分小学高于初中,且差异显著($p<0.01$);家庭图书资源初中略高于小学,差异不显著($p>0.05$)。

学校层面的七个因素中,阅读空间建设、阅读资源使用、阅读组织管理、课后服务阅读活动这四个因素小学得分高于初中,除阅读组织管理差异不显著外,其余三个差异显著($p<0.01$)。课堂教学活动初中在语文、数学、英语得分均高于小学,数学课堂的差异不显著($p>0.05$),语文、英语显著($p<0.01$)。

表2 阅读参与度及各维度与家、校影响因素统计结果

项目	小学		初中		整体	
	均值	标准差	均值	标准差	均值	标准差
阅读参与度	3.966	0.611	4.021**	0.706	3.985	0.645
情感参与	4.090	0.631	4.114	0.716	4.098	0.661
行为参与	3.822	0.646	3.851	0.772	3.832	0.691
认知参与	3.956	0.681	4.074*	0.757	3.996	0.709
家庭阅读互动	3.092**	0.595	2.955	0.752	3.046	0.655
家长阅读态度	3.454**	0.507	3.198	0.614	3.367	0.559
家庭图书资源	3.357	1.001	3.362	1.016	3.359	1.006
阅读空间建设	2.102**	1.159	2.012	1.238	2.072	1.187
阅读资源使用	2.890**	0.941	2.380	1.024	2.740	0.993
阅读组织管理	2.488	1.492	2.476	1.544	2.484	1.510
课后服务阅读活动	1.720**	0.451	1.550	0.498	1.660	0.474
语文教学活动	3.828	1.479	4.045**	1.400	3.902	1.456
数学教学活动	3.485	1.539	3.491	1.545	3.487	1.541
英语教学活动	3.728	1.507	4.033**	1.425	3.831	1.487

注:**,在0.01水平上显著相关;*,在0.05水平上显著相关(下同)。

(二)家庭、学校对学生阅读参与度的影响

本研究首先计算了各变量之间的相关性,结果表明,在不同学段中,家、校影响因素与阅读参与度及子维度的相关系数皆达到显著水平($p<0.01$)。

为进一步探究在不同学段,家、校层面影响因素对阅读参与度及子维度的影响,本研究分别以阅读参与度及三个子维度为因变量,以性别、家庭社会经济地位(SES)为控制

变量，家、校影响因素为自变量进行分层回归，分别建立两个学段的回归模型，回归方法采用逐步进入。两个学段的回归模型均拟合（$p<0.01$）。

以阅读参与度为因变量的模型中，家庭层面三个因素按照影响程度由高到低依次是家庭阅读互动、家庭阅读资源和家长阅读态度。学校层面除课堂教学活动的预测作用差异较大外，其他因素较为一致。两者主要差异在于小学阶段英语教学活动有显著预测作用；初中阶段语文及数学教学活动预测作用显著，其中语文教学活动为负向预测作用（表3）。

表3　小学、初中学段家、校影响因素对阅读参与度的分层回归结果

	模型内变量	小学				初中			
		β	t	β	t	β	t	β	t
区组一	家庭背景	0.085	5.996**	−0.037	−2.735**	0.126	5.726**	−0.029	−1.389
	性别	0.053	3.742**	0.042	3.444**	−0.061	−2.793**	−0.056	−2.939**
区组二	家庭阅读互动			0.336	24.306**			0.293	13.177**
	家庭阅读资源			0.136	9.747**			0.192	8.952**
	家长阅读态度			0.028	2.134*			0.064	2.998**
	阅读资源使用			0.138	10.728**			0.092	4.328**,
	阅读组织管理			0.049	3.326**			0.084	3.278**
	课后服务阅读活动			0.046	3.575**			0.096	4.556**
	阅读空间建设			0.0440	3.121**			0.048	2.042*
	英语教学活动			0.041	2.990**				
	语文教学活动							−0.089	−3.358**
	数学教学活动							0.061	2.207*
模型摘要	R^2	0.010		0.256		0.019		0.288	
	F	25.354**		170.816**		19.871**		74.138**	
	ΔR^2	0.010		0.246		0.019		0.269	

以情感参与为因变量的模型中，家庭层面三个因素中家长阅读态度预测作用较小；数学与英语教学活动对小学、初中的情感参与都没有显著预测作用。两者主要差异在于小学阶段语文教学活动、阅读空间建设有显著的正向预测作用，初中阶段课后服务阅读活动预测作用正向且显著（表4）。

表4　小学、初中学段家、校影响因素对情感参与的分层回归结果

	模型内变量	小学				初中			
		β	t	β	t	β	t	β	t
区组一	家庭背景	0.117	8.334**	−0.018	−1.331	0.157	7.187**	−0.002	−0.091
	性别	0.055	3.883**	0.043	3.427**	−0.072	−3.304**	−0.0760	−3.928**

续表

模型内变量		小学				初中			
		β	t	β	t	β	t	β	t
区组二	家庭阅读互动			0.294	21.123**			0.272	12.09**
	家庭阅读资源			0.173	12.239**			0.195	9.074**
	家长阅读态度			0.046	3.467**			0.071	3.284**
	阅读资源使用			0.126	9.713**			0.096	4.455**
	阅读组织管理			0.036	2.398*			0.086	4.128**
	语文教学活动			0.054	3.894**				
	阅读空间建设			0.048	3.348**				
	课后服务阅读活动							0.094	4.477**
模型摘要	R^2	0.017		0.236		0.029		0.267	
	F	42.818**		170.405**		30.651**		91.895**	
	ΔR^2	0.017		0.219		0.029		0.238 2	

以行为参与为因变量的模型中，家庭层面三个因素中家长阅读态度对小学行为参与无显著预测作用；英语教学活动对中小学生行为参与无显著预测作用。两者主要差异在于初中阶段家长阅读态度、语文、数学教学活动有显著预测作用，其中语文教学活动为负向预测作用，小学则不显著（表5）。

表5 小学、初中学段家、校影响因素对行为参与的分层回归结果

模型内变量		小学				初中			
		β	t	β	t	β	t	β	t
区组一	家庭背景	0.064	4.560**	-0.028	-2.057*	0.083	3.755**	-0.048	-2.243*
	性别	0.039	2.768**	0.031	2.457*	-0.070	-3.185**	-0.057	-2.922**
区组二	家庭阅读互动			0.337	24.495**			0.281	12.384**
	家庭阅读资源			0.074	5.252**			0.154	7.037**
	阅读资源使用			0.149	11.346**			0.097	4.438**　*
	阅读组织管理			0.060	4.034**			0.088	3.357**
	课后服务阅读活动			0.056	4.222**			0.093	4.342**
	阅读空间建设			0.035	2.467*			0.059	2.460*
	家长阅读态度							0.050	2.278*
	语文教学活动							-0.139	-5.137**
	数学教学活动							0.086	3.072**
模型摘要	R^2	0.006		0.219		0.012		0.258	
	F	14.443**		174.105**		11.804**		63.763**	
	ΔR^2	0.006		0.213		0.012		0.246	

以认知参与为因变量的模型中,家庭层面三个因素中家长阅读态度预测作用较小;学校层面的语文、数学教学活动对中小学认知参与没有显著预测作用。两者主要差异在于小学阶段英语教学活动、阅读空间建设有显著预测作用,初中则不显著(表6)。

表6 小学、初中学段家、校影响因素对认知参与的分层回归结果

	模型内变量	小学				初中			
		β	t	β	t	β	t	β	t
区组一	家庭背景	0.050	3.527**	-0.062	-4.560**	0.112	5.051**	-0.045	-2.112*
	性别	0.054	3.793**	0.043	3.483**	-0.029	-1.313	-0.032	-1.652
区组二	家庭阅读互动			0.326	23.197**			0.283	12.436**
	家庭阅读资源			0.122	8.632**			0.184	8.470**
	家长阅读态度			0.021	1.572			0.058	2.655**
	阅读资源使用			0.118	9.029**			0.083	3.846**
	阅读组织管理			0.053	3.543**			0.101	4.804**
	课后服务阅读活动			0.056	4.248**			0.104	4.868**
	英语教学活动			0.045	3.227**				
	阅读空间建设			0.043	2.960**				
模型摘要	R^2	0.005		0.230		0.013		0.252	
	F	13.639**		148.727**		13.448**		85.078**	
	ΔR^2	0.005		0.225		0.013		0.239	

(三) 不同学段教师阅读情况调查分析

对教师的调查发现,在阅读指导、阅读材料类型、课外阅读任务三个维度上,初中教师得分略高于小学教师,将小学与初中进行独立样本 t 检验,结果显示,阅读指导与阅读材料类型初中教师与小学教师差异不显著。其余六个维度均为小学教师得分较高,其中除教师阅读兴趣初中教师与小学教师差异不显著以外,阅读态度等五个维度小学教师得分显著高于初中教师(表7)。

表7 中小学教师阅读及阅读教学统计结果

项目	小学		初中		整体	
	均值	标准差	均值	标准差	均值	标准差
教师阅读态度	3.509*	0.422	3.457	0.444	3.486	0.433
教师阅读兴趣	3.086	0.401	3.059	0.461	3.074	0.429
阅读教学内容	3.445*	0.501	3.388	0.553	3.419	0.526
阅读指导	1.820	0.768	1.885	0.797	1.849	0.782
阅读材料选择	3.254**	0.420	3.157	0.468	3.210	0.445
阅读材料类型	2.868	0.531	2.903	0.584	2.884	0.556

续表

项目	小学		初中		整体	
	均值	标准差	均值	标准差	均值	标准差
阅读策略	3.348**	0.524	3.269	0.578	3.313	0.550
课内阅读任务	3.444**	0.497	3.257	0.545	3.305	0.521
课外阅读任务	3.228	0.532	3.300*	0.554	3.258	0.542

四、结论与讨论

(一) 中小学生阅读参与度既具有一致性和发展性，又具有差异性

总体来看，初中生和小学生都是情感参与最高，认知参与次之，行为参与最低。从发展趋势来看，初中生阅读参与度总体高于小学生，体现在情感参与中对阅读目标重要性的认识、行为参与中的自主阅读、认知参与中的任务管理和文本处理策略。从差异性来看，初中生行为参与中的互动阅读行为低于小学生。

(二) 家庭阅读互动、阅读资源和家长阅读态度对中小学生阅读参与度具有积极影响

家庭阅读互动、阅读资源和家长阅读态度对中小学生的情感参与和认知参与都有积极影响。这说明，从阅读参与度发展来看，家庭阅读环境创设、家庭阅读氛围与亲子互动对中小学生培养阅读动机、明确阅读目标、丰富阅读策略、提高任务管理能力都有着持续的积极影响。

家庭阅读互动、阅读资源对小学生的阅读行为参与有积极影响。对于以学习阅读、他人指导阅读为主要特点的3～5年级学生来说，亲子共读、读书分享、话题交流正是他们喜欢的方式，而家庭阅读资源则提供了物质保障。

家长阅读态度对初中生的行为参与具有积极影响。初中生从行为上更喜欢自主阅读，而从情感和态度上依然需要家长的积极支持和鼓励。调研发现，初中生家长的阅读态度低于小学生家长。从这个结果来看，家庭应基于不同学段学生阅读行为参与特点给予持续的、各有侧重的支持。

(三) 学校阅读空间建设、资源使用与组织管理对中小学生阅读参与度有积极影响

阅读空间建设对小学生的情感参与、行为参与和认知参与有积极影响，而只对初中生的行为参与有积极影响。可见，与家庭环境的影响一样，学校环境创设也是培养学生阅读参与度的空间保障。调研表明，中小学对学校和班级阅读空间的创设，有助于学生阅读参与度的提高。例如，90%以上的小学、70%以上的初中都有班级图书角。

阅读资源使用和阅读组织管理对中小学生的情感参与、行为参与和认知参与三方面都有积极影响。与环境相比，阅读资源的有效利用和学校的组织管理对中小学生阅读参与度的影响更一致。调研表明，中小学生班级图书角的利用率较高，且小学高于中学（小学87.9%，中学73.9%），可见，学校阅读资源利用较好。在阅读组织管理方面，中小学都通过开展学生读书会、阅读节、亲子阅读活动、提供阅读书单、读书评比等丰富的活动来推动学生参与阅读，而学校开展亲子阅读活动的比例最低（小学29.99%，中学

23.4%），可见，学校对家庭亲子活动的组织应引起关注。

（四）课后服务阅读活动对中小学生阅读参与度有积极影响

课后服务阅读课时安排为中小学生阅读参与提供了刚性保障，对于中小学生行为参与和认知参与都有积极影响，并对初中生的情感参与也有积极影响。《关于进一步减轻义务教育阶段学生作业负担和校外培训负担的意见》（以下简称《意见》）指出，要保证课后服务时间，充分用好课后服务时间……开展丰富多彩的科普、文体、艺术、劳动、阅读、兴趣小组及社团活动。本研究发现，半数以上学生都认为学校有课后阅读课时安排，且小学高于初中（小学71.5%，初中54.6%）。课后服务能够满足学生个性化、差别化、实践性的发展需求，自主的阅读活动激发了学生的专注参与和交流分享。相比而言，对于课业紧张的初中生来说，在课后阅读活动中，阅读的兴趣、自主性、多元性和创造力更容易被激发，同时交流展示也有助于提升学生对自己阅读能力的信心。

中小学教师在课外阅读任务布置、用时安排、评价反馈三方面对学生阅读参与度的影响具有一致性和差异性。一致性体现在多数教师重视课外阅读任务的布置、完成时间和多元评价反馈。差异性体现在小学教师布置课外阅读任务的比例高于初中（小学86.2%，初中75.0%），在任务完成用时方面小学高于初中，小学教师在评价反馈方面注重课堂交流分享，而初中教师在评价反馈方面注重作业批改与学生反馈，并更多地通过线上平台评价指导学生。

（五）不同学科的课堂教学活动对中小学生阅读参与度的影响以积极正向为主

语文教学活动对小学生情感参与具有积极影响。调研发现，小学阶段学生认为语文教师开展"阅读文章或书籍""阅读方法指导""通过阅读解决问题"的活动最多。对于以学习阅读、指导阅读为主要特点的小学语文阅读教学来说，丰富的阅读、阅读方法指导、问题引导有助于学生的情感参与，有助于激发学生的阅读兴趣，在学习阅读中逐步增强学生阅读自我效能感。

英语教学活动对小学生的认知参与有积极影响。调研发现，在英语教学中，小学使用多媒体教学资源、课外儿童读物的频率高于初中。直观、形象的多媒体教学资源和课外儿童读物的使用有可能伴随着更多的信息提取、图文解释、复述对话、评价鉴赏、关联应用等阅读策略的认识与理解。

数学教学活动对初中生的行为参与有积极影响。调研表明，教师在阅读教学内容开展、阅读材料使用、文本材料类型这三方面的使用频率，都是小学高于初中且具有显著差异。但是在阅读指导方面，初中教师指导学生的时间高于小学生，主要体现在文本材料阅读、阅读审题指导、阅读方法指导和通过提问引导学生思考。比较而言，小学数学教学活动注重阅读数量，而初中则更注重阅读质量，尤其是注重阅读在数学教学中的应用和策略指导，这有助于学生运用阅读解决数学学习中的问题，有助于激发学生的阅读行为。

此外，本研究也发现语文教学活动对初中生的行为参与有负向影响，这点值得深入思考。调研发现，与小学相比较，初中语文课堂教学中的阅读量、阅读教学内容、阅读任务布置频率都有不同程度的提高，但在阅读教学策略、阅读指导方面依然延续小学的做法。这在一定程度上是否可以说明，初中语文教学的阅读容量增加，要求更高，但学生的阅读能力还没有达到，进而影响了阅读行为的自主性和互动性。

五、建议

（一）科学、全面地认识阅读参与度，引领阅读参与均衡、协调推进

阅读参与度是一个涵盖情感参与、认知参与、行为参与的有机整体，三个维度之间连接紧密、互相促进。无论是学校、家庭，教师、家长，对于阅读参与度都要建立起科学、全面的认识，重视每个维度的独特价值和功能，三者均衡、协调推进，促进阅读参与度稳步提升。

（二）建立家、校、社协同推进机制，发挥对阅读参与度的合力支撑作用

提升中小学生阅读参与度，需要建立家、校、社协同推进机制，联手搭建读书分享、亲子阅读、主题阅读等展示交流的平台，形成阅读空间、阅读资源、阅读指导、阅读评价等全方位的支持与保障，构建完善的阅读生态系统。

（三）遵循阅读素养发展规律，加强中小学学段衔接、学科融合与阅读实践

针对阅读参与度的发展性，强化系统设计，促进学段衔接。基于对学生在情感参与、认知参与、行为参与水平的评估，关注小学生与中学生在认知、情感、社会性等方面的发展变化，对阅读活动内容深度、广度进行相应调整，着力体现培养目标的连续性和发展性。

阅读素养是一种旨在培养终身学习能力的基础素养，要求各个学科都要重视阅读的实践功能性、应用性和综合理解能力。中小学校要引导教师打破学科边界，开展跨学科的主题阅读活动，实现"为中小学生精神养分搭配全面的、成体系的阅读产品"的目标。

"强化学科实践"是新修订的义务教育课程方案和课程标准的基本理念之一。中小学校要指导教师精心设计以"身体参与和亲身经历"为表现形式、以"体验和感悟"为内在特征的阅读实践活动，帮助学生在体验中学习、在实践中运用、在迁移中创新。

（四）"双减"背景下，亟须优化学校课后服务中的阅读活动供给，助力阅读参与度提升

依据《意见》要求与中小学生阅读活动需求，学校要不断优化课后服务中的阅读活动供给：加强图书馆、图书角等阅读空间建设，为学生安心阅读创造温馨的空间环境；坚持与时俱进，持续更新图书馆、图书角书籍；健全组织管理机制，将课后服务中的阅读内容与学校现有图书资源紧密联系，将课后服务中的课时安排与图书馆开放使用时间"无缝对接"；开展丰富多彩的阅读兴趣小组与社团活动，让中小学生享受读书愉悦、掌握阅读方法、进行深度阅读，切实促进情感参与、认知参与、行为参与全面提升。

参 考 文 献

[1] 戴汝潜．阅读课程教学的发展阶段［J］．广西教育，2008（7）：8-10．
[2] 李丽，杨一鸣，郝艺，等．大学生英语阅读参与度量表的编制与检验［J］．外语电化教学，2019（6）：39-45．

[3] 申佳慧. 家庭阅读参与构建全人生阅读路径探索[J]. 当代图书馆，2020（1）：20.
[4] 温红博，梁凯丽，刘先伟. 家庭环境对中学生阅读能力的影响：阅读投入、阅读兴趣的中介作用[J]. 心理学报，2016，48（3）：248-257.
[5] 张凤娟，欧欣怡，张菀秦. 新媒体背景下青少年课外阅读参与度及阅读策略使用状况调查研究[J]. 文化与传播，2020，9（4）：71-77.
[6] 中共中央办公厅，国务院办公厅. 关于进一步减轻义务教育阶段学生作业负担和校外培训负担的意见[J]. 中华人民共和国教育部公报，2021（10）：2-7.

专家点评

科学、全面地认识阅读参与度，建立家、校、社协同推进机制，加强中小学学段衔接、学科融合与阅读实践，优化学校课后服务中的阅读活动供给。这是本研究成果的旨趣所在，其中的四个组成部分也是推进阅读活动深入开展而需要处理好的几个重要问题。情况摸清了，问题显豁了，工作的针对性就增强了，相关资源使用和必要投入可以更加趋向合理和优化，由此而带来的"减负"作用也就体现了。本课题充分运用测量统计方法，对可能影响中小学生阅读参与度的要素及其相互关系做了量化，测量统计的维度丰富，结果清晰，具有一定参考价值。建议：数据清晰了，问题看清了，还需要进一步分析其中的原因。例如本研究的结论："初中生和小学生都是情感参与最高，认知参与次之，行为参与最低。"通俗说就是认识阅读的重要性大于阅读行动。其中的原因是什么？应该做些深入剖析。最后的五条"建议"属于"解决问题"部分，应提出中小学生阅读素养培养的方法与策略，遗憾的是过于简单，五条建议泛泛而谈，之间缺少与推进"双减"的逻辑关系阐述，因而深刻性和操作性都显不足。

张彬福
首都师范大学

课程一体化：以系统思维落实"双减"

北京小学 李明新 于 萍 李 铜

摘 要 课程建设是学校落实"双减"的重要路径。实践中，"课内""课后"两类课程因为功能定位不清、内容结构失序、实施主体不同等问题，普遍处于"各自为政"的相对割裂状态。北京小学聚焦于"课内""课后"课程一体化建设，在厘清两类课程关系的基础上，从目标、内容、实施、评价、管理五个维度，强化两类课程的内在关联和有机统一，共同服务于学生全面而富有个性的成长，凸显了以系统思维提升课程质量落实"双减"的实践特色。

主题词 课程一体化 课程育人 落实"双减"

一、问题梳理，明晰课程提质的着力点

课程建设是学校落实"双减"必须牢牢抓住、不断深化的核心问题。"双减"对学校课程整体质量提出了更高的要求，也为学校课程再优化提供了契机。北京小学对"课内""课后"两类课程进行系统梳理，聚焦问题，持续优化学校课程，追求两类课程协同提质。

在"课内"课程方面，学校需要持续关注质量提升。作为实施国家课程主渠道的"课内"课程，只有让每一个学生在校内实现学会、学优、学足，才能有效落实"双减"。

在"课后"课程方面，学校需要首先关注目标定位。"双减"之前，学校更加重视"课内"课程的建设质量，较为忽视"课后"课程；再加之"课后"课程欠缺整体设计、实施主体由校外人员参与、欠缺系统评价与管理，导致"课后"课程与"课内"课程"各自为政"，处于相对割裂的状态。

"课后"课程在促进学生发展上具有怎样的功能？"课内""课后"课程之间具有怎样的内在关系？这都是"双减"背景下学校课程建设必须回应的重要问题，也是整体提升学校课程质量的着力点。

二、整体设计，厘清"课内""课后"课程关系

在学校课程体系中，"课内""课后"应是有机组成的两大部分。学校要立足"立德树人"根本任务，系统思考，将两部分课程进行一体化的整体设计。其中，既要关注"课内"课程的提质增效，也要关注"课后"课程的系统构建，两方面相互支撑，协同育

人。厘清两部分课程之间的关系,是课程整体优化的前提和基础。

(一)"课内""课后"课程关系分析

1. 面向全体:"课内"课程的核心价值

"课内"课程是落实国家课程标准的主阵地,是学校教育教学工作开展的主渠道,是学生成长补给的"正餐"。全面提升"课内"课程质量,是落实"双减"的基础性工程。2022年4月,随着义务教育课程方案和课程标准的颁布,"课内"课程在面向全体学生落实核心素养培育的重要地位及其作用,得到进一步鲜明和强化。

2. 发展个性:"课后"课程的核心价值

"课后"课程是落实"双减"政策、减轻学生课后学业负担和课外培训负担的主举措,是学生成长补给的"加餐"。"加餐"不能替代"正餐",也不能影响"正餐"。但是,适时适度提供"加餐",能够有效延展教育空间,更充分地满足学生发展的个性需求。

(1)延伸性:追求学业质量再提升。在"课内"学习中,学生因个体差异导致学业质量发展水平不一,这是客观现实。因此,除了在课内教学要关注全体学生并因材施教以外,通过课后课程"补足"也是必需的。对于"吃不饱"的学生,应给予更多的支撑和供给;对于"吃不了"的学生,则需要进一步跟进与辅导。在"课后"课程中,由教师承担个性化的学业辅导,可以促进学生学业质量再提升。

(2)发展性:实现个性专长有发展。"双减"政策指出,课后服务要为学有余力的学生拓展学习空间,开展丰富多彩的活动,使得"五育"能够在课后服务中得到发展。显见,"课后"课程具有开发学生潜力、促进学生综合素质全面提升的教育功能,其重要价值在于培养学生的兴趣爱好和特长,满足学生个性化、差别化的发展需求。

(二)一体化:"课内""课后"课程的结构设计

在"双减"背景下开展学校课程建设,必须在开齐、开足、开好"课内"课程的基础上,从结构、数量、质量等方面丰富"课后"课程供给,使其成为满足学生"全面发展+个性需求"的一体化课程结构(图1)。

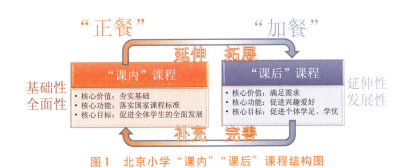

图1 北京小学"课内""课后"课程结构图

我们立足学校课程体系的建构,"课内"课程以课程方案为依据,严格落实课程规划。"课后"课程在每天下午3:30至5:30的课后服务时间分为"两时段"来设计。第一时段(3:30—4:30)是"作业时刻+快乐健身",安排全员体育健身活动,进一步加强学生校内体育锻炼；保障学生在校内完成书面作业。第二时段（4:30—5:30）是课后服务课程时段，为学生提供多样化的自选课程，促进个性发展。

三、"五位"一体，系统优化学校课程实施

整体定位"课内""课后"课程的结构之后，学校充分发挥自身在课程建设、教学文化、师资队伍等方面的优势，从目标、内容、实施、评价、管理五个层面，一体化推进课程的优化实施。

（一）目标一体化

"全面发展＋个性需求"的一体化课程追求"课内""课后"同频共振，首先就表现在两类课程在育人目标的一致性上。两类课程共同围绕"基础扎实、学有所长、中华底蕴、国际视野"学生培养目标进行设计与实施，共同指向五育并举，为促进学生全面而富有个性的成长发挥作用，鼓励学生不断追求做"最好的自己"。

（二）内容一体化

学校为落实"五育并举"，以"课内"课程为基础，让"课内"课程为"课后"课程建设提供方向和指导，构建与"课内"呼应的"课后"课程体系（表1）。两类课程内容互补，既有衔接，又有深化。例如：在德育方面，"课后"课程中开设"红色故事时刻"，学生在聆听红色故事中，传承革命文化，树立远大理想。在智育方面，针对课内学习"吃不了"的学生，课后开设"作业辅导＋骨干答疑"课程，使其学业巩固提高；为"吃不饱"的学生开设"学科拓展"课程，促其学足、学优。

表1 北京小学"课内""课后"课程内容一体化设置

课程内容 五育落点	"课内"课程		课后"课程"
德	全学科	道德与法治、语文等	红色故事时刻等
智		语文、数学、英语、科学、信息与科技等	作业辅导＋骨干答疑、学科拓展、机器人等
体		体育、健康、快乐健身等	游泳、乒乓球、田径、足球、篮球等
美		音乐、美术等	舞蹈、合唱、书法、儿童画等
劳		劳动等	模型制作、劳动、美食等

在一体化建设思路下，学校"课后"课程呈现出深、广、活的特点，极大避免了"课后"课程开设的随意性和"高耗低效"现象。较之"课内"课程，"课后"课程又增加了选择性和拓展性。例如：学生可以在"课内"每天一节体育课、运动1小时的基础上，在"课后"选择符合自己兴趣爱好的游泳、球类等不同课程，这样"课内""课后"课程共同服务于学生"三姿（蛙泳、仰泳、自由泳）、三球、三传统"体育运动能力的形成。

（三）实施一体化

课程实施一体化，是破解"课内""课后"课程缺少关联、各自为政的重要策略。学

校努力追求"课内课程"与"课后课程"间的深度整合,从贯彻课堂文化和开展因材施教两个策略出发,对"课内""课后"课程进行一体化实施。

1. 贯彻"实与活"课堂文化

学校多年前就形成了"实与活"的课堂文化,提出通过做实学段、务实课堂和落实主体三方面追求"实在基础",通过用活资源、激活方法和盘活评价三方面追求"活在生成"。"实与活"课堂文化不仅是"课内"课程的指导思想,也是"课后"课程一以贯之的实施要求。在"课后"课程实施过程中,教师同样关注学生学习的过程,设置核心问题引领学生活动探究,注重"以学定教""顺学而导","课后"课程也鲜明体现出"教与学"的有机统一。例如:在语文、数学、英语的学科拓展课程实施过程中,就是通过以"大问题""大任务"驱动的形式,引领学生学习,激活学生思维,促进学生学科核心素养实现进阶发展。

2. 深入开展因材施教

学校重视因材施教,努力为每一个学生提供适合的教育。在"课内",以作业撬动课堂结构改革,更好地实现分层教学,设置符合不同学生的分层作业,落实因材施教。在"课后",为学生创设更加灵活多样的选择空间,促进学生"因需而学"。例如:学生有机会走班选课,见到更多不同教学风格的学科教师。例如:语文、数学、英语拓展课程,集合了学校特级教师、市区骨干教师,采用"主讲+助教""线上+线下"相结合的形式,为更多学生提供了优质师资。再如:学生在"课内"体育活动中对某类运动产生了兴趣,就可以在"课后"选择相应课程,进一步充分锻炼,形成自身的运动爱好以及特长。

(四)评价一体化

学校基于学生发展的视角,将"课内""课后"课程视作一个整体,从强化过程性评价和促进个性化发展两个维度,对课程实施情况进行整体评价,充分发挥课程评价的导向性和激励性。

1. 强化过程性评价

学校研制了《北京小学学生发展性评价手册》,提出以"过程性+发展性"为核心的学业评价理念。评价主体多元,包括自我评价、同伴互评、教师评价和家长评价。评价指标则全面、开放,包括课堂学习、主题活动、学科实践、家庭劳动、自主锻炼等,评价内容覆盖了学生"课内""课后""家庭"不同场域中的表现,促进每个学生追求每日的健康学习生活状态,追求自我管理,自主发展。

2. 促进个性化发展

为了鼓励学生追求个性成长,学校创新评价机制,整合少先队"红领巾争章"活动,设立"北京小学年度荣誉奖"。该奖项旨在激励在道德品质、文化艺术、科技创造、体育健身、自主钻研、劳动公益等领域有自主发展目标,具有持之以恒的精神,有突出表现、突出事迹、突出贡献的学生及团队,不断鲜明了"做最好的自己,坚持就是进步,坚持就是成长,坚持就是胜利"的评价导向,引导学生既关注"课内"表现,更要关注"课后""居家"时期的持之以恒和自主追求。

（五）管理一体化

学校发挥支部建在连上的机制优势，干部党员和骨干带头，调动教师参与课后"课程"的自觉性、积极性，既确保师资稳定，也能够保持育人理念的一以贯之，在课程管理中体现出"全员参与""全程优化""全体覆盖"的特色。

"全员参与"是指全校教师积极投身到学校课程建设工作中来，通过对"双减"政策的学习践行，提高了政治站位，激发了作为教育工作者的使命感与责任感，课程建设与教师培训相融互促，学校课程的品质与教师的课程领导力协同提升。对于少量参与到"课后"课程的校外优质师资，学校从师德规范、教师文化、教学要求等方面统一进行管理，保证课程实施质量。

"全程优化"是指学校教师自觉承担起育人主体责任，精心设计学生每一天的校园生活，通过对一天中"课内""课后"课程的优化实施，努力让学生在学校学习的"每一堂课"都能有趣、有益，努力让每一名学生都能在校园内完成作业，实现学业高质量发展。五育并举的理念贯穿始终，学生在校园内实现着全面而健康的发展。

"全体覆盖"是指学校课程体系构建面向了每一名学生、每一个家庭。立足"双减"作为民生工程的属性，学校积极想办法、出实招，努力为每一名学生提供优质的课程供给，促进学生全面而有个性的成长。

四、协同提质，助力"双减"实践持续深化

在实践中，除了为学生精心准备"课内"课程的"正餐"以外，努力让"课后"课程成为"营养加餐"，北京小学构建了一体化的课程体系，凸显了课程整体提质落实"双减"的实践特色。

（一）"课内+课外"协同，整体推进课程建设

在已有"四季课程"体系基础上，学校通过抓"课内+课外"课程协同建设，逐步形成了更完整的学校课程体系，通过目标、内容、实施、评价、管理五个方面的一体化建设，有效地解决了"双减"以来学校课程建设方面的一些问题。学校形成的《提高站位看"双减"，系统思维抓落实》《课堂+作业联动优化，切实落实"双减"》等成果，多次在市、区学术活动中与刊物中发表，起到了积极的示范引领作用。光明日报、人民日报、中小学校长论坛、北京新闻等多家媒体报道了我校"双减"改革的实践成果，不仅进一步鲜明了科学育人观，也传播了北京小学的"双减"成果经验。

（二）"课堂+作业"协同，减负提质成效显著

学校针对"双减""五项管理"方面的落实情况，对全校学生进行了专题调研。在作业完成方面，三至六年级学生"总能在校内完成作业"和"大部分时间都能在校内完成作业"的学生均超过了95%，整体上实现了"小学生作业不出校园"。在区域内的质量监控工作中，学校四、六年级学生在学业质量能够继续保持多年的优质水平。同时，在睡眠时长、课外体育锻炼方面时长，较"双减"实施之前，均有显著提升，减负提质成效显著。

（三）"学校＋家庭"协同，教育生态持续向好

学校注重发挥促进教育家长委员会的作用，宣传"双减"工作的意义，介绍学校课程系统改革思路，让家长信任学校并能切实享受到优质的课程供给。问卷调研显示，"双减"政策落地后已经有大批家长及时退出了校外学科类培训班，家长愿意将学生留在校园，全校100%的学生参与课后服务课程中的第一时段，98%参与第二时段。课后课程体现出较强的吸引力与良好的实践效果。

"五位一体"的学校课程建设，成为北京小学系统落实"双减"的有效路径及实践成果，学校将继续深化研究，持续推动落实"双减"的校本实践走深、走实。

参 考 文 献

[1] 中共中央办公厅，国务院办公厅. 关于进一步减轻义务教育阶段学生作业负担和校外培训负担的意见［EB/OL］. （2021－01－24）［2022－04－18］. http∥www. moe. gov. cn/jyb_xxgk/moe_1777/moe_1778/202107/t20210724_546576. html.

[2] 褚宏启. "双减"要与教育高质量发展同向同行［J］. 中小学管理，2022，374（1）：61－62.

[3] 李明新. 提高站位看"双减"，系统思维抓落实［J］. 北京教育（普教版），2022，950（1）：65－67.

[4] 周玲. "双减"背景下的课后服务供给方式及质量评估［J］. 中小学管理，2021（12）：35－38.

[5] 冯永亮. 用系统化思维抓课后服务质量提升［N］. 中国教师报，2022－03－09（003）. DOI：10. 28126/n. cnki. ncrjy. 2022. 000216.

[6] 付卫东，郭三伟. "双减"格局下的中小学课后服务：主要形势与重点任务［J］. 河北师范大学学报（教育科学版），2022，24（1）：68－76. DOI：10. 13763/j. cnki. jhebnu. ese. 2022. 01. 008.

[7] 都晓. "双减"背景下的课后服务研究述论［J］. 新疆师范大学学报（哲学社会科学版），2022，43（4）：50－61. DOI：10. 14100/j. cnki. 65－1039/g4. 20211210. 001.

[8] 刘登珲，卞冰冰. 中小学课后服务的"课程化"进路［J］. 中国教育学刊，2021（12）：11－15.

[9] 晋银峰，孙冰冰，张孟英. 中小学课后服务的历程、问题与展望［J］. 教育科学研究，2021（11）：5－1.

专家 点评

"双减"政策对学校构建高质量教育体系提出了根本要求，优化课程建设是发挥学校教育主阵地作用的核心。当前学校课程建设，还存在"课内""课后"课程关系有待厘清、课程内容和结构有待优化、课程安排和实施体现差异不够、校内教师负担重压力大等问题，与"双减"政策要求还存在一定差距。

该研究以北京小学课程体系建设为样本，明确了"课内"与"课后"的课程关系，前者在于在面向全体学生落实核心素养培育要求，后者在于满足学生个体发展需求促进综合素质全面提升。北京小学从目标、内容、实施、评价、管理五个层面，将"课内""课后"课程视作一个整体，充分发挥在课程建设、教学文化、师资队伍等方面的优势一体化推进课程的优化实施。

研究结合学校实践，总结出"课内＋课外""课堂＋作业""学校＋家庭"一体化的课程体系，"课内""课外"课程衔接不断完善，学生作业减负与学业提质取得成效，家校协同的教育生态有序建立。

建议一，研究围绕课后服务内容提供与校本课程的协同关系，融合学校发展特色，构建优化"课内"与"课外"课程有机衔接机制。

建议二，对于课程目标、内容、实施、评价、管理五个维度的一体化，建议将一体化的策略清晰化、体系化、深化。

建议三，建议在成果中，研究方法运用再求突出：突出呈现实证研究的范式，突出以科学研究方法调查定位清晰核心问题，分析解决问题，得出创新的结论观点。

杨润勇

中国教育科学研究院

"双减"背景下学校教研组评价体系的构建研究

北京市京源学校　原雁翔　李文革

首都体育大学　燕　凌

摘　要　本研究基于"双减"背景，结合研究课题及相关文献资料，初步尝试构建了教研文化统领下的教研团队、教研实践、教研资源和教研成果五维教研组评价体系，从教研组建设与评价的角度，为学校教研方式的变革做了有意义的探索与尝试。

主题词　"双减"　教研组　评价体系

一、研究背景

（一）"双减"对教研组建设的新挑战

2021年7月，教育部印发了《关于进一步减轻义务教育阶段学生作业负担和校外培训负担的意见》，《意见》要求学校的教育教学质量和服务水平进一步提升，将作业设计纳入教研体系，加强学科组、年级组作业统筹，作业布置注重系统设计，应当更加科学合理。课后服务应当丰富多样，充分满足学生个性化需求。学生学习更好地回归校园，不断健全教学管理规程，优化教学方式，强化教学管理，提升课堂教学质量，不断提升学生在校学习效率。

2021年8月，北京市政府举行了北京市"双减"措施新闻发布会，会议要求学校要不断提质增效，进一步规范教育教学秩序，提高课堂教学质量，充分发挥学校育人主渠道的作用，统筹课内和课后两个时段，不断提升校内教育服务质量，构建高质量教育体系，从根本上满足学生多样化教育需求，确保学生在校内学会、学足、学好。

国家对教师队伍的建设一直都很重视，而且对新时代的教师有着更高的要求和期望。教师进行教育教学研究是促进教师发展的重要途径，也是推动我国教育高质量发展的动力之一。学校教研作为学校教学与教育研究相结合的重要实践形式，有利于教师深刻理解教学实践，改进教学工作，提升专业化水平。

"双减"背景下，学校教研面临着新挑战，如何更加有效地发挥学科教研组的同头备课集体育人合力？如何聚焦落实学科内或跨学科的高质量多层次作业的系统设计与规划？如何科学统筹开展多样化有特色的课后服务质量与水平？这些新问题新挑战促使转变学校教研方式成为教研实践的新课题。

学校教研应当深入教师、课堂和学生，整体统筹课内与课后两个教学时段，改进和优化教育教学工作。教研组在开展系列教研培训时，应当将作业设计纳入重点教研内容。需要不断健全作业管理机制，合理调控作业结构，恰当控制作业难度，把握作业时长。

不断提高作业设计质量，充分发挥作业诊断、巩固、学情分析等功能，系统设计符合年龄特点和学习规律、体现素质教育导向的基础性作业。积极设计分层、个性化和实践化作业。不断加强作业完成指导。认真批改作业，及时做好反馈，加强面批讲解，认真分析学情，做好答疑辅导。充分科学利用课后服务时间。开展分层设计与辅导，拓宽辅导内容视野，从生活与学科相融合的视角，引导学生学以致用，从生活中来，到生活中去。

基于"双减"，聚焦如何建设优秀的学校教研组，提升学校教研组对教师的凝聚力、指导力和引领力，是学校开展有效教研工作的关键。校本教研如何开展更有效，教师专业化水平如何更好地提升，关键是要有一套科学、规范的评价体系和切实可行的操作方法。本文试着构建"双减"背景下学校教研组的评价体系。

（二）教研组评价存在的问题

1. 学校教研组评价的目的不够准确

一是评价是管理的思想根深蒂固，致使学校教研评价的根本价值导向发生了偏移。有一部分学校的管理者和教师认为学校教研的评价是为了"鉴定和考核"，为监督和管理教师提供依据，没有把评价作为反馈信息、改进工作、促进发展的有效途径。二是对评价忽视"以人为本"，只重视学校教师之间的横向评价，很少侧重教师个体的纵向提高和潜能的发挥。

2. 评价指标体系不够完善

一直以来，学校教研评价的指标问题存在着争议，它关系到评价的全面性与科学性的问题。一是评价指标的片面化；二是过分追求数量化。

3. 教研组评价关注度不够

学校会十分关注教师个人评价和学生个人评价，对教研组这个教研组织群体的整体评价关注较少。

二、教研组建设评价体系构建思路及依据

（一）教研组建设评价的理论依据

教研组评价研究是研究者将理论应用于实践的研究活动。理论基础不同，评价的侧重点和评价指标也就不同。本研究主要依据以下几个理论：

1. 发展性教育评价理论

发展性教育评价区别于选拔性教育评价，它指在发展的整个过程中进行的，旨在促进被评价者不断发展的评价。通过系统地搜集评价信息和进行分析，对评价者和评价对象双方的教育活动进行价值判断，实现评价者和评价对象共同商定发展目标的过程。发展性评价，主要是基于评价对象自身现实状态与过去情况进行比较，从而对评价对象的发展水平、发展潜力作出综合判断的质的评价方式。自己与自己比，通过纵向比较分析来明确主体发展的优势与不足，从而能够估计信息、明确防线，以追求更快、更好的进步。发展性教育评价不仅注重评价对象的现实表现，更注重评价对象的未来发展，重在使评价对象"增值"。它是一种依据目标、重视过程、及时反馈、促进发展的形成性评价，主张在宽松的环境中促进评价对象自觉主动地发展。

2. 参与式发展理论

参与式发展理论强调尊重差异、平等协商，在他人的协助下，通过成员积极、主动的广泛参与，实现其可持续的、成果共享的、有效益的发展。它的途径是指目标群体全面地参与到发展项目和发展活动的规划、实施和监测与评价过程中去，充分考虑目标群体的观点与看法。其核心本质就是赋权，是对参与和决策活动的全过程的权利的再分配。参与式发展理论对教师参与教研活动的启示在于：一是该理论如果运用到教研活动中，赋予教师介入教研活动策划的权力，有利于教师介入教研活动内容与方式或整个教研活动的设计的创新，生成更易受教师欢迎的教研活动。二是参与式发展理论关注差异、弱势群体。三是有利于促进教师从教研活动是他人之事，转变到教研活动是本人之事的观念上来，使教师独立、自主地可持续地促进自身专业发展。

3. 成人学习理论

根据诺尔斯的成人教育学理论，成人学习是一种自我导向的学习，成人教育中教师与成人学生的关系就是促进者与学习者的关系。在成人教育过程中，学习者与促进者的关系是一种平等的关系。成人学习以生活为中心，且以问题或任务为导向。成人的学习动机主要来自内部，而不是外部。基于此，有效的教师教研方式变革，必须充分认识作为成人学习者的教师的特点、需求和生活实际，合理地设计教师教研培训项目，营造良好的学习环境，选择适合于教师需求的教学内容，运用多样化的教研培训方法和手段。

4. 教师专业发展理论

教师专业发展是教师个体专业不断发展的历程，是教师不断接受新知识，增长专业能力的过程。教师要成为一个成熟的专业人员，需要通过不断的学习与探究历程来拓展其专业内涵，提高专业水平，从而达到专业成熟的境界。

5. 交往行为理论

该理论提倡每一个参与者皆有平等参与讨论的理想和话语情境，排除一切强制行为。有效教研就是要在活动中建立一种自由开放的沟通网络，营造一种平等、对话、融洽的氛围，寻求参与教研活动的教师间不受学科限制、不受时间、不受教研话语霸权的限制，可以自由交往与对话。

6. "双减"政策文件

"双减"相关政策要求，要提高作业设计质量，将作业设计纳入教研体系，作为学校教研的重点。经常性组织开展作业设计与实施的教师培训与教研活动。深化教育改革，把课堂教育作为立德树人的主渠道，改进教学方式方法，把每一节课上好，使每一个学生在课堂上都能听懂学会。减轻学生过重学业负担要深入研究"减什么"，多样化探索"如何减"，关键是深化教育评价改革，变革教育教学方式，提高师资队伍水平，不断提高学校教育质量。要尊重教育常识，分类分层指导，要体现以人为本，促进全面成长。落实"双减"政策，推进作业改革，必须推进"学为中心"的整体教学变革，强调课上课下学生均要亲历知识、技能从产生到获得的过程。课堂教学模式要有新的变化，教学设计更加真实有效有趣。"双减"背景下，学校教研方式也会随之发生相应的改变，比如教研内容聚焦课堂教学的提质增效，聚焦课前课中课后的作业整体设计，聚焦学生的分层教学与指导等。

根据以上理论基础，本研究在教研组评价体系构建过程中，基于"双减"，更加聚焦民主、创新和务实的教研文化理念统领下的教研团队、教研实践、教研资源和教研成果五维教研组评价体系,充分尊重教师自主学习意愿,引导主动参与,平等互动交往,不断促进专业发展。

(二) 教研组建设评价的现实需要

核心素养下教研组的建设,要充分利用"评价"来推动教研组工作的顺利开展。评价的内容要全面客观,不能只局限于关注学生的分数,要对组内学科教师进行多维度评价;评价的主体要多元化,积极开展自评、他评、互评和学生评价等方式;评价的过程要公正、公开,进行科学评价。另外,评价机制要具有激励性,发展性,评价指标要遵循教育教学规律并符合学校发展的整体要求。

通过科学合理的教研组评价,可以反馈教研组建设过程中需要优化改进的工作,对扎实抓好常规工作,开创教学教研新局面,提高教师教学教研能力,提高教育教学质量,培养学生的核心素养起到了重要作用。

1. 有助于培养学生的核心素养

教研组作为实践共同体,通过集体研讨和同头备课,可以帮助师生形成共同的核心素养发展愿景,有利于学生掌握多学科核心素养,从而形成学生自身发展必需的核心素养。

2. 不断提升教师专业发展能力

通过教研组系统设计系列有效的结构化的教研活动,对教师的教学活动进行引领和示范,促进教师专业的不断发展。通过教研组共同体的不断建设,聚焦学生的核心素养发展,有利于教师掌握学科核心知识,帮助学科教师科学地设计结构化成体系的课程内容,精心选择教学方式,从而有效促进学科教学改革。

3. 不断提高教学质量

教研组作为教学研究的基本单位,是教师开展教育教学研究,推进教育教学改革,提高课堂教学效果,实施新时代教育的核心组织,不断加强教研组建设是学校提高教育教学质量的重要保证。

4. 不断深入推进新课程改革

加强教研组建设,通过课程设计与改革,逐渐细分和整理核心素养的相关方面,确定各阶段和各学科的教育目标,加强课程之间的相互联系和合作,立足核心素养全面发展的人的角度,有助于课程从"以学科为中心"向"以学生全面发展为中心"的转变。

5. 不断推进学校发展

学校的根本任务是教书育人,培养学生良好的道德品质,传授优秀的科学文化知识,锻炼学生的身体综合素质,也是学科教研组的任务之一。教研组是学校教育教学工作顺利开展的执行者,是学校发展的重要保障与组织力量。

三、教研组评价体系构成解析

(一) 具体评价指标体系

新时期的教研转型强调从基于经验的教学研究转向基于实证的教育研究,它顺应着教育改革发展的需求。本文尝试着建构教研文化统领的 CTPRA 五维教研组评价体系。第一，教研文化（Culture，C）基于学科内涵，凝结在实践之中，是可被传承的教研的价值观念、思维方式、工作方式和创新素养等，是教研组织的思想统领，是开展教研活动所依据的基本意识形态。学校教研基于什么愿景、希望达到怎样的目的，往往以文化为载体传达给教师。第二，教研团队（Team，T）是开展教研活动的主体与基石，只有大家团结协作，基于共同愿景，形成学习共同体，不断发挥合力，才能逐步成为专业化的教研共同体。第三，只有不断地开展教研实践（Practice，P）研究，不断地拓宽校本研究的视野，主动提升自身的专业能力和科研水平，才能逐步由"教学者"转变为"教学研究者"。结合教学实践收集的研究数据，综合分析，建立模型，从而不断改良优化教师自身的教学结构和学生的学习结构，不断深入改进教与学，为校本教研促进教育高质量发展提供科学有效的策略与方法。第四，在反复科学实践中不断积累优秀的教研资源（Resources，R），通过总结沉淀，分享交流，沉淀为教研组专属的教研成果（Achievement，A），将其反复沉淀，精心打磨，最终抽提为教研组风格独特的教研文化。总之，CTPRA 五维结构各要素之间相辅相成，互联互通，有机而统一，如图 1 所示。

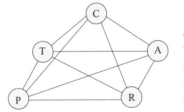

C—教研文化（Culture）
T—教研团队（Team）
P—教研实践（Practice）
R—教研资源（Resources）
A—教研成果（Achievement）

图 1　CTPRA 五维教研组评价体系

在评价体系中一级指标的基础上，逐步优化整体解构出二级指标。例如，一级指标教研文化包括理念、制度、物质和氛围四个二级指标，然后再细化三级指标。具体完整的教研组评价体系如表 1 所示。

表 1　"双减"背景下学校教研组评价体系

一级指标	二级指标	三级指标
教研文化	理念	民主：人人拥有平等话语权，和谐，协同，共成长
		创新：紧扣教育课改及教研教学发展需求
		务实：研究真问题，基于学科，促进学校发展
	制度	文本：教研计划，集体备课，学生学业发展
		非文本：约定俗成，隐性，传统传承
	物质	硬件：集中教研场所，实验室
		软件：环境布置，温馨场域
	氛围	人际：关系融洽，和谐平等
		换位：互帮互助，谦恭礼让

续表

一级指标	二级指标	三级指标
教研团队	教研组长	职责：明确组长责任，扎实推进工作
		引领：创新引领发展，带头钻研前行
	成熟教师	示范：学为人师，行为世范
		传承：传帮学带，承前启后
		助力：协助配合，积极参与
	青年教师	支持：参与教研，协同提升
		自主：研究意识，主动承担
		成长：认真学习，沉心积淀
教研实践	质量	内容：基于"双减"，设计体系化，主题系列化
		效果：注重实效，关注课堂落实
		级别：国家级，市级，区级，校级
	数量	次数：系列教研实践次数
		人次：系列教研实践人次
	参与	参与度：全员参与，全程参与
		投入度：主动发言，交流观点
	体验	获得感：研有所获，学有所得
		积极情绪：喜悦，感兴趣，感激
教研资源	开发	专家：有计划的专家指导
		媒介：软硬件，工具，教具，学具，实验，多媒体等
		自身：个体教师主动承担，研究，汇报，交流
	储备	图书资料：专业图书，教育图书，其他
		教学资料：分年级的完整教学设计、作业设计等
		学生作品：分年级的学生优秀作业、优秀作品等
	共享	组内：畅享，共研，共成长
		组间：交流，沟通，共进步
		校际：借鉴，互惠，共发展
教研成果	论文	出版：校级以上收录，图书出版
		发表：公开，获奖：一等奖，二等奖，三等奖
	课题	国家级，市级，区级
	教师公开课	国家级，市级
		区级，校级
	指导学生比赛	国家级，市级
		区级，校级

续表

一级指标	二级指标	三级指标
教研成果	教学设计	设计类
		案例类
		教具类
	其他	……

赋分说明：教研文化统领的CTPRA五维教研组评价体系初步设定基础满分100分。其中5个一级指标各占20%的权重，即每项20分。每个二级指标所占权重可以参考三级指标的数量多少，三级指标多，则二级指标权重大。例如，教研文化中含有4个二级指标，分别为理念、制度、物质和氛围，其中二级指标理念下设3个三级指标，则其赋分权重较大。如果三级指标中单项次数多，可以逐次累加分数，总分可以超过100分，且不设上限。

（二）特色与创新

基于"双减"，聚焦教研组建设，围绕着教研文化统领下的教研团队、教研实践、教研资源和教研成果五个维度，创建了CTPRA五维教研组评价体系，自成一体，有机统一。借助于评价体系，有利于标准化建设教研组，制度化管理教研组，专业化发展教研组，科学化评价教研组，实证化开展教研实践活动，不断开发创新优质教研资源，从而逐步积累转化成优秀的教研成果，为教研组的可持续长远发展助力，为课堂的提质增效建言，为课后的服务答疑献策。

（三）指标示例

CTPRA五维教研组评价体系中，关于教研实践维度下的质量二级指标，细化到三级指标内容部分。立足于学校教师的实际情况，聚焦学科教研组研修主题，让教师成为教研的主人，体现教研的真正内涵与价值。表2为各教研组的信息化2.0的研修主题及要求。

表2 学校各教研组研修主题及研修要求一览表

教研组	研修主题	信息化2.0研修要求：提升的微能力点
语文	消除与经典名著间的隔膜——语文组整本书阅读策略进阶探究	B10 档案袋评价； C4 支持学生创造性学习与表达
数学	小组合作学习数学思维能力的培养	B1 技术支持的测验与练习；B3 探究型活动设计
英语	基于核心素养下的贯通听说能力培养	A1 技术支持的学情分析；A5 技术支持的课堂
物理	以学科特色优势促学生思维深度发展	B3 探究型活动设计； C2 创造真实学习情境
化学	促进学生证据推理能力进阶发展的实践研究	B3 探究型活动设计； C4 支持学生创造性学习与表达
生物	利用思维可视化工具提升学生科学思维的行动研究	B3 探究型活动设计；C3 创新解决问题的方法； C2 创造真实学习情境

续表

教研组	研修主题	信息化2.0研修要求：提升的微能力点
地理	基于信息技术的地理辅助教学系统的研发	C2 创造真实学习情境； C4 支持学生创造性学习与表达
历史	基于以学生为中心的历史课教学活动的实践研究	A2 数字教育资源获取与评价； B1 技术支持的测验与练习
政治+心理	基于新课程标准的统编教材课程资源开发与研究	B3 探究型活动设计； C2 创造真实学习情境
音乐	立足课堂教学，提升艺术课程时效	B3 探究性学习活动设计； C3 创新解决问题的方法
美术	"双减"下基于美术鉴赏的多样化实践活动课程研究	B3 探究型活动设计； C2 创造真实学习情境
体育	多样化实践活动课程设计	B3 探究型活动设计； C4 支持学生创造性学习与表达

备注：A1，B3，C2等表示全国中小学教师信息技术应用能力提升工程2.0中的不同能力考核指标。

四、思考与展望

教研组应是团结向上的集体，是改变和发展教育教学的重要组织。随着教育教学改革的不断深化，教研组必定是提高教师质量和水平的关键队伍，也是学校教学发展核心。所以，学校应不断加强学科教研组建设，努力提升教师的专业素质，在以生为本理念的基础上促进课堂的改革，进而促进学科的专业发展。

教研组评价的目的是促进教师的健康发展和学校教育教学水平的进一步提升。评价是为教学服务的，它是教学的动力和源泉。评价也是为人的终身发展服务的，它促使人们不断学习、思考和探索。

"双减"背景下，学校教研方式的变革研究是一项庞大而复杂的系统工程，需要持续而深入地不断研究，无论如何，学校教研依然是教师专业发展最便捷、最有效的途径。随着新课改的不断深化，学校教研工作逐步系统化、规范化，其内容形式需要不断改进和创新。只有这样，才能切实转变学校教研方式，真正实现教师作为研究者的角色，提升教师的专业化水平，最终使学校教研服务于学校的教学工作，服务于学生的学习，真正地让"减负提质增效"落地落实。

关于本文中构建的"双减"背景下学校教研组评价体系，还需要经过实践的不断检验，需要进一步深入的理论与实证研究，并在实践中不断调整优化细化，为教研组的有效教研的开展和学校教研方式的有效变革提供支持与帮助。

参 考 文 献

[1] 李卫霞. 走向专业自主的教研组变革研究[D]. 上海：华东师范大学，2019.
[2] 罗移山. 新课程背景下学校教研组转型建设研究[D]. 武汉：华中师范大学，2012.

[3] 姚力汇. 汪清县 T 中学教研组建设现状及对策研究 [D]. 延边：延边大学，2021.
[4] 于丽君，江婧，王聪. 基于核心素养的教研组建设的途径 [J]. 教育导刊，2019（9）：62-66.
[5] 樊海燕. 基于教师专业发展的中学教研组建设研究 [D]. 南昌：江西科技师范大学，2017.
[6] 林英. 新课程背景下教研组评价体系的构建与探索 [J]. 江西青年职业学院学报，2009，19（4）：90-92.
[7] 蔡红霞. 中小学校本教研评价的探析 [D]. 开封：河南大学，2011.
[8] 黄磊，胡彬，刘桂发. 参与式发展理论：一个文献综述 [J]. 大众科技，2011（11）：231-233.
[9] 曹发根. 加强教研组建设是提高教学质量的根本保证 [J]. 江西教育，2009（35）：29-30.
[10] 辛涛，姜宇，林崇德，等. 论学生发展核心素养的内涵特征及框架定位 [J]. 中国教育学刊，2016（6）：3-7+28.
[11] 苏芮. 建构教研文化 促进有效教研 [J]. 湖北教育（教育教学），2021（6）：5-6.

专家点评

"双减"政策文件强调学校要切实履行作业管理主体责任，加强作业全过程管理，每学期初要对学生作业作出规划，加强年级组、学科组作业统筹协调，合理确定各学科作业比例结构，建立作业总量审核监管和质量定期评价制度。在学校层级的作业组织管理中，学科教研组如何发挥作业的统筹协调功能，关系到学校内作业负担能否切实减负提质。

该成果提出把作业设计管理纳入教研组工作内容，克服教师个人作业设计的主观随意性，在对作业性质功能、结构类型、时长、难度进行理性认识的基础上，对作业设计、指导、批改环节进行集体教研，建立一套规范作业实践活动的评价管理体系，即在教研文化理念统领下的教研团队、教研实践、教研资源和教研成果五维教研组评价体系。

该成果在教研组作业管理中注重从教学过程出发进行全过程管理，注重发挥教研在作业管理中的理论指导，注重通过评价的价值引领作用来规范指导教师的作业实践，可供学校教研组作业设计与管理参照。

建议该成果进一步聚焦作业管理中教研组的角色功能定位和作用方式，说明教研组评价体系与作业减负提质的关系或总结相关经验。

胡定荣
北京师范大学教育学部课程与教学研究院

基于深度学习的语文学科结构化教学探索①

北京市密云区第二小学　王海荣

摘　要　　基于深度学习的理念，笔者进行语文学科结构化教学的探索与实践，旨在让学生在语文学习的过程中，把知识融合在真实情景中，使学生在完成学习任务的过程中，建立语文学科知识结构系统，有效地反刍知识并运用知识，提升学生的语文学科综合素养。

语文学科结构化教学重点从"构建结构化教学的单元整体解读框架""创新设计'递进式板块学习'的课堂教学架构""研发课堂表现性评价指导量规"三方面进行探索与实践，努力实现"教学评一体化"的思想，全面推进语文课程改革，提高课堂教学质量。

主题词　　深度学习　递进式板块学习　课堂教学表现性评价

所谓深度学习，就是指在教师引领下，学生围绕着具有挑战性的学习主题，全身心积极参与、体验成功、获得发展的有意义的学习过程。深度学习"深"在人的心灵里，"深"在人的精神境界上；深度学习还"深"在系统结构中，"深"在教学规律中。从这个意义上讲，切中了语文课程改革的重点，指向语文学科学生的核心素养的培育。基于深度学习的理念，笔者进行语文学科结构化教学的探索与实践，旨在让学生在语文学习的过程中，把知识融合在真实情景中，使学生在完成学习任务的过程中，建立语文学科知识结构系统，有效地反刍知识并运用知识，提升学生的语文学科综合素养。

语文学科结构化教学重点从三方面进行探索与实践：一是构建结构化教学的单元整体解读框架；二是创新设计"递进式板块学习"的课堂教学架构；三是研发课堂表现性评价指导量规。努力实现"教学评一体化"的思想，全面推进语文课程改革，提高课堂教学质量。

一、构建结构化教学的单元整体解读框架

部编版语文教材以单元的形式进行内容组合和编排，每个单元围绕"人文主题"和"语文要素"双线并行，设计编排了课文、口语交际、习作、语文园地等板块内容。这些板块都具有紧密的目标联系性，共同指向语文要素的达成，实现学习目标成为一个整体。

---

① 北京市教育科学"十四五"规划2022年度一般课题"基于结构化思维构建'三真'课堂的实践研究"（CDDB22475）中期成果。

在单元解读过程中，就要依据单元内容将要素按一定次序进行分解，或层层递进，或从不同方面聚焦，以此达成要素的落实。为此，在进行单元解读与实践过程中，就要站在"人文主题"和"语文要素"的两条线中，寻求一个平衡点，进行结构化的设计，让二者有机联系，彼此促进，以实现在"人文主题"的引领下，有梯度有层次地落实语文要素，使教与学有机融合，浑然一体。

单元整体解读实践，旨在研读知识和任务之间的逻辑关系，建立单元整体教学框架，解决教师"教什么"的问题。进行主题引领下的单元整体解读实践时，要不断地追问如下问题：这个单元的人文主题可以作为创设学习情境的基础吗？语文要素依据课文内容可以做怎样的分解（层层递进、从不同角度）？能否在一个核心任务驱动下，将语文要素训练串起来呢？学习活动的设计与实施是否指向学科核心素养的提升？

1. 单元整体设计的理念

聚焦核心素养，以学生学为中心，运用结构化思维，建立有联系的学习任务，设计丰富多维的学习活动，让学生体验到语文学习的乐趣，体验到成长的幸福。

2. 单元设计的愿景

以清晰的学习目标达成为线索，设计逻辑分明的核心任务和层次分明的子任务规划，实现"教学评一致"的课堂生活。

3. 单元整体设计思路

分析"人文主题""语文要素"—解读学习内容—依内容确定学习主题—依语文要素/设计核心任务—开发、整合学习资源—分解语文要素/设计子任务—形成任务成果/进行评价。

4. 单元整体解读实践的框架

遵循以上问题，笔者利用结构化的思维确定了单元整体解读实践框架（图1）。旨在用这样的解读框架引领教师站在单元整体的视角，从学生的核心素养出发，围绕一个主题，以语文学科的课程性质"综合性""实践性"设计统领学习活动，对学习内容进行解读实践。

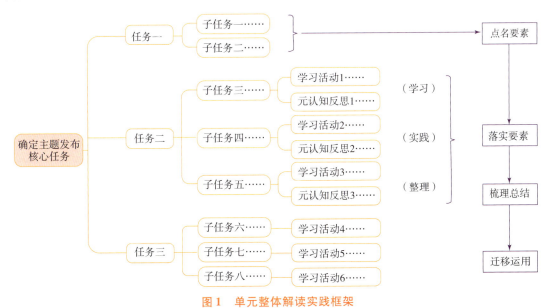

图1 单元整体解读实践框架

如，笔者在进行四年级上册语文第三单元整体解读时，进行结构化的框架设计，将整个单元的知识点融于真实的任务情境之中，设计丰富的学习活动，在实践活动中，使学生的语用力、思维力、审美力、文化力得到更加有效的培养（图2）。

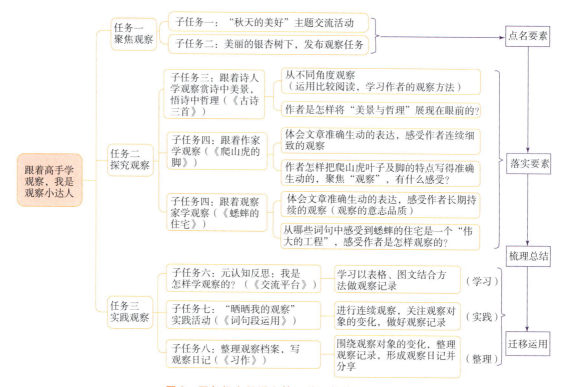

图2 四年级上册语文第三单元整体解读框架

一场成功的语文学习就是一场智慧与情感相融的旅行，我们遵循"点名要素—落实要素—梳理总结—迁移运用"的学习规律，确定了"跟着高手学观察，我是观察小达人"的学习主题，从"聚焦观察、探究观察、实践观察"三个递进大任务，进行整体结构化架构，将学习内容与语文要素进行恰切整合，形成"跟着高手学观察，我是观察小达人"的一条线。每个大任务下有承担具体训练要素的子任务，即依据教材内容的不同而设计承载的子任务。围绕各个子任务，设计核心学习活动，体现任务驱动下的学习过程，从而将人文主题与语文要素同时推进，设计学习的"美好境遇"。通过这三个观察阶段的学习，学生将学会观察，成为观察小达人。

二、创新设计"递进式板块学习"的课堂教学架构

结构化教学的单篇研读实践是以整体关联为抓手，以动态建构为核心，以发展思维为导向，以基础学力与语文素养为目标追求的学习过程。单篇文章的学习创新设计"递进式板块学习"的课堂教学架构，学习过程凸显知识结构化的形成、思维结构化的建构，帮助学生建构结构化的知识大厦，发展结构思维，培育语文学科核心素养。

以"建构主义理论"为指导，重要的事情交给学生做，学习在体验中，成长在过程

中。笔者利用结构化理论建构语文学科"递进式板块学习"模式，实现结构关联，助力学生将知识学习形成于技能培养。

如，笔者在执教六年级下册第五单元《学弈》一课，设计"递进式板块学习"流程（图3）。即"课前预学，整体感知文本—营造氛围，阅读直觉唤醒过程—提取信息，阅读重点筛选过程—形成解释，阅读思维打开过程—实践运用，阅读迁移创造过程—作出评价，阅读审美获得过程"。板块之间呈递进式延伸，层层深入，同时也是学习过程的不断深入，在任务的驱动下，学生在自主探究、交流分享、思维碰撞中提升认识，收获知识、思维、表达、关系等多方面的成长。

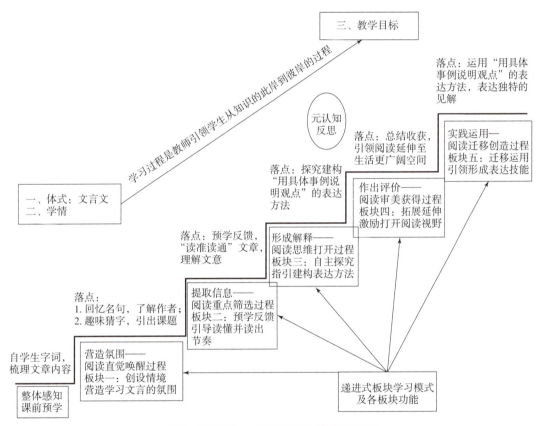

图3 《学弈》一课递进式板块学习流程

这种学习模式将教学目标分解，每一个板块一个目标，板块呈递进式，直至最终完成整节课的教学目标。这样的板块式学习结构，使每个板块目标清晰，便于教师设计组织"以学为主"的学习活动。特别是"元认知反思"引入每个板块间，使得学生在学习过程中，学会反思与调控：这个内容我是怎样学习的？学习中遇到了怎样的困难？我是如何调控的？这样，将方法内化到意识层面，从而学会主动学习，元认知反思思维是学生主动学习的动力源。学习过程的结构化设计，体现深度学习过程。学习在结构关联中展开，当问题解决、探索发现总是不断被结构性的力量"征服"时，结构化思维的种子就会在播种、萌芽、破土、生长后开花结果。

三、研发课堂表现性评价指导量规

课堂教学表现性评价指的是在日常教学的课堂中,学生运用已有的知识经验、方法技能,学习新知识、解决新问题或者创造作品,以评价学生的知识与技能的掌握,以及思维品质的发展,实践操作水平、情感态度的养成和人际交往能力等内容的发展状况。

笔者在认真分析"学生核心素养"内涵要求的基础上,把学生"核心素养"的内涵整合成"知识学习、思维发展、语言表达、关系建构"四个内容,确定了"语文课堂教学的表现性评价"的内容基础。依据知识结构理论、目标分类理论、思维品质的有关知识以及人际关系理论分别确定了每个评价内容的评价要点,从而构建了"语文课堂教学的表现性评价"指导量规(表1)。

表1 语文课堂教学的表现性评价指导量规

内容	维度	评价标准(按照从高到低标准排列)				学生行为表现描述方式列举	教师行为表现描述方式列举
		A	B	C	D		
知识学习	知识完整性	事实性知识					
		能够用自己的话清晰地说出是什么	能够用自己的话大概说出是什么	能够照着书上的内容说出是什么	不能用自己的话或照着书说出是什么	说出、辨认、指出、鉴别……解释为什么;背诵、回忆、复述……	倾听……判断……引导……(倾听学生发言,判断对与错,引导对所学知识形成认识,并正确解释)
		概念性知识					
		自己能够从事实性知识中分析、概括、提炼出观点、规律、价值等	能在别人的帮助下从事实性知识中分析、概括、提炼出观点、规律、价值等	能接受从事实性知识中分析、概括、提炼出的观点、规律、价值等	不能理解也不能接受从事实性知识中分析、概括、提炼出的观点、规律、价值等	归纳、总结……形成、建立……	倾听……引导……鼓励……(倾听学生发言,引导从知识中提炼观点,鼓励学生说出真实想法)
		方法性知识					
		能从知识中发现、总结、提炼出解决问题的多种方法	能在别人帮助下从知识中发现、总结、提炼出解决问题的多种方法	能理解从知识中发现、总结、提炼出解决问题的多种方法	不能从知识中发现、总结、提炼出解决问题的多种方法	采用(分类、比较、评论、举例、讨论……)多种途径,发现、总结、提炼出解决问题的多种方法	创设……启发……解决……(创设情境,启发运用……途径,多种方法解决问题)
		价值性知识					
		能自觉把知识(概念、原理、方法、理论)应用于新的情境解决实际问题、解释某种现象	能在引导下把知识(概念、原理、方法、理论)应用于新的情境解决实际问题、解释某种现象	大概能把知识(概念、原理、方法、理论)应用于新的情境解决实际问题、解释某种现象	不能把知识(概念、原理、方法、理论)应用于新的情境解决实际问题、解释某种现象	能在新的情境中解释、解决、运用、证明、设计、重组、鉴别、评价……	创设……启发……解决(解释)……(创设新情境,启发学生把知识与生活、成长对接,解决问题或解释现象)

续表

内容	维度	评价标准（按照从高到低标准排列）				学生行为表现描述方式列举	教师行为表现描述方式列举
		A	B	C	D		
思维品质	深刻性	自己能够深入思考问题，抓住事物的本质和规律，进行概括归类、预见事物的发展进程	能在老师、同学的启发下深入思考问题，抓住事物的本质和规律进行概括归类、预见事物的发展进程	能在启发下进行思考，抓住事物的本质和规律，但不能进行概括归类、预见事物的发展进程	不能抓住事物的本质和规律，不能进行概括归类、预见事物的发展进程	1. 能用自己的话说清楚知识的本质、规律，进行概括分类。2. 用"根据……猜想出、推理……"说清楚预见的事物发展进程	关注……鼓励……引导……（关注学生发言中对事物本质和规律认识的深度、广度，鼓励学生深入思考，引导学生发现事物之间的关系、进行概括归类、合理推测……）
	灵活性	能从不同角度、方向、方面，全面分析和思考问题，用多种方法来解决问题，并能举一反三	能从两三个角度、方向、方面，比较全面地分析和思考问题，用两三种方法来解决问题，并能举一反三	能从某一个角度、方向、方面，分析和思考问题，用一种方法来解决问题，能举一反三	不能从某个角度、方向、方面，分析和思考问题，也不能独立解决问题	1. 能从不同角度、方向、方面进行思考，尝试问题解决。2. 有多种解决问题的方法。3. 能自觉运用规律进行知识的概括与迁移	关注……鼓励……启发……引导……（关注学生解决问题的角度和方法，鼓励学生多角度思考、多方法尝试，启发学生换一个角度、方法解决问题，引导学生举一反三，进行知识的迁移）
	独创性	自己能够对知识经验等高度概括、集中，进行新颖的组合分析，创造性地解决问题	能够在别人的帮助下，对知识经验等高度概括、集中，进行新颖的组合分析，创造性地解决问题	能够理解别人创造性解决问题的思考和方法，但是自己不能创造性地解决问题	不能够理解别人创造性解决问题的思考和方法，自己也不能创造性地解决问题	通过分析……设计出、开发出、建立、形成……	鼓励……引导……（鼓励、引导学生将已有知识经验进行新颖的重新组合，创造性地解决问题）
	批判性	自己能够对事实进行理性、客观、全面的分析，思考结果的意义，能够对结果进行调整与校正	能够在别人的指导下对事实进行理性、客观、全面的分析，思考结果的意义，能对结果进行调整与校正	能够在别人的指导下接受他人对事实进行理性、客观、全面的分析，明白结果的意义，但不能对结果进行调整与校正	不能对事实进行理性、客观、全面的分析，不能思考结果的意义，不能对结果进行调整与校正	1. 能够识别出……，能采用……的恰当方法，洞悉他人观点。2. 能用语言、图表、符号、图画等方式，分析观点、论证及客观事实之间的关系	用评价、表扬、鼓励……的方式，激励学生独立思考。引导学生洞悉他人观点，分析观点与论证及事实之间的关系。（倾听学生发言，评价你能用……方式解释解决问题。引导学生是否同意其观点，并说出自己的理由）

续表

内容	维度	评价标准（按照从高到低标准排列）				学生行为表现描述方式列举	教师行为表现描述方式列举
		A	B	C	D		
	敏捷性	能在解决问题的过程中，适应变化情况，迅速、正确得出结论	能在解决问题的过程中，适应变化情况，比较迅速、正确得出结论	能在解决问题的过程中，在他人的指导下，正确得出结论，但不迅速	在解决问题的过程中不能够快速思考，也得不出正确结论	能够对问题快速做出反应	多种方式激发学生学习兴趣。关注学生注意力，提醒积极思考（创设……的情境，激发学生积极思考）
	系统性	自己能够对事情进行全面的思考与认识	自己能够对事情进行相对比较全面的思考与认识	在他人的指导下能够对事情进行全面思考与认识	即便在他人的指导下也不能对事情进行全面思考	1. 能有序、全面地思考。2. 能进行重组和整合	引导……梳理……建立……（引导学生进行知识的归类、总结、提升）
语言表达	清晰准确有条理	内容清晰，准确地用流畅简洁的语言来阐述看法或发表意见，观点证据一致不重复	内容较清晰，语言连贯前后一致，能阐述看法或发表意见，观点证据一致但语言不简洁	内容不够清晰，基本能阐述自己的观点，证据不足，有重复话语、断续现象	内容模糊，意思不清。语言不流畅、啰唆，给人感觉颠三倒四，条理不清楚	用合适的关联词串联所表达的内容；用第一、第二……有条理表达；观点、证据一致	倾听捕捉……提供……梳理……（倾听捕捉学生表达中的优点和问题，提供表达支架，引领其他同学关注别人发言）
关系建构	沟通的协商性	我听你说，你听我说；达成共识	我听你说，你听我说；达不成共识	我听你说，我不说	你不说，我不说；不能交流	既能阐述自己的观点，也能接受别人的观点，最后形成正确的结论	鼓励……引导……（鼓励学生大胆发言，引导互相交流，互相学习，达成共识）
	表达的文明性	语言文明规范，音量恰当	语言文明规范，音量适当控制	语言文明，音量随意	语言随意，音量随意	学生课堂上能用积极文明的语言、恰当的音量、体现学科特点的词语发表自己的意见	要求……引导……（要求学生使用文明用语、合适的音量，引导学生规范语言表达）
	结果的共赢性	我好，你也好（双方都能达到最好状态，或者获得最大收益）	我一般，你好。我好，你一般（有一方达到最好，另一方较弱）	我一般，你一般（双方都有收益，但不能是最佳状态）	我不好，你不好（双方都不能有收益，结果是失败）	学生能够保持愉快的情绪与对方交流，能够认识到自己和对方的优点和不足，既能学习别人，也能展示自己	关注……既……又……，从而……（要求学生在与他人交往中的态度与方法）

续表

内容	维度	评价标准（按照从高到低标准排列）				学生行为表现描述方式列举	教师行为表现描述方式列举
		A	B	C	D		
关系建构	目的的利他性	先利他后利己（这种人的利己似乎不为人所感觉，在交往关系中习惯利他）	利他又利己（这种人总是在谋求双赢互利，属于人中的"精明者"）	不损他而利己（这种人属于人中的"老实人"）	损他不利己或损人利己（这种人属于大家所言的"坏人"）	学生能够为了使别人获得方便与利益，而不图报的助人为乐的行为	你认为……愿意…………觉得……（引导学生从主观上产生乐于利他情绪）
	行动的合作性	合作（实践理性的现实表现，有共同目标超越于协作）	协作（蕴含着设计、计算）	互助（基于情感，两人帮助）	独立	学生之间为了达到小组学习目标，能够采用对话、研讨、争论和互助等形式对学习目标进行充分论证，完成学习目标	指导……调控……（引导学生通过合作来解决疑难问题，对所研究的问题结果进行分类、整理、深化、评价）
	情感态度的积极性	有自己的想法，在遇到问题时，能进行控制，建立自信，主动积极地投入，不需要督促，同时还能激发同学的积极性	有一定的兴趣爱好，能主动承担不属于自己的事情，或主动帮助合作他人解决学习中的问题，一般不需要老师督促	能完成最基础的任务。有时能主动但有时需要老师督促才能完成学习任务	常常不能按时完成学习任务，有时需督促	学生能够很快融入老师所创设的教学环境中，产生极大的学习热情，并且积极愉快地参与学习活动，在遇到问题，通过独立探索、合作学习成功后找到自信	创设……铺垫……满足……（创设良好的氛围，铺垫师生平等状态，满足学生的安全感和归属感，从而提升学生的积极性）
	看问题视角的多样性	从多种角度看问题	不强调自己的角度看问题，以别人的视角看问题	只能用一种视角看	看不到问题所在	学生能够通过质疑、观察、思考等方式解决问题，知道"事物的正确答案往往都不止一个"，许多问题的解答都是"条条道路通罗马"的	渗透……让……养成……引导……发现……（渗透"正确的选择不止一个"的思想意识，让学生养成凡事都应注意从多个角度全方位去思考。引导学生亲自去探索、发现许许多多的问题……逐步让学生形成良好的学习态度和科学观）

这个指导评价量规，是一个超越具体学科的一般性的评价指标，对每一学科、每一节课的教学目标的确定以及对学生和教师行为表现的描述起到一个在内容方向上和操作方法上的指导作用。在具体到一节课的设计上，评价指标中涉及的内容不需要全部体现出来。确定什么样的发展目标，如何描述师生行为表现，需要在具体的课堂中做具体的分析。所以，我们把这个评价量规称作指导评价量规。

教学设计中，我们把学生的行为表现和教师的行为表现当作课堂教学的评价标准时，教师就成为教学评价的设计者。所有这些"行为表现"都是教师的自觉主动追求。即使没有外人听我们教师的课，教师的自我评价也会发生。通过自我评价，可以看到自己的活动及其在活动中的行为与评价标准的差距，这种差距在评价标准内化的情况下，可以直接激发起被评价者内在动力，这种内在动力促使被评价者不断调节自身的行为和心理状态，对与评价标准相左的行为和内在动机进行有效的抑制，对符合评价标准的行为和内在动机不断地强化，进而促进学生的发展和教师的成长。

基于深度学习的结构化教学的研究与实践，促进了将单元整体知识进行结构化解读，深入准确把握知识间的联系，有效形成完整的知识体系；教学过程中，"递进式板块学习"，关注内在的逻辑关联、意义联结，使学生在学习的过程中进行系统建构，经历真学习过程；"课堂教学表现性评价指导量规"，对学生核心素养全方位的达成情况进行全过程监控。

"教学评一体化"教学策略的实施，于推进语文学科改革不断深入、提高课堂教学质量、全面提升学生核心素养，收到了积极明显效果，引起广泛关注，值得借鉴推广。

参 考 文 献

[1] 郭华. 深度学习之"深"[J]. 新课程评论，2018（6）：11－16.
[2] 周智慧. 关于发展性课堂教学评价的理论思考及实施难点[J]. 阴山学刊，2006（6）：102－106.

专家 点评

学生过重的家庭作业和课后培训负担，源头在学校课堂教学质量难以满足学生高质量学习的需求。学校教师在落实"双减"政策过程中如何立足课堂，面向全体学生，提高课堂质量效率，关系到课后作业的质量提升和负担减轻。

该成果立足课堂，注重教学生学习知识的同时发展能力和形成品德，提出了通过课堂学习任务结构化促学生深度学习的主张。通过学习任务结构化，厘清单元知识点之间的关系，知识内容、学习情境和学习程度之间的关系，把知识学习与学生思维发展、语言表达和关系价值意义建构结合起来，通过学科知识内容的有机整合和纵向设计，有利于学生主动学习、有意义学习和高质量学习。

该成果对学校教师如何立足学科本质和学生认识发展的过程规律提升课堂教学质量有启示和参照意义。

建议该成果进一步说明课堂学习任务结构化与学生学习质量提升负担减轻的关系，总结课堂教学减负提质的经验，为学校教师在课堂教学中如何减负提质提出实践建议。

胡定荣
北京师范大学教育学部课程与教学研院

用真实情境体验促进入学适应[①]

北京市顺义区教育研究和教师研修中心　侯庆辉

摘　要　"幼小衔接指导意见"文件出台后,强调小学应树立衔接意识,积极倾听儿童的需要,改革教育教学方式,强化以儿童为主体的探究性、体验式学习,促进入学适应。根据文件精神在深入了解入学适应期学生情况的调查中发现,大多数家长只关注并教会孩子计算,忽略生活中的数学情境,给孩子带来数学就是算、算、算的枯燥刻板印象。基于此,我们关注于把数学学习内容与幼儿园的学习经验相结合,聚焦真实情境,以儿童生活、绘本故事、数学游戏为载体在一年级数学教学中进行真实情境下的体验式学习探索,让儿童感受数学在生活中的应用,促进其顺利适应小学学习生活。

主题词　真实情境　体验式学习　入学适应

"幼小衔接指导意见"文件出台后,强调小学应树立衔接意识,积极倾听儿童的需要,改革教育教学方式,强化以儿童为主体的探究性、体验式学习,促进入学适应。根据文件精神在深入了解入学适应期学生情况的调查中发现,大多数家长只关注并教会孩子计算,忽略生活中的数学情境,给孩子带来数学就是算、算、算的枯燥刻板印象。基于此,我们关注于数学学习内容与幼儿园的学习经验相结合,聚焦真实情境,以儿童生活、绘本故事、数学游戏为载体在一年级数学教学中进行真实情境下的体验式学习探索,让儿童感受数学在生活中的应用,提高学习兴趣,促进顺利适应小学学习生活。

一、利用绘本情境,促进情感体验

入学适应期的儿童特点是比较喜欢听故事,源于在幼儿园期间每天老师都会安排听故事环节,到了小学延续孩子们的这一习惯显得尤为重要。我们将绘本故事融入数学教学中,利用《数学生活绘本》让小学生在童话世界的虚拟生活中学习和运用数学知识,不仅学会思考,还会将抽象的知识形象化、具体化,有助于学生形象思维的拓展,全面提高学习兴趣,提升应用意识。

[①]　北京市教育科学规划"双减"专项课题"幼小衔接背景下一年级数学体验式学习的案例研究"(CEGB21519)成果。

（一）借助故事发现问题，激发学习兴趣

借助绘本丰富、生动、有趣的情节，让学生走进数学，爱上数学。如教学"5以内的加法"时教师利用《汪汪过生日》绘本情境，在阅读绘本的过程中，通过观察为汪汪过生日的小动物数量的增加，生日聚会上不同小动物的饼干数量准备，初步学会从数学的角度发现问题和提出问题，引导学生利用语言描述、手势比画、画图表示的方式理解体会"聚合""增加性变化"中部分与整体的关系（图1）。

图1　利用《汪汪过生日》绘本

在学习知识的基础上，绘本中传递的强烈情感信息，也使学生感受到了故事愉悦和谐、友爱温馨的氛围，产生共情体验，增强阅读兴趣。

（二）融入故事解决问题，建立数学自信

绘本在使用上，还可以把阅读与操作、演示、表演等活动结合，培养学生阅读理解能力的同时，培养观察能力、发现提出问题能力以及表征能力等。在教学"20以内不退位减法"时，教师通过改编《星星工厂有点忙》的数学绘本，将数学知识融入绘本故事情节里，通过邻国提出"借星星"请求，到学生扮演本国士兵盘点"库存星星""自用星星"，再到帮助士兵计算"可借出星星"等活动，进一步认识理解两位数减一位数的运算本质是相同计数单位的个数相减（图2）。在帮助他人的过程中，体验用数学知识正确解决问题的信心，感受数学与生活的联系，培养良好的道德品质，树立正确的价值观。

图2　改编《星星工厂有点忙》绘本

二、创设生活情境，促进主动学习

在一年级学生入学适应阶段，在新环境下产生了角色的变化、师生关系的变化、情绪的变化，以及学习内容和学习方式的变化，采用熟悉的现实世界的真实生活情境，是支

撑学生学好数学建立自信，帮助他们尽快适应新环境的有效条件。

（一）在真实场景中学数学

入学一段时间学生对刚入学的新鲜感慢慢退去，新知识的涌入，使有些入学提前了解、预习的知识逐渐失去"先知"的优越感，使得在课堂上原本活跃、自信的学生逐渐对新知识抵触，也提不起兴趣，注意力开始分散，更不知道如何处理这种挫败感，对学习产生畏难情绪。研究发现，此时教师在课堂学习过程中创设生活中真实的"主角"场景，把注意力游离的学生或其身边的同学作为主角植入学习情境，便可以重新激发起学生的学习意愿，提升专注力。

如在"认识钟表"的学习中，教师请家长帮忙，拍下孩子在家的生活照片，再结合教师拍摄的校园照片，制作成《丁丁的一天》一日生活故事，作为学习认识钟表的情境（图3）。上课时不但故事的主角表现得自豪、专注，身边的同学也因为情境中的伙伴而提升了兴趣，积极参与学习活动，分享自己在什么时间做什么事情，以及时刻的特征。这时教师抓住机会鼓励学生勇敢表达自己的想法，即使错了也没关系，用吴正宪老师"错着、错着就对了"引导学生寻找正确理解问题的方向，在不断调整中学会思考。慢慢地，从孩子们的眼神里又找到了自信与专注。

图3 《丁丁的一天》一日生活故事

（二）在真实情境中学数学

以往经验中教师会遇到一些对某种生活情境情有独钟的学生，比如有关"吃东西"的情境，当他们对书本上的练习情境不理解，教师把情境换成熟悉的吃东西，立刻就明白了。"吃"这件事是大家每天都要经历的熟悉事件，说明学生对熟悉事件能在脑中进行快速反应，正确抓取题目中的数量关系。而对"吃"以外的事情表现木讷，正是源于对事件的不了解不熟悉。因此从入学适应阶段开始学生就需要多温习由教师、同伴提供的大量的、具有丰富意义的生活"事件"，让学生在小学不断经历解决实际问题的过程中逐步实现"数学化"。

在教学加减法运算意义时，引导学生从某类问题中抽象出数学模型，再鼓励他们根据数学模型寻找生活原型，通过主动举例、讲故事等方法增加知识见识，给模型赋予丰富的情境。让学生从模型的角度亲近数学，有助于他们实现知识的内化，加深对数学模型的理解，增强他们应用数学模型的意识。

如，在学习"5以内的减法"时，首先初步认识减法。教师设计了游乐场里的小猴子拿气球的情境，学生根据图意提出问题：小猴手里有4个气球，飞走了1个，还剩几个气球？教师请学生用自己喜欢的方法表示从4个气球里去掉飞走的1个还剩3个的过程，学生分别用画气球的方式表示，用摆小棒的方式表示，用减法算式表示。

接着讲故事进一步理解4－1＝3这个减法算式的意义。

师：4－1＝3这个算式除了可以表示气球飞走的问题，还可以表示生活中的哪些问题？

话音刚落同学们就高高举起小手主动说出了很多情境：

生1：玩具店有4个乐高玩具，买走了1个，还剩几个？

生2：我有4支铅笔，用着1支，还有几支？

生3：桌子上有4个水杯，左边放了1个，右边放几个？还有很多可以用4－1＝3表示的故事呢。

师：为什么说的事情不一样，但是都可以用4－1＝3来表示呢？学生最终总结得出这些故事都是想从4个这个整体里面去掉1个这部分，求剩下的3个那部分，所以都可以用4－1＝3来表示。

设计"新闻播报——我身边的加法和减法"活动，让学生每天从身边发现一个含有"加法或减法"的事件，用自己的方式记录下来，在上课时向同学们播报。学生通过记录日常生活中的加、减法，不仅学会在参与班级和学校的活动中留心观察生活，还在活动中增强了与同伴交往的能力。

三、深入游戏情境，促进思维进阶

游戏是儿童的天性，也是儿童的最爱，教师可以在课前、课中、课后等不同学习阶段设计形式多样、新颖有趣的数学游戏，吸引学生积极投入参与其中，满足心理需求，感受学习数学的快乐。

（一）数学内容游戏化

在游戏中树立规则意识，引导学生学会与同学交流合作，同时提高学生的学习力。如在学习"20以内数认识"时，可以创设"机智的小手"游戏，规则：2~4人一组，教师说一个数，小组同学一起伸出小手指凑出教师说的数（图4）。

这个游戏有对数的组成和计算的应

图4 "机智的小手"游戏

用，有数与数之间关系的比较和判断，需要学生集中注意力认真倾听教师指定的数是几，小组同学还要配合默契，注意观察同伴出的数，做好相应的调整。游戏中学习兴趣、学习能力、规则意识等多方面都得到了发展。

(二) **在游戏中学数学**

用有趣的数学游戏引导学生观察生活提出问题，帮助他们建立生活数学元素库，具有拓展数学思维的功能，可以即兴进行。如"猜猜我是谁"就是一个随时随地做的数学游戏，规则：一人提出和数学相关的问题，另一人作答。

我是一只手的手指头数→5

我是蚂蚁的脚数→6

我是一周的天数→7

我是19的下一个数→20

我是9+4的答案→13

我是□－9＝5的□里的数→14

……

游戏中提出的问题只要和数学相关就可以，尽量提示学生用身边的事物或比较独特的问题，可以增加趣味性及参与度，游戏中充分挖掘自身已知的数学元素，在同伴间互动中增长见识。类似数学内容的游戏化过程中，能让学生沉浸到学习任务与情境中，在多感官协同的氛围中建立自信，培养数学思维，促进学习、身心的多方面适应。

入学适应源于儿童的贯通成长，作为数学教师需要遵循规律、关注差异、培育能力、促进发展，要充分理解和尊重儿童在原有经验、发展速度和发展水平上的差异，设计真实情境下的体验式学习活动，能有效地激活他们的学习热情，在丰富儿童数学经验的同时感受数学在生活中的价值，促进他们顺利适应小学生活。

专家 点评

这是一项通过改进学科教学（数学教学）促进小学一年级学生入学适应的很有意义的探索。主要的亮点有：第一，立足于学科教学，重点解决学科学习适应问题。从游戏活动过渡到分科教学，这是幼小衔接的关键环节，是小学一年级入学适应要解决的关键问题。本论文以分科教学为基点探讨入学适应问题，通过使数学教学游戏化、形象化和情境化，从学习动力和认知操作两个层面提升小学一年级新生的学习适应性，这一思路是值得肯定的。第二，探讨了小学一年级数学教学游戏化、情境化的多样方法。论文列举了巧用绘本资源、创设生活情境、设计教学游戏等促进学生入学适应的有效方法，提供了较丰富的课题教学案例，具有一定的借鉴模仿价值。第三，真抓实干，以人为本的教育精神。在论文字里行间，透露出作者对一年级新生有很认真的观察和很深入的了解，能灵活运用各种课程资源来改进教学，持之以恒地改进学生的数学学习体验，这是令人感动的。论文如果能对一年级新生的入学适应情况开展调查，研读相关文献，提供典型案例，将明显提升研究成果的针对性和科学性。

王本陆
北京师范大学

关于"双减"背景下基于常态课数据分析的课堂教学改进报告[①]

北京市延庆区教育科学研究中心 王好生

摘 要　通过深入全区义务教育阶段所有学校、所有学科、所有教师教学课堂开展调研、取样，全面掌握"双减"背景下教师教学、课后延伸服务的情况；通过"全维推进"即从课堂教学、教师培训、课后延伸服务等方面推进"双减"工作切实落到实处。在对情况调查取样进行数据分析的基础上发现不足，提出改进措施，确保在"双减"背景下依然办出"群众满意"的教育。

主题词　双减　数据分析　课堂教学

一、活动的目的及意义

本研究活动是在区域教育管理部门的领导下，在区教科研各部门通力合作下，通过"全面深入"即深入全区义务教育阶段所有学校、所有学科、所有教师教学课堂开展调研、取样，全面掌握"双减"背景下教师教学、课后延伸服务的情况。通过"全维推进"即从课堂教学、教师培训、课后延伸服务等方面推进"双减"工作切实落到实处。此项研究，为我区乃至全市提供远郊区义务教育阶段提升课堂教学质量的经验和方法，丰富"双减"政策下高效课堂教学的实例，为同类型区域提供可借鉴的资源和案例，助力课堂教学质量提升，确保在"双减"背景下办出"群众满意"的教育。

二、领导机构

（一）项目领导小组

项目负责人：王建军

专家顾问：张彬福

成员：李明强、胡振坤、赵方红、梁淑媛、谢立新

杨彩云、郭爱军、王好生、王智敏、冉秀杰

[①] 北京市教育科学规划"双减"专项课题"'双减'背景下全面深入推进区域课堂教学质量提升的研究"（CDGB21526）成果。

（二）项目实施团队

本项目采用行动和学术双线并进的工作思路展开实践研究。

1. 项目行动团队

组长：赵方红、梁淑媛

副组长：谢立新、杨彩云、郭爱军

成员：小学、初中、体美学科教研员

2. 项目学术团队

组长：王好生

成员：王智敏、冉秀杰

三、工作内容

（一）第一阶段：组织落实，思想统一，工作布置（2021.9.28—2021.10.25）

①组织落实，完善可实施的行动方案。

②确定有关学段、学科负责人。召开动员会，明确任务内容和要求；确定各学段、学科人员。

③做好学科教研员思想动员工作，认识此次"双减"工作的意义和教研工作的责任与使命；协调教研工作，确保此次调研工作按时保质完成。

④收集义务教育阶段各校课表。

a. 各学科、各学段根据各学校的课表制订听课计划。

b. 研究"可视化"的课堂教学评价标准，拟制"课堂观察表"供教研员调研使用。

c. 召开义务教育学校和教研员工作布置会，目的是统一认识，协调推进。

（二）第二阶段：基于课堂实录，开展实证性调研（2021.10.25—2021.12.30）

全面深入学校听课、录像取样；依据"课堂观察表"进课堂听课并全程录像，听课的教研员做听课笔记，并按新的课堂观察点作出优秀、良好、合格和不合格四个等级评价（不公开），原则上不评课。

1. "常态课堂采样"工作进展

我区共有专职教师1 805人，截至目前共听录常态课1 832节。我们对已观察的1 716节课进行了数据分析，其中优秀课742节，占已观察课的43.24%；良好课842节，占已观察课的49.07%；合格课126节，占已观察课的7.34%；不合格课5节，占已观察课的0.35%。全区各学校观课数统计如图1所示。

已观察1 716节课中含小学课1 045节，中学课671节。小学课中，优秀课579节，占已观察课的55.41%；良好课420节，占已观察课的40.19%；合格课46节，占已观察课的4.4%；无不合格课。

已观察671节中学课，其中优秀课163节，占已观察课的24.29%；良好课422节，占已观察课的62.89%；合格课80节，占已观察课的11.92%；不合格课6节，占已观察课的0.89%。

评价条目1：教师教学与教材联系情况（图2）。

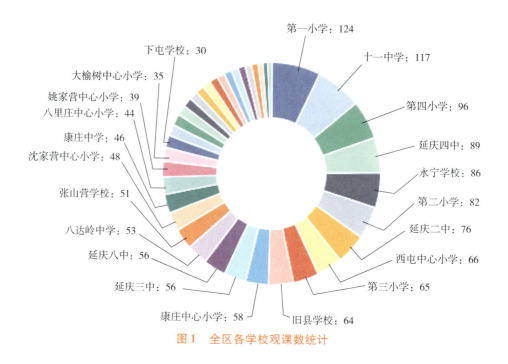

图1 全区各学校观课数统计

图2 评价条目1

评价条目2：教师课堂基础夯实情况（图3）。

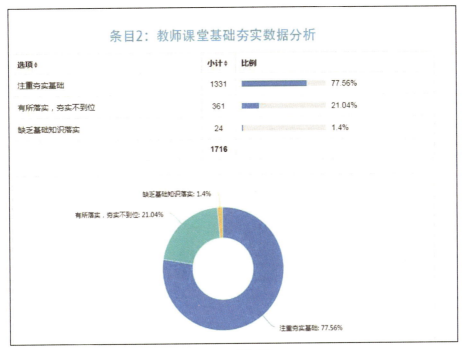

图 3　评价条目 2

评价条目 3：学生参与度高，主动思考，敢于提出问题、发表见解情况（图 4）。

图 4　评价条目 3

评价条目 4：作业结合教材、分层、难度把握情况（图 5）。

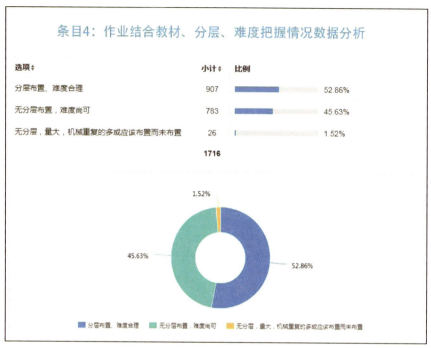

图 5　评价条目 4

评价条目 5：课堂中学法指导、学科思想培养、提升学生综合素质情况（图 6）。

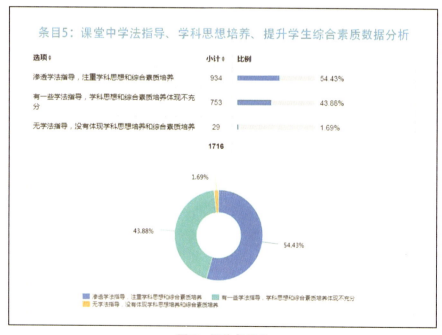

图 6　评价条目 5

2. 课堂采样亮点

①教师关注"双减"的落实，分层多元的设计教学计划，使用教材进行教学，不超

教学进度。

②聚焦学科思维能力培养，教学目标明确，教学过程和环节清晰，注重学习情境的创设，在情境中培养学生读图识图能力，组织学生开展有主题的实践活动，引导学生在实践过程中提高学科能力。

③注重学生的学习体验，利用直观的手段促进抽象思维的形成，注重实验探究，加强方法的指导。

④关注学生课堂习惯、学习表现和能力的培养，及时进行教学策略的调整；借助电子白板及移动信息技术进行动态演示，辅助学生更好地理解问题。

⑤作业布置基本没有机械性、重复性作业，有部分教师有分层布置作业的设计。

3. 发现不足和改进措施

（1）研读教材不足

教师对单元教学目标、能力要求、课后练习题研究不足，单元教学目标的制定，仅仅停留在表层的认知。目前大多数教师设定的单元目标针对性不强，问题不聚焦，基本上停留在可以套用任何一节课的层面。教学内容安排有的随意，有的过难，有的偏浅。存在一部分教师完全依靠经验教学的现象。

改进措施：

①加强集体备课中的"教材研读"、单元设计学习、作业设计、课时教学设计研究，把教师走上讲台之前的研究做细做实，提升教研质量。

②对教材进行有效的梳理，加深对教材的理解。合理分析教材学情，有效把握重难点。以骨干教师和核心团队教师为龙头，引领全区教师进行教育观念的转变，加大示范课、研究课的力度，特别是有针对性地分层教研，新教师层面加大培训力度。

（2）教学设计肤浅

缺少单元整体设计，基本是单篇设计；单篇教学以讲读为主，情境、任务、活动设计呈现率低；缺少对教材后的习题作业与课堂教学内容的有机融合设计；缺少对作业的分层、弹性设计，作业的实践性，体验性不足，基本是纸笔作业，以答题为主。

改进措施：

①示范引领，让各级各类骨干教师发挥作用，尤其是优秀备课组的集体备课，要亮出来、带起来。

②加强单人岗位教师备课指导，成立"单人岗位教师备课联盟"，利用线上平台，随时解决单人岗位教师备课问题。

（3）教学方式传统

常态课课堂组织不够严谨，在教与学方式的转变上改变不大，以教师主讲的方式较为普遍，学生参与学习过程体现得不充分。有的课堂比较松散，没有及时调动学生学习的积极性，教师语言平淡没有启发性、激励性，显得课堂气氛不够活跃、枯燥。

改进措施：

①展示优秀课例，加强对教师的指导，在研讨交流中，促使教师深度思考教学问题，从学生实际获得出发，精心设计教学。

②开展教学实录课例研究，"取之于师，用之于师"，提升教材教研活动的针对性。

③通过市级大赛磨课，带动区域、校本教研，在教师的体验中领悟改变教学方式的重

要性。

④教师要尽可能创造条件，给学生足够的时间，让学生大胆地在实践中去体验，以提高学生的自觉自理能力；要通过启发诱导，让学生学会独立思考，对运动过程作出准确的判断，在自我体验的过程中不断提高协调性和调控能力，实现对学生的有效指导。

⑤加强常规课的管理和指导，采用任务驱动的方式，使学生养成良好的上课习惯，提升课堂教学质量。

（4）作业研究不够

课后巩固多依托练习册，缺乏针对性，与授课内容的关联度不够，创新性作业不多。

改进措施：

①通过优秀作业设计引领示范，供大家参考学习。

②课堂给足学生完成作业的时间，用作业的生成发现教学问题。

（5）教师队伍老化

教师队伍年龄结构偏高，兼职教师任务杂而重，基本功偏弱，教学示范能力有待提高。

改进措施：

①及时更新教师队伍，增加学科教师数量，吸引专业教师、优秀教师到学科内任教，使人才培养不断层。

②通过教研、培训等方式提升教师学科基本功能力。

（三）第三阶段：聚焦关键症结，研磨改进举措（情况汇总、分析、报告阶段：2022.01—2022.03）

教科研中心组织教研员及学科核心团队成员以数据库提供的课堂实录数据为支撑开展课堂观察，通过数据统计分析，查找共性问题，聚焦制约延庆区中小学课堂教学质量提升的关键性症结和关键问题，以简明、阶段性、切中要害为主要要求研磨且开始可行的改进举措。

（四）第四阶段：分段侧重，指导、引领全区实现课堂教学变革（2022.03—2022.12）

教科研中心分小学、初中、高中学段各有侧重地实时跟进指导，结合小学小组合作式学习、中学学本课堂教学的原有基础，以扎实落实所梳理出的改进举措为主体，切实引领推进课堂教学变革，让课堂发生显著变化，达成提高课堂教学质量的预期目标。

附件：课堂观察表

听课教师姓名：
授课教师基本情况：
授课学校：　授课教师姓名：　年龄：　性别：
课题名称：　课型：　任教年级：　学科：
对于本节课，您根据下列条目进行课堂教学观察：

1. 教师教学与教材联系情况：

〇紧扣教材　〇部分联系教材　〇几乎脱离教材

2. 教师课堂基础夯实情况：
○注重夯实基础　○有所落实，夯实不到位　○缺乏基础知识落实
3. 学生的参与度，主动思考，敢于提出问题、发表见解情况：
○关注全员　○部分互动　○课堂几乎无互动
4. 作业结合教材、分层、难度把握情况：
○分层布置、难度合理
○无分层布置，难度尚可
○无分层，量大，机械重复的多或应该布置而未布置
5. 课堂中学法指导、学科思想培养、提升学生综合素质情况：
○渗透学法指导，注重学科思想和综合素质培养
○有一些学法指导，学科思想和综合素质培养体现不充分
○无学法指导，没有体现学科思想培养和综合素质培养

您对本堂课的整体评价：
○优秀　○良好　○合格　○不合格

专家点评

本成果属于实证研究，很有意义。成果完整展示了一个区域教研部门在教育行政部门的领导和专家的指导下，对本区教育质量进行全面调研以掌握全局的情况，报告了工作的组织方式、工作流程和研究过程，大致勾画出区域内常态课堂教学质量的全景图，发现了区域整体教学的优点和不足，特别是发现了指向"双减"落实的优点和不足，同时，借助区教研这一级组织的职责和优势，提出了改进措施，对于区域教学质量改进和同行进行类似的研究具有启发意义。

建议进一步细化研究，例如按照学校类型呈现样本数据，以及各类型学校的课堂教学质量数据，以获得更为精细的认识和决策建议。数据以文本为主的方式呈现，辅之以图，而不是单纯呈现统计图；另外研究给出的改进措施需要进一步具体化，例如给出一些指标，仅仅给出要求未必能解决问题，改进效果也有待进一步借助数据报告。

顿继安

北京教育学院

落实"双减" 促进"双升" 让课题研究赋能师生成长
——"'阅读剧场'视域下小学语文阅读有效活动设计研究"课题实施报告

史家教育集团革新里小学　王　欢　姚　辉　陈　燕　王长江　梁　钢

摘　要　2021年9月革新里小学融入史家教育集团。在这样的一种转型背景下，随着国家"双减"政策的出台以及新的课程标准颁布，如何在减轻学生过重负担下增加学生阅读积累，通过"教与学"方式的改变让学生"爱阅读、能阅读、会阅读"？在王欢校长的引领下我们申报"'阅读剧场'视域下小学语文阅读有效活动设计研究"课题。"阅读剧场"是教学游戏化的一种形式，主要是借助戏剧表演的形式来推促学生进行言语实践。史家革新里小学作为儿童艺术剧院戏剧教育基地，有着深厚的戏剧教育基础。因此，我们根据"阅读剧场"的概念，在小学语文教学中，依照学生的年段特点、心理特点，围绕"阅读剧场"设计有效的阅读教学活动，让他们在"阅读剧场"中加深对文本的理解和语言的应用，提高迁移运用、表达、表演等综合能力，提升语文综合素养。同时，发挥课后服务为阅读剧场提供新的平台作用，通过学生组合的多元化，在激发阅读兴趣的同时让课后服务成为学生快乐的新天地。

主题词　阅读剧场　小学语文　阅读

2021年9月对于革新里小学来讲具有里程碑意义。在东城区教育两委的整体布局下，革新里小学融入史家教育集团。随着北京市教师轮岗政策的出台，一批集团名师进驻学校引领学校课程发展，优质教育资源中的双师课堂、多师课堂、课外服务资源为教师专业发展提供展示舞台。在这样的一种转型背景下，随着2021年秋季国家"双减"政策的出台以及新的课程标准颁布，如何在减轻学生过重负担下增加学生阅读积累，通过多样的"教与学"方式让阅读成为学生一生成长的习惯？于是就有了"'阅读剧场'视域下小学语文阅读有效活动设计研究"课题思考。在王欢校长的引领下，从2021年11月的前期课题申报到2022年3月份召开开题报告会、5月份课题推进会、6—7月份阶段小结会以及8—9月份成果梳理，为后续研究推进工作提供更加清晰的思路（图1和图2）。

一、课题研究的创新点

（一）重塑学生育人方式与课程顶层设计

新的课程方案与标准释放全新的育人信号，即以课程为载体，建立新的育人文化、推

图1　开题报告会

图2　课题推进会

演新的育人模式、打造新的育人生态，从而实现从学科立场走向教育立场（图3）。

图3　学校课程改革研讨会

在我校2022版新的育人课程五大体系建设中，其中之一就是以"文化交往课程群"为学生育人导向，通过以艺术＋语文＋英语为载体，在阅读积累的过程中，通过以"戏剧"的方式学文艺,这样的一种"教与学"学习方式改变,直达学生素养提升(图4)。例如,一年级中每节课的产出环节设置成为"戏剧小舞台"环节,如"定格画面"活动中,学生会分小组对故事进行定格表演与描述;在"故事圈"活动中,学生会通过动作以及语言共同描述出指定场景中的人和事物以及对话;在"墙上的角色"活动中,学生会依据课文中的角色特点进行剖析;在"读者剧场"活动中,学生可以依据课文进行改编和展示。我们相信,这个小小的舞台,随着时间的累积或许就会成为学生大大的梦想。

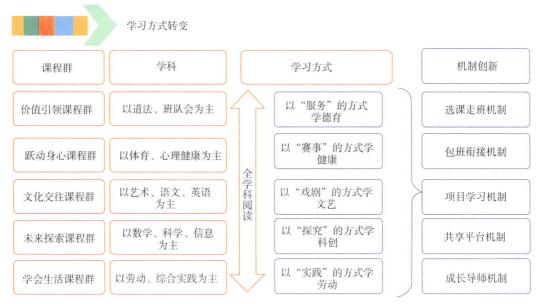

图4　史家教育集团革新里小学育人方式与课程顶层设计

(二)借助学校戏剧特色发展　打造语文"阅读剧场"

一直以来,戏剧教育始终是革新里小学的特色项目。融入史家教育集团一年来,我们借助集团优质资源,革新里校区成立戏剧教育工作室,更多艺术教育的引领者汇聚于此。学校聘请戏剧教育专业教师——张瀚伦老师主持参与戏剧工作室工作。2022年第二学期,结合四年级语文学科与戏剧结合,通过"阅读剧场"形式,组织学生将课内外阅读素材进行剧本的改编创编,通过分角色朗读、课本剧、诗诵剧等形式进行呈现,调动学生参与的积极性,让他们在"阅读剧场"中加深对文本的理解和语言的应用,提高迁移运用、表达、表演等综合能力,提升语文综合素养(图5和图6)。

(三)结合"阅读日"构建良好阅读生态　拓宽阅读实践活动

在"双减"政策引领下,我校在"全学科阅读+拓展性阅读"的推进道路上不断研究,通过课内读教材、课后读绘本、课后服务,学生多元组合开展阅读展示等形式,营造"人人有书读,班班有书声,生生有书评,师生伴成长"的阅读氛围(图7)。在今年第27个"世界读书日"来临之际,我校开展了"悦读滋养心灵,书香浸润校园"主题阅读实践活动(图8)。同时学校与东城区图书馆联谊成为"东城区图书馆阅读推广实验基地"。

● 课堂教学篇

图5　戏剧工作室开展活动

图6　学生撰写戏剧课程学习感受

图6 学生撰写戏剧课程学习感受（续）

图7 全学科阅读、新年诗诵会

图8　主题阅读实践活动启动仪式

（四）设计个性化作业　提升学生全面发展

在"双减"政策下，通过剧艺课程为学生设计个性化且具有自选特征作业，既满足不同学生学习需求，又提升学生艺术鉴赏与艺术修为（图9～图11）。如：以国家语文课程为依托的拓展性校本课程，这个课程包含有童话、寓言、民间故事等主要内容选编形成单元主题与个性化作业设计，学生作业完成由课内与课后服务两部分组成。首先，课内作业由语文教师牵头，多学科教师协同，学生依据自己个性和特长来自选不同类别作业进行呈现，如剧本内容创编、舞台表演创意表达、服装道具设计制作、音乐合成以及后期推广与宣传海报绘制等。其次，课后服务通过搭建"阅读剧场"舞台，教师跨学科联动，组建学习小组并完成实践作业与汇报展示。这样的一种融合五育的个性化学生作业，既关注了"双减"的要求，同时也关注了学生多元智能的差异性，让学生优势更优，而从实现学习、作业再发生。

图9　阅读特色作业展示

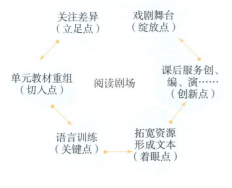
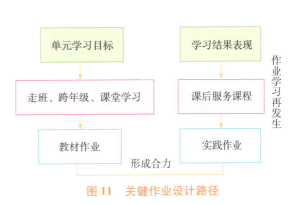

图10　阅读剧场单元教学框架　　　图11　关键作业设计路径

二、课题研究成果

（一）在理论学习中更新教育观念

学校聘请了市内外知名专家（东城区教育科学研究院副院长、语文特级教师宋浩志老师，课题专家沈兴文主任、辛竹叶老师，青少年戏剧教育专家张瀚伦老师）进行理论培训与实践指导。课题组撰写教育感言、反思共24篇，通过学习，从理论层面上引导教师全面把握实验课题的产生背景、科学依据、教育思想、实践价值，实现教育思想、教育观念的转变（图12和图13）。

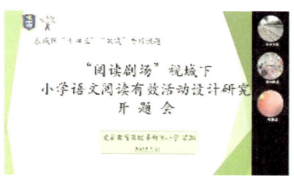

图12　课题开题会

图13　课题主要成员感受、教师撰写戏剧校本课程反思

（二）查找文献资料，制定调查问卷

对学生阅读及课本剧表演的现状进行比较全面的了解与分析，选择一至六年级共 24 个教学班近 800 个样本进行调查，以此作为“阅读剧场”活动设计的依据以及成果比较的基础（图 14 ~ 图 16）。

学生问卷

班级：　　　　姓名：

1. 你参加过语文课本剧的表演吗？（　）

A 没听说过　B 听说过，但自己没参与过　C 亲身参加过

2. 你认为课本剧对语文学习有哪些帮助？

____

3. 你觉得成功表演课本剧最重要的前提条件是什么？

____

4. 你希望老师怎样指导同学们表演课本剧？（　）

A 老师写剧本，指定学生表演

B 学生自己写剧本，老师指导排练表演

C 学生自己写剧本和排练，老师只做评委

D 请校外专业表演老师来指导同学们

5. 你希望通过表演课本剧让自己获得哪些提升？（　）多选

A 语文能力　B 表演能力　C 团队合作　D 性格塑造　E 兴趣体验

6. 你认为当前语文书中哪些课文适合进行课本剧表演？

____

7. 如果学校开设课本剧相关的课后托管服务，你想参加吗？（　）

A 想　B 不想　C 看家长意见

图 14　学生调查问卷

本学期中段阅读课题重在研究学生朗读能力、表演能力的提升。

一、每周一次的校本课　带给学生潜能的开发

每个班级每周都会开设一次校本课程，在张翰伦老师的专业指导下进行声台行表的训练，剧本人物的品读，表演动作的指导。

二、发现学生的无限潜能

四 2 班的郭艾瑶同学是一个平时有点“口吃”的孩子，在这一次的戏剧表演中却勇挑大梁，成为了“女一号”。张老师的选角很犀利，事实证明郭艾瑶同学非常贴合角色，戏剧效果尚佳。这对于孩子来说是一次改变孩子的教育，大大激发了孩子的潜能，提高了她的自信心。

三、朗读能力与感悟能力的提升

日常教学中，我们年级的各位老师注重培养学生的朗读能力，坚持引导学生每天清晨朗读教材，线上、线下都在坚持，孩子的朗读能力有了很大的提高。

在语文课堂中，关注学生感悟语言、品读语言的能力。通过圈画主要人物的语言、动作等语句感悟人物的精神或品格。学生通过这样的训练，在阅读理解能力方面有了很大的提高。

语文课程的学习也与剧本的学习相互补充、相互促进，共同帮助学生提高理解能力、朗读能力和表现力。

图 15　教师访谈记录

全学科阅读项目方案

史家集团革新里小学

一、项目目标（减——升）

随着“双减”的实施与落实，在减去过重课业负担的同时，开展全学科阅读活动，通过阅读与课内、阅读与课外、阅读与家庭相结合的方式，让学生爱上阅读，乐于表达，培养学生阅读爱好，提升学生阅读兴趣，提高学生阅读能力。

二、实施方式（读——展——能力提升）

（一）阅读与课内相结合

基于学科教材，以“读”为突破点，确定读的内容，通过“能读”——“敢读”——“大声读”——“展示读”的途径，让每一名学生都读起来，且都有读的展示。

读教材——教材内容

读补充资源——读筛选资料并说清楚理由。

（二）阅读与家庭相结合——妈妈读书会

以语文学科“和大人一起读”为基础，拓展全学科家庭阅读，以家庭为单位，通过学生与家长一起确定感兴趣的书目，通过一起读的方式，将校内阅读延展到家庭，以“妈妈读书会”的方式进行好书推介、阅读交流活动，从而推动全民阅读。

（三）阅读与课外相结合

1.阅读与课后服务相结合

以年级为单位，利用课后服务时间通过建立同类书籍阅读学习小组，赋予学生更多的阅读时间，学生之间进行阅读交流，进一步发展阅读兴趣。

（书目确定——年级推荐+学生自主选择——借助“阅读剧场”展示）

2.阅读与社会力量相结合

借助社会力量，设计主题式（项目式）阅读，学期中通过阅读推介会、阅读月等方式，创设“阅读剧场”展现阅读成果。

（四）阅读与能力提升相结合——课题、教材戏剧单元、剧艺课程

以语文学科为龙头，基于学科课题以及戏剧单元的学习，借助剧艺课程展示的平台，通过创——编——演的方式展示学生阅读成果；

通过读——讲——演等多种方式进行学期学科阅读成果的展示交流，提升学生阅读表达能力。

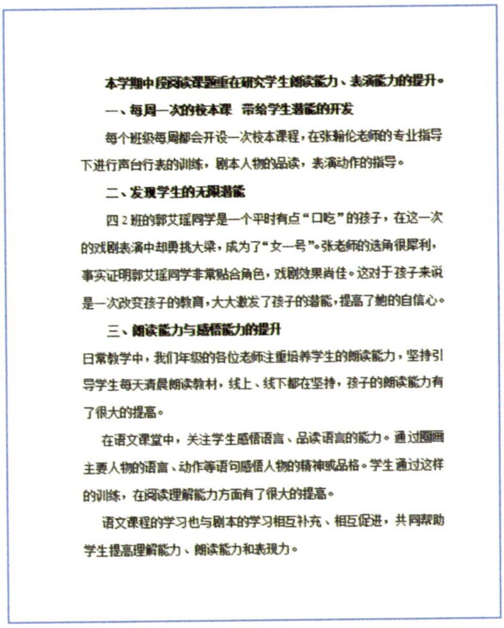

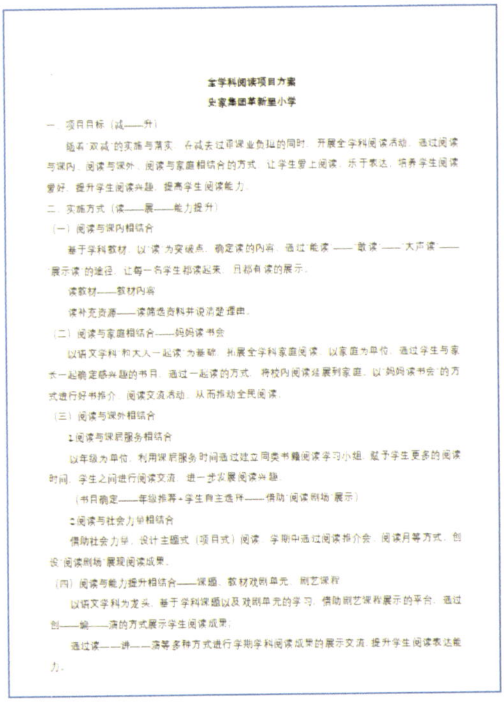

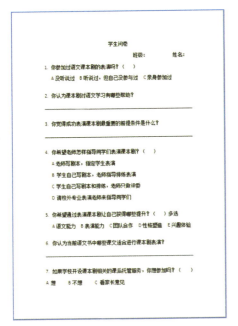

图 16　全学科阅读方案

（三）编制分级阅读篇目

2011年，国务院颁布了《中国儿童发展纲要（2011—2020年）》，提出了推广面向儿童的图书分级制。教师根据分级阅读理论，以教材为依托，根据各年段的特点，挑选适合学生阅读及表演的相关课文，设计有效的阅读教学活动，组织学生将课内、外阅读素材进行剧本的改编创编，通过分角色朗读、课本剧等形式呈现（表1～表3、图17和图18）。

表1 "阅读剧场"课外阅读书目

年级	分级阅读推荐课外阅读书目
一年级	《和大人一起读》《读读童谣和儿歌》
二年级	《小鲤鱼跳龙门》《小狗的小房子》《七色花》《神笔马良》
三年级	《安徒生童话》《格林童话》《伊索寓言》《中国古代寓言故事》
四年级	《古希腊罗马神话故事》《世界神话故事》《十万个为什么》《细菌世界历险记》《穿过地平线》
五年级	《非洲民间故事》《欧洲民间故事》《中国民间故事》《西游记》《水浒传》《三国演义》《红楼梦》
六年级	《爱的教育》《童年》《小英雄雨来》《鲁滨逊漂流记》《骑鹅旅行记》《汤姆索亚历险记》《爱丽丝漫游奇境》

表2 "阅读剧场"课内剧本创编内容

学段		"读者剧场"教材中对应内容
低段	一年级	《小壁虎借尾巴》《要下雨了》《咕咚》《动物王国开大会》
	二年级	《狐假虎威》《蜘蛛开店》《小马过河》《青蛙卖泥塘》
中段	三年级	《陶罐和铁罐》《慢性子裁缝和急性子顾客》《我不能失信》《鹿角和鹿腿》
	四年级	《小英雄雨来》《宝葫芦的秘密》《海的女儿》《芦花鞋》
高段	五年级	《草船借箭》《景阳冈》《自相矛盾》《田忌赛马》
	六年级	《骑鹅旅行记》《十六年前的回忆》《两小儿辩日》《董存瑞舍身炸暗堡》

表3 课题实施前期思考

请老师们根据自己年段特点，思考课题实施计划，先确定教材中适合开展课本剧的课文，根据内容思考和戏剧表演的结合点（创编改编的重点，如对话、人物动作神态、情感精神等），最后可以思考展示形式，可以和咱们已有的课程或活动相融合。

课堂教学篇

续表

	内容	二度创编点	形式	目的	展示
1	《荷叶圆圆》《要下雨了》《咕咚》《动物王国开大会》《小壁虎借尾巴》	以语文教材为主体，结合上下文和生活实际了解课文中词句的意思，组织学生抓住关键的词句，对课文进行理解感悟，指导学生读好课文，读出感情。在阅读中积累词语，借助读物中的图画阅读。有目光、姿态、表情、动作等无声的体态语言指导，引导学生用分角色朗读的形式来表现课文内容，加深对课文内容及相关语言的表达。	1. 将小组学生分为5组，从"阅读超市"中自主选择内容：《荷叶圆圆》《要下雨了》《咕咚》《动物王国开大会》《小壁虎借尾巴》。 2. 学生自主选择角色，与美术学科联合，根据角色准备相应的服装和头饰。 3. 学生进行自主练习，背台词，思考朗读时候的语气，并加上相应的动作。 4. 教师结合课堂教学和课后服务时间分组进行指导	思考指导学生的方法。在本主题活动中，我们和孩子们一起读故事、编故事、演故事，引导他们尝试去发现问题、思考问题、解决问题，同时通过阅读剧场的游戏，鼓励学生运用已有的经验来表现生活中的一些真实的或者想象的情境，在戏剧的编排中，使学生在丰富的活动中获得新的体验，建构新的知识经验，促进学生的语言、思维、想象力和艺术表现力的共同发展	分组阅读比赛。 1. 开展"阅读剧场"比赛，分小组进行展示。 2. 由学生评委进行评选，选出最优剧目和最佳演员
2					

图17　央视儿童春晚剧组

图 18　金帆话剧团戏剧展演

（四）开展分级阅读教学，彰显教师教学能力

参研教师们根据分级阅读的理论、标准、分级体系，确定各年段的"阅读剧场"活动内容及相应目标，并撰写了教学设计。各年段开展阅读剧场启动仪式，教师结合课堂教学和课后服务时间分组进行阅读课程指导，举办"阅读剧场"比赛，分小组进行展示，最后由学生评委进行评选，选出最优剧目和最佳演员。教师与学生均撰写了参与主题活动的相关感受（表4、图19和图20）。

课堂教学篇

表4 分年段安排"阅读剧场"指导课内容

阅读课文	阅读教学	阅读记录（小手账）	戏剧展示	阅读感受	展示评价
《荷叶圆圆》《要下雨了》《咕咚》《动物王国开大会》《小壁虎借尾巴》	1. 将小组学生分为5组，从"阅读超市"中自主选择内容：《荷叶圆圆》《要下雨了》《咕咚》《动物王国开大会》《小壁虎借尾巴》。 2. 学生自主选择角色，与美术学科联合，根据角色准备相应的服装和头饰。 3. 学生进行自主练习，背台词，思考朗读时候的语气，并加上相应的动作。 4. 教师结合课堂教学和课后服务时间分组进行指导	活动完成后，你的收获（主要围绕对课文的理解），并简单记录在阅读手账上	开展"阅读剧场"比赛，分小组进行展示	思考指导学生的方法。在本主题活动中，我们和孩子们一起读故事、编故事、演故事，引导他们尝试去发现问题、思考问题、解决问题，同时通过阅读剧场的游戏，鼓励学生运用已有的经验来表现生活中的一些真实的或者想象的情境，在戏剧的编排中，使学生在丰富的活动中获得新的体验，建构新的知识经验，促进学生的语言、思维、想象力和艺术表现力的共同发展	学生评委进行评选，选出最优剧目和最佳演员
《一只窝囊的大老虎》《西门豹》《永不忘却的记忆》	1. 提升词汇积累与交技能力：随着戏剧活动的开展，所有的文字都配合着语言的情境与人物的感情而表达出来，原本生硬的词汇跃然于一来一往的口语互动中，学生能充分体会语言文字的魅力。 2. 提升学生阅读与习作能力：由于许多戏剧教育活动的题材来自歌谣、童诗及故事等文学作品，经由亲身参与，学生对于故事的内容有进一步的了解，通过扮演的过程，他们对这些隽永的文学作品有更深刻的体会。学生必须用自己的语言重新组织、思考、诠释且表达对不同故事的观点与内容，教师若在戏剧活动后，鼓励学生写下自己对故事的感受，对学生阅读及写作能力的提升有相当大的帮助	活动完成后，你的收获（主要围绕对课文的理解），并简单记录在阅读手账上	校本课程学生全员参与，利用课上及课后服务课程时间组织学生进行课本剧的展示	思考指导学生的方法。在本主题活动中，我们和孩子们一起读故事、编故事、演故事，引导他们尝试去发现问题、思考问题、解决问题，同时通过阅读剧场的游戏，鼓励学生运用已有的经验来表现生活中的一些真实的或者想象的情境，在戏剧的编排中，使学生在丰富的活动中获得新的体验，建构新的知识经验，促进学生的语言、思维、想象力和艺术表现力的共同发展	关注学生戏剧基本功的训练，从"声台形表"四个方面进行评价

“我爱阅读”——学生课本朗读展示评价单

2021—2022 学年度第二学期

展示时间：2022 年 4 月 29 日　　　　展示班级：

教师评委姓名：

序号	学生姓名	展示学科	吐字清楚	声音洪亮	语气有变化	总评
1						
2						
3						
4						
5						
6						

图 19　学生阅读展示评价表

一、活动目的

1．了解课文剧的主要特点及改编的要求。能初步把握文章中人物形象的特点，进行改编《笋芽儿》（可以独立改编，也可分组改编，改编既要忠于原文又要敢于创新）。

2．分组进行剧本的交流和讨论，选好演出剧本，确定导演、演员和剧务组等人员，进行排练。

3．培养创造思维能力和表演能力。二、活动准备

布置学生回家阅读安徒生童话《皇帝的新装》，上课带第8册语文书准备改编《笋芽儿》。三、活动步骤

（一）、谈话导入。我们的课本上有不少课文人物形象栩栩如生，故事情节曲折生动，如果我们在理解课文、准确地把握人物性格的基础上进行再创造，把它编成课本剧进行表演，使课文人物再现在我们的面前，这是很有意义的。今天我们就来当一回编剧，写写剧本。（二）、学习剧本的一般特点

1．师生共同研究《皇帝的新装》剧本，了解课本剧的特点和改写要求。

2．师出示《皇帝的新装》改编后的课本剧，讨论课本剧的特点。（1）编写课本剧，可以对原文进行修改。（增加、删除、调换、改变）

（2）课剧本必须把发生在不同地点和较长时间里的事情集中在有限的舞台空间的有限的时间内表现出来。因此，它的篇幅不能过长，人物不能过多，场景变换也不能过多。第一次学写课本剧，可以截取课本的一个片断进行编写。

（3）剧本的语言主要指台词，台词包括对话、独白、旁白等。语言要能充分表现人物的性格身份和思想感情，还要求通俗自然、简练明确、幽默动听，适合于舞台表演。

（4）在编写时，还要注意舞台说明和舞台提示。（三）师生共同改编《笋芽儿》的第一部分。

1．讨论：这一部分哪些内容可以进行改编？为什么？（可以增加：春雨姑娘的呼唤笋芽儿的话、笋芽儿撒娇的话、笋芽儿的心理活动、不同人物的动作表情等）师司板书。

2．师生合作，把第一部分改编成课本剧的第一幕，交流评议。

晏子使楚（课本剧）

一、人物角色分配：

1、晏子，随从 1 人；
2、楚王、王后、宫女：4 人；
3、城门卫兵：4 人；
4、迎接大臣：1 人；
5、吹号卫兵：2 人；
6、迎接大臣：1 人；
7、吹号：2 人
8、大厅两旁：文官 10 人、武官 10 人
9、太监 1 人；
10、犯人

二、道具设备：

古代服装、宫廷器具、凳子、纸壳子门、随身扩音器………………

三、上场流程：

先把场景道具摆放到位，卫兵、号手到位，文官到位，武官到位，太监到位，大王、王后、侍女最后出场。

四、情景流程：

第一场：殿内上朝

1、（太监喊上朝，文武百官齐涌千岁）
2、太监接着喊：有本奏来，无事退朝
3、文官：“大王，齐国来了一个使者，名叫晏子，正在城外候着”。
4、楚王：“晏子？听说此人很是矮小，这等无名小辈，就让他从城门旁的一个小门洞里进来吧，这位爱卿，你替本王去会会他。”

图 20　“阅读剧场”活动目标与剧本

（五）拓展阅读，让课后服务课程更加丰富

随着国家“双减”政策的落地与实施，我校教科研中心引领语文老师们，就如何提升语文素养，围绕课内学习 + 课后课程进行了深入探讨。开设了“阅读剧场”课后服务课程，通过对课外阅读再加工、以编排演的方式让学生进行二次加工与理解。通过排、演、练习、评的方式引导学生在情境中运用语文，联系生活，将阅读中的收获迁移运用到自我的表达，使学生的语文学习与生活紧密联系起来，同时也让课后服务成为学生快乐阅读的新天地（图 21）。

● 课堂教学篇

图21 金帆话剧团排练

图 21　金帆话剧团排练（续）

三、课题研究思考

（一）以课题研究为载体打造"好老师"

"双减"呼唤好老师，学校融入史家教育集团给学校发展创造无限可能。随着国家新的课程标准政策落实，如何改变"教与学"方式，积淀教师综合学科专业素养和学生综合发展能力是我们思考的重点问题。

（二）以"戏剧"教育为表现形式提升语文教师综合学科运用能力

在"阅读剧场"视域下，以研究教材为驱动，以学习力、合作力、研究力、思考力、实践力"五力"为支点，以小教研聚力、共研为内容，以课堂实践为渠道，以反思、再实践为提升，以写论文、评论文为总结。在这样一个闭环式校本教研中，提升教师专业水平。另外，挖掘语文教材中育人元素，发挥学校艺术特色，构建新型语文课堂阅读教学模式。

（三）借助互联网形成线上、线下一体化，拓宽"阅读剧场"边界

因为疫情的关系，学生进行了一段时间的居家线上学习，如何借助互联网"智慧学校"功能，实现线下、线上的一体化学习模式，打造"云端"的"阅读剧场"，这将是我们需要思考并解决的实际问题。

（四）学生阅读材料丰富多样，喜爱阅读人数不断增加

结合学生"阅读"分析（表5），首先把数据反馈给各个学科的教师，让教师结合数据从学科角度加大对学生学科阅读兴趣的培养。另外，根据学生阅读实际获得情况，从低、中、高三个年段各抽取一个样本班，结合整本书阅读进行一次阅读分享与检测，从而以点带面推动阅读工作的全面开展（图22）。

表 5　学生阅读数据统计

学生总数 857 人	科普书	故事书	漫画书	小说	文学	艺术	其他类书籍
	588 人	687 人	543 人	223 人	199 人	186 人	127 人
	68.6%	80.06%	63.45%	26.02%	23.22%	31.68%	14.81%

填写人（自动）	所在部	填写	用户	假期老师	班主任电话	您认为	您的孩子喜欢阅读的书目（必填）	半年来您认为在孩子身上发生的主要变化有哪些
慧慧	/10 12:09:34		微信用	班主任	健康锻炼,1	沟通能	故事书,小说,其他	关爱身边的家人
朱本瑀	/10 12:12:07		微信用	班主任	健康锻炼,1	沟通能	故事书,其他	其他的变化
家有小貔貅U	/10 12:14:56		微信用	班主任	健康锻炼,1	能积极	科普,故事书,小说,文学,艺术,其他	更加专注
Stefanie song	/10 12:17:39		微信用	班主任	自主学习	沟通能	科普,漫画书	自控能力慢慢再提高，自主能力再增强
茹昕雅	/10 12:19:28		微信用	班主任	健康锻炼,1	沟通能	故事书,漫画书,小说	懂事了很多
刘鑫	/10 12:21:19		微信用	班主任	健康锻炼,1	沟通能	科普,故事书,漫画书,小说	劳动技能提高，体育锻炼更多
程芳	/10 12:21:37		微信用	班主任	健康锻炼,1	能积极	科普,小说,文学	会沟通，情绪控制很好
糊糊（窦启嘉妈妈	/10 12:22:56		微信用	班主任	健康锻炼,1	善于沟	科普,故事书,漫画书,小说,文学,艺术,其他	变得有自己的想法了
石亚丽	/10 12:24:21		微信用	班主任	健康锻炼,1	能积极	科普,故事书,漫画书,小说,文学	认知
水中飘	/10 12:24:51		微信用	班主任	健康锻炼,1	能积极	故事书,漫画书,文学,艺术	1、喜欢下厨。会自己摸索制作喜欢的食物，动
小花妈妈	/10 12:26:01		微信用	班主任	健康锻炼,1	善于沟	科普	自我约束能力提高，善于家长沟通
张晓宁	/10 12:26:01		微信用	班主任	健康锻炼,1	善于沟	科普,故事书,小说,艺术	自主学习完成作业，有条理的安排自己的课余时
乾利商贸有限公司	/10 12:26:14		微信用	班主任	健康锻炼,1	善于沟	科普,故事书,艺术	自主实习，爱做家务，做公益
丽	/10 12:27:45		微信用	班主任	健康锻炼,1	善于沟	科普,故事书,漫画书	学习这块比较轻松　身心较健康　爱运动
	0 12:28:37		微信用	班主任	健康锻炼,1	沟通能	科普,故事书	有主见了
知足常乐！垣垣荡雨	12:28:44		微信用	班主任	健康锻炼,1	善于沟	科普,漫画书	懂事，有礼貌！
张丽	/10 12:29:41		微信用	班主任	健康锻炼,1	善于沟	故事书,小说,文学	能自主学习了
曲耀丹-Robyn Qu	/10 12:30:21		微信用	班主任	健康锻炼,1	善于沟	故事书,小说,文学	学习更加独立自主，有个人主见，沟通能准确表
郑少伟	/10 12:30:42		微信用	班主任	健康锻炼,1	不太愿	漫画书	能主动收拾房间
傲翔玩具2街055号1032	031:50		微信用	班主任	健康锻炼,1	沟通能	故事书	学习进步
石润茜	/10 12:32:30		微信用	班主任	自主学习	善于沟	漫画书	能自己完成作业了
洋洋	/10 12:33:01		微信用	班主任	健康锻炼,1	能积极	故事书,漫画书,文学	增强了自主能力：自己洗衣服
兔子快跑	/10 12:33:29		微信用	班主任	健康锻炼,1	能积极	科普,小说,文学,艺术	成长了，成熟了，自觉性有所提高。
AWU虎年大吉	/10 12:33:43		微信用	班主任	健康锻炼,1	善于沟	科普,故事书,漫画书	学习比较轻松 身心健康 性格开朗
孙振山	/10 12:35:46		微信用	班主任	健康锻炼,1	善于沟	科普,故事书,漫画书,小说,文学,艺术	可以自主学习
李京鑫	/10 12:35:47		微信用	班主任	健康锻炼,1	善于沟	科普,故事书,漫画书	自理能力提高，情商高

图 22　阅读分享与检测

（五）课题研究带给学生的变化（表 6 和表 7）

表 6　围绕学生“综合发展”——家长说

学生总数857 人	家长认可孩子的综合发展有变化（责任心）	学习主动性与自我管理意识有增强（投入度）	身心发展比以往更加积极、主动（内驱力）	能帮助父母做力所能及简单家务（成就感）
	847 人	239 人	174 人	714 人
	98. 83%	27. 88%	20. 3%	83. 3%

表 7　围绕学生成长与变化——教师说

有爱心	有自信	有包容	有自律
爱学习	会表达	常健体	能创新

未来，“‘阅读剧场’视域下小学语文阅读有效活动设计研究”课题组全体成员将继续深入开展课题研究实验，结合“新课标”，以“大单元”实施为载体，加大“教与学”方式变革，促进语文教师综合学科整合能力以及学生语文素养提高。同时，作为史家教育集团成员校，我们将继续秉持“阳光、和谐”的教育理念，以“会学习、爱表达”为载体，培养他们学而不厌、挫而不败的品质，结合学校阳光漫课程的顶层设计，发挥课堂育人作用，让每一名学生拥有一颗温暖的心、拥有一个聪明的脑、拥有一种爱国的情怀、拥有一双创造的手，这不仅是史家革新里阳光少年的新样态，更是学校生命发展的新样态。

专家 点评

　　学校层面落实"双减"政策精神重在提升校内教育教学质量，优化教学方式，提升学生在校学习效率。《义务教育语文课程标准》（2022年版）也倡导少做题、多读书、好读书、读好书、读整本书，注重阅读引导，培养读书兴趣，提高读书品位。

　　革新里小学此项成果将"阅读剧场"的概念应用到小学语文教学中，优化语文教学方式，根据学生的年段特点、心理特点，以"阅读剧场"理念指导设计有效的阅读教学活动，让学生在"阅读剧场"中加深对文本的理解和语言的应用，提高迁移运用、表达、表演等综合能力，提升语文综合素养。学校在"全学科阅读＋拓展性阅读"的推进道路上不断研究，通过课内读教材、课后读绘本、课后服务，学生多元组合开展阅读展示等形式，营造"人人有书读，班班有书声，生生有书评，师生伴成长"的阅读氛围。同时，充分利用课后服务为"阅读剧场"提供新的平台，通过学生多元化组合，激发阅读兴趣，让课后服务成为学生快乐的新天地。

　　建议进一步清晰解释"阅读剧场"的内涵及操作要领，展示一个具体的"阅读剧场"教学设计及实施案例，提炼"阅读剧场"分别给任课教师和学生带来的成长变化。

邱　磊
北京教育学院人文与外语教育学院

智能平台赋能数学核心素养表现性评价的实践探索
——以"乘法分配律"为例

北京第一师范学校附属小学　刁善玉思佳　任　虹
北京师范大学　李葆萍

摘　要　教育评价改革是义务教育课程改革的重要组成部分，尤其是在以核心素养为导向的课程改革中，评价作为检验教学效果和改进课堂教学的关键环节，应成为一线教师未来重点研究的领域之一。为了更好地促进学生核心素养的发展，有效地保证学生的学业质量，践行教学评一体化的教学范式，学校一线教师采取与高校学者合作研究的方式，以数学教学内容"乘法分配律"为例，设计开发基于问题解决测试平台的表现性评价内容，并结合人工智能、数据采集等核心技术支撑教育评价转型，促进教师与人工智能的有机融合，为智能技术赋能教育评价提供现实观照。

主题词　智能平台　表现性评价　数学核心素养

一、背景

习近平总书记在2018年全国教育大会上发表的重要讲话中指出：要深化教育体制改革，健全立德树人落实机制，扭转不科学的教育评价导向，坚决克服"唯分数、唯升学、唯文凭、唯论文、唯帽子"的顽瘴痼疾，从根本上解决教育评价指挥棒问题。为了突破这一领域存在的问题，避免教育领域中出现短视化、功利化现象，最近几年教育部陆续密集出台了有关教育评价的文件。2020年10月，中共中央、国务院印发的《深化新时代教育评价改革总体方案》也指出：利用人工智能、大数据等现代信息技术，创新评价工具。一系列的文件政策，使得学校教学研究必须明确方向，即"开启智能时代教育新征程"，让"信息技术成为引发教育深层次系统性变革的内生变量"。

多年来，为了回应时代的呼唤，切实将信息技术从外生变量转向内生变量，北京第一师范学校附属小学（简称"北京一师附小"）一直创新课堂"主阵地"的建设，用信息技术支撑和引领课堂教学从"经验型"走向"研究型"。实践过程中，学校结合"快乐教育"的理念，形成了以"快乐教育＋技术"为核心的智慧课堂，并结合不同学科、不同领域、不同课型等特点，从多个视角进行创新实践，形成了具有"快乐教育"特色的智慧课堂新样态（图1）。

图1 "快乐教育+技术"智慧课堂样态

二、面临的问题

(一)核心素养的测评缺乏可操作性的评价工具

对于如何测评学生的核心素养,目前并没有明确的测评方法和可效仿的测评路径。因此,会有这样一种现象:以核心素养为导向的课堂实践,教师如火如荼地研究,但到了作业、测评等评价环节,仍然把知识的记忆与技能的训练作为发力点,以此提高学生的学业质量。这种课堂学习与作业测评不一致的目标,导致一线教师难以把"培养学生核心素养"作为长久持续的价值取向而展开教学工作。因此,教育评价改革亟待借助人工智能手段,创新评价工具,使得过程性评价更加客观、真实。

(二)核心素养评价指标与课堂教学的关联度不够紧密

在研究教育评价时,教师往往把评价当作检验学习效果的工具,而忽视评价用于指导、改进教学的功能。这就导致学校教师往往只关注"如何教、如何学",而忽视"如何评"的研究。此外,通过访谈一线教师,也可以发现评价过于笼统、模糊的一个重要原因是开展精准化测评内容设计与实施,涉及的人力资源、时间成本相对较大,一线教师在校时间和可承受的工作量,很难保障测评工作的常态运转。在这样的现实面前,如何将课堂教学研究与教育测评有机整合?评价智能化能否在日常教学工作中得以实现?信息技术又能否破瓶颈、补短板?对于以上一系列的问题,我们期待从一线教师的视角能有突破性创新。

三、具体实施

(一)建构桥梁,创理论与实践相结合的契机

为了补足学校"快乐教育+技术"研究中"教育评价"领域的短板,北京一师附小

与北京师范大学教育技术学院建立合作关系，希望借力高校前沿的研究理论和学者资源，依托信息化智能平台，一起致力于教育评价改革的探索。由北京师范大学未来教育高精尖中心开发的问题解决能力测试系统（Problem Solving Ability Assessment，简称PSAA），可以借助计算机辅助手段对学生综合利用知识和技能解决实际问题的能力做出合理测评。在教育评价转型的关键阶段，智能技术给评价创新注入了新的活力。图2为PSAA平台针对不同学科、不同知识特征开发的测评模块。

图2　PSAA平台测试模块

（二）精准测评，由主观经验转向客观数据

借助智能平台测评学生的核心素养，并不能削弱教师的作用。相反，学校教师的评价能力将直接影响平台内容的质量。因此，设计测评题目的着手点应从开展教师命题活动开始。考虑到学生信息素养的实际基础和学科特点，学校以中高年级数学学科学习为切入点，选择小学数学"乘法分配律"这个内容开展研究。

教师将与这部分内容有关的所有知识点录入平台，随后通过上机测试，智能平台对学生知识点的掌握情况做出了统计（图3和图4）。智能教学平台可以瞬间精准地统计出学生各个详细知识点题目作答的数据分布、班级之间的差异、学生知识点的漏洞等，曾经那些囿于一遍遍录入数据、一次次计算、标记、画正字等机械重复工作中的教师，终于可以从中解脱出来。现在这些工作可以被智能教学平台取代，高效、精准、便捷的特点，逐渐使教师们接纳了智能教学平台。

图3　学生初次使用PSAA平台测评

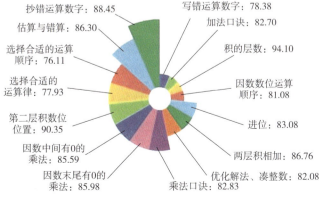

图4　学生运算各部分知识点得分统计

（三）价值叩问，将知识点测评过渡到学科核心素养测评

知识点的统计结果与学科核心素养有怎样的内在联系？在智能技术推动各个领域发生变革的今天，智能教学平台也不仅仅是一台只会统计数据的高精度计算器。此刻，一种价值叩问在每个教师心中产生：教师的专业化价值在智能技术面前，该如何重新被定义？

通过对《义务教育数学课程标准（2022年版）》的学习与思考，学校数学教师再次明确数学课程中核心素养的体现应是：会用数学的眼光观察现实世界；会用数学的思维思考现实世界；会用数学的语言表达现实世界。这使教师更加明确"核心素养"的核心并不是碎片化知识的简单累加，而在于重视应用所学的知识技能去解决现实问题时所必备的思维方式、思维品格、创造性建构知识的能力以及正确的价值观等。

回过头来，审视教师之前设计的评价试题，则更多的是基础知识的训练与强化。比如：简便计算 25×44、102×48 等直指知识点的计算题目。抽象的数、抽象的运算既没有促进四年级学生的数学理解，也没有回应对核心素养的培养需求。教师应该结合当下新课标的理念，利用智能平台的问题解决测试功能，探寻素养导向的评价内容与方式。

（四）深度关联，将表现性任务对接素养指标

斯蒂金斯在1987年就指出，"表现性评价是测量学习者运用先前所获得的知识解决新异问题或完成具体任务能力的一系列尝试。"他认为表现性评价可以通过多种类型进行，如演示、实验、调查、表演、建构反应题、书面报告、演说、作品展示、科研项目等。也有学者认为表现性评价即从质性的角度，以能够产生思维必然性的某种情境的学习者的行为与作品（表现）为线索，对概念理解的深度与知识技能的综合运用进行的评价。因此，表现性任务中情境的创设既要满足对概念的深层剖析与理解，还需要具备一定的复杂性，从而促进学生高阶思维的发展。

以数学核心素养运算能力为例，通过学习大量前期文献资料和与专家商讨后，初步拟定将小学阶段的运算能力划分为表1中的指标，设计了"班级校服收费"和"商铺购买预算"的表现性评价任务（图5）。分解任务，并与运算能力指标进行关联（图6）。

表1 小学运算能力评价指标拟定

一指	级标	理解运算对象	掌握运算法则	探究运算思路	选择运算方法	求得运算结果
二指	级标	明确运算方向	理解运算算理	抽象概括	算法程序化	计算结果准确
		正确选择数据	明确运算顺序	合情推理	算法多样化	正确解释结果
		分析数量关系	掌握运算定律	迁移理解	算法最优化	结果评价反思

图 5　PSAA 平台基于"问题解决"的数学测评内容

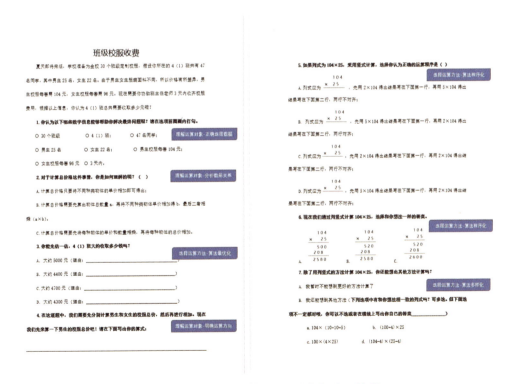

图 6　表现性任务与运算能力评价指标建立关联

将表现性任务与运算能力评价建立联结，教师既能够看出学生对问题解决的结果的应答情况，又涵盖了问题解决的过程与方法的选取。在问题解决的过程中，学生经历了识别问题—表征问题—选择策略—执行策略—评估结果的一般模式，凸显了表现性评价注重过程性评价的特点。

· 79 ·

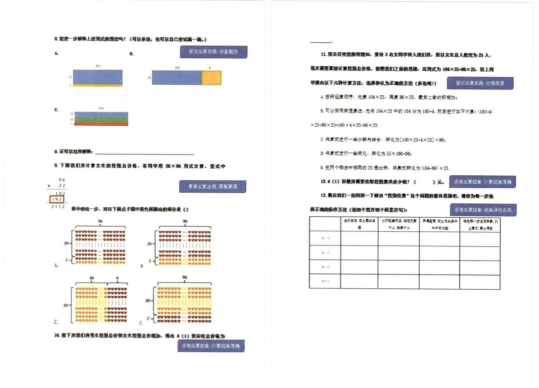

图6　表现性任务与运算能力评价指标建立关联（续）

（五）数据循证，增强教学评一体化研修模式

教师利用信息技术将表现性评价任务的关键环节进行拆分，并把每一关键步骤与运算能力指标进行关联，通过PSAA平台记录学生的点击流数据和与人工对话的数据，智能分析学生各个维度的表现（图7）。

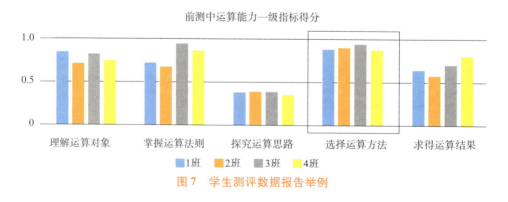

图7　学生测评数据报告举例

借助智能平台，教师找到了"以数据为证据"的学生薄弱环节。回到对应的具体题目，如图8和图9所示。

通过数据化"证据"，再一次证明学生学习的重点与难点，应聚焦在对知识的理解、抽象、迁移、应用。从课堂教学角度，应鼓励学生对乘法分配律的模型，进行多元表达，

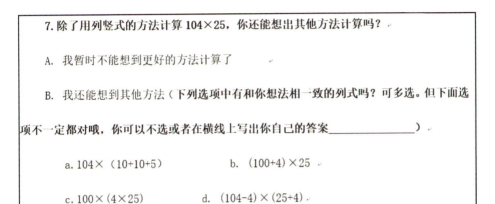

图8 小学数学"乘法分配律"应用

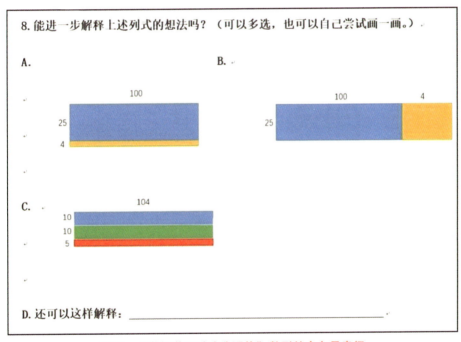

图9 小学数学"乘法分配律"数形结合多元表征

促进学生对乘法分配律意义的理解,而不是急于抽象出公式模型,进而导致学生后续学习出现套公式、机械记忆的学习行为。

除了班级整体情况,PSAA平台还可以为每位学生进行数据画像(图10),这有助于学生对自己的学习行为进行评价、反思和进一步调整,形成学会学习的综合性素养。

根据以上数据的反馈,授课教师调整了教学设计,专门在自主迁移理解"乘法分配律"模型的环节中,鼓励学生通过多元表达、直观想象等方式加深对模型的认识。下面是参考智能平台测评数据设计的教学重点环节,并在实验班级中进行了课堂实践。

[活动环节] 横向数学化,抽象模型

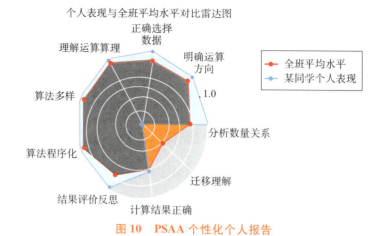

图10 PSAA 个性化个人报告

1. 座椅个数

   $12 \times 8 + 7 \times 8$ 　　　　　　$(12+7) \times 8$

   能读懂他们的想法吗？（边说边在图上画一画，指一指）

   方法一：　　　　　　　　　　　　　　方法二：

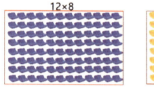 

2. 刷漆面积

   （1）独立解答

   （2）交流反馈

   方法一：$7 \times 12 + 7 \times 6$　　　　　方法二：$(12+6) \times 7$

你能读懂他们的方法吗？

[活动环节]：纵向数学化，沟通联系

3. 我们常用竖式计算多位数乘法，你能结合今天学的乘法分配律解释其中的道理吗？

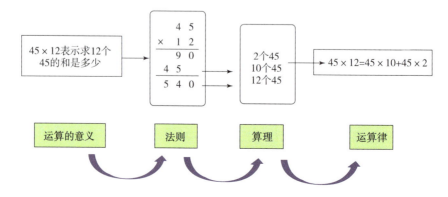

这种基于学生表现性评价结果的逆向教学设计，能够使教师有意识地将评价设计与教学活动相关联，促进教学评一体化的实现。

四、实施效果

课堂实践后，教师根据运算能力评价指标，创编后测表现性任务内容，进一步在实验班和对比班验证效果（图11）。教师利用"商铺购买预算"的任务，引导学生在真实的问题中，结合生活中常见的促销手段，利用乘法分配律的知识进行简算，发展学生的运算能力。

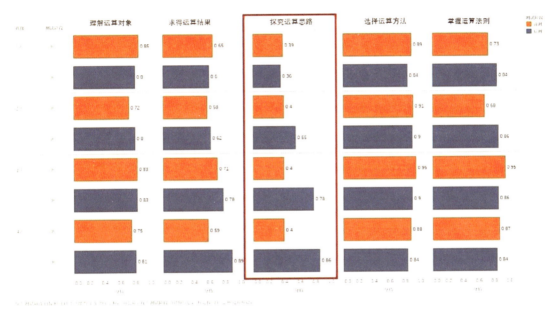

图11　前后测运算能力指标得分对比

通过前后测的对比，可以发现：采用逆向设计进行课堂教学的实验班（3班、4班）较对比班（1班、2班），在"探究运算思路"这一维度的能力上提升显著。

除了学科核心素养——运算能力有了显著提高，学生完成每个分解任务的时长、出现错误的次数等，也能够一定程度上反映学生的学习态度、专注度以及人机交互的流畅度等情况（图12）。

五、结论

（一）精准的学情分析为课堂"减负提质"提供了有效路径

"双减"政策的出台使得教师必须要在课堂设计、学情分析、作业设计等方面下足功夫，才能提高教学质量。而学情分析与课后学习效果评价是检验课堂40分钟是否具有时效性的关键环节。在智能技术发展的今天，智能教学平台以"精准""快速"的优势，融入表现性评价的探索中，使得教师快速抓取班级学生学情分布数据，提高了评价的客观

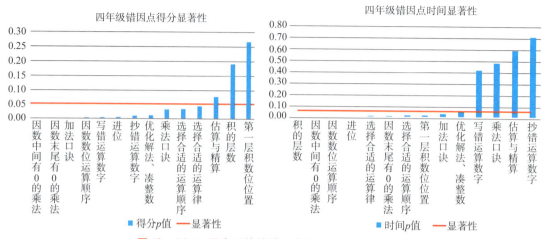

图 12　PSAA 平台反馈的错因点得分与时长的显著性

性与真实性,为"减负提质"提供了一条有效路径。

(二)智能平台表现性评价促进教师评价观的转变

表现性评价在教育评价领域的迅速升温,离不开核心素养评价观的引领。一线教师借助智能平台评价学生,不仅精准锁定了学生的最近发展区,还看到了学生在学习思考过程中的一些常见思维方式、学习能动性、自我反思意识等认知领域的情况,了解了学生在解决问题时的过程性表现。智能平台这种更加多维度的评价结果,逐渐被一线教师"看见""觉察""分析"……教师从追求标准答案的评价方式逐渐过渡到兼顾过程与结果的评价方式,注重学生的个性化表达,体现了以人为本的教育评价观。

总之,北京一师附小一直秉承着"快乐教育"的办学理念,立足于课堂实践研究。在未来教育评价体系创新与实践中,也将继续探索教育评价,发挥表现性评价在促进学生核心素养发展过程中的意义和作用,让表现性评价的素养评价功能深入人心。

参 考 文 献

[1] 吴晶,胡浩.习近平在全国教育大会上强调　坚持中国特色社会主义教育发展道路　培养德智体美劳全面发展的社会主义建设者和接班人[J].人民教育,2018(18):6-9.

[2] 深化新时代教育评价改革总体方案[EB/OL].(2020-10-13)http://www.moe.gov.cn/jyb_xxgk/moe_1777/moe_1778/202010/t20201013_494381.html.

[3] 雷朝滋.以教育信息化全面推动教育现代化开启智能时代教育新征程[J].人民教育,2019(2):40-43.

[4] 雷朝滋.解读"信息化2.0"[EB/OL].(2019-05-30)https://www.sohu.com/a/317495354_120080528.

[5] 教育部.义务教育数学课程标准(2022年版)[M].北京:北京师范大学出版社,2022.

[6] STIGGINS, RICHARD J. Design and Development of Performance Assessments [J]. Educational Measurement Issues and Practice, 1987 6(3):34.

[7] 钟启泉.基于核心素养的课程发展:挑战与课题[J].全球教育展望,2016,45(1):3-25.

专家 点评

　　本研究选题新颖，在智能技术赋能教育的大环境下，结合当前教育界关注的"双减""教育评价""核心素养"等热点话题，对智能平台赋能数学核心素养表现性评价的方式进行了探索，具有很强的针对性和教育教学现实意义。

　　全文首先以分析当前中国基础教育背景为出发点，强调国家对教育评价改革的重视，以及表现性评价在促进学生核心素养发展过程中的意义和作用。此外，还介绍了其所在学校（北京第一师范学校附属小学）作为创新课堂的主阵地，为了回应时代的呼唤，切实将信息技术从外生变量转向内生变量，结合不同学科、领域及课型等特点，从多个视角进行创新实践，逐步形成具有自身教育特色的智慧课堂新样态。本研究对其所面临的一系列问题进行了深度剖析，并针对原因提出解决问题的有效对策，最后对其实施效果进行了展示。

　　研究报告的结构科学合理，技术用语、学术用语准确，图表完备且整洁。同时，该文撰写过程思维严谨，回答问题有理论依据，并以事实进行论证，更增加了论证的可靠性。该研究提供的表现性评价方式具有很强的针对性和教育教学现实意义，可供学校教育教学评价参考。

　　建议增强研究中"面临的问题"与"具体实施"两部分内容相呼应性，针对提出的各个问题有其相对应的解决措施。在"实施效果"部分，用到了前后测的对比数据，建议将前后测的具体情况（测试内容、受试学生情况、测试过程等）简要做一个说明，加强研究的严谨性。该部分只提到了学生"探究运算思路"这一维度得到了提升，那么其他维度呢？建议参照文中提到的数学核心素养内容或其他评价的标准进行实施效果的阐述，进一步体现该评价方式的优越性。

王　强

首都师范大学

"双减"背景下基于数据分析的小学语文课堂诊断与改进实践研究

芳草地国际学校远洋小学　张　龙
朝阳区教育科学研究院　　马　妍
芳草地国际学校远洋小学　杨　洁
芳草地国际学校双花园校区　张曼妮

摘　要　本文主要以2019年至2022年学校三、六年级学生数据为样本进行分析。学校针对课堂教学的现状，对学生的课堂互动和参与过程以及"双减"后的相关数据展开研究。依据"双减"政策，进一步以标准为导向反观课堂教学，以课题引领提升课堂时效。从教师的"教"与学生的"学"两个维度，立足于教师和学生双重视角，重视师生学习力和研究力的双重提升，并以此设计出台了《芳草地国际学校学科课堂标准》，提出了"五有思维课堂"，建立作业设计评价指标和作业评价量表。通过对课堂中及课后学生学习行为数据的采集与统计对教师课堂教学活动进行分析，以此为教师更好地掌握学生学习情况、改进教学活动设计、提高教学效率提供数据支撑。

主题词　双减　数据分析　语文思维

一、小学语文课堂诊断与改进研究的缘由

（一）"双减"政策的出台

2021年7月出台的"双减"政策，不仅是对教育体制和结构的重大改革，也是对学生学业负担以及作业设计的一种调整。减轻学生的学业负担，更应着眼于培养学生的核心素养，提高校内教育教学质量。因此，在"双减"政策下，语文课堂必须进行相应的调整和变化，课堂的教学模式及作业设计的实施也应该有新的转向。

（二）"互联网+"时代背景

顽固的疫情阻断了师生返校的道路，给教育带来了前所未有的挑战。为切实最大限度减少疫情给教育教学带来的影响，我校积极响应国家要求，将教学活动移至线上进行，通过"互联网+"的课堂形式借助信息科技及互联网技术开展零距离的教学活动。教育信息化2.0时代，新技术支持下的个性化学习课堂教学应尊重学生的个体差异，满足学生个性化需求，以促进学生个性发展为目标展开新型教与学活动。

（三）"双减"前学生语文学习现状调研结果及分析

北京市朝阳区每年会定期组织义务教育阶段三年级与六年级学生开展学习情况调

研。通过对调研数据进行分析,可以提出有针对性的改进策略,有效指导学校教师开展教育教学活动,改进学生课堂现状。基于芳草地国际学校2019年三年级与2020年六年级的调研结果,我校对学生语文学习现状调研结果进行了诊断分析,具体情况如图1和图2所示。

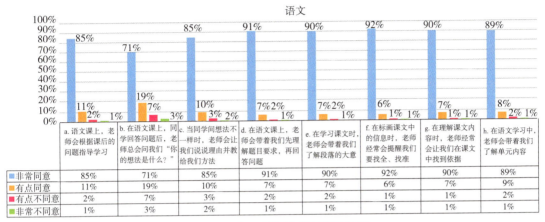

图1　2019年7月语文学习情况调研

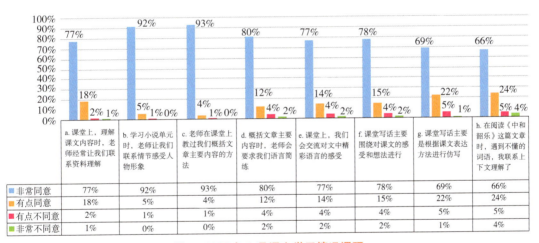

图2　2020年1月语文学习情况调研

从图中可以看出,我校语文学科优势在于教师关注知识获得,能够给予学生方法指导;学科不足在于不能做到以学生为中心建构课堂教学,在引导学生主动建构知识方面有所欠缺。由此可见,课堂中应构建以学生和学习为中心的课堂,加强学习活动的设计,激发学生学习的主动性,在自主解决问题中训练学生的思维能力,培养核心素养。基于语文学习现状,我校制定了一系列的行动方案,有效地提升了学生的语文学科习惯及学业能力水平。

二、"双减"背景下基于数据分析的小学语文课堂改进实践研究之行动

(一)标准导行,以尺为范,让学生动起来

基于"双减"前的学科现状,学校出台了《芳草地国际学校学科课堂标准》,提出了学生的七个最佳状态:学生充满期待、学生自信表达、全班无走神学生、全班学生都举手、课堂要有不同见解、课堂要有掌声、铃已响但思未断。在此基础上,我校进一步提出了"五有思维课堂"并进一步明细了课堂评价指标,即有准备、有情境、有问题、有训练、有延展,让学生在课堂上"活"起来,"辩"起来,"做"起来,"讲"起来,"思"起来(表1)。在标准的引领下,学校语文学科课堂发生了巨大的变化。

表1 芳草地国际学校"五有"课堂评价指标

评价项目	评价要点
A. 有准备	A1. 了解学科性质和特点,知晓课标和教材要求,清楚相关知识体系和背景,明晰学科的育人价值
	A2. 立足学生实际和需求,围绕必备知识、关键能力、学科素养与价值观念,制定清晰的教学目标,设计好具有挑战性的课堂主问题并做好预设
	A3. 根据学习内容和学生特点,合理选用并准备教具、学具、教学媒体,提高学习的时效性
	A4. 根据学习内容,安排课前预习和课前3分钟演讲,演讲时选材新颖,准备充分,自信表达,互动积极
	A5. 学生利用课间准备好学习用具,听到预备铃声安静有序回到座位,以最佳的精神状态等待老师上课
B. 有情境	B1. 学习情境要真实、生动、新颖,激发学生的学习兴趣和求知欲望,贴近学生认知和生活
	B2. 学生在自主、合作、探究的情境下自主合作学习,给足时间和空间,鼓励学生在实践中运用知识
	B3. 教学情境可安排在某一环节或贯穿全课,设置要科学、合理、高效,促进教学目标达成
C. 有问题	C1. 能够运用合理、灵活、有效的教学方法,引导学生提出有深度、有价值、有挑战性的问题,教学氛围民主、和谐
	C2. 教师关注问题解决的过程,能对学生的行为给予及时、恰当的评价与反馈,能充分利用教学过程中的生成性资源
	C3. 问题贯穿课堂始终,学生遇到问题可以随时提问,学生在活动中应表现出强烈的问题意识
D. 有训练	D1. 课堂训练具有层次性,能够遵循学生规律,设计有梯度的训练,满足不同学生的需求,做到科学、合理、高效
	D2. 教师课堂教学思维有序、问题精准,能做出规范、清晰、易懂的思维示范或行为示范,无科学性错误
	D3. 学生热情参与学习,静心思考,乐于表达,发言时有观点、有依据,会用手势参与教学活动,有良好的学习习惯和思维习惯

续表

评价项目	评价要点
E. 有延展	E1. 善于引导学生反思，学生能够从多个角度谈及收获与思考，思维有延展，探索有欲望
	E2. 感受知识价值，能够进行学科知识的拓展，提高解决问题的能力
	E3. 根据教学内容，设计符合学科特点的日作业、周作业、月作业，鼓励学生开展研究性学习和学科实践活动

（二）课题带动，以研促教，让教师研起来

芳草地国际学校一直重视课题研究，"十三五"期间申报了北京市规划办课题"基于核心素养的小学生语文思维能力发展的实践研究"，"十四五"开局申报了北京教育学会课题"基于双减背景下的语文作业设计研究"等多个课题。

1. 聚焦课堂，解决学生真实问题

针对2019、2020学生问卷显示出来的语文学科问题，关键点在于如何通过课堂活动培养学生思维、提升学生有效参与。因此北京市规划办课题关注点聚焦在学生思维品质培养的策略研究上。主要解决三个问题：首先，优化教学方式，以思维训练带动学生实际获得，激发学生探索创新，养成积极思考的习惯；其次，以评价促教改，在学校"五有"课堂评价指标的指导下，关注学生语文学习过程和学习进步；最后，通过梳理语文阅读教学中提升学生思维品质的策略体系，帮助我校教师在实际课堂中"有法可循"，真正解决小学语文课堂思维含金量低的问题，改变课堂这种"少慢差费"的现象。基于此，学校提出以下四项提升学生思维品质的教学策略：

策略1——关联阅读，让思维厚重起来。关联性阅读要求学生准确把握阅读目的，认真分析文本隐含信息，努力寻求最佳的关联进行学习，解决阅读中出现的问题。关联性阅读对培养学生的思维、对语言的学习和运用有着极其重要的作用。

策略2——发散联系，让思维灵动起来。发散思维能够让学生摆脱思维定式的束缚，在思考问题时不拘一格、不落俗套，充分发挥想象力。通过思维导图，使学生的隐形逻辑显性化；通过数量关系图，使抽象的数据直观化；通过数量关系制作图表，使数据变得更加直观，更加说明问题。

策略3——质疑设问，让思维活跃起来。学起于思，思源于疑。思维往往是从疑问开始的，疑问往往是书中的难点、重点和关键。教师要引导学生学会质疑，善于质疑者，往往思维敏捷，思路开阔，在阅读中就可以深入文章，达到由此及彼、由表及里的目的。

策略4——辩证思考，让思维周密起来。要培养学生思维的批判性与深刻性，教师就要引导学生辩证地看待问题，运用辩证的思维对阅读的内容进行分析，从不同方面展开思考，让思维变得更加深邃和周密。

2. 聚焦课业，减轻学生过重负担

在研究"双减"政策的基础上，学校以"基于双减背景下的语文作业设计研究"课题为抓手，积极开展作业设计研究，分类明确作业总量、提高作业设计质量、加强作业完成指导，期望有效解决教师机械性、重复性留作业，学生对作业缺乏兴趣等问题。在作业设计方面，学校关注四个特性：客观性、发展性、导向性、层次性；在作业评价方

面,强调作业目标、作业层次、作业指导、作业评价、作业形式、特色创新六个要点,关注评价标准的多元化、深度化和持久化。

在作业布置中,学校主张在单元整体教学的基础上建构单元作业,并设立了作业设计评价指标和作业评价量表,让学生的负担真正降下来,让教师的思维真正亮起来。其中在单元整体作业设计中,我们重点选取两个本校单元整体作业的教学架构图进行展示(图3和图4)。

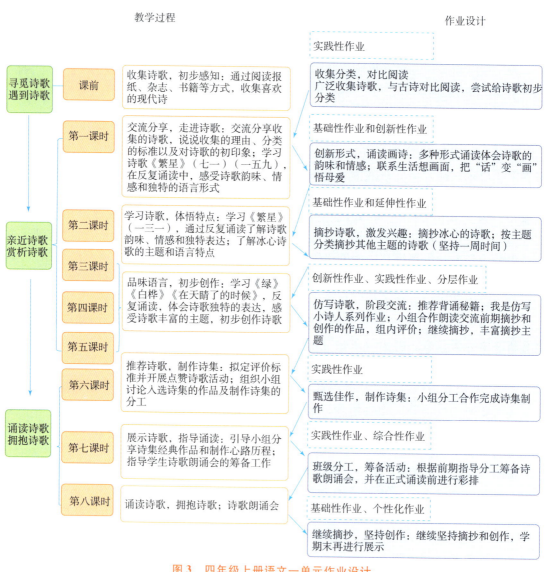

图3 四年级上册语文一单元作业设计

(三)技术支持,场景再造,让课堂活起来

疫情常态化防控催生了线上线下融合教学不同场景的再造与应用。通过充分挖掘数字学习资源与环境的优势,将线上教学与传统面对面课堂教学结合起来,激发学生学习的主动性,梳理了以下线上线下融合教学流程:教师将学习活动按照"课前—课中—课后"

教学内容	作业设计	
	实践类作业　难度：☆	
第一课时：由课外走向课内，初感提问单元。交流有关"提问"的故事、案例，建立问题意识。初读本单元前三篇课文，明确单元课文所表达的内容，落实单元重点字词	收集"提问"故事，明晰"提问"作用：收集、阅读关于"提问"的故事及案例，明晰"提问"的作用、好处，初步建立问题意识	通过收集提问故事，帮助学生明确提问在生活中的作用与价值，同时丰富学生对提问的理解与认识
	基础类作业　难度：☆☆	
第二课时：由问题走向习题，掌握问题分类。通过三篇课文的学习，明确提问的角度、方法及问题分类的方法，并对学生课下提出的问题进行分类整理，加深对提问意义的理解，完善提问方法	阅读三篇课文，列出问题清单：针对已读三篇课文中自己不理解、有疑问的内容进行提问，整理问题清单	①借助整体提问，加深对课文内容的理解。②初步体会课内提问
	探究类作业　难度：☆☆☆	
第三课时：由提问走向内容，明确提问意义，借助学生筛选出的有价值的问题，深入理解课文内容，体会文章情感，加深对"提问"策略的理解与运用	筛选价值问题，写出思考理由：在问题分类的基础上，对自己提出的问题进行筛选，哪些问题是最有意义、价值的？并写出理由	①在对所提问题进行分类与归纳整理的基础上，明确每一类问题中最有意义的问题。②加深对提问意义的理解，完善提问方法
	创新、实践类作业　难度：☆☆☆	
第四课时：由"学"者变为"编"者，整体运用单元所学。交流所出题目，明确提问方法。借助学生所出课后题，引导其自主学习《蝴蝶的家》，深入理解课文内容	设计思考练习，写出设计理由：借用这几节课所学关于"提问"的方法，为《蝴蝶的家》设计3道有价值的思考题，并写出设计理由	①通过设计课后习题，理解课文内容、体会文章情感。②加深对单元所学方法的理解与运用
	合作、竞赛类作业　难度：☆☆☆	
第五课时：由学习走向辩论，辩证理解提问。开展"提问对学习的利弊"辩论会，深入思考提问的意义与价值，培养学生辩证地看待问题的意义与方法	深入思考辩题，准备辩论材料："提问对学习的利弊"值得深思，分组准备辩论材料	①通过辩论使学生深化对"提问"的作用与意义有了进一步的理解。②培养学生辩证地看待问题的意识与方法
	实践类作业　难度：☆☆☆	
第六课时：由思考走向梳理，实现提升拓展。交流制作的小报，结合二单元"语文园地"资料，对单独所学内容进行回顾与拓展，为"提问"策略在实际阅读中的运用打下基础	制作总结小报，梳理单元内容：通过制作手抄报、绘制思维导图等形式，梳理有关"提问"的策略方法，积累名言、故事	①通过绘制小报等形式整体梳理单元所学。②在品读谚语与交流名言中深化对单元学习的内容的理解
	实践类作业　难度：☆☆	
	同家人做交流，强化内容理解。运用"提问"策略，开启阅读之旅	①在与父母及家人的交流中更进一步强化对单元内容的理解与思考。②为未来在实际阅读中运用策略打下基础

图4　四年级上册语文二单元作业设计

进行一体化设计，引导学生经历"自主学习，发现问题—合作探究，突破难点—巩固练习，提升拓展"的过程，满足学生个性化学习需求。具体体现在：

一是充分利用线上优质学习资源，满足教师备课和学生学习个性化需求；二是各种学习工具的综合使用既能模拟线下教室，同时也能借助信息技术的优势调动学生学习积极性；三是线上信息收集和教学反馈，方便教师开展学情调研，通过数据化的反馈把握学生整体和个体学习情况，及时调整课堂教学内容和策略。

三、"双减"背景下基于数据分析的小学语文课堂改进实践研究效果

基于"双减"背景,针对我校 2021—2022 学年度学生调查数据结果显示,我校语文教学质量逐渐提升,学生对学校语文课堂教学认可满意度高。

(一)学习方式的改变

通过对 2021—2022 学年度三年级和六年级的整体调查结果进行分析,学生由教师被动督促逐步转变为自主学习,学生的学习主动性稳步提升。我校学生对于知识的认可度逐年提升,认为所学对将来很有用的学生由 2020 年的 79.65% 提升至 2022 年的 88.3%;认为学习可以增长见识和能力的学生由 2020 年的 86.7% 增长至 2022 年的 91.4%(图 5)。

图 5 三年来学生学习描述调查对比

(二)学习状态的改变

2021 年语文学科调研问卷显示(图 6),学生更加注重学习的过程,课上能够高

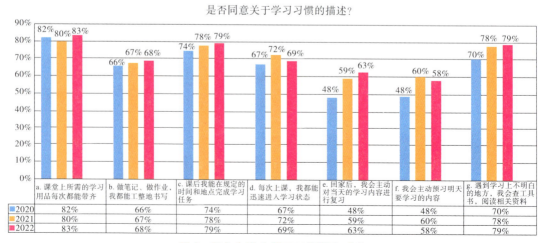

图 6 三年来学生学习习惯调查对比

度集中注意力，课上思维的流畅性和灵活性明显增强。其中，"每课学完后，老师经常会让我们想一想学会了什么"，学生非常同意的比例达到了90%；"在语文课上，老师经常会给你表达自己不同观点的机会"，非常满意度达到了86%（图7）。这说明《芳草地国际学校学科课堂标准》《五有思维课堂标准》已具成效，五有思维课堂、七个最佳标准已植入了师生内心，课堂在发生着巨变。

图7　2021年语文学科调查结果

（三）教学方式的改变

调研表明，与2019、2020年的语文学科调查结果相比，2021、2022年结果显示教师在课堂教学中转变明显。在课堂中理解课文内容时，能够经常让学生联系资料理解的教师比例达到85%，较2020年提升8%。在课堂上能够鼓励学生联系生活经验，从课文的内容想开去的教师比例达到86%，较2019年整体提升15%（图8和图9）。

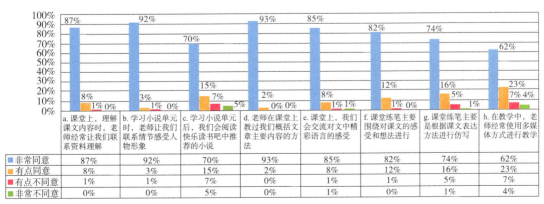

图8　2021语文学科调查结果

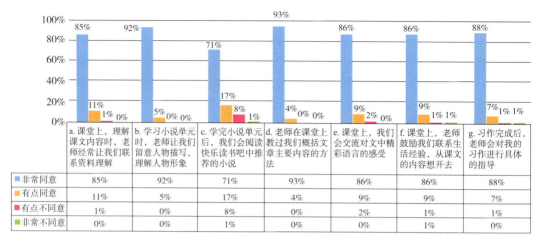

图9　2022年语文学科调查结果

在语文学科核心能力方面，较2019、2020年抽测数据，2022年我校学生阅读能力明显提高，整体阅读水平得分率及提高比率如表2所示。

表2　语文阅读能力水平对比　　　　　　　　　　　　　　　　　　单位：%

阅读与积累	整体感知	提取信息	形成解释	作出评价	实际运用	语言积累
2019年得分率	81.64	89.23	84.49	95.51	94.64	93.35
2022年得分率	84.78	93.67	86.98	96.23	98.78	94.34
提升	3.14	4.44	1.51	0.72	4.14	0.99

（四）学业负担的改变

"双减"背景下，学校重视通过系统、合理的作业设计减轻学生过重作业负担，提高作业设计质量，加强作业诊断、巩固、学情分析等功能。调查数据显示，94.1%的学生认为本学期作业量明显减少；98.2%的学生认为老师布置作业的形式新颖、多样；98.2%的学生认为老师会针对作业里的错题进行讲解（图10）。这些数据说明作业布置更加科学合理，作业设计更能满足学生个性化需求，作业管理机制也更加健全。

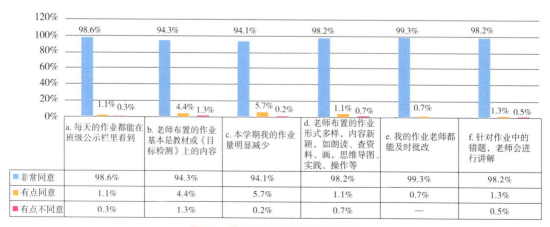

图10　学生关于作业描述的统计

从以上分析中，我们深切地感受到学生的各项获得感在逐步增强，学习能力稳步提升；教师的教改意识不断增进，教学水平显著提高。这些数据均进一步证明学校深化落实政策导向，以课堂为主阵地，切实提高教育教学质量，促进"双减"政策在学校的有效落地。

参 考 文 献

[1] 郑晓薇，刘婷．"双减"背景下语言类课程群建设［J］．人民教育，2022（5）：3．
[2] 杨凤辉．"双减"背景下语文个性化作业设计"三维"路径［J］．人民教育，2022（1）：3．
[3] 谢显东，徐龙海．"双减"政策下小学语文作业设计讲究"四化"［J］．中国教育学刊，2022（2）：1．
[4] 张蕾．"双减"带给我们的机遇和挑战［J］．中学语文教学，2022（1）：1．
[5] 许蕊．"双减"政策背景下的小学语文教学思考［J］．教学管理与教育研究，2021，6（22）：3．
[6] 胡海舟．让批判性思维在小学语文教学中落地生根［J］．语文建设，2019（16）：4．
[7] 张亚，杨道宇．基于核心素养导向的小学语文教学［J］．教育探索，2016（10）：4．
[8] 罗剑宠．小学语文教学改革存在的问题及对策［J］．现代阅读（教育版），2013（3）：310－310．
[9] 魏本亚，尹逊才．小学语文课改十年的问题与反思——对话中国教育学会小学语文教学专业委员会理事长崔峦［J］．语文建设，2011（3）：16－20．
[10] 辛涛．小学语文教学心理学［M］．北京：北京教育出版社，2001．

专家 点评

"双减"政策文件要求提高课堂教学质量，落实课堂教学基本要求、基本规范和基本规程，优化教学方式，强化教学管理，提升学生在校学习效率。依据"双减"政策，该成果研究目标明确，以标准为导向反观课堂教学，以课题引领教师提升课堂教学实效。从教师的"教"与学生的"学"两个维度，重视师生学习力和研究力的双重提升，并以此设计了《芳草地国际学校学科课堂标准》，提出了学生的七个最佳状态：学生充满期待、学生自信表达、全班无走神学生、全班学生都举手、课堂要有不同见解、课堂要有掌声、铃已响但思未断。该成果还提出了"五有思维课堂"，并进一步明细了课堂评价指标，即有准备、有情境、有问题、有训练、有延展，并建立作业设计评价指标和作业评价量表，让学生在课堂上"活"起来，"辩"起来，"做"起来，"讲"起来，"思"起来。通过对课堂中及课后学生学习行为数据的采集与统计，分析教师课堂教学活动，证实了改进效果，发现学生的各项获得感在逐步增强，学习能力稳步提升，教师的教改意识不断增进，教学水平显著提高。来自一线的数据均进一步证明"双减"政策在学校的有效落地，以课堂为主阵地，切实提高了教育教学质量。

建议进一步优化作业评价量表，注重表现性评价，使之成为学生自评和互评的依据，并挖掘实践过程中的宝贵经验和应注意的事项，便于校际交流借鉴。

邱 磊
北京教育学院人文与外语教育学院

"双减"背景下,依托数学主题活动,落实"五育"并举

北京市朝阳区垂杨柳中心小学 桂庆霞

摘 要 "主题活动"是"结构化"教学、落实"五育"并举的举措之一。在这类活动中,学生将综合运用数学知识解决问题,体现数学的育人价值,以及数学与其他学科的关联。那么主题活动方案如何设计?与之匹配的有效作业如何设计?这样的学习内容如何评价?面对挑战,我们试图研究一种更加有效的育人模式,以"成长共同体"理念为指引,在新的学习模式下,构建以数学学科为核心多学科关联的主题活动方案,打破"学科孤岛"现象,增容和提质国家课程,附加我校的教育特色追求,以实现全科育人、全员育人、实践育人,为落实"立德树人"培养目标提供全新视角,为诠释"教育怎样培养人"提供实践思路。

主题词 生命成长共同体 主题活动 育人模式

一、问题的提出

聚焦中国学生发展核心素养,其目标是培养全面发展的人,专家学者致力于其框架与内涵的研究,研究重点是在"教育要培养什么样的人"的理论层面,而对"教育怎样培养人"这样的实践层面研究较少。作为教育者我们意识到学生的关键能力和必备品格都需要在学科教育中落实。然而核心素养导向下的学科教育,强调以学科为载体的课程转向对于学生全面发展的课程建设,强调课程之间的整合与融合。显然通过国家课程中的学科"单打独斗",让"立德树人"和"核心素养"落地,有些"势单力薄"。同时《义务教育数学课程标准(2022年版)》中,课程内容"结构化"是重要理念之一。

二、解决问题的过程与方法

本研究遵循客观性原则、系统性原则,以行动研究法为主,通过定期研讨、业务学习等形式经常对研究进行反思,在计划、行动、反思、调整的螺旋发展中不断地深化和完善研究,并及时总结经验和典型案例,加以理性分析、归纳。基于问题与设想,我们经历了五个阶段的思考与实践:

(一)第一阶段:提出"生命成长共同体"理念

基于《关于全面深化课程改革落实立德树人根本任务的意见》的要求,我们提出了

构建生命成长共同体的理念。我校以"让生命阳光般灿烂"的办学理念为指引,以"全员育人、共同成长"为追求,构建以学生成长为核心,教师、家长、同伴生命成长共同体,促进学生成长、教师发展、家庭幸福、社会和谐。

(二)第二阶段:构建"五元"自主数学课堂模式

基于我校以往过于严重的学科本位、知识本位等问题,在"生命成长共同体"理念下,我们深入教研,以数学课程标准为纲,以国家课程为本,诊断课堂。我们思考如何在落实"四基"的基础上,发展学生应用意识和创新意识,养成良好的数学品格和健全人格,逐步建构我校"五元"自主数学课堂模式。

(三)第三阶段:构建"三三五式"多学科学习模式

结合《北京市基础教育部分学科教学改进意见》《中国学生发展核心素养》的要求,继续思考如何在"五元"自主数学课堂模式基础上突破学科界限。我们对多学科教材内容、结构、育人价值进行梳理与分析,寻找关联性。基于"每门课程都需均衡、协调发展,在学生培养中的地位相等、作用等值"的认识,将多学科关联部分逻辑重整:或精练内容,节省课时;或衔接内容,促进理解;或提升内容,达成迁移。让学生在活动中"经历—体验—探索",以实现"知识—应用—创造"的学习闭环。

基于我校"五元"自主数学课堂模式,多学科关联,以叶圣陶先生倡导的"生活即教育,社会即学校"这一教育理念为指导,构建以学校课堂为核心,家庭课堂、社区课堂、多媒体网络课堂四大课堂联立的"立体化"课堂模式,即"三三五式"学习模式。该模式外显特点:

多学科——以数学学科为核心,因"关联性"多学科有机整合;

多时段——以数学知识为核心,系统设计课前、课中、课后的实践内容;

多领域——以校内课堂为核心,与社会、家庭、网络相联系;

多形式——以实践体验为核心,多种特色活动相融合。

(四)第四阶段:构建小学数学主题活动案例集

《义务教育数学课程标准(2022年版)》中,提出课程内容"结构化"理念。我校教师意识到了主题活动在培养"全人"方面的重要性,但主题活动的内容与目标、活动形式与评价方式都没有完备成体系的课程。鉴于此,我们将"三三五式"学习模式下的实践案例进行了系统整理,以期从理论和操作层面为小学数学主题活动设计提供操作范式和有益启示。该主题设计模式从课程整合视角出发,以突出知识的本质、渗透文化、实现关联为落脚点,力求运用"关联性思维"创设以问题为中心、以多学科知识为背景、以知识的关联性为线索的主题活动案例,旨在实现数学内部知识之间、数学与其他学科之间的联系(图1)。

(五)第五阶段:创新作业设计,丰富评价机制

《国家中长期教育改革和发展规划纲要(2010—2020年)》中指出,基础教育阶段要提高基础教育的质量,要着力培养学生的学习能力、创新能力和实践能力。2021年中共中央办公厅、国务院办公厅印发《关于进一步减轻义务教育阶段学生作业负担和校外培训负担的意见》,提出"提高作业设计质量"。

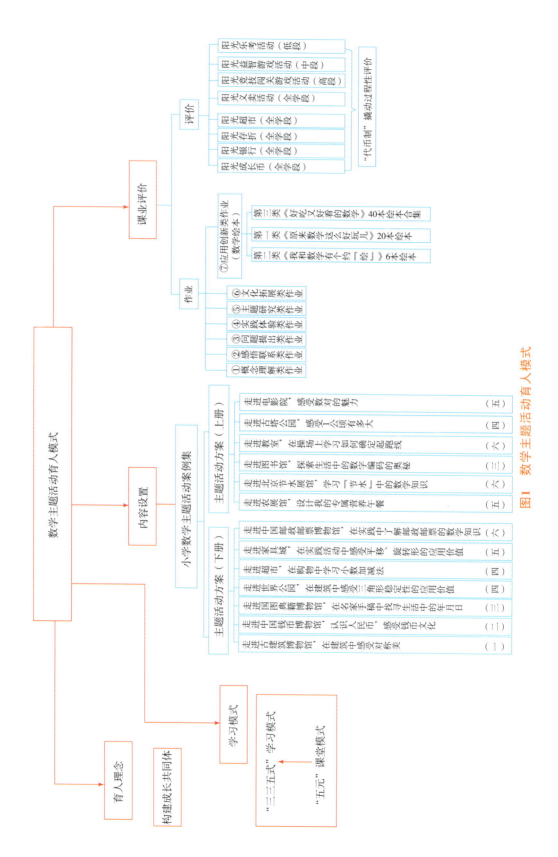

图1 数学主题活动育人模式

依据激发学生兴趣、发展学生能力、开阔学生视野、落实核心目标四个原则，我们进行多维设计，我们倡导作业设计要"少"而"精"，"少"即是"多"。作业为学生提供了新的学习机会，附加我校"健康身心""友好交往""自主学习"三个好习惯的教育特色追求。

三、成果的主要内容

（一）成果之"五元"自主数学课堂模式（图2）

"五元"是指疑、探、拓、练、评五个元素，也对应课堂五个层次。具体为：创设情境，有效激疑；自主探究，共同成长；点拨升华，拓展延伸；变式训练，提升认识；生生评价，共同成长。其中"拓"是全课核心，又分为四个小环节。"评"贯穿全课始终，体现"评价即学习"。

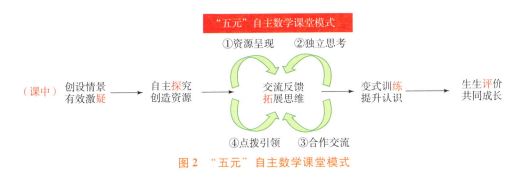

图2 "五元"自主数学课堂模式

疑——创设情境，有效激疑。"学起于思，思源于疑"，疑能使学生心理上感到困惑，产生认知冲突，进而拨动其思维之弦。

探——自主探究，共同成长。探索是数学的生命线，数学教学中最可贵的就是培养学生勇于探索的意识、毅力和能力。"小组合作学习"是实现这一目标增强教学有效性的重要途径。为了更好地实施生生合作学习模式，根据不同的教学需要分成5或7人为一组"组家庭"式合作小组，在小组合作学习模式的基础上，充分发挥"组家庭"的互动、互助、共勉、共进的作用，教师充分调动学生的主体性，引领学生在自主、合作、探究中感受学习乐趣，激发学习兴趣。

拓——点拨升华，拓展延伸。教师一方面要真正实施民主化教学，做引领者、合作者，在关键时给予点拨与指导；另一方面要敢于放手，敢于向自我和传统挑战，要通过不懈的努力使自主学习真正成为学生喜爱的最主要学习方式，为学生的成功人生奠基。

练——变式训练，提升认识。能力是训练出来的，练习是巩固所学知识，形成技能的必要途径，是教学的一个重要环节，是小学数学教学的基本方法之一。从数学教学的改革看，练习还能成为获取数学知识的有效手段；从"减负增效"要求看，有效设计练习是"减负增效"的重要手段。训练与反思相结合，注重对错因的分析和方法、规律的总结。

评——生生评价，共同成长。及时评价、反馈、激励表彰是小组合作得以持久推进的重要保障，因为学生渴望得到承认，被认可是他们学习动力的调味剂。评价即学习。

（二）成果之"三三五式"学习模式

"五元"自主数学课堂模式重点研究"课中"实施，在此基础上我们延伸为"课前""课中""课后"三阶段，逐步形成我校"三三五式"学习模式（图3）。即：学习过程"三段"（课前、课中、课后）、活动参与"三方"（师、生、家长）、教学环节"五元"（疑、探、拓、练、评），以实现全科育人、全员育人、全程育人。

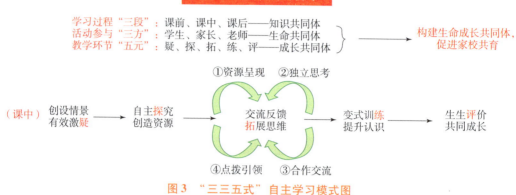

图3 "三三五式"自主学习模式图

该育人模式原则可以概括为"一二三四五六"，即：一个理念，"让生命阳光般灿烂"；两大特色，"自主、开放"；三方成长，"学生、家长、老师"；四个提倡，"让学生多一点活动的空间；让学生多一点思考的时间；让学生多一点表现的机会；让学生多一点成功的体验"；五个元素，"疑、探、拓、练、评"；六项切忌，"忌无启发性的问答式教学；忌走形式，无实效；忌目标模糊，方向偏离；忌无引导、引导不力；忌部分代替整体；忌观众+演员式的课堂"。

（三）成果之数学主题活动案例集

1. 思考路径

我们按照图4中的思考路径，对"三三五式"学习模式下的实践案例进行了系统开发，构建了我校小学数学主题活动案例集。

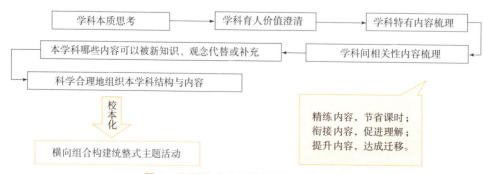

图4 主题活动"关联思维"思考路径

2. 小学数学主题活动课程

基于"思考路径"我们对多学科教材内容、结构、育人价值进行梳理与分析，寻找关联性。基于"每门课程都需均衡、协调发展，在学生培养中的地位相等、作用等值"的认识，将多学科关联部分逻辑重整：或精练内容，节省课时；或衔接内容，促进理解；或提升内容，达成迁移。我们对 13 个案例进行了系统整理，13 个主题涵盖小学 6 个年级，每个主题按照课前、课中、课后三个阶段设计与实施，以实现"知识—应用—创造"的学习闭环，力求"打破学科边界、整合知识结构、探究问题解决、实现知识构建"（图 5 和图 6）。

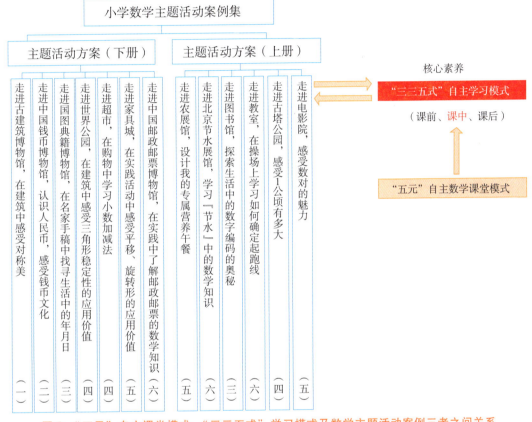

图 5 "五元"自主课堂模式、"三三五式"学习模式及数学主题活动案例三者之间关系

总之，基于"五元"课堂模式，我们拓展创新了"三三五式"学习模式，用这种育人模式我们学习一个个实践活动方案，经过细致打磨，整体建构，按照"思考路径"设计了涵盖所有年级的 13 个主题活动，形成数学主题活动案例集。

3. 结合具体案例说明依托数学主题活动，落实"五育"并举

以"三角形的稳定性"关联性知识为核心，系统设计涵盖数学、科学、美术等学科的走进社会大课堂主题活动（图 7）。该活动围绕"主题源起、方案设计、具体实施、效果评价"四个维度，按照课前、课中、课后三个阶段设计与实施。

（1）主题源起

三角形是所有几何图形中最稳定的图形。它的稳定性在建筑、政治经济模式、比赛战术等方面被广泛运用。比如人类建筑史上的精品之作——巴台农神庙（图 8）。再如在国家关系中，三足鼎立的局面，三个国家互相牵制，同时也互相依存（图 9）。可见数学与生活密不可分。我们试图让学生在活动中感悟稳定性应用价值，由"有形"延伸到"无形"的三角形的稳定格局，拓展学生认知，落实全科育人的目标。

图6 主题活动内部逻辑关系

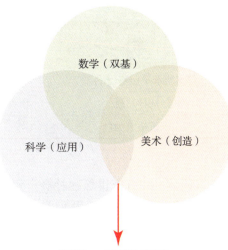

关联性：三角形的稳定性

图7 知识关联图

图8 巴台农神庙

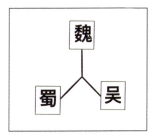

图9 三足鼎立

（2）方案设计（表1）

表1 主题活动设计方案

活动主题	走进世界公园，感受三角形稳定性的应用价值			
主学科	数学		辅助学科	科学、美术
活动整体价值	整合多学科资源，拓宽知识领域，感受三角形稳定性的应用价值			
活动流程	活动时间	活动阶段	参与人员	活动小主题
	课前	课前活动一	师生家长共同体	聆听百家讲坛
		课前活动二	师生家长共同体	走进世界公园
		课前活动三	师生共同体	分享参观日记
	课中	课中活动一	师生共同体	走进数学课堂，探究的三角形的特性
		课中活动二	师生共同体	走进科学课堂，在动手实践中感受三角形的稳定性
		课中活动三	师生共同体	走进美术课堂，应用三角形稳定性，设计建筑物图
	课后	课后活动	师生家长共同体	创作实践，评价提升

续表

活动主题	走进世界公园，感受三角形稳定性的应用价值		
主学科	数学	辅助学科	科学、美术
评价机制设立	评价内容	搭支架承重比赛（科学）	设计建筑图展示评比（美术）
	评价标准	同样材质	所设计的建筑物必须应用稳定性
	评价方法	承重最大为胜	组间评价

（3）具体实施

①课前活动一：学生家长共同体——百家讲坛（社会资源）。

《百家讲坛》是我校的一大特色，这支队伍由我们身怀“绝技”的家长志愿者组成，这支专家团队涉猎广泛，人才济济。通过家长的讲解，学生对建筑产生了浓厚的兴趣，初步感知三角形的稳定性在建筑中的广泛应用，还有学生萌发了当建筑师的志愿。

②课前活动二：师生家长共同体——走进世界公园（社会课堂）。

学生以“组家庭”为单位，在“任务”驱动下，参观建筑，在玩中学，学习悄然发生（图10和图11）。

主题实践活动单

家庭名称：　　**活动时间：**

要求：以“组家庭”为单位，寻找应用三角形稳定性的建筑并拍照，比一比哪个组拍的照片多。周一我们分享。

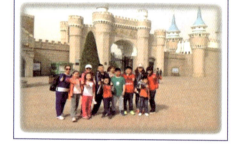

图10　主题实践活动单

图11　学生活动照片

③课前活动三：师生共同体——学生参观日记（生成资源，图12）。

星期六，我们“组团儿”去世界公园玩，因为世界公园的建筑有好多不同的形状，包括我们要学的三角形。

一进世界公园的大门，漂亮的景色和建筑就接踵而来，白色的意大利台花园典雅别致，俄罗斯的红场像红色的火焰燃烧大地，我们一路欣赏着世界各国的名胜景观。我最喜欢的建筑物的巴黎的埃菲尔铁塔，它高高的矗立在广场中央，雄伟壮观。并且它是世界上最大的铁建筑物，外形似大三角，很牢固。大三角中还有很多的小三角，样子很漂亮，并且牢固、稳定。让我印象最深刻的是德国的新天鹅城堡，它建造在高山上，巍峨耸立，高大庄重，灰白色的外墙上树藤围绕，充满着神秘感。爸爸让我仔细看城堡的底层，我惊奇地发现它的底层都是用无数形的三角形石头砌在山峰上的，因为山峰的形状是不规则的，很多很多的三角形石头拼合在一起，会让城堡的地面很平，城堡能稳回地建造在山顶上。游览完世界公园，就好像环游了全世界一样，既开阔了视野，又增长了知识。

图12　学生参观日记（生成资源）

④课中活动一：师生共同体——走进数学课堂，探究的三角形的特性（学校课堂）。

课前、课中紧密联系。教学中有个教学环节是在建筑中体会三角形的稳定性，教师播放的是学生在世界公园拍的照片，学生看到自己拍的照片，兴奋不已（图13）。

图 13　学生活动照片

⑤课中活动二：师生共同体——走进科学课堂，在动手实践中感受三角形的稳定性（学校课堂）。

"搭支架"是两课时的内容，其中"稳定性"部分内容学生在数学课上已经掌握，于是，结合《科学》教材及学生知识、能力现状，整合了两节课的目标。即：从三角形具有稳定性入手，学生制作容易变形的四边形；然后进行加固，进一步认识到三角形具有稳定性；最后制作立体支架，进行承重比赛，加深学生对所学知识的认同感（图 14 和图 15）。

图 14　学生搭支架活动

图 15　学生进行承重比赛

⑥课堂延伸：和家人一起进行承重比赛（家庭课堂，图 16）。

图 16　家庭课堂

⑦课堂延伸：家长在班级博客里纷纷支着儿，由一个家庭延伸到多个家庭思维碰撞（网络课堂，图 17）。

图 17 网络课堂

⑧课中活动三：师生共同体——走进美术课堂，应用三角形稳定性设计建筑物（学校课堂，图 18）。

图 18 学校美术课堂

（4）效果评价

课后活动：师生家长共同体——创作实践，评价提升。

以小组为单位设计建筑图，聘请百家讲坛专家指导，小组互评，在评价中提升认识（图 19）。

图 19 学生建筑设计图

四、成果之作业设计与评价机制

（一）作业设计

这样的主题活动，该设计什么样的作业呢？针对学生的"问题解决能力、迁移学习的能力、推理意识、创新意识"几个关键能力进行了研究与设计，即感悟联系类作业、概念理解类作业、实践体验类作业、问题提出类作业、主题研究类作业、文化拓展类作业、应用创新类作业。

1. 感悟联系类作业

作业样例：开动你的脑筋，请你设计一款计算小工具，可以帮助我们每天练习计算，提高计算能力（图20）。

图20　感悟联系类作业

2. 概念理解型作业

作业样例：请你创作一幅漂亮的轴对称作品（图21）。

图21　概念理解型作业

3. 实践体验型作业

作业样例：请你测算资费，购买合适的邮票，寄给母校一封信（图22）。

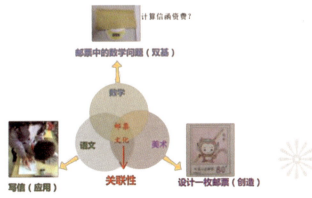

图22　实践体验型作业

4. 问题提出类作业

作业样例：疫情宅家，小区内停车量激增，如何设计停车位，能缓解小区停车位短缺问题（图23）？

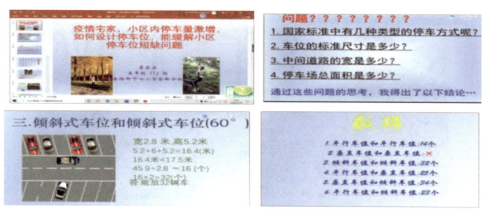

图23　问题提出类作业

5. 主题研究类作业

作业样例：用你自己喜欢的方式说明，为什么现在（疫情严峻期）不能出去玩儿？

学生用数学小报、思维导图、微型论文、数学绘本、信息技术、演说视频等多种形式表达想法（图24）。

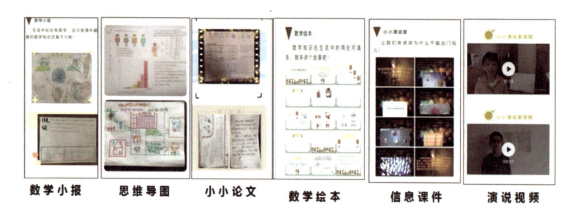

图24　主题研究类作业

6. 文化拓展类作业

作业样例：阅读下面的资料，你有哪些收获（图25）？

7. 应用创新类作业

创新数学绘本，是将数学、美术等多学科完美整合的一种作业形式，它将数学课中的知识点以故事形式呈现，更生动、更有趣、更直观（图26）。

（二）丰富评价机制

这样的活动形式，这样的作业设计，该怎样评价呢？显然常规"一张期末试卷"分数和"常规平时记分册"成绩，不足以全面、多元反映学生的学习过程。因此我们对评

课堂教学篇

算筹是古代中国人用来记数的工具，起源于春秋战国时期。根据史书的记载和考古材料的发现，古代的算筹实际上是一根根同样长短和粗细的小棍子，放在一个布袋里，系在腰部随身携带。需要记数和计算的时候，就把它们取出来，放在桌上或地上都能摆弄。在算筹计数法中，是以纵横两种排列方式来表示单位数目的。其中1-5均分别以纵横方式排列相应数目的算筹来表示，6-9则以上面的算筹再加下面相应的算筹来表示，如下图。

纵式 | || ||| |||| ||||| 丅 丆 丗 丗

横式 一 二 三 亖 亖 ⊥ ⊥ ⊥ ⊥

      1 2 3 4 5 6 7 8 9

用算筹表示多位数的规则是：个位用纵式，十位用横式，百位用纵式，千位用横式，以次类推，遇零则置空。

图25　文化拓展类作业

图26　应用创新类作业

价进行了研究和尝试。通过主题活动、主题作业、代币制活动、嘉年华活动等形式，将知识点融于游戏之中，打破学科壁垒，让学生在兴趣中解决问题，掌握数学知识；不以试卷分数作为评价学生的标尺，活动中所得积分作为一个重要评价要素，即"速算达人＋解题能手＋主题作业＋主题活动＋代币制活动＝平时成绩的50%"；将常规记分册中"平时成绩"进行了丰富和细化；作为学习过程的考查，尝试多元评价方式（图27）。

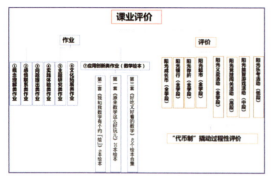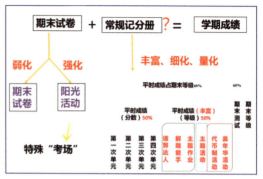

图 27　课业评价

"代币制"评价方式，助力学生"五育"并举。"双减"之下，如何评价才能更有效促进学生综合素质提升，是我们值得思考的问题。我们运用"阳光成长币"记录学生德、智、体、美、劳五方面的成长，实践发现"代币制"是学生综合素质评价的有效手段（图28）。围绕"五育"我们制定了评价细则，学生只要做明细中的要求，就能得到一张"一分币"。我们的理念是"一分付出，一分收获"。在特定节日还会发行限量的"特种币"。推出了1角、1元、5元等不同面值的兑换币，建立了流动的"阳光银行"，每个班的"小干部"就是"小行长"，定期进行币值兑换，"1分"到"1角"到"1元"到"5元"的积累过程，学生享受其中。"阳光币"让"成长"看得见，让"成长"摸得着。我们还建立了固定的"阳光超市"，班级的"小行长"此时化身"售货员"。当然这只是过渡，我们终极目标是建立"诚信超市"，"收款箱"取代"售货员"，目的是培养学生的诚实守信品质。依托"阳光币"，学生在"阳光银行""阳光超市""阳光义卖""真实"情境中，解决问题，表达想法，让成长可视化。

图 28　阳光成长币

五、成果创新点

一是构建生命成长共同体，促进家校共育。构建以学校课堂为核心，家庭课堂、社区课堂、多媒体网络课堂四大课堂联立的"立体化"课堂，使学习场景相互融通，任何可以实现高质量学习的地方都是学校；构建以学生成长为核心，教师、家长、同伴生命成长共同体，促进学生成长、教师发展、家庭幸福、社会和谐。

二是形成我校"三三五式"自主学习模式，利于学生全面发展。即教学环节"三段"、教学参与"三方"、教学过程"五元"，其中总结的一个理念、两大特色、三方成长、四个提倡、五个元素、六项切忌，可操作性强。

三是对小学数学主题活动进行了开发，梳理形成主题活动案例集，具有实践推广价值，使数学从学科本位走向学生本位，提升学生的核心素养。

四是创新作业设计，丰富评价机制，使学习评价更加立体。关注点从标准答案转向学习体验，为不同的学生提供不同的评价标准，让每一位学生都有出彩的机会。有效地促进了学校"三个好习惯"（健康身心、友好交往、自主学习）培养目标的落地，让学生时刻都能看到自己进步的脚步，真正实现了在活动中"以评促育"的目的。

六、效果与反思

"双减"背景下，我们研究的育人模式，作为一种新的学习形态，使得主题活动学习的学科交叉性、内容重构性、学生主体性、学习创造性等特征得以呈现，使得教与学方式焕发新的生机。转变了教师教学意识与行为，在研究过程中一批骨干教师脱颖而出；转变了学生的学习方式，提高了学生问题解决的能力、创新能力。为了培养学生核心素养，需要师生每一"堂"课的积累和努力。应用"三三五式"学习模式，开展多学科主题活动，建立"立体化"融通课堂，是推进提升学生核心素养的可行策略，为立德树人的落实提供保障。

> **专家 点评**
>
> "双减"政策文件要求促进家校社协同，进一步明确家校育人责任，密切家校沟通，创新协同方式，推进协同育人共同体建设。该成果构建了生命成长共同体，促进了家校共育。构建以学生成长为核心，教师、家长、同伴生命成长共同体，促进学生成长、教师发展、家庭幸福、社会和谐。具体通过学校课堂、家庭课堂、社区课堂、多媒体网络课堂四大课堂联立的"立体化"课堂，使学习场景相互融通。该成果形成了"三三五式"自主学习模式，即教学环节"三段"、教学参与"三方"、教学过程"五元"，并总结出一个理念、两大特色、三方成长、四个提倡、五个元素、六项切忌，可操作性强。该成果对小学数学主题活动进行了开发，梳理形成主题活动案例集，体现数学教育从学科本位走向学生本位，提升学生的核心素养。

该成果创新作业设计，丰富评价机制，使学习评价更加立体。关注点从标准答案转向学习体验，为不同的学生提供不同的评价标准，让每一位学生都有出彩的机会，有效地促进了学校关于学生健康身心、友好交往、自主学习"三个好习惯"培养目标的落地，让学生时刻都能看到自己进步的脚步，真正实现了在活动中"以评促育"的目的。

该成果的实际效果体现在转变了教师教学意识与行为，在研究过程中一批骨干教师脱颖而出；转变了学生的学习方式，提高了学生问题解决的能力、创新能力。

建议收集师生双方教学行为及学习行为方面的表现性数据，说明转变的程度，进而反思生命成长共同体、自主学习模式等方面优化升级。

邱　磊

北京教育学院人文与外语教育学院

跨学科整合单元备课，优化美术课堂作业设计

北京市怀柔区第三小学　卢彦君

摘　要　根据"双减"政策的总体要求和小学艺术课程标准的目标，通过单元整体作业设计的充分、均衡合理，让作业体现单元目标的落实，以进阶式作业，进行以下四个维度的设计：在基础层，按照教材的基本要求，优化精选原有作业库；在提高层，依据教材的前后关联性，整体设计循序渐进的单元作业；在创新层，根据已有学生经验，进行主题作业设计，引导学生自主命题；在拓展层，根据自己的兴趣，借助其他学科经验，进行连环画或者绘本创作。以课堂为中心，作业为杠杆，根据作业内容进行优势分层，在细节中抓创新，采用时时评价的动态方式，从课前精彩两分钟，到课堂各环节的共同探究，再到自主创作、赏析评价，对学生全方位、各维度的综合评价，同时依托研究课题，实现多学科融合，为每个学生提供自由发展的空间，来体现分层、个性化、自主多样的作业设计。让学生真正通过每一节美术课，不断增强自主学习意识，增强对自然和人类社会的热爱及责任感，形成创造美好生活的愿望与能力，逐步提高学生的美术核心素养。

主题词　学科整合　单元备课　作业设计

2021年7月，"双减"政策的出台，给每周只有两课时的美术学科，带来了更加严峻的挑战。根据"双减"政策的总体要求和小学艺术课程标准的目标，如何打造丰富多彩的课堂样态，为每个学生提供自由发展的空间，来满足所有学生的需求，是我们追求探索的目标之一。我们努力通过单元整体设计的充分、均衡合理，让作业体现单元目标的落实，那么，如何体现分层、个性化、自主多样等作业设计要求呢？探究性、实践性和思考性的作业怎样来设计呢？尝试从以下三个方面来实践：

一、与体育、音乐、语文学科整合，"悦动身体、乐绘童年"

从单元角度整体设计，统筹安排教学目标与作业目标，需要我们根据学生实际和教材内容，纵向宏观审视全套教材，按学段要求充分利用课内外美术课程资源，横向联系相关学科，合理整合教学内容与学习资源，厘清每册教材每一课时必须掌握的知识点，以单元教学的形式进行重组，努力通过单元整体作业设计，均衡合理反映单元作业目标，设计丰富实用的实践性作业，课堂中运用灵活多样的教学手段和形式，来不断提升学生的美术核心素养，丰厚学生的传统文化底蕴。

我们以进阶式作业，进行以下四个维度的设计：

①基础层：按照教材的基本要求，优化精选原有作业库。

②提高层：依据教材的前后关联性，整体设计循序渐进的单元作业。

③创新层：根据已有学生经验，进行主题作业设计，引导学生自主命题。

④拓展层：根据自己的兴趣，借助语文学科经验，用图文日记或者小作文为脚本进行拓展，进行连环画或者绘本创作。

于是，会相继出现不同层面的有趣的作业、有一定挑战的作业、有探究的作业等，都是与学生的校园生活息息相关的鲜活素材。

本学期中年级段美术教材中人物造型单元，三年级下册包括第6课《给同学留个影》、第7课《快乐的童年》和第8课《生机勃勃的早晨》三课内容，而四年级下册包括第8课《摄影——精彩的瞬间》和第9课《运动场上》两课内容，教材中《给同学留个影》和《摄影——精彩的瞬间》都属于"欣赏·评述"学习领域，而其他三课都属于"造型·表现"学习领域。这就需要三、四年级美术教师的智慧沟通，依照课标要求和学生成长规律，加强学科内、学科间、学段内、学段间的课程内容整合，整体构建科学、高效、简洁的课程内容体系，针对不同年级学生特点进行分层作业设计。例如三年级第6课在欣赏人物摄影的同时，引导学生及时用相机记录同学活动的美好瞬间，体育课上的各种运动项目和音乐形体课的舞蹈，给学生提供了丰富的创作素材。这就需要我们与体育和音乐教师沟通，适当安排分组教学，为学生搭建学习平台。作业设计以"基础层"和"提高层"为主，三年级学生通过学习拍摄技巧，可以选择运动速度较慢、位置固定的项目，如做体操、单人跳绳等；对有一定摄影技巧的学生，可以迁移到四年级要求，尝试"创新层"作业设计，选择速度快、运动幅度大的项目进行拍摄，如跑步、跳远、球类等项目，让拍摄难度逐步加大，让构图趋于完整，为后边的绘画创作能更好地表现动态人物提供完整的创作素材。对四年级学生而言，在三年级的基础上，不能满足于"基础层"和"提高层"，对于"创新层"的作业设计，要求不但能够拍摄出一组组构图比较完整的运动人物场景照片，在构图方面，从如何选取主体人物到运动人物的场景设计，都要有所考虑，还可以尝试拍摄运动人物的局部特写镜头，为"创新层"的创作积累素材。

以四年级《运动场上》为例，借着三年级人物动态单元的创作基础，我们在本课作业设计中，考虑到学生在如何表现人物运动瞬间有难度，因此在讲授新知环节，利用活动小人模型，引导学生尝试摆出不同动态的躯干和四肢，特别是脖颈、躯干的变化及四肢的运动方向，观察分析人物运动的规律，体验用对比、夸张的表现方法突出人物动态特点，解决人物的动态及造型问题。

因此，本课进阶作业设计为：用自己喜欢的表现形式（线描、刮画、剪贴等），创作一幅有情趣的运动场景。

①基础层作业要求：会表现运动人物动态，画面构图合理，适当添加背景。

②提高层作业要求：大胆夸张运动人物动态，构图新颖，画面有童趣。

③创新层作业要求：利用局部特写，突出运动主题，画面构图巧妙。

④拓展层作业要求：自主选择命题，以美好的一天或者四季为主线，表现在校的学习生活，可以参考学过的课文或者自己的日记、作文进行改编或续编。

由于教材的科学联系，我们的绘本创作还可以延续到五年级上册人物动态单元，因为第9课《展现瞬间之美》、第10、11、12课《动态之美》（一）（二）（三），更是对三、四年级人物动态单元的拓展和延伸，无论从创作内容到表现形式，无论是平面的剪贴、绘画，还是不同媒材的立体制作，学生从欣赏、感受人物的动态美，到生动、夸张地表现出生动的人物动态，在作业内容的分层设计上，结合学校不同学期开展的学科实践活动，满足了学生多样化的需求。根据学生已有知识的储备。技能技法的不断提高，还可以引导学生将平面的绘本作品插入立体的小机关，增加了学生的探究兴趣，提升了学生的动手能力。在课堂教学和课后拓展活动中，增强了课堂的实效性，丰富了学生的课余生活。通过对生活的观察与感受，培养学生热爱生活、关爱他人、关注生活、善于观察的好习惯，鼓励学生大胆表现的人物创作，提高图像识读、美术表现素养，提升对生活美的认知。

二、与英语、语文学科整合，"品读名著、智绘童年"

基于学生的视角，以传统文化主题创作为核心内容，通过学科教师、学生、家长三方的沟通，把适合的作业匹配给有兴趣的学生，自我约定时间完成，培养创新精神和实践能力。我校五年级的学生大都读过《西游记》，作为名著中的孙悟空形象早已深入人心，再加上近几年来不断出现的影视作品，不同版本的孙悟空形象深受学生喜爱。本学期初，通过认真分析全册教材内容，发现五年级语文课本中第10课时《猴王出世》与美术第一课的《动画形象——孙悟空》密切相关，在语文老师们的大力支持下，我们利用早读和大课间重温名著，品读、赏析人物传记绘本，引导学生学会分析书中文字、图画，感悟绘本的寓意，提升对绘本阅读的感知能力。在完成习作《孙悟空新传》之后的美术课堂，我们的绘本创作已初具雏形，在语文和英语老师的帮助下，有的学生还将脚本翻译成中英文双语，为自己的绘本做好充分的准备。通过课上8课时的创作，大多数学生完成了16页的绘本初稿，有兴趣的学生可以自主安排、自我约定时间，还可以参与精彩两分钟展示，在交流碰撞中，不断进行细节完善，学生在收获成功与快乐的同时，学会自主管理时间，真正培养了学生的观察力、想象力、思辨能力和语言表达能力，培养了学生的创新精神和实践能力。

三、依托课题，多学科融合，养德润心展自我

①在品读、赏析绘本的基础上，以美术教材为教学主要内容，从绘本的选材、构图及表现形式入手，鼓励学生从各种生活经历中选择，在低年级尝试集体或小组合作、续编绘本。

如一年级美术《鸟是人类的朋友》一课，与语文学科整合，课前引导学生搜集大自然中鸟的种类、特征、习性等，了解生活中的益鸟，尝试画自己喜欢的鸟，提高爱鸟和保护大自然的意识，为绘本创作做好铺垫。通过语文阅读绘本《燕子的旅行》一书，启发学生大胆想象，在思维碰撞中感受"小雨燕的神奇之旅"，完成绘本故事续编（图1）。

图1 绘本阅读指导课

魏金伶老师执教绘本阅读指导课。通过大量的直观画面，配以简单的文字，启发学生大胆想象，完成绘本脚本创作

接下来是绘本创作课，这是美术教材中《鸟是人类的朋友》和《燕子的旅行》两课的拓展和延续（图2）。根据学生编写的故事情节，以剪贴、添画的形式，选择适合的场景，集体合作完成原创绘本"森林音乐会"。二年级拓展了《漂亮的鸟》一课，引导学生完成了"森林时装舞会""为小鸟安家"等主题绘本创作。在低年级的绘本教学中，从单幅的配画开始，积攒绘本内容，根据内容分类装订成册，慢慢学会做一本完整的绘本。

图2 绘本创作课

学生根据故事情节组内合理分工，以剪贴、添画的形式集体完成"森林音乐会"这个主题

②以美术教材为教学的主要内容，借鉴相关学科的经验，结合学校校园文化。

在中、高年级开展富有年级特色的综合性的美术创作活动，尝试创作中英双语绘本。如以"金秋盛柿，醉美三槐"为主题的"柿子节"活动，一改往年的摘柿子、赠柿子、快乐分享等简单的形式，升级为群策群力、人人参与、多维互动、合作共赢的学习交流模式，从"摘柿子"计数到"运柿子"的时间计算，从小组合作到主题图案的拼摆完成，学生在尊重、关心、友善、合作、分享的学习活动中不断感受美、创造美、培养学生健康的审美情趣，促进个性的完善与身心的和谐发展（图3）。

图3 "柿子节"活动

四（3）班的学生承担了绘本创作任务，首先以四季为主线，撰写了故事脚本，每个同学都是绘本的主人公，共同的校园生活、别样的成长经历，最终全班合作完成了"我爱三小的柿子树"大型绘本创作（图4）。学生在欣赏、创作的过程中，用心品味着三小"慧信"节日文化，在羡慕六年级哥哥姐姐能亲手采摘柿子的同时，更加热爱自己的学校，对未来的学校更加憧憬。

由陈欣悦、田丽娟、卢彦君整合同上一节学科实践活动。四（3）班同学通过共同回忆四年来的小学生活，全班以合作的形式，完成了"我爱三小的柿子树"大型绘本创作，学生用中英文讲述了四年的校园生活。

摄影：任艳辉

图4 "我爱三小的柿子树" 大型绘本创作

③在走进社会实践中积累素材，积极对学生进行爱祖国、爱家乡、爱生活的教育。

学生以游记或者画日记的形式表现，或采用绘制手账本、导游图、旅游博览等形式进行创作，逐步形成了"课前：寻找积累素材、素材分类与重组；课始：学习表现技法、检索创作素材；课中：激发表现灵感，进行个性创作；课尾：开展作品评价，培养创作热情"的课堂结构。学生用各种形式描绘出家乡的秀美，表现出对家乡的热爱，在自我表现中倾吐对家乡的赞美之情（图5）。

学生的原创绘本

图5 学生的原创绘本

在"双减"背景下，为把新的艺术课程标准和提质增效落到实处，我们以课堂为中心、作业为杠杆，根据作业内容进行优势分层，在细节中抓创新，采用时时评价的动态方式，从课前精彩两分钟，到课堂各环节的共同探究，再到自主创作、赏析评价，对学生全方位、各维度的综合评价，努力实现五育并举到五育融合，让学生真正通过每一节美术课，学会求知、学会做事、学会共处、学会做人，从而达到乐学的目的，真正提高学生的美术核心素养。

专家 点评

"双减"政策对中小学艺术课程也提出了更高的要求。本研究的特点在于学科互补、分层教学，通过美术、体育、语文等不同学科教师之间的深度交流，认真分析教材中每一课时必须掌握的知识点，找到其中关联性内容进行设计，以单元教学的形式进行重组。本研究通过美术与语文、英语结合，利用早读和大课间重温名著，品读、赏析人物传记绘本，引导学生学会分析书中文字、图画，感悟绘本的寓意，并以中英文形式表达出来，在深度理解的基础上再进行美术创作。本研究还促使美术与体育学科相结合，通过让学生拍摄同学们跑步、跳远、球类等项目，进行美术创作等，增加了身边鲜活的素材来源，拓宽了自主学习和创作的思路，提高了多学科学习效率，优化了各学科更加丰富的学习效果，增加了对学生探究性、实践性和思考性的训练。本研究的分层教学体现在针对美术专业的特殊性，针对不同学生所处的创作阶段、个性化状况，不同年级美术老师之间的沟通与交流，依照课标要求和学生成长规律，充分体现出分层、个性化、自主多样的作业设计。本研究表明，通过多学科融合教学探讨，学生在学科互补、分层教学过程中，在收获成功与快乐的同时，也学会自主管理时间，真正培养了学生的观察力、想象力、思辨能力和语言表达能力，培养了学生的创新精神和实践能力。

建议补充参考文献，根据美术实践的效果分析学生所处的基础层、提高层、创新层、拓展层的分布和变化规律，进一步分析各相关学科能够进行互补教学的知识点结合，整体构建科学、高效、简洁的多学科课程教学及作业内容体系，夯实"双减"政策的实际效果。

孙　慧

清华大学

"双减"背景下基于学科大概念的道德与法治教学策略与实施[①]

北京师范大学附属实验中学　张　婷
北京师范大学附属实验中学　林伟伟

摘　要　国家"双减"政策的核心目标就是减负增效。当下道德与法治学科在课堂实施、考试评价、教育生态等方面存在教学过程碎片化、忽视学科素养培育、学生课后负担重、应试压力大等现实问题。本文从"大概念"出发，探索助力"双减"落地、解决现实问题的可行措施。一方面，通过构建学科概念框架、创新单元教学模式以实现课堂的"提质增效"；另一方面，优化课后练习资源、丰富多样评价方式以实现学生的"降压减负"。由此，形成基于学科大概念的道德与法治课堂教学策略，以实现"抓核心，去冗余，减负担，提效率，育素养"的价值体现。

主题词　双减　大概念　教学策略

2021年7月，中共中央办公厅、国务院办公厅印发的《关于进一步减轻义务教育阶段学生作业负担和校外培训负担的意见》中，强调"提升课堂教学质量，优化教学方式"。课堂作为教育的主阵地，是实现"减负增效"的重要环节，因此需要立足于课堂教学的具体实践，探讨更加高效有质量的教学策略。

思政课是落实立德树人根本任务的关键课程，近些年国家陆续发布若干政策文件对思政课的教学优化提出了要求，例如：

2020年12月《新时代学校思想政治理论课改革创新实施方案》，对思政教育工作者提出了"创新教学方法"的要求；2020年习近平的重要文章《思政课是落实立德树人根本任务的关键课程》，指出"推动思想政治理论课改革创新，不断增强思政课的思想性、理论性和亲和力、针对性"；2022年《义务教学道德与法治课程标准（2022年版）》发布，明确提出政治认同、道德修养、法治观念、健全人格、责任意识五大学科核心素养。

以上政策共同指出了当下道德与法治教学的重要要求——抓核心，去冗余，减负担，提效率，育素养。

[①] 北京市教育科学规划"双减"专项课题"'双减'背景下基于学科大概念的道德与法治教学策略与实施"（CDGB21480）成果。

一、"双减"政策落实的现实教学困境

从现实背景来看，要在学校教学中落实以上要求，面临以下惯性阻碍和实施困境：

从课堂实施角度看，"一课一得"的教学方式易导致学习过程碎片化，课堂效率不高。长期的初中道德与法治课堂的教学设计一般是以一个单独的课时进行设计和实施，每课教学之间易出现课时之间联系不紧密、时间分配不合理、学科概念之间无法迁移等问题，致使学生单元核心知识掌握不明确，冗余信息接受过多。

从考试评价的角度看，"教""学""评"脱节，加剧学生的作业和应试负担，忽视了学生的素养培育。道德与法治学科参加北京中考已有5年，不仅注重知识能力的考察，更注重核心素养的培育，试题多围绕社会生活、国家发展创设情境，引导学生创造性地运用所学知识和生活经验解决情境问题。这对学生的知识体系完整性、学习迁移能力、自主探究能力提出了更高的要求。然而传统的教学与评价方式多重知识、轻素养，考察形式多表现为碎片化的知识点背诵、默写、刷题。

从教育生态的角度看，应试压力和社会焦虑普遍，教育的生命力和可持续性被忽视。长期以来，存在部分学校、家庭、学生片面地将学习目标理解为"排名""中考"，将学习过程定性为"应试""刷题"，将学习任务固化为"书写""背默"，由此形成学生过重的作业负担和社会普遍的应试焦虑。

因此，有必要从综合性、可持久性、可迁移性的"大概念"出发，探索基于学科大概念的道德与法治教学策略与实施，为"双减"政策落地提供有效经验，助力缓解现实教学困境。

二、指向"双减"的教学探索——基于学科大概念的道德与法治教学策略

（一）提质增效：构建学科概念框架，创新单元教学模式

1. 提炼学科大概念，把握学科核心框架

初中道德与法治从内容上，分为"品德""心理""法律""国情"四大主题，分散于六册教材之中。要落实行之有效的大概念教学，可在这四个主题基础上，以核心素养为引领，以课程标准为脉络，进行自上而下的大概念体系建构。首先需要对教材内容进行深入分析、整合，形成整体性思维，深入把握教材各模块的内容结构和知识逻辑，抓住四大主题的核心知识。继而，在"品德""心理""法律""国情"四大主题之下，对教材核心内容进行层级式的切割和提炼，形成"大概念→重要概念→具体概念"形式的逻辑链条，从而搭建以大概念为支点的概念框架体系。以"法律"主题为例，初步探索形成的概念框架如图1所示。

2. 创新单元教学策略，构建学习型课堂

"一课一得"的课时教学在教学效果、教学目标、备课思路、推进方式等方面无法落实大概念的系统化教学，因此，需要探索与之相适应的大单元教学。初步探究的单元教学内容包括以下要素：

（1）在大概念框架下确定学科教学单元

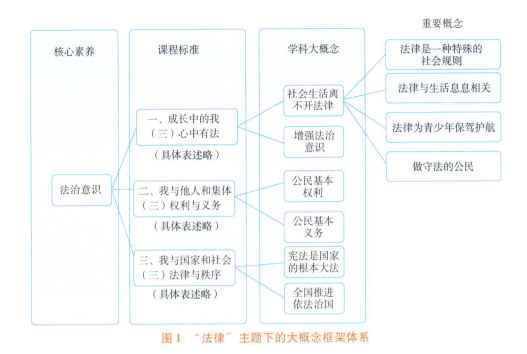

图1 "法律"主题下的大概念框架体系

根据已建构的"大概念→重要概念→具体概念"的大概念框架体系，教师认真研究教材，重新建构教材知识体系，把握大概念教学容量和知识体系，结合学情，将大概念框架解构为若干教学单元，并构建具有逻辑内聚力的知识层级结构（图2）。

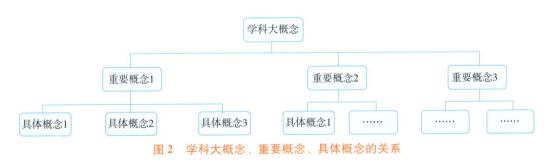

图2 学科大概念、重要概念、具体概念的关系

（2）制定每单元指向大概念的进阶式教学目标，教学目标引领教学内容和教学设计

大概念统摄下的单元教学不仅要以知识为目标，更应该注重建构结构化的知识体系，培养学生运用知识体系分析问题、解决问题的能力。因此，应该探索制定进阶式教学目标——在整体单元目标之下，基于学情分析，制定分阶段、分层次的学习目标，不同阶段学习目标的设计，是为了整体教学目标的实现（图3）。

图3 单元教学中的进阶式教学目标设定

（3）围绕教学目标，设计单元教学过程，构建学习型课堂

在进阶式教学目标之下，抽象的学科大概念被"分解"成不同的目标任务（图4）。目标任务以真实情境中要解决的问题形式呈现，引领教师的单元教学和学生的单元学习。围绕不同的目标任务，教师探索不同教学课型，设计不同教学活动，采用不同的教学方式，促进学生对单元知识的理解，激发学生的思维活动和思维的拓展，最终实现用"大概念"解决"大问题"的深度学习。

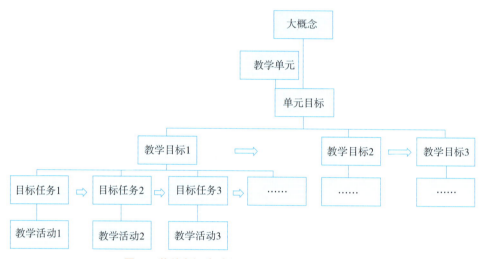

图4　学科大概念统领下的单元教学过程模型

本研究也试图在教学实践中归纳道德与法治课程中有利于推进大概念课堂教学的常见教学形式，同时整合、调整现有教学形式，以促进基于学科大概念的道德与法治课堂教学模式的进阶。

（二）降压减负：优化课后练习资源，探索多样评价方式

1. 以学科大概念为单位，优化学业评价资源

2021年北京市首次实施学业水平考试，考生在考试中表现出的知识与能力水平与社会预期存在一定差距，也体现出传统教学评价方式和导向存在弊端。传统教学中，教学评价更多侧重于知识层面，表现为框题知识点的背诵、默写、做习题，注重习题练习的数量和质量，学生普遍感受压力大、负担重。而基于学科大概念的教学评价，是基于学科体系的知识、能力和素养的综合考察，注重学生知识体系的完整性、学习迁移能力和自主探究能力，有效落实学科核心素养。教师要在认真理解和研究学业水平考试的基础上，坚持教学评一致性原则，以学科大概念为单位，完善评价工具，筛选习题资源，减量增质，构建基于学科大概念的学业评价习题库（图5）。

2. 指向真实学力，丰富教学评价方法

本研究试图关照学生学科思维的构建、解决新情境中新问题的能力以及价值观的塑造。在教学实践中丰富教学评价方法，如观察、访谈、议题探究等形式，关注学生的成长与发展的过程，以评估基于大概念的教学的有效性和学习行为的质量，真正实现学生学科核心素养的进阶（图6）。

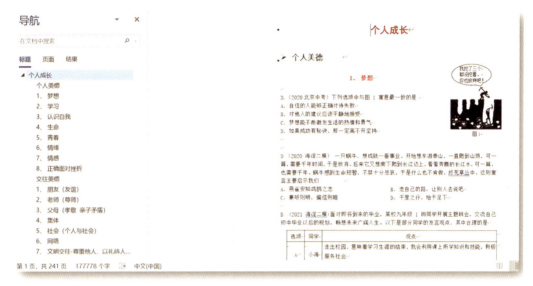

图5 基于大概念的教学评价"习题库"

图6 基于大概念的教学评价——自主探究选题

三、大概念教学助力"双减"落地的价值体现

以上探索与实践有效地夯实了现实教学需要与"大概念教学""双减"政策之间的理论桥梁，完善了以大概念落实核心素养的路径方法。其有益价值主要体现在以下三个方面。

①抓核心——在新课标核心素养的指导下形成了本学科大概念框架，助力实现学科内容的"结构化"转化。

②去冗余，提效率——通过规划单元教学内容，设计单元教学过程，提高课堂教学质量，帮助学生实现深度学习与高效学习的统一，同时为一线教师的教学实践提供有效借鉴和经验。

③减负担，育素养——形成基于大概念的教学评价方式，在减轻学生学业负担的基础上落实学科核心素养，发挥道德与法治学科教学评价真正作用，助力构建可持续性发展

的学科教育生态。

综上所述,一线道德与法治教育工作者应牢记"立德树人"的任务要求,转变教育观念,创新教学模式,提升课程品质,助力"双减"政策落地,帮助学生实现真正意义上的学习。

参 考 文 献

[1] 教育部．义务教育道德与法治课程标准（2022年版）［M］．北京：北京师范大学出版社，2022：17．
[2] 林恩·埃里克森，洛伊斯·兰宁．以概念为本的课程与教学［M］上海：华东师范大学出版社，2018．
[3] P. L. 史密斯．教学设计［M］.3版．庞维国，等译．上海：华东师范大学出版社，2008．
[4] 格兰特·威金斯，杰伊·麦克泰．理解为先模式：单元教学设计指南1［M］福州：福建教育出版社，2018．
[5] 崔允漷．学科核心素养呼唤大单元教学设计［J］.上海教育科研，2019（4）：1．

专家 点评

本课题研究针对当下道德与法治学科在课堂实施、考试评价、教育生态等方面存在的教学过程碎片化、忽视学科素养培育、学生课后负担重、应试压力大等现实问题,从"大概念"出发,寻找减负增效的突破口,探索助力"双减"落地、解决现实问题的可行措施。具体来看,就是在"品德""心理""法律""国情"四大主题之下,对教材核心内容进行层级式的切割和提炼,形成"大概念→重要概念→具体概念"形式的逻辑链条,从而搭建以大概念为支点的概念框架体系。应该说,课题研究的方向具有创新性,问题解决的突破口具有独特性。

课题从两条路径开展"双减"工作：一是通过构建学科概念框架、创新单元教学模式以实现课堂的"提质增效"；二是优化课后练习资源、丰富评价方式以实现学生的"降压减负"。从实践探索的效果来看,在此基础上形成的基于学科大概念的道德与法治课堂教学策略,有利于实现"抓核心,去冗余,减负担,提效率,育素养"的价值体现。因此,课题研究的理论思考与实践检验都取得了不错的效果。

关于课题研究后续的进一步深入,建议在道德与法治课程中大概念的择定、界定及与重要概念、具体概念的关系上,再做深入分析。

任长松
人民教育出版社

基于博物馆资源的初中跨学科项目式教学设计初探
——以初中历史与美术学科融合的教学设计"探秘北京中轴线"为例

北京中学　王　良　郭大维　王　菲　吴晨露

摘　要　《义务教育新课程标准（2022年版）》要求初中各学科教学应积极尝试加强课程综合，改变育人方式，在突出综合与实践的过程中保证学习效果。本文以初中历史和美术学科融合下的教学实践"探秘北京中轴线"一课为例，尝试用博物馆资源创设真实情境，设计初中跨学科项目式课程，初步探索通过跨学科的项目式学习支持学生跨学科学习的教学方式与基本路径。

主题词　跨学科项目式课程　初中历史教学　初中美术教学

一、设计源起：跨学科的核心知识整合

作为生活在北京的初中生，北京城的历史与建筑是必不可少的学习内容。初中美术教材（人美版）八年级上册中将《北京中轴线建筑》作为赏析·评述课程，通过认识不同历史建筑特点，了解建筑的作用与背后文化特色，从而得出北京中轴线建筑"中正安和"的特点。历史部编版教材七年级下册《明朝的科技、建筑与文学》中，学生通过了解北京城的建筑，发现身边的历史，认识到中央集权制度之下的都城设计、建筑是时代的印证，体现了中国古代劳动人民的智慧和创造力，见证了北京历史的源远流长。

北京中轴线作北京城市建设的重点，发源于元代并在明清两代逐步发展完善，堪称中国遗存下来规模最大的都城轴线，被认为是中国古代都市计划的经典之作。2012年，北京中轴线第一次申报世界遗产名录，但由于城市进程的发展，部分历史建筑受到破坏，中轴线缺乏完整性，未申请成功。经过修缮维护，北京中轴线申报"世界文化遗产"已经被写入《北京城市总体规划（2016年—2035年）》中，《中国世界文化遗产预备名单》上登载了北京中轴线上的14处遗产点，为下一次申遗进行准备。北京中轴线既有历史意义，又处处彰显着时代价值。

随着北京中轴线申报"世界文化遗产"脚步临近，助力北京中轴线申遗保护的方式越来越多，首都博物馆推出"读城——探秘北京中轴线"大型互动体验式展览，共展出文物22件套，展现了北京中轴线在历史长河中的生生不息与恒久神韵。与北京中轴线相关的博物馆资源为师生学习和探究提供丰富材料。本研究的设计初衷是基于博物馆资源，创造丰富多样真实发生的学习情境，设计富有挑战性自主性的驱动问题，激发学生主动

探索的热情，在实践中达成学习目标，让枯燥的历史和建筑知识变得立体鲜活。

项目式学习强调在真实情境中解决问题，所以经常汇聚多个学科概念来解释现象、获取新知、产生理解和创造作品，这是单一学科学习很难达到的效果。据此，我们在历史和美术学科之间开展了基于博物馆资源的跨学科项目式学习，令美学与史学融合，结合首都博物馆、故宫博物院等多种博物馆资源，通过课后服务开设特色社团课程的方式，采用课内知识与校外实践融合的课程形式，尝试引导学生对北京中轴线进行多方面的探究分析，在真实情境中综合运用知识解决问题：一方面突出其历史沿革，讲述北京中轴线文化遗产背后的故事；另一方面从艺术的角度出发，欣赏北京中轴线上的建筑。通过让文物说话、让古建筑说话，引导学生认识中轴线，感悟北京城的壮美，热爱北京城的悠久历史文化，提升学生的综合素养。

二、项目指南：情境创设与问题驱动

在详细研读教材和整合博物馆资源后，我们设计了"探秘北京中轴线"的跨学科项目式课程，项目指南如表1所示。

表1 "探秘北京中轴线"项目指南

项目主题		探秘北京中轴线	项目时长	12课时
关联学科		美术、历史	年级	初二
学情分析		中轴线作为北京城重要标志之一，学生在生活中和历史课、美术课都曾接触过，这些都可以作为本课探究的理论基础。但是学生对中轴线的起源发展、重点建筑、历史变迁缺乏系统和生动的了解。初二的学生在经过一年的学习后，具备了一定的学科知识和探究能力，因此，可通过本次项目式学习对中轴线有更加深入的了解，提升遗产保护的意识		
项目目标	知识	1. 通过行前学习与博物馆线上考察，知道北京城的相关历史知识和博物馆参观礼仪，了解北京中轴线上的建筑沿革和历史内涵； 2. 了解北京中轴线建筑的布局和特色，认识其重要的艺术价值		
	能力	1. 通过实践活动前对背景知识的学习、实践活动中对展品的记录、实践活动后亲自编写讲解词进行讲解的所得进行梳理提升，初步掌握历史实践学习的基本方法； 2. 绘制地图并制作北京中轴线上的建筑模型，直观感受中轴线上建筑高低起伏、左右对称的韵律之美； 3. 通过小组合作完成中轴线保护提案，提升合作学习的能力和表达能力		
	情感态度价值观	通过了解北京中轴线的历史变迁和文化传承，认同历史文物、遗址遗迹对中华文明传承的重要作用，热爱、传承和发扬中华传统文化，产生保护文物和历史古迹的意识，以及对祖国的热爱之情		
	教学重点	了解北京中轴线上的建筑沿革和历史内涵，了解北京中轴线建筑的布局和特色，认识其重要的艺术价值		
	教学难点	认同历史文物、遗址遗迹对中华文明传承的重要作用，热爱、传承和发扬中华传统文化，产生保护文物和历史古迹的意识		

续表

项目主题			探秘北京中轴线	项目时长	12 课时
项目细化		微项目	实践（需要完成哪些任务）		教师支架（教师提供哪些材料和帮助）
	我是小小讲解员（4课时）		核心问题：北京中轴线是如何形成并延续至今的？		
			核心素养： 历史：史料实证，历史解释； 美术：文化理解		
			1. 初步了解北京中轴线相关历史知识，初步掌握讲解的基本步骤和方法。 2. 学生选择自己感兴趣的主题，自主编写讲解词，师生共同走进首都博物馆，小组合作完成一场完整的展览讲解。 3. 通过馆内的互动装置，用图片、模型、音乐、积木等进入中轴线上建筑的模拟情境之中，并通过实际操作，增加对相关问题的实际感受		1. 组织学生回顾行前关于北京城的基本知识。为学生提供与中轴线相关的参考书目和纪录片。 2. 总结归纳讲解员的讲解礼仪，结合线上博物馆的讲解员示范视频，引导学生观摩博物馆讲解员的讲解。 3. 按照博物馆展览内容进行分组，引导学生选题。 4. 邀请中国古代建筑史博士专家为学生答疑解惑
	我做城市设计师（6课时）		核心问题：哪些建筑构成了中轴线？画一画你体会到的"壮美秩序"		
			核心素养： 历史：史料实证，时空观念； 美术：图像识读，美术表现		
			1. 结合教材，从古建筑的屋顶入手，观察建筑不同形制，感受古建筑的差异，在欣赏中认识建筑，领略轴线上建筑的美。 2. 根据故宫博物院地图与文字介绍，绘制不同风格的故宫博物院导览图。 3. 利用教师给的故宫博物院建筑线框图及照片，将建筑结构拆分成屋顶、廊柱、门窗、斗拱等不同构建，并分别绘制于卡纸上，利用泡沫胶进行组装，形成层次分明的立体模型。 4. 将故宫博物院内的古建筑依次摆放于手绘地图上，感受高低不同建筑所带来的起伏美感		1. 展示故宫博物院建筑测绘图及照片，讲述古建筑形制特点，对比不同建筑高度、门、窗、柱廊、屋顶等装饰的差异。 2. 展示故宫 3D 电子模型，为学生提供虚拟游览体验。 3. 提供故宫博物院建筑测绘图及照片，演示制作立体模型，提供范画供学生参考
	我来守护中轴线（2课时）		核心问题：我们可以为"北京中轴线"申遗做些什么？		
			核心素养： 历史：家国情怀； 美术：文化理解，创意实践		
			1. 探究问题：我们为什么要为"北京中轴线"申遗呢？我们可以为保护传统历史建筑做什么呢？ 2. 回顾已学内容，提出中轴线保护提案，以 PPT 的形式进行小组汇报		1. 提出探究问题，帮助整合资料，引导学生思考。 2. 提供世界文化遗产申报流程和标准，引导学生通过社会调查法、文献探究法撰写小组报告，模拟中轴线申遗
项目评价			内容：讲解评价、模型展示、小组汇报。 形式：根据项目成果进行自评、组评和大众评审		

在本课设计中，始终有符合学生思维水平、由浅入深的驱动性问题作为指引。从整体课程架构来说，本课有三个核心问题，分别是：北京中轴线是如何形成并延续至今的？中轴线上的建筑有何特点？我们可以为"北京中轴线"申遗做些什么？学生从认识中轴线的历史演变开始，关注不同历史时期中轴线的内涵发生的变化，古今对比之下激发了对具体建筑的探究兴趣；通过绘制中轴线上的建筑，将其组合呈现出核心建筑故宫中轴线的立体模型，用多种形式表达自己所理解的北京中轴线，将抽象的知识具象化；最后，总结本课所学，对中轴线的历史意义和艺术价值有所体会，自发产生保护文物古迹的意识，并通过小组汇报的形式进行呈现，助力中轴线申遗。体现了从事实性概念性问题到程序性问题，最终上升到价值性问题的过程。

具体到每个微项目的设计，也有层层嵌套的问题推动学生探索。例如在第一个微项目中，编写完讲解词后，针对中轴线发展演变的每一阶段都有具体的小问题引导思考（以表 2 为例），学生通过小组合作将答案串联成逻辑清晰、时间连贯的线索，通过讲解和聆听，对北京中轴线的历史沿革形成完整的认识。在这一过程中有的问题是学生自主提出的，有的是教师根据项目学习目标提出的。问题相互关联，学生在不断发现问题、解决问题的过程中，推动项目向前。

表 2　第二单元历史学科群问题链

第二单元　探·大国意蕴
一、正阳永定，既安且宁
1. 永定门——北京中轴线的南起点
跨越明清两代的永定门为什么最晚建成？
2. 天坛——位于北京外城中轴线的东侧，与先农坛东西对称
天坛形制为什么是北圆南方？
圜丘坛和祈年殿都是用来祭天的吗？
3. 先农坛——位于北京外城中轴线的西侧，与天坛东西对称
先农坛主要祭祀哪些神灵？
"亲耕享先农"是怎样一种礼仪？
4. 天桥——北京外城中轴线上皇帝出巡、祭祀的必经之地
天桥的"桥"到底在哪里？
5. 正阳门——北京中轴线的内城正南门
"前门"到底是哪个门？
旧时百姓可以经过正阳门箭楼门洞进城吗？
北京的老字号哪里最多？

三、推进保障：小组合作和教师支持

（一）生生互助推进的小组合作

教师根据学生的兴趣、能力等多方面因素设计了合理的小组划分，让学生实现合作与互补，有效推进项目实施。

学生在走进首都博物馆收集资料阶段，通过观看"北京中轴线"与"北京城"的专题展览，记录展品信息，并在查阅资料过程中自主结成探究小组，小组成员积极合作，及时沟通，通过向教师、博物馆专业人士访谈求教，提升对中轴线的认识，解决本小组

的问题，最终形成讲解稿。师生互相学习彼此支持，学生自主搜集资料，撰写讲解词，充分融合团队力量，为下一阶段探究打下基础。

在博物馆参观后的讲解中轴线环节中，学生以小组为单位向其他同学和现场观众讲解自己研究的部分，呈现小组探究成果。通过小组合作讲解、听其他同学讲解、做记录、玩游戏、回答问题等环节，调动了听觉、视觉和触觉，加深合作学习的收获。活动过程中，每位同学既是传授者又是学习者，既有知识层面的收获，又有能力方面的锻炼。活动中学生勇于表达自我，展示所学成果，向大众分享所得，体现了协作学习的机制，实现学生由"被组织"向"自组织"的转变（图1~图4）。

图1 按照顺序，按小组顺序进行主题讲解，其他同学聆听讲解，及时记录关键信息，每组同学讲解结束后设置提问环节

图2 利用博物馆互动设备，用图片、模型、音乐、积木等进入中轴线上建筑的模拟情境之中，并通过实际操作，增加对相关问题的实际感受

图3 参观中轴线纸模，配合纸模旁边的音乐装置，聆听建筑中凝固的音乐，了解中轴线上的主体建筑，从整体城市布局感受中轴线的高低起伏

图4 结合讲解内容，利用馆内"读城问不停"互动装置，学生按照小组进行抽签必答和抢答，回顾所学

回归课内课堂后，学生以小组为单位，再次结合参观收获，利用故宫博物院的线上资源，绘制故宫平面图，制作中轴线模型，通过感受古建筑音符般的高低起伏、错落有致的特征，学生可以在这场探索之旅的小组成员间达成对北京中轴线建筑与历史认识的共

鸣（图5~图8）。最终小组成员进行小组汇报，一同为中轴线申遗助力，感悟保护文化遗产、传承中华文明的重要性。在小组合作中，学生的主体地位得到了充分彰显。

图5　利用教师给的故宫建筑线框图及照片，将建筑结构拆分成屋顶、廊柱、门窗、斗拱等不同构建

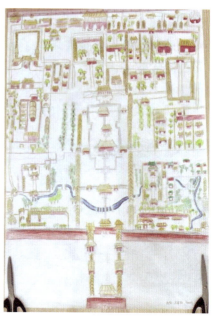

图6　根据故宫地图与文字介绍，按照比例尺和布局，绘制不同风格的故宫导览图

图7　将故宫中轴线上的建筑模型分别拆分绘制于卡纸上，利用泡沫胶进行组装，形成层次分明的单个建筑的立体模型

图8　将故宫内的古建筑依次摆放于手绘地图上，感受高低不同建筑所带来的起伏美感，制作完成故宫中轴线的整体模型

学生在经历了搜集材料、感知体验、创造表达之后，根据自己的理解和小组讨论的成果，形成了对于北京中轴线的个性化认识，并且为中轴线申遗和北京的文物保护工作提出了自己的建议。在这个过程中，再次回顾项目所学，家国情怀得到激发。学生在课堂上形成了不同的观点，对中轴线的保护和申遗有了真正的思考和理解，生生互助的小组合作不断促成项目向前推进，学生的综合素养得到提升（图9和图10）。

图9 结合项目学习过程，分析保护北京中轴线的意义，总结本课程的学习收获

图10 结合调研结果，小组合作提出保护传统历史建筑的方案，以班级为单位选出最佳提案

（二）教师搭建支架的及时指导

教师在学生合作探索的过程中，扮演学生的得力助手，始终在为学生搭设支架，引导项目实施。因为本次课程涉及课内课外，学习空间开放，博物馆资源庞杂，需要梳理后才能使用。教师把控课程氛围和节奏，保证项目的真实性和完整性；同时提供必要的资源和示范，在学生探究过程及时给予方法指导。

在第一个微项目中，收集资料后，学生以小组为单位编写讲解词，在筛选资料过程中，教师引导学生对史料进行判断和取舍，保留了和讲解内容有关的重要史料，其他的过程性材料也整理备用，有助于之后学生自主讲解的开展。教师提供线上博物馆的讲解员示范视频，引导学生观摩，学生初步掌握讲解方法，为走进展厅成为"小小讲解员"做好铺垫。

第二个微项目中，学生在自主观察故宫博物院平面图后，绘制了故宫博物院的导览地图，教师拆解故宫中轴线上的建筑结构，用简单易操作的卡纸引导学生制作建筑的不同构件，组装后形成建筑的立体模型，在这一过程中，学生不仅认识中轴线上主要古建筑的基本结构，还亲自体验了画图纸盖房子，为古建筑涂上色彩，按照"居中观念"来进行城市规划布局的过程，这些内容与第一阶段学生自主讲解内容相印证，提升了对探索身边历史古迹的热情与兴趣，感悟建筑是时代特征的体现。

第三个微项目中，教师通过搭建平台，分享资料，引导学生用社会调查法、史料分析法等方式，结合美术的绘画技巧，记录并了解中轴线当今的现实情况，学生提出中轴线保护方案后，教师组织活动引导学生进行模拟申遗，达成项目学习目标。

在本课程的实施过程中，教师结合教材和博物馆资源努力搭建支架，创设真实有挑战性的情境，为学生提供理解历史和艺术的途径，引导学生在做中学，最终学生能够通过自主探究完成项目，达成学习目标。

四、素养落实：预期成果与评价设计

反思与评价是项目式学习中很重要的一个环节。在本次设计过程中，三个微项目环环相扣，如果要达成最终项目的学习目标，需要保证每个环节的落实。因此，教师要给学生提供参考模式和探究方向。根据学情，我们在三个微项目中都设计了对应的评价方式和评价量规，并且提供给学生自评和互评的机会，突出了简洁实用性，用量规来指导学生的行动，生成过程性资源，检测学习效果。

在"我是小小讲解员"微项目中，设计了基于博物馆情境下的评价量规，分为讲解前、讲解中和讲解后。布置任务之前，学生就已经拿到了量规，指导学生在讲解前充分搜集资料，在对材料进行梳理后有所筛选整理，结合小组主题生成详略得当的讲解稿，在讲解过程中强调了表达的方式方法，最后还能对讲解过程进行思考，形成自己的历史认识。学生既能了解项目必备的基础知识，同时也能锻炼历史学习的基本能力以及合作能力、表达能力（表3）。

表3 评价量规——"探秘中轴线——我是小小讲解员"活动评价表

评价方式：组内自评、组间互评、教师评价					
评价内容		评价主体	能做到	基本做到	部分做到	做不到
讲解前	能够根据自己的兴趣进行选题，并针对研究选题能够主动查阅资料并与组内同学分享，能够在组内承担任务	自评				
		互评				
		师评				
讲解中	活动中善于合作、主动参与、有协作精神	自评				
		互评				
		师评				
	能够结合选题撰写讲解词，包含必要的历史信息（文物名称、年代和相关历史信息）	自评				
		互评				
		师评				
	能够完整流畅地进行讲解并和同伴进行积极探讨	自评				
		互评				
		师评				
讲解后	对选题能够初步形成明确、较为全面的观点，并能在组内达成一致	自评				
		互评				
		师评				
	汇报成果（文稿、书画作品等）要具有原创性，并且基本能做到史论结合、逻辑清晰，体现出如何传承中华传统文化	自评				
		组评				
		师评				

续表

评价内容		评价主体	能做到	基本做到	部分做到	做不到
综合评价	本次"我是小小讲解员"综合实践探究学习过程中我表现最出色的是：					
	下次综合实践探究活动中我将会在哪些地方改进：					

在"我做城市设计师"微项目中，分为两个维度对学生进行评价，以图片、视频等媒体形式留存资料，重视过程性评价，强调课堂参与度与动手能力，引导学生在教师范画的基础上，发挥创意，用艺术手法再现中轴线上的建筑，结合最终成果形成评价体系（表4）。

表4 评价量规——"探秘中轴线——我做城市设计师"活动评价表

评价方式：组内自评、组间互评、教师评价						
评价内容		评价主体	能做到	基本做到	部分做到	做不到
参与投入	课堂整体表现：认真观察、倾听，善于思考、乐于表达、组内分工明确，参与度高	自评				
		互评				
		师评				
	对知识的掌握：是否了解中轴线背后的历史与建筑特点，通过对本主题的学习，学会如何运用设计手法，解决设计问题	自评				
		互评				
		师评				
创意与呈现	设计新颖程度：地图绘制具有个人风格和差异性，能表达自身对轴线的理解，且符合实情	自评				
		互评				
		师评				
	作品呈现程度：能将创意充分展现，利用各种美术表达手法制作立体模型，表达清晰又有创意，具备完整度	自评				
		互评				
		师评				
综合评价	本次"我做城市设计师"综合实践探究学习过程中我表现最出色的是：					
	下次综合实践探究活动中我将会在哪些地方改进：					

在"我来守护中轴线"微项目中，按照学生的汇报成果对学生进行整体评价，学生通过实地考察、查阅资料等方式，对中轴线上的建筑、文物及周边环境进行描述和评价，结合申请世界文化遗产的具体标准，讨论中轴线申遗的意义，并提出自己思考下保护中轴线的方案（表5）。

表5 评价量规——《探秘中轴线——我做城市设计师》活动评价表

评价方式：自我评价、组间互评、教师评价						
	评价内容	评价主体	能做到	基本做到	部分做到	做不到
问题1	通过调查研究，能够对中轴线上的建筑、文物及周边环境进行描述，内容真实，逻辑清晰	自评				
		互评				
		师评				
	基于调查结果，对今天的中轴线的维护状况及周边环境能作出客观评价，论据充分，说服力强	自评				
		互评				
		师评				
问题2	能结合申请世界文化遗产的具体标准，讨论中轴线申遗的意义	自评				
		互评				
		师评				
	观点明确，体现出史论结合	自评				
		互评				
		师评				
问题3	结合具体案例，至少说出一个明确的文物保护的行动或者计划方案	自评				
		互评				
		师评				
	体现小组分工合作，有创新意识可以加分	自评				
		互评				
		师评				
综合评价	本次"我来守护中轴线"综合实践探究学习过程中我形成了哪些独特的观点：					
	本次综合实践探究活动中我还有哪些问题需要解决：					

在项目推进过程中，量规始终在引领和指导学生的学习，激发学生兴趣，成为持续学习实践的动力之一。通过评价量规，可以将本次项目中学生的问题集合整理成新的问题，例如有的学生对北京中轴线中蕴含的红色文化非常感兴趣；有的学生对中轴线的地理位置和水文特征产生疑惑……这些新的问题都能成为学生不同领域的学习契机，为之后开启进一步的项目式学习奠定基础，形成真实有挑战性的情境驱动学生不断思考和观察，由此达成项目式学习的可持续性合。

五、总结反思

本次"探秘北京中轴线"的跨学科项目式课程依托北京中学的考古文博社团课程开

展，依然处于初创阶段，在当前"双减"政策之下，作为课程的开发者，对如何利用博物馆资源创设真实情境，设计初中跨学科项目式课程进行了探索。

首先，本次课程尝试进行了跨学科的核心知识的整合。主要体现为美术和历史学科的结合，在共同研读义务教育历史、美术教材后，整理了学科的核心知识，在学科之间建立联系，并借助博物馆线上线下资源创设了真实有效又生动有趣的项目情境，设计了由浅入深的问题链，制作了项目指南。引导学生在基于博物馆的真实情境下，用多元思维聚焦同一主题，解决实际问题。

其次，基于课后服务的社团课程为教学开展提供了稳定的时空保证，使得建立完整的知识体系，形成多种学科素养和发掘学生潜能有了可能性。在具体环节设计中，课程实施突显了小组合作，学生在项目开展过程中既有知识学习，同时还有多种思维能力和动手能力的提升，最后达成情感升华。在这一过程中教师仅作为学习的陪伴者和支持者，学生有了自主的学习动机和学习兴趣，不断向目标迈进，从不同角度、不同立场构建自己所理解的北京中轴线。

项目设计的预期成果以多种形式呈现，对学生而言，物化成果和精神财富培养了学生的成就感，新的问题开拓了学习的新领域；对于项目式课程而言，又保证了项目在广度和深度上的可持续性。此外，通过这个案例还有很多值得深入思考的问题。例如疫情之下如何保证课外博物馆活动的开展？如何提升博物馆资源的利用效率？如何将项目式学习成果结合学生实际转化为本土实践，成为常态教学的有机组成部分？通过这次"双减"背景下跨学科项目学习的有益尝试，我们仍将在素养为核心的项目学习实践路上坚定前行，力图设计出更加完善的课程体系，切实提升学生的学习效果与综合素养。

参 考 文 献

[1] 阿卡西娅·M. 沃伦. 跨学科项目式教学［M］. 孙明玉，刘白玉，译. 北京：中国青年出版社，2020.

[2] 夏雪梅. 项目化学习设计：学习素养视角下的国际与本土实践［M］. 北京：教育科学出版社，2018.

[3] 古玉玲，刘蕊，李卫伟. 北京中轴线文化遗产保护规划研究［J］. 北京城市学院学报，2021（2）：28－37.

[4] 梁思成. 北京——都市计划中的无比杰作［J］. 新观察，1951（2）：7－8.

专家 点评

跨学科实践是2022年义务教育新课程标准在加强课程综合、改变育人方式方面的新尝试，强调学习的综合性与实践性。本课题研究以初中历史和美术学科融合下的教学实践"探秘北京中轴线"一课为例，用博物馆资源创设真实情境，设计初中跨学科项目式课程，通过跨学科的项目式学习支持学生开展跨学科的主题学习。

教学中始终有符合学生思维水平、由浅入深的驱动性问题作为指引。学生从认识中轴线的历史演变开始，关注不同历史时期中轴线内涵发生的变化，古今对比之下激发了对具体建筑的探究兴趣;通过绘制中轴线上的建筑,将其组合呈现出核心建筑故宫中轴线的立体模型,用多种形式表达自己所理解的北京中轴线,将抽象的知识具象化;最后,总结本课所学,对中轴线的历史意义和艺术价值有所体会,自发产生保护文物古迹的意识,并通过小组汇报的形式进行呈现,助力中轴线申遗。整个教学过程体现了从事实性概念性问题到程序性问题,最终上升到价值性问题的过程。这是本课题研究成果中最大的亮点。

应该说,这样的设计抓住了学生思维发展的牛鼻子,发挥出了跨学科实践的最大优势。

减轻负担与提高质量并不矛盾。思维含金量提高了,学习质量才能提高。学生兴趣提高了,心理负担才能真正减轻。应该说,课题研究辩证地处理好了这一对矛盾。建议课题后续进一步深入研究跨学科项目如何促进学生思维发展这一更本质的课题。

张景斌
首都师范大学

"双减"实践对学生的影响研究
——以北京市三十五中学初一、初二学生为例

北京市第三十五中学　刘晓亮

摘　要　本文以北京市三十五中学为研究对象，总结了三十五中学开展的"双减"实践路径，同时基于 2021 年、2022 年对三十五中学初一、初二年级共计 2 230 名学生进行的问卷调研，分析了"双减"实践对学生的影响。研究发现，"双减"政策颁布以来，北京市三十五中学从提升课堂效率、优化作业设计、重视考试反馈、提升课后服务水平四个方面进行了实践探索。"双减"实践的开展促进高年级学生参加课外辅导班的比例降低，增加了学生的体育锻炼时间，绝大部分学生作业中的疑惑得到了有效点拨。同时，当前初二学生完成作业时长、学科类课外辅导以及课后服务类型多样化的需求仍相对较高。因此，"双减"实践在初显成效的同时，需要从优化作业管理、加强学科类课程辅导、增强家长对"双减"政策的理解、按需拓展课后服务类型四个方面进一步完善。

主题词　双减　学生　影响

一、引言

2021 年 5 月 21 日，中共中央总书记、国家主席、中央军委主席习近平主持召开中央全面深化改革委员会第十九次会议，审议通过了《关于进一步减轻义务教育阶段学生作业负担和校外培训负担的意见》（以下简称《意见》）。7 月 24 日，新华社全文播发了中共中央办公厅、国务院办公厅正式印发的《意见》，减轻学生作业负担和校外培训负担简称为"双减"。"双减"政策是为建设高质量教育体系所作出的事关基础教育改革发展全局的重大战略决策，是教育战线贯彻新发展理念、构建新发展格局、推进高质量发展、促进学生健康成长的重大举措。

在"双减"政策的指导下，各地都以"双减"为指导方针进行了系列"双减"实践。当前相关研究内容主要聚焦于对政策意义和可行路径的探索性分析，对于当前"双减"实践效果的系统化分析较少,尤其是基于调研数据的量化分析较为匮乏。随着"双减"政策的快速推进,剖析"双减"实践对学生的实际影响具有重要意义,有利于及时洞悉"双减"政策落实进程中面临的新问题,并针对相关问题探索如何在实践中及时调整、完善"双减"实践,这对于保障"双减"政策目标的有效实现是重要且必要的。

本研究以北京市三十五中学为研究对象,分析三十五中学所采取的"双减"实践,同时以三十五中学初一、初二学生为调研对象,以学生作业完成时间、课外辅导班参加情况、体育锻炼时长以及学生对校内教育与课后服务的总体评价为指标,分析"双减"实践对学生的影响,并在此基础上提出相应政策建议。

二、数据来源与分析方法

(一)数据来源

本研究所用数据来源于对北京市三十五中学 2021 年初一、初二,以及 2022 年初一、初二共计 2 230 名学生的问卷调研。其中,2021 年初一、初二参与调研的学生分别为 633 人、590 人,2022 年初一、初二学生参与调研的学生分别为 550 人、457 人。

(二)分析方法

基于研究目标与指标变量的设计确定本文研究方法。本文的研究目标是检验"双减"实践对学生的影响,分别选取学生作业完成时间、课外辅导班参加情况、体育锻炼时长以及学生对校内教育与课后服务的总体评价为指标变量。2021 年的调研时间在 10 月份,彼时"双减"政策出台不久,由于政策效果的显现往往需要一段时期,因此 2021 年的调研数据可作为基期数据。通过将 2022 年的情况与 2021 年进行对比分析,则可判定当前阶段"双减"实践取得的效果。同时,本文还关注"双减"实践对不同年级学生的影响异质性。因此,在具体分析过程中,将两次调研的学生分为三组,即 2021 年初一学生与 2022 年初一学生,2021 年初二学生与 2022 年初二学生,2022 年初一学生与 2022 年初二学生,通过对比分析来验证"双减"实践的效应。

为检验指标变量的总体分布在不同分组之间的统计学差异,采用卡方检验和 Wilcoxon 秩和检验。选用这两种方法的原因在于问卷中的指标变量属于分类变量。具体而言,当分类变量为无序变量时采用卡方检验,当分类变量为有序变量时采用 Wilcoxon 秩和检验。卡方检验和 Wilcoxon 秩和检验的原假设为两组样本来自同一总体分布,当原假设成立时则说明两组学生的指标变量分布不存在显著性差异,当原假设被拒绝则证明不同组别之间指标变量的差异具有统计显著性。

三、三十五中学"双减"实践路径

"双减"政策体现出对教育体系格局的纠偏,强化了公共教育体系在教育系统中的主导地位。"双减"政策一方面明确指出"大力提升教育教学质量,确保学生在校内学足学好",同时也强调要通过"保证课后服务时间""提高课后服务质量""拓展课后服务渠道"等构建公共教育的课后服务体系,"提升学校课后服务水平,满足学生多样化需求"。

北京市三十五中学从课堂教学、作业设计、考试反馈、课后服务四个方面采取相应措施落实"双减"政策要求。

（一）提升课堂教学效率

课堂教学效率的提升，是减轻课后负担的基础保证。在进一步减轻义务教育阶段学生作业负担和校外培训负担政策背景下，学校应该改进教学策略，提升课堂教学效率。北京市三十五中学通过以下途径提升课堂效率：第一，学校建立不定时"推门课"制度。学校内教师可以自由听任意教师授课，听课后互相交流，学科内，跨学科之间可以互相交流教育教学的方法和心得技巧，提出增进课堂效率的改进意见，促进课堂效率提升。第二，增加教师间沟通与交流。同一年级相同学科教师每周一次集体讨论，讨论内容包括学习问题反馈、教学进度沟通交流，进行集体备课，分析更加有效的授课逻辑和具体方法，并且对习题进行精选。第三，建立师徒帮扶制度。由教学经验丰富的教师任师傅带领新入职的教师，通过和师傅听课，由师傅对上课进行指导，徒弟反思改进，帮助新入职的教师快速熟悉课堂和教学，增进课堂效率。

（二）优化作业设计

"双减"政策要求削减作业量的同时保证教学效果，意味着对作业设计的效能提出了更高要求，北京市三十五中学通过多条途径优化作业设计以达到作业的减量提质。第一，根据"双减"政策的内涵与目标，各学科教研组统筹安排作业设计和布置。各年级不同学科的教研组同时根据"双减"政策要求和学科教学规律确定作业设计原则，细化并制定各单元、各课时的作业目标，确定作业设计、作业量与作业布置的整体规划。第二，规范作业来源，学校要求不使用未经教育主管部门备案审查的APP布置作业，不得购买未经教委审查通过的教学资料作为作业使用，不布置重复性、惩罚性的作业。第三，重视作业反馈功能。作业反馈是学生对所学知识掌握水平的有效反映。学校要求对作业全批全改并及时反馈，发挥作业的学情分析功能，及时了解学生对所学的掌握情况。

（三）重视考试反馈

北京市三十五中学通过引入必由学系统对学生考试成绩进行系统性分析，充分发挥了考试对学生学习效果的反馈功能。学校利用必由学系统对学生考试中涉及的知识点疏漏、不同考题类型的得分、班级成绩分布、得分率、学生作答分析等生成相应的诊断报告，从而方便学生、教师、家长对考试的情况做分析，让学生知道查漏补缺的着力点，教师知道学生整体的提升点，家长知道孩子的薄弱点。

（四）提升课后服务水平

"双减"政策颁布以后，北京市三十五中学将课后服务纳入整体教育任务规划，通过整合教育资源对课后服务做出系统化安排，形成了包括学科教育、体育活动以及兴趣培养的多功能教育格局，以回应家长与学生的需求。一方面，为使学生放学时间晚于正常下班时间，将课后服务时间延续到下午五点半；另一方面，为促进学生综合发展，课后服务内容既包括针对学科的课业辅导，也包括以兴趣、特长、健康为引领的社团活动和体育活动。具体而言，通过对校内教师进行综合性整编入班，保障课业辅导可以均衡覆盖各学科，满足学生的课业辅导需求；课外活动服务供给则提供音乐、美术、趣味数学、人文社科、书法等社团活动。

四、"双减"实践对学生的影响

（一）学生作业完成时间

调研数据显示（表1），在"双减"政策实施初期，初一年级可以在90分钟内完成作业的学生占比63%，初二年级可以在90分钟内完成作业的学生占比55%。2022年，初一年级61%的学生可以在90分钟内完成作业，初二年级55%的学生可以在90分钟内完成作业。

表1 完成作业时间分布

完成作业时间	2021年		2022年	
	初一	初二	初一	初二
90分钟以下	63%	55%	61%	55%
90分钟以上	37%	45%	39%	45%
观测值	600	541	549	455

Wilcoxon秩和检验结果表明（表2），2022年和2021年的初一学生，以及2022年和2021年的初二学生，作业完成时间无显著差异（p值均大于0.1）。2022年初一年级和初二年级学生完成作业时间的差异在10%的水平上具有统计显著性（$p=0.081<0.1$）。总的来看，同年级的作业完成时长差别并不明显，北京市三十五中学的作业完成时间偏中等。现阶段初二年级完成作业时间高于90分钟的学生要显著多于初一年级学生。由于初二年级较初一年级的整体课业难度增加，生物和地理面临学考，考试压力也增大，同时新增了物理学科，这些因素都使初二学生的作业负担高于初一，从而使学生完成作业的时间变长。

表2 完成作业时间差异显著性检验

调研学期	样本年级	Wilcoxon秩和检验	
		Z	p
2021年	初一	0.754	0.451
2022年			
2021年	初二	−0.270	0.787
2022年			
2022年	初一	1.744	0.081
	初二		

（二）学生参加辅导班情况

调研数据显示（表3），2021年参加课外辅导班的学生占比为76%，到2022年这一占比为71%。与2021年相比，2022年初一年级和初二年级参加课外辅导班的学生比例均下降。具体而言，2021年初一年级不参加课外辅导班的学生占比为23%，到2022年这一比例上升为25%，即初一年级参加课外辅导班的学生降低了2个百分点。2021年初二年级不参加课外辅导班的学生占比为26%，到2022年这一比例上升为33%，即初二年级参加课外辅导班的学生降低了7个百分点。与2021年相比，2022年初一年级和初二年级参加1~2个、3~4个课外辅导班的学生占比均下降，参加5个及以上课外辅导班的学生占比差异不大。

表3 参加课外辅导班数量分布

辅导班数量	2021年		2022年	
	初一	初二	初一	初二
0个	23%	26%	25%	33%
1~2个	44%	45%	43%	42%
3~4个	26%	22%	24%	18%
5个及以上	7%	7%	8%	7%
观测值	591	544	543	446

Wilcoxon秩和检验表明（表4），2021年初一学生与2022年初一学生的课外辅导班数量差异并不具有统计显著性（$p = 0.448 > 0.1$）；2021年初二学生与2022年初二学生的课外辅导班数量在1%的水平上具有显著性差异（$p = 0.010$）；2022年初一年级与初二年级的课外辅导班数量在0.05%的水平上具有显著性差异（$p = 0.001 < 0.05$）。

表4 参加课外辅导班数量差异显著性检验

调研学期	样本年级	Wilcoxon秩和检验	
		Z	p
2021年	初一	0.759	0.448
2022年			
2021年	初二	2.594	0.010
2022年			
2022年	初一	3.190	0.001
	初二		

从辅导班类型来看，参加学科类辅导班的学生占比更大。2021年，在参加辅导班的学生中，42%仅参加了学科类辅导班，18%仅参加了非学科类辅导班，40%同时参加了学科类和非学科类辅导班。2022年，在参加辅导班的学生中，34%仅参加了学科类辅导班，23%仅参加了非学科类辅导班，43%同时参加了学科类和非学科类辅导班。

相较于初一年级，初二年级学生参加学科类辅导班的学生占比更大（表5）。2021年，初一年级参加辅导班的学生中，30%仅参加了学科类辅导班，24%仅参加了非学科类辅导班，46%同时参加了学科类和非学科类辅导班；初二年级参加辅导班的学生中，38%仅参加了学科类辅导班，21%仅参加了非学科类辅导班，41%同时参加了学科类和非学科类辅导班。2022年，初一年级参加辅导班的学生中，28%仅参加了学科类辅导班，26%仅参加了非学科类辅导班，46%同时参加了学科类和非学科类辅导班；在初二年级参加辅导班的学生中，42%仅参加了学科类辅导班，19%仅参加了非学科类辅导班，39%同时参加了学科类和非学科类辅导班。

表5 参加课外辅导班类型分布

辅导班类型	2021年		2022年	
	初一	初二	初一	初二
仅学科类	30%	38%	28%	42%
仅非学科类	24%	21%	26%	19%
学科类+非学科类	46%	41%	46%	39%
观测值	475	421	420	310

注：本表结果基于参加课外辅导班的学生样本进行计算。

由于学科类型为无序变量，采用卡方检验来验证各组学生参加课外辅导班类型的差异是否具有统计显著性。结果表明（表6），2021年初一学生与2022年初一学生的课外辅导班类型差异，以及2021年初二学生与2022年初二学生的课外辅导班类型的差异均不具有统计显著性（$p>0.1$）；2022年初一年级学生与初二年级学生参加的课外辅导班类型差异具有统计显著性（$p=0.000<0.01$）。

表6 参加课外辅导班类型差异显著性检验

调研学期	样本年级	卡方检验	
		χ^2	p
2021年	初一	0.357	0.837
2022年			
2021年	初二	1.212	0.546
2022年			
2022年	初一	16.351	0.000
	初二		

（三）学生体育锻炼情况

学校的体育活动以班级为单位，初一初二每周共计4节体育课，140分钟的课间体育锻炼，80分钟的课后体育活动，在校平均每天的体育活动时间达到76分钟。

校外体育锻炼时间调研数据显示（表7），与2021年相比，2022年初一年级和初二年级参加体育锻炼的学生均增加，主要体现在锻炼时间在0.5～1小时的学生占比增加。具体而言，2021年初一年级不参加校外体育锻炼的学生占比为5%，到2022年这一比例下降为4%，即初一年级参加校外体育锻炼的学生增加了1个百分点。2021年初二年级不参加校外体育锻炼的学生占比为11%，到2022年这一比例下降为7%，即初二年级参加校外体育锻炼的学生增加了4个百分点。

表7　校外体育锻炼时间分布

体育锻炼时间	2021年		2022年	
	初一	初二	初一	初二
0小时	5%	11%	4%	7%
0.5小时以下	20%	25%	17%	23%
0.5～1小时	44%	44%	52%	50%
1小时以上	31%	20%	27%	20%
观测值	606	548	547	454

Wilcoxon秩和检验表明（表8），2021年初一学生与2022年初一学生的校外体育锻炼时间差异并不具有统计显著性（$p=0.936>0.1$），而初二年级学生的校外体育锻炼时间的差异则是显著的（$p=0.076<0.1$）。同时，2022年初一学生和初二学生之间体育锻炼时间的差异也具备统计显著性（$p=0.000<0.01$）。总的来看，随着"双减"政策的推进，校外体育锻炼人数增加，初二学生的校外体育锻炼时间显著增加，主要体现在锻炼时间在0.5～1小时的学生占比增加，但是锻炼时长在0.5小时以上的学生占比仍然低于同学期初一学生的比例。

表8　体育锻炼时间差异显著性检验

调研学期	样本年级	Wilcoxon秩和检验	
		Z	p
2021年	初一	0.080	0.936
2022年			
2021年	初二	-1.777	0.076
2022年			
2022年	初一	3.524	0.000
	初二		

（四）学生对校内教育和课后服务的总体评价

调研数据显示，在"双减"实践推进后，49%的学生表示通过教师上课和校内学习可以把课程知识学足学好。分年级来看，初一年级通过教师上课和校内学习可以把课程知识学足学好的学生占比为55%，初二年级相应占比为40%。Wilcoxon秩和检验结果表明（表9），初一和初二年级学生对校内学习效果评价的差异具有统计显著性（$p=0.000<0.01$）。

表9　学生对校内学习评价差异的显著性检验

调研学期	样本年级	Wilcoxon秩和检验	
		Z	p
2022年	初一	5.387	0.000
	初二		

调研数据显示，"双减"实践推进后，81%的学生认为教师对其在作业中的疑惑进行了有效点拨。分年级来看，初一年级82%的学生认为教师对其作业中的疑惑进行了有效点拨，初二年级79%的学生认为教师对其作业中的疑惑进行了有效点拨。Wilcoxon秩和检验结果表明（表10），初一和初二年级学生教师指导评价的差异不具有统计显著性（$p=0.260>0.1$）。

表10　学生对教师指导评价差异的显著性检验

调研学期	样本年级	Wilcoxon秩和检验	
		Z	p
2022年	初一	-1.128	0.260
	初二		

调研数据显示，在"双减"实践推进后，58%的学生认为课后服务类别非常多样和比较多样化。分年级来看，初一年级学生认为学校的课后服务类别非常多样和比较多样的学生占比为70%，初二年级学生认为学校的课后服务类别非常多样和比较多样的学生占比为44%。Wilcoxon秩和检验结果表明（表11），初一和初二年级学生对课后服务类别评价的差异具有统计显著性（$p=0.000<0.01$）。

表11　学生对课后服务类别评价差异的显著性检验

调研学期	样本年级	Wilcoxon秩和检验	
		Z	p
2022年	初一	9.001	0.000
	初二		

学生在进入初二阶段后自主意识、认知能力较初一明显加强，对外界的求知欲和好奇心也增强，学生有发展兴趣爱好、探究比认知更高一级的知识和技能的需求。因此，学校提供的课后服务课程应找准学生的最近发展区。

五、研究结论与政策建议

（一）研究结论

本研究主要得到以下结论："双减"政策颁布以来，北京市三十五中学从提升课堂效率、优化作业设计、重视考试反馈、提升课后服务水平四个方面进行了实践探索。"双减"实践的成效初显，高年级学生参加课外辅导班的比例降低，学生的体育锻炼时间增加，绝大部分学生作业中的疑惑得到了有效点拨。仍存在一些需要重视的点：第一，在当前的"双减"实践下，初二年级学生完成作业所需时长大于初一年级学生；第二，初二参加学科类辅导班的学生占比显著高于初一年级，说明在当前的"双减"实践下，高年级学生对学科类辅导仍然具有较强需求；第三，初二学生对学校课后服务类别多样化的评价显著低于初一年级学生。

（二）政策建议

根据研究发现提出以下政策建议：

第一，继续优化作业设计，重点对高年级学生作业设计进行优化。建议以整个年级为单位，各学科教研组共同参与，统筹规划不同学科的教学计划和作业量，限定每周每科的作业数量，从而实现作业时长的总量控制；根据学生水平由课任教师设置分层作业，使作业与学生水平实现动态结合，照顾到学生的实际能力与心理压力，从而有效控制学生完成书面作业的时间；根据学科和课程内容灵活把握作业形式，力求在减少作业数量的情况下，不减作业的质量。

第二，加强学科类课程辅导，持续做好教学提质。以学科备研组为单位，发挥学校骨干教师的引领作用，加强对高年级学生学科类课程的辅导，弱化学生对学科类课外辅导班的需求。

第三，加强对家长的"双减"思想工作教育，减轻家长焦虑进而降低对课外辅导班依赖。可借助家委会、校长信箱、家长会、微信公众号、微信群、学术报告和讲座论坛等途径做好"双减"宣传，并传播出学校作为教学主阵地的主流声音。

第四，按学生实际需求丰富课后服务类型。聚焦课内课外，对学生渴望的课后服务类别进行充分调研，以学生的需求为本，拓展课后服务类型，推进课后服务提质增效，从而满足学生的多样化需求。

参 考 文 献

[1] 张志勇."双减"格局下公共教育体系的重构与治理［J］.中国教育学刊，2021（9）：20－26＋49.
[2] 贾音，王立刚."双减"政策后学校教育提质对策研究［J］.教师教育论坛，2021，34（10）：17－20.
[3] 童旭佳，姚艳波."双减"背景下构建农村学校育人新格局路径探索［J］.农村经济与科技，2022，33（4）：267－270.

专家 点评

"双减"政策实施的主要目的之一是减轻学生的学习负担，使学生获得更加自主的全面发展。课题研究者直面"双减"政策实施一年来对学生究竟产生了怎样的影响这一大家都关注的问题开展研究，具有很好的现实意义。

研究以北京市三十五中学2021年、2022年初一、初二的学生为调查对象，以学生作业完成时间、课外辅导班参加情况、体育锻炼时长以及学生对校内教育与课后服务的总体评价为指标进行问卷调查，并结合三十五中学的"双减"实践举措，分析"双减"实践对学生的影响。研究显示，学生参加课外辅导班的比例降低，体育锻炼时长增加，绝大部分学生作业中的疑惑得到了有效点拨，但也存在初二年级学生对学科学习辅导的需求显著高于初一学生的情况。针对研究问题课题组采用的研究方法是得当的，也进行了不同年级、不同年度学生的差异性分析，增加了研究结论的可信度。在研究发现基础上提出的相关建议，对学校层面的"双减"实践具有启示价值。

值得提出的是，调查是在同一所学校两个不同年度的初一、初二学生中进行的，那么2021年初一的学生到2022年自然就应该是初二的学生了。换言之，2021年初一与2022年初二应该是同一个学生群体。因此，对这一群体学生先后两次调查数据的比较分析就十分必要了。但遗憾的是，我们未能在这份成果中看到相关的研究，希望课题组能够对调查数据进行更加全面的分析，或许可以得到更加有价值的发现。

张景斌

首都师范大学

促进学生自主学习的教学策略研究

首都师大附中　王　永　夏　飞　黄凤圣　朱星昨

摘　要　目前"双减"工作的重点是提高学校的教学质量，教学提质增效的一个突破口是培养学生自主学习能力。学生的学习与教师的教学有着密切的关联，教师教学活动可显著影响到学生的学习活动。为了促进学生自主学习，可从帮助学生激发学习动机、调节学习行为、发展元认知等方面协调推进。经过先期实验，课题组在教学设计、教学实施和教学评价方面总结出了若干较为典型的教学策略，初步建立起一套促进学生自主学习的教学方案。研究表明，教学策略的优化可以促进学生自主学习能力的发展。

主题词　自主学习　教学策略

一、研究背景

2021年7月中共中央办公厅、国务院办公厅发布了《关于进一步减轻义务教育阶段学生作业负担和校外培训负担的意见》，在全国范围内拉开了"双减"的帷幕。"双减"以来，各级部门做了大量工作，学生的课业负担已明显减轻，随之而来的工作重点是"提质增效"，推进学校教学质量的提升。我们认为，教学提质增效的一个突破口是培养学生自主学习能力。传统的教学方式容易造成学生学习的被动接受，学生的收获大多只停留在浅表层次和短期效果。若能注重学生自主学习能力的培养，则可以激发学生的内驱动力，促进学生自觉调整学习行为，达成对知识的深入理解和灵活运用，从而解决学习质量提升的难题。从长远来说，这不仅关涉到每个学生的终身发展和学习型社会的建设，更关涉到创新型人才培养的国家发展战略。

在前期的调研中我们发现，学生获取知识的途径主要还是教师讲解，学生普遍希望有更多的自主学习空间，得到更多的学习方法指导。一部分教师有意愿改变目前的教学状况，也做出了一些有益的教学尝试，但仍缺乏系统、有效的教学策略的支持。

二、研究基础

国外相对成熟的自主学习理论出现在20世纪中后期，美国心理学家费纳什维尔提出认知主义学习理论，认为一个人具有独立思考或学习的控制能力。罗杰斯在《自由学习》中指出：人类有一种天然的学习潜能，真正有意义的学习出现在所学内容与学习者有关或学习者自主参与的时候。建构主义理论认为学习就是对知识的构建，不只是由教师把知识传授给学生，而是在一定的情境下，借助教师、同学或其他人的帮助，通过主动的方式获得知识。在新行为主义学习理论中，以斯金纳为代表的操作行为主义学派把自主学习看成是学习与自我强化之间建立起的一种相依关系，认为自主学习包含自我监控、自我指导、自我强化三个子过程，并开发了一系列自我监控技术。以班杜拉为代表的社会认知学派从个人、行为、环境交互作用的角度系统地探讨了自主学习的机制，他们把自主学习分成自我观察、自我判断、自我反应三个子过程，强调自我效能和榜样示范在自主学习中的作用。

从20世纪90年代开始，以美国华盛顿城市大学齐莫曼教授为首的一批心理学家在广泛吸收前人研究成果的基础上，对自主学习进行了全面深入的研究，逐步建构起了一套颇具特色的自主学习理论。齐莫曼认为，当学生在元认知、动机、行为三个方面都是一个积极的参与者时，其学习就是自主的。在元认知方面，自主学习的学生能够对学习过程的不同阶段进行计划、组织、自我指导、自我监控和自我评价；在动机方面，自主学习的学生把自己视为有能力、自我有效和自律者；在行为方面，自主学习的学生能够选择、组织、创设使学习达到最佳效果的环境。

自主学习理论被引入国内后，相关研究不断推进，周国韬强调自主学习过程中认知和行为的参与，方平强调自主学习中情绪对动机的作用，董奇重点研究了自我监控机制，庞维国对自主学习的影响因素、自主学习的条件等方面进行了比较全面的总结。

在中外学者关于自主学习的研究中，齐莫曼的研究具有广泛的影响。我们主要依据齐莫曼的理论开展了相关的实践研究，致力于搭建理论与实践之间的桥梁。考虑到目前基于自主学习理论的实践研究大都分散在多个学科中，相关经验也停留在个别教师和学生身上，所以，我们在多学科、多层面开展了比较系统的教学策略实践研究。

三、促进学生自主学习的教学整体思路

如图1所示，我们认为学生的自主学习需要动机、行为、元认知的积极参与，具体表现在内在兴趣/价值、自我效能感、自我观察、自我控制、自我监控和自我调节等方面。学生的学习与教师的教学有一定的关联，教师通过教学活动可以影响学生的学习活动，通过教学策略优化可以促进学生自主学习能力的发展。

我们在学校开展了系列的试验试点，引导教师大胆进行教学变革，希望建立起一套促进学生自主学习的教学策略体系。我们的整体研究思路是：

①通过文献研究，了解影响自主学习的主要因素及其相互作用的机制。实践中主要通过学校教学方面的变化，特别是教学策略

图1 促进学生自主学习的教学思路

的改进，影响和促进学生的自主学习。

②尊重学生自主学习能力的发展规律，依据学生学习阶段、个体差异、环境条件，进行有针对性的、渐进式的学习指导，逐步实现学生的自主学习能力从他控到自控、从被动依赖到自觉能动、从单维到多维、从有意始到自动化的发展。

③将自主学习理论与教育教学实践相结合，找到教学落脚点。以课堂教学为中心，导引学生的整个学习活动，用目标任务串联起教学环节，通过教学策略改进，引导学生提高元认知水平。

④以评价引领学生的学习行为，用评价引导学生的自我监控和自我反思，注重过程性评价，突出激励性评价，强调发展性评价。

四、教学策略的开发与实施

为了促进学生的自主学习，我们选择对学生在动机层面进行干预，在行为层面进行影响，在元认知层面进行培养。经过教学实践，我们在教学设计、教学实施和教学评价方面总结出了一系列具有代表性的教学策略。

（一）以激发学生学习动机为核心的教学设计策略

齐莫曼认为，自我动机性信念是学习的内在动机性力量和原动力，对学习过程具有启动作用。自主学习的动机一般是内在的、自我激发的，而对这种动机具有催化作用的因素很多，主要包括自我效能感（即对自身有能力完成某任务所进行的推测与判断）、结果预期、学习的价值意识、学习兴趣、归因倾向等方面。

如果通过教学激发学生的学习兴趣，增强自我效能感，让学生变得更加"想学"，自主学习就真正开始了。要实现这种启动，教师需要在教学准备阶段提前构思，从影响动机激发的要素出发，选择合适的教学策略，进行相应的教学设计。我校教师在教学设计阶段开展了大量的实践研究，并根据实践效果总结出了能有效提升学生自我效能感和内在兴趣/价值的一些教学设计策略（表1）。

表1　教学设计的相关策略

类型划分	教学设计策略	目标指向
内容设置	教学目标分层	鼓励自我挑战
	教学内容重构	发现价值
	问题情境创设	激发兴趣
方式选择	发现问题	鼓励主动思考
	知识生成	强调自我生成
	意义建构	引导主动参与

以教学内容重构为例，为了提升学生学习的内在兴趣，教师可以打破知识点中心的教学内容组织方式和教材中单元篇目的机械划分，整合教学内容，对应学生的兴趣点重构出具有清晰主题脉络的教学内容。如我校语文组在《论语》整本书阅读的教学设计中，以"生命教育"为主题，将论语二十篇的内容重构为"生命的基础""生命的向度""生

命的和谐"等板块，与学生的身心发展和未来的专业选择紧密结合，有效激发了学生的学习兴趣。

教学设计的首要问题是让学生"想学"，以激发学生学习动机为核心来做教学设计，用德国教育家斯普兰格的名言来表述，即"把人的创造力量诱导出来，将生命感、价值感唤醒"。这样，学生才会发自内心的投入学习中，发展兴趣，发挥潜力，更自信地进行学习。

（二）以影响学生学习行为为核心的教学实施策略

教学活动与学生的学习活动紧密相关，只有以学生为中心的教学活动才能更好地促进学生的自主学习。美国心理学会提出的"以学生为中心的心理学原理"中指出，以学生为中心的学习情境所具有的共同特征，是能够为学生提供选择、挑战、控制、合作、建构意义的机会，以及积极的学习结果。所以我们要在教学中给予学生以学习的自由、控制权和自我责任感。

课堂教学是教学实施的主要方式，可通过合适的教学策略直接影响学生的自主学习行为。我们按照教学内容、教学方式、课堂组织形式将相关的教学策略做了划分，如表2所示。

表2 课堂教学实施的相关策略

类型划分	教学策略	目标指向
内容设置	任务汇报学习	展示自我
	问题探究教学	学习认知策略
	项目式学习	协作学习
交流方式	合作式学习	同伴影响
	交互式教学	深度参与、展示自我
	对话式课堂	平等交流
组织管理	小组+代表	榜样学习、协作学习
	翻转课堂	鼓励课下自学
	师生角色互换	模仿与反馈

以交互式教学策略为例。交互式教学是在宏观教学情景下，在多点自由切入的教学平台上，教与学围绕某一个问题或课题进行平等交流和自主互动的一种教学方法，交互式教学重视学习者之间的相互支持和促进，鼓励学习者深度参与教学活动，积极地展示自我。在交互式课堂教学中，教师通过"小组汇报—问题讨论—自主建构—自由拓展"等教学环节，组织起多元互动的课堂活动，调动了学生主动参与讨论的积极性，有效地突破学习的重难点，在取得良好的课堂教学效果的同时，也建立起友好的人际关系。

在课堂教学中，教师依据教学需要采用一定的教学策略，突出学生在课堂上的地位，可以促进学生积极参与、主动探究，提高学习的主动性，提升学习信心，增强自主学习能力。

（三）以促进学生元认知发展为核心的教学评价策略

元认知是指认知过程的知识信念，以及对这些过程的监视和控制。自主学习中的元认知过程，主要包含学习的计划过程、自我监控和调节过程、自我评价过程。

齐莫曼指出，自主学习者积极寻求自我评价。评价一直是检测和激励的有效手段，然而在教学实践中，我们发现有些学生很少或者不会对自己的进步和不足进行合理的归因反馈，限制了自主学习能力的发展。教师可通过及时性点评和编制评价量表等方式，引导学生对自我、任务、策略进行计划、监控、调节与评价，助力学生自我测评与调整，激励学生产生积极的自我评价，促进学生元认知水平的发展。

我们认为，评价内容要与自主学习活动的内容一致；评价的方式可以是学生填写调查表、教师点评、访谈或观察等；而评价功能应不仅限于诊断，应突出引导和激励。在实践的过程中，我们总结出了如表3所示的评价策略。

表3 自主学习评价的相关策略

评价方面	教学策略	目标指向
评价内容	任务选择	选择与适当的学习任务
	制订计划	设置可行性计划
	自我监控	监控自己的学习行为
	自我调节	学习的意志控制
评价方式	自陈式问卷	自我反思学习行为表现
	结构化访谈	设计问题和情境检验学生表现
	行为观察	观察实际学习行为表现
	评价量表	综合评价
评价功能	诊断性评价	学生现有自主学习能力水平
	引导性评价	期待学生达到的学习行为
	激励性评价	对学生的进步给予正向反馈

以引导性评价为例，我们设计了相关问题。这些问题的陈述指向我们期待学生发生的行为。例如对某个学习任务进行跟踪评价：
①你会在几天内完成此项任务？
②学习这个内容，你会先学习课本还是先听老师讲解？
③某个知识你是通过记忆还是总结来掌握的？
④你会经常自己提问吗？
⑤你偶尔会和老师争论问题吗？

我们发现，通过使用不同类型的评价策略，师生可以持续关注学生在学习过程中的自主学习能力的表现和变化，有助于推动学生自主学习的动机提升和元认知发展。

五、总结与反思

一年多来，我们在校内展开了多学科、系统化的教学策略研究。我们还对相关的试验班级进行了追踪调研，调查结果显示（表4），学生对整体教学的满意度大幅提升，教师对教学改进的方向比较认同。

表4 试验追踪调研部分项目

调研项目	试验研究前比例	试验研究后比例
我相信自己可以学得更好	61.2%	78.3%
我感到自己的学习能力在提升	44.5%	67.8%
我会制订学习计划并能很好执行	50.6%	73.3%
我愿意挑战有难度的学习任务	45.7%	57.9%
我喜欢老师的教学方式	65.1%	81.6%

通过教学试验，我们在学生身上看到了自主学习方面的许多有益变化。学生学习的主动性有所转变，学习动机明显向好。课堂教学更为灵动高效，学生参与度提升。多数学生能自觉对自身的学习进行规划和调整，元认知水平有所提高。研究表明，教学策略的改进，可以促进学生的自主学习能力的发展。

当然，本研究仍有一些待完善之处。首先，近年来关于自主学习的理论研究发展缓慢，本研究的理论依据较为有限，我们对自主学习内在运行机制的理解还较为粗浅。其次，我们尝试建立自主学习各要素与教学策略之间的联系，但不免有些机械、生硬，教学策略体系的搭建也有待补充和完善。最后，自主学习的效果在短期内较难衡量，自主学习的推进需要整体教学环境的支持，包括平台建设、教师协作、学校评价等诸多方面的改善，只有多方支持和保障到位，教学变革才能有力推进，学生的自主学习能力才能得到更好的发展。

参 考 文 献

[1] 董奇，周勇，陈红兵．自我监控与智力［M］．杭州：浙江人民出版社，1996．
[2] 齐莫曼，等．自我调节学习［M］．北京：中国轻工业出版社，2001．
[3] 庞维国．自主学习［M］．上海：华东师范大学出版社，2003．
[4] 靳玉乐．自主学习［M］．成都：四川教育出版社，2005．
[5] 茱莉娅·斯蒂德，鲁奇·萨瓦哈尔．教会学生自主学习［M］．北京：中国青年出版社，2021．

专家 点评

自主学习似乎是一个老话题，但在"双减"背景下，却是一个常说常新的话题。该成果以自主学习为研究选题，看题目时让人犹豫不决、半信半疑，但看到正文却让人兴奋不已、赞叹不已！学校以培养学生自主学习为路径，找到了"双减"的终极价值追求。

当前学生学习被动学习多、主动学习少，表层学习多、深度学习少，碎片化学习多、系统化学习少，这些从根本上来讲都是源于学生的"被"学习，被各种培训班裹挟和灌输，而较少有学生是内在动机驱动的学习。

该成果研究视角新颖，从教师教的方向出发成就学生自主学习。首先依据科学的理论提出学生自主学习需要动机、行为、元认知的积极参与，具体表现在内在兴趣/价值、自我效能感、自我观察、自我控制、自我监控和自我调节等方面。在此基础上，通过多学科实践和探索提出"以激发学生学习动机为核心的教学设计策略""以影响学生学习行为为核心的教学实施策略""以促进学生元认知发展为核心的教学评价策略"三位一体的教学策略，逻辑清晰，切实可行，具有较强的借鉴意义。

李新翠
中国教育科学研究院

义务教育阶段学生健康生活指导研究

北京教育学院石景山分院　王　曦　王琴音

摘　要　"双减"是我国目前义务教育的重点任务,"双减"政策是要减轻学生的作业负担和校外培训负担,目的是促进学生全面健康发展。为了实现"双减"促进学生发展的目标,学校要主动作为,对学生进行健康生活的指导。健康生活是指有助于学生健康成长的生活习惯和行为方式。"健康生活"也是中国学生发展核心素养的重要内容。本文对"双减"政策下开展健康生活指导的必要性、健康生活指导的内容与途径等进行了论述。

主题词　义务教育　健康生活　指导

"双减"即"减轻义务教育阶段学生作业负担和校外培训负担","双减"的目的是坚持学生为本、回应关切,遵循教育规律,着眼学生身心健康成长。"双减"是目前国内义务教育阶段的重点任务,北京市为此设立了"双减"专项课题进行专题研究。本研究回应"双减"政策,指导学校开展健康生活指导,逐步帮助学生形成"健康生活"的核心素养。

一、"双减"政策下健康生活指导的必要性

（一）从国家政策看健康生活指导

中共中央办公厅、国务院办公厅2021年下发了《关于进一步减轻义务教育阶段学生作业负担和校外培训负担的意见》,指出要"减轻义务教育阶段学生作业负担和校外培训负担""坚持学生为本、回应关切,遵循教育规律,着眼学生身心健康成长。……科学利用课余时间。学校和家长要引导学生放学回家后完成剩余书面作业,进行必要的课业学习,从事力所能及的家务劳动,开展适宜的体育锻炼,开展阅读和文艺活动。家长要积极与孩子沟通,关注孩子心理情绪,帮助其养成良好学习生活习惯。"

中国学生发展核心素养分为文化基础、自主发展、社会参与三个方面。"自主发展"包括学会学习和健康生活。其中"健康生活"主要是学生在认识自我、发展身心、规划人生等方面的综合表现,具体包括珍爱生命、健全人格、自我管理等基本要点。

中共中央、国务院2021年印发的《"健康中国2030"规划纲要》中提出：加大学校健康教育力度,塑造自主自律的健康行为。

可见，对学生进行健康生活指导在国家多项政策中均有提及，特别是"双减"政策，要求科学指导学生的课余生活，帮助学生养成良好的学习生活习惯。

（二）从学生发展现状看健康生活指导

中国青少年研究中心"少年儿童生活方式研究"课题组对全国6 000余名中小学生的调查显示：①近四成学生不能保证每天吃早餐。②平日仅有两成多的学生睡眠时间达标，近三成学生没有规律的作息时间。③近两成学生课间几乎不运动，超六成学生每天运动不足1小时。④每天阅读超过1小时的学生不足半数，近六成学生为看电视或上网不去玩耍。⑤一成多的学生存在心理健康问题，学生在10~12岁开始吸烟的比例最高。

李云对1 514名大连市中小学生的调查发现，中小学生总体具备健康素养的比例为36.7%，其中具备健康知识和理念的比例为52.4%，具备健康生活方式的比例最低，为28.5%。

可见，我国中小学生健康生活的习惯很差。"双减"的同时，更需要对中小学生健康生活进行指导，从而实现促进学生身心健康成长的"双减"目标。

（三）从已有研究看健康生活指导

作者在中国知网用"学生健康生活"做关键词共查到447篇文献，关于"学生健康生活"的研究从2011年开始逐渐增多。

1. 国外的健康生活指导研究

美国学校早在20世纪70年代就广泛开展了健康生活指导。学校通过讲座、学生活动等渠道向学生宣传健康的知识、态度和行为。通过通识教育倡导学生锻炼身体、科学生活。通过与社区合作，增加学生求助的机会，建立起家庭、社会和学校的支持系统。

俄罗斯学生健康教育的途径主要有课堂渗透、课外社团和活动、暑期讲座和培训课程、创建区域高校师生健康中心。

2. 国内学生健康生活指导研究

中国学生发展核心素养课题组认为，中国学生自主发展的核心素养包括"文化基础、自主发展、社会参与"三大方面，其中"自主发展"包括"学会学习"和"健康生活"两大素养。

目前国内健康生活教育还处于研究探索阶段，如通过"健康生活"校本课程开发、健康生活主题活动、传授健康生活技能、在品德与语文教学中渗透等方式进行健康生活指导。

综上所述，国外学生健康生活指导开展得比较早，国内学生健康生活指导只是处于起步研究阶段。随着"双减"政策的实施和国家对学生健康发展的重视，健康生活指导研究将是"双减"政策实现预期目标的不可或缺的支撑性研究。

二、学生健康生活指导的内容

（一）"健康生活"的概念界定

本研究对"健康生活"的概念界定是：健康生活是学生终身发展和社会适应的必备品格与关键能力，是中国学生发展核心素养之一。"健康生活"是指有助于学生健康成长的生活习惯和行为方式，是配合"双减"政策落地的教育内容，主要包括珍爱生命、健全人格、自我管理。

在中国学生发展核心素养研究的过程中，"健康素养"和"自我管理"原来分属不同的领域，后来课题组把"珍爱生命、健全人格、自我管理"共同纳入了"健康生活"核心素养。

本研究认为："珍爱生命、健全人格、自我管理"三者的关系是，"自我管理"是手段、"珍爱生命"是内容、"健全人格"是表现（图1），三者构成"健康生活"的核心素养。本研究的思路是：通过培养学生健康的生活习惯和行为方式来指导学生珍爱生命，通过自我管理能力培养促进学生健康的生活习惯和行为方式的养成，进而促进学生健全人格品质的养成。

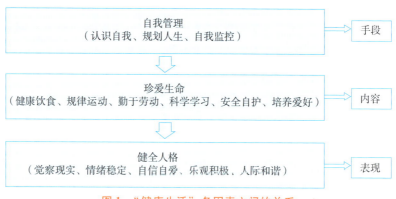

图1 "健康生活"各因素之间的关系

（二）"健康生活"核心素养的内涵

"健康生活"核心素养包括珍爱生命、自我管理和健全人格三个要素。本研究对三个要素的内涵做了进一步的分解（表1）。关于"自我管理"和"健全人格"本研究采纳中国学生发展核心素养课题组的描述。但对"珍爱生命"的内涵除了保留了理解生命的意义和价值、安全自护、规律运动，还增加了健康饮食、勤于劳动、科学学习和培养爱好这些对学生行为习惯和生活方式有影响的内容。

表1 "健康生活"核心素养的内涵

一级指标	二级指标	内容要点
珍爱生命	健康饮食	掌握合理膳食、营养均衡的知识，树立科学的饮食习惯和饮食结构的观念，落实健康饮食并在生活中有意识地实施
	规律运动	掌握科学的锻炼方法、学会健康管理，采取健康行动，有计划地、定期地进行体育锻炼
	勤于劳动	了解劳动对人发展的价值，热爱劳动。具有与自己年龄相当的劳动知识和劳动能力，能够承担自己的日常生活劳动、服务性劳动和力所能及的公益性劳动

续表

一级指标	二级指标	内容要点
珍爱生命	科学学习	热爱学习。合理利用时间，注意劳逸结合，科学用脑。排除可能的干扰，学习时专注。找到适合自己的学习方法
	安全自护	珍爱生命。具有性别保护意识，对存在的各种危险隐患的防范意识。具有社会安全、公共卫生、意外伤害、网络（信息）安全等的知识和基本能力
	培养爱好	爱好可以开阔视野、丰富生活、愉悦身心，还可以帮助学生探索世界、帮助学生进行职业规划。培养学生广泛的兴趣爱好，鼓励学生把爱好变成特长
自我管理	认识自我	客观地自我认识与评价正确，树立积极的自我概念，挖掘自己的优点，悦纳自己的不足
	规划人生	生涯规划，设立短期目标、中期目标、长期目标，独立自主
	自我监控	计划与实施、坚持性、生活管理能力、反思与调整
人格健全	觉察现实	健康的审美观，灵活的习惯，接受新事物新观点，敏锐的觉知现实
	情绪稳定	保持快乐愉悦的心情，富足的内心，压力承受能力强，情绪上镇定自若
	自信自爱	正视和接纳自己，客观评价自己，心理上保持平衡，做到自尊、自信、自强
	乐观积极	积极的人生态度，接受现实的不完美，积极看待别人取得的成绩，能够以乐观的心态看待问题，解决问题
	人际和谐	良好的社会适应性，富有同情心，能与人友好相处

三、学生健康生活指导的途径

指导就是指引方向和方法。健康生活指导包含健康生活知识方法指导和健康生活习惯养成，因此学校开展"健康生活"指导的途径有：

（一）健康生活知识方法指导途径

1. 课程渗透

现在义务教育阶段的国家课程中有很多都蕴含"健康生活"的相关内容，应充分利用学校现有课程进行"健康生活"指导。如初中的生物课，里面有关于饮食营养的内容；体育课可以进行运动方法、运动习惯的教育；小学劳动课可以进行劳动的价值、劳动能力的教育；艺术课可以培养学生音乐、美术、舞蹈等艺术爱好；心理课可以进行健全人格知识教育；道德与法治课、语文课等课程的教师则应学习"健康生活"知识，适时地进行健康生活知识的渗透。

2. 课后服务课程

学校可以利用课后服务课程开设"健康生活指导课程"，专门教给学生健康生活的知识和技能，进行健康生活的方向指导和方法指导。这需要学校重视健康生活指导，并不断探索课程教学的方式和学生参与的方式。

3. 学生研究性学习

教师可以指导学生围绕健康生活的各项内容开展相关主题的研究性学习，例如小学生运动习惯调查研究、学生劳动习惯与人际关系研究、中学生科学学习现状研究等。通过对相关主题的研究，加深学生对相关问题的分析、理解，能够取得潜移默化的作用。

4. 主题教育活动

学校可以开展"健康生活"主题教育活动，首先是"健康生活"主题班会，让学生班会前了解健康生活的各类知识，班会上交流各自健康生活的经验，班会后制定健康生活计划等。其次是健康生活竞赛活动，如选举生活能手、健康达人、各类特长展示等。再次是组织假期游学活动，让学生开阔视野、丰富生活经验、了解社会风情、感受自然风光。

5. 学生社团、兴趣小组

现在实施"双减"政策，减少了学生的课外培训和课后作业，学生有更多的时间来发展自己的兴趣。这就需要学校在课后加强学生社团和各种兴趣小组建设，让具有相同兴趣的学生共同探讨和学习交流，对学生的身心健康很有好处。兴趣小组还可以帮助学生把爱好发展成特长，甚至有可能成为今后学生的职业发展方向。

（二）健康生活习惯养成途径

1. 班级管理

班主任在班级管理中可以把健康生活的各个方面作为学生评价的内容，如家务劳动、规律运动等，这样有利于学生坚持健康生活做法，逐渐养成健康生活习惯。

2. 家庭教育

学生三分之二的时间是在家里过的，向家长宣传健康生活理念和知识，有利于学生在家庭里坚持健康生活做法，逐渐形成健康生活的习惯。学校可以利用家长会、学校微信公众号、班级电子期刊等向家长宣传健康生活知识，鼓励家长同孩子一起锻炼、劳动等，形成家庭健康生活习惯。

3. 自我监控

学生学习了健康生活的知识和方法后，要使之成为有助于自己终身发展和社会适应的必备品格与关键能力就必须有个不断内化的过程。要通过管理自己的日常生活，养成习惯，自觉执行，持之以恒。自我监控的方法包括计划制订、时间管理、日记打卡、自我反思等。

目前，课题组编写了《中小学生健康生活指南》一书，即将出版；实验教师录制了24节"健康生活指导微课"给学生和家长学习；实验学校也正在结合学校实际情况，尝试开展健康生活指导。例如，在疫情居家学习期间，指导学生健康饮食、科学锻炼、积极参加家务劳动、讲究学习方法和效率、培养兴趣爱好等。不少学生能够科学安排时间、张弛有度，有的学生能够同家长一起锻炼、骑行、跑步、打球，融洽了亲子关系，身体也更健壮了。有的教师开展了"厨艺小达人、健康云相聚"的主题活动，让学生展示厨艺并进行健康饮食指导。还有的教师抓住暑假指导学生做好假期计划，学生的暑假计划里既有学习，又有锻炼、劳动以及爱好培养，而且能够保障睡眠时间。总之，健康生活指导理念正伴随"双减"政策融入义务教育学校，学生的生活方式也越来越健康。

学生发展篇

参 考 文 献

[1] 孙宏艳. 吃不好、睡不够、活动少：儿童少年健康生活的几大隐患［J］. 中小学管理. 2018（2）：
[2] 李云，王凯强，白羽，等. 大连市中小学生健康素养现状及其内部通径分析［J］. 中国学校卫生，2017（7）：1074 - 1076.
[3] 金建芳. 中小学健康生活方式教育模式的研究［D］. 上海：同济大学，2007.
[4]（俄）安德烈·瓦西里耶维奇·列依法，王洪庆. 当代俄罗斯普通教育学生健康保护研究［J］. 河北师范大学学报，2019（3）：
[5] 林崇德. 21世纪学生发展核心素养研究［M］. 北京：北京师范大学出版社，2021.
[6] 蔡青田. 高中"健康生活"校本课程开发研究［D］. 哈尔滨：哈尔滨师范大学，2019.
[7] 韩相勤. 中学生"健康生活"素养培养的研究［J］. 中小学教材教学，2018（10）：28 - 32.
[8] 吴晨娟. 盘活教学资源 培养学生健康生活素养［J］. 山西教育·教学，2017（12）：27 - 28.
[9] 李娜. 小学语文教材促进小学生健康生活素养发展的实践初探［J］. 湖北教育，2018（11）：72 - 73.

专家 点评

　　这是一篇侧重于回答"是什么"与"为什么"问题的说理文，对在知网上查到的近500篇相关文献却被判为在国内外"尚处于探索阶段"的学生健康生活指导进行了梳理；对学生健康生活指导的必要性和途径进行了论述；对作为中国学生发展核心素养之一的"健康生活"的内涵作出了自己的重新界定；将"健康生活"所包括的珍爱生命、自我管理和健全人格三个要素做出了进一步分解。这一理论性的分析和整理工作将有关学生健康生活及其指导途径的各种常识和常规汇集在一起，形成了一份不常见的《中小学生健康生活指南》，可有助于促进学生健康地生活。

　　这也应当是一篇被期待回答"怎么做"与"做得怎么样"问题的实证性报告。作为一项实践性很强的研究，仅仅有理论分析是不够的，所建构的理论框架需要实证它的科学性和有效性，需要用实践行动来展示它与众不同的地方，以给我们一个对它更感兴趣的动机。美中不足的是，这篇论文对此惜墨如金，只是在"豹尾"似的最后一段里，语焉不详地透露了点滴"例如……"和"有的……"让我们从尾部窥豹之一斑。而且在"总之……"这最后一句中宣称它是伴随"双减"政策融入学校的，我们只好靠自己去联想这种学生健康生活指导与本成果所特定的"双减"政策研究背景的特定关系了。

刘儒德
北京师范大学

"双减"背景下区域学生发展质量相关因素研究

西城教科院　陈　颖　刘　悦　关晓明　李海霞　彭　波
北京小学　于　萍

摘　要　"双减"的根本目的不是单纯地降低学生学业负担，而是促进学生更加健康、全面地发展。因此关心"双减"的成效，就不能只是关注学生学业负担降低的情况，同时也要关注学生的家庭教育方式改变，关注学生学习态度动机策略的改善，关注教师教育理念和课堂行为的转变，关注学校教育氛围的改进。本研究通过建立全面的区域质量监测框架，调查影响"双减"根本效果达成的家庭和学校层面的学生发展相关因素，通过更聚焦的数据综合与结论分析的呈现，为进一步明确区域推进"双减"向纵深发展的战略部署与实施路径提供决策参考。

主题词　"双减"政策　学生发展　相关因素

2021年7月中共中央办公厅、国务院办公厅印发了《关于进一步减轻义务教育阶段学生作业负担和校外培训负担的意见》，这是党中央站在实现中华民族伟大复兴的战略高度作出的重要决策部署。教育战线要全面贯彻党的教育方针，落实立德树人根本任务，着力解决教育中的功利化、短视化做法，从过于注重分数中解放出来，全面关注学生心理和健康人格的养成。在这里，"双减"只是手段，不是目的，"双减"的根本目的只有一个，就是促进学生更加健康、更加全面、更加主动、更有活力地发展。

因此，我们在"双减"实施的背景下，关心"双减"的成效，就不只是关注学生学业负担降低的情况，同时也要关注是否减掉了违背教育规律影响学生全面健康发展的做法，是否促进了教师教育理念和课堂行为的转变，促进了学校教育氛围的改善，促进了学生真正自主、全面、健康发展。

在区域教育质量监测中，我们基于以上认识，全面设计了区域学生发展质量相关因素框架，不仅调查了学生的学业负担、作业质量等直接成果，更关注了影响"双减"根本效果达成的家庭和学校层面的相关因素。我们期望通过更聚焦的数据综合与结论分析的呈现，为进一步明确区域推进"双减"向纵深发展的战略部署与实施路径提供决策参考。

一、文献综述

质量监测不仅是为了明确现状，更是要面向改进，因此本次监测的顶层框架除了关注学业负担、作业质量等"双减"成效，更关注影响学生全面健康发展的相关影响因素。

本项目的初期，首先对以往的相关研究做了回顾分析。

（一）学业负担相关研究

梳理国内外学业负担相关文献，关于学业负担的界定，从文献来看，可以是主观的，也可以是客观的。本项目参考了国际著名质量监测的框架。对于大型测评项目而言，学业负担多借助学生学习时间的分配来表征。PISA、TIMSS、NEAP 等项目都调查了学生完成家庭作业的时间。

家庭作业不仅有时长的问题，作业的质量更需要关注，学生对作业质量的看法直接影响到学生的主观负担感受。以往的研究有的关注作业的作用，例如作业应具有帮助学生巩固知识、形成能力，帮助教师检测教学效果、精准分析学情的作用；有的关注作业方式，鼓励教师布置分层作业、弹性作业和个性化作业，科学设计探究性作业和实践性作业；有的关注作业批改反馈，教师对学生作业进行个性化辅导的情况。

（二）相关因素的研究

相关影响因素的研究为实践提供改进依据，具有重要意义。从研究内容来划分，研究者多将相关因素划分为学生个体、学校、家庭、教师等多层面因素。

"可见的学习"（Hattie，2011）通过元分析的方法整理了可能影响学业质量的 800 余项相关因素研究。Hattie 将相关因素归类为学生、家庭、学校、教师、课程、教学等六大类别。

PISA 和 TIMSS 等国际著名监测也非常关注相关因素的研究，每轮监测不仅通过学业测试卷获取学生学业水平，也会使用背景问卷调查学生、教师、校长，分析学生学业成就的相关因素，为参测国家和地区的教育政策改进提供依据。

PISA 的质量相关因素调查框架分为学生背景层面因素、元认知与非认知、学校层面因素（表1）；TIMSS 的相关因素调查框架分为国家与社区、家庭、学校、课堂、学生个性与学习态度相关因素（表2）。

表 1　PISA2018 相关因素监测框架

一级指标	二级指标
学生背景层面因素	家庭背景与社会经济地位、儿童早期教育、校外阅读经历等
非认知与元认知	态度、动机与策略、阅读相关收获
学校层面因素：教学与学习	教师资格与专业发展、阅读相关的教学实践、学习时间与课程设置等
学校层面因素：学校政策与治理	学校氛围、人际关系之间的信任与期待、父母参与、学校资源、评估与问责

表 2　TIMSS 2019 相关因素监测框架 2

一级指标	二级指标
国家与社区相关因素	经济资源，人口分布；教育系统组织结构；学生来源；教学语言；教师教育基础；课程实施与监督
家庭相关因素	家庭学习资源；家庭语言；父母教育期待；早期阅读、科学等活动

续表

一级指标	二级指标
学校相关因素	学校所在位置；学生社会经济背景；数学、科学教学资源是否短缺；教师留职意愿；校长领导力；安全有秩序的学校环境
课堂相关因素	教师经验与准备；课堂教学资源与技术；教学时间；参与式教学；课堂评价
学生个性与学习态度相关因素	学生学习准备；学生学习动机；学生的自我概念

从 PISA、TIMSS 的相关因素监测框架中，我们可以发现一些共性的东西，即两个国际大型监测都共同关注了学生个体层面的学习态度、策略、动机，关注了学生的家庭背景因素，关注了教师教学实践等课堂教学相关因素，关注了学校层面的资源、氛围等因素。

二、指标设计与工具开发

通过前期的文献研究，同时借鉴国内外著名教育质量监测的研究成果，经过专家组讨论，结合区域特点，初步研制区域学生发展相关因素监测框架。

（一）指标设计

区域组建了由著名校长、特级教师、监测评价人员组成的专家团队，专家组基于前期的文献和政策研究成果，结合区域特点以及"双减"政策的要求，对区域教育质量内涵做进一步明确。区域教育高质量发展首先是育人质量的提升，主要表现是学生的全面发展；其次是追求可持续发展的质量，不能以牺牲学生的身心健康为代价，结合当前的"双减"政策精神，即高效率低负担的质量；再次，是把教育公平作为重要质量目标，不断努力缩小校际差距，即均衡发展的质量。

对于学生发展相关因素，专家组在借鉴国内外著名监测框架和文献研究基础上，将学生发展相关因素分为学生个体层面和学校层面相关因素。学生个体层面重点监测学生家庭教育环境的影响，学生学习态度、学习策略等方面的影响；学校层面重点监测教师的教育教学实践对学生的影响，以及学校的师生关系、学校归属感等学校氛围因素对学生发展的影响，另外教师的职业认同度、专业发展现状等教师专业发展方面的指标也纳入了考虑。

在以上研讨的基础上，初步构建了监测指标体系（表3）。

表3　相关因素框架（部分）

个体层面	家庭因素	家庭阅读氛围、父母关注等
	个体情感态度策略	学习兴趣、学习意志力、学习策略等
学校层面	教师教学实践	认知激活策略、教师热忱、创造力培养等
	学校环境氛围	师生关系、学校归属感等
	师资与专业发展	教师职业认同、教师教科研等

（二）工具开发

以上述监测指标框架为依据，西城区依托教科研力量组建团队，在专家指导下，自主研发了监测工具。监测工具经过严格的质量检验，具有良好的信效度，各量表信度均在0.8以上。以学习策略为例：该维度一致性系数为0.919，验证性因素分析结果如表4所示。

表4　学习策略维度验证性因素分析结果

维度	题目数量	chisq	df	CFI	TLI	RMSEA
学习策略（三维）	10	1 587.40	32	0.990	0.986	0.041

（三）实施情况

本次问卷针对小学四、六年级学生和任课教师，去除无效问卷，具体参测人数如表5所示。

表5　问卷参测人数

参测对象	年级	参测人数	有效人数	有效人数占比
学生	四年级	17 806	17 564	98.6%
	六年级	12 744	12 600	98.9%
教师		1 833	1 644	89.7%

三、数据分析

监测数据结果显示，"双减"政策在区域得到了很好的落实，与上一年度相比，作业时长下降，1小时以内完成率大大提高，四、六年级1小时以内作业完成率分别提高了13.2%和23.6%。对于作业的作用，95%以上的四、六年级学生认为教师布置的作业能够帮助巩固知识掌握、诊断发现问题；对于作业的难度，94.8%的四年级学生、96.7%的六年级学生认为作业难度适中。其他相关指标不一一列举。

项目组进一步重点探索了影响区域学生发展的相关因素。深入分析影响学生发展质量的诸多影响因素，对促进"双减"目标的达成、提高教育决策水平、提升学校管理能力、改进教学策略方法，最终促进学生优质、均衡、健康发展均有重要作用。

（一）学生个体层面相关因素的影响

学生个体层面相关因素，主要包括家庭教育方面影响因素和学生学习的情感态度策略等方面的影响因素。家庭教育方面重点关注家长关注和陪伴、家庭阅读环境等具体指标，学生学习情感态度重点关注学生的学习兴趣、学习意志力等非认知因素以及学习策略相关的元认知因素。下面分别以家庭阅读氛围和学习策略为例进行说明。

1. 家庭阅读氛围对学生学业表现的影响

图1显示的是家庭藏书量与学生学业表现的相关关系。数据显示，家庭藏书量在200本以上的学生的学业表现相对较好，100本以下的学生的学业表现则较差。实际上，家庭

藏书更是父母文化背景和阅读习惯的一个隐含表现，父母给孩子创造了更好的读书氛围和条件，甚至父母本身就是读书的榜样。

图1　家庭藏书量与学生学业水平的相关关系

注：为了数据分析的科学性，本次监测对学生学业水平做了量尺化转换。下同。

家庭教育是环境熏陶的教育，是在良好的家庭生活环境中潜移默化对孩子产生影响的教育。今年国家出台了《家庭教育促进法》，其中也对家庭教育提出了加强亲子陪伴、关注学生全方位的发展、言传与身教相结合等相关要求。在"双减"背景下，家庭对孩子教育的影响实际上更大了。

2. 学习策略对学生学业表现的影响

如图2所示，我们把参测学生按照学习策略水平分组。以六年级为例，学生学习策略掌握好的学生，在三科学业水平上平均为505.2分，策略待改进的学生平均为360.3分，相差144.9分。在学生个体层面的所有相关因素中，学习策略的影响是不容忽视的。这个结果提示学校和教师要关注学生学习策略的指导，教会学生学习，这对学生的终身发展具有重要意义。

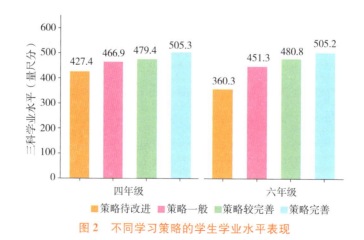

图2　不同学习策略的学生学业水平表现

（二）学校层面相关因素影响

学校层面相关因素主要包括教师教育教学实践方面相关因素和学校氛围相关因素。教师教育教学实践主要关注教师的认知激活策略使用、教师热忱、对学生的创造精神培养等方面；学校氛围主要关注师生关系、学校归属感等方面。下面以教师认知激活策略和师生关系为例说明。

1. 教师教学策略对学生学习态度层面的影响

以教师认知激活策略使用（认知激活策略是指教师鼓励学生表达、建立联系、激发学生参与等教学行为）与学生学习兴趣的相关为例，如图3所示，横轴为学校层面的教师（语文）认知激活策略的使用，纵轴为学校层面学生的学习兴趣（语文），每个点代表一个学校。数据显示，在学校层面，教师的认知激活策略使用与学生的学习兴趣存在高度相关，相关系数高达0.91。数据说明，教师使用鼓励学生表达、激发学生参与、帮助学生建立知识之间的联系的教学策略越好，学生的学习兴趣越高。

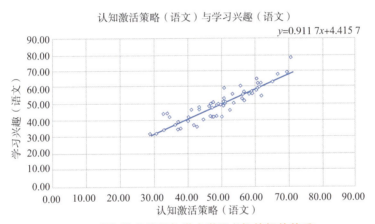

图3 教师策略使用与学生学习兴趣的相关关系

教师的教学策略使用不仅对学生学习兴趣有较大影响，同时也会影响学生的学业表现，如图4所示，在此不再赘述。

图4 教师使用不同教学策略学生的学业表现

2. 师生关系对学生学校归属感的影响

在我们的传统观念中，一般认为学校的学业成绩可能会影响学生的归属感，但是通过学校层面的数据分析发现（图5），学校的学业表现与学生的归属感相关关系极弱，也就是不一定学习成绩好的学校，学生的学校归属感就高。图6是师生关系与学校归属感的相关关系，可以看到师生关系与学校归属感具有较强的相关关系，师生关系越好的学校，学生学校归属感越强。这个结果提示我们，要关注良好师生关系的培养，让学生感受到教师的关注与支持。

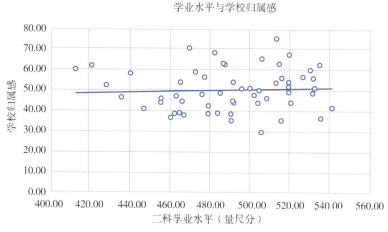

图5　学业水平与学校归属感的相关关系

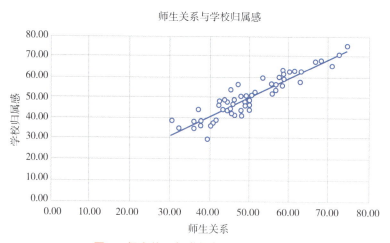

图6　师生关系与学校归属的相关关系

无论是国家监测还是像PISA之类的国际著名监测，都把师生关系和归属感列为重要监测指标。师生关系与学校归属感都是学生心理健康的重要保障，是学生幸福感的重要来源。在"双减"背景下，我们要办有温度的教育，我们培养的不只是一批高水平的学生，而更应该是具备完善人格、身心健康的学生。

（三）一些值得思考的启示

图 7 为学生课外阅读时长与学业表现的关系。数据结果显示：四、六年级学业表现最好的均为课外阅读时长为"1～1.5 小时（含 1.5 小时）学生"，最低的是"没有"，也就是课外不读书的学生。这个数据值得关注，部分家长和教师认为学生读课外书是浪费时间，其实适当时长的课外阅读能够促进学生全面发展。学校要推进书香校园建设，教师要向学生推荐积极健康的课外读物，丰富学生的精神世界，拓宽学生视野见识。另外体育锻炼的数据呈现的规律与课外阅读基本一致，在此不一一赘述。

图 7　学生课外阅读时长与学业表现的关系

图 8 是学生作业时长与学业表现的关系。数据显示，四、六年级学业表现最好的均为平均每天作业时长为"30 分钟及以内"的学生，最低的是"2 小时以上"的学生。实际上，在作业时长超过 1 小时的时候，学生学业表现数据就出现了显著下降趋势。

图 8　学生作业时长与学业表现的关系

从数据可以看到，作业时长与学业表现之间并非简单的一次函数关系，而是呈现出倒 U 形曲线形态。历史上很多专家也做过相关研究，例如著名的作业研究专家 Cooper 对美国1987—2003年的同类研究进行元分析后也得出类似结论：适当的家庭作业可以增进学生对知识的理解，有助提高成绩；而过长的作业时间会令学生对学习产生厌烦，失去学习兴趣。因此对于作业，学校和教师需要把握合适的度，不能以布置大量作业去换取成绩，而更应该关注作业的质量和内容。

四、结论与建议

①在"双减"改革的大背景下，家庭教育的地位和作用更加凸显。家庭教育要与学校教育协同，尊重教育规律，重视学生的全面发展，注意言传身教，做好孩子的榜样。

②"双减"背景下，学校更要重视学生的学习策略培养。学生只有学会学习，才能更好地适应未来自主发展的要求。

③教师的教学策略方法对于学生的学习兴趣和学业成绩具有重要影响。我们不能单纯地减负，同时也要改进教学策略方法，提升学生的学习兴趣，进而提升质量。

④师生关系与学校归属感高度相关，而师生关系和学校归属感都是学生幸福感的重要来源，学校要关注良好师生关系的培养，给学生提供心灵上的支持和关爱，促进学生身心健康发展。

⑤减负的同时要给学生更多的发展空间，适当的课外阅读、体育锻炼都与学生的学业成就具有正向相关关系。"双减"背景下，学生的学业负担减轻后，剩下的时间如何使用，其实更考验学校和家长的教育智慧，充分利用课余时间开展课外阅读和体育锻炼，更能促进学生身心健康和全面发展。

在"双减"背景下，教育者不仅要关注学生的学业负担的减轻等直接成果，更需要关注影响"双减"根本效果达成的家庭和学校层面的相关因素。"双减"不是单纯地降低学生负担，只有破除单一"唯分数"的学生评价方式，构建起全面、科学的学生发展质量观，并逐步在全社会形成共识，才能真正达到"双减"的根本目的。

参 考 文 献

[1] 张志勇."双减"格局下公共教育体系的重构与治理［J］.中国教育学刊，2021（9）：20－26＋49.

[2] HATTIE J. Visible learning：A synthesis of over 800 meta－analyses relating to achievement［M］. New York：Routledg，2009.

[3] PISA 2018 assessment and analytical framework［EB/OL］. https：//www. oecd－ilibrary. org/education/pisa－2018－assessment－and－analytical－framework_b25efab8－en.

[4] TIMSS 2019 context questionnaire framework［EB/OL］. https：//timss2019. org/wp－content/uploads/frameworks/T19－Assessment－Frameworks. pdf.

[5] COOPER H M. The Battle Over homework：common ground for administrators，teachers，and parents［M］. Third Edition：Corwin Press，A SAGE Publications Company，2006.

[6] FISHER D，KENT H，FRASER B. Relationships between teacher－student interpersonal behavior and teacher personality［J］. School Psychology International，1998（19）：154－166.

专家点评

"双减"政策将立德树人作为根本任务,着眼高质量教育体系,促进学生全面发展、健康成长。

该研究重点探索了影响区域学生发展的相关因素,通过深入分析得出,家庭阅读氛围、学习策略等个体层面因素与学生学业表现呈现相关关系,教师教学策略和师生关系等学校层面因素与学生的学习态度、学校归属感具有较强的相关关系。在数据对比基础上,得出学生课外阅读时长与学业表现呈现正向相关关系,作业时长与学业表现之间呈现倒 U 形曲线形态。

上述研究,从理论上回应了"双减"政策的重要意义,回答了构建全面、科学的学生发展质量观的重要因素。从研究方法上看,本研究借鉴 PISA、TIMSS 的相关因素监测框架,研制切合我国实际情况的区域学生发展相关因素监测框架,自主研发监测工具;研究结论具有良好的信效度。

建议一,进一步清晰界定核心概念"区域学生发展质量",同时,清晰其与区域教育发展质量的关系。

建议二,进一步清晰"双减"政策与区域学生发展质量的关系,清晰"双减"与各个指标之间的关系。

建议三,区域学生发展相关因素及其监测指标的形成,是成果中最关键的环节,应对各因素及指标形成的理论、论证过程等予以进一步充实。

杨润勇
中国教育科学研究院　研究员

"双减"政策下指向批判性思维培养的中学"探究实证"教学模式的构建与应用

北京市中关村中学　苏　纾　高俊英　张振环　欧阳蕾

摘　要　"双减"政策旨在"减负增效",给学生减负的同时,切实提升课堂教学效率和学校育人水平。课堂教学是学校教育的主阵地,要落实减负政策,必须优化教学方式,提升学生在校学习效率,核心在于思维品质的提升。批判性思维是一种凸显反思性和批判性,以思维为对象、以分析和重组思维为方法、以改进和提升思维为追求的高级思维,是学生学习能力和素养的重要内容。本文以认知心理学的建构主义理论为基础,以培养学生的批判性思维为导向,构建了"探究实证"教学模式,并详细阐述了模式构建的方式,以及模式应用中需关注的关键要素。实践证明,"探究实证"课堂教学模式效果较好。

主题词　双减　批判性思维　"探究实证"教学模式

在基础教育领域,减负一直是老大难问题。2021年中共中央办公厅、国务院办公厅印发的《关于进一步减轻义务教育阶段学生作业负担和校外培训负担的意见》指出"有效减轻义务教育阶段学生过重作业负担和校外培训负担";强调"大力提升教育教学质量,确保学生在校内学足学好";特别强调"提升课堂教学质量""优化教学方式,强化教学管理,提升学生在校学习效率"。可见,"双减"政策旨在"减负增效",给学生减负的同时,切实提升课堂教学效率和学校育人水平。

批判性思维(学界也称作"审辨式思维")是一种凸显反思性和批判性,以思维为对象、以分析和重组思维为方法、以改进和提升思维为追求的高级思维,是学习能力和素养的核心。学生批判性思维的觉醒本身就意味着自主学习意识的彰显,意味着深度学习发生的可能,因此,针对培养批判性思维的教学模式开发,对促进"提质增效"有着极大意义。本文主要以认知心理学的建构主义理论为基础,以培养学生的批判性思维为导向,阐述"探究实证"教学模式的构建,以及实施过程中的注意要点。

一、批判性思维的含义与批判性思维培养的必要性

何谓批判性思维?最早谈到"批判性思维"的是杜威。他在《我们怎样思维》中倡导"反思性思维",并谈到批判性思维的重要性。最早使用"批判性思维"这一术语的是布莱克(M. Black)和斯特宾(S. Stebbing),但他们并没有给"批判性思维"一个明确

定义。要理解"批判性思维"的概念可以借助"批判性思维的大三角形",即批判性(怀疑性)、合理性(逻辑性)、反思性(反省性)来思考。批判性思维是一种凸显反思性和批判性,以思维为对象、以分析和重组思维为方法、以改进和提升思维为追求的高级思维。学会多元逻辑探究、秉持开放心态、进行自我反思,是培育批判性思维所必需的。

2016年9月,北京师范大学与教育部基础教育二司联合发布了"中国学生发展核心素养",其中的"科学精神"部分,包括"理性思维""批判质疑"和"勇于探究","勇于"强调精神层面,"探究"侧重教学过程,倡导在探究教学中,构建一种行之有效的实践模式,培养学生的批判质疑精神与理性思维。学生思维发展的关键在课堂,核心在于教学设计与实施,构建提升学生批判性思维能力的教学模式成为当务之急。

二、"探究实证"教学模式的理论基础与模式溯源

(一)"探究实证"教学模式的理论基础

"探究实证"模式的核心理论基础是认知心理学的建构主义理论。模式构建始终秉持两个基本出发点。其一,学生是课堂的主人,应该充分发挥学生的主观能动性。教师是课堂教学的组织者、引导者与合作者,学生是参与情境、发现问题、提出问题、猜想假设、设计验证方案、实施论证、评估论证的主体;其二,课堂教学不只是知识的传递,而更是知识的"再创造"。探究实证的过程,就是知识的"再创造"过程。

建构主义理论学生观,强调以学生为中心,要求学生由外部刺激的被动接受者,转变为信息加工的主体,成为知识的主动建构者。学习者并不是空着脑袋进入学习情境中的,在日常生活和以往各种形式的学习中,他们已经储备了相关的知识经验基础。即使是有些问题他们从来没有接触过,没有现成的经验可以借鉴,当问题呈现时,还是会基于以往的经验和认知能力,提出假设,再进行探究实验。"探究实证"模式正是遵循了该理念,鼓励学生自主发现与提出问题,大胆假设,小心求证。

教师层面而言,教师要由知识的传授者、灌输者,转变为学生主动建构意义的帮助者、促进者。教师应在教学过程中,采用全新的教育思想与教学结构,彻底摒弃以教师为中心的讲授式的课堂,教师是学习任务的设计者,学生学习的指导者与合作者。"探究实证"模式充分观照了建构主义理论的教师观。

建构主义"学习环境"理论认为,学习者的知识是在一定情境下,借助人与人之间的协作、交流以及利用相关的信息,通过意义的建构而获得的。在教学设计中,创设情境有利于学习者意义建构。"探究实证"模式重视学生与情境的互动,从而为意义建构做好铺垫。

因此,无论从建构主义的学生观,还是建构主义的教师观及"学习环境"等维度,"探究实证"教学模式有着坚实的理论基础。

(二)"探究实证"教学模式溯源

"探究实证"教学模式的构建,既是对"探究教学法"的继承和发展,也源于对科学发展史上经典案例的抽象与归纳。

"探究教学法"的本质特征是：不直接把构成教学目标的有关概念和认知策略告诉学生，而是由教师创造一种探究的课堂环境，让学生通过探索发现有利于开展这种探索的学科内容要素和认知策略。"探究实证"教学模式在理念上与"探究教学法"保持一致，但是增加了"实证"这一关键要素，增加了"评估论证　权衡反思"等关键环节，学生的探究要遵循科学规律，更加清晰地指向学生批判性思维品质的培养，在此基础上形成稳定的教学模式。

批判性思维在推动科学探究，在人类知识的创造过程中，起到至关重要的作用。因此，分析人类科学发展史上的典型事件，考察科学家研究问题的整个流程，探寻批判性思维在这个过程中介入的关键节点，以及在关键节点发挥的作用，对"探究实证"教学模式构建影响重大。

回顾一个科学发展史上的案例。

海王星是太阳系的第八颗行星，它距离地球很遥远，而且又暗淡，用肉眼是看不见的，只有借助望远镜，才能在漫天的星星中发现它的身影。既然它那么不容易看见，人们是怎么发现它的呢？

海王星的发现要归功于牛顿的万有引力定律和开普勒定律。赫歇耳于1781年发现了天王星，但是不久之后，天王星给天文学家们带来了许多麻烦。它在天空的实际轨道，总是与理论计算的轨道不符合。更糟糕的是，偏离越来越大。如何解释这一现象呢？起初人们开始怀疑：是不是万有引力定律和开普勒定律出问题了？后来，有人提出：天王星也许不是离太阳的最远的行星，在天王星之外可能还有一颗行星，就是这颗"天外行星"把天王星拖出轨道的。这颗未知的行星真的存在吗？现在我们知道，这颗天外行星就是海王星。但是当时为了找到这颗行星，科学家们可费了不少劲儿。

1845年，英国的亚当斯花了多年的时间，通过大量的计算确定了这颗"天外行星"的位置。当他把结果告诉格林尼治皇家天文台台长并请求协助的时候，却受到了冷落。值得庆幸的是，几乎与此同时，法国的勒维耶也计算出了"天外行星"的位置。勒维耶把他的计算结果告诉了柏林天文台。1846年9月23日，柏林天文台台长加勒收到了勒维耶的来信，当天晚上他就把望远镜对准了勒维耶确定的方向，看见了那颗"天外行星"，后来天文爱好者们陆续观测到了该行星，世界为之震惊。"天外行星"的发现又一次证明了科学的伟大。按照惯例，人们也给这个"新成员"赋予了天神的名字——海王星。后来在此思路的指引下，进而发现了冥王星，至此，人类确立了太阳系的九大行星系统。

为了分析科学探究的思维过程，我们不妨把海王星的发现过程划分为几个阶段（表1）。

表1　海王星发现过程的关键环节

环节	概要	主要内容
环节1	真实情境	观测天王星
环节2	发现问题	天王星的实际观测轨道与理论计算的轨道不符合
	提出问题	为什么会产生这种现象？
环节3	提出猜想	可能是万有引力定律和开普勒定律出问题了，或者天王星之外还有行星
	作出假设	假设万有引力定律和开普勒定律是正确的，那么天王星之外还有行星

续表

环节	概要	主要内容
环节4	制定方案	计算出"天外行星"的位置,然后进行观测并找到该行星
	实施论证	进行实践,1781—1846年,历时65年
环节5	方案评估与质疑	天文爱好者们陆续观测到了该行星,符合实验可重复性原则
环节6	构建新知形成结论	万有引力定律和开普勒定律是正确的,天王星之外还存在冥王星

依据表1,我们不难发现科学家探究一个问题的思维历程。海王星的发现只是众多科学探索的一个案例,纵观整个科学发展的历史,我们不难发现,科学发展的规律是通过观察和实验,经过逻辑思维和创造性思维,提出假说,通过对假说的验证与修正,形成科学理论,如此循环往复而不断深入。"探究实证"教学模式就是将科学探究的共性思维从具体案例中剥离出来,进行系统化的抽象与概括。

尽管科学研究与课堂教学有差异,但是其本质是共通的,那就是进行创造。科学研究是探索未知的领域,是知识的创造,教学则是知识的"再创造"。尤其我们身处知识爆炸的时代,知识的获取变得唾手可得,如何将知识作为素养达成的载体,在经历、体验、感悟等积极心理体验活动中,提升发现、提出、分析、解决问题的能力,引领学生进行知识的"再创造",显得尤为重要。

总之,通过溯源众多科学探究的经典案例,并与素养本位的课堂实践相结合,构建了批判性发展的"探究实证"教学模式。

三、"探究实证"教学模式的内涵及其与批判性思维培养的关系

"探究实证"教学模式是培养学生批判性思维的教学模式之一,如图1所示,模式通常包含六个环节,分别是创设情境、引发思考,发现问题、提出问题,提出猜想、作出假设,制定方案、实施论证,评估论证、权衡反思,经过综合评估论证,如果验证假设为真,则构建新知、形成正确结论。如果假设被证伪,则重新作出假设,再次制定方案,判断假设是否成立,直至问题得以解决。

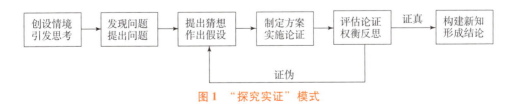

图1 "探究实证"模式

下面着重谈"探究实证"模式的内涵,以及六个环节之间的关系。

1. 创设情境、引发思考

教学首要的任务是要营造一种"场",让学生真切地感受到,课堂所要探究的问题与自己有关,是自己在学习生活中曾经遇到过的场景,从而不由自主地"卷入"课堂,由被动式的接受转向主动式参与。很多课堂教学与学生的直观经验是脱节的,学生没有真

正意识到探究内容与自我的关系，还没意识到探究什么以及为什么要进行探究，就被高速的节奏裹挟着前进，导致"虚假式""被动式"探究教学，致使学生缺乏兴趣，不能很好地将所学知识应用到实际问题的解决中。

学习始于思考，思考源于疑问，疑问既源于好奇心的驱使，也源于人们对所处客观世界持续地观察与审视。任何学科概念都不是无源之水无本之木，生活情境就是孕育学科概念的土壤，是课堂探究教学的原点。通过创设情境，让学生重新审视司空见惯的某一场景或片段，发现值得进一步研究的问题，是课堂教学的重要出发点和立足点，也是新课程强调创设情境重要性的原因。

2. 发现问题、提出问题

古语云"学贵有疑，小疑则小进，大疑则大进"，爱因斯坦也曾说"提出一个问题往往比解决一个问题更为重要"，足见发现与提出问题的重要性。解决一个问题也许只是一个学科上的技巧或方法问题，而提出新问题，需要转变视角，从全新的角度看待事物，则需要丰富的想象力与创造性，并不是一件容易的事。人工智能时代，机器可以解决很多问题，但是机器不会创造性地提出问题，这决定了人工智能永远不可能取代人类智慧。可见，如果课堂教学中不给学生发现问题与提出问题的机会，那无异于将学生等同于解决问题的机器。因此，发现问题与提出问题成为该模式的第二个环节，也是极容易被教师"越俎代庖"的环节。很多时候为了课堂的"效率"，教师往往直接给出问题，课堂教学中培养学生发现问题与提出问题的能力，还远远没有引起教师的足够重视。

3. 提出猜想、作出假设

猜想与假设就是尝试将已有的科学知识与问题相联系，从而对探究的方向和可能出现的实验结果进行推测与假设。

学生的头脑不是一张白纸，学生有着丰富的先前经验与认知储备，面对问题时，往往具有某种直觉的经验判断与假设。比如，一个初二的学生面对问题——"蒸发快慢与什么因素有关"，一定会联想到，自己晾晒衣服的场景。为了使衣服尽快变干，要尽量把衣服展开，并把衣服放在有阳光且通风的环境中。于是很自然地猜想：影响蒸发快慢的因素可能与液体的温度、液体的表面积、液体表面上方空气流动的速度有关。液体的温度越高，蒸发越快；液体的表面积越大，蒸发越快；液体表面上方空气流动的速度越快，蒸发越快。这就是"提出猜想、作出假设"的过程。面对一个复杂问题，大脑会迅速启动"模式识别"功能，搜索有没有与该问题匹配的相似经验模式，形成对问题的初步猜想，再将猜想进行加工提炼，表达成一个量的变化如何影响另一个量的变化，这就是作假设。当然，随着问题复杂程度的提升，进行猜想与假设会变得更加困难，但是探究的思路是一致的。

为什么问题探究需要假设？我们不可能等待所有资料都搜集齐全后再去发现，实际上我们也无法评估资料对于解决问题是否是充分的，只有尽早地提出假设去指导下一步的工作，才能加速发现过程。正如一个在陌生环境中进行探险的人，不是等待有关这个地方的信息都搜集齐全后再行动，而是摸着石头过河，边行动边观察，发现证据与猜想不符时，及时调整猜想或评估证据可靠性。

4. 制定方案、实施论证

如何判断假设是否成立呢？需要借助科学实验的验证或者逻辑推理证明。比如上述对影响蒸发快慢的假设，就需要设计实验方案进行验证。借助控制变量的思想，设计实验如表 2 所示。

表 2　影响蒸发快慢的实验方案

验证假设	设计对照实验	
假设 1：液体的温度越高，蒸发越快	盘子里放入 20 mL 的水，放在阳光下照射（升温），避风。统计蒸发时间	相同的盘子里放入 20 mL 的水，放在室内，避风。统计蒸发时间
假设 2：液体的表面积越大，蒸发越快	盘子里放入 20 mL 的水，静置在室内，避风。统计蒸发时间（水面面积大于杯子里水面面积）	杯子里放入 20 mL 的水，静置在室内，避风。统计蒸发时间
假设 3：液体表面上方空气流动的速度越快，蒸发越快	盘子里放入 20 mL 的水，放在室内，用风扇吹水面。统计蒸发时间	相同的盘子里放入 20 mL 的水，放在室内。统计蒸发时间

通过设计科学实验，假设最终被验证正确或错误，这是制定并实施论证方案的目的。对于数学学科而言，该环节可以是基于公理和定理的推理论证，比如经过对特定直角三角形边长的测量，学生产生假设：直角三角形的两直角边的平方和等于斜边的平方。如何验证假设的合理性，再去度量大量的直角三角形的边长关系，验证结论的合理性也是没有说服力的，因为数学定理需要证明而不是验证，这有赖于基于公理化体系的演绎推理。

不同学科此环节也会有差异，只要遵循学科探究实证的方法，用学科特有的思想方法探究假设，都属于"探究实证"模式的范畴。比如历史学科，此环节可以是基于史料的分析，利用丰富的史料如文献、实物、口述、图像等进行论证。

5. 评估论证、权衡反思

经过制定与实施论证方案，对假设是否成立进行初步的判定。假设是否成立取决于很多因素，比如实验方案是否科学，获得证据的途径与方法是否可靠，收集到的证据是否足够可信，推理论证是否严谨等诸多因素。因此，对方案进行充分的评估与质疑显得尤为重要。不仅要关注已有的证据是否可靠，更要关注"躲在"已有认知之外的特殊反例，否则就会陷入"幸存者偏差"的思维误区。

郭沫若先生曾说："材料不够，固然大成问题，而材料的真伪或时代性如未规定清楚，那比缺乏材料还要危险。因为材料缺乏，顶多得不出结论而已，而材料不正确，便会得出错误结论，比没有更要有害。"在判断假设是否成立之前，要对方案的严谨性进行全面的评估，有多少证据就下多大的结论，这是该环节的关键所在。若假设被证伪，则继续进行新的假设，重复之前的思维路径，若假设被证明是正确的，则意味着新的理论或者观念的诞生。

6. 构建新知、形成结论

"探究实证"模式的核心正如胡适先生所言："大胆猜想，小心求证。"所谓"大胆假设"，就是倡导人们要打破既有观念的束缚，挣破旧有思想的牢笼，大胆创新，对未解决的问题提出新的假设。所谓"小心求证"，就是要充分地寻找证据，进行细致的验证与证明，这是一种务实严谨的学术态度，来不得半点马虎。

通过探索模式的深度实施，我们希望培养真正的批判性思考者，他应该具备如下的品质：不接受任何没有充分理由的观点；不进行任何未经审慎权衡的决策；不构建任何未经严谨论证的理念。

从批判性思维培养视角看，学生既要有批判性思维品德，还需要批判性思维技能。按照恩尼斯的理论，批判性思维品德分为两大类：一是关心自己的信念是真的、做的决定是有依据的；二是对自己和别人的立场的理解和表达是诚实清楚的。关于批判性思维技能层面，主要包含阐释、分析、推理、评估、解说、自省。

无论从品德层面还是技能层面看，"探究实证"模式内隐的逻辑主线正是指向学生批判性思维品德与能力的培养。批判性思维的起点在于质疑，要能够发现问题，敢于质疑，"探究实证"模式的第一和第二环节正是鼓励学生能够善于质疑。批判性思维的关键点在于主动、全面的探究，"探究实证"模式的三、四环节就是调动学生借助假设与验证，进行探究论证。批判性思维的落脚点在于审慎地给出结论，不管假设或观点是否成立，这都不重要，最要紧的是这是否来源于一个审慎论证过程，甚至在证据不充分的时候要进行延迟或悬置判断。这与"探究实证"模式的第五个环节——评估论证与权衡反思，是高度契合的。

可见，"探究实证"教学模式的各个环节，既指向批判性思维发展的品德层面，又聚焦批判性思维发展的技能层面，是针对学生批判性思维发展的教学模式。

四、"探究实证"教学模式的实践与反思

"探究实证"教学模式具有广泛的应用场景。广义上讲，只要存在待解决的问题，"探究实证"模式都有应用的价值。具体到课堂教学，该模式一般适用于新授课的新知建构环节。例如，物理学科中某个定律的建构，数学学科中某个概念或定理的探究，人文学科中某个观念的产生与发展等。

在习题课、复习课中，往往是利用已有的原理和相关知识解决某些具体问题，此时依然可以借鉴模式中的某一环节解决问题。比如几何解题教学中，学生可能依据直觉思维，猜想出某两点线段之间的数量关系，然后再依据公理和定理进行演绎推理论证。这主要涉及"探究实证"教学模式的第三与第四环节。相对而言，新授课中知识的探究过程更为复杂，思维链条更长，需要全面调动学生的情感与智力因素，完成复杂问题或任务的探究，更适合用"探究实证"模式。经历3年实践表明，该模式在新知的构建过程中发挥了重要的作用，极大提升了学生的批判性思维品质。

同时，随着实践的深入，也带来了一些值得进一步思考的问题。

首先，问题探究不存在固定的模式，从情境出发到问题解决产生新知，这六个环节也不是绝对的。不能希望每节课都重复这样的程序，教学既有科学属性，也具有艺术属性，每个环节都一成不变，就丧失了教学的艺术属性。

其次，探究实证的六个环节是外显的程序，其内隐的主线是学生思维品质的发展。如果只注重环节的完整，而丢失了模式的内核，就失去了探究实证的灵魂。例如"提出猜想、作出假设"环节，有时学生不能准确地给出合理的假设。比如低年级学生看见从冰箱里刚拿出的可乐罐上凝结着很多小水珠，会作出假设：可能是可乐罐有缝隙；在探究

滑动摩擦力的大小与什么因素有关时，学生可能会假设：滑动摩擦力与接触面积的大小有关。这些假设对于教师而言，可能显得有点荒谬，尤其在公开课中，就被教师直接否决掉了。当遇到"冷场"，或者经过几轮次假设之后，发现学生还得不到正确假设，教师为了"探究"的顺畅，就直接自己给出了"完美"的猜想与假设。诸如此类的问题还有很多，看似每个环节都没落下，实际上是典型的"伪探究"，因为只有探究实证之表，而无探究实证之实。

教师在进行该模式教学过程中，要始终把握学生的主体性，该由学生承担的角色，就必须让学生进行到底，不能越俎代庖，而要成为苏格拉底眼中的"助产士"，让学生成为学习的主人。

五、结语

"双减"政策旨在"减负增效"，"减负增效"的主阵地在课堂教学，核心在于学生思维能力的提升。本文针对当下课堂教学的现状，以学生的批判性思维培养为目标，以"探究实证"教学模式构建为抓手，为落实"双减"政策，切实提高课堂探究效率，提供了一种可借鉴的教学模式。

参 考 文 献

[1]（日）楠见孝，道田泰司．批判性思维：21世纪生存的素养基础［J］.东京：新耀社，2015：3.
[2] 吕海霞，杨钦芬．批判性思维教学：意蕴、特征及建构路径［J］.江苏教育研究，2022（2A/3A）：8－12.
[3] 钟启泉．批判性思维：概念界定与教学方略［J］.全球教育展望，2020（1）：7.
[4] 王宏明，张恩杰．"探究实证"教学模式［J］.职业技术教育，2006（1）：34.
[5] 董毓．批判性思维十讲［M］.上海：上海教育出版社，2021：11.

专家 点评

仅从这30多字长的成果标题，就可以想见，这篇论文论述的应当是在"双减"政策这一特定背景下如何通过探究实证教学模式来培养学生的批判性思维能力。从论文内容的字面看，除了对"双减"政策的引用与阐发，这一选题与"双减"专题的关联性并不大。但鉴于思维品质的提高一方面是学习的重要目标之一，同时作为学生学习的手段，可以促进学生的高效学习，以学为中心的探究实证教学模式倘若真能培养学生的批判性思维能力，达到减负增效的目的，这一选题反倒成了"双减"专题的应有之义了。

整篇论文在批判性思维的含义和培养必要性、探究实证教学模式的理论基础与来源等方面泼墨甚多，对探究实证教学模式六个环节的推介更是不遗余力，俨然构成了文章的主体内容。但我们期待看到更多的，是这个模式在课堂教学中的典型、完整而鲜活的实践案例;是通过这一教学处方被应用的实证数据,来证明它到底能不能提高学生的批判性思维能力;或者如果能的话,又是如何通过批判性思维能力的提高而达到减负增效的目的的。毕竟,这是一本有关"双减"专题研究的成果集。

刘儒德

北京师范大学

提高教师合作能力减缓学生"负担感"的实践探索

北京市怀柔区第五中学　周志峰　王长青　孙　静　赵录志　邢海燕

摘　要　　学生学业负担重的原因多向、复杂，但从学校教育工作的实践来看，通过提升教师的合作能力与技巧，建立全体任课教师合作下的学生消极情绪的排查和归零机制，减缓学生的主观负担感受，是有效减轻学生学业负担的重要途径。通过对"双减"意义、学生负担形成原因的复杂性、学生学业负担内涵等问题集中研讨形成共识，再对教师合作欠缺和学生学业负担重之间的关系加以认识，有目的地对合作教育相关理论进行学习，提升教师合作能力与技巧，通过多种形式排查学生"负担感"产生的诱因，以一例一案的形式进行归零处理，可以有效地减轻学生的学业负担。

主题词　　教师合作　减缓　负担感

2021年7月24日，中共中央办公厅、国务院办公厅印发了《关于进一步减轻义务教育阶段学生作业负担和校外培训负担的意见》，标志着"双减"政策正式落地。"双减"意见出台后，受到社会广泛关注，有关政策减负效用、教育培训行业前景等方面话题成为舆论热门话题。为此怀柔五中深入贯彻落实党中央、国务院、市委、市政府、市区教委关于"双减"工作决策部署，以办好人民满意教育为宗旨，以促进学生全面健康成长为目标，成立了怀柔五中"双减"工作领导小组和工作专班，主动作为，迅速行动，狠抓落实，大力推进怀柔五中提质增效工作。

一、开展问题讨论，形成思想共识

为了保证"双减"工作的全员参与和有效落实，学校开展了"双减"核心问题的全员讨论，所有干部深入到各个年级、处室和学科组对一些具体问题进行逐条讨论，通过讨论形成思想共识。

（一）对"双减"工作的重大意义形成共识

"双减"是党中央作出的重大决策部署，是满足人民群众对美好生活新期待的重要方面，是人民群众对高质量教育的期盼，是落实习主席提出的"为谁培养人、培养什么人、怎样培养人"的重要方面。目前学生中有心理问题的学生已经达到三分之一，学生的负担不减轻，20多年之后，到建国100年，实现中华民族伟大复兴的重任将难以担当。如果我们只是机械地执行上级"双减"政策（比如，保证学生的作业时间不超过多少小时），不从本质上加以理解，不从源头上寻找解决问题的方法，是很难达到减负的目的的。实际上"双减"是引领我们让教育回归本质的一个机遇和途径。

（二）对学生学业负担形成的复杂性的认识形成共识

多项研究成果表明，造成学生学业负担过重的原因是多向的、复杂的，包括学校、家庭、社会、学生等多方面因素，涉及独生子女政策、社会用人制度、社会价值观等多个方面。比如在中小学阶段基础教育阶段，在自上而下层级化的管理体制下，虽然上级多次发文不允许片面追求升学率，但升学率一直以来都是教育行政主管部门考核评价学校办学质量的基本指标，广大家长和社会公众一般也都以一所学校的升学率作为衡量一所学校好坏的基本因素。对教师的考核评价体系主要由教师所属的学校乃至教育行政主管部门来制定，教育行政管理部门和学校自然会把自身所承受的升学率压力转化成为教师层面的工作压力，在这种压力之下，教师往往需要通过加重学生学习负担的方式，以提高升学率水平。处于教学第一线的教师，会不自然地把各种压力传导给学生，造成学生的学习负担。多种因素叠加，层层传递到学校内部，就构成了学生过重的学业负担。

（三）对学生学业负担的内涵认识形成共识

通过查阅资料我们发现，对学生的学习负担或学业负担的定义有多种，但对一线任课的教师来说，学业负担的核心内涵到底是什么呢？是不是作业多就是负担？知识难就是负担？通过不断学习，反复争论、讨论，最终我们形成基本共同认识，学生的学业负担主要由学生的"负担感"所引起，学生在学校、家庭、社会的一切活动过程中所产生的紧张、焦虑、反感、拒绝等消极感受，都是造成学生负担感的因素。一旦消极心理形成，很多事情都会让学生产生"负担感"。对于同样的任务想做的事情可能就不是负担，不想做的事情就会成为负担。如果从学生学习的角度看，"学生学习体验"应该是减负讨论的核心词。我们可用"主观负担感受"来描述学生的学业负担，它是影响学生学习与成长状态的关键变量。"负担感"难以促进学生的兴趣与内驱力，多数情况只是强化了那种外在的逼迫和那种眼中没有光芒的努力；它有可能会破坏学生的从容，让简单化的训练替代思考，替代关于学习方法的悉心体会；更容易让学生身心疲惫，产生生理和人际上的不良的应激反应，改变学生对于生活的阳光态度。

二、以教师合作减缓学生"负担感"为突破口减轻学生学业负担

在以往的常规教育教学工作中，广大教育工作者在解决学生思想和心理问题提高教育教学质量方面从来没有停止过探索，也获得了不少经验。但从减缓学生"负担感"方面入手来减轻学生学业负担，从而提升教学质量还是一个新的视角，也是一个可以提升教育潜力的重要方面。通过查阅资料，共同探讨、反复交流，老师们普遍认为教师合作是减缓学生"负担感"的重要突破口。

（一）对教师合作能力和水平与学生负担之间的关系加以认识

①教师合作水平不高、指令不统一，容易造成学生接受负担或认知冲突负担（学生观、习惯培养、作业要求）。

②教师合作水平欠缺，单个教师面对学生的消极心理感受靠个人的力量无法帮助解

决，容易让学生产生"负担感"。

③教师合作水平不足，造成学科融合不够形成知识上的认知负担。

④教师合作沟通不到位，造成学生作业量的增多负担。

（二）针对教师合作方面的欠缺进行理论和合作技巧培训

1. 学习相关文献和理论，做好高效合作的前期准备

①学习型组织理论。

②社会互动理论。

③团队合作理论。

④多元智能理论。

⑤集体动力理论。

⑥动机理论。

⑦最优化理论。

⑧金字塔学习理论：主动学习方式的效果（讨论、实践、教授给他人）明显优于被动学习的效果。

⑨布鲁姆掌握学习理论。学生学习能力的差异不能决定他要学的内容和学习的好坏，而只能决定他将要花多少时间才能达到掌握程度。布鲁姆认为95%以上差生的形成，不是因为智力因素，而是长期失误积累的结果，造成失误积累的最大原因是学习速度不适合学生，如果给学生提供适合他们的学习速度，几乎所有人都可以达到较高的学业水平。

教师通过对团队合作和相关教学理论的学习，提升教育教学理论认识水平，为教师合作提供相同的理论和理念基础。

2. 通过案例学习或聘请专家讲座对教师的合作能力和技巧进行培训

（1）如何正确对待竞争与合作，转变教师的合作态度

通过培训，让教师意识到要将教师个人的竞争转变为群体的合作型竞争，努力引导教师在竞争中合作、相互沟通、共同分享、支持鼓励，在合作中竞争、不断创新、完善自我。让教师确实认识到，只有竞争与合作相结合，才能使共同目标有效完成；只有树立正确的合作观，以开放的心灵来面对竞争，才能在充分竞争的合作中自我更新、完善自我、超越自我。

（2）掌握常见的合作技巧

让教师了解常见的沟通和合作技巧：保持沟通的习惯、及时沟通；发挥自己的特长，彼此尊重；学会道歉、征求与反馈意见、提供例证、低声说话、感谢别人、耐心等待、适时打断，学会聆听，学会和解，礼貌地提出不同意见，学会劝说别人、提供建议、鼓励他人等。

3. 寻找解决问题的突破口

①从教育的共性出发针对学生的行为习惯、学习习惯、世界观、人生观、价值观等方面，建立教育教学的统一指导原则和具体行为规范。

②从特殊课程出发，开发特殊课程的价值，丰富教师的教育内涵。

③建立学生消极情绪排查机制，形成学生消极感受共同解决流程。

④通过帮助每一名教师解决教育问题和困惑，帮助每一名教师合作成长。

⑤把帮助每一名教师成功当作团队合作的必然任务。
⑥不断总结反思，提升团队合作的凝聚力、合作效率和合作水平。

（三）通过教师合作减缓"负担感"产生的各种诱因

1. 教师合作查找"负担感"产生的各种诱因，形成教师合作排查学生负面情绪机制

（1）教师观察学生

所有任课教师在上课或与学生接触过程中，都要注意观察每一名学生的情感、态度和行为，凡是发现有异常倾向的情况都要及时向核心组报备，核心组把记录的情况向所有任课教师通报，并安排适合的教师进行重点关注并加以了解和验证，通过了解到的情况最终判定是否为重点关注对象，列为重点关注对象的学生，由全体任课教师共同了解分析负面情绪产生原因，并制定对该生的合作解决方案，直到问题解决为止。

（2）对学生主动调查

每周或定期通过调查问卷或访谈形式直接向学生征求意见或建议，了解学生的困惑或困难，把征求到的意见或建议告知所有任课教师，对所有意见和建议制定商议解决思路和办法，形成解决方案。

（3）向学生家长了解学生动态

每周或不定期通过家长联系单或家访的形式，向家长了解学生的言行和表现，并把了解到的情况向全体任课教师公布，确定重点关注对象，设计观察了解方案。

2. 多种形式教师合作减缓学生的"负担"感受

对于已经确定可能会引起学生负担感受的集体或个体事件设计合作解决方案，设计消极心理归零机制。当确定某些事情或现象可能引起学生"负担感"的产生时，把该现象定位解决事例，交由最有能力解决相关事情能力的教师，由教师们制定设计解决方案，并把该方案交由全体教师讨论，所有教师提出解决意见和建议，方案修改得到大家认可后，由负责教师按照方案实施解决，并定期汇报事例解决情况。当认为事情已经解决或难以再有新进展时，由负责教师向全体任课教师汇报，认为已经解决此事例定位归零。如暂时难以解决，穷尽其他途径也难以再有进展时，则对此事例进行暂时搁置，如有新的途径和解决办法会及时启动，继续促成问题解决，努力实现归零。

三、学生消极心理解决案例

（一）案例1，作业处理

通过调查，学生反映，作业量大，留的范围太死板，没有弹性，学生的自主性不能得到发挥，有造成不追求质量负担感较重的情况。教师合作研讨，制定出如下解决方案：首先所有教师继续对学生进行做作业的意义的教育，所有学科确定必做题目，弹性部分，可布置周作业，在本周内学生根据情况完成，尽量给学生较大作业自主权，减轻学生负担感。

（二）案例2，利用特殊课程调节学生情绪

由于团队合作中大家认识到学生的思想品德教育是其他学科教育能够顺利进行的基础，所以思想品德课在团队合作中的地位就显得非常重要。但由于不能和学生的真实生

活体验紧密结合，也往往是学生思想上认同，但行动上依旧，对学生思想品德的真正提升，也没有起到太大的作用。根据排查到的学生的问题，团队成员为了发挥思想品德课的作用，开展集体备课，根据各自认识的不同，对课的内容、上课方式、涉及的材料等进行深入探讨，并且将自己上课时学生发生的故事，提供出来作为课堂设计的资源和展开点。团队成员在没课的情况下，要全部参与到课堂，还经常扮演角色，或者现身说法，把思想品德课上得生动活泼。由于经常根据班里的共性或个性问题进行设计，大家共同提供材料，针对性和实效性就会特别强，使得对学生的教育效果显著提升。由于教师和学生接触的增多，师生之间相互了解得也比较快，也容易在行动中建立起师生感情。团队成员还经常共备共上班会课、心理课、音乐课、体育课等，使得很多原来不受重视的课堂，发挥了各自的优势功能，有效地减轻学生可能造成其"负担感"的各种负面情绪。

总的来说，通过开展问题讨论，形成思想共识；通过提高教师的合作能力与技巧，建立切实可行的教师合作减负机制；并通过一例一案的方式制定出较详细的归零解决方案，既减轻了教师单打独斗能力和精力不足所造成的负担，也确实让学生的负担感大大减轻。

经过一年多的实践探索，通过直接感受、调查问卷、学生访谈等多种形式的尝试，学生的学习负担明显减轻，学生乐学、会学氛围已基本形成，为学生的健康可持续发展奠定了坚实的基础。当然，在实践过程也还有一些问题，需要我们不断提升自己，继续探索，努力为学生搭建持续成长的平台，为国家培养出更多优秀的人才。

参 考 文 献

[1] 王长青. 从教育供给侧改革谈同一教学班教师间合作教学［J］. 知识文库，2016（4）：196-198.
[2] 厉进伟，陈钰. 中小学生学习负担的形成原因与对策思考［J］. 科教导刊（中旬刊），2018（32）：137-138+145. DOI：10.16400/j.cnki.kjdkz.2018.11.064.
[3] 卢珂. 中小学生课业负担的影响因素研究——基于北京市中小学调查数据［J］. 教育学术月刊，2016（12）：49-54. DOI：10.16477/j.cnki.issn1674-2311.2016.12.007.
[4] 陈洁. 教师合作能力建设研究［D］. 南京：南京师范大学，2017.

专家 点评

文章主题直指"双减"的核心目标之一：减轻学生课业负担。学校实践中，造成学生课业负担沉重的原因很复杂，其中之一是来自精神压力，而学生精神压力与教师的教学工作方式方法存在一定因果关系，特别是当任课教师相互间缺少以减轻学生精神压力为目标的默契配合时，学生的精神压力难以消除。研究者从建立全体任课教师合作机制入手，推进一种排查学生消极情绪，并致力于将其消除的工作方式，以尽可能地减缓学生的精神压力，取得了一定的"减负"效果。中小学学生的过重课业负担由两方面构成：一方面是客观负担，如课业要求高、作业数量大、学习时间长，客观上给学生造成"难以完成的"负担；另一方面则精神压力大、心理感受差，造成学生主观上厌倦学习的情绪。研究者选取消除主观负担感受的方向为切入点，并将其概括表述为"负担感"，进而采取在教师一方发力的多种措施，以多种形式的教师合作来减缓学生的"负担感"。

  本课题以"教师间合作"为操作变量，在提升合作认识、合作水平和沟通协调机制上下功夫，研究思路基本明确。今后可进一步探索班主任在科任教师合作中的作用，以增加学生在班级生活中作为"负担感"反面的"成就感"。

耿 申

北京教育科学研究院

"双减"背景下中小学生自主学习能力培养的教学实践研究报告[①]

北京市日坛中学实验学校 白俊萍 刘文英 刘蓝蔚

摘 要 "双减"背景下,如何在时间不增加的情况下,确保学校教育教学质量不断提升,除了课堂教学、课后服务、作业设计等方面发力,还要充分调动、发挥学生主观能动性,尤其是要培养学生自主学习能力。学校在调研测评的基础上,针对学生自主学习能力方面的薄弱点,基于信息化为学生建立了自主学习系列策略,包括调节学习动机、确定 SMART(具体、可衡量、全方位支持、现实和时间限制)标准的目标、掌握认知和元认知策略以及资源管理策略,并在日常教育教学中加以强化,取得良好实效。

主题词 双减 自主学习能力 培养策略

一、问题的提出

针对义务教育中的突出问题——"中小学生负担太重,短视化、功利化问题",国家出台了"双减"政策,强化学校主阵地、课堂的主渠道等作用充分发挥,落实立德树人根本任务。

政策出台后,基层学校进行了充分的探索,从强化课堂教学方式变革、增强课后服务、优化作业设计等多方面持续发力,形成了有效的育人经验。北京市日坛中学实验学校全体教师也根据学校"一校多址、九年一贯"的基本实际,结合市规划课题"核心素养背景下中小学生自主学习能力培养的教学实践研究",在学生自主学习能力培养方面,利用好信息化技术,开展了理论研究和实践探索,取得实效。

学生在教师的指导下,逐步在学习动机、目标设定、配合课堂学习的认知策略、基于反思的元认知策略和资源管理策略等方面形成了自我调节学习系统,自主学习能力不断提升。学生的主体意识在增强,逐步形成自觉,尤其是在信息技术的支持下,克服了家庭专业辅导困难、师生时空交接的障碍,主动利用线上资源,助力成长。

二、核心概念界定

为了方便研究,学校课题组形成如下操作性定义:自主学习能力是在教师或同伴支持

[①] 北京市教育科学"十三五"规划 2020 年度一般课题"核心素养背景下中小学生自主学习能力培养的教学实践研究"(CDDB2020274)中期成果。

下,学生自觉地确立适合的学习目标,产生学习动机,选择学习方法,监控学习效果并主动自我调节的一种能力,是在学习活动中表现出来的一种综合能力。自主学习能力包括动机强化、目标设定、计划制订、学习过程实施和自我调节等方面内容。

三、关于课堂内外提升学生自主学习能力的培养策略

课题组对 3~8 年级学生进行了前测,班主任进行广泛调研,了解到学生缺乏系统的自主学习的策略,尤其在动机方面的情感部分比较缺乏。

据此,课题组一方面对自主学习能力培养策略进行系统化梳理,另一方面,在培养学习动机方面展开探索。在教育教学实践中,主要采取了如下策略:

(一)动机调节策略

课堂教学中教师采用 ARCS 动机模型,该模型关注学生的注意力(Attention),在教学设计中,设计关联性(Relevant)、能给学生自信(Confident)和满足(Satisfactory)的材料,以调节学生的注意力和动机。

比如,数学讲概率统计时,教师设计出预测未来的情境,让学生根据概率大小和数据变化趋势来推测未来——"算命",吸引学生。语文课,利用"渴望+障碍+行动+结果"工具解构学过的小说,并进行自己的文学创作,给学生以满足感。这些教学设计,极大地调动学生的学习动机,对学习动机中的情感因素产生积极影响。

(二)目标管理策略

课题组将学生目标分成长期目标、中期目标和短期目标。长期目标是三年内,学生达到什么水平;中期目标是一学年达到什么水平;短期目标可以按照学期或月,甚至是一星期或一天为阶段来制定。

学习目标要符合 SMART 标准,即具体(Specific)、可衡量(Measurable),全方位一致(Agreeable),可以实现(Realistic),有限时间限制(Timetabled)。学生一开始是在教师指导下进行,掌握目标制定的标准和方法之后,逐步学会自我评估,并自主制定符合 SMART 标准的目标,成为指引、激励学生自主学习能力培养的动力。

制定好的目标后,制定适当的奖惩措施,如完成一个小目标,学生给自己哪些奖励,相反,如果没有按时完成目标也需要给自己适当的惩罚。通过目标的设定,增强了学生获取知识、发展技能的能力,提高学习质量,为学生终身发展奠定有效基础。

(三)多样化认知策略

在认知方面,结合学校学习活动特点,重点预习、听课、作业、复习、考试等关键环节上,利用多样化认知策略培养学生自主学习能力。

1. 六字学习法培养学生预习能力

用口诀的形式概括出来如下:圈、标、读、写、查、问。其操作方法是:"圈"即让学生预习一篇课文前,先让学生自主识记生字,对照课后生字表中需要"会写"的生字,在课文中用"o"圈出,这样用"o"圈画就使学生明确了哪是要求"学会"的,哪是要求"会认"的。"标"是用笔在课文每个自然段前用阿拉伯数字标出序号。在学生标画的过程中,对文章就有了一种感性认识,知道一篇文章是由许多个自然段构成。"读"即学

生在完成"圈""标"后，至少朗读课文三遍（三遍具体要求是：读准字音、读通句子、读不好的地方多读几遍）。"写"就是指学生在完成上面任务之后，通过自学的方式，重点学习"三会"字（会读、会写、会认），在生字表上标注生字的拼音、音序、部首（除部首外几画），还可以为生字组个新词。"查"主要是学生可以根据文章内容，自主查阅相关知识（作家、作品、写作背景、相关内容）。"问"是指在读课文的过程中，对不明白的地方用"？"在其右边画出或在课题下标出。在课堂上，学生可以就疑难问题质疑，或通过查字典、请教他人、交流讨论等方式解决。

2. 多层次设计提升学生听课能力

以语文活动为例，这次划分三个平行小组，每个小组任务不同，由学生自主选择。第一小组负责理解默写，理解古诗文内容，并准确无误地默写。第二小组负责方法探究，将课内古诗文进行分类，以结构图的形式呈现，并探究阅读不同类古诗文的方法。第三小组负责命题解题，研究考题特点，命制试题，并配上解析。这三个小组又各有关联。第一小组负责接受第二小组的方法指导，接受第三小组的习题检测；第二小组负责给第一小组进行讲解，并将探究成果分享给第三小组；第三小组负责用习题检测第一小组的掌握情况，并总结错题、错因，思考解决方案。

3. 多样化作业让每个学生都有大显身手的机会

教师利用多元智能、最近发展区理论，布置多样化作业。从时间上，有预习、有复习；从功能上，有检测、有巩固；从形式上，有书面作业、口头作业和动手实验或制作等。多样化的作业，确保了每个学生都可以根据自己特长和喜好来完成。教师再根据实际情况进行评估，同时保证学生的潜能得到发挥。

4. 思维导图、概念图提升复习能力

通过为学生提供思维导图、概念图，帮助学生在复习时将知识结构化、系统化。

（四）元认知培养策略

元认知培养主要从错题反思开始，逐步拓展到对学习方法、记忆特点、接收方式等方面的反思。学生练习中的错误是思维障碍或记忆模糊的表现，教师为学生错题反思提供了程序性工具：错误点、正解、错因分析、启示。学生利用这个反思工具，逐步强化对自我认知特点的感悟，在反思中提升元认知能力。

班主任定期召开学法指导的班会，通过学生分享，引发反思。学生小组之间，讨论哪些方法适合自己。VAK（视觉、听觉、动觉）策略的导入，甚至多元智能理论的导入，引导学生对自己接收信息的偏好、优势智能和潜在智能有了更清醒的认识，促进元认知的发展。

（五）资源管理策略

在日常教育教学中，任课教师尤其是班主任，帮助学生对资源（时间、空间、学习资料、工具）等进行有效管理。

以时间管理为例：鼓励学生合理管理闲暇时间。学习科学的方法注意以下四个方面：其一，设立合理且具备操作性的目标。学生根据自身能力合理设置任务难度。目标应处于最近发展区内，在他们努力实现目标的过程中，既能促进能力的提升又能合理发挥时间的价值。其二，养成制订计划的习惯。无论是纸质稿还是腹稿，学生对自己要在闲暇时间完成的任务有一个明确的规划。其三，树立优先级意识。对要完成的任务进行优先级划分，确定不同活动任务的重要性及顺序使计划更加合理。其四，积极寻求反馈。自己进行总结反思或与同伴交流，通过反馈不断完善对闲暇时间的管理，促进自身闲暇时间管理能力的提升。

传授给低年级小学生的时间管理方法要内容简单、操作具体、显示形象、经常重复。比如通过游戏角色扮演、情景剧等活动，让小学生认识到自己的时间使用状况，采取一定的措施减少或消除对时间的浪费，增强规划时间的意识和方法。高年级小学生则可以通过头脑风暴式的共同探讨、有目的地制订训练计划等方式，检验时间管理策略的使用效果，以形成良好的时间使用的行为习惯。

四、自主学习能力培养的成效评估

（一）数据分析

2022年6月，对3~8年级学生进行了自主学习能力的测评，学生动机的期望、价值和情感，认知元认知策略和资源管理策略都有不同程度的提升。前后数据对比，显示出自主学习能力培养策略效果明显。

以五年级为例（图1）：2021年价值成分平均分为4.04分，期望成分平均分为3.91分，情感成分平均分为3.13分，认知元认知策略平均分为3.51分，资源管理策略平均分3.49分；2022年价值成分平均分为4.23分，期望成分平均分为4.17分，情感成分平均分为3.04分，认知元认知策略平均分为3.93分，资源管理策略平均分3.72分。由此可见，经过半年的教育教学干预，在价值成分、期望成分、认知元认知策略和资源管理策略平均分都有上升，而在情感成分平均分略有下降。

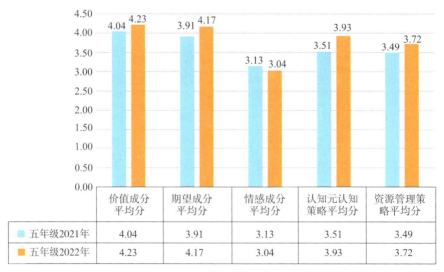

图1　五年级学生自主学习能力测评结果

（二）数据分析反映的问题

本次测评的结果显示，3~6年级的学习动机中情感部分低于前测，还需要通过访谈法，对这个情况进行归因分析。

自主学习关于动机部分，情感要素主要是考试焦虑和个人情绪调节。学生得分较低，可能的原因如下：

①2022年4月份因疫情居家学习，返校复课一两周就要进行考试，这个时候进行中期测试，学生的考试焦虑可能有所增加。今后再进行学生自主学习情况评估的时候，要考虑疫情、期中考试、期末考试等影响因素，能规避的尽可能规避，避免受到干扰因素，影响干预效果。

②前期对学生关于考试的认知策略还不够。学生对考试产生焦虑，影响自主学习的情感因素。学生对考试的认识还有功利性、评价等级式的误区，需要在考试认知策略方面强化教育。

③学生的情绪自我管理方面的能力还不够。情绪控制能力对3～8年级的学生来说，还比较陌生。如何识别情绪，如何进行有效的控制等，还需要强化培训。

学生的动机策略干预不够，在激发、维持、调节方面需要理论指导和强化。比如替代性强化、外部动机刺激到内部动机激发等。前期的自主学习培养策略较多，比如目标的标准和制定策略、认知元认知策略、资源管理策略等。但是在动机方面，主要是ARCS模型的课堂教学应用，教师对学习动机的认识、调控方面，还缺乏系统化的培养策略，需要对学习动机的相关理论和工具强化学习，比如替代性强化理论、外部刺激、内在动机激发策略等，需要形成校本培养策略，并指导学生在自主学习动机方面进行调节。

课堂教学中培养学生自主学习策略的导向性还需要进一步强化，学生自主学习能力培养策略还需要进一步系统化。

五、改进方案

针对研究中期检查所暴露的问题，结合原有研究方案和本次专家指导，下一步计划如下：

（一）针对中期检测得出的大数据分析，要对学生自主学习的情感成分进行指导

学生自主学习动机的情感部分主要是考试焦虑和情绪自我调节，因此今后的研究方向就是要强化对考试的认知策略和情绪的自我管理。

关于考试的认知策略，课题组将进行研讨，利用多种方式，使学生对考试的本质、功能、结果使用、外部因素等内容形成正确的认识，并形成应对考试的有效策略，从而降低对考试的焦虑。结合"双减"背景，在机制上形成对考试成绩的正向引导作用，减少负面干扰作用。同时，强化对家长的教育，形成和谐的亲子关系，尤其是对考试成绩的正确认知和使用，从外部减少考试焦虑。

（二）增加对学生自主学习动机的干预策略

今后要强化对教师的培训，让教师掌握学习动机的理论和工具方法，并在实际应用中形成有效的动机干预。

要进行学习动机的大讨论，现在教师所用的动机激发，基本上是外部刺激较多，比如发奖品、口头表扬等。

（三）进一步加强对自主学习培养的针对性、导向性和系统性的研究

前期的研究，关于自主学习策略较多，还需要进一步梳理、提炼，形成系统化，提高针对性和导向性。要针对一个学段的学生不同特点，形成有针对性的培养策略。

学生自主学习能力的培养是需要教师适时监控和传授何为自主学习、自主学习的影响因素等，从而加强学生自主学习的意识，要形成通用的自主学习培养策略系统，针对不同的能力水平，进一步梳理提炼，形成结构化的指导策略。

参 考 文 献

[1] 郭德俊，汪玲，李玲．ARCS 动机设计模式［J］．首都师范大学学报（社会科学版），1999（5）：91－97．

[2] 钱晶，魏子华．论 SMART 原则目标管理在参与式教学中的运用［J］．课程教育研究，2019（18）：9－10．

[3] 史娜娜．七年级学生数学学习反思能力的培养策略［D］．呼和浩特：内蒙古师范大学，2017．

专家 点评

"双减"政策旨在强化学校主阵地、课堂的主渠道等作用，落实立德树人根本任务。学校既要在课堂教学、课后服务、作业设计等方面发力，又要充分调动、发挥学生主观能动性，尤其是要培养学生自主学习能力。

该成果在调研测评的基础上，针对学生自主学习能力方面的薄弱点，基于信息化培养学生的自主学习系列策略，包括调节学习动机、确定具体目标、掌握认知元认知策略以及资源管理策略，并在日常教育教学中加以运用强化，取得良好实效。学生动机的期望、价值和情感，认知元认知策略和资源管理策略都有不同程度的提升。前后数据对比，显示出自主学习能力培养策略效果明显。

该研究针对中期检测得出的大数据分析存在的问题，已经提出改进方案：对学生自主学习的情感成分进行指导；增加对学生自主学习动机的干预策略；进一步加强对自主学习培养的针对性、导向性和系统性的研究。

建议围绕自主学习能力培养补充有价值的参考文献，进一步梳理可供学生使用的系统的自主学习策略，结合具体的学科学习内容培养学生自主学习的意识和策略使用，再用数据说明自主学习能力培养效果。

邱 磊
北京教育学院人文与外语教育学院

"双减"背景下体能训练对提高初中男生身体素质实验研究

北京市延庆区旧县学校 陈 稳

摘 要　本文采用实验法、数理统计法、比较法等研究方法，以延庆区旧县学校2021级初中男生为实验对象，进行健康体能训练的实验研究。实验结果表明，与对照组相比，实验组在速度、力量、柔韧和耐力的提高具有显著性差异。另外将游戏和比赛加入体能训练中，能有效激发学生兴趣，多样的练习形式和手段还能使教、学、练、赛有机融为一体，提质增效，打造趣味课堂。

主题词　双减　体能　身体素质

一、研究目的

2021年7月颁布实施的《关于进一步减轻义务教育阶段学生作业负担和校外培训负担的意见》明确规定，现代教育工作应当以学生为本，教学工作的开展需要重视学生身心健康发展，保障学生获得休息的权利，借助减轻学生负担来提高整体教学质量。简而言之，"双减"政策是指"减轻学生作业负担和压减学科类校外培训机构"。由此所带来的便是对于学生综合素养的提升。本研究通过健康体能训练实验，将体能训练融入体育课程，充实学生每天锻炼一小时的内容，旨在找到能够提升课堂效率及学生身体素质的有效方法。

二、研究对象与方法

（一）研究对象

旧县学校2021级初中男生。

（二）研究方法

1. 数理统计法

对2021级初中44名男生建立体质健康数据库，结合训练实践整理收集44名男生在健康体能训练干预后体质健康数据，并进行对比分析。

2. 实验法

随机抽取2021级初中男生22人作为实验组，22人作为对照组，进行相应的国家体质健康测试，对实验前后所得数据进行对比分析。

（1）实验设计

延庆区旧县学校的体育课程模式为每周三节必修和两节课后服务选修课，每节课时长为

40~45 分钟。本学期 2021 级初中男生的课后服务选修课为体能训练。将 2021 级初中 44 名男生分为体能实验组及对照组。在选样过程中排除了体育训练兴趣班、体育类社团等因素。实验开始后，对实验组以及对照组学生分别进行健康体能训练和传统体育课素质练习。设计并撰写系统的体能训练计划教案，通过心率监测来控制训练强度，通过训练时间来控制训练量，在实验前后记录测量数据，并利用 SPSS19.0 对采集的实验组以及对照组的实验前后的数据进行独立样本 t 检验，分析实验组与对照组中学生体能增长的组间差异和组内差异。

（2）实验变量

在实验中，自变量是体能练习内容，因变量是 50 米、1 000 米、立定跳远、坐位体前屈、引体向上的测试成绩。在选样过程中已排除了体育训练兴趣班、体育类社团等无关变量对实验的影响因素。遵循随机原则和组间均衡原则，实验前及实验过程中将各项因素标准化、随机化以及均衡化处理，选择研究对象和编组时，依照随机分组以及随机抽样的方法开展。

三、研究分析与结果

（一）健康体能训练方案与实施

以 2021 级初中男生参加国家学生体质健康标准测试的成绩为依据，在学校教学德育处的支持下，制定了针对性的体能训练方法与干预措施。

"健康体能训练方式"是指依据学生身体发展阶段特点及个体差异性，科学运用训练原理，通过新颖的运动器材，配合不同性质和比例的素质板块训练内容，合理选择安排不同形式的身体运动功能训练，突出动力链传递效果及强调学生身体"完整性"发展。健康体能训练具有动作简单、趣味性强，所用器材简单新颖、基础性强，与各项运动的专项技术关系密切等特点。它不是简单地将各种训练方法累加及组合，而是项中有项，有一定间歇和组合的方式，能够巧妙地将影响身体机能的多个要素渗透在一次训练中，训练方式及内容的变化，有助于在训练中防止神经和肌肉的疲劳，避免局部负荷过大与损伤，从而获得事半功倍的功效。

（二）训练方案制定原则

围绕《学生体质健康标准》内容，遵循体育锻炼的自觉性原则、全面性原则、适量性原则、渐进性原则、经常性原则、针对性原则，在保证学生每天在校 1 小时锻炼时间的基础上，使学生学会健康的生活方式和科学有效的锻炼方式。

（三）具体训练方案（表 1 和表 2）

表 1 健康体能训练内容及身体发展对应

体能训练	练习内容	训练目的	对应体质监测项目
速度素质 腰腹核心力量	体能游戏：你追我跑 折返跑、多角球、垒球抛捡动作练习＋仰卧举腿、两头起触小栏架；负重仰卧起坐；健腹轮练习 HIIT 体能操 体能比赛：平板支撑	提升速度爆发、提升反应速度、动作速度，提升核心力量，发展腰腹肌群	50 米跑 引体向上

续表

体能训练	练习内容	训练目的	对应体质监测项目
耐力素质+柔韧	体能游戏：左右开弓 开合跳、高抬腿、接力或追逐游戏+弹性拉伸、动力性（双人拉锯）拉伸、仰卧提髋练习 HIIT 体能操 体能比赛：长腿接力（多人配合）	提升有氧、无氧耐力，提升学生关节、韧带的柔韧性	1 000 米跑 坐位体前屈
速度素质+灵敏	体能游戏：你追我跑 反应性游戏、阻力带练习；标志杆折返变速+绳梯训练；标志物训练，如五角星触角 HIIT 体能操 体能比赛：硬拉斜板控（双人配合）	进一步加强学生速度耐力，发展大腿内收肌、外收肌训练	50 米跑 1 000 米耐力
力量+耐力+腰腹	体能游戏：背夹球 仰卧推举、手臂滚球、阻力带；连续跳小栏架；收腹抱膝跳+绳梯跳跃练习；平衡蹲起；蛙式连续跳跃 HIIT 体能操 体能比赛：斜身引体平板支撑（双人配合）	发展学生上/下肢爆发力、弹跳能力，发展核心肌群	引体向上 立定跳远

表2 传统体育课素质练习内容及身体发展对应

传统训练	练习内容	训练目的	对应体质监测项目
速度素质+腰腹核心力量	蛙跳 高抬腿跑 小步跑 蹲跳起 俯卧撑 两头起 仰卧起坐	提升速度爆发、提升反应速度、动作速度，提升核心力量，发展腰腹肌群	50 米跑 引体向上
耐力素质+柔韧	1 000 米全程跑 200 米—400 米—200 米—400 米间歇跑 跳绳 3 分钟 仰卧起坐 坐位体前屈韧带拉伸	提升有氧、无氧耐力，提升学生关节、韧带的柔韧性	1 000 米跑 坐位体前屈
速度素质+灵敏	蛙跳 高抬腿跑 小步跑 蹲跳起 俯卧撑 两头起 仰卧起坐 折返跑	进一步加强学生速度耐力，发展大腿内收肌、外收肌训练	50 米跑 1 000 米耐力

续表

传统训练	练习内容	训练目的	对应体质监测项目
力量+耐力+腰腹	俯卧撑 卧推 两头起 仰卧起坐 蹲跳起 折返跑	发展学生上/下肢爆发力、弹跳能力，发展核心肌群	引体向上 立定跳远

（四）健康体能训练效果分析

1. 实验组及对照组身体素质前测结果

通过对两组男生进行 50 米跑、坐位体前屈、立定跳远、1 000 米跑、引体向上测试，对实验前的体质检测成绩进行显著性分析。实验前两组男生身体素质前测结果如表 3 所示。

表 3　实验前实验组与对照组身体素质对比分析

项目	50 米跑/s	立定跳远/cm	坐位体前屈/cm	1 000 米跑/s	引体向上/个
实验组	8.83±0.18	192±2.97	7.98±3.45	248±3.47	6.24±0.32
对照组	8.78±0.26	190±3.56	8.27±4.54	246±5.53	7.87±0.29
t	0.67	0.273	0.23	0.241	0.38
p	>0.05	>0.05	>0.05	>0.05	>0.05

如表 3 所示，实验组与对照组男生 5 项身体素质测试成绩 p 值均大于 0.05，说明两个组男生的身体素质没有显著性差异，分组实验具有可比性。

2. 体能训练后实验组与对照组身体素质的实施效果

青少年初中阶段的速度素质处于发展敏感期，50 米跑作为该阶段青少年速度素质的测试指标，很大程度反映了反应速度和动作速度。

表 4 显示实验后实验组与对照组在 5 项身体素质测试中都体现出了显著性。表 4 显示 50 米跑试验后两组都有提高，但从两组样本实验后成绩提高幅度的 t 检验结果看，实验组成绩提高效果显著优于对照组（5 项 p 值都小于 0.05），因为在体能训练中速度和灵敏及腰腹力量都有机融合穿插，形式内容的变化、间歇的变化通过反应性游戏、阻力带练习及标志杆折返变速、绳梯训练等有效提高中学生心理接受度，激发参与兴趣，同时使抬腿肌群和推动肌群得到充分锻炼，有效调动机体供能协同发展，速度素质的提高效果更优。

表 4　实验组男生与对照组男生试验后测身体素质检测分析

项目	50 米跑/s	立定跳远/cm	坐位体前屈/cm	1 000 米跑/s	引体向上/个
实验组	8.13±0.27	207.1±3.79	13.28±3.45	237.3±3.43	17.5±0.49
对照组	8.38±0.13	201.7±4.56	11.53±4.54	241.7±3.32	13.7±0.26
t	2.19	3.32	3.12	3.85	6.56
p	0.044	0.003	0.006	0.003	0.001

通过实验后实验组和对照组1 000米、立定跳远及引体向上测试我们发现，体能训练对提高初中生力量和耐力素质效果较传统体育课素质练习明显。因为组合体能训练特点是全面发展学生大小肌群，聚力完成动作。力量素质训练辅以耐力及腰腹核心配合练习，让学生能够更加明确动作发力点，正确掌握跑与跳的技术动作，学生上下肢协调配合，因此实验结果显示，组合体能训练有效提高动作完成度的经济性和实用性，提升中学生的耐力素质及力量素质。

柔韧是表现人体各关节活动度的一种能力，中学生柔韧素质的指标是坐位体前屈。柔韧受关节及关节周围的软骨、韧带和肌肉等组织特质决定，健康体能训练关注多关节组成的动力链，健康体能训练下的柔韧练习不仅能够最大化关节肌肉活动幅度也能够有效提高爆发力和速度等。从结果分析可以看出，实验组与对照组均有显著提升，特别是由于初中男生处在生长发育的高峰，关节灵活性具有较大的可塑性，更加强化训练效果。

图1显示，健康体能训练在提升学生力量、速度、柔韧、灵敏素质中都较为显著。坐位体前屈项目和引体向上项目测试数据显示，实验组比对照组平均环比增长率分别高3%和2.5%，实验组立定跳远项目平均环比增长率列5项中第三位，这标志着体能训练对力量和柔韧素质影响效果显著。对于1 000米项目，实验组和对照组都有成效，但是从平均环比增长率看，实验组高于对照组约2%。实验结果所得数据的差值能够从侧面反映出两种体能干预训练对中学生耐力素质都产生良好效果，平均环比增长率也能够直观验证健康体能训练对于提升学生身体素质的应用效果较为显著。

图1　实验前后实验组与对照组学生身体素质平均环比增长率

四、结论与建议

（一）结论

1. 健康体能训练能够有效提升初中男生多项身体素质

健康体能训练能够有效提升初中男生力量、速度、耐力、柔韧、灵敏等身体素质。多素质训练内容融合多样性手段，充分发挥学生整体机能效应。健康体能训练不是单素质的量变叠加，相对于传统体育课素质练习，健康体能训练耐力方面较有突破，特别是力量和柔韧方面成效显著。

2. 健康体能训练以"趣"促"练"能够有效激发学生练习兴趣

健康体能训练不只是对练习内容的多元组合，还在形式上进行最大化的形式创新，如体能游戏、体能教学 PK 赛、音乐伴奏下的 HIIT 体能操等。以上形式的创新大大激发了学生的练习兴趣，做到以"趣"促"练"，提高了学生的参与度，促进学生健康成长，使教、学、练、赛有机融为一体。通过多种组合的练习方式，为学生提供多种有效的锻炼手段，有效引导学生发现自我锻炼的潜能，初步形成自我锻炼的意识，获得运动所带来的成就感。

（二）建议

①立足学生体质健康发展需求，激发学生参与锻炼的兴趣，结合现代科技开发趣味性强、接受程度高的体能训练方法，同时要兼顾技能练习的结构化，培养积极学习能力和自律性，培养青少年学生技体能全面发展。

②对于场地条件局限性、不能满足教学需求的情况，或者在特殊天气下，学校可以在室内开展小场地的健康体能训练，如 HIIT 体能操等练习。

参 考 文 献

[1] 马凌，樊伟，李忠诚，等. 基于核心素养背景的北京市体育与健康学科教学改革——抓实三"教"保基本，关注健康求创新 [J]. 体育教学，2018，38（12）：5.

[2] 教育部. 中学体育器材设施配备目录 [EB/OL].（2002 - 07 - 25）[2022 - 09 - 26]. http://www.moe.gov.cn/jyb_xxgk/gk_gbgg/moe_0/moe_8/moe_27/tnull_469.html.

[3] 徐大成. 新课改后体育教学中热点问题的阐述 [J]. 西安体育学院学报，2012（2）：1.

[4] 李涵. 中美中小学体能教育之现状研究 [J]. 山东体育科技，2010，32（4）：3.

[5]《辞海》编委会. 辞海 [M]. 上海：上海辞书出版社，1999.

[6] 乔秀梅，童建国，赵焕彬. 基于人类动作发展观的中小学生体能教育的思考 [J]. 体育学刊，2010，17（11）：80 - 82.

[7] 姚永军. 基于概念的体能教育课程模式对我国中学体育教学的启示 [J]. 运动，2012（11）：2.

[8] 刘震，韦雪梅. 功能性体能训练及其在运动健康中的应用 [J]. 安庆师范大学学报（自然科学版），2018，24（2）：5.

[9] 杜聪. 青少年初中生体能训练内容构建与实践研究 [D]. 北京：北京体育大学，2017.

专家 点评

"双减"政策下，教学工作的开展更加重视学生身心健康发展，减轻学生负担、提高整体教学质量。在此背景下，本研究通过健康体能训练实验，将体能训练融入体育课程，充实学生每天锻炼一小时的内容，对于提升课堂效率及学生身体素质具有现实研究意义。本研究采用实验法、数理统计法、比较法等研究方法，以延庆区旧县学校 2021 级初中男生 44 人为实验对象，分成实验组和对照组（每组各 22 人）

进行体能训练的实验研究。实验结果表明，与对照组相比，实验组在速度、力量、柔韧和耐力的提高具有显著性差异，有效提高动作完成度的经济性和实用性，提升中学生的耐力素质及力量素质。本研究还探索形式创新，巧妙地将影响身体机能的多个要素渗透在一次训练中，将体能游戏和体能教学比赛、音乐伴奏下的HIIT体能操等加入体能训练中，激发了学生兴趣，多样的练习形式和手段还能使教、学、练、赛有机融为一体，提质增效，打造趣味课堂。通过丰富多彩的体育运动和体能训练等活动，有效引导学生发现自我锻炼的潜能，初步形成自我锻炼的意识，获得运动所带来的成就感。同时激发了学生积极向上的学习状态，培养了学生刻苦坚持的学习精神，促进了青少年学生技体能的全面发展。

建议对于"健康体能训练方式"研究与"双减"政策中减轻学生焦虑情绪研究相结合，更加注重完善体育教学、体能训练过程中个人意志力、团队精神的培养，并且针对体能训练中可能存在一定概率的运动损伤情况，完善科学运动医疗保障救护措施，与家长达成共识，通过体育教学中体能训练的加强，助力"双减"政策减轻学生课业负担，提高学生体能和学习效率。

孙　慧
清华大学

"双减"背景下教师工作压力对工作倦怠的影响：教学效能感和应对方式的调节作用

北京市朝阳区教师发展学院　杨　红

摘　要　对北京市朝阳区494名中小学教师的调研显示，"双减"政策实施后，中小学教师感受到较大的工作压力，其中班主任、语数外教师感受到的工作压力更大。教师工作压力与工作倦怠呈现出较强的正相关，且工作压力对工作倦怠变异的解释率为31.4%，尤其对情绪疲劳的解释率高达49.3%。同时，教师的教学效能感、积极的应对方式在工作压力对工作倦怠的影响中起着调节作用。因此，可以从提升教师教学效能感、学会积极应对方式入手帮助教师更好应对压力，减少情绪倦怠风险。

主题词　工作压力　工作倦怠　教学效能感　应对方式

一、问题的提出

2021年7月24日，《关于进一步减轻义务教育阶段学生作业负担和校外培训负担的意见》发布。为落实"双减"政策，各教育部门、学校开始探索有效的教育教学方式，并从学校管理、作业设计、课后服务等方面开展了大量的工作。根据教育部基础教育"双减"工作监测平台的数据显示，截至2021年10月底，全国20.6万所义务教育学校中，99.3%的学校出台了作业管理办法，99%的学校提供了课后服务等。

有研究者通过调研发现，从全国范围来看，学生负担的确明显减轻，教培市场规模有所收缩，学校作为教育主阵地的作用进一步强化。与此同时，我们也能感受到作为"双减"政策的实际践行者，身处"双减"战役核心地位的教师们，面临着严峻的负担过重、工作压力增大的问题，因为他们需要为工作付出更多时间和精力，去研究、执行相关管理决策，同时学校课后服务水平、课堂教学教育质量、教师参与课后服务等内容给教师提出了新要求，带来了新的工作挑战。例如，徐承芸等人对江西省部分小学师生的调研结果显示，有65.31%的教师感觉"双减"之后工作压力变大，有40%的教师在"双减"之后，周工作时间在50小时以上，工作负荷量较大，呈现出较大的工作压力问题。由于

"双减"背景下教师压力过大，于是教师职业倦怠问题凸显出来。黄路遥通过访谈的方式从性别的角度研究了小学女教师的职业倦怠问题，结果指出"双减"政策的实施会加重女教师的职业倦怠。

以往研究显示，教师的工作压力与教师职业倦怠息息相关，工作压力是职业倦怠的重要影响因素。同时，以往关于教师工作压力与职业倦怠的研究还显示，在工作压力对职业倦怠的影响中，还存在一些中间因素，起着中介或者调节作用，包括教师的应对方式、教学效能感、人格特征等。那么在当前"双减"政策背景下，教师工作压力与职业倦怠的关系如何？是否工作压力是职业倦怠的重要影响因素呢？从教师自身来讲，是否有一些因素去调节，或者影响工作压力造成的职业倦怠问题？这些因素的挖掘将有利于进一步探索帮助教师缓解工作压力和职业倦怠的方法。本研究关注教师教学效能感和应对方式这两个因素在工作压力与工作倦怠关系中的作用。

二、研究方法

（一）研究对象

本研究的研究对象为北京市朝阳区中小学教师，采取随机抽样的方式进行，最终获得有效问卷494份，其中男教师64人（13%），女教师430人（87%），246人（49.8%）担任班主任，248人（50.2%）为非班主任，43人（8.7%）担任干部，451人（91.3%）为非干部，平均年龄为37.9岁，平均教龄为15.2年。

（二）研究工具

本研究除考察教师人口学变量外，还通过量表的方式考察了教师的职业压力、应对方式、工作倦怠和教学效能感，具体的量表包括中小学教师职业压力源量表、简易应对方式量表、教师工作倦怠量表、教师教学效能感量表。

（1）中小学教师职业压力源量表由李琼等人编制，具有较好的信度和效度。共有22个题目，在题干中描述在面对某一教育教学情况感受到的压力情况，通过非常不符合、比较不符合、一般、比较符合到非常符合进行五级评分，符合程度越高，分值越高（赋值为1~5分），主要考察中小学教师的职业压力源情况，包括五个维度，分别是工作负荷、学生学业、社会及学校评价、专业发展及学生问题所带来的压力。

（2）简易应对方式量表由解亚宁编制，具有较好的信效度。共20个条目，包括积极应对和消极应对两个维度。王端卫等进一步将这20个条目进行因子分析，提取出积极问题关注、积极情绪关注、消极情绪关注、消极问题关注、心理疏导五个因子。本量表采用0~3四级评分。

（3）教师工作倦怠量表由徐富明、吉峰等人编制，信效度良好。共包含15道题，采用五级评分，1表示非常不符合，5表示非常符合。得分越高，说明教师职业倦怠情况越严重。包括情绪疲惫、少成就感、去个人化三个维度。

（4）教师教学效能感量表由Tschannen–Moran和Hoy编制，包括12道题目，并由吴量等修订为中文版，具有较好的信效度。包括课堂管理、教与学两个维度。

（三）数据处理

本研究通过SPSS20.0进行数据分析，在中小学教师工作压力和工作倦怠的描述统计结果基础之上进行工作压力与工作倦怠的相关和回归分析，并进一步通过分层回归的方式探索教学效能感、应对方式在职业压力和工作倦怠中直接的中介或调节作用。

三、研究结果

（一）"双减"背景下教师工作压力的现状

研究数据显示，"双减"背景下，中小学教师在各压力源下的压力均值均超过3（3为理论中值，大于3表示压力较大，小于3表示压力较小），表明能感受到较大的压力水平。除此，考察不同压力状态的人数比例，整体结果表明，除在专业发展压力源下，大部分教师在其他压力源上都感受到了较大的工作压力（表1）。

表1 "双减"背景下中小学教师工作压力情况

工作压力源	均值	标准差	<3（压力较小）	=3（压力一般）	>3（压力较大）
工作负荷压力	3.71	0.85	14.0%	11.3%	74.7%
学生学业压力	3.72	0.82	13.0%	10.9%	76.1%
社会及学校评价压力	3.70	0.94	15.0%	16.4%	68.6%
专业发展压力	3.01	0.85	39.7%	20.9%	39.4%
学生问题行为压力	3.61	0.97	18.2%	17.8%	64.0%
工作压力（总）	3.59	0.75	17.0%	4.5%	78.5%

考察不同性别、学段、学科、是否担任班主任、是否担任干部、教龄、年龄等人口学变量在工作压力上的差异，结果显示：①学生学业压力在学段上呈现显著差异（$p = 0.029$，初中教师学生学业压力得分为3.84，小学教师学生学业压力得分为3.64），其他压力源在学段上不呈现显著差异。②将语文、数学、英语合并为语数英，将除语数英之外的学科列为其他，考察工作压力的学科差异，结果显示：工作负荷压力（$p = 0.000$，语数英=3.81，其他=3.53）、学生学业压力（$p = 0.000$，语数英=3.82，其他=3.50）、社会及学校评价压力（$p = 0.003$，语数英=3.79，其他=3.52）在学科上呈现出显著差异，专业发展压力（$p = 0.206$）、学生问题行为压力（$p = 0.064$）在学科上差异不显著。③学生问题行为压力在是否担任班主任上差异显著（$p = 0.004$，班主任=3.74，非班主任=3.49），其他压力源在是否担任班主任上差异不显著。④各项工作压力源在性别、是否担任干部、教龄、年龄上的差异均不显著。

（二）"双减"背景下中小学教师工作压力与工作倦怠的关系研究

相关分析结果显示（表2），教师工作压力与工作倦怠之间呈现中高程度的正相关（$p < 0.01$）。其中，尤其值得关注的是，工作压力与情绪疲劳的相关程度最高。通过进一步的回归分析，结果显示，工作压力可以解释工作倦怠31.4%的变异（$R^2 = 0.314$），可以解释情绪疲劳49.3%的变异（$R^2 = 0.493$）。

表2 教师工作压力与工作倦怠的相关关系

工作压力源	情绪疲劳	低成就感	去个人化	工作倦怠（总）
工作负荷压力	0.646**	0.081	0.147**	0.515**
学生学业压力	0.601**	0.012	0.116**	0.445**
社会及学校评价压力	0.605**	0.046	0.143**	0.474**
专业发展压力	0.632**	0.140**	0.393**	0.595**
学生问题行为压力	0.473**	0.043	0.024	0.347**
工作压力（总）	0.702**	0.071	0.181**	0.560**

备注：**表示在0.01水平上显著。

（三）教师工作压力对工作倦怠的影响：教学效能感的调节作用

进一步通过回归分析检验教学效能感的中介或调节作用。因为工作压力对教学效能感的回归不显著，不具有中介效应。通过分层回归，结果显示引入交互变量后，更改后的 R^2 在0.05水平上显著（$p=0.046$），说明教学效能感在工作压力对工作倦怠的影响中具有调节作用（表3）。

表3 教学效能感的调节效应检验结果

模型	R	R^2	调整 R^2	标准估计的误差	更改统计量				
					R^2 更改	F 更改	df1	df2	Sig. F 更改
1	0.641[a]	0.411	0.409	0.476 00	0.411	171.238	2	491	0.000
2	0.645[b]	0.416	0.412	0.474 56	0.005	3.999	1	490	0.046

a. 预测变量：（常量），教学效能感，工作压力（均进行中心化处理）。
b. 预测变量：（常量），教学效能感，工作压力，工作压力与教学效能感的交互（均进行中心化处理）。

（四）教师工作压力对工作倦怠的影响：应对方式的调节作用

考察教师应对方式在工作压力与工作倦怠关系中的调节作用，检验结果显示，在引入各自交互变量后，消极情绪关注（R^2 更改为0，$p=0.912$）和消极问题关注（R^2 更改为0，$p=0.807$）的调节效应均不显著。积极情绪关注（$p=0.006$），积极问题关注（$p=0.035$）的调节效应显著。这一结果显示，面对工作压力，教师如果采用积极应对的方式（无论是积极情绪关注还是积极问题关注），可以缓解工作压力带来的工作倦怠（表4和表5）。

表4 积极问题关注的调节效应检验结果

模型	R	调整 R^2	更改统计量				
			R^2 更改	F 更改	df1	df2	Sig. F 更改
1	0.603[a]	0.360	0.363	139.91	2	491	0.000
2	0.610[b]	0.369	0.010	7.48	1	490	0.006

表5 积极情绪关注的调节效应检验结果

模型	R	调整R^2	更改统计量				
			R^2更改	F更改	df1	df2	Sig. F更改
1	0.603[a]	0.361	0.363	140.177	2	491	0.000
2	0.608[b]	0.365	0.006	4.469	1	490	0.035

四、讨论及相关建议

(一)"双减"背景下中小学教师工作压力的整体情况

从研究结果可以看出,在当前"双减"背景下,大部分中小学教师在工作负荷、学生学业、社会评价、学生问题行为、专业发展上都感受到了较大的工作压力。同时,针对不同群体的分析结果显示,初中教师和语数外教师在学生学业上感受到了更大的压力,班主任在学生问题行为上感受到了更大的压力。除此,语数外科目的教师在工作负荷、社会及学校评价上的压力也比其他科目的教师要大。这一研究结果是与现实情况相符合的。相对于小学,初中对学生的学业要求更多,对学业成绩更看重,所以初中老师会感受到更多的学生学业压力。对于班主任和语数外教师来说,他们相对非班主任和其他学科教师的工作量和工作任务会更多一些,所以在工作负荷上的压力会更大一些。同时,班主任需要消耗大量的精力投入班级管理中,对学生的问题行为进行管理、矫正也成为班主任非常重要的工作内容,因此班主任在学生问题行为上会存在相对大的压力。因此,学校要关注班主任、语数外教师的工作压力、情绪及其他身心情况,尤其关注承担双重角色的教师,给予其更多的行政辅助,尽可能减少非教学工作带给他们的情绪波动。

(二)"双减"背景下中小学教师工作压力对工作倦怠的影响

研究结果显示,"双减"背景下中小学教师工作压力能正向预测教师的工作倦怠,且工作压力对工作倦怠变异的解释率高达31.4%,对情绪疲劳变异的解释率高达49.3%,这说明"双减"背景下教师的工作压力是工作倦怠的重要影响因素,尤其是教师情绪疲劳的重要影响因素。这一研究结果与以往研究结果是匹配的。因此,在当前"双减"背景下,教师工作量增大,工作任务增多,工作压力明显增强的情况下,教师会更加容易产生工作倦怠的问题,影响其身心健康,甚至会产生离职等问题,需要加强重视,从政策、学校管理等多方面入手,帮助教师减负,同时促进教育教学工作的提质增效。

(三)教学效能感和积极应对方式的调节作用

研究结果显示,教学效能感在工作压力与工作倦怠的关系中起着调节作用。这一研究结果提示,要想减轻工作压力对工作倦怠的影响,可以从提高教师教学效能感入手。关于教师的访谈也显示,在面对"双减"政策过程中,如果学校建立了完善的教研模式,充分发挥团队教研的作用,进行深度备课和教研,而不是依靠教师自身单打独斗,这能够帮助教师提高教学效能感,从而进一步有效地应对"双减"政策的要求。反之,如果面对"双减"带来的新要求,教师觉得自己难以有效应对,那么会产生更多的压力和负面情绪。因此,提升教学效能感是促进教师有效进行压力应对和情绪管理的重要方式,是避免教师因工作压力过大产生工作倦怠的重要手段。基于此,无论学校还是教研部门,开展面向"双减"新要求的教研、培训,提升教师教学效能感将有助于教师更加从容地面对"双减"带来的挑战。

同时,除教学效能感外,研究结果也发现了积极应对方式的调节作用。在面对较大的工作压力时,如果教师以一种积极的方式去应对,那么将更有利于克服压力带来的工作倦怠风险。积极应对方式包括积极情绪应对和积极问题应对。积极情绪应对强调在面对压力的时候能通过积极的方式去调节情绪,积极问题应对强调在面对压力过程中致力于解决压力中的问题。这两种方式都是有效的压力应对方式。这一研究结果与后续的教师访谈相一致。教师们在访谈中也表示出自身情绪调节的重要性,在整理好情绪后,通过深度备课、集体教研等方式,能有效帮助其面对压力。因此,在面对"双减"压力中,教师要学会调整情绪的有效方法(而不是采用抱怨、吐槽、不良生活习惯等消极方式),并在此基础上,从问题解决的层面,敢于担当,通过实际行动解决"双减"带来的挑战。

参 考 文 献

[1] 余慧娟. 全面落实"双减"政策　强化学校教育主阵地作用——访教育部基础教育司司长吕玉刚[J]. 人民教育,2021(22):12-15.

[2] 徐承芸,林通. "双减"政策实施后师生现实状况审思——基于对江西省部分小学师生的调研分析[J]. 基础教育课程,2022(7):14-20.

[3] 黄路遥. "双减"背景下小学教师职业倦怠的归因探究——以社会性别为视角[J]. 广西师范大学学报(哲学社会科学版),2022,58(3):50-62.

[4] 郑晓芳. 中小学教师职业压力对职业倦怠和工作满意感的影响研究[D]. 长春:吉林大学,2013.

[5] 翁伟斌. 教师工作压力与职业倦怠关系研究——基于实证调查的分析[J]. 教育导刊(上半月),2014(3):4.

[6] 李琼,张国礼,周钧. 中小学教师的职业压力源研究[J]. 心理发展与教育,2011,27(1):8.

[7] 王端卫,张敬悬. 简易应对方式问卷的因子分析[J]. 山东大学学报(医学版),2014,52(3):96-100.

[8] 徐富明,吉峰,钞秋玲. 中小学教师职业倦怠问卷的编制及信效度检验[J]. 中国临床心理学杂志,2004,12(1):3.

[9] 吴量,詹浩洋. 中文版教师自我效能感量表(TSE)(简版)的信度和效度研究[J]. 心理技术与应用,2017,5(11):8.

[10] 温忠麟,侯杰泰,张雷. 调节效应与中介效应的比较和应用[J]. 心理学报,2005,37(2):268-274.

[11] 张倩. 从资源配置到制度安排——国际比较视域下的教师减负[J]. 教育研究,2022,43(2):29-43.

[12] 李志鸿,任旭明. 中学教师的工作压力、教学效能感与工作倦怠的关系研究[J]. 中国健康心理学杂志,2008,16(2):3.

[13] 吕邹沁,凌辉. 中小学教师工作压力,社会支持与职业倦怠的关系[J]. 中国健康心理学杂志,2014,22(9):5.

[14] 谭红秀. 中小学教师工作压力与工作倦怠研究——以韶关市为例[J]. 韶关学院学报,2014,35(5):4.

专家 点评

　　"双减"政策落实初期在减轻学生学习压力的同时容易出现增加教师的工作负担和压力的情况，对此应引起管理者、研究者、政策制定者的高度重视。课题关注了"双减"背景下的教师心理健康问题，是一项十分有意义的研究。

　　研究采用调查研究的方法，应用较为成熟的量表对全区近500名中小学教师问卷调查的数据进行了统计分析，得出了可信度较高的研究结论：在"双减"背景下大部分中小学教师在多方面都感受到了较大的工作压力；教师的工作压力能正向预测教师的工作倦怠且对倦怠的两个维度上有较高的解释率；教学效能感和积极应对方式在工作压力与工作倦怠之间都起着调节作用。因此，研究不仅明确了教师工作压力与倦怠之间的关系以及现实存在的教师压力较大的问题，也在一定程度上给出了解决问题的路径。研究结论对教师心理健康研究具有一定的理论与实践价值。

　　或限于篇幅，文章并未呈现对教学效能感等中介作用的细致分析以及由此引发的深入思考，如何理解和有效发挥教学效能感、积极应对方式的调节作用是值得进一步研究的。

张景斌
首都师范大学

深化"双减":重构"一日学校生活"的创新实践

清华大学附属小学 窦桂梅

摘 要 学校作为育人责任主体,理性思考"双减"政策的育人本质,并将"双减"系统归纳到学校历史与办学特色的教育教学和日常工作中,重构"儿童一日学校生活"。"一日学校生活"是"双减"政策落地生根的基本单元,设置全天候"1+X课程"课表,打通"课内+课后服务"育人质量,坚持"一日蹲班"治理机制并协同家校共育点,进而全面系统地让"双减"后的效果促进学生德智体美劳全面发展。

主题词 "双减"政策深化 全天候"1+X课程"表 "一日蹲班"治理机制 高质量育人

"双减"进入深化落实阶段近2年,也是与2022年新课程方案与新课标颁布的交汇之年,也是遇见了"十四五"规划的"高质量"之年,面对新格局、新课程、新变化的不确定性挑战,学校对"双减"一年成效的回顾总结与现实研判,不能只是"头痛医头、脚痛医脚"的简单思维或者割裂措施的合并,更不可退至一隅相安无事或高谈阔论,而是更加旗帜鲜明地强化基础教育学校育人主阵地的作用,将立德树人的宏大命题落地在学校微观单位的每一日,回到儿童最现实最真切的生活现场,让这盏"明灯"照亮儿童每一日学校生活。

一、小学落实"双减"政策的理性思考

"双减"政策文件明确指出,"回到学校主体责任"。这里一方面是学生在学校生活整整一天的时间,一方面是育人功能在学校场域的定位。我们聚焦几个现实省思:聚焦一日学校生活学什么、怎样学、何时学、学得怎样等多维度问题,如何统筹路径和资源,优化形成系统解决方案?回归学校育人责任主体,是校长吗?是教师吗?是,但学生是学习的主人,学生才是自己的责任主体。这就契合了清华附小"儿童站立学校正中央"的教育哲学。因此需要充分调动学生主体参与,必须凝聚多元育人要素,激发学校儿童一日学习生活的能动性,带动家庭一日,进而实现日复一日更进一日的"家校社"同向共育,以及借助信息化与数字化转型,赋能育人根本,承担社会责任等。

"双减"是一个系统工程,落实"双减"不能脱离学校办学实际。"双减"不是简单就事论事地每日增加在校时间的"课后服务",而是要将"双减"这一看上去头绪繁多的工作,系统归纳到学校历史与办学特色的教育教学和日常工作中,即儿童一日学校生活

的可感可获中，让学校落实国家立德树人的根本任务，在获得基础教育国家级教学成果奖的清华附小成志教育校本实践中，因"双减"更加富有时代意义。

"双减"的本质，在于彰显并恢复学校应有的教书育人功能。如何回归学校育人主体，让教育回归到育人本质，是对学校存在意义和功能价值的再确认和本源性思考。"双减"就是把被市场抢占的教育活动抢回来，把培养社会主义事业建设者和接班人的主动权从市场夺回来，把公立学校在义务教育领域的主体责任担起来，让义务教育切实回归学校教育这个根本，让义务教育真正实现使命、时间与空间的有机统一，让儿童未来成长为堪当民族复兴重任的栋梁之材。

"双减"政策落地生根就要重构"一日学校生活"。"双减"落到实处，关键要确立小学立德树人落实、落细、落小的微观单位——儿童每一日学校生活高质量。我们将学校系统育人落小到一日学校生活的微观基础，立足"每一日学校生活"，实现日有所学、周有所垒、月有所进，半年有收获，一年有所长，六年有所成，让儿童真正站立学校生活的每一天，让成长之种扎根于学校泥土，结实、踏实发展日复一日年复一年，方能达成高质量育人。

综上，我们形成了这样的共识："双减"要在学校教育功能的完全实现中落实，针对课内与课后育人断裂，导致学科与生活脱节、校外培训甚嚣尘上、学生学习负担过重等问题，结合学校十六年来从清华大学要求我们"课后托管"，到十年来的"1+X课程"建构，到"双减"政策出台后"重构儿童一日生活"，进而立足学校、"筑牢"课内育人，"抢回"课后服务，"夺回"育人阵地，高质量课内与课后服务统筹育人，培养德智体美劳全面发展，为立德树人提供小学样本。

二、清华附小"一日学校生活"的实践经验与效果

"双减"要求学校回归其育人责任主体地位。回归学校育人主体，让教育回归育人本质，是对学校存在意义和功能价值的再确认和本源性思考。清华附小作为一所百年老校，自1915年的成志学校之初就奠定了"造就完全人格之教育"的底色。清华大学"人文日新"的精神气蕴，让百年立人的成志教育秉承"儿童站立学校正中央"的教育哲学，当回归学校育人主体，如何为中国基础教育提供儿童站立"每一日学校高质量生活"的"清华样本"。

（一）时空重组与内容重塑：让儿童一日学校生活目标体系化

清华附小以儿童"一日学校生活"为微观基础，明晰"一日学校生活"的内涵与育人价值，构建了"一日跬步"到"至千里"的"一日生活"实践理论，努力将儿童成长的新元素融入每一天常态的、经典规律的新样态生活中，进而日新月异，涵养六年，一生成志。

1. 构建"学段进阶+幼小初衔接"一日学校生活图谱见证儿童阶段性与连续性成长

幼儿园与小学教育的"段差"本质是从自由的游戏转向规则、道德与习惯的约束。小学与初中教育"段差"的本质是从知识感知的感性学习转向概念建构的理性学习，从外部施加的教师管制转向内部调节的自我制约。近几年清华附小依托公益合作办学优势，

推进不同区域的校际衔接培养工程，先后开办了两所幼儿园，通过"幼—小"联动的成志教育"大广角"，一年级教师会在新学期之前，深入幼儿园，与即将升入一年级的幼儿浸润式陪伴，对幼儿园学生的身心特点、生活节奏以及学习内容进行调研，围绕儿童的天资与性情，设计了社会层面、交往层面、认知层面的幼小衔接目标，结合课程标准要求，面向未来学校课程发展新方向来统筹深化"幼小衔接"，精准着墨于国家对儿童成长整体要求所回应的连贯进阶和育人布局。对小学一至二年级的学生，遵从儿童身体与心理成熟阶段性特点赋予儿童活动化、游戏化、生活化的学习设计，更好地做到"缓坡推进"，贯通学生发展的衔接责任，让幼儿逐渐走上小学生活轨道。由此，再固化、优化"学段进阶"："启程（低学段基础牢，呵护兴趣）—知行（中学段腰杆硬，激发乐趣）—修远（高学段起点高，砥砺志趣）"，综合运笔中深化育人连续结构，体现新时代学校基于学段组织结构所做出的组织"进阶+衔接"。明确了新时期清华附小全面育人新场域中基于小学每一日，通过21天、100天、180天的"日进斗金"的"目标连贯进阶"；基于小学学段三进阶2 000多天，以"8岁的'小成长礼'""10岁的'知行合一'""12岁的'毕业修远'"的"关键事件进阶"，共绘见证儿童阶段性与连续性成长的节点评价，强化"小初衔接"。

2. 优化全天候"1+X课程"课表，让儿童每一日生活看得见，夯得牢

"双减"好不好，关键看课表。学校系统迭代"1+X课程"，打通课内与课后的时间与空间，构建了全天候"1+X课程"，使学生的一日学校生活时间更加符合儿童身心节律，课程内容结构更加全面且有丰富的选择，努力实现每个儿童的"个性的全面发展"和"全面的个性发展"的有机统一。

每天，在不同的时间模块里，学生实现"我的课间我选择，我的课堂我喜欢，我的项目我做主"。"晨启时光"开始一日学校生活，学生首先进行自主体育锻炼，用身心的律动唤醒一天的学习节奏。接下来在国家"1"课程落实的"学习时光"中，进行课堂沉浸式体验与互动。"午秀时光"丰富多彩，有午休，有游戏，每周三有学生自创展示的水木秀场，每周五有水木童心自主分享。下午有营养加餐等，到"暮醒时光"就开始沉淀和梳理一天的生活收获，总结"三个好习惯"：一个好心情，引导学生积极调节一日的心理与情绪；一个好问题，引导学生发现问题、提出问题，学会"吾日三省吾身"；一个好收获，引导学生梳理一日的实际获得。

课后服务"X课程"的"个性发展时光"里，有"学科+"学业强基内容，也有基于兴趣培养的内容，还有基于特长持续发展的社团内容等，努力做到底部质量提高，在校内完成课业的基础上，建构自己适性扬才的"第二发展曲线"。最后延伸到家庭，带着一日学校生活的收获和思考，回到家庭，持续延伸学校的好习惯和行为等。

3. 提升"课堂"育人质量，让学习成为解决现实生活问题的桥梁

一日学校生活中，学生80%多的时间在课堂。整体刻画不同学段学生学业成就的具体表现，研制不同学期学段的学业质量标准，用好一日学校生活中占比80%多的课堂时间，引导和帮助教师把握一日课堂学习深度与广度，实现"教+学+测"的一致性，是"双减"提质增效的重要路径。课堂是连接课程与课业的轴心，在时间与空间上保障课程在儿童一日生活中的效果转化，达成"课程-课堂-课业"统筹。尤其新课程标准强调设立跨学科主题学习活动，在清华附小原来十多年探索的整合课程及主题课程群成果中，

更加强调学科间相互关联,带动课程综合化实施等社会实践要求,引发学科知识与现实冲突,成为最有力量的学习果实,从而引导学生在日、周、月、年时间轴线的全学程中,自主进行周计划、周记录与周反思,形成日积跬步的生活笔记。为此经由学生核心素养这个中介,将课程目标与义务教育目标建立内在意义关联,学生的课堂学习和现实生活世界产生真实的链接,形成长周期、赋予挑战性的研究型学习,就是构建起"课堂小天地,天地大课堂"的学习生态。

比如六年级的一位学生,因为在科学课上曾学习到雷电是个天然的"氮肥工厂",常有雷电发生的地方农作物的生长往往十分茂盛,人造化肥的生产和使用对土壤、环境造成了严重的危害,加之课后在清华大学校庆开放日在实验室中亲眼见过模拟雷电制造神奇的"等离子体化肥水"实验,于是对等离子体化肥水促进植物生长这个课题产生了浓厚的兴趣。于是,在科学老师的指导下,该同学开展了等离子体化肥水促进如意花生长的探究,利用实验室高压放电制造的等离子体化肥水进行直接浸泡和引流给液培养如意花对比试验。经过严格的对照实验,他发现这种新型肥料对植物生长有极大的促进作用,特别是引流给液方式相比直接浸泡更有利于促进如意花的生长。实验证明,"等离子体化肥水"是一种绿色环保、符合双碳战略目标的新型肥料。由课堂上的学习延伸到课后的持续探究,他的研究获得了北京市金鹏科技论坛一等奖。

(二)价值共创:实现学校育人责任主体使命共担

围绕学校一日生活育人责任主体,面对学生培养、教师发展、学校善治等多重目标,校长需要把握学校未来发展的走向,有远见地辨识群体和个体利益诉求,引领团队趋同价值取向,内化愿景于心,实现激励相容,将宏大命题有效落实到微观行动中,构建起学校育人共同体。

1. 儿童作为"一日学校生活"自我教育的责任主体

以学生为本,回到学生自己的"学校精神王国",致力于促进学生全生命周期健康发展是践行"双减"理念的核心要义。儿童是学习的主人,儿童也就是责任主体,努力助推儿童自主管理内驱力,努力实现儿童参与学校课程设置、主题教育以及重大节日等活动,从"学校有什么就给什么",逐渐转变为儿童"需要学什么就设计什么、改变什么",结合"线上儿童一日生活学校",教学场域转变为"云教育+实践场",突显其基础性与个性化:学期初,儿童设计属于自己的学期"一日生活规划",学伴一起理解建构、整理加工,进行编码和编序,做到一日有序积累实践和转化输出;创建"提案履责、自创课程、志愿服务、平台分享"的儿童参与成志教育的议事机制,与老师、家长一道,参与"过程数据+关键事件+榜样引领"的立体评价机制和"文化浸育、环境美育、同伴互育"的影响机制,致力学生在学校的生活里肩负起学习和生活的责任,不断彰显作为意义主体的价值。

2. 教师肩负起"课上教学+课后服务"的"双育人"使命

回归学校育人主阵地,就是基础教育基本价值的"回归"。课堂教学是主渠道,课后服务是强助攻,教师是每日"课上+课后""双育人"责任主体。清华附小一直强调"课比天大",把"备好课、上好课、引导学生学好"作为崇高师德。特别是"双减"后课后服务的儿童"X课程"也是育人的强助攻,教师要承担课上与课后服务,强调双重育人任务。教师要努力成为儿童心灵与人格的审美对象,以"学段包干团队"达成学段进阶目标,坚持问题与目标导向结合,差异与创新导向结合,有意识地努力提升课堂教学的科学性、系统性。结合学校全天候一日生活的课程设置,教师团队一起细化学科育人质量目标,研制《清华附小学段育人质量目标手册》,加强课程资源和作业的衔接设计,研发了《清华附小的语文课》,增强一日儿童学校生活后的指导性、可操作性,实现课堂与课后的无缝对接、有效延展,从更立体的视角观察学生,以更全面的姿态研究教学,从未来发展的视角探索儿童完整成长的道路,同步发展育人的"教导力",提高儿童学校生活质量。同时成志教师不仅要了解所教班级儿童身心发育、成长变化和家庭社会关系,在一堆堆调和的细节中"晓之以理,动之以情",以"琐碎教育"形成育人闭环;还要把这些作为"相关利益方"课程资源,时刻体现出新时代中国特色社会主义思想,在课上与课后服务中,有机融入新课程标准中"三化"及科技文化等思想要义。

3. 家庭担负起"立德树人"根本任务之责任共同体

学校作为育人主体带动家庭,家庭反哺学校,家校共同发展,共同"促进"。"促"是彼此积极促成价值共识,"进"是学生高质量有进展的提升。清华附小十多年来,致力于家校协同共育,我们一直倡导与家长"同向共育""心无旁骛向前、风雨兼程抵达",在家校"促进"中,寻找协同育人的最大公约数。结合新出台的《中华人民共和国家庭教育促进法》的"促进",更好发挥"指引者"和"赋能者"作用,共同为党育人、为国育才。

清华附小从一年级入学到六年级毕业的六年系统推进培训工程,开学典礼的《家校十大公约》、三级家委会的建言献策、"十大榜样好家风"评选,以及常态的"央央学伴小组群""央央亲友团""央央亲子榜样团"等220个亲友团大手拉小手等方式,以"身心健康""经典阅读""良好习惯"三个法宝为纽带,推动家校同向共育。学校倡导的"每天阅读1小时",让亲子阅读蔚然成风;"每天至少锻炼1小时"、每学期的"马约翰足球杯联赛"等重要赛事活动,让每个家庭成为促进学生增强体育锻炼的协同者和增进者,共同知晓儿童一日生活的内涵和外延,共同造就两个育人阵地的战略友好关系,共同面对未来挑战的千军万马。家庭成为学生一日生活的一部分,这样真正建立了"每个学生都不能少"的家校协同促进育人共同体,构建起"家校社一体化"同向共育的新关系场域。

(三)机制创新:实现管理自治循环共优

1. 创新"一日蹲班"机制,圈层全景观察、诊断、反馈要素

"儿童站立学校正中央"是清华附小的育人理念。这句话落实落细,就是学校和教师要把学生当作一日生活成长的主体和伙伴,尊重他们,和他们一起成长。清华附小的组织变革体系中,"一日蹲班"是非常重要的组成部分。这里的"蹲"超越了其本身守在某个地方等待某事发生的含义,主要用来特指教育学意义上的面对儿童要"蹲下身子,放下架子"。十年如一日,清华附小的班主任和副班主任将办公室移到儿童一日生活的教室里,从清晨迎接第一个学生的到来,到暮省时分目送每一个学生离开。就这样,教师弯下腰来,蹲下身来,沉下心来,蹲住、守住一个班,留心观察,细心品味,用真情去感悟学生成长,用智慧去解码儿童成长规律。

基于此,以儿童一日生活为组元,打破单一学科的课堂观察,围绕儿童一日学校生活进行全方位、全景观察、记录与反馈。圈层校内外诸要素的"一日蹲班",是一日常态班级生活与一日生活动态诊断方式的创新与迭代,依据《学生一日行为观察表》《学生一日身心节律观察表》《学生一日学习与生活关联观察表》,形成了以"班主任+副班主任全日随班陪伴教导+第三班主任项目跟进"某一班全天候沉浸式同行研讨,以管理者+学科教研员+家长+专家多种类型组合为项目小组,某一日走进某一班,全天候多维次立体式跨年段、跨部门、跨学科进行观察诊断。大家集体围拢在某一个班级,扎根课堂,聚焦一日生活研究课题:国家课程、课堂生活、课后个性化选择以及教师特别辅导落实得怎么样?学生学习时长的科学性、身心发展的协调性如何?班主任及科任教师的和谐性、班级环境创设的安全性和加餐搭配的合理性怎样?对此开展"集中研讨提问题、集中诊断提素质、集中检查提现象、集中亮相提要求",增强一日生活中课堂内外的吸引力、感染力、内涵力。从晨启到暮省整整一天,全体管理者、全体教研员、家长、专家以及其他校外人员,打破壁垒、过程互见、全面观察、共同聚焦、协同改进,实现对同一年级、同一学段学生成长的优化或矫正。通过一个班级儿童一天中的整体样态,反推一段时间内教育者的教育教学行为。一日蹲班的诊断,也逐渐整合转化成为以教师育人为目标导向的带班方略,形成"一日学校生活"的"生态性、人文性、共生性"的高质量育人集群。

2. 创建儿童"自主选课平台+线上线下学伴亲友团",打好"平行与交叉"组合拳

学校不断优化儿童课后"X自选课程",为了尽可能满足儿童一日生活课程学段综合性,采取学段育人目标为单位的"层对层"的针对性课程选择,十年间平均70门左右;采取"键对键"选课平台,供学生、家长根据兴趣和需要选择线上"秒杀"与协商课程;为了每一个儿童过好每一天,学校专门对特殊和特需儿童"私人定制"。同时,采取自主选择同学或老师作为亲友团,或线上建群或线下定期有约的方式,全校组建450多个线上与线下的"小师带小徒的生生学伴亲友团""大手拉小手的师生学伴亲友团",进行"点对点"针对性互动帮扶。从根本上满足学生多样化、个性化的教育需求,让特殊个体与异质个体互动成长,确保学生在校内学会、学足、学好,彼此激励相融,为每一个儿童寻找成长的"最大公约数",这才是把学生留在校内的底气,学校才能真正发挥主渠道、主阵地的作用。

3. 应用为王,数据赋能减负,有效融入儿童每一日学校生活

在教育数字化的推进中,"跨链互通、身份互认、价值共享"教育数字化,正驱动着"优"教无类、"优"教无界,"以学定教、以学导教、以学评教"等个性化教育。清华附小抓住教育数字化转型的新机遇,构建"四横两纵"的智慧校园空间,避免盲目跟风"最前沿技术应用",让数智变革成果切实服务育人工作,尤其是儿童一日在校生活拉长的课后服务中,我们全力使数字化信息化赋能空间延展,成为学校提升一日学校生活育人质效的内生驱动力。例如,在学生全天候时间编排中,我们打通物理空间与虚拟空间,采用终端设备智能采集数据,信息化应用自动汇聚数据,伴随式、动态采集学生五育发展数据,基于信息化平台的科学建模,全景式跟踪、诊断、评价与反馈,精准刻画学生一日学校生活的真实画像。如学校正在运用智能手环进行动态过程运动健康的评估与诊断,制定《"一人一张"的健康运动反馈与改进的报告》;对学生课堂学习、户外活动、

课间游戏、自主游戏、家庭锻炼等各环节、各流程进行每日动态跟踪，记录运动密度、强度等，并对个体针对性地进行过程及时反馈与改进，以在过程中进行增值评价。同时对班级进行横向数据分析，总结优势方法，集中分类分层解决学生体质健康问题，让评价从模糊到清晰，从结果滞后性诊断到过程实时反馈，尤其是基于"双减"的作业减负，借助信息化软件从"作业设计体系的优化"和"作业时长管理"设置清晰有效的作业管理机制，解决各学科间谁来统筹、如何协调的问题，实现减量不减质。信息化助力"双减"数据育人，为每个发展中的儿童在最短时效中提供最智能、最便捷最新动态的成长反馈单，超越物理空间，联动虚拟技术，精准供给学生一日学校生活。

同时数字化赋能教育，促进技术与教育教学过程深度融合，助攻"双减"高质量课堂。通过教师线上研训平台、学生线上个性化学习平台、家长线上同向共育平台、虚拟现实交互学习平台等，让数字化赋能教师、学生、学校三类全息样态。打破固有校园围墙，重塑校内角色关系，链接校内外资源，推动课内外特色资源的积累、分享及展示，打造校园品牌。通过"互联网+教育"，打造数字化校园空间环境，从物理空间、信息空间、交往空间，为师生提供数字化、智能化、个性化新型一日学校生活环境，比如课后服务的人工智能课堂，定向思维与逻辑设计等，努力在学生一日生活空间内，发挥数据要素资源作用，实现部门联动、数据互通、应用集成、资源协同，以数字化提升课后育人的质量。

特别是近三年疫情常态化以来，学校的信息团队通过智慧校园平台整合全校数据信息；德育团队通过心理大数据提早发现特殊天才和特需学生特别及心理问题，及时预警、及时采取适性扬才的干预；学科团队构建校本数字资源库，使之贯穿到课前、课中、课后的教育教学全过程，实现线上、线下一体化的泛在教与学共享共创模式。全校各个团队坚持"应用为王"，共同打造数智化校园生活环境。

一言以蔽之，清华附小探索基础教育新范式，构建以"儿童一日学校生活"为杠杆的全面育人新场域的现实转型，将如何使儿童现在的生活和其未来发展建立联合意义，不断实现原来教学时间转向为儿童"衔接+进阶"的长周期的"儿童如何成长时间"；将原来的学科课堂育人转向学校"一日生活"育人；将原来的学科主导转向儿童学习与生活主导；将原来的学校单项育人转向多元主体参与共治育人……这或许将是未来五年、十年甚至更长时间，我们共同的责任与担当。

三、巩固"双减"成果，提升育人质量的再思考

未来已在儿童现在的每一日生活中孕育着，面对以"双减"为背景、以质量为视野、以技术为增量的新时代，如何进一步巩固"双减"成果，将"双减"政策与新课程方案、新课题深度对接，如何在一日学校生活中让立德树人根本任务落实落细落小，需要学校进一步思考。

思考一：从学校角度出发，面对校内外教育生态圈层的变化，如何将新课标的教育理念放置到具体而真实的学校场域，聚焦"义务教育"阶段，调控从小学内部"段差"到小升初的"段差"给拾级而上的学生带来的困扰？如何引导家长认清自己的孩子，明晰自己孩子的起跑点，从而改变超前学习、超标学习的拔苗助长的反科学的教育方法，有

效遏制住"剧场效应",有效缓解教育"内卷"的现象,重建良好的教育生态,在"衔接+贯通"中实现"完整人"的发展,实现系统集成与整体落地?

思考二:从校长角度出发,在多元主体共治教育的今天,如何研判新时代背景下,基于立德树人根本任务、学校发展历史提出新思路与新方法,整合多方育人力量、多种教育资源,统筹组织协调各种关系等能力,跨学科整合、跨领域协同、跨界统合,触发学校发展的第二曲线创新,构建围绕全天候"1+X"课程表看清华附小在新课标背景下的一日儿童学校生活新布局与推进?

思考三:从儿童角度出发,学生是学生的学习责任主体,如何让他们今日站立在课堂正中央,明日站立世界正中央?教育教学实践者如何把握新时代儿童适龄性的生理和心理发展规律,立足每日儿童真实生活发展其高阶思维、实践创新、问题解决等影响其终身发展的关键能力,提升育人胜任力,进行"新时代进修",并基于学习方式变革,在未来不确定的情况下,寻找符合教育本质与规律的确定性?

儿童在哪里,教育就发生在哪里……如果说清华附小基于"双减"政策下构建以"儿童一日学校生活"为杠杆的全面育人新场域的现实转型是新发展格局赋予中国基础教育中清华附小等大一批教育者的光荣使命和战略任务,那么我们千千万万的学校将继续开拓创新,在人的全面发展中推动整体社会从必然王国向自由王国的跃变。我们将继续紧贴地面行走,不"坐而论争",不故步自封,以面向未来为己任,主动创新,重新激活每一所有理想、有担当、有行动力的学校扎根中国大地,走出有中国特色的一流的基础教育新路,这必将成为我们面临百年未有之大变局下新时代教育价值选择的新坐标实践!

参 考 文 献

[1] 丁若曦,李曼丽.高等教育普及化后的中—大"段差:一个概念及分析框架"[J].教育科学,2022,38(1):73-80.

专家 点评

将"一日学校生活"作为研究选题,作为深入推进"双减"政策的基本单元和单位是对教育教学规律的深刻把握,是对育人规律的根本落实。落实"双减"就是要落实学校育人的主阵地作用,回到"一日学校生活"则是落实学校育人主阵地的关键体现。

该成果以"一日学校生活"为逻辑起点,关涉学校课程体系建设、课内外一体化教育服务供给、学校治理机制、家校协同育人等多个方面,构建起服务好学生"一日学校生活"的课程供给、场域供给、机制保障、多主体协同的全方位、全链条、全覆盖的教育服务供给,对于学校更好地推进"双减"、落实育人主阵地的作用具有重要的现实意义。

这些服务供给的逻辑起点都是从学校的角度出发,正如作者在反思中提到的"从学校角度、从校长角度、从儿童角度",建议未来的研究和实践更加聚焦和突出"从儿童角度",既有儿童群体,又有儿童个体,既尊重儿童发展和学习的一般规律，更重视儿童的个性差异，探究出如何从儿童的立场和视角来构建和呈现学生的"一日学校生活"，体现德智体美劳的全面发展，贯彻落实五育融合，特别实现儿童身心健康和谐发展。

李新翠

中国教育科学研究院

"双减"背景下,教育集团校本教研资源平台优化的研究

北京市丰台第八中学 李 宏 刘 丽 魏 莹 朱红叶

摘 要 为响应国家"双减"政策,有效提升集团校本教研的品质,我校积极探索信息技术背景下的集团教研模式。通过整合、优化信息化资源平台,开发服务于集团内教研的新功能,借助集团内学科教研共同体,构建了集团内"集体诊断—集体备课—过程1(A校区教师主讲)—反思—集体决策—预测—过程2(B校区教师主讲)—再反思—集体实施"的闭环教研路径。我校以英语教研组为例开展行动研究,进行实践应用,证实集团资源平台的优化提高了教育集团内校本教研的时效性,实现了集团内集体教学策略优势最大化,助力教师成长及学生学科核心素养的提升。

主题词 "双减" 集团校本教研 资源平台

2021年,中共中央办公厅、国务院办公厅印发的《关于进一步减轻义务教育阶段学生作业负担和校外培训负担的意见》指出,"双减"的工作目标是学校教育教学质量和服务水平进一步提升。2019年颁布的《教育部关于加强和改进新时代基础教育教研工作的意见》对"积极探索信息技术背景下的教研模式改革"提出了明确要求。

随着丰台八中教育集团办学规模的逐渐扩大,如何有效提升集团校本教研的品质成为学校教育教学质量提升的关键问题。我校在"双减"背景下通过整合、优化信息化资源平台,借助集团内学科教研共同体,构建了集团内"集体诊断—集体备课—过程1(A校区教师主讲)—反思—集体决策—预测—过程2(B校区教师主讲)—再反思—集体实施"的闭环教研路径。以英语教研组为例开展行动研究,通过对师生的访谈及学生前测和后测的对比分析,集团资源平台的优化确实提高了教育集团校本教研的实效性。

一、调研教师需求,整合优化信息化资源平台

由于每位教师对校级信息化资源平台的认识和对跨校区教研需求存在差异,我们调研了集团内两个初中校区英语教师对现阶段校级信息化资源平台的了解、日常使用情况和使用建议。问卷结果显示,集团内教师对于学校信息化资源平台了解较为有限;教师们认为现场集团教研方式存在"时间不足、教研难以深入"的弊端,恰恰可以利用我校信息化平台进行集团化教研进行弥补,以提高教研实效性,以深度教研引领学生的深度

学习。

我校现有和正在使用互动教研系统、视频会议系统、一体化教学应用云平台、企业微信校级工作台等信息资源平台，同时使用批改网等外部信息平台。其中，一体化教学应用云平台的使用率较高，教师们登录听评课系统，通过预约听课的方式，实现远程听课；互动教研系统常在两校区间大型教育教学活动时启用，使用频率有限；企业微信校级工作台中主要是对学校的日常管理功能进行了完善和细化。每个信息资源平台都独立存在，关联性有待加强。

为了达成集团英语教研的标准一体化，共享教研成果，实现联动式互动，英语组利用企业微信中集团英语教研组工作群对各平台进行关联、整合，利用企业微信中的实时会议模块，在工作群中备课组预约集体备课、备研；两校区英语教师利用互动教研系统、视频会议系统和一体化教学应用云平台等进行听评课，实现集团内教研联动式互动；同时在企业微信工作台"校内管理－汇报"模块中，增设"听课评课"模块，导入教研组集体共研出的《听课评课情况记录表》，教研组教师们在每次活动结束后，通过汇报及发送到工作群功能，将听课、研讨成果汇报给主讲教师及教研组教师，实现集团内教研成果互联共享。

二、利用整合、优化的信息化资源平台，探索集团内闭环教研路径

近几年，学校为实现学习共同体研究课例成果的常态化落实，基于课例研究进行了持续性、大闭环教研路径优化的探索，本部校区首先形成了"个性诊断—集体备课—过程1——反思—集体决策—预测—过程2—再反思—集体实施"的闭环教研路径。因此，我们借助本次信息化资源平台整合，将单一校区闭环教研路径扩大到集团内，实现集团的一体化标准，助力减负提质。

本次实践采用"不同主题内容＋不同主讲教师＋相互借鉴改进"的课例研究思路，即不同的教学内容进行探索性的试教，先由A校区主讲教师进行尝试，B校区的主讲教师在借鉴前一位主讲教师的有益尝试、集体决策形成的教学策略的基础上进行进一步的实践优化。即："集体诊断—集体备课—过程1（A校区教师主讲）—反思—集体决策—预测—过程2（B校区教师主讲）—再反思—集体实施"。

集体备课，指两校区英语教师在企业微信工作群中，预约备课会议时间，利用企业微信中的腾讯会议，发起即时会议，进行集体说课备课。

过程1，指第一阶段课例研究，即由A校区教师主讲的课例研究。顺次包括完善设计、多次试讲改进、正式上组内课，正式上组内课是"过程1"环节的结束。全组教师通过互动教研系统、视频会议系统、一体化教学应用云平台，实时进行课堂观察或观看课程回放、再次学习。

集体决策，指通过组内教师对"过程1"课堂观察的反馈和调研学生课堂中的实际获得，英语组集体研讨需要本组落实的成果，同时聚焦"学生学习发生"的关键性进阶问题。教师们在企业微信中的听课评课板块中，将课堂观察反馈和调研结果共享到英语组工作群中，供全组教师交流学习。进而再通过互动教研系统，共同探讨出需要落实的成果。

预测，指对比"过程1"的课堂效果，预测基于突出问题解决的设计调整，能解决学生学习问题的达成度。

过程2，指B校区的主讲教师基于聚焦的要点和要解决的进阶问题，重新进行设计，以此进入第二阶段课例研究与呈现的过程。全组教师再次通过互动教研系统、视频会议系统一体化教学应用云平台，实时进行课堂观察或观看课程回放、再次学习。

再反思，指基于"过程2"的组内研究课，聚焦本次设计调整的关键性问题，对比"过程1"中学生的学习表现，进行全组教师的汇报反馈，主讲教师和听课教师进行反思性交流，在企业微信中的听课评课板块中，将课堂观察反馈和调研结果共享到英语组工作群中，供全组教师交流学习。进而再通过互动教研系统，学科组教师集体研讨"关键性问题解决的课堂设计与实施"的策略，自主达成落实性教研的集体契约。

集体实施，指全学科组教师在上阶段共识的策略和集体契约指导下，开展共性与个性兼具的实践落实，直至形成常态化习惯。教师们可以随时在企业微信工作群中跟同伴预约听课，并利用一体化教学应用云平台跨校区观课。

三、集团内闭环教研，助力师生共成长

本次课例主要由初一英语备课组承担。教师经前期调研及集体诊断发现初一学生的英语写作能力亟待提升。集团内英语组利用企业微信中的腾讯会议召开教研组集体备课会，确定开展"基于教学评一致性，提升学生英语写作能力"的课例研究。

集团内全体英语教师通过互动教研系统、视频会议系统和一体化教学应用云平台，对A校区主讲教师的组内课（以下简称A课）进行实时课堂观察并进行集体反思，然后在企业微信中的听课评课板块中，将课堂观察反馈和调研结果共享到英语组工作群中，全组教师交流学习之后，达成了这样的共识：即传统的英语写作课多为教师出示写作任务，学生当堂写作；课后教师逐一批改，学生再修改作文。这样的作文写作课往往不能做到以学生为中心，学生学习参与度不高，效果不理想。教师们通过观察A课学生的课堂学习及评价活动，发现通过教师设计多样的学习活动，促进学生与文本的再次对话，能够有效地帮助学生改进作文；自我评价、同伴互评及教师评价等多种评价方式相结合，可以大大提高学生的课堂参与度，充分调动学生的积极性。因此，通过互动教研系统进行教研组研讨后，决定调整写作教学策略。即，教师首先展示学生写作中出现的常用问题，让学生明确本节课的学习目标，突破解决写作中出现的主要问题。引导学生通过回归文本，再次聚焦文本中的活动内容和细节信息的介绍，并应用于自己的作文写作当中。通过圈画文中关键动词，再次聚焦时态的正确表达，强化巩固时态结构的正确运用。通过回归文本，感受作者的写作顺序和句子之间的逻辑关系，学习作者的行文方式。然后，根据评价量规进行个人作文的修改和小组内互评，实现不断优化、不断学习完善的过程。最后通过班内展示修改后的作文，并在课后输入批改网中同初版作文进行比较，最终达成本节课的学习目标。

基于A校区实践以及英语组教师们共同得出的写作教学策略，教师预测学生在自我评价及小组内互评中可能会出现的问题，将评价活动及评价要求细化，同时改进了评价任务单。在此基础上，由B校区主讲教师进行教研接力，按照共研策略对课程进行设计，

并二次呈现组内课（以下简称 B 课）。两个校区英语教师再次通过互动教研系统、视频会议系统和一体化教学应用云平台，对 B 课进行实时课堂观察和反思研讨。B 课的学习内容是外研版七年级下册模块十，模块话题是旅行。围绕这一话题，本模块的对话和阅读分别以托尼到洛杉矶和贝蒂到巴黎旅行为题材，既展示了谈论旅行时常用的语言，又介绍了这两座代表西方文化的重要城市。第一单元是一节听力课，对话内容主要围绕贝蒂去洛杉矶的旅行经历展开；第二单元是一节阅读课，文本内容是贝蒂通过邮件的方式向她的奶奶介绍自己在巴黎参观游玩时的所见所感；第三单元是一节写作课，学生依据所学并联系个人生活经历，描述"一次难忘的旅行"经历。学生结合第一单元、第二单元的文本内容和结构，实现迁移创新，完成写作任务。

B 课学生课后在批改网上录入的课上修改的作文与课前录入的作文相比，平均得分提高约 5 分。同时结合学生完成的自评量表及同学间互评的量表以及学生访谈可以得出，相较于 A 课的学生，B 课的课堂上有更多的学生在分析对比自己前后两次作文，并经过课堂中再次回归文本的课堂学习活动及多样的评价活动后，丰富了自己的写作内容，提高了写作的准确性，同时将文章进行分段，通过增加概括性语句与表示先后顺序的逻辑词等增强了文章的逻辑性。

每名教师跟踪分析一名学生，对比该名学生的两次作文，通过课堂观察具体分析其提升写作能力学习过程。整体而言，学生在参与整个写作课程中，提升了在理解、分析、比较、批判、评价、创造等方面的层次和水平，逐步有理有据、有条理地表达观点，逐步发展逻辑思维、辩证思维和创新思维；同时，在学习中注意倾听、乐于交流、大胆尝试，并学会自主探究、互助合作，学会反思和评价学习进展，调整学习方式。

英语组全体教师全程深度参与集团内闭环教研中的集体诊断、备课、决策、预测、听评课等整个过程，同时结合教研员点评和自己的课堂实践，撰写听课反思与收获。教师们纷纷表示通过资源平台整合优化开展的集团内教研，弥补了跨校区教研在时间、空间上的不足，真正做到了两个校区间的标准统一、资源共享，自己的专业能力也有了显著提升，同时也感受到了学生的真成长。其中，W 老师通过企业微信听课评课模块，将自己的听课收获分享到了集团英语教研组的工作群中。她提到，在本节写作课中，学生在第一次作文任务单的基础上，通过学习仿照作者的旅行经历，完善了自己的旅行活动内容，用不同颜色的笔添加写作内容，并完善在学习单上，丰富旅行活动中的细节信息；通过学习聚焦文本中一般过去时的正确表达，在任务单上改正自己作文中一般过去时的结构错误，并内化时态的正确表达；通过圈画文本中的时间点、连接词等信息，体会、感知并仿照文本内容之间的逻辑性，提升自己写作内容的逻辑性；根据评价量规，从多维度修改完善自己的写作内容，达到真正地综合语言运用。通过以读促写的作文课堂模式，每一位学生都能改进自己的问题，同时对作文写作有了新的认识，逐渐提高写作能力，培养学生思维品质及学习能力。

研究表明，通过整合、优化信息化资源平台，开发服务于集团内教研的新功能，并进行实践应用，促使学校现有闭环教研路径落实实现最大化，实现集团内集体教学策略优势最大化，助力学生学科核心素养的提升，提高了教研实效性。后期，集团英语教研组教师将继续巩固闭环教研成果，利用信息化资源平台，落实集团内闭环教研常态化实施，助力学校减负提质。

参 考 文 献

[1] 中共中央办公厅　国务院办公厅印发《关于进一步减轻义务教育阶段学生作业负担和校外培训负担的意见》[EB/OL].中华人民共和国国务院公报，2021（22）：14-19.
[2] 教育部关于加强和改进新时代基础教育教研工作的意见[EB/OL].中华人民共和国教育部公报，2019（11）：24-26.
[3] 陈霖，杜明君.集团化办学环境下网络联合教研模式的建构与实践——以某教育集团"联合教研"项目为例[J].中国信息技术教育，2021（2）：89-93.
[4] 胡庆芳.课例研究，我们一起来：中小学教师指南[M].2版.北京：教育科学出版社，2014.
[5] 王栋.网络环境下的校本教研实施策略与平台设计研究[D].长春：东北师范大学，2013.
[6] 邹勤方.公办中小学集团化办学下教师专业发展研究——以深圳市T校为例[D].深圳：深圳大学，2019.

专家 点评

"双减"政策与疫情冲击对学校的教学研究提出了新的挑战。北京市丰台第八中学整合、优化学校的信息化资源平台，打造集团内学科教研共同体，建构有特色的集体教研模式："集体诊断—集体备课—过程1（A校区教师主讲）—反思—集体决策—预测—过程2（B校区教师主讲）—再反思—集体实施"，并且以英语学科中的英语写作教学为范例，开展行动研究，来显示学校信息化平台和这一教研模式对减轻学生学习负担、提升教育教学质量的效果。这一成果对中小学特别是集团学校的教学研究工作具有较强的借鉴作用。

这种集体教研模式是百分百的校本平台上土生土长的原创之物。有道是，初生之物，其形必丑。或许可以尝试着从内到外对它再做点儿装扮，让它变得更精美一点儿、显得更有实效一些儿。在内部结构上，是不是可以考虑精简一下环节数量。九个环节加上两个括号内的解释让人难以一时间记住，因为它已经超出了人的工作记忆容量（7±2个组块）的上限。如果仔细分析这九个环节，它们原来是大同小异的两次循环。如果对它们稍加精简，不禁让人联想起广为培训界推崇的课程设计开发模式（ADDIE）的五个环节：分析、设计、开发、实施和评价。当然，完全提炼成这样，原创性又要大打折扣了。这只是作为一个成功的榜样提示我们，包含九环节的模式还是存在着进一步削繁就简的空间的。在外部效度上，如果能够提供集团内其他学科教师的成功案例，哪怕只是列表呈现一下相关的教研主题，让我们进一步看到这一模式在各科教研中的普及程度，则可以大大增强这种模式的一般性、可行性和推广性了。

刘儒德
北京师范大学

"双减"背景下缓解一年级新生家长教育焦虑的路径探究

北京市西城区志成小学　刘云凤　刘春迎

摘　要　本文从针对一年级新生家长的调查研究入手,分析了"双减"背景下一年级新生家长在学生学习适应、生活适应等方面存在的教育焦虑,以及形成这些焦虑的原因。接着,梳理了学校在缓解一年级新生家长焦虑方面的相关路径:构建一年级适应体系,发挥教师"联络人"作用,共建家校社共育文化。其次,通过后续跟进调研,分析了学校在缓解一年级新生家长焦虑工作方面取得的成效。最后,梳理总结了"双减"背景下缓解一年级新生家长教育焦虑的相关教育经验:学校层面要回归素养本位,家长层面要坚持正确的教育理念导向,社会层面要构建协同关爱的教育环境。

主题词　"双减"政策　小幼衔接　家长焦虑

2021年7月,中共中央办公厅、国务院办公厅印发了《关于进一步减轻义务教育阶段学生作业负担和校外培训负担的意见》,强调了小幼衔接的重要性,明确指出一年级要严格落实"零起点教学"。在"双减"政策的影响下,过去以幼小衔接班等名义面向学龄前儿童开展线下学科类(含外语)培训已经被严令禁止,家长们对于孩子没上过学前班、能否适应小学生活产生担忧甚至焦虑;对于一年级新生而言,初入小学的他们将迎来新环境、新挑战,随之而来的还有小学阶段课程、学习方式、师生角色和生活作息等多方面的适应问题……如何让刚刚离开幼儿园的孩子顺利进入小学的学习和生活状态,小幼衔接适应教育就显得尤为重要。一年级新生家长作为衔接期教育最大利益相关者之一,如何更好地吸纳家长力量,发挥家长教育能量,最有效地帮助孩子过渡到小学生活,志成小学团队开启了缓解"双减"背景下家长焦虑情绪的路径探究。

一、调研发现——"双减"背景下一年级新生家长存在复杂的教育焦虑

立足家长需求,秉承共治理念,志成小学研究组根据"双减"等相关政策要求,编制相关家长调查问卷,用于分析一年级新生家长对孩子在衔接期可能存在适应问题的看法。

(一)研究对象和方法

本次研究采用问卷调查的方式,问卷调查结合网络平台进行开展,收集到的数据借助Nvivo12.0进行可视化分析。本次问卷中题目包含个人基本信息和家长对一年级新生衔接

期适应问题的看法两部分,第二部分采用主观题作答的形式。2021年7月,志成小学面向2021届全体家长发放问卷480份,回收有效问卷465份,回收率96.88%。

(二) 调研数据分析

1. 家长群体基本情况

回答问卷的家长群体中母亲多于父亲,男生家长多于女生家长,独生子女家长多于非独生子女家长,孩子的看护群体女性群体多于男性群体,女性显然承担了更多的家庭教育工作。绝大多数学生都接受满三年学前教育。

2. 家长问卷反馈出的新生适应问题

根据问卷调查发现,绝大多数家长认为一年级新生在入学后,会在身心适应、生活适应、社会适应和学习适应等方面存在各类问题,这些问题也反映出家长在不同层面上存在的焦虑(图1)。具体而言,本研究发现近1/3的家长对学生的学习适应表现出了教育焦虑,其余家长则对学生生活适应、行为适应、身心适应等不同纬度提出了担忧。从相关词云可以看出,注意力不集中、学习习惯养成、自理能力、纪律、环境、适应作息时间、社会交往等是家长最担心的适应问题(图2)。

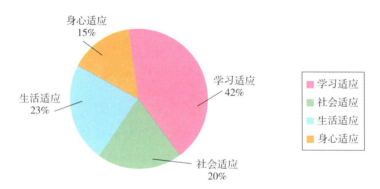

图1 家长问卷反馈出的新生适应问题分布

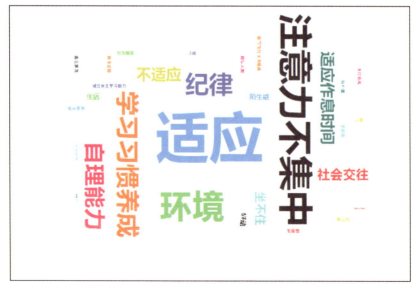

图2 家长问卷反馈出的新生适应问题词云图

在学习适应中，关于学生的学习习惯是家长最焦虑的点，尤其是"注意力"和"学习习惯"的养成；在生活适应方面，家长较为担心的是孩子的"作息"和"自理能力"；在社会适应方面，家长表达了对于孩子与其他小朋友、教师之间的交流和沟通，以及融入集体的担心；在身心适应方面，家长的焦虑集中在学生的心理方面，包括孩子对新环境的陌生感和可能产生的害怕。

（三）结论分析

从调研中可以发现，"双减"背景下，一年级新生家长存在一定的焦虑情绪。家长焦虑的主要因素在于，小幼衔接班的"消亡"使他们感到无法借助外力实现孩子的衔接准备，从而感觉无从下手，不知所措；绝大多数家长的家庭教育形式更多地片面停留在说教层面，缺少科学有效进行家庭教育的方法和理论支持。很多家长采取"摸着石头过河"的教育态度，以自己过去的学习经验给新时代下的学生提出学习和生活建议，老一辈经验与新时代教育形势的不匹配无疑更加加重了家长的焦虑。

从本次调研中还可以明显发现，学习适应是家长担心最多的地方，但从研究组之后针对学生、家长和教师的多次调研中可以发现，学生在学校存在最多的是生活适应问题。家长在家庭教育中对于学生的"生活适应"，尤其是"生活常识""安全自护"等方面的关注度不够，家校教育间的脱节也容易导致家校无法劲往一处使，进一步导致家长焦虑感增加。

二、"双减"背景下缓解一年级新生家长焦虑路径探索

针对调研中发现的问题，学校推陈出新，从构建一年级适应教育体系、发挥教师"联络人"作用、家校社共育等角度入手，多管齐下，缓解家长焦虑。

（一）构建一年级适应教育体系，提升"小幼衔接"教育教学质量

家长的焦虑归根结底是对学校"小幼衔接"教育教学质量的焦虑。学校在关怀主义教育哲学理念的指导下，依托"儿童为中心"的课程理念，初步构建包含集中性适应课程、适应性活动课程、学科融入适应课程、课后服务课程等在内的"稚·成"适应性课程体系。"稚·成"适应课程的开展始终以儿童为中心，不再单纯地将知识的学习作为唯一的衔接目标，而是重视儿童发展特点，积极主动运用儿童发展相关理论对工作进行指导，在教学环境、教学方式等方面向幼儿园教育倾斜，实现与学前教育的主动对接，通过双向衔接、调整、减缓坡度，促进儿童全面发展。通过入学前调查等形式，提前了解学生的发展状况，通过为学生建立档案袋等形式关注学生的特殊需求，对有特殊需要的儿童，重点关注，促进公平性的教育环境的形成。

（二）发挥教师"联络人"作用，实现家校教育理念一致性

教师群体是保障教育教学工作有效开展的源头活水，也是沟通家长、实现家校共育的第一"联络人"。学校组织教师与幼儿园教师积极对接，形成教研共同体；同时，学校通过相关培训帮助教师提高家庭教育能力，加强教师对"双减"下小幼衔接工作的理解，不断提升自身对家庭教育的了解、理解，通过多方渠道实现双向沟通，给予家长科学实用、容易操作的家庭教育方法指导，让家长成为学校教育有效的"助攻"。引导教师注重

家校沟通,通过家访、家长会,电话、微信、班级群等方式,统一教育思想和教育理念;邀请家长分享和交流家庭教育的先进理念、教育经验等,家长与学校之间的双向交流与反馈,有效缓解家长焦虑,实现高效沟通。鼓励教师给予学生多元化的评价,从学业、社交、身心、生活等多方面向家长反馈,第一时间让家长了解孩子的在校情况,通过家校携手,帮助学生全面、个性化的发展做好规划。

(三)共建家校社共育文化,使家庭教育回归本真

针对调研中发现的家长在家庭教育方面缺乏科学性指导的问题,学校在暑假期间,联合家长、社区内相关资源,设置了系列的家庭教育课程。家庭教育课程中的主讲人包括学校邀请的区域内高校专家教授、一线教师、家长等,涵盖范围广、内容丰富(表1)。

表1 "志成"一年级家庭教育课程

时间	主题	主讲人
第一周	幼小衔接——学校、家庭与儿童如何有所作为	高校教授
第二周	陪伴,让孩子在阅读世界中浸润、成长	本校教师
第三周	给孩子家财万贯不如养成好习惯	高校教授
第四周	做"爱·慧"家长巧伴孩子入学适应	名校长
第五周	家庭劳动教育不仅仅是劳动	高校教授
第六周	牵起孩子的手,共同迈向快乐的小学生活!	往届生家长

此外,学校发挥家长优势,邀请家长走进学校、走进课堂,分享家长们的职业体验、某个领域的知识技能、科普知识、励志故事、传统文化等,充分利用区域内社会资源,为学生提供相关课程。

学校微信公众号中开设"家长智谈"专栏,征集学校内及区域内家长的育儿经验,每周定期分享,让家长们能够汲取更多的育儿知识,助力家校共育。

学校通过多样化的协同育人渠道,强化学校教育主阵地作用,保障了家校社三方教育优势的有效融合,实现教育合力,学校和相关社会资源为家庭教育助力,让教育回归育人初心,让家庭教育回归本真。

三、"双减"背景下缓解一年级新生家长教育焦虑的效果

2022年2月,在经过一学期的相关工作后,我们进一步对一年级新生家长群体进行调研。

(一)研究对象和方法

此次调查问卷包含个人信息和家长量表两部分内容,其中家长焦虑部分问卷分为身心适应、生活适应、社会适应和学习适应四部分,四部分均以李克特量表形式发放。调查问卷发放480份,回收有效问卷465份,回收率为96.88%。问卷回收后运用SPSS28统计软件对数据进行处理分析。

（二）信效度分析

初测问卷的信效度如表 2 所示，整体及各部分的 Cronbach's alpha 系数值均高于 0.8，KMO 值接近 1。根据相关标准，本文编制问卷的信效度处于较高水平。

表 2　信效度分析

项目	Cronbach's alpha 系数	KMO 值
家长焦虑量表整体	0.971	0.963
身心适应	0.891	0.868
生活适应	0.915	0.934
社会适应	0.874	0.852
学习适应	0.949	0.932

本研究采用探索性因素分析考察问卷的结构效果，结果如表 3 所示，所有题项的因子载荷量均高于 0.4，解释总方差百分比较高，因而本调查问卷具有较为良好的结构效度，能够进行后续分析研究。

表 3　各维度因子载荷量

项目	题号	因子载荷量	KMO 值	Bartlett 球形度检验	显著性
身心适应	1 – 7	0.745 – 0.839	0.868	1 931.561	0.000
生活适应	8 – 17	0.639 – 0.838	0.934	2 553.500	0.000
社会适应	18 – 22	0.774 – 0.882	0.852	1 212.565	0.000
学习适应	23 – 35	0.726 – 0.844	0.932	4 769.226	0.000

（三）调研数据分析

1. 描述性统计分析

经分析，如表 4 所示，四个维度的题平均得分均高于 4，说明家长们普遍认为经过半年的学习和生活，孩子在四个维度都能较好地适应，四个维度的焦虑均得到缓解。四维度得分身心适应最高，平均值为 4.62，生活适应得分最低，平均分为 4.29。

表 4　适应教育后的学生入学适应现状统计分析

项目	最小值	最大值	平均值	标准差	中位数
身心适应	1	5	4.62	0.55	4.71
社会适应	1	5	4.53	0.58	4.80
学习适应	1	5	4.33	0.63	4.46
生活适应	1	5	4.29	0.60	4.40

从各题得分来看，"能记住校名和班级，知道自己是一名小学生"和"愿意了解校园环境，积极参与学校和班级的活动"得分最高，说明家长普遍认为孩子在一学期的学习生活后，开始积极乐观地参与学校生活。在"会及时收纳、分类管理好自己的物品"和

"做事有一定的计划性，逐步学会合理安排生活和学习"得分最低，低于4分，说明相比入学前对于学习适应的担心，目前家长在孩子生活适应方面略显焦虑。

2. 独立样本 t 检验

利用 t 检验去研究"是否为独生子女"在身心适应、生活适应、社会适应和学习适应四方面的差异性。由于性别在四方面不存在差异性，因此本研究不赘述。

独立样本 t 检验发现，独生子女的家长更认为孩子在各类适应上表现好，其中社会适应分数上存在显著差异（$t = 2.927$，$p < 0.01$）。说明家长表示独生子女比非独生子女在社会适应方面表现更好（表5）。

表5 独立样本 t 检验分析结果

项目	独生子女（$n = 297$）	非独生子女（$n = 168$）	t	p
学习适应	4.35 + 0.60	4.30 + 0.67	0.808	0.42
社会适应	4.60 + 0.53	4.42 + 0.65	2.927	0.004**
生活适应	4.32 + 0.59	4.25 + 0.62	1.233	0.218
身心适应	4.63 + 0.55	4.60 + 0.54	0.563	0.573

注：*$p < 0.05$；**$p < 0.01$。

进一步利用单因素方差分析去研究"学生的出生年月"在身心适应、生活适应、社会适应和学习适应四方面的差异性，发现并不存在差异性，因此在此不做赘述。

（四）结论分析

整体来看，经过一个学期的适应教育，一年级学生在社会适应、生活适应、身心适应、学习适应各方面得到较好的发展，学校适应教育得到家长的肯定。看到孩子的进步和适应能力提高，家长的焦虑感得到缓解，孩子积极乐观的学习态度，对小学生身份转变的快速适应成为家长的"强心针"。

四、"双减"背景下缓解一年级新生家长教育焦虑的教育建议

（一）学校层面：回归素养本位，促进儿童全面发展

"双减"背景下，想要降低家长的焦虑感，提升学校的教育教学质量是根本。小学科学的幼小衔接，要尊重儿童发展特点，要将儿童的学习适应、身心适应、社会适应和生活适应等方面的发展纳入教育教学活动设计中，打造符合儿童发展的一体化的课内课程和课后服务课程。转变传统教育教学观念，创设符合儿童发展需求的游戏化教学情境，激活儿童的学习兴趣。鼓励儿童、学校、家长三方参与评价中，同频共振，建立科学、多元化的评价方式，打破只重智力教育的桎梏，让教育教学回归素养本位，促进儿童全面发展。

（二）家长层面：坚持正确理念导向，促进家校双向对接

"双减"政策背景下，家长应转变传统的教育利益观，用科学的指导引领家庭教育。家长不仅要在物质资源上丰富孩子的生活，同时要关注孩子精神世界的发展和行为习惯塑造。要积极主动与学校在认知和教学理念上形成对接，树立正确的儿童发展观，结合

衔接期儿童特点，通过各类形式了解科学的家庭教育知识、观念和方法，明确新时代教育教学改革方向，实现家校间的有效对接。

（三）社会层面：构建协同关爱环境，助力"双减"落地

"双减"背景下，社区教育有着整合各方资源，融合各种教育资源互相协调，形成整体的"教育合力"的重要优势。在"小幼衔接"工作中，社区要结合本区域优势，积极推动社区教育与学校教育有效衔接和良性互动，充分利用社区内的各类教育、科普资源，联合各级各类学校及社区内各单位为儿童健康成长创设协同关爱的环境。同时，社区可联合区域内学校教育资源，为家长开设家长讲堂等家庭教育科普类活动，利用社区公众号、宣传栏等为家长提供科学的育儿知识，助力"双减"政策落地，共建家校社共育体系。

志成小学顺应时代发展需求，不断探索"双减"背景下缓解一年级新生家长教育焦虑的路径，优化创新志成"小幼衔接"模式，助力每个学生拥有出彩人生，使百姓获得满意教育。

专家 点评

孩子从幼儿园升入小学，由于教育目标、内容、方式等方面的变化，会在学习、生活、与同学和教师交往等众多方面产生不适应的情况。孩子的不适往往会使家长产生焦虑情绪，如果家长的焦虑情绪得不到缓解，又会以一定方式影响到孩子。"双减"政策落实初期可能会加重部分家长的教育焦虑，因此，探究"双减"背景下如何有效缓解一年级新生家长的教育焦虑是一个具有现实意义的研究课题。

研究通过问卷调查发现有近三分之一的家长表现出对孩子的教育焦虑，进而对焦虑的类别和原因进行了分析，并从构建适应幼小衔接的教育体系、充分发挥教师家校联系人的作用、建设家校社共育文化等方面进行了实践探索，有效缓解了一年级新生家长的教育焦虑。研究人员具有循证意识，能够以调查所获数据的分析说明问题与研究效果。同时，依据研究结果对家、校、社三方面提出的相关教育建议对人们思考如何缓解家长教育焦虑具有启发价值。

课题研究若能针对"双减"背景深入分析一年级新生家长教育焦虑的特点，则会更为切题，也会更加彰显课题研究的现实意义。

张景斌
首都师范大学

多措并举，"减负"提质

——"双减"背景下的北京八中初一年级组的尝试

北京八中　高　峰　王艳香

摘　要　在"双减"背景下，北京八中初一年级组以学生为主体，依托《学业管理手册》，引导学生合理规划时间，构建家校沟通平台，优化"双减"实施环境，提高学生适应力；依托备课组，对标"新课标"，加强作业管理，提高教师教学胜任力；完善"双减"治理机制，丰富课后服务活动，满足学生富有个性而又全面发展的需求。

主题词　减负提质　家校协同　管理机制

2021年7月24日，中共中央办公厅、国务院办公厅印发《关于进一步减轻义务教育阶段学生作业负担和校外培训负担的意见》。"双减"是指减轻义务教育阶段学生作业负担和校外培训负担。"双减"是要建立以学生为中心的现代化教育体系。因此，减的是学习负担，但要进一步提质增效，满足学生和家长对高质量和多样化的基础教育的需求，致力于全体学生的全面发展。在"双减"政策背景下，在市区校的各项方案的指导下，北京八中初一年级积极响应，制定年级"双减"治理方案，家校协同、教研助力，提高学生"双减"适应力，提升教师的教学胜任力，实现减负提质。

一、解读政策，化解焦虑，释疑"双减"，达成共识

年级通过组织学习"双减"精神、进行"双减"课题研究等多种方式了解"双减"。多次召开家长会，介绍年级策略，厘清"减负"与增效的关系，使家长理解"双减"的意义，配合学校做好工作。其次开展线上家访，探讨如何优化学习节奏，确保良好睡眠，保障课内外学习的有机结合。同时，开展主题班会活动，引导学生树立正确的规则意识，正确理解"双减"的真正含义。总之，年级通过多种方式化解家长和学生的入学焦虑，形成以培养学生正确的世界观、价值观与人生观为目标，重点培养学生自主学习能力，为终身学习打下良好基础的共同愿景。

二、科学规划，家校协作，学业管理手册促成长

在"双减"之下，作业时长减少，自主时间增多，如何自主管理时间成了年级组聚焦的问题。在教育现代化背景下，要在教育中培养和提升学生个体的学习内驱力和有效学习能力。年级结合学生身心发展特点和年级特色，加强整体管理，统筹设计《学业管

理手册》，引导学生形成习惯，促进主动学习、学会学习，提高学习效率，达到减负的效果。通过教师引导、多角度评价等形式，提高学生自主管理的能力。

（一）年级整体设计，培养学生自我管理能力

管理是指一定组织中的管理者，通过实施计划、组织、领导、协调、控制等职能来协调他人的活动，使别人同自己一起实现既定目标的活动过程。自我管理是指个体对自己本身，自己的目标、思想、心理和行为等表现进行的管理，自己把自己组织起来，自己管理自己，自己约束自己，自己激励自己，自己管理自己的事务，最终实现自我奋斗目标的一个过程。

学生的自我管理能力是在多种综合因素的影响下逐步形成的，包括其所处学校、家庭与社会环境等，是学生在成长与发展过程中形成的自我协调、自我调控、自我约束能力的总称。初中是学生从外力管理向自我管理转变的重要阶段，学生的依赖性与叛逆性并存，因此，引导学生学习如何进行自我管理尤为重要。为了培养学生自我管理能力，增强学生自主学习能力，实现减负增效，初一年级组通过推行《学业管理手册》，将年级目标与学生自我目标紧密结合，引导学生学会合理规划时间，高效学习。

初一年级结合"双减"背景，借鉴以往经验，在学期之初，印发了年级的《学业管理手册》。利用课后服务时间，加强对学生自主管理的方法指导，同时又可以更好地平衡作业量，严控时长，防止学生学业负担过重，落实"双减"方针。

《学业管理手册》是由北京八中自主编制的，共分为三个部分：一是导语，根据学段特点，通过故事的形式讲述时间管理的重要性；二是使用说明，为了便于学生更加清晰地了解学业管理的流程，在手册的前页明确了学业管理六步走的原则（表1）；三是每日规划，每天一页，包括作业内容、自主学习、名人名言、评价与建议四个方面，引导学生完成每日作业，并对学习生活有规划、有反思，再通过评价与建议，建立学生、家长、老师沟通的平台，让学生更好地成长。

在此基础之上，年级组织《学业管理手册》使用指导会，结合之前学生的管理本进行展示，对每一步的要求进行详细解读，针对自主安排、执行计划等环节给出窍门，让学生了解《学业管理手册》的使用方法。

表1　作业管理本使用说明

第一步	第二步	第三步	第四步	第五步	第六步
制定目标	记录作业	作业规划	自主学习	自我反思	多元评价
每个学习阶段都需要一个目标，拿到这个本子时，先为自己制定一学期的整体发展目标。初中每个学期有两个阶段，期中前和期中后，可以先定好期中前的目标，然后根据	记录好当天的作业 【示例】 1. 数学。 2. 英语背单词、词组，阅读题再做一遍。	在开始写作业前定好哪个时间段具体完成哪项作业，写完后用红笔标注作业实际用的时间 【示例】 5:20—5:50 数学 实际6:00完成 5:50—6:20 英语 实际6:30完成	规划自己的自主学习或休闲、生活、活动等时间和内容 【示例】 6:30—7:00 看新闻 8:30—9:30 课外阅读《三国演义》	或写反思或写感悟 【示例】 今天表现不错。作业量委实不少，但不管以后	写好评价。这个评价以自我评价为主，也可以根据需要进行同伴评价、老师评价、家长评价，评价的目的是落实、激励、发展、进步

第一步 制定目标	第二步 记录作业	第三步 作业规划	第四步 自主学习	第五步 自我反思	第六步 多元评价
期中练习情况定期中后的目标。此外，每个学科都应该有一个发展目标。一个人只有有了发展目标，才能有努力的方向	3. 物理改卷子 4. 化学改卷子并写反思。 5. 语文预习《陈涉世家》	7:00—7:20 物理 7:20—7:35 化学 7:35—8:15 语文 实际8:05完成		如何，我都会坚决认真高效地完成	

（二）构建家校沟通平台，优化"双减"环境

构筑良好的教育教学生态，不仅需要学校和教师的努力，也需要家长的认同和支持。因此，学校和教师需要与家长建立广泛联系和交流机制，成为协同育人的共同体，并提升学生和家长对教育的满意度。年级依托《学业管理手册》，构建家校沟通的桥梁。

依托《学业管理手册》，班主任每日督促，定期反馈（图1），引导学生养成记录作业、规划时间的习惯，同时也从中了解学生和班级的动态。

家长可以通过《学业管理手册》，了解学生的在校表现，并通过评价反馈实现家校沟通，减少家长焦虑，得到了家长的支持（图2）。

图1 《学业管理本》学生互动

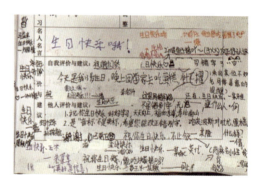

图2 《学业管理本》家校互动

依托《学业管理手册》连接学生、班级、教师、家长，立体呈现出学生的自主学习情况，通过文字的形式高效沟通，共同关注每一位学生每一天的成长，形成协同育人的共同体。

（三）规范指导，养成自主学习习惯

持续规范的指导才能促成习惯的养成。年级通过全体指导、班级指导、分类指导、多元评价等形式，促进学生习惯的养成。

利用同学示范：①如何使用管理本；②如何在实施计划过程中掌控时间；③每日坚持自我评价的心得体会。

教师引领：刘璐老师以《书山有路，学海有法》为题的学法指导。

最后，我们将成果制作为《和时间做朋友》的推文，通过年级公众号——"廿一存

忆"发布，展示各班优秀《学业管理手册》图片，分享同学使用心得，既鼓励优秀学生，又方便各班之间进行交流和学习（图3）。

三、备课组带动，推进评价方式多元化，实现"减负"更要"提质"

实施"双减"必须建立科学而合理的教师管理与教师激励制度，让教师拥有广泛的话语权，激发出教师的教育责任心与创造力，发挥教师的主动性、积极性和创造性，将"双减"的教育要求与教师的专业发展直接对接与有机融合。以备课组为单位，以科研为引领，进行教学的探索与实践。尝试实践性作业设计，落实核心素养，进行多元评价，营造良好的教育生态，增强学生的实际获得感。

图3 《和时间做朋友》微信推送

（一）依托备课组，提升教学质量

减负提质的主要阵地是课堂，要减轻学生学业负担，要求教师做到：教学内容更加丰富，作业布置更加合理，教学效果更加突出。初一年级注重各学科组建设，要求各备课组结合八中学生实际情况，认真研读教材，按照"双减"要求，进行单元教学，提高教学质量。语文组在大单元教学上不断探索，深入研究，每一章都重新整合教材，集全组之力撰写教案，制作课件。英语组通过认真研究学科课程标准，结合核心素养，确定课堂讨论主题。通过阶梯式提问、设计情境、辩论等方式，让学生对主题从表层肤浅的理解，到最后理解其深层内涵和象征意义，进而打造高效思维课堂，全面提升学生的语言表达逻辑性、思维创新性和批判性，促进学生可持续发展。历史组立足初高中一体化，依托大概念进行单元教学，通过大时序小专题的呈现方式，让学生在梳理史实发展脉络的基础上，加深对相关史实整体性、规律性的认识。

（二）多样作业，多元评价，育人育分并重

作业设计是提升作业质量至关重要的一个环节。为严格控制作业量和时长，平衡各学科作业量，各学科依据建议时长，制定本学科课后作业布置方案。任课教师严格落实，并全批全改，及时反馈，查漏补缺，杜绝学生自判和家长批改现象。

初一年级组注重作业形式的创新。语文组突出阅读实效，利用真读平台，将文本阅读分解到每一天；数学组重视实践，设计了"摄影与数学""多面体制作""双十一购物问题"等；英语组强化表达，举行了英文书写大赛、英语配音活动以及朗诵比赛；生物组组织培育、观察藻类植物，让学生近距离感受大自然的神奇力量；地理组让学生动手制作了简易地球仪、中国地势三级阶梯模型；道德与法治组通过角色扮演、案例分析等方式让学生分析校园霸凌等现象；历史组举办了文物小制作及讲解活动，通过文物讲历史，通过历史了解文物。各学科组还在大型活动的背景下，组织跨学科联合活动，如：以校园篮球赛为大背景的体育组语文组综合活动，采访运动员，教练员，啦啦队及观众并撰写新闻稿；生物组联合道德与法治组综合活动"浓情五月，居家有爱，感恩父母"等。

一年来，由于"双减"工作扎实推进，学生作业发生了质的变化。不同形式和类型的作业，为不同层次的学生提供了展示的舞台，增强了作业的选择性和自由性。这些活动，充分激发了学生的兴趣，提升了学生的自主学习能力，不少学生感慨"原来作业还可以这么做""我也可以做出令人满意的作业""我能自己设计作业吗"……因此，作业完成的质和量都有了很大提高。增加实践性作业、选择性作业、探究类作业的设计，立足素养导向，遵循发展规律，让每一个学生都能"吃得饱"，也能"吃得了"。

（三）科研引领，增强教师专业性

"双减"的有效落实必须依托教师队伍的建设，激发教师的责任心与创造力，将"双减"教育要求与教师的专业发展有机结合。"双减"政策实施一年以来，各学科都开展了落实"双减"的各项探索和实践，并将科研意识与创新性相结合，现已取得一定研究成效，在研究中提升了教师的教育教学水平。初一年级团队申报并立项了北京市教育科学规划办课题"'双减'背景下初一年级'减负增效'创新管理的实践研究"，现在已经开展了一定的实践研究，尤其是对初一年级学习方法的指导，取得了一定的成效，也非常好地促进了初一各备课组对本学科的深入思考，部分备课组的相关课题也已经在市、区立项。各学科组在实践活动、阅读课程、小初衔接等方面都在进行广泛的研究，在年级"双减"课题的引导下，各备课组开展了深入探究，力争尽快完善体系，丰富内容，独立成题。

四、丰富课后服务，完善"双减"机制，满足学生多样需求

"双减"要求减轻学生校内作业负担和校外培训负担，但同时又对做好课后服务、满足学生多样化成长需求提出具体要求，即要促进学生全面发展，培养学生的鲜活个性专长。初一年级通过多种方式，努力将初一年级组建立成为学生学习与健康成长的优质场所，通过兴趣培养、分层教学等方式，促进学生全面发展。

（一）依托活动类课程，构建混合型学习系统

年级立足于每一名学生，关注学生个体的差异化与特殊性，在完成国家课程的基础上，为丰富学生的校园生活，结合城宫计划课、博物馆课程、劳动教育、科技社团、合唱团、管乐团、身体素质训练和篮球等正式或非正式的课目，发挥学生自身优势，引发学生的学习动机，形成丰富且灵活的混合型学习系统。

（二）结合学科特点，构建深度性流程系统

语文学科开设阅读课程，为有需求的学生提供阅读指导，帮助学生提升语文综合素养。数学学科细分学生水平，实行分层走班，开展分类指导。英语学科对同一文章，根据学生基础，基于培养学科素养，采取不同的阅读和处理方式。三大主学科均结合教材、学生和新课表的理念，开展形式丰富的教学活动，以构建深度性流程系统。

（三）建章立制，构建科学合理的"双减"管理办法

年级不断积累，科学推进，近一年的时间，形成了"作业管理机制、学业指导方案、课后服务方案、社团活动方案、家校沟通机制"。

依托《学业管理本》,坚持每天1个小时自主学习,引导学生记录成长,提升自主性,促进家校协同,构建良好的"双减"环境。在学法指导、丰富作业形式方面也取得了一定的成效。各学科通过多种形式,开展学法指导,形成了学法指导方案。而在课后服务多样性方面,也做出了非常积极的尝试,得到了家长和学生的广泛认可。

综上所述,重新定位育人为本的理念,强化学校教育主阵地作用,关注学生差异,满足学生全面而有个性的发展,构建系统的标、本兼治的"双减"实施长效机制,并不断激发教师教学积极性,努力构建科学的教育评价机制,是实现减负提质的有效方法。

参 考 文 献

[1] 朱益明. "双减":认知更新、制度创新与改动[J]. 南京社会科学,2021(11):141-148.
[2] 杨兆山. "双减"引发的对基础教育的几点思考[J] 四川师范大学学报(社会科学版),2021,48(6):35-41.

专家 点评

　　研究围绕当下教育研究的热点问题,紧紧抓住"减负提质"这一"双减"政策的核心要义开展,选题聚焦,具有较好实践意义。整体来看,研究从如何提升学生学习主体性、提升教师教学胜任力、优化课后服务等几方面进行了实践探索,反映了"双减"背景下,学校作为贯彻政策的责任主体,以系统性思维指导教育教学实践的智慧。实践策略针对性强,包括政策深度解读、研制《学业管理手册》、创新评价方式等。从课内到课后到课外,全方位立体化地保障政策平稳落地,扎实落实。其研究着眼点及系列举措,对区域内其他学校有较好的借鉴意义。

　　研究对于"怎么做"展示较为充分,但是对于为什么这样做没有很好呈现。例如《学业管理手册》是如何研制的,其科学性如何,没有详细论证。建议进一步加强对行动措施背后的理念、方法的思考,并对研究效果提供证据支持,提升研究的科学性、严谨性。

牛瑞雪
人民教育出版社

借"双减"政策东风，圆"望子成龙"之梦
——初中生亲子教育期望差异与学业成绩的关系

北京市三帆中学　张　康　张　静
北京师范大学第二附属中学　张二羚

摘　要　以556名北京某中学初一、初二年级学生为研究对象，采用问卷调查的方式，考察了亲子间教育期望差异对初中生学业成绩的影响。结果发现：亲子间教育期望差异影响中学生的学业成绩。①对于指向当下学习状态的亲子教育期望而言，与子女感知到的无偏型亲子教育期望相比，当父母有强烈的"望子成龙"心愿为典型表现的上偏型亲子教育期望偏差时，学生的学业成绩更低。②对于指向未来学业成就的亲子教育期望而言，当感知亲子教育期望差异为上偏型时，子女的学习成绩显著低于无偏型和下偏型学生的学习成绩。③实际亲子当下教育期望差异下偏型的学生，学习成绩显著高于拥有上偏型教育期望差异学生的学习成绩。④实际亲子未来教育期望差异为下偏型学生，学习成绩显著高于拥有上偏型教育期望差异的学生的学习成绩。基于此提出合理父母教育期望、积极沟通、形成亲子教育合力等对策建议。

主题词　亲子教育期望差异　学业成绩　初中生

一、问题提出

2021年5月21日，中央全面深化改革委员会第十九次会议审议通过了《关于进一步减轻义务教育阶段学生作业负担和校外培训负担的意见》（下文简称《意见》），要求深入开展减轻义务教育阶段学生作业负担和校外培训负担工作，该工作也称"双减"政策。《意见》第21条明确提出，完善家校社协同机制。进一步明晰家校育人责任，密切家校沟通，创新协同方式，推进协同育人共同体建设。有关部门要引导家长树立科学育儿观念，理性确定孩子成长预期，努力形成减负共识。2021年10月23日第十三届全国人民代表大会常务委员会第三十一次会议通过了《中华人民共和国家庭教育促进法》，以法律的形式指导家庭教育的开展。伴随着家庭教育政策的逐步落地与完善，家庭教育改革也随之而来，"父母怎样才能更有效地开展家庭教育，科学地参与孩子的成长"，逐渐成为中国教育改革的焦点议题。

在给青少年的心理咨询过程中，心理教师们共识地发现，许多青少年来访者都苦于父母对自己过高的教育期望，在孩子的眼中，父母似乎只看到了成绩，却忽略了孩子本身。一些已经有抑郁倾向，甚至确诊抑郁症的孩子，其父母仍然对他们有很强的教育期望，

有些家长还伴有高频、高强的学习参与。但长期观察发现，那些父母怀有过高期望的孩子，学习成绩并不是很好，与此同时亲子关系也相对紧张。长期的一线观察结果和学术界理论研究的结论一致，即相对于子女自身的教育期望，如果父母有过高的教育期望，其子女会感到压力，进而获得更差的学习成绩。

从时间维度上看，亲子教育期望包括指向当下学习状态的教育期望（如学习勤奋程度、上进心、知识面广，简称"当下教育期望"），和指向未来学业成就的教育期望（如最高接受教育的程度（简称"未来教育期望"）。以往研究并没有对这两方面加以区分，这可能会造成研究结果混淆，解释范围不清的情况。本研究考虑到亲子所处的不同年龄阶段很可能在时间感知和对现实/未来的期望上有所不同，因此本研究会细化时间维度，综合考察指向当下和指向未来两种期望与学业成绩的关系。

从期望差异的统计来看，以往研究会从差异方向和差异程度两个维度表示亲子教育期望的差异。之后研究者整合了差异方向与程度，使用上偏型（家长期望高过学生自己的期望）、下偏型（家长期望低于学生自己的期望）和无偏型（家长与学生的教育期望相同）这一概念体系。本研究也将沿用这个概念体系。

由于存在父母和子女两个期望发出主体，以往研究会关注实际亲子教育期望差异和感知亲子教育期望两种类型。

（1）实际亲子育期望差异

此类研究会采集父母对子女的教育期望作为父母教育期望得分，采集子女的教育期望作为子女教育期望得分，两者差值即为亲子实际教育期望差异。吴贤华，刘永存，孙利的研究发现，与亲子间教育期望低水平匹配相比，当亲子间教育期望在高水平匹配时，孩子的学习投入更高。与"父母高期望孩子低期望"相比，当处于"父母低期望孩子高期望"时，孩子的学习投入水平较高。

（2）感知亲子教育期望差异

此类研究会采集子女对自己的教育期望以及子女报告的感受到父母对自己的教育期望，两者差值即感知亲子教育期望差异。对于感知亲子教育期望差异的研究结果比较一致地表明，感知亲子教育期望差异程度越高则孩子的学习成绩越低。当"感知父母教育期望＞自我教育期望"时，学业成绩降低，这可能和孩子感知到父母的压力有关，也可能和父母对子女过度的卷入和过分的控制有关。

由于以往研究大多关注父母教育期望高的情况，而对父母教育期望低的情况少有探索，且对于感知期望差异与现实期望差异之间的关系回答不清，本研究会综合考察感知亲子教育期望差异与实际亲子教育期望差异两个方面，并力图回答怎样的亲子教育期望组合最能助力学生的学业成绩增长。

二、研究方法

（一）研究对象

选取北京市某中学初一、初二年级所有班级学生为研究对象，剔除作答信息不完整的问卷后，剩余有效被试556人，问卷有效率为94.9%。被试平均年龄12.42（SD = 0.24，range = 12 ~ 13）。男生292名，女生264名；独生子女371名，非独生子女185名；初一年级 321 人，初二年级 235 人。

（二）研究工具

1. 教育期望

（1）指向当下学习状态的教育期望

采用王婷、刘爱伦编制的教育期望问卷测量学生和家长指向当下学习状态的教育期望。量表包含 8 个项目，考察了子女和家长对学习能力、课堂表现等。量表采用 4 点正向计分，1 = 无所谓，2 = 有点期望，3 = 比较期望，4 = 非常期望。本研究中自我教育期望问卷的内部一致性信度 $a = 0.92$。

本研究采用"父母期望我"的叙述方式探测学生感知到的父母教育期望（内部一致性信度 $a = 0.94$）。本研究用"我期望孩子……"的叙述方式探测父母对孩子的教育期望（内部一致性信度 $a = 0.919$）。

（2）指向未来学业成就的教育期望

本研究采用"你期望孩子（自己）接受什么程度的教育"一道题测量子女和家长对学生未来的教育期望。并用"你的父母期望你接受什么程度的教育"作为学生感知父母未来教育期望的指标。1 = 初中毕业，2 = 中专技校，3 = 职业高中，4 = 高中（含国际学校高中部），5 = 大学本科，6 = 硕士研究生，7 = 博士研究生。

2. 学业成绩

学生在本调查之后最近一次统考时的语文、数学和英语成绩总分加和。为了消除年级效应，参照郭筱琳等的做法，以年级为单位将总分原始成绩转化为年级内标准分数，较高的分数代表学生具有较高的学业成绩。

3. 控制变量

鉴于已有研究发现，性别、年级、独生状况以及父母受教育水平等人口学信息与亲子教育期望、学业成绩均有不同程度的相关，本研究将对这些人口学信息进行控制。

4. 数据处理与统计

在数据统计时，若父母期望与孩子自身的教育期望一致，则个体为"无偏型亲子教育期望"（以下简称"无偏型"）；若父母教育期望高于子女自我教育期望，则个体所属类别为"上偏型亲子教育期望偏差"（以下简称"上偏型"）；若父母教育期望低于子女自我教育期望，则个体属于"下偏型亲子教育期望偏差"（以下简称"下偏型"）。

研究采用 SPSS26.0 统计软件进行统计分析。

三、研究结果

（一）亲子间教育期望差异状况

表 1 为亲子教育期望的得分。在控制了性别、年级、独生状况和父母最高受教育水平后，无论是当下还是未来亲子教育期望上，子女的教育期望与父母的教育期望，及感知到的父母教育期望相关均显著（$r = 0.498, 0.206, 0.387, 0.315, 0.483, 0.535, p < 0.01$）。配对样本 t 检验表明，除了感知父母未来教育期望 – 孩子未来教育期望差异不显著，子女当下教育期望 – 感知父母当下教育期望，子女未来教育期望 – 父母未来教育期

望及子女当下教育期望 – 父母当下教育期望差异均显著（$p<0.05$）。

表1 亲子教育期望的得分

项目	M	SD
子女当下教育期望	29.87	3.672
感知父母当下教育期望	30.24	3.295
父母当下教育期望	31.17	3.321
子女未来的教育期望	6.07	0.946
感知父母未来教育期望	6.05	0.866
父母未来教育期望	5.91	0.714

（二）感知亲子教育期望差异与学习成绩的关系

1. 感知亲子指向当下学习状态的教育期望差异与学业成绩的关系

以不同亲子差异类型为自变量（上偏型、下偏型和无偏型），以标准化学业成绩为因变量，控制了年级等变量，单因素方差分析结果显示，不同亲子差异类型在学业成绩上的差异显著，$F(2,555)=5.836$，$p=0.003<0.005$。成对比较发现，子女感知父母与自己指向当下的教育期望为无偏型的学生学习成绩显著高于拥有上偏型教育期望差异的学生的学习成绩，$p=0.001<0.005$（图1）。

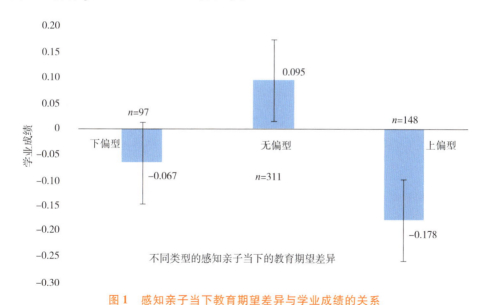

图1 感知亲子当下教育期望差异与学业成绩的关系

2. 感知亲子指向未来学业成就的教育期望差异与学业成绩的关系

以不同亲子差异类型为自变量（上偏型、下偏型和无偏型），以标准化学业成绩为因变量，控制了年级等变量，单因素方差分析结果显示，不同亲子差异类型在学业成绩上的差异显著，$F(2,555)=5.598$，$p=0.004<0.005$。成对比较发现，感知父母与自己未来的教育期望为上偏型的学生学习成绩显著低于无偏型和下偏型学生的学习成绩，$p=0.011$，$p=0.001$，均小于0.05（图2）。

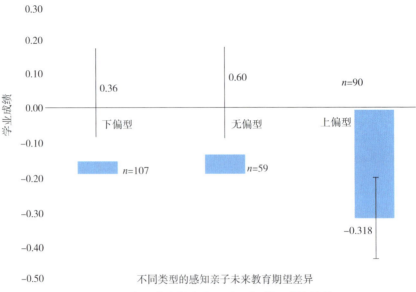

图 2 感知亲子未来教育期望差异与学业成绩的关系

(三) 实际亲子教育期望差异与学习成绩的关系

1. 实际亲子指向当下学习状态的教育期望差异与学习成绩的关系

由于亲子间指向当下学习状态的实际教育期望无偏型只有 27 个人,因此对于实际亲子当下教育期望差异与学习成绩的分析采用非参数检验。以不同亲子差异类型为自变量(上偏型、下偏型和无偏型),以标准化学业成绩为因变量,非参检验结果发现,不同亲子差异类型在学业成绩上的差异显著,$p=0.015<0.05$。成对比较发现,实际亲子当下教育期望差异下偏型学生学业成绩显著高于拥有上偏型教育期望差异的学生的学习成绩,$p=0.004<0.005$(图 3)。

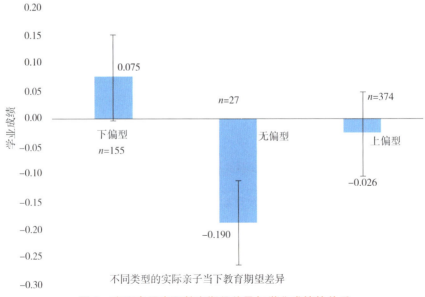

图 3 实际亲子当下教育期望差异与学业成绩的关系

2. 实际亲子指向未来学业成就的教育期望差异与学业成绩的关系

以不同亲子差异类型为自变量（上偏型、下偏型和无偏型），以标准化学业成绩为因变量，控制了年级等变量，结果显示，不同亲子差异类型在学业成绩上差异显著，$F(2, 555) = 3.13$，$p = 0.044 < 0.05$。成对比较发现，实际亲子未来教育期望差异为下偏型的学生成绩显著高于上偏型学生的学习成绩，$p = 0.014 < 0.05$（图4）。

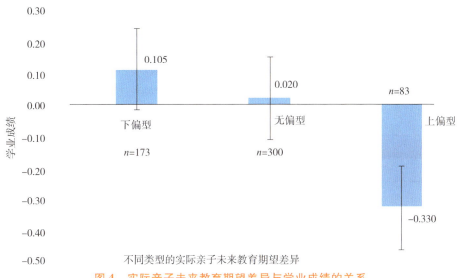

图 4　实际亲子未来教育期望差异与学业成绩的关系

四、讨论

（一）感知亲子教育期望的自我中心化

本研究发现，无论是指向当下学习状态的教育期望还是指向未来学业成就的教育期望，无论父母实际教育期望高于或低于孩子，孩子都会以自我实际教育期望为中心，更高或更低地感知父母的教育期望，以使亲子教育期望趋于一致。这有可能是因为青少年本身认知过程中的自我中心主义，即会认为别人和自己的观点相同。也可以用认知控制论解释该现象，即当个体和外界标准不一致，且改变失败时，个体会感受到压力和痛苦，因此个体会自动调节不一致，形成对自己的保护。

（二）实际亲子指向当下学习状态的教育期望与指向未来学业成就的教育期望的反转现象

本研究发现，在指向未来学业成就的教育期望上，孩子对自己的期望高于父母的期望；在指向当下学习状态的教育期望上，孩子对自己的期望反而低于父母的期望。这可能反映出青少年对未来更自信，想法积极乐观，孩子却还没有发展出取得未来成功的能力，也缺乏想法—行动—目标真正达成的完整经验和实际经历。对于父母而言，他们恰恰经历了更多从想法到实践再到目标达成的过程，他们知道想法真正转化为结果的艰辛和付出。因此，父母要帮助孩子理解想法和行动之间的差距与关系，鼓励孩子行动起来，要静待花开，给孩子充分的时间成长和形成能力质变。

(三)父母降低自身不合理的期待,努力让学生感知到亲子合力

本研究发现,对于感知亲子教育期望差异,无论指向未来还是当下,均是无偏型学生的学习成绩最高(表2)。即学生感知到的无偏型的亲子教育期望有利于学生的学习成绩提升,这样孩子便会和父母形成合力的同时,也不会感到压力,如此,学生的学习成绩最佳。对于实际的亲子教育期望,我们看到,无论指向当下还是指向未来,父母的实际教育期望低于孩子实际的教育期望时,孩子的学习成绩最佳。这可能因为,在本研究中,孩子对自己的期望本就很高。龚婧等的研究也发现,父母的教育期望突破最高的临界点后,皮格马利翁效应消失,更高的父母期望会对孩子的学习成绩产生消极的影响。因此,提醒家长们,在学生自我教育期已经很高的情况下,家长不要再给孩子过高的期望,这样孩子会感到过高的压力,成绩也会变差。

表 2 成绩最优亲子教育期望差异类型

项目	感知亲子教育期望差异	实际亲子教育期望差异
当下期望	无偏型	下偏型
未来期望	无偏型	下偏型

家长可以通过积极亲子交流了解孩子对自己的期望,让孩子感觉到父母愿意和自己形成合力,愿意和自己的期望达成共识。与此同时,如果孩子对自己的期望已经较高,并在稳步行动,则家长要调整自己过高的期望,让亲代的教育期望更加合理,并通过少检查作业、少监督学习、少联系教师等行为,多积极鼓励孩子的点滴行动、向好改变和遇到困难的坚持,以此向孩子传递自己对他的学习的信任和肯定。

五、结论

①感知亲子教育期望差异影响初中生的学习成绩。具体来说,感知亲子指向当下学习状态的无偏型的学生学习成绩显著高于上偏型的学生的学业成绩。感知亲子指向未来教育成就的上偏型的学生学习成绩显著低于无偏型和下偏型的学生的学业成绩。

②实际亲子教育期望差异影响初中生的学习成绩。无论是指向当下学习状态的教育期望,还是指向未来学业成就的教育期望,下偏型学生的学习成绩显著高于上偏型学生的学业成绩。

③合理化父母的教育期望,积极促成亲子期望合力。

参 考 文 献

[1] BURKE P J. Identity processes and social stress [J]. American Sociological Review,1991,56(6):836 - 849.

[2] GALLAGHER M. Adolescent – parent college aspiration discrepancies and changes in depressive symptoms [J]. Sociological Perspectives,2016,59(2):296 - 316.

[3] GILL S,REYNOLDS A J. Educational expectations and school achievement of urban African American chil-

dren [J]. Journal of School Psychology, 1999, 37 (4): 403 – 424.
[4] LV B, ZHOU H, LIU C, et al. The relationship between mother – child discrepancies in educational aspirations and children's academic achievement: The mediating role of children's academic self – efficacy [J]. Children and Youth Services Review, 2018, 86: 296 – 301.
[5] PINQUART M, EBELING M. Parental educational expectations and academic achievement in children and adolescents – a meta – analysis [J]. Educational Psychology Review, 2020 (32): 463 – 480.
[6] WANG Y, BENNER A D. Parent – child discrepancies in educational expectations: Differential effects of actual versus perceived discrepancies [J]. Child Development, 2014, 85 (3): 891 – 900.
[7] YAMAMOTO Y, HOLLOWAY S D. Parental expectations and children's academic performance in sociocultural context [J]. Educational Psychology Review, 2010, 22 (3): 189 – 214.
[8] 成刚, 杜思慧, 余倩. "望子成龙"有效吗?——基于亲子教育期望偏差对学业成绩的影响研究 [J]. Journal of East China Normal University, 2022 (1): 74 – 87.
[9] 龚婧, 卢正天, 孟静怡. 父母期望越高, 子女成绩越好吗—基于 CFPS (2016) 数据的实证分析 [J]. 上海教育科研, 2018 (11): 11 – 16.
[10] 郭筱琳, 何苏日那, 秦欢, 等. 亲子间教育期望差异对小学生情感幸福感的影响: 学业成绩和学业自我效能感的中介作用 [J]. 心理发展与教育, 2019, 35 (4): 467 – 477.
[11] 罗伯特·费尔德曼发展心理学——人的毕生发展 [M]. 苏彦捷, 邹丹, 译. 北京: 世界图书出版社, 2013.
[12] 刘静. 教育期望对亲子关系的影响: 基于主客体互倚模型 [D]. 太原: 山西大学, 2020.
[13] 罗良, 郭筱琳. 亲子间教育期望差异: 概念框架、研究进展与未来方向 [J]. 南京师大学报 (社会科学版), 2019 (2): 30 – 42.
[14] 李适源, 刘爱玉. 家庭背景对学业表现的作用机制研究——以亲子教育期望偏差为解释中介 [J]. 教育探索, 2019 (6): 1 – 8.
[15] 蔺秀云, 王硕, 张曼云, 等. 流动儿童学业表现的影响因素——从教育期望、教育投入和学习投入角度分析 [J]. 北京师范大学学报 (社会科学版), 2009 (5): 41 – 47.
[16] 李佳丽, 胡咏梅. "望子成龙"何以实现?——基于父母与子女教育期望异同的分析 [J]. 社会学研究, 2021, 36 (3): 204 – 224.
[17] 吴贤华, 刘永存, 孙利. 中小学生教育期望匹配、家庭教养方式与学习投入的关系 [J]. 基础教育, 2021, 18 (2): 42 – 52.
[18] 王婷, 刘爱伦. 中学生和家长的期望差异及其亲子关系的调查 [J]. 教育探索, 2005 (1): 98 – 103.
[19] 张峰. 青少年亲子沟通心理研究 [D]. 重庆: 西南师范大学, 2001.

专家点评

研究从"双减"政策的一个重要组成部分——家庭教育的视角, 开展了家长和学生期望差异与学生学业表现关系的研究, 视角新颖, 对于学校整体把握学生学习状态, 减轻学生负担有借鉴意义。研究进行了较为扎实的文献研究, 采用问卷调查的方式, 分类呈现了亲子间教育期望差异影响中学生学业成绩的结果, 提出应加强沟通，建立合理期望，形成教育合力的建议。研究方法选用恰当，结论具有较强可信度，为相关研究提供了参考。研究可进一步拓宽研究视野，突破单纯的家庭教育范畴，建立家校共育的通道。即进一步明确开展此项研究与学校教育的联系，补充必要的研究维度，明确学校作为落实"双减"政策最重要的主体的责任和行动策略。"双减"政策的有效落实绝不是单方面行为，应系统统筹多方力量实现最优效果。学校有义务对家庭教育进行指导，实现家校共育合力，共同破解提质增效问题。

牛瑞雪

人民教育出版社

问对与求解："双减"背景下轮岗教师到流入校面临的五重困境及解决策略[①]

——基于一线轮岗教师深度访谈

北京中学　余国志

摘　要　教师轮岗制度，是支撑教育"双减"政策的重要制度安排，也是助力教育实现提质增效，建立高质量教育体系的重要制度工具。轮岗教师是教师轮岗制度的重要参与者和实践者，其到流入校后面临的文化冲突、身份模糊、认知偏差、激励乏力、发展难期等诸多实际困境，影响着轮岗工作的效果，应引起政策制定者的高度重视。研究发现，轮岗教师面临困境主要源于教师轮岗的流动性与教师专业发展的稳定性的内在矛盾、教师轮岗的准强制性与教师人本管理理念的内在矛盾、轮岗教师的文化适应与文化冲突的内在矛盾、轮岗教师身份认同与身份模糊的内在矛盾。为此，应建立健全过程参与机制、双向沟通机制、多重激励机制、"影子"帮扶机制、培训赋能机制，身心调适机制等，解决轮岗教师的"后顾之忧"和"难言之隐"，助力教师轮岗制度行稳、向好、致远。

主题词　轮岗教师　困境　策略

自国家"双减"教育政策发布以来，各地教育行政管理部门纷纷出台相应的教育举措，以全力因应"双减"教育政策带来的情势变化。在此背景下，作为支撑国家教育"双减"的重要举措之一，教师轮岗制度应运而生。然而，作为教师轮岗制度的重要主体——轮岗教师，到流入校面临的多重困境，应引起全社会高度重视，并为之制定相应的制度保障，出台相应的措施，以解决轮岗教师的"后顾之忧"和"难言之隐"，进一步调动和发挥轮岗教师的积极性、主动性和创造性，从而实现教师轮岗制度的应有功能和价值。

一、轮岗教师到流入校面临的若干困境

教师轮岗制度作为"双减"政策系统的有力支撑和重要内容，在全面建立高质量教育体系方面具有独特价值。然而，笔者通过对多位轮岗教师开展的一系列深度访谈发现，作为轮岗制度的主体——90%的轮岗教师在轮岗工作中，面临着文化冲突、身份模糊、

[①] 北京市教育科学规划"双减"专项课题"问对与求解：'双减'背景下轮岗教师到流入校面临的五重困境及解决策略"（AFGB21486）成果。

激励不足、发展难期等若干困境，理应引起政策制定者的高度重视，并从体制机制上给予完善优化，真正解决轮岗教师的"后顾之忧"和"难言之隐"。

（一）文化冲突困境

文化冲突困境是指轮岗教师经历了不同学校教学环境的转变，在适应新工作环境过程中遭遇的课堂教学、教研制度、评价制度以及人际交往等方面的不适应和冲突。在笔者对轮岗教师代表进行深度访谈中，95%的轮岗教师明确表示，到流入校后面临的第一重困境便是文化冲突困境。由于轮岗教师在长期的教育生活经验中，自身的生活行为、个人风格、认知维度、教学模式已经形成"路径依赖"，与流入校的校情、教情等较大差异，而面对此种差异，轮岗教师未能及时进行全方位的调适，致使这种差异影响了自己的心态情绪，带来了较大的心理负担和焦虑，从而陷入了一种文化冲突的困境之中。主要表现为：对新环境有恐惧感，不敢也不愿意面对新同事和新学生，情绪低落，心情紧张，神情焦虑，无所适从，压力增大。

（二）身份模糊困境

身份模糊困境是指轮岗教师到流入校后面临的身份认同和自我认知虚化的现象。在新环境中，轮岗教师会遭遇"我是谁，我来自哪里，我要去哪里"三大问题的困扰。"旅居者""边缘人""新来者"，作为流入校的"陌生人"，轮岗教师在思考自己参与流动的意义、新环境中的社会关系与专业行为中进行着身份建构。在笔者开展的访谈中也印证了这一观点。在访谈的轮岗教师中，92%的轮岗教师表示，教育生活方式发生改变，教师的专业理念、实践习惯也面临新的挑战，作为教师的意义亦不可避免地进行着重建。面对新身份，处在新位置，轮岗教师要干什么、怎么干等问题，都会给轮岗教师带来巨大压力。不仅如此，在新同事面前，轮岗教师还会遭遇"移民者、旅居者、边缘人和陌生人"身份困境。

（三）认知偏差困境

认知偏差困境是指轮岗教师对于轮岗的目的、价值和意义的认知出现失真和谬误的现象。在笔者开展的系列访谈中，36%的轮岗教师对于轮岗工作出现了较为严重的认知偏差困境，表现出了较强烈的负面认知。一方面，是对轮岗工作的认知偏差。在访谈中，部分轮岗教师依然认为轮岗是教育"形式主义"和"政绩主义"的结果，对于轮岗工作的价值、意义，站位不高，认知没有升维，将自身认知困禁于固有认知模式之中；另一方面，更深层次的是，对自我价值的认知偏差和自我价值的自我否定。甚至有部分轮岗教师认为，在轮岗工作中自己"可有可无，多一个教师少一个教师"无所谓，对于轮岗工作，不能产生强烈的价值感和被需求感，进而否定自身的价值，产生心理无力感和职业迷茫。

（四）激励不足困境

激励不足困境是指轮岗教师到流入校后由于缺少明确的内外部激励而面临的工作动机不明确、工作动力缺失、工作热情逐渐消退的现象。根据利益相关者理论，"群体或者个人可对组织决策、政策、目标、行动产生影响，同时，组织也会反向通过决策、政策、目标、行动等方式支持和影响个人及群体。"在笔者开展的访谈中，65%的轮岗教师表示，在不被"神话"的常态情况下，轮岗教师必然要追求自我利益的最大化。而教育轮岗制度由于教育的先天公益性特征，没有也不可能给予轮岗教师利益最大化的可能性和空间，如此一来，轮岗教师在轮岗制度下的"自我利益"被掩盖，致使产生"我为何而来，我为什么要干，我为谁干"的灵魂拷问。

（五）发展难期困境

发展难期困境是指轮岗教师到流入校后面临的学科教学方式需要调整，自我专业发展与成长方向难以预期等现象。在访谈中，85%的轮岗教师表示，的确存在发展难以预期等职业方向上的困扰。对于轮岗教师群体而言，主要表现在两方面：一方面是学科专业教学技能的方式不能预期。轮岗教师到流入校面临的学生、教育理念、教育评价、课堂教学模式等不同，因此，对于轮岗教师而言，需要不断地调适并提升自身的专业发展水平，以适应并满足流入校的教学需求，站稳站好讲台，但至于到底采用哪一种专业教学方式，则难以预期。另一方面是自我职业发展的方向难以预期。轮岗教师此前在原学校的教学岗位较为固定，而到流入校后，教学岗位有可能随时发生变化，那么，其教学质量如何保证、职称评定又如何实现突破、专业发展道路该如何规划等问题，成为摆在轮岗教师面前极为现实而又紧迫的重大问题。

综上，轮岗教师面临的五重困境，既是轮岗制度体系设计存在不足的表现，也是教育公益性先天特征的演绎与表达；既有社会等外部环境改变导致的困境，也有轮岗教师内部动机改变导致的困境；但无论何种困境，都应予以正视，理应引起全社会的高度关注，进而优化轮岗制度，以期进一步助力教师轮岗制度行稳、向好、致远。

二、轮岗教师五重困境的解决策略

针对轮岗教师面临的上述五重困境，在笔者看来，教育行政管理部门、学校和轮岗教师等主体，应共商共建，建立健全过程参与机制、双向沟通机制、多重激励机制、影子帮扶机制、培训赋能机制、身心调适机制六种机制，进一步完善教师轮岗制度。

（一）发扬民主，健全过程参与机制

教师轮岗制度作为"双减"教育政策体系的重要制度安排，轮岗教师在此体系中发挥着重要的支撑作用。在笔者对轮岗教师群体的深度访谈中，70%的轮岗教师群体表示，极少有机会主动参与到轮岗制度的意见征集和制定过程之中，缺乏发声的渠道和积极参与的主动性，致使在轮岗制度安排中较为被动和产生消极情绪。为此，一方面，教师群体是轮岗制度的重要参与者和实践者，应主动积极参与轮岗制度的全过程；一方面，教育行政管理部门应开放多种渠道，积极引导教师群体积极参与教师轮岗制度的事前制定、事中决策和事后监督全过程，以便听取轮岗教师群体的呼声、意见和建议，做到让教师群体充分知情。如此一来，可实现轮岗教师由"置身事外"到"置身事内"的转变，由"局外人"到"局内人"的转变，由"相关人员"到"当事人"的转变。在此基础上，进一步提高轮岗教师群体的工作积极性、主动性、创造性和主人翁精神。

（二）加大宣传，健全双向沟通机制

目的是指引轮岗教师开展工作的价值和意义的总和。在笔者开展的深度访谈中，多位

轮岗教师明确表示不清楚轮岗的真正意图，也不明白轮岗的真正目的，致使在轮岗安排过程中较为盲目和被动。即便是到了流入校，也不知道自己应该干什么、如何干，处于一种盲目的被安排之中，致使轮岗效果大打折扣。为此，一方面，应尽快健全教师轮岗制度执行机制，包括教师轮岗导向机制、选拔制度、意见征询制度、激励制度、评价制度、培训上岗制度、问责机制、信息数据库等，并将其公示。另一方面，教育行政管理部门和学校应利用会议、宣传栏、工作手册、微信公众号等方式，澄清对轮岗工作的固有错误认识，定期向轮岗教师阐明轮岗目的和意义，增强轮岗工作的荣誉感和热情，进一步提升轮岗教师的工作站位和意愿，提升对轮岗工作的思想认识，变"要我去"为"我要去"，变"要我干"为"我要干"。

（三）多管齐下，健全多重激励机制

在与轮岗教师的深度访谈中，针对激励机制，部分轮岗教师纷纷表示：只是听说，但不明确，并希望出台明确的针对性激励政策，真正予以执行。为此，针对轮岗教师的激励机制，教育行政管理部门应建立明确的，具有专门性的多重激励机制。一方面，从精神层面，予以轮岗教师更多激励，如在荣誉体系和职称评定方面，建立专门针对轮岗教师的荣誉体系和职称评定细则，让轮岗教师感到被重视和被尊重；另一方面，从物质层面，针对轮岗教师工作压力大、工作量大的实际情况，设立专项经费，发放交通等工作补贴，多管齐下，激励轮岗教师提高工作热情和质量。

（四）以人为本，建立"影子"帮扶机制

在对多名轮岗教师的问卷调查中发现，轮岗教师离开原单位到新学校，大都会产生心理等方面的不适应和落差问题，尤其是刚到流入校的前两个月最为严重，精神上倍感孤独和压力。为此，一方面，各流入校应建立"影子"帮扶机制，针对新调入的轮岗教师，应指定一名本校"影子"教师与其结对，帮助其适应新学校的文化、生活等，以便助力其更快适应更好融入；另一方面，原学校应建立定期探望制度，应在轮岗教师到流入校后，对其开展定期探望，慰问轮岗教师工作、生活等情况，发挥"娘家人"的心理安抚作用，稳定其情绪和心态。

（五）做好衔接，建立培训赋能机制

由于轮岗工作涉及面广，校际的衔接和协调工作较为复杂，特别是轮岗教师与新学校之间的双向选择和匹配不到位，往往导致轮岗教师在轮岗过程中产生"无归属感"的心理落差：人是原单位人，但工作不在原单位。为此，一方面，学校应尊重轮岗教师意愿，摸清轮岗教师和轮岗学校相关情况，做好双向选择和意愿匹配；另一方面，轮岗工作涉及两所甚至多所学校之间的协调等，各学校应建立轮岗教师的协调和衔接常态机制，做好新旧学校之间的轮岗培训，设立一定的心理缓冲期，帮助轮岗教师逐步适应新工作岗位。

（六）转变角色，建立身心调适机制

轮岗教师是轮岗制度的直接参与者和实践者。一方面，在轮岗过程中，流入校应定期组织开展对轮岗教师的心理咨询和辅导，建立轮岗教师心理档案，开展各种融入活动，帮助轮岗教师尽快走出困境。另一方面，轮岗教师既要站位高远，要充分认识到轮岗对

于实现国家教育公平、建立高质量教育体系的极端重要性，对于满足学校、家庭和学生渴求优质教育资源的极端重要性，要把轮岗作为职业发展进程中的一次重大事件，把握机会，迎接挑战，主动作为，积极作为，重新认知并深掘自身的潜能和价值，把遭遇的挑战作为成长的机会，全力迎来专业发展的新篇章，书写属于自己的教育生命传奇。

三、反思与展望

随着我国教育强国战略的深入推进，作为高质量教育体系的重要支撑——教师轮岗制度愈发受到全社会的高度关注。然而，任何一项制度，由于客观条件的不断变化，难免会出现需要完善的空间，教师轮岗制度同样如此。不难发现，从制度的深层次结构上看，上文中轮岗教师面临的五重困境，亦是教师轮岗制度内在矛盾的具体表现：如教师轮岗的流动性与教师专业发展的稳定性的内在矛盾，教师轮岗的准强制性与教师人本管理理念的内在矛盾，轮岗教师的文化适应与文化冲突的内在矛盾，轮岗教师身份认同与身份模糊的内在矛盾。

本质而观，上述矛盾和五重困境，亦是教师轮岗制度在不同维度的不同表达。因此，围绕教师轮岗制度的设计、执行、优化和完善，教育行政管理部门、流入和流出校、轮岗教师等相关主体，要树立系统性思维和主人翁精神，跳出自身视角局限，避免自身视角遮蔽，进一步加强制度建设，加强制度执行和监督，助力教师轮岗制度行稳、向好、致远。

参 考 文 献

[1] 梁爽. 转校教师的组织文化冲突 [D]. 成都：四川师范大学，2022：4.
[2] 王夫艳，叶菊艳，等. 学校里的"陌生人"：交流轮岗教师身份建构的类型学分析 [J]，教育学报，2017（5）：86 - 92.
[3] 弗里曼. 战略管理：利益相关者方法 [M]. 王彦华，梁豪，译. 上海：上海译文出版社，2006：9.

专家 点评

教师交流轮岗既是促进义务教育师资均衡配置的政策选择，也是深入推进"双减"的重要支撑制度。该成果以教师交流轮岗为选题，通过对教师的深度访谈，发现轮岗教师面临的文化冲突、身份模糊、认知偏差、激励乏力、发展难期等诸多现实困境。进而分析其深层次的原因，如教师轮岗的流动性与教师专业发展的稳定性的内在矛盾、教师轮岗的准强制性与教师人本管理理念的内在矛盾、轮岗教师的文化适应与文化冲突的内在矛盾、轮岗教师身份认同与身份模糊的内在矛盾。并在此基础上提出健全过程参与机制、双向沟通机制、多重激励机制，建立"影子"帮扶机制、培训赋能机制、身心调适机制等对策，对于完善和推进教师轮岗具有一定的借鉴意义。

从更有推广性和普适性的视角上来看，建议研究者将对策建议进一步细化和实化。将研究对象从教师拓展到学校和决策者，以学校作为主体，分析如何建立健全过程参与机制、双向沟通机制、多重激励机制、"影子"帮扶机制、培训赋能机制和身心调适机制，通过自上而下与自下而上相结合的双重路径提炼各种机制的实现路径、方法、策略等，如多重激励机制怎样实现，体现在物质、精神、专业发展等方面的多重激励措施。

李新翠

中国教育科学研究院

"双减"政策背景下家园协同做好幼小衔接的实践研究

北京市第一幼儿园 左慧慧 马 歌 梁 雁 赵婧婉 孙 璇

摘 要 科学推进幼小衔接是落实"双减"政策的一项关键举措。而幼小衔接是一个复杂的系统,高质量的家园共育是促进幼儿从幼儿园顺利过渡到小学的重要保障。本研究综合运用马赛克研究法、问卷调查法、访谈法等,在调研家长及教师关切问题及困境的基础上,尝试探索突破家园协同瓶颈、做好幼小衔接的有效方式,借助交叠影响域理论,将坚守儿童立场、立足家长视角作为行动指南,通过建立"显性+隐性"交互通道助力家园实现共育目标与理念的统一、形成"共建+共生"协同范式促进家园实现共育方式与途径的共识,收到良好实效。

主题词 双减 幼小衔接 家园协同

2021年,中共中央办公厅、国务院办公厅印发了《关于进一步减轻义务教育阶段学生作业负担和校外培训负担的意见》。在该政策指引下,科学推进幼小衔接工作成为落实"双减"精神、促进幼儿身心健康成长与终身发展的重要手段。同年3月,教育部出台的《关于大力推进幼儿园与小学科学衔接的指导意见》明确强调,幼小衔接工作各利益相关者应建立伙伴关系,形成合力,进而提高幼小衔接的有效性,构筑良好教育生态。可见,幼儿园、学校、教师、家长作为主体之一,均对幼小衔接工作效果、推进"双减"政策落地起着关键作用。然而在实践中,仍有部分家长的教育观念与行为存在误区,家园合力推进幼小衔接的成效不佳。如,在教育观念方面,"双减"政策虽有效缓解"学前班热",但不少家长由于观念错位存在着对幼儿入学准备不足的担忧与焦虑;在教育行为方面,望子成龙、望女成凤的家长追求幼儿的超前学习,从而出现幼儿"在园游戏,在家学知识"等情况;在合作行为方面,部分家长多以"局外人"身份配合幼儿园,相对被动地参与到幼儿教育的过程。

基于当前幼小衔接的困境以及"双减"政策的号召,本研究直击瓶颈与弊病,聚焦探索科学有效的家园共育策略,以期通过有质量的家园共育措施落实"双减"政策,协同家长有效推进幼小衔接工作,营造科学衔接的良好生态,促进幼儿身心健康发展,无痕过渡实现从幼儿园到小学的"软着陆"。

一、坚守儿童立场,关注儿童感受

有学者提出,在入学准备中幼儿自身的需求最易被忽视,应充分关注幼儿主体的角色诉求。根据维果斯基（Lev Vygotsky）的社会文化历史理论，儿童是主动的文化学习者，注重个体的主动参与体验。这启示我们应把儿童看作是主动参与衔接过程和作决定的能动者，倾听儿童的声音，以"儿童立场"的视角关注衔接期儿童的独特性、个体参与性和体验性。

立足于儿童立场，本研究运用马赛克研究法，将主题绘画、幼儿谈话、观察等多种方法相结合，了解幼儿对入学准备的认识以及对上小学的期待情况。结果表明，幼儿对小学入学的困惑主要涉及环境变化、物质准备、作息调整、规则规范、社会适应等方面。如，"小学有那么多的玩具吗？""小学书包里都有什么呢？""一节课有多长时间？""如果上课时我很想去厕所怎么办？"幼儿在表达对小学生活向往的同时，同样提出了自己的一些担忧，包括学习任务变重、生活作息变化、课程活动变化、人际关系变化、物质环境变化等方面。如，"我还不会跳绳呢，太难了。""小学要考试，考不好怎么办？""上学了我就不能和好朋友在一起了。"

可见，幼儿既对小学的人、事、物以及幼儿园与小学之间的差异充满好奇，同时也会因为未知的新变化而感到无措，部分幼儿的自我效能感受到明显挑战。因此，在推进幼小衔接工作的过程中，家园应了解幼儿好奇与疑惑，把握他们的需求与困惑，积极引导并合作开展适宜的幼小衔接活动，帮助幼儿建立对小学生活的理性认知和积极行为，以充分的心理建设助力每位幼儿建立快乐迎接小学的勇气与信心。

二、调研家长关切，明确沟通要点

调研显示，"双减"政策实施后家长的教育焦虑表现更加复杂，涉及传统型焦虑、途径型焦虑、目标型焦虑、茫然型焦虑等多种教育焦虑。焦虑情绪潜移默化地影响着家长在幼小衔接过程中的育儿态度与行为稳定。

本研究运用问卷调查法，通过改编相关问卷，形成《幼儿入学准备调查问卷》（家长版）。借助线上调研方式向201位家长发放问卷，并回收有效问卷201份，以此考量家长对幼小衔接的认识、需求、行动现状。结果显示：第一，总体来说，家长对于学习准备的重视程度最高，其次是身心准备与社会准备，最后是生活准备；第二，部分家长在表达需求时使用"学习一些小学知识""提前""预先""达到小学水平""教拼音""训练""多讲一讲"等词语，体现出衔接观念上的小学化、超前教育倾向；第三，多数家长表现出积极参与幼小衔接工作的意向，但对如何更好地参与幼儿园教育以及在家庭生活中如何帮助幼儿做好入学准备仍较迷茫。

参照四种焦虑类型的相关研究，不难发现家长在幼小衔接过程中的焦虑来源主要包括三个方面：一是由于自身受教育经历导致教育观念守旧、固化。这类家长群体对不适宜教育方式的坚守体现在"填鸭式鸡娃"等，基本忽视教育规律与幼儿学习与发展特点。二是由于自身对教育学段特点认知的偏颇带来恐慌。即对各学段教育内容、方式与培养目标的了解不足，主观夸大幼儿园与小学之间的差异，高估小学学习的难度，忽略幼儿园游戏化一日生活独特的价值。三是受外界社会舆论环境多元信息的影响。"双减"政策出台后，尽管相关部门严格规范和治理校外培训机构办学行为，但大量"鸡娃""晒娃"的信息充斥着媒体网络，无形中增加了家长对于孩子发展之间的过度攀比，使得育儿目标与手段不清晰的家长更加迷茫。

对家长幼小衔接的观念、需求及焦虑来源的分析，为幼儿园明确协同教育的着力点、促进家园携手共育做好科学衔接提供了依据。家园协同推进幼小衔接的首要任务是给予家长在幼小衔接方面关于育儿需求与困境的回应，在此基础上提供有力的家庭教育指导支持，从而赢得家长充分信任、获得家长主动参与，最终达成科学推进幼小衔接的家园合力。

三、分析问题困境，明确改进思路

美国约翰斯霍布金斯大学爱普斯坦（Joyce L. Epstein）教授提出交叠影响域理论，指出家庭、学校和社区经常进行高质量的沟通和互动，使儿童从不同的场景中接受一致的信息，即受到交叠的影响，将有助于孩子的成长。由此，家园高质量互动沟通的方式对做好入学准备教育显得尤为必要。

本研究综合运用问卷调查法、访谈法进一步了解家长、教师在幼小衔接工作开展过程中的需求与问题，进而挖掘家园合作的思路、方法。结果表明，家长与教师均能够清晰表达需求，并且都能够基于各自立场提出期待。从家长角度，需求主要体现在：一是希望针对性地解决自己认为幼儿入学准备方面所急需的专业性的、可操作的、个别化的具体活动建议；二是期望幼儿在园状态、行为表现、优势不足能够及时反馈。从教师视角来看，第一，教师认为当前在家园协同共育中面临着家长缺少关键问题点上的积极主动，配合度低；第二，教师认为当前家园共育形式手段，如个别交流、活动推送、定期举办亲子活动、发挥家委会作用、开展专题讲座等家长易忽视，参与度不高。

综合分析家长与教师不同立场的反馈，可见已有的家园合作内容与方式没有产生最理想的共育效果，较多停留在单向输入与输出，缺乏在目标理念、行动开展等方面实现深层次的协同。因此，以促进家园高质量沟通与互动为导向，幼儿园应加强系统的统筹与规划。首先，系牢情感纽带，考虑家长视角，打破因角色立场不同而造成的家园之间的沟通壁垒，让"心交流"聚共识；其次，筛选价值内容，就共性、组别、个体不同需求家长的期待与问题进行打包式的针对性回应与反馈，让"行交流"击重点；再次，优化互动方式，打破传统模式，充分利用多元平台丰富沟通路径，让"新交流"切需求；最后，关注合作效果，让幼儿入学准备教育自然落实于幼儿园与家庭不同场景中，让"幸交流"有实效。

四、建立"显性+隐性"交互通道，助力家园实现共育目标与理念的统一

考虑到家长的教育观念具有经验性、内隐性、稳定性等特点，实践过程中尝试采用"显性传导"与"隐性渗透"行动策略，转变认识、促进共识。

"显性传导"指幼儿园通过显性、直观的方式向家长宣传知识、理念和方法。在宣传内容与手段设计上，考虑普及性与组别化、个体化不同层次需求。如："家长学校——专家说"，从宏观层面对幼小衔接基本理念与教育总体方向进行宣传；"家长学校——园长说"，从中观层面基于园所幼儿情况对幼小衔接共育内容进行宣传；"家长学校——微沙

龙",从微观层面拆解合并家长的具体需求成立不同话题小组,围绕具体问题给予解决方式与策略的指导。同时,以"协同"思想为指导,注重挖掘汲取家长有益经验,借助"协同共育掌中宝""做智慧父母"公众号栏目的推广与宣传,助力幼儿园与家庭之间、家长与家长之间形成互学互鉴的良好沟通往来。

"隐性渗透"指幼儿园通过搭建平台、创造契机等方式让家长主动参与、直接感受、亲身体验,自然沉浸教育全过程,从而潜移默化影响家长的观念想法与行为方式。在具体开展方式上,以家长的难点、焦点、痛点、堵点为话题切入点结成不同小组。组内活动主要聚焦具体内容的经验分享、深层对话、专题交流,家长与家长、家长与教师之间形成互为帮助、共同学习的伙伴关系:问题一起析、办法一起想、行动一起试、效果一起等。如,"坚毅者挑战""番茄时间""情绪树洞"等工作坊有效回应与解决家长关切,并帮助家长在育儿实践中更加理解幼小衔接工作的意义与要点,掌握科学育儿的内容与方法。

值得强调的是,无论是"显性传导"还是"隐性渗透",在具体实施过程中都十分注重家长的情感需求,不断创新互动内容与形式切实有效地纾解家长焦虑情绪,赢得家长信任,提升工作实效。如,巧用共情策略,教师化身"家长",结合自身育儿经验与家长进行沟通交流,角色的统一更易于家长接受与认同;运用科学结论,在沟通与回应时辅以科学的研究结论作支撑,以此增加科学性与信服力;尝试揉面说理,将晦涩难懂的专业理论知识与家长熟知、感兴趣的内容掺杂在一起解释说明,渐进性地渗透科学理念与方法;展现幼儿成长,不仅与家长分享幼儿日常在园活动情况,而且应帮助家长"看见"幼儿活动背后隐藏着身体、语言、情绪与社会性发展等多方面的信息,从而让家长充分了解幼儿园教育对于幼儿发展成长的价值。

五、形成"共建+共生"协同范式,促进家园实现共育方式与途径的多元

围绕幼儿、家长、教师等不同主体关于幼小衔接、协同共育等方面的认识、需求与困惑等,实践过程中探索运用"课程共建"与"课程共生"两条家园协同共育思路,调动家长参与积极性,深化家园合作。

"课程共建"即综合运用家园双方优势、有效教育资源,共同构建丰满幼儿园入学准备课程。具体而言,家园在幼儿入学准备教育中通过相互之间的协调、合作、互补,实现在入学准备课程目标设置、内容选择、具体实施与反思评价中的最大合力。如,鼓励家长参与决策,发挥家委会的桥梁作用,综合分析家长基于幼儿在家庭中的表现提出对入学准备教育的困惑、需求及建议,共同设计幼儿园课程目标与内容;增强教育信息互通,通过线上线下多种形式发布幼儿活动日报,促进幼儿在园或在家学习与发展情况的实时共享,为家长参与课程提供机会;成立家庭探究小组,围绕幼儿的探索兴趣自由分成不同小组,引领组内家长形成合力给予幼儿支持;协同构建专属资源库,以班级为单位围绕教育内容进行资源征集,联动家长为幼儿做好入学准备创造更加自主、丰富的环境与条件。

"课程共生"即家园共同挖掘教育契机生成个性化课程,支持每位幼儿按照自己的衔接节奏做好入学准备。具体而言,家园从幼儿的兴趣、问题、需求出发确定适宜活动内

容，以促进幼儿经验完整性、连续性为导向，以项目活动、翻转活动等为载体，实现入学准备教育在幼儿园、家庭不同场景间的联动与互生。其中，项目活动参照"共同确定主题—合作制订计划—查阅搜索资料—动手操作体验—成果展示交流—家园总结反思"的步骤进行，遵循"幼儿在前，家长在后，教师在旁"的原则，如家庭项目活动"跳绳大作战""时间的奥秘""我是劳动小达人"等。翻转活动参照"班级前期调研—班级发出倡议—教师发布预告—家庭实施开展—家园讨论互动—活动分享展示—家园总结反思"的步骤进行，如结合家庭实际特点开启的"陪伴小群""21天陪伴计划""家庭会议""爸爸陪你玩"等活动。活动中教师发挥专业性，具体问题具体分析，针对性地为家长提供具体的、可操作的陪伴技巧。家长在过程中更加了解自己的孩子，收获丰富且科学的入学准备教育策略，有效提升了幼小衔接过程中的家庭教育质量。

幼小衔接是落实"双减"精神的重要一步。实践证明，家长教育观念的转变与更新、教育行为的协同与配合对科学推进幼小衔接工作起着关键作用。本研究坚守儿童立场，在充分调研现状需求、深层分析问题困境的基础上，尝试运用不同策略方法精准回应家长需求，破解家长焦虑，逐步突破协同瓶颈，有效促进家园在幼小衔接工作中保持步调一致与协同配合，形成有效合力。研究成效显著，家长反馈良好且参与积极，大班幼儿无流失。未来本研究将进一步深耕"深度协同"，探索幼小衔接基础上将能力习惯与品质的培养从入园做起，家园合力为幼儿终身可持续发展奠定基石。

参 考 文 献

[1] 张绵绵，张莉. 美国、澳大利亚幼小衔接的实施策略及其启示 [J]. 幼儿教育，2018（33）：47-50.

[2] 黄瑾，田方. 论幼小衔接研究理论视域的转换——从生态系统理论到社会文化理论的研究展望 [J]. 中国教育学刊，2022（4）：7-12+84.

[3] 郭娜. 幼小衔接视角下幼儿入学准备研究 [D]. 鞍山：鞍山师范学院，2015.

[4] 谢雪梅. 幼小教师的学前儿童入学准备观及其影响因素研究 [D]. 贵州：贵州师范大学，2020.

[5] 周丽霞. 成长共同体视域下家园共育改革的个案研究 [D]. 福州：福建师范大学，2020.

[6] 段会冬，莫丽娟，王轶哲."双减"政策背景下如何安放家长的教育焦虑——基于幼小衔接的分析 [J]. 广西师范大学学报（哲学社会科学版），2022，58（2）：73-82.

[7] 张俊，吴重涵，王梅雾. 家长和教师参与家校合作的跨界行为研究——基于交叠影响域理论的经验模型 [J]. 教育发展研究，2018，38（2）：78-84.

专家 点评

落实"双减"政策，科学推进幼小衔接是其中重要一环。"双减"政策虽有效缓解了学前班热，但不少家长仍存在着对幼儿入学准备不足的担忧与焦虑，"双减"政策背景下家园协同做好幼小衔接的实践研究，具有一定的现实意义。本研究紧扣家园协同共育共建，针对在教育观念、教育行为等方面，望子成龙的家长仍存在追求幼儿超前学习的现象，围绕幼儿、家长、教师等不同主体关于幼小衔接、协同共育等方面的认识问题，运用马赛克研究法、问卷调查法、访谈法等综合研究方法，深入了解家长、教师的具体需求与问题，挖掘分析家园合作的思路和方法。本研究不仅通过传统方式向家长宣传知识、理念和方法，还有所创新，通过搭建平台、创造契机等方式让家长主动参与、直接感受、亲身体验，自然而然地沉浸教育全过程，将"坚守儿童立场、立足家长视角"作为行动指南，帮助家长在育儿实践中理解"双减"政策下幼小衔接工作的意义与要点，掌握与时俱进的科学育儿内容与方法。本研究围绕幼儿、家长、教师等不同主体多角度探讨，在实践过程中做到了探索运用"课程共建"与"课程共生"两条家园协同共育思路，充分调动了家长参与积极性，家长反馈良好且参与积极，大班幼儿无流失现象，对于"双减"背景下寻求家长的支持与理解、深化家园合作产生了良好效果。

建议文末附上《幼儿入学准备调查问卷》（家长版）样本，结合"双减"政策持续深耕"深度协同"，对于幼儿入学心理准备、幼儿生活习惯准备、家庭全面准备，乃至幼儿升学后在小学的适应情况进行持续追踪调查，并积极关注外界社会环境多元信息的舆论影响，善加引导，以期更好地落实"双减"政策在幼小衔接工作中的实践成效。

孙 慧
清华大学

"双减"背景下家校共育的指导策略研究

——以《西游记》亲子阅读为例

北京市海淀区第二实验小学　白雪梅　许移凡　张　雯

摘　要　"双减"形势下小学语文课堂"减负"与"提效"的矛盾该如何解决呢？在家校社政共育的教育生态体系下，重视家庭教育在体系中的地位与作用，充分调动家庭力量提升教育实效，无疑是解决问题的最佳路径之一。借助家庭教育的力量不等于完全脱离学校教育，及时有效的家庭教育指导是学校、教师在这一借力发力过程中要担负起的重要工作。恰逢今年是《家庭教育促进法》正式实施开启年，本文将以经典名著《西游记》亲子阅读为例，探究亲子阅读中家庭教育指导的策略。

主题词　减负提效　家庭教育指导　亲子阅读

"双减"形势下小学语文课堂"减负"与"提效"的矛盾该如何解决呢？在家校社共育的教育生态体系下，重视家庭教育在体系中的地位与作用，充分调动家庭力量提升教育实效，无疑是解决问题的最佳路径之一。

一、家庭教育在家校社共育中的重要性分析

（一）国家对家庭教育的重视提高到新高度

党的十八大以来，习总书记在不同场合多次谈到教育要共担责任，形成合力，办好教育事业，家庭、学校、政府、社会都有责任；明确提出家庭要做好四个"一"：家庭是人生的第一所学校，家长是学生的第一任老师，要给学生讲好"人生第一课"，"家长要时时处处给学生做榜样，用正确行动、正确思想、正确方法教育引导学生"，帮助扣好人生第一粒扣子；强调"家庭的前途命运同国家和民族的前途命运紧密相连"。

2022年1月1日起正式实施的《家庭教育促进法》更是将家庭教育的重要性提高到了法的高度："家庭教育应当符合家庭教育、学校教育、社会教育紧密结合、协调一致的要求""各级人民政府指导家庭教育工作，建立健全家庭学校社会协同育人机制"。

家庭教育政策的沿革，充分体现出了国家对家庭教育的重视已经提高到了一个全新的高度。

（二）家庭教育中存在诸多共性问题

2019年发布的《全国家庭教育指导大纲》修订意见中新增了八条核心理念，直接聚

焦小学生的家庭教育中突出的问题：

1. 家长层次参差

①文化程度参差。房地产货币化使得学校生源来自天南海北；家长来自各行各业，文化程度参差。而事实证明，家长的文化素质水平与家庭教育存在较大正相关。

②教育理念参差。家长职业、年龄、原生家庭的成长状态、教育理念等因素，直接决定着（影响着）家庭教育的重视度、参与度，家庭教育方式的选择。

2. 家长低效陪伴

大量调查数据表明，北京市海淀区作为城乡结合部，其小学教育中家长对学生陪伴较少。有因工作等原因没有时间陪伴的；有的虽有陪伴，但在过程中家长缺乏科学方法和足够耐心；有的是我国传统的家庭教育分配意识观念里"父亲主外，母亲主内"的分工模式，造成父亲角色"缺失"。

3. 家校合作不畅

由于家长对家庭教育的认知存在着误区，使得家庭教育开展上难以与学校形成良好配合，造成学生家校共育的闭环缺失，让学生产生诸多成长问题。

（三）学校教育与家庭教育的关系

学生健康良好教育生态环境的创设，立德树人教育目标的实现，都需要学校与各方，尤其是家庭有效协同，形成教育合力。没有家庭教育的学校教育和没有学校教育的家庭家庭都无法完成培养人这一细致繁复的任务。

1. 从社会层面看，学校教育对家庭教育应起到引领者的作用

学校应与相关部门密切配合，推动建立街道、社区（村）家庭教育指导机构，利用节假日和业余时间开展工作，构建家庭教育社区支持体系，加快形成家庭教育社会支持网络，提升家庭教育水平，为每一个学生打造适合健康成长和全面发展的家庭环境，构建学校教育、家庭教育和社会教育有机融合的现代教育体系。

2. 从家庭层面看，学校教育对家庭教育应起到指导者、服务者的作用

（1）促进家长依法履行家庭教育职责

学校是科学教育理念、最新教育政策的宣传员。学校可以借助专家讲座、家校沟通沙龙等阵地，积极主动向广大家长进行定期宣讲，促进他们全面学习家庭教育知识，不断更新家庭教育观念，不断提高自身素质，重视以身作则和言传身教，努力拓展家庭教育空间，推动家庭教育和学校教育、社会教育有机融合。

（2）倡导家长严格遵循学生成长规律

学校是家长尊重儿童成长规律，树立科学育儿观念的指导员。帮助家长树立科学育儿观念，及时了解掌握学生不同年龄段的表现和成长特点，根据学生年龄特点和小学阶段特征，把握家庭教育的规律性，明确各个阶段家庭教育的重点内容和要求，真正做到因材施教，切实增强家庭教育的有效性。

（3）鼓励家长不断提升家庭教育水平

学校是家长不断提升家庭教育水平，培养出合乎社会要求的建设者和接班人的服务员。学校要为加强家长与学生沟通交流开辟渠道、搭建平台，成为协助家长培养学生的好思想、好品行、好习惯，理性帮助学生确定成长目标，克服盲目攀比，防止增加学生

过重课外负担，引领他们进入广阔的文化空间，建构丰富多彩的精神世界的好帮手。

二、亲子共读是家庭教育的有效途径

在"双减"的大背景下，学校该如何开展及时有效的家庭教育指导，充分调动起家庭的积极性、主动性，与家庭共同助力学生的健康成长呢？亲子阅读是连接学校教育与家庭教育的有效桥梁之一。

（一）何为亲子阅读？

亲子阅读又称亲子共读，它是家长与学生以书为媒，以阅读为纽带，相互协作、彼此分享，在轻松愉快的氛围中共同读书活动。

学生最大的财富是健康、亲情和语言。亲子阅读作为学生课外阅读的重要组成部分，是让学生爱上阅读，提升阅读能力、语言表达能力，开发智力，提升综合素质的最好的方式之一；同时它又是心育的开始，是促进亲子关系的和谐发展，使学生身心健康成长的一剂良方。

（二）亲子阅读指导是家校共育的重要载体

亲子阅读指导就是教师帮助家长组织学习资源，设计多样的学习任务，借助亲子共读这一有效陪伴模式，让学生在真实、积极的语言实践活动中，通过阅读与鉴赏、梳理与探究、表达与交流等自主活动，自己去体验古典小说阅读环境，更高效地完成与语文核心素养生成、发展、提升相关的任务，从而促进学生实现阅读个性化发展。

（三）亲子阅读优选经典名著

浩如烟海的书籍中，品类繁多的推荐书目中，最该选择的就是中国古代经典著作。

《西游记》，是我国文学史上第一部浪漫主义长篇神魔小说，主要讲述的是孙悟空、猪八戒、沙僧以及白龙马保护唐僧行程十万八千里，历经九九八十一难，一路降妖除魔，最终到达西天取得真经的故事。《西游记》丰富奇特的艺术想象、生动曲折的故事情节、栩栩如生的人物形象、幽默诙谐的语言，构筑了一座独具特色的语言艺术宫殿。但由于篇幅过长，且有大量的诗词、生僻字及通假字，小学阶段阅读《西游记》困难多多。在指导亲子阅读的过程中，如何助力家长陪伴学生克服困难，读懂《西游记》，爱上《西游记》，甚至爱上中国古典文学呢？

三、教师指导亲子阅读的基本策略

（一）家校步调统一，协同作战

组建一个亲子阅读家长群很有必要：既可以统一阅读进度，减少个体差异性造成的阅读缺失；又可以深入挖掘、利用家长资源，拓展阅读广度和深度。群内可以随时共享《西游记》相关影视文字资料；留存活动照片；引导小组及组间讨论、答疑解惑；发布家长单独或亲子共读的主题阅读分享沙龙、开设阅读家庭指导讲座。讲座主讲人可以是专家、教师，更欢迎家长的参与。

1. 让学生参与导读，激发阅读兴趣

导读课由教师穿针引线，以"奇幻西游"为话题，把推荐的任务交给学生，教师和家长不急于参与。导读课的目的就是以推荐的形式激发学生阅读整本书的兴趣。《西游记》作为神魔小说"鼻祖"，书中奇幻迷离、神魔鬼怪的瑰丽描写，非常契合学生天马行空的想象与崇拜英雄人物的心理。因此亲子阅读的情感共鸣就是"奇幻"二字。而同龄人的思维碰撞出的小火星或许略显稚嫩，却能最大限度引起彼此的阅读兴趣。

2. 引领跨界阅读，进入阅读情境

亲子阅读初期，推荐学生观看经典 86 版《西游记》电视剧及其他相关影视、动漫、戏曲等艺术作品，如彩色动画片《大闹天宫》，电影《大话西游》《西游·降魔篇》等。通过视听刺激，增强阅读代入感，激发学生阅读兴趣。同时，把握好两种艺术形式内容和表现形式上的不同，通过"找不同"的阅读方式，帮助学生感悟不同时代、不同艺术形式，赋予同一人物、情节的不同内涵，进而体会中国古典语言文字的魅力。

3. 精读跳读结合，提高阅读速度

《西游记》内容包罗万象，涉及神魔鬼怪、奇异物产、风土人情、佛学道识等诸多知识，而这些却恰恰构成了学生理解上的障碍。因此，在具体阅读时家长可采用问题导向法，以具体的问题带动学生进行跳读。如"寻找孙悟空名称演变"这一问题，引导学生跳读小说，省略负相关情节内容，很容易激发学生阅读兴趣，引领学生快速进入文本。

4. 固化阅读时空，养成阅读习惯

亲子阅读的时间可以相对固定，比如晨起、餐后、睡前等，每个家庭可以根据自己的家庭情况确定一个时段。在阅读时间的选择上不要在孩子看电视的时候命令他"我们一起来阅读"，这是很不明智的做法，等同于将电视和书籍对立起来。家长应该限定孩子每天看电视的时间，等到孩子关闭了电视机无事可做时，再说："孩子，让我给你读一段好玩的故事吧！"他一定很乐意。每天和孩子共读的时间大约 15 分钟，其目的是让孩子养成良好的阅读习惯。但这又不是一成不变的，适当调整共读将变得更具随性的诗意，却又有固执的坚守。

（二）教师为家长指导学生阅读提供阅读小技法

所谓术业有专攻，解决家长在家庭亲子阅读中的差异性的最好办法就是为家长指导学生阅读提供阅读小技法，其中主题目标式阅读法最实用。

亲子阅读作为一种课外实践活动，不能仅仅是阅读，而是一个个体审美体验的过程，需要在阅读实践中达成其阅读目标。学生自主提出阅读目标，是阅读的起点，既可以提高他们阅读的积极性，又可以激发其深入探讨的热情，也有助于家长及时了解学生的实际，尽可能给予学生更大的自由发挥空间。

个性化讨论的内容可以是情节的概括、取经路线图的绘制、主要人物个性特点、成长历程的分析等，比如西游妖怪研究、西游动物分布地图、孙悟空影视形象分析等。

1. 一起听故事或看影视作品，激发阅读兴趣

在教师布置了阅读任务后，学生刚开始可能会兴致勃勃地拿起原著看，但因书中文字的表达与现代文有所不同，他们会感到比较吃力。这时，家长就可以利用"喜马拉雅"等音频 APP，利用上学、放学接送学生时间，在车里播放所看的那本古典名著的故事，或在家人休闲时段看视频，专挑名著的影视作品看。在收听或收看的过程中，家长可适当

●学校综合篇

"剧透"或使用言语的引导,勾起学生的好奇心。在规定的时间里收听故事和收看视频,当学生嫌进度慢,很想知道情节的发展时,随手可拿起来看的书,就会吸引他的注意力了。这时,家长就可以趁机陪伴学生看原著。

在这个阶段,教师在班群里建立相册,指引家长把学生听故事、看视频看书的照片上传到相册里,以便学生们在互相欣赏中产生不甘落后的想法,从而有动力继续阅读。

2. 挖掘成语、歇后语、俗语,保持阅读兴趣

家长在陪伴阅读时,可以通过玩猜一猜的游戏,答案是成语、歇后语、俗语、诗歌等,既有趣又能促进家庭和睦,更能使学生对古典名著阅读保持兴趣。在这个阶段,教师借助QQ群里建立的名著里的成语、歇后语、俗语、诗歌等文件夹,把积累到的知识以电子文档、手抄报、电子小报等方式上传到相应的文件夹里。教师定期在班级中表扬已上传资料的学生,激励学生全情投入阅读活动中。

3. 画一画,赏一赏,激发阅读热情

当学生开始阅读《西游记》时,布置这样一项作业:读后制作一份人物关系的思维导图,或者给自己最喜欢的一个人物画像,要画出人物的特点。学生要想完成这个作业并不容易,《西游记》里人物众多,要厘清复杂的人物关系需要耐心,这时家长的指导、陪同就很重要了。家长除了帮学生分析人物关系和各个人的性格特点,还可以与学生一同完成作业,学生的阅读热情会得到进一步激发。

在这个阶段中,教师在班里举办一期"猜一猜名著人物"的活动,利用墙报展示出人物关系思维导图,让学生再次熟悉书中人物。然后,展示学生们画的各具特色的人物图,但不写出人物的名字,让大家去猜,以此掀起学生们阅读的热情。

(三)为家长指导学生阅读提供舞台,分享交流

让学生"读明白""会表达""善沟通"是语文教学活动的目标。而"只有能够激发学生去进行自我教育的教育,才是真正的教育"(苏霍姆林斯基)。教师乃至学校应为亲子阅读提供分享展示的机会和舞台,为家长给学生创设"真实、富有意义的"语文实践活动情境,让学生读读、议议,分享课外阅读心得、阅读成果;比一比,辩一辩,以比读、研读提升学生思维品质。学生会因为情节的趣味性质疑,在解疑的过程中共享自己的见解,碰撞的火花可以使得学习化难为简。

分享的形式可以多种多样:经典片段亲子诵读赏析、亲子故事新编、亲子微表演(片段故事情节表演)、亲子阅读小报展示、亲子读后感分享、亲子辩论会和亲子有奖竞猜等,不一而足。

在此过程中,教师、家长适时引导学生细读文本,运用以点带面、片段欣赏等策略带动亲子阅读。还可以对《西游记》铺展开来,做其他探究:我心目中的西游英雄、全书主题思想探究、《西游记》里的诗歌、《西游记》里的战斗场面、《西游记》里的外貌描写、《西游记》里的妖怪、《西游记》人物关系图等。

总之,家庭教育对个人思想体系的建立,对个人品格修养的发展起着重要的作用。亲子阅读能让学生在阅读中享受读书的快乐,引领他们进入广阔的文化空间,建构丰富多彩的精神世界,获得终身学习和发展的能力。

参 考 文 献

[1] 朱永新. 我的阅读观［M］.北京：中国人民大学出版社，2012.
[2] 董黄初. 叶圣陶语文教育思想概论［M］.北京：开明出版社，1998.
[3] 中华人民共和国教育部. 义务教育语文课程标准（2022版）［M］.北京：北京师范大学出版社，2012.
[4] 陈烜祥. 中小学语文"整本书"阅读教学研究［M］.扬州：扬州大学，2016.

专家点评

　　为了在"双减"背景下提高小学语文教学质量，同时发挥家校共育的作用，本文聚焦小学生家庭教育中家长层次参差、低效陪伴、合作不畅等问题，以经典名著《西游记》亲子阅读为例，探究亲子阅读中家庭教育指导的策略。教师帮助家长组织学习资源，设计多样的学习任务，借助亲子共读这一有效陪伴模式，让学生在真实、积极的语言实践活动中，通过阅读与鉴赏、梳理与探究、表达与交流等自主活动，自己去体验古典小说阅读环境，更高效地完成与语文核心素养生成、发展、提升相关的任务，从而促进学生实现阅读个性化发展。主要采取三方面措施：一是家校步调统一，协同作战；二是教师为家长指导学生阅读提供阅读小技法；三是为家长指导学生阅读提供舞台，分享交流。该成果具体提出让学生参与导读，激发阅读兴趣；引领跨界阅读，进入阅读情境；精读跳读结合，提高阅读速度；固化阅读时空，养成阅读习惯。让学生一起听故事或看影视作品，激发阅读兴趣；挖掘成语、歇后语、俗语，保持阅读兴趣；画一画，赏一赏，激发阅读热情。

　　建议区别课堂教学与课外阅读。亲子阅读一般属于借助家庭力量组织的课外阅读；增加反映亲子阅读效果的案例，可以选取几个优秀的家庭谈家长和孩子各自的收获及感受；查阅并参考更多的文献，进一步提炼亲子阅读的指导策略。

邱 磊
北京教育学院人文与外语教育学院

以九大机制扎实推进"双减"的"朝阳实践"

北京市朝阳区教育科学规划领导小组办公室
曾庆玉　李代远　刘海南　杨莹莹　曹洪彪

摘　要　为深入实施素质教育，全面落实"双减"工作，促进区域教育高质量发展，发挥区域科研机构研究指导服务功能，朝阳区坚持科研引领、课堂提质减负和教研支撑，通过研究驱动、标准引领、资源支撑等路径，建立并实施九大工作机制，助力"双减"扎实推进，为区域教育高质量发展起到了支撑作用。

主题词　双减　工作机制　核心职能

在推进"双减"的进程中，北京市朝阳区教育科学研究院、朝阳区规划办坚持科研引领、课堂提质减负和教研支撑，通过研究驱动、标准引领、资源支撑等路径，建立并实施九大工作机制，助力"双减"扎实推进，研究驱动和资源支撑等路径，发挥专业研究、指导、服务的关键支撑作用，建立并实施了九大工作机制，推动了区域课程、教学、队伍建设等多方面深刻变革，工作成效和社会满意度受到多方关注和好评。

一、坚持科研引领，建立健全项目研究机制

（一）建立区域重点科研项目研究和管理服务机制

一是修订朝阳区教育科学规划管理办法，设置朝阳区重点委托课题和优先关注课题，将促进"双减"的重难点问题纳入其中，建立区域重大攻关制度，形成以教委为主导，课题负责人为主体，幼儿园、学校和社区为基地，相关单位为辅助，上下联动、多方协同、运行高效的朝阳教科研工作新格局。二是推动区域教育科学规划课题的管理改革，实施科研强基、科研提升、科研创新三大行动，通过搭建平台、组建课题集群，建立同伴互助、过程支持、完善考核机制等途径，依托不少于 1 000 个市学会课题和区规划一般课题，带动不少于 10 000 名干部教师，并辐射全区；依托约 200 个市规划课题和区规划重点和优先关注课题，带动约 1 000 名科研骨干，突破教育教学改革重点。

（二）建立跨学科跨学段的项目联合研究机制

区教科院、区规划办在全面做好各项工作基础上，2021年以来建立了以年度十大重点项目为载体的、理论实践相结合的、跨学科跨学段的项目联合研究机制，基于前沿引领、基于区域教育改革的需要开展区域重点教科研项目研究。联合研究机制下又分为三个机制：有申报、有方案、有中期、有结项的项目研究机制，有引领、有督导、有服务、有标准的项目跟进机制，有项目评选、有中期评估、有结项评审、有绩效评价的项目激励机制。2022年度聚焦"双减"背景下的课程资源建设和作业设计，以及素养导向的教育教学改革行动推动等重点工作推进十大项目。

（三）建立了指向高质量教育体系建设的成果推广机制

朝阳区依托国家级教学成果推广应用示范区建设工作，系统建构了"课程建设—教学改进—质量评价—信息化支撑"的结构化四元研究格局，同时坚持"行政—教研"双轮驱动和"高校—区域—学校"三级协同行动研究模式，建立了指向高质量教育体系建设的成果推广机制。一是优质均衡的区域教育发展长效机制。以五项国家级优秀教学成果推广项目组为核心，以基地校为依托，辐射带动区域内更广泛的学校（特别是薄弱区域和薄弱学校）变革改进，实现优质资源互通，促进区域均衡发展。二是建立成果持有、推广组织、教育实践三方稳定的常态化协调制度，搭建市、区、校三级联动的教育研究制度，强化基地校、校际共享共研的工作制度，实行实验教师成果展示常态化的分享制度。截至目前，全区145所学校参与实验研究，分类培训70余场次，形成149项系列培训资源，优秀教学成果示范辐射作用得到进一步发挥。

二、坚持课堂为本，构建提质增效长效机制

（一）建立标准导向的精准教学改进机制

"减负"的关键在于"提质"。朝阳区坚持将教学与学习评价作为推进区域课堂教学改革、提升教学质量的关键举措，持续探索基于前沿引领、基于实践需求的区域教与学方式变革的有效路径。一是坚持标准导向，以评价引领课堂教学改革。十年内三次修订完善，形成"一体六维"的3.0版课堂评价标准，不断加大对学生主体参与、能力和素养培养的评价引领，实现教师课前设计有依据，课后反思有框架，推动教师从"教"走向"学"。二是推动基于实证的教学改进，建立基于诊断数据的"一核两层四环节"教学改进模式，构建"素养表征—标准导向—反思改进—监测评价"的四环节循环优化系统，定位学科教学和学习问题，针对性地开展教学管理、学科、课堂、学习诊断与改进指导，实现一校一策、一班一策、一科一策、一师一师、一生一策，推动教师育人实践持续精进。

（二）实施伴随式科研一体化教学诊断支持机制

朝阳区立足于学校、区域高质量教育发展的需要，采用骨干教师、名师在指导和服务基层教育工作中陪伴式共研相长的方式，针对"双减"工作中存在的问题，确立目标、内容、过程、方法和评价，全方位、立体式提高教师教学素养的有方案、有课程、有规划、有评价的伴随式科研一体化教学诊断及培训机制。一是依托教学研究、课题研究、

多部门联合视导、专项视导等，开展学区、学校、学科等专项调研，及时发现和解决制约校本教科研发展的瓶颈问题，不断完善以学区（学科）为基础的教科研责任片区和全学段全优质全覆盖教科研联系服务机制。二是坚持前沿引领、问题导向和教师需求原则，充分利用信息技术优势，围绕"双减""新课程标准""学科育人方式"等，面向全区和教科研片区（学科）定期组织开展形式多样、行之有效的研训活动，推进智慧研训。该机制建立了以科研为先导的学前部、小学部、初中部、高中部、规划办、课程部等多部门 40 多个学科科研领域的有规划、有体系、有重点、有目标、有课程的研训机制，从而促进了"双减"背景下高质量教育发展。"双减"工作启动以来，朝阳区规划办和教科院视导学区覆盖率 100%，教科研员督导小学、初中学校覆盖率 100%，教科研员开展科研研训活动 1 600 余场，下校听评课 6 000 余节，创办了"未来课程微论坛"教研品牌，形成了"指向教师课程领导力的区域课程伴随式研训体系"，有效促进了区域教师教学专业水平和课堂教学质量整体提升。

（三）构建促进"双减"的常态化监测促进机制

朝阳区依托区域基础教育能力评价体系建设项目和国家义务教育质量监测项目，研发科学的学科学业质量影响因素测评框架和工具，开展学生学习兴趣、学习品质、教师教学质量、学校管理质量等专项测评，同时强化学生发展质量的诊断评估，开展区域学业质量监测改革，构建以学生核心素养和关键能力发展为指向的综合评价体系，建立智慧诊断系统，形成独特的"朝阳学业质量评价方案"，建立常态化"双减"实施效果的监测机制，为教育行政决策、教研设计和教学改进提供数据支持。截至目前，朝阳区完成 2021 年度科学、德育、艺术等学科国家义务教育质量监测数据的二次分析，并形成了 6 个学校基于国测数据的教学改进方案；同时研发了语文、数学、英语、科学四个学科的学业质量影响因素测评工具，完成了四个学科 4 000 余学生的测评，形成了四个学科的学业质量报告。

三、坚持教研支撑，构建促进"双减"落地的保障机制

（一）健全"三方互动—三研并举"的教科研工作机制

为有效解决影响区域基础教育高质量发展的难点问题，不断提升区域教师教育实践研究能力，朝阳区建立健全了高层次教育研究机构—区域研究机构—学校、教师"三方协同"、教研—考研—科研"三研并举"融合发展的开放式研究共同体，形成上下联动、多方协同、运行高效的朝阳教科研工作新格局。依托教学研究、课题研究深入推进由区域研究机构教科研员参与和评估、专家督学观察与评估、基层反馈与评估三位一体的区域教育质量内部督导，综合运用常规工作调研视导、重点问题诊断视导、主题研究协同视导、"同课异构、优质共生"市区联动集体视导等工作模式，形成了完善的"三方互动—三研并举"的教科研工作机制，有效提升了朝阳区教师的实践和研究能力，促进了区域教育的高质量发展。2022 年朝阳区在北京市基础教育教学成果奖的评比中取得新突破，其中特等奖 2 项、一等奖 10 项、二等奖 12 项，位于全市首位。

(二) 构建 3+2 卓越教师培养工作机制

朝阳区规划办承担了朝阳区卓越人才发展项目,围绕"双减"背景下教育高质量发展要求,坚持强化榜样示范与价值引领,以结构化知识供给与建构性学习方式、实践浸润与反思转化等为培养路径,构建了 3+2 卓越教师培养工作机制。针对卓越教师成长的不同阶段,整体规划、分类推进"导师带教""市级研修合作共同体""博研苑"三大项目。面向领军型教师的"导师带教项目",激发朝阳区领军型人才内生式发展的动力,扩大名师的影响力;面向骨干教师的"市级研修合作共同体"项目,采取前期调研、中期共同体研修+导师指导、后期以展示促学习转化的路径,助力朝阳区市级骨干教师专业成长和整体素质提高;面向种子型博士教师的"博研苑"项目,开展博士教师教育教学实践能力和学术水平双促进发展机制建设,努力实现博士教师教学和科研双优秀目标。2021 年至今,区优秀教师专业素养转化输出成效显著,每年度完成约 40 名骨干名师的教学特色展示,近年约有 86% 的学员先后被评为特级教师或正高级教师,"市级研修共同体""博研苑"项目被确定为区委组织部 2021 年重点支持项目,"名师展示"项目通过区委组织部 2022 年重点人才资助项目申报。朝阳区"中小学卓越教师成长支持系统创新实践与探索模式"研究在全国教科培联盟成立大会上做主题报告,在清华大学教育部"国培计划"培训者培训中进行课程分享,并于 2021 年被评为北京市基础教育教学成果奖一等奖。

(三) 建立优质课程资源建设支持机制

朝阳区规划办坚持将优质资源建设应用作为提升区域教育质量均衡发展的重要抓手,统筹谋划,系统设计,通过设置教科院临时攻关项目——"冬奥跨学科主题学习活动资源研发""寒暑假基础性学习资源设计""课后服务课程资源建设"等项目,全方位全流程推动区域资源建设。一是遵循"研建合一"思想开发同步课程资源,通过建立区域—学区—学校三级联动机制,汇聚骨干名师力量,采取任务驱动策略,将单元教学和学生学习评价等教学改革难点融入资源研发,引领全区教学改革,提升教师教学专业能力。二是坚持结构化课后服务课程资源的共建共享。遵循全方位育人、区域性统筹、基础性共给、一体化实施原则,构建了"德智体美劳"五育并举的课后服务课程资源体系,推出 100 多项课后服务课程菜单、27 项冬奥学习资源,着力突破学业辅导、体育艺术和劳动教育等领域资源建设,促进学生健全人格发展,让学生在实践中长见识、增本领。数据显示,参与调查的学校 100% 使用了推送的课程资源,2.2 余万学生参与了冬奥跨学科学习活动资源的学习。三是坚持科技赋能,探索资源使用新样态。以国家智慧教育云平台、市区优质资源为基础,创新资源使用方式,形成六种应用模式,让优质资源活起来,实现共享效益最大化。调研数据显示,朝阳区的推送课后服务课程资源的使用率达到 100%,全区参加课后服务的学生有 20.2 万人,占比达到 95.8%,朝阳区课后服务对学生的吸引力深受学生、教师和家长的一致好评。

> **专家 点评**
>
> 朝阳区通过项目管理、课堂提质和条件保障三个方面的九大机制,扎实推进"双

科研管理篇

减"工作有效展开和深入实施。从工作成效来看,育人为本的思路"清",科研引领的方向"明",九大机制的举措"实",条件保障的效果"好"。朝阳区的工作突出体现在三个方面:一是更加重视科研引领,通过规划课题的项目设置、联合研究和成果推广,以高质量的研究驱动高质量的发展。二是更加聚焦课堂教学,通过精准教学、课堂诊断和常态监测,把课堂提质增效作为"双减"工作的主攻方向。三是更加强调条件保障,通过"三研"并举、教师研修和课程资源,为"双减"工作有效开展提供人才和资源支撑。

扎实推进"双减"工作需要发挥师生家校社的合力,需要统筹校内和校外资源,建议进一步加强课后服务、作业管理、家校合作等方面的研究,更加重视营造区域良好教育生态。

建议题目修改为:以九大机制扎实推进"双减"的"朝阳实践"。

孟兆海

中国教育科学研究院

以完善教育科研管理机制助力中小学"双减"实践探索

北京市通州区教师研修中心　孙翠松　李　颖　商学军　席　蓉　高海燕

摘　要　自2021年"双减"政策出台以来，通州区教育科研着眼于学校教育教学质量和服务水平进一步提升、作业布置更加科学合理等视角，建立关注"双减"政策的课题申报机制、注重学术规范的课题管理机制、聚焦研究能力培养的人才培训机制、关注学校研究文化建设的视导机制、注重实践问题解决的项目引领机制、指向实践需求的微项目创生机制等六大机制。通州区教育科研在做好"减法"的同时做好"加法"，立足区域教育实际，推动"双减"政策落地。

主题词　"双减"　管理机制　教育教学质量

2021年中共中央办公厅、国务院办公厅印发《关于进一步减轻义务教育阶段学生作业负担和校外培训负担的意见》后，通州区教育科研着眼于学校教育教学质量和服务水平进一步提升、作业布置更加科学合理等视角，以"双减"专项课题的组织与管理为突破口，在做好"减法"的同时，建立六大机制做"加法"。以注重"双减"方向做好课题专项组织，以规范科研课题做好管理效率的"加法"，以培养科研人才做好教师队伍素养的"加法"，以入校科研视导做好学校特色发展的"加法"，以科研项目的实施做好关键问题解决的"加法"，以微项目面向实践需求做好质量提升的"加法"。

一、关注"双减"政策的课题申报机制——"加"专项组织

"十四五"时期是我国开启全面建设社会主义现代化国家新征程的第一个五年，通州区规划办立足北京城市副中心的高标准严要求，在"十四五"开局之年谋好局、开好头、起好步，以"双减"政策的落地为首要任务。

（一）制定课题指南

2021年上半年，通州区教育科学规划领导小组办公室制定《通州区教育科学"十四五"规划2021年度课题指南》，包括课程教学评价改革研究、学生发展研究、教育人才队伍建设研究、教育信息化研究、文化教育与德育研究5个模块共58个方向。

（二）开设"双减"专项课题申报

本次课题申报在一般课题基础上，加设"双减"专项课题申报。通州区中小幼职成

特社各单位共申报一般课题1 294项，覆盖103个单位；"双减"专项课题共申报49项，覆盖41个单位。

（三）课题评审公开公正

课题评审分为区级初评与市级专家复评两个环节，聘请了市区级评审专家50名，依照评审方案从选题意义、研究基础、课题设计、研究方法、研究条件5个维度进行评审。

最终共391项课题通过复评，覆盖90个单位；其中"双减"专项课题31项，覆盖25个单位。此次立项的"双减"课题体现出两个特色：一是紧抓课堂这一主阵地，探索单元整体教学、课堂时间管理等，关注课堂教学提质；二是扩大教育视野，从提升课后服务水平的角度探索农村地区特色发展、社会优质资源参与、家校互动的方式方法。

二、注重学术规范的课题管理机制——"加"管理效率

政策的落地离不开良好的管理机制，"双减"的实施同样离不开一系列的制度保障。课题是科研工作的核心，通州区教育科研历来注重规范、有序、良性的课题管理机制的建立，以高效的管理减轻层级间的冗余环节，减轻教师负担。

（一）课题管理例会制度

每学期初召开全区教科研组长和课题承担人工作会，对市区两级课题研究进展情况进行公示，提出要求，提示不足，督促课题按计划、保质保量开展研究。

建立市区两级课题承担人微信群，将市区两级课题的工作安排和研究资源在群中实时发布，打通信息传递路上的"最后一公里"，打破信息不对等，保证管理步调一致。

（二）专家全程负责制度

课题研究实施专家全程负责制，从立项、开题、中期检查到结题鉴定，由固定的专家进行全过程跟踪指导，实现研究思路的统一。

通过高效有序的课题管理机制，通州区教育科研水平逐步提升，通州区"双减"专项课题立项33项；2021年度北京市教育科学规划"双减"课题通州区立项3项，成功率达到50%。从开题以来聘请市教科院、北师大、规划办等知名专家全程进行跟踪指导，确保课题顺利结题。

三、聚焦研究能力培养的人才培训机制——"加"队伍素养

人才是政策执行的主体，队伍素养的高低关乎政策贯彻的程度。通州区教育科研为"双减"的贯彻落实建设了一支科研素养高、专业能力强的教师队伍。

（一）教育科研种子教师培训

教育科研种子教师培训采用"5＋2"的模式推进。"5"是指根据学员需求划分5大培训板块，包括研究设计与开题论证、专业阅读与文献研究、研究过程与研究共同体、成果提升与研究报告、案例研究与课程建构。"2"是指培训采用专家讲座和实践工作坊两种形式。专家讲座覆盖了教育大家、学术专家、实践型专家，全方面引领学员与研修

员的思想。实践工作坊聚焦课题研究的过程，从选题、开题、中期到结题，营造课题研究的真情境。

（二）教育热词

教科研部组建了《教育热词》的研究共同体，帮助教师拓宽教育视野；建立了三类资源库：报纸、学术期刊、官方网站；建立了标准化工作流程，包括筛选、分析、撰写、修正四个过程。

目前《教育热词》已编辑5期，每期6个热词，共计十万余字。热词编辑人员从教科研部成员扩展到学校教科研组长、普通教师，以及兼职研修员。

（三）科研关注

科研关注是对基础教育中科研前沿问题与现象的关注与探究，科研研修员每天分享一篇，旨在提升科研理论研究能力与拓宽科研问题研究视野，更好地发挥在区域科研引领的职能。

科研关注主要涉及六大主题：教师专业发展、学生能力发展、核心素养提升、教育质量评估、传统文化传播、教育改革措施。就题材选择范围而言，基本关注到了基础教育科研问题与现象的方方面面。

目前科研关注已推荐了近300篇学术论文，整理成3个合辑。

四、关注学校研究文化建设的视导机制——"加"特色发展

学校是政策实施的重要阵地，通州区教育科研以入校视导为途径，做好政策宣传解读等工作，营造研究"双减"的环境，促进学校政策实施的实效性、特色化。

通州区教育科研视导制度体系，包括核心制度与外围制度两方面。围绕观课议课、课题指导、论文指导等制定相关规范，并制定质量评价标准，在科研视导中承担观察诊断、指导、评价的职能，视、导、评三者之间互为因果、相互促进。

通过科研视导，引领学校、教师以"双减"政策落地为目标，以科研的思维审视教学中的亮点或不足，聚焦教育教学中问题，确定具有学校特色、教师风格的研究方案。

教科研视导深入学校超过30次，覆盖中、小、幼、职教、成教、特教等各个学段，视导的学校类型包括北京学校等新引进学校、潞河中学百年老校、通运小学等新建学校、永乐店镇中心小学偏远学校。

五、注重实践问题解决的项目引领机制——"加"关键突破

（一）"互联网+"课题管理平台项目

平台是政策宣传、政策推广的重要媒介，通州区教育科研借助"互联网+"课题管理平台，促进"双减"落实过程中的校际互动、成果共享。

通州区经过多年科研管理信息化的探索，基于"互联网+科研管理"平台，实行科学分析、有效积累、协同创新的管理策略。该平台为三级管理，课题承担人、学校、区级各负其责。借助平台，区、校建立了互信互赖的协同研究关系，协同开展数据的挖掘、

模拟、分析与整合。并且针对特定选题进行主题式线上互动研讨，集思广益、群策群力。

自"双减"实施以来，开设"双减"工作专栏，区、校围绕政策理念研究、工作推进策略、学校落地实施三个方面进行分享交流，目前已推出 6 期。

（二）课堂有效教学研究项目

真正做到向课堂要效率、要效果是"双减"的一大重心，课堂有效教学研究项目聚焦课堂的有效进行推进。该项目在教研与科研融合的基础上，建立了三抓三评的工作模式，即：抓先锋团队研讨，评课例；抓立项课题研究，评论文；抓入校视导，评工作方案。

目前先锋研究团队成员 24 人，立项课题研究 20 项，入校视导 15 所项目校，展示交流会市级 1 场、区级 4 场。

（三）全学科阅读项目

推进课程改革与育人方式变革是落实"双减"政策的保障。全学科阅读以阅读为切口，增强课程内容的开放度、丰满度、灵活度，推动课程与教学的变革。

全学科阅读项目经历准备、实施、总结三个阶段，经过三个阶段的探索实践：

①创建了系统的区域全学科阅读推进机制。

②开发出教师阅读教学能力提升研修课程，包括对阅读本质属性的解读、对阅读与学科教学融合的解读两类研修课程。

③构建出"阅读素养＋学科素养"共同提升的学科阅读教学模式和学生阅读课程。

④搭建了全学科阅读课题研究网络。以提升学生阅读素养为目标，开展了多个主题的课题研究。

六、指向实践需求的微项目创生机制——"加"质量提升

"双减"工作不是"一阵风""走过场"，而是一项要长期坚持、贯彻落实的持续性工作。只有回应社会、学校、家长、学生以及各相关群体的需求，才能让"双减"扎下根。

通州区着眼于"改革、转型、促提升"的创新目标，从不同层面对各个群体进行深入调研，制定了"1＋1＋1＋N 行动方案"，以精准教学项目等为代表的 27 项微项目，从课前规划定位、课堂提升品质、课后支撑发展、作业深化变革等维度，带领基层学校、教师进行深入研究。

精准教学项目以"五个一"为目标：创建一个精准教学典型课例资源库、构建一套精准教学培训课程体系、培养一些精准教学骨干教师、树立一批精准教学特色学校、建构一个通州模式精准教学框架体系。

目前已组建了以 36 所实验校项目负责领导和教师为主体，由专家＋研修员＋一线教师构成的项目团队，召开了 3 场区级交流研讨会。

七、下一步工作展望

通州区教育科研将立足通州区教育土壤，以全面助力教育发展为总目标，落实"双

减"工作任务，以科研质量提升促进区域教育发展。

更加坚定"立德树人"教育根本任务的总体方向。将"立德树人"作为区域教科研整体改革的指导思想，充分发挥科研育人功能，坚持"正确方向、服务实践需求、激发创新活力、弘扬优良学风"基本原则，为建设高素质的教师队伍、强有力的教育智库，以及促进教育高质量发展添砖加瓦。

更加促进科研与教研的融会贯通。教育科研工作着重于重大教育问题研究和重大政策研制、重大教育政策解读以及区域教育综合改革经验模式、学校治理体系和治理能力现代化的同时，与教研部门联合开展课程教学改革等研究，促进教师应教尽教、学生学足学好。

更加提升教育科研工作质量和服务水平。继续秉承"三个坚持"的基本原则，提高服务决策能力，推动解决教育实践问题，发挥专业引领作用，加强科研成果转化。坚定教科研队伍是教育科学研究的第一资源，建设高素质创新型科研队伍。

专家 点评

在"双减"政策落实的实践探索中，通州区立足教科研部门的工作职责，从区域教育科研管理机制入手，建立和完善了课题申报、课题管理、人才培训、学校科研文化建设视导、项目引领和微项目创生等六大机制，扎实推进"双减"专项课题研究，着力提升教育科研质量，切实助力"双减"政策落实。通州区教育科研管理实践探索有三个突出特点：一是系统设计，结构化部署，从课题管理和研究推进的不同层面综合施策，整体完善和提升区域"双减"专项研究的管理机制；二是聚焦关键要素和重要环节，在每一项管理机制中，都增加了关键的干预要素和行动措施，以此为突破口来提升管理机制的实效；三是注重专业引领和重点指导，立足学校实践探索中的重点、难点和热点问题，充分发挥教育科研部门的专业优势，引导和支持学校深化课题研究和提升实践探索。

在后续的实践探索中，建议针对区域中小学"双减"课题研究情况进行专题调研，聚焦实践中存在的主要问题和实际困难，对标副中心基础教育改革的需要和方向，进一步深化副中心"双减"专项课题研究的改进和完善。

建议题目修改为：以完善教育科研管理机制助力中小学"双减"实践探索。

李 雯

北京教育学院

"双减"科研管理与区域科研推进的关系探索

北京市密云区教师研修学院　赵兴江　闫　霞

摘　要　2021年《关于进一步减轻义务教育阶段学生作业负担和校外培训负担的意见》出台，我们以此文件为依据，从作业研究切入，构建了区域科研推进体系。这个体系由四部分构成，即：区域科研服务工程——"12345"工程；区域科研管理模式——"三三模式"；区域科研推进策略——点面结合策略；区域科研长效机制——双向联动机制。这一推进体系，从区域科研功能定位、目标导向、有效策略和保障机制等方面进行了探索，促进了"双减"政策落地，有效提升了区域科研质量。

主题词　双减　作业研究　区域科研推进体系

2021年中共中央办公厅、国务院办公厅出台了《关于进一步减轻义务教育阶段学生作业负担和校外培训负担的意见》，拉开了教育改革的又一个序幕，每一位教育人都面临着新挑战。作为区域教育科研管理部门，我们以作业研究为切入点，坚持让教育科研"聚焦真问题、凝聚真思考、开展真行动、实施真研究"，构建区域科研推进体系，即打造一个工程、构建一个模式、实施一个策略、建立一个机制，为"双减"政策落地助力，促进学生全面发展、健康成长。

一、打造区域科研服务工程

区域科研服务工程即"12345"工程。教育科研是风向标。在"双减"背景下，构建教育科研服务体系，需要我们进一步明确区域科研的功能定位。基于此，我们积极统筹规划区域教育科研的发展方向和工作思路，提出了区域科研优质服务"12345"工程。坚持一个中心：以服务区域教育教学发展为中心；构建两大原则：实践导向原则和管研并举原则；推进三项建设：引领课题研究，建设骨干队伍，建设科研先进校；打造四个精品：教育科研的规范化、精品化、实践化、校本化；实现五个服务：实现教育科研为教育行政决策服务，为教育教学改革实践服务，为学生全面而有个性成长服务、为提高教师专业化水平服务，为促进学校自主发展服务的工作思路；实现课题研究质量提升、完善教育科研管理机制、扎实课题研究过程管理、建设优质教育科研队伍、加强优秀科研成果推广的五大目标（图1）。

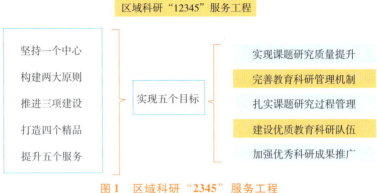

图 1　区域科研"2345"服务工程

二、构建区域科研管理模式

区域科研管理模式即"三三模式"。基于区域优质科研服务体系的建构,我们在"十四五"的每一年确定一个主题和工作重点,分别为科研规范建设、科研队伍建设、科研机制建设、科研学校提升、科研成果推广。从举措上,我们建立科研"三三模式",提升科研质量:规范三级课题,提升各级课题开题质量;建立三项机制,筹备分层科研队伍培训(课题管理机制、科研培训机制、成果推广机制);确定三个目标(培养科研骨干队伍、树立科研优质学校、打造优质科研成果)。通过统筹规划,我们进一步明确了"双减"背景下区域教育科研的发展方向,助力"双减"政策的落地(图2)。

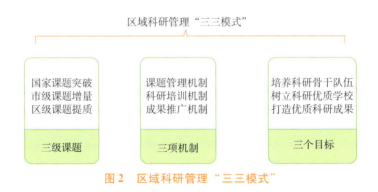

图 2　区域科研管理"三三模式"

三、实施区域科研推进策略

区域科研推进策略即点面结合策略,助推"双减"政策新突破。

(一)面上推进策略

1. 行政层面:制定系列政策

密云区教委制定《北京市密云区关于进一步减轻义务教育阶段学生作业负担和校外培训负担的实施方案》《密云区义务教育学校教学基本规范》等系列政策,着力推进校内服务体质增效，校外培训规范有序。同时加大"双减"政策宣传力度，密云教育微信公众号中开设《"双减"来了》《"双减"进行时》等栏目，通过典型学校的树立、典型经验的梳理，不断稳步推进"双减"政策的落地。

2. 业务层面：分层培训引领

随着"双减"政策的落地，为进一步深入推进"双减"工作，密云区研修学院先后多次开展"双减"工作专题培训，重点就作业管理质量、课后服务水平、教育教学质量等工作要求进行解读。

（1）学科骨干层面，教师研修学院面向全区各中小学300名干部、学科主管、教研组长、备课组长开展在线直播培训。邀请上海市教育委员会教学研究室副主任、正高级教师王月芬博士以《重构作业——课程视域下如何设计单元作业》为题进行了专题讲座。

（2）教学干部层面，中小学教研分别召开了教学干部的"双减"工作部署会，引导学校干部深入解读政策，科学落实"双减"。此外，密云区教师研修学院专门开设了初中教学干部领导力提升培训，引导初中教学干部科学落实"双减"。

（3）学科教师层面，中小学研修部门各学科研修员，组织学科教师一起研究政策，制定学科书面作业设计指引，积极主动向学校推送作业资源包，引领教师科学、合理地布置作业，切实减轻学生的作业负担。

3. 学校层面：政策落地扎根

"双减"政策落地，教育回归校园主阵地，密云各校在课后服务、作业等方面持续发力，深化落实"双减"工作。学校层面的行动主要体现在精彩课堂、赋能教师成长和提升课后服务等方面。各校充分挖掘自身教师队伍潜能，开展骨干教师定向入校指导、作业设计交流研讨等活动促进"双减"增效提质。

（二）点上突破策略

1. 教师教点：研究和推行大单元教学

密云区教师研修学院积极推进大单元教学的研究和实施。中学围绕基于核心素养的单元教学及作业设计，开展"基于学生视角提高单元备课有效性"主题推进视导和教学常规量化督导、评价，引导学校教学，促进课堂教学改进；小学以"单元整体教学设计"为重要抓手，以探究"基于核心素养培育、构建单元整体教学"为统领，坚持"近专家、自强大"的研修工作思路，深入研究课程目标引领下的"备、教、学、评"一体化推进策略，深入推进单元整体教学。通过推送样例、梳理流程图、强调内容及标准、讲座培训、专项交流、跟进视导等方式，使单元整体教学不仅在理念认知上达成共识，在教学行为上也成为一种共同遵循。

2. 学生学点：设计和实施作业研究

随着"双减"政策的落地，密云区教师研修学院研修员积极将作业设计纳入教研体系，引领教师研读政策，开展作业研究，关注政策变化引发的教师教学困难，共同开展研究，解决问题。学科研修员要根据学校统筹的作业时间分配，设计好每一单元的作业，形成电子版，为学校教师提供参考。以此引导教师回归作业的本质，依据作业的职能（效果监测、知识巩固、思维和能力培养），系统设计符合学生年龄特点和学习规律、体现素质教育导向、涵盖德智体美劳全面育人的基础性作业，鼓励布置分层、弹性、个性化作业（图3）。

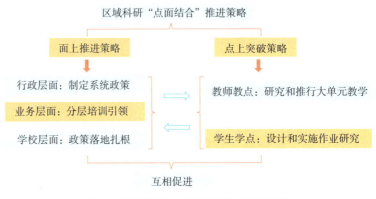

图3 区域科研"点面结合"推进策略

四、建立区域科研长效机制

区域科研长效机制即双向联动机制，探索作业研究新举措。

（一）科研向度：建立作业研究课题网络

1. 研修员课题：引领学科作业研究与设计

"研究、指导、服务、引领"是研修员的四大职能，研究为首，只有有了充分的研究，才能更好地对教师进行指导。研究，让研修员的指导更具科学性、针对性和互动性。为了提升研修员的研究能力和科研水平，也为了更加科学有效地落实"双减"政策，密云区教师研修学院积极引领研究员开展研究市区级课题研究。"十四五"伊始，研修员立项北京市教育科学规划2021年度课题4项，立项北京市教育学会课题33项，很大一部分课题与作业研究有关，重点关注单元作业、学科作业、跨学科等方面的作业设计与实施。

2. 校长课题：引领学校作业规划与推进

校长是学校科研的引领者和推动者。在作业研究上，我们期望通过校长课题，能真正引领学校的整体作业规划和推进落实，因此我们重点关注校长承担的有关作业课题，在立项和过程指导中给予重点关注。

3. 学科教师课题：引领学科作业实施与反馈

学科教师是作业的设计者、实施者和改进者。对于学科教师承担的作业研究课题，我们重点关注学科教师如何引领学科作业实施与反馈。

（二）教研向度：构建作业研究研修体系

1. 作业标准精准导向

围绕"'双减'背景下的作业设计研究"开展如下工作：出台《密云区小学研修室单元作业研究方案》，出台《密云区"双减"背景下小学语文学科单元作业设计与实施指导建议》等学科指导建议，下发单元作业案例。

2. 作业设计研修引领

研修员在研修活动中不断引领教师提升作业设计能力，重点关注以下几个方面：

（1）从内容单一到综合应用。改变传统当天教什么作业留什么的现象，注重跨课时、跨单元、跨学段内容的综合，以潜移默化提升学生综合应用知识解决问题的能力。

（2）从学科情境到生活现实。改变只选择学科背景作为作业选材的现象，选题注重体现学科知识与现实生活的联系，提高学生应用知识解决实际问题的能力。

（3）从纸笔作业到类型多样。改变只留笔纸作业的现象，结合教学内容适当布置动手操作、思维导图、学科日记、录制作业视频等，提高学生综合素养。

（4）从碎片布置到整体设计。改变只关注课时内容的现象，将课时作业、长周期作业、多样化作业等整体设计，从知识应用、学科综合等角度系统设计，培养学生的结构化思维。

（5）从教师布置到学生选择。改变教师定向布置作业的现象，提供必要的选择性作业指导，为学生自主学习提供指导和资源支持。

3. 作业研究展示交流

密云区积极召开"深化作业研究，提高指导实效"主题沙龙研讨活动，各学科研修员深入探究"作业的价值和意义""作业设计与实施的亮点与问题""作业研究的思考与实践"，在思辨中沉淀思想，在互动中促进成长（图4）。

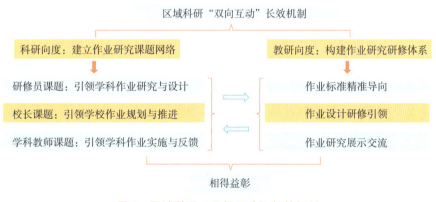

图4 区域科研"双相互动"长效机制

"双减"政策的落地，是一项系统工程。作业研究，是一个长期的话题。今后我们将继续以科研为推手，在课堂体制、作业设计、课后服务上做更多的研究，积极探索"双减"政策下提升教学质量的路径和做法。

参 考 文 献

[1] 本刊编辑部．深化体教融合助力"双减"政策落地［J］．天津教育，2022，696（27）：1.

[2] 高跃东，王献红，李彦军．聚焦"1+1"，构建纵横交互作业管理新范式［J］．河南教育（教师教育），2022，560（9）：26-27.

[3] 郑春红．提升课后服务水平，满足学生多样化需求［J］．河南教育（教师教育），2022，560

(9): 28.

[4] 余晖, 黄怡. 县域义务教育减负政策的执行偏差及深层动因 [J]. 苏州大学学报（教育科学版）, 2022, 36 (3): 38-50.

[5] 危玉姐. 以人的发展为本实现减负增效 [J]. 文理导航（下旬）, 2022, 462 (10): 16-18.

专家 点评

　　密云区在"双减"课题组织管理工作上表现出很系统化的特点，从文章中明显能看出上位设计的整体思路。在具体思路上，"服务工程"定位了整个工作的方向和目标；"管理模式"定位了总体的结构与框架；"推进策略"定位了核心的做法与手段；"长效机制"定位了持续发展的基础。四个方面的思路环环相扣，合为一个整体。在具体措施上，密云区的"双减"课题组织管理工作同样展示出系统性和针对性。在这个方面，有价值的工作主要有：提出了区域科研优质服务"12345"工程；实施点面结合推进策略；建立科研"三三模式"；建设教研科研双向联动机制。事实上，这些方面的行动对长期扎实推进"双减"课题研究和"双减"工作都是非常重要的。当然，这些工作也是整个区域科研管理工作发展的基础行动，在推动"双减"科研管理工作的同时也必将有利于建设强有力的区域科研管理体系。可以说，密云区在"双减"课题研究管理工作上的最大特色是把"双减"主题工作和长期机制建设工作深入结合在一起，在推动具体工作的同时建设高品质的区域科研管理机制。

　　在今后的"双减"课题研究管理上，可以着重强化区域科研管理机制与"双减"研究的深度和高位结合，力争取得更丰硕的科研成果。

　　建议题目修改为："双减"科研管理与区域科研推进的关系探索。

余清臣
北京师范大学

区域教育科研管理助力"双减"政策落地的实践策略

北京市燕山教研中心　潘淑英　王晓云　李兴锐

摘　要　教育科研是当前我国基础教育需要进行的一项重要科研活动，能够有效促进基础教育的改革和发展。特别是随着基础教育的不断改革，教育科研在基础教育中的作用越来越明显，成为推进"双减"政策落地的必要条件。"双减"政策实施以来，区域教育科研提出了深化学习、调研先行、引领与服务双轨发展、信息共享与成果互用的闭环管理策略，取得了一定的科研成果，如征集到797个"双减"专项成果，且形式多种多样；同时也发现一些问题，如缺乏课后服务、课堂管理方面的课题研究，活动方案的设计与实施有待提高。闭环管理策略的实施可以为区域教育教学质量的提升提供参考的依据。

主题词　科研管理　双减　策略

一、背景介绍

随着"科教兴国"战略的深入实施，近年来教育领域掀起"科研兴教""科研兴校""科研兴师"热潮。全国基础教育工作者已经达成共识，即以教育科研促进教育教学质量提升、学生成长、教师发展、学校进步。为了有效减轻义务教育阶段学生过重作业负担和校外培训负担，中共中央办公厅、国务院办公厅印发了《关于进一步减轻义务教育阶段学生作业负担和校外培训负担的意见》。"双减"政策出台的根本目的在于促进全面贯彻党的教育方针，落实立德树人根本任务，构建教育良好生态，促进学生全面发展、健康成长。"双减"背景下，大力提升教育教学质量，确保学生在校内学足学好，办好人民满意的教育，迫切需要教育科研更好地探索规律、破解难题、引领创新。因此，本文以助力"双减"有效落实为目的，探索区域基础教育科研管理的实施策略，帮助教师积极开展教学研究，提高教育教学质量，促进"双减"的有效落实，同时为"双减"背景下区域基础教育科研管理提供参考。

二、管理策略及实施流程

伴随着我国教育教学的发展和进步，越来越多的课题研究任务纳入了区域科研管理工作之中，科研管理应该切入相应的需求点，着眼于不同的区域研究资源，构建与之相适合的管理环境。为了助力"双减"政策的有效落地，区域科研管理实施了闭环管理策略，如图1

所示，分为深化学习、调研先行、引领与服务双轨发展、信息共享与成果互用四个分策略。

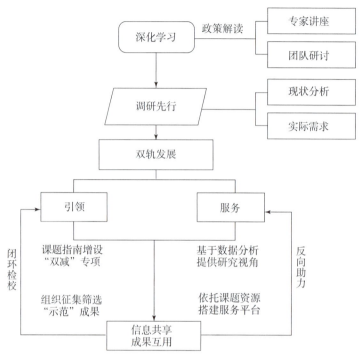

图1 区域科研管理实施的闭环管理流程

（一）深化学习的针对性策略

深化学习是区域基础教育科研管理助力"双减"政策落地的第一个策略。"双减"政策出台后，解读"双减"政策，分析"双减"政策目的，对准确理解和实现"双减"政策目标、提高学校教育质量和水平具有基础性和持续性意义。依托分层次培训模式，建立分层次培训体系，确保培训的针对性和全面性，促进区域内所有教师对政策都能理解，提升培训效果。分层培训的实施如下：

①校级管理人员培训。区域校级以上管理人员，主要参加北京市教委、基础教育研究中心等上级部门组织的培训。

②教育研究人员培训。教研中心统一印发《关于进一步减轻义务教育阶段学生作业负担和校外培训负担的意见》（以下简称《意见》），教研员在自学文件的基础上，邀请基础教育研究中心主任等专家对全体学科研修员进行培训。同时积极参加上级业务部门关于"双减"的培训。

③一线教师队伍培训。学科研修员负责组建以区域一线学科教师为成员的研究团队，架构以学科为最小研究团队的研究群，深入学习《意见》。

通过分层培训的实施，我们对"双减"有了充分的认识："双减"政策的实行让学校教育质量和水平能够有所提升，在此基础上作业的布置更加科学合理，使学生能够达到事半功倍的效果，减少课外培训的时间，规范校外培训机构设置，使学生能够在课余时间学到具有针对性的东西或空出更多时间让学生能够在课外参加更多的体育锻炼、兴趣小组或艺术、劳动等，能够达到锻炼、提升经验的效果。因此，提升学校教学效率，减轻学生作业负担，让中小学生能够有更多的时间参与到体育锻炼中来，促进学生全面发展，身体健康成长。

（二）调研先行的专业策略

调研先行是区域基础教育科研管理助力"双减"政策落地的第二个策略。能否制定出适合教师需求的实施计划，将成为各学校科研管理工作是否出色的关键所在。数据可以为科研管理工作提供明确、清晰的依据。结合《意见》的要求，围绕"双减"落地，开展了调研活动（图2），超过80%的学生都能在学校期间完成作业，大部分学生都能用较短的时间完成家庭作业，超过60%的学生认为"双减"下，自己的学习压力有所减小，其中四所中学均能实现书面作业平均完成时间不超过90分钟。区域内所有中小学均提供了课后服务，有3 468名学生参加了课后服务，学生参加率98%，其中有97%的学生每周5天全程参加；423名教师参与课后服务工作。从初步调研的结果来看，区域内的所有中小学均能按照《意见》中的要求开展工作，但是教学质量是否提高需要进一步评价与研究，作业布置的科学性与合理性还有待优化，还有教师群体出现顾虑等问题应引起关注。

你每天的作业完成时间大约是？[单选题]

选项	小计	比例
7点前	303	41.45%
8点前	212	29%
9点前	150	20.52%
10点前	66	9.03%
本题有效填写人次	731	

你每天完成作业需要多长时间？[单选题]

选项	小计	比例
0.5小时	248	33.93%
1小时	258	35.29%
1.5小时	166	22.71%
2小时	59	8.07%
本题有效填写人次	731	

你目前的学习感受与下列哪一种最接近？[单选题]

选项	小计	比例
减了负，轻松多了，学习效率也更高了	488	66.76%
还是减负以前好，有规律，也很充实	97	13.27%
和减负以前差不多	124	16.96%
其他	22	3.01%
本题有效填写人次	731	

图2　调研问卷结果统计

图 2　调研问卷结果统计（续）

（三）引领与服务双轨发展的创新策略

引领与服务双轨发展策略分为两个方面。一方面燕山地区教育科学规划领导小组以问题为引领，以课题为服务手段，助力"双减"政策落地。"双减"政策出台后，在调研中发现：不少家长担忧，"双减"后机械重复的操练减少会使得教学质量下降；面对"双减"，教师们有些困惑，反映在以下几方面：①"双减"后工作时常增长，工作量成倍增加，教师们感觉疲倦；②感觉精神压力明显增大；③教师照顾自己家庭的时间被压缩；④感觉收入与付出不成正比。甚至有些教师感到压抑、焦虑。针对上述问题，燕山地区教科研主管部门以课题研究为载体，强化服务意识，提高服务水平。北京市教育科学规划"双减"专项课题成果《学业测评视角下区域内"双减"政策落实效果研究》，通过分析学业测评结果，回应家长担忧的问题，不仅构建了区域学业质量测评模型还在改变评价模式方面具有非常重要的现实意义。区域学业质量测评模型可以科学地评价区域内的教育现状，诊断办学中存在的问题，进而激励和引领区域内教育生态的可持续发展。北京市教育科学规划课题成果《"双减"背景下教师压力管理研究》，在分析区域教师心理压力现状的基础上，尝试引导教师寻找自我舒压的方法，引导教师正视压力，有效减轻压力，提升教师的心理健康水平，保证"双减"的有效实施。

另一方面，以《燕山地区教育科学研究"十四五"规划课题指南》（简称《指南》）为引领，创新服务模式，通过"双向选择"确定重点关注课题的方式，强化"双减"政策落实。新修订的《指南》在教育改革、学校发展与管理研究、干部教师队伍建设、德育与心理健康教育研究、教学工作等领域中增加了14个"双减"研究方向。《指南》的重新修订，将充分发挥"双减"改革主阵地作用，从内部机制建设到外部环境营造，均提出了明确的研究方向，有助于指导各校更加精准开展好"双减"课题研究，落实"双减"改革的目标。重点课题跟踪制度不仅能提升地区课题研究的水平，还能促进"双减"政策落实。在双向选择（课题负责人申报、科研管理部门审批）为区域重点跟踪课题基础上，科研管理部门从25项区级"双减"课题中选择2项有研究价值、课题负责人研究能力强的课题为区域重点跟踪课题，根据重点课题的研究方向聘请相关领域的指导专家进行跟踪指导。市区两级专家定期入校就课题研究的各个阶段跟踪指导，对于取得的阶段性成果进行区域展示、交流，扩大研究的影响力，提升地区课题研究的水平。

（四）信息共享与成果互用的协同策略

科研管理信息化是信息技术普及和发展的必然趋势，是教育信息化的一个重要组成部分。信息共享与成果互用是科研管理的第四个策略。2021年燕山地区启动了基于智慧教育云平台探索区域教育信息化新生态。燕山地区教育科研室利用平台进行信息报送，实现信息共享，开发OA办公系统的征集、筛选功能，拓展资源云盘的展示成果功能，实现区域内信息共享与成果互用，目前已有797个"双减"专项成果。

三、管理策略的实施效果

"双减"政策实施以来，区域教育科研的四个助力策略取得了一定的成效。上述管理策略对构建"双减"背景下区域良好的教育生态起到了重要作用。如图3所示，25项市区两级"双减"专项课题研究包括了6个研究方向，其中关于作业设计的课题研究数量最多，有11项，课程建设和教学评价有5项，学校管理、学生心理健康、教师队伍建设各1项。以往教师的研究往往是单兵作战，这显然不利于知识的运用和转化。以课题研究为载体促进区域"双减"落地的模式深受广大教师喜爱，对于组建研究团队有着重要的作用。例如《基于学业标准的初中数学课后作业设计研究》不仅能够帮助教师依据标准、结合执教班级学生特点自主设计和改编作业，改进教学，还能提升教师分析和诊断学生的能力。《"双减"背景下教师压力管理研究》能够帮助教师运用心理学的方法舒缓压力，找到有效的压力管理策略，提升教师身心健康水平，更好地服务教学。《学业测评视角下区域内"双减"政策落实效果研究》不仅能帮助教师对教学活动现实的或潜在的价值做出判断，还能通过教学评价检验"双减"政策的实施效果。在研究过程中，需积极开展各种形式的组织学习和反思实践活动，促进组织内显性知识的内化和隐性知识的显性化，并将这些知识运用于教育研究，形成研究成果，实现教育创新。

《意见》中明确要求，提高作业设计质量，提高课后服务质量，提升课堂教学质量。然而从图3中也能看出，作业设计研究多，无"课后服务""课堂管理"相关的研究，这

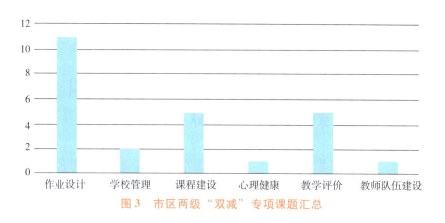

图3 市区两级"双减"专项课题汇总

可能与研究基础相关。布置作业是教学活动的重要环节,给学生布置适当的作业能够起到巩固知识、培养能力、锻炼学生意志品质以及获得反馈信息、及时改进教学的作用。不少教师在作业类型、作业形式、作业属性等方面进行了尝试,这些都为作业设计研究奠定了基础。而课后服务是由于家长下班时间与孩子放学时间不匹配的矛盾产生的一种社会活动,是与义务教育紧密相关的一种教育延伸服务,涉及政府管理权、学校办学自主权、家长监护权、教师休息权等的交叉与嵌套。因此如何让各方都能方便而互惠地参与到课后服务中,则是一个需要不断探索的过程。从每月报送的"课后服务"信息中不难看出,区域的中小学从行政职能、实施对象、服务内容、经费保障、人员推进等方面努力完善课后服务,但是缺乏系统研究。无课堂管理研究可能与重视程度有关。因为课堂管理是教学论研究的重要领域,发现研究课堂管理的文献较多,理论研究已逐步成熟,因此大多认为课堂管理研究新颖度较低。虽然理论研究已逐步成熟,但是管理好课堂是开展教学活动的基石,"双减"背景下课堂教学管理研究仍需要广大教育工作者重视。这些数据为后期的引领与服务双轨发展策略提供了依据。

区域的"双减"成果分布如图4所示,成果形式多种多样。科研论文是科研成果的总结,是与同行分享经验的最好形式,科研论文占总成果数量的45%,说明科研管理策略在提升区域教师学术水平方面有一定的促进作用。"双减"政策实施后,作业设计的成果也比较显著,占总成果的25%,中学9大学科向北京市基础教育研究中心推送的98份作业设计中,一等奖占55%,二等奖占45%。活动方案方面的成果略显不足,仅占总成果的3%,这为下一步科研管理提供了思路和方向。

四、结论

基础教育的不断发展,对当代基础教育的教师提出了更高的要求,要求他们也参与到教育科研实践中来。本文提出的深化学习、调研先行、引领与服务双轨发展、信息共享与成果互用的闭环管理策略能够有效助力"双减"政策落地。课题研究为载体策略不仅能提升区域内教师的科研水平,更能为"双减"的有效落地保驾护航。"双减"政策实施以来,区域教育科研的闭环管理策略取得了一定的科研成果,同时也发现一些问题,如缺乏课后服务、课堂管理方面的课题研究,活动方案的设计与实施有待提高。闭环管理策略的实施可以为区域教育教学质量的提升提供参考的依据。

科研管理篇

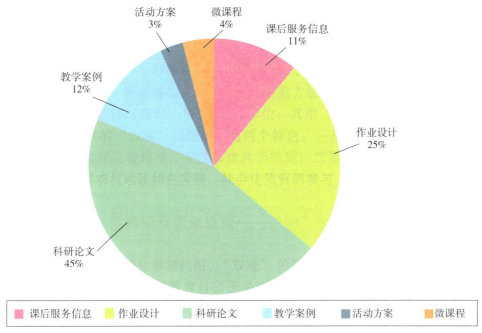

图 4　区域的"双减"成果分布

参 考 文 献

［1］中共中央办公厅国务院办公厅印发《关于进一步减轻义务教育阶段学生作业负担和校外培训负担的意见》［J］.教育与装备研究，2021，37（8）：1.
［2］蔡宗珍.新时代推动基础教育科研工作的策略研究［J］.求知导刊，2021（51）：94－96.
［3］汪泠淞.调查访谈法在提升区域基础教育科研管理水平研究中的运用［J］.现代教学，2018（Z3）：128－129.
［4］景丽.双减政策下小学英语作业设计问题研究［J］.试题与研究，2022（28）：10－12.
［5］纪元，孙百才."双减"政策下中小学校课后服务的诉求、难点与突破［J］.教育理论与实践，2022，42（26）：18－21.

专家 点评

燕山区聚焦区域教育科研管理策略的改进和完善来助推和促进中小学"双减"专题研究和实践探索，明确提出和着力推进了深化学习的针对性策略、调研先行的专业策略、引领与服务双轨发展的创新策略、信息共享与成果互用的协同策略。同时通过建立科研管理的闭环管理流程把四个管理策略有机整合起来，形成一个完整的科研管理系统，这种系统设计对于提升科研管理质量非常有意义。另外，还基于数据分析从专项课题研究的选题和阶段产出对区域"双减"教育科研管理策略的实施效果做了一定的总结分析。燕山区的实践探索有三个特点：一是把"双减"实践探索进程中学校的学习输入—研究内化—阶段性实践探索输出等三个环节有机结合起来；二是通过专项问卷调研和数据分析精准把握中小学"双减"落地的实际情况和阶段产出，为"双减"政策落地落实的实践探索提供切实依据；三是借助信息化和智慧教育云平台积极探索教育科研管理的升级和创新，提升教育科研管理实效。

在后续实践中，建议进一步加强对区域中小学教育科研实践的细化指导和细化引领。

建议题目修改为：区域教育科研管理助力"双减"政策落地的实践策略。

李　雯

北京教育学院

面向科研能力建设的区域"双减"研究管理优化转型[①]

北京市东城区教育科学研究院

周 林 郭 鸿 夏 珺 沈兴文 傅继军 杨 巍

摘 要 东城区教育科学规划部门组织管理"双减"专项课题研究,以教师科研素养提升为指向,全力推动教育实证研究。在提升一线教师科研素养的"双减"行动中开展多种形式的调查研究并推出教师科研素养提升"师本化"培训课程。推动区域"双减"研究管理由工作管理到学术治理,由工作上浮到指导下沉,由单一推进到多维协同的优化转型,在探索中完善着眼全面质量效益的"双减"教育规划课题管理运行模式。

主题词 教师科研素养 "双减"研究 管理优化

2021年7月,中共中央办公厅、国务院办公厅印发《关于进一步减轻义务教育阶段学生作业负担和校外培训负担的意见》后,8月,中共北京市委办公厅、北京市人民政府办公厅也印发《北京市关于进一步减轻义务教育阶段学生作业负担和校外培训负担的措施》,文件明确要求切实提高学校教育的育人水平,有效减轻学生过重的作业负担和校外培训负担。东城在举全区之力贯彻"双减"政策,落实立德树人根本任务,大力发展素质教育进程中寓推动教师科研素养提升于区域"双减"研究优化转型,通过教育科研持续发力,引领"双减"实施落地见效。

一、基于区域"双减"研究管理的问题提出

"双减"研究专项既是"十四五"时期东城区应时求变的课题管理新类别,也是区域始终聚焦质量核心的教育改革根本遵循。2021年度,东城区增立"双减"研究专项课题78项,其中市级7项,区级71项。综观选题内容,作业研究28项(市级3项,区级25项),课堂教学研究21项(均为区级),课后服务研究16项(市级1项,区级15项),家校协同研究4项(市级3项,区级1项),幼小衔接研究3项(均为区级),教师专业发展研究3项(均为区级),其他研究3项。

从国家层面到北京层面,着眼进一步减轻义务教育阶段学生作业负担和校外培训负

[①] 北京市教育科学"十三五"规划2020年度优先关注课题"提升普通中小学教师科研素养的行动研究"(CFEA2020021)阶段性研究成果。

担,以"全面压减作业总量和时长,减轻学生过重的作业负担""提升学校课后服务水平,满足学生多样化需求""坚持从严治理,全面规范校外培训行为""大力提升教育教学质量,确保学生在校内学足学好""强化配套治理,提升支撑保障能力"为根本举措,东城区"双减"专项以课题研究为实施载体践行政策主旨,落位核心任务。区域义务教育阶段的中小学关注作业改革、课堂教学、课后服务的"双减"研究课题共65项,强化配套治理中涉及家校协同的"双减"研究课题共4项,以上69项"双减"研究课题占比高达88%。其他"双减"研究课题涵盖幼小衔接、双师教学、轮岗交流等方面。

东城区"双减"专项课题呈现出多维度的教育变革关切,其中作业改革研究涉及作业体系建构、年级统筹推进、整体备课、大单元(单元整体)设计、分层设计、可视化、评价模式等角度,课堂教学研究覆盖移动学习、精准学习、高阶思维、智慧教室、任务单、问题链、微课等角度,课后服务研究关联科技实践、游戏课程、科学读写、书画社团、器乐演奏、古建模型、园艺课程、社会资源引入等角度,家校协同研究着眼艺术、体育、缓解家长焦虑等角度。

面对以上多维多向的区域"双减"研究现状,如何处理好教育自身以及课题管理"减"与"增"的辩证关系?全力推动教育实证研究,以教师科研素养提升为指向,促进区域"双减"研究优化转型,使广大一线中小学教师从经验着手、问题切入,采用程序化、操作化和定量分析等手段,使教育现象的研究更趋达到精细化和准确化的水平层次。将实证研究真正落实于具体的"双减"研究设计与实施层面,不断强化并深化教育实证研究,求解高质量教育科研的涵养之道。

二、提升一线教师科研素养的"双减"行动

教育科研是教师专业发展的内驱力,是培养研究型、学者型教师,促进教师专业化发展的必由之路。东城区在"双减"研究的实践场域中展开行动,积极探索中小学教师科研素养态度、知识、能力的三要素构成,建构中小学教师科研素养标准的三级内容,形成中小学教师科研素养发展的水平层次划分,注重中小学教师"双减"研究中的科研素养表现。在提升一线教师科研素养的进程中,开展了如下借力且助力"双减"的研究行动。

(一)在"双减"研究中开展教师科研素养提升问题调查

教师是中小学教育科研的第一主体,中小学教师科研素养的提高是新时代教育科研工作质量提升的核心关键。在"双减"研究中,为规避长期困扰中小学教师的科研观念、知识、能力与行动上存在差距的客观短板,东城区从"双减"推进需求和教育科研发展需要两个层面出发,借鉴国内外已有素养概念界定与内容结构的研究,从中小学教师科研素养的四个维度,即教师科研意识、教师科研精神、教师科研知识、教师科研能力,进行中小学教师科研素养的量表编制及实证检验。通过"双减"研究进程中的问卷调查并辅之以观察、访谈等调查方式呈现出如下客观情况。

中小学教师科研能力和意识在四维度中得分较低。从中小学教师科研素养的总体特征

来看，中小学教师科研能力得分最低、科研意识次之。其中，科研能力的多项题目得分低于均值，尤其是文章发表，科研成果推广，对 SPSS、NVIVO 等软件的运用能力等较为薄弱。在科研意识方面，教师对于科研的价值认同，尤其是科研在促进教育教学发展上的价值和意义认识不足。

调查结果显示，教师科研素养对教育教学效能与行为具有良好的预测作用。在科研素养四个分测验中，科研能力能够预测教师出版专著、论文发表、论文获奖、主持课题的数量。科研精神、科研知识和科研能力都能够正向预测教师的教育教学效能感。也就是说，教师的科研精神越高，科研知识越丰富，科研能力越高，教育教学效能感也相应越高。对于创造性教学行为，科研精神和科研知识能够正向预测创造性教学行为，也就是说，科研精神越强，科研知识越丰富，创造性教学行为越多。科研能力对学习指导、创造性教学行为也有正向预测作用。上述结果科学印证了教师科研素养对教育教学的正向发展作用，科研素养的提升对于教师专业发展具有积极作用。也就是说，科研素养的提升并不仅仅是一项有利于科研发展的事情，也会整体提升教师的专业素养，对此值得更加持续地深入探讨。

综上所述，在"双减"研究中开展教师科研素养提升问题调查，既明确了区域中小学教师开展教育科研实践的基本现状以及需要改进的问题，也客观呈现出短周期"双减"专项课题与快出"双减"成果、出好"双减"成果之间的距离矛盾，从而为区域"双减"研究管理综合优化找方向、清思路，全力支持"双减"课题研究成果快速落地，解决基础教育教学中的实际问题，进而扩大"双减"科研成果的应用价值和实践影响。

（二）在"双减"研究中推出教师科研素养提升培训课程

结合上述调研结果，培训与指导是教师最集中的"双减"研究需求。基于此，区域层面着重设计了教师科研培训课程。以"研究选题与设计""研究实施""研究总结"为三个专题，通过研发课程内容、研究征文撰写、培训课录制评选等方式，来促进教师科研素养提升培训课程的体系化建设。以"研究选题与设计阶段"为例共研发出 35 节培训微课，内容涉及五大板块，即：选题与设计、如何选题、研究现状述评、研究设计、研究思路方法及创新点。

基于教师科研素养提升的培训课程开发，实现了区域内科研培训在培训方式、时长、培训者、培训内容等方面的转变创新。第一，突破线下培训模式，推出线上培训课程，培训资源的获取方式为百度网盘下载，为教师提供了更方便的培训资源获取渠道。第二，在培训频率上，由固定限次转变为根据"双减"研究需要随时反复观看的培训课程。第三，大幅缩减培训时间，推出培训时长 20~30 分钟的微课，从而满足"双减"研究教师的专题学习需要。第四，培训课程的培训者为一线普通中小学教师，切中"双减"研究中的现实问题，使培训更具有针对性。第五，在培训内容方面，转变以往培训课程关注教育科研理论与知识培训模式，更加注重"双减"研究案例的解析。以上，教师通过自主学习，对研究选题、研究设计、研究方法等方面的内容进行文献研究和案例反思等，已成为"双减"研究教师科研素养自主提升和同侪共进的常态方式。

三、推动区域"双减"研究管理的优化转型

（一）由工作管理到学术治理，优化"双减"研究管理定位

东城区教育科学研究院教育科研管理部肩负全国、北京市、东城区教育科学规划课题管理主责，以"坚持正确方向、弘扬优良学风、服务实践需求、激发创新活力"为教育科研管理基本原则。在因应"双减"等教育改革发展需求中，以凸显多元聚力的大科研观念为统领，深化"放管服"改革，稳步推进现行教育科研联系人制度改革，创建务实高效的"双减"研究协作团队，通过创新教育科研实施的组织运行方式，不断提高教育科研落位的整体水平与效益。在对接需求和服务实践中，通过切实优化"双减"研究管理定位，建构以质量贡献为导向的区域"双减"研究支撑、驱动和引领模式。

深度优化区域"双减"研究，势必对于创新科研范式和方法产生助推作用。切实加强实证研究，坚持把握"双减"研究中的事实与证据，持续跟踪"双减"热点和难点问题，注重研究的周期性和系统性。"双减"研究作用于区域层面由工作管理跃升为学术治理，"双减"研究作用于教师层面突破固定思维，催生成长型思维，在求解"双减"研究问题的动态过程中形成探索性科研思维。凡此种种都是优化区域"双减"研究管理定位所取得的务实成效，"双减"研究管理转型升级，激发出教育科研服务立德树人的内生动力，是顺应育人本质规律的善治之举。

（二）由工作上浮到指导下沉，优化"双减"研究管理形态

推进"双减"研究旨在提升育人质量，因此打破低效教育科研管理循环，强化下沉式指导，优化"双减"研究管理形态势在必行。为此，颁布试行《东城区教育科学研究院教育科研管理部科研指导制度》，就是要切实解决"双减"研究中的指导、管理等实际问题。该制度要求区域教育科研管理者指导学区、学校整体科研工作的推进，建立完善学区、学校科研制度和机制。指导建设学区科研组织及队伍，加强学区协作研究，推动学区科研体系建设。依据区域教育发展需求，结合不同学校研究主题，形成跨校研究团队，营造群体科研氛围。指导学校科研负责人，提升学校科研负责人管理能力、研究能力、组织能力、指导能力、成果培育和推广能力，加强学校科研负责人队伍建设。特别是要重点指导学校及教师开展"双减"等课题研究，包括选题、开题、实施、中期、结题、成果推广等研究环节全覆盖。

在"双减"研究推进的管理过程中，选取"作业设计""课后服务""家校协同"等13＋N项"双减"研究专项课题进行点对点跟进式指导。13项重点关注"双减"研究专项课题组已撰写完成两轮次《"双减"专项研究行动记录单》。教育科研管理者对参与"双减"研究的实验教师代表进行深度访谈，并以13项区域重点关注"双减"研究专项课题为样本，系统分析教师在科研态度、知识、能力等方面存在的问题、成长过程、关键事件、主要策略等内容。基于访谈与案例，有的放矢地优化"双减"研究管理形态。

（三）由单一推进到多维协同，优化"双减"研究管理支持

"双减"落地是一项系统工程，需要教育生态的整体重构。鉴于区域内"双减"研究课题主体以一线教师为主，鲜有涉及全局性、结构性、系统性的变革研究，"双减"制度

类、保障类的研究更是微乎其微，因此多元主体的研究参与亟待加强。"双减"研究的多元主体参与，不仅局限于市、区、校三级联动，更在于强化顶层设计，调动区域层面、学校层面、年级层面、班级层面、教师层面多维主体参与共研的积极性，形成主动、能动、生动、灵动的"双减"研究新样态。

市级"双减"研究专项课题成果《高质量学校作业体系建构的实践研究》，致力于学校群体研究"建构同一学科不同学段的作业体系和同一学段不同学科的作业体系"。区级"双减"研究专项课题成果《年级组统筹推进作业设计与作业管理的实践研究》，侧重年级备课组以"大单元整体作业设计"为抓手，系统设计全面育人的基础性作业、分层作业、实践性作业、个性化的作业、跨学科的作业等。无论是全校型研究，还是年级组内研究，都是追求高质量，构建新格局的"双减"研究积极探索行动。总之，在"双减"专项课题研究中，为教师科研素养提升供给多元有力的科研支持，是教育科研管理部门持续优化改进的工作方向。

总之，"双减"政策落地，是我国义务教育阶段综合改革进入深水区的鲜明标识。基于构建更高水平育人体系的宏阔视角，东城区推动并致力实现以提升教师科研素养为指向的区域"双减"研究管理优化转型，使"双减"研究与教师科研素养提升得以相互作用、相互建构、相互滋养。在区域"双减"研究的动态参与精准干预的进程中，使"双减"有效落位、重点突破、整体优化，需要在探索中完善着眼全面质量效益的"双减"教育规划课题管理运行模式并使之成为常态，形成长效。

参 考 文 献

[1] 中华人民共和国教育部. 中共中央办公厅 国务院办公厅印发《关于进一步减轻义务教育阶段学生作业负担和校外培训负担的意见》［EB/OL］. http：//www. moe. gov. cn/jyb_xxgk/gk_gbgg/moe_0/moe_8/moe_27/tnull_469. html.

[2] 中华人民共和国教育部. 教育部关于加强新时代教育科学研究工作的意见［EB/OL］. (2019 - 10 - 30). http：//www. moe. gov. cn/jyb_xxgk/gk_gbgg/moe_0/moe_8/moe_27/tnull_469. html.

[3] 中共北京市委办公厅 北京市人民政府办公厅. 中共北京市委办公厅 北京市人民政府办公厅印发《北京市关于进一步减轻义务教育阶段学生作业负担和校外培训负担的措施》［EB/OL］. http：//www. moe. gov. cn/jyb_xxgk/gk_gbgg/moe_0/moe_8/moe_27/tnull_469. html.

[4] 饶从满. 美国"素养本位教师教育"运动再探——以教师素养的界定与选择为中心［J］. 外国教育研究，2020（7）：3 - 17.

[5] 董文科. 中小学教师科研素养的内涵与提升策略［J］. 教育科学论坛，2020（1）：32 - 34.

专家 点评

东城区在"双减"课题组织管理工作上思路清晰，有自主的特色设计与追求。具体来讲，整个组织管理工作围绕"课题主题确立""行动中提升教师科研素养""课题管理模式优化"三个方面着重开展，这既体现了"任务+资源+保障"的搭配，又体现了"以升级管理来推动工作"的主导思路。在具体措施上，东城区探索出了自身的一些独特做法。东城区的"双减"课题管理工作特别强调在"国家—北京市—东城区"三个层面的任务落实链条中,确定课题研究的具体问题系列,这种问题与主题确定的做法直接带来了"双减"课题的系列性和体系性。在保障课题研究质量方面,聚焦"教师科研素养提升"是非常切实且可持续实施的一个做法。开展科学化调查并在此基础上设计实施针对性的教师科研素养课程,是现实有效的一个科学做法。在管理工作模式上,针对工作定位和方式的"从外到内""从上到下""从单一到多维"优化行动,精准抓住了升级科研管理工作的核心环节。可以说,东城区在"双减"课题研究管理工作上是特色突出的,最主要体现在"抓关键环节""抓基础工作""抓模式升级"方面。

在今后的"双减"课题研究管理上,可以继续深化通过创造性征集问题来设立研究课题的做法,把"双减"课题的研究问题领域向"双减"新政策的基础调研方面拓展。

建议题目修改为:面向科研能力建设的区域"双减"研究管理优化转型。

余清臣
北京师范大学

昌平区教育科研赋能"双减"的系统构建

昌平区教师进修学校　奚　燕　富殿山

摘　要　昌平区教师进修学校教科室基于部门职能和定位,为全区深入落实"双减"政策统筹谋划、系统思考,探索出健全制度、现状调研、科研培训、课题研究、课例研修、专项视导、成果征集、宣传推广等多项举措,从科研的角度助力区域"双减"工作落实。

主题词　双减　多措并举　科研赋能

昌平区教师进修学校承担着全区中小学校"研究、培训、指导、管理"的任务,昌平区教师进修学校教科室作为全区承担全国、北京市、昌平区教育科学规划课题的管理部门,为全区深入落实"双减"政策统筹谋划、系统思考,全面推进区域"双减"工作落实。

一、健全制度,保障"双减"工作推进

根据昌平区教委"双减"政策文件和部署,在昌平区教师进修学校出台《昌平区教师进修学校关于减轻中小学教师负担进一步营造教育教学良好环境的实施方案》《昌平区教师进修学校支持"双减"工作行动方案》的基础上,教科室研制了《昌平区教科室落实"双减"专项研究方案》,对"双减"工作的扎实推进起到全面支持与保障的作用。

二、现状调研,诊断"双减"核心问题

为充分了解昌平区中小学校在"双减"背景下课程发展现状、需求及学校课后服务实施情况,教科室设计了三份调查问卷,选择17所中小学校作为样本校,从学校、教师、学生三个层面开展相关问卷调查。调研围绕学校干部教师对"双减"的态度与认识、学校课堂实施和课后服务工作的突出亮点、困难与需求等方面开展,共回收问卷2 626份。依据调研结果进行充分研讨,明确区域将根据学校需求情况,聚焦学校课堂提质增效、课后服务实践类课程构建与实施,优化课后服务课程供给等,形成彰显品质与特色的教育生态。

三、科研培训,加速"双减"深入落地

专题培训:针对部分教师没有参与过课题研究、不熟悉课题研究流程等具体问题,教科室教研员遵循课题研究的时间节点,从解决教师的实际困惑出发,开展选题与申报、如何进行文献综述、开题报告的撰写、研究报告的撰写、教师如何做小课题、如何研发课堂观察工具等专题培训,疫情期间录制培训视频供教师反复学习,成效显著。

系统培训:针对学校科研干部队伍不稳定,科研干部知识碎片化、不系统,研究缺乏持续性和跟进式指导、与课堂教学结合不紧等具体问题,依托科研培训项目开展系统培训。在持续举办三期科研骨干培训班,形成区域科研骨干教师"1333"贯通培训模式、取得很好培训效果的基础上,结合当前"双减"政策要求,申报了"基于诊断的教科研质量提升项目"。培训项目以学科骨干转化为研究骨干的教师专业发展为主线,分三个阶段开展系统培训,整个培训兼顾培训中和培训后的能力贯通,精准、稳定、持续地助力教师专业发展。

四、课题研究,聚焦"双减"核心问题

区教科室在修订《昌平区教育科学规划课题管理办法》的基础上,对区级规划课题申报类别特别增设了"双减"专项规划课题,关注"双减"核心问题,促进"双减"工作的推进和成果的形成。

申报立项:昌平区教育科学"十四五"规划2021年度课题在限额的情况下有61项课题批准立项,其中"双减"专项课题20项。择优推荐7项申报北京市教育科学"十四五"规划"双减"专项课题,3项获批立项。在北京市教育科学"十四五"规划2022年度课题申报中,昌平区申报课题73项,获批20项,其中与"双减"相关的申报课题16项,获批6项(表1)。

表1 市级规划课题目录

课题名称	课题类别	立项年度	研究进度
"双减"背景下提升课堂教学质量的实践研究	"双减"研究专项课题	2021	已完成中期检查
基于探究式主题活动案例开发的幼小双向衔接联动研究	"双减"研究专项课题	2021	已完成中期检查
"双减"背景下郊区教育集团落实义务教育五育并举的实践探究	"双减"研究专项课题	2021	已完成中期检查
"双减"背景下区域中小学生养成教育的探索与研究	一般课题	2022	待开题
"双减"背景下小学高年级语文预习作业设计的行动研究	一般课题	2022	待开题
"双减"政策下家校社协同联动的家庭体育作业实践研究	一般课题	2022	待开题
"双减"背景下农村寄宿制初中课堂教学质量提升策略研究	一般课题	2022	待开题

科研管理篇

续表

课题名称	课题类别	立项年度	研究进度
"双减"背景下依托"双师课堂"提升区域教育集团课后服务质量的实践研究	一般课题	2022	待开题
"双减"背景下基于云平台反馈数据的精准教学研究	单位资助校本研究专项课题	2022	待开题

开题论证：区教科室协助课题校联系汇集理论、学科实践、科研三方的专家团队，对3项市"双减"专项课题进行三场单独会议开题会，专家们对各课题提出了有针对性的意见与建议，帮助课题组明确研究方向。

中期检查：与顺义区研修学院教科室合作，开展市2021年"双减"专项课题的中期检查工作，比对各课题申报、开题材料，督促课题组在研究过程中依照原有设计开展研究，了解课题研究的基本进度是否合适、阶段研究任务完成的质量如何，同时对研究中存在的问题和下一步计划提出合理化建议，确保课题研究能够按时顺利结题。

五、课例研修，助力"双减"提质增效

"双减"主战场在课堂，高质量的课堂教学很大程度上依托高水平的校本教研，而课例研修是校本教研有效方式之一。每次课例研修活动我们都从研修主题的确定、课例的选择，到原始观察资料、数据的整理分析，到课例研修报告的撰写、修改，课例研修成果的汇报展示，使参加研修教师经历规范、专业的课堂教学研究与改进的全过程，为教师学习共同体提供合作研修、专业成长的平台。在昌平区首次课例成果评审中，有104篇课例研修报告获奖，其中一等奖37篇，二等奖67篇。

六、专项视导，落实"双减"核心任务

为切实落实《关于进一步减轻义务教育阶段学生作业负担和校外培训负担的意见》的精神与要求，昌平区教师进修学校完成了对全区146所中小学（含完小）"双减"政策落实的专项视导工作。教科室承担了昌平区29所学校（主要是"双减"课题承担校）的"双减"专项视导检查工作。根据《2021年昌平区教委校内"双减"工作检查方案》《昌平区校内"双减"工作检查表》中7个评价要素（规范管理、课堂提质、作业减负、课后服务、考试评价、疫情防控、安全管理）、24项重点关注内容，根据课前、课中、课后一体化《昌平区中小学课堂教学评价表》进行"双减"专项视导。重点帮助学校把握"双减"背景下课程与教学的衔接点，聚焦课程视角下的课堂教学实施，引导学校树立系统思维，主动升级课程体系，将课后服务工作纳入学校整体课程系统当中。

七、成果征集，促进"双减"经验形成

区教科室在暑假前特别组织了"双减"专项成果征集，鼓励"双减"专项课题快出

成果、出好成果，支持课题研究成果快速落地，解决基础教育教学中的实际问题，推进"双减"专项课题研究成果的实践和应用，扩大"双减"科研成果的学术影响力和实践影响力。全区共征集"双减"专项成果440项，经专家评审共评出一等奖67项、二等奖98项、三等奖129篇。

八、宣传推广，助力"双减"成果落地

区教科室筛选区域内"双减"专项课题的成果和基层校推进"双减"工作的经验和做法，借助北京市教科院基础教育研究所的"聚智云论坛"和"研究型学校建设"项目平台进行推广和全市范围内展示交流。

如昌平区城北中心小学作为一所百年老校，始终坚持"教育即研究、问题即课题、研究即实践、过程即成长"的理念，在广泛调研、深入学习的基础上，立足学校特色和已有研究基础，将科研工作进行整体定位，制定根脉生长式的科研工作目标，借助三级四维的科研模式，构建纵向深入、横向联结的科研网络。在对教师进行跟踪、观察、调研的基础上，对教师团队采取了分类管理、分层设标、量才使用、各尽所能的培养方法，实现梯队式发展。构建了融合式"三好标准五环节"课堂教学模式，总结出"导行训练式"养成教育课堂培养方法，构建了"一三三五"家校联动共育机制，带动了学校的内涵发展。

北师大昌平附属学校建校不足8年，教师以青年教师为主，基于校情致力以科研为抓手，促进教师发展，提升办学品质。学校推行"科研兴校"战略和"聚微"策略，即以"微课题"引导青年发现教育教学实践中有价值的小问题，运用规范的科研方法和管理流程做科研、促教研。

"双减"政策促进学校必须以学生的全面发展为中心进行教育教学活动，要以落实"五育并举"和"提质增效"为重点。"双减"在路上，作为科研管理部门，我们将立足实际，从关注学生未来成长的角度，全力做好每一项工作的落实，确保"减负提质"落到实处，提升学校办学内涵与品质，让学校教科研向新的高度攀升。

专家 点评

昌平区在推进"双减"工作中注重整体谋划和系统思考，从八个方面加强区域科研管理，为落实"双减"工作提供智力支撑。昌平区的工作突出体现在几个方面：一是全面系统，从科研制度、课题立项、科研培训、课例研究、经验提炼和成果推广等方面系统推进，科研工作的各个方面环环相扣、相互促进，形成了区域教育科研发展的合力。二是注重调研，对于区域推进"双减"的关键问题进行现状调研和问题诊断，回收2 600余份问卷并进行结果分析，使"双减"工作建立在数据支撑的基础上。三是强调转化，结合学校实际及时总结典型经验和科研成果，有针对性地推进科研成果转化为学校教育教学实践，并注重对学校的专项视导，克服科研工作的"两张皮"现象，努力使科研真正发挥实效。

为更好推进"双减"工作,建议加强对"双减"专项研究的主题分析和问题诊断,根据地区的科研实际和研究重点合理布局研究项目,并加强学术规范的训练,把重心放在科研质量提升上。

建议题目修改为:昌平区教育科研赋能"双减"的系统构建。

孟兆海

中国教育科学研究院

以高质量课题研究助力区域"双减"政策落地

北京市海淀区教育科学研究院　王玉珠　范珎文　吕　丹　张　禹　宋永健　刘丹姐

摘　要　"双减"政策对"减负增效"提出了更高要求,"双减"下的课题研究既是时代政策背景下的挑战,也是解决教师工作中的实践问题的现实需求。作为区级教育科研管理部门,如何切实发挥教育科研的引领作用,为学校提质增效赋能,需要不断的探索和实践。面对这一系列问题,海淀区从行政驱动、平台搭建、区校联动和成果转化四个方面着手,促进"双减"课题研究工作的落实落地。

主题词　行政驱动　平台搭建　区校联动　成果转化

2021年7月24日,中共中央办公厅、国务院办公厅印发《关于进一步减轻义务教育阶段学生作业负担和校外培训负担的意见》,要求切实提升学校育人水平,持续规范校外培训,有效减轻义务教育阶段学生过重作业负担和校外培训负担,引发了教育界内外的普遍关注。

海淀区历来重视教育工作,把教育视为海淀区的"命根子"和"金名片"。面对"双减"政策新要求,海淀区通过深入学习、调查研究、统筹考虑、系统规划等方式,坚决贯彻落实党中央决策部署,在实践中不断解决新问题,推动"双减"工作在海淀区落实落地。海淀区从以下四个方面,全面开展"双减"课题研究工作在校内的落实。

一、发挥教育行政力量,自上而下推进落实

"双减"政策切实落地,事关立德树人根本任务,事关国家教育体系根基,事关人民群众教育的获得感、幸福感、安全感。2022年是落实"双减"政策的攻坚之年,在关键节点,海淀区召开主题为"落实'双减'政策,推进教育改革"教育科研工作会,通过中国教科院、北京教科院和区教委领导的指引,进一步明确教育改革政策的变化与着力的研究领域,谋划、引领海淀区落实"双减"政策的方向与着力点。会议切实发挥载体功能,通畅学校科研信息交流,凝聚共识,汇聚力量。通过构建全方位立体常态化"双减"宣传机制,以现场会、专家讲座、典型案例征集等多种形式,通过视频直播、公众号宣传等多种途径,对"双减"政策进行全方位、多角度的解读与宣传。

面对"双减"工作新要求,海淀区继续发挥"行政主导、科研引领"的工作模式,充分发挥教育科研的功能,助力学校开展"双减"工作。在区教育两委的领导和指挥之

下，区教育规划领导小组以"十四五"开局之年的区教育规划研究课题立项为抓手，面向全区教师开展"双减"背景下的规划课题立项申报，通过课题研究提升教师的专业素养。以总结反思为导向，面向全区教师开展"双减"主题的论文和学校案例征集，引领教师及时总结反思，固化优秀做法和经验。结合"双减"政策，区教科院关注科研引领，启动优秀种子教师、未来学校、学习科学、社会性科学、作业的分层设计和优化管理、课后服务研究、智慧教育示范区建设等多个研究主题和项目，协助学校开展联合培训、教研活动甚至课题研究，从而引导区域教师间相互切磋、共同学习、互学互长。

二、搭建区域交流平台，统筹培训与重点指导并进

"双减"课题研究既是时代政策背景下的挑战，也是解决教师工作中的实践问题的现实需求，以期达到"减负增效"的目的。于教师而言，"双减"工作的落实主要通过教学和教科研相结合的方式，践行和推动教育教学改革。教师教育科研培训的关键就在于将教师发现问题与解决问题同步，强调培训过程中对于自身研究课题的实践、体验和总结提升，并最终落实到课堂教学或学校管理。区级教育科研管理部门尤其要发挥科研引导、搭建桥梁、区域融通的作用，为"双减"课题研究的落地提供更具针对性的指导。

基于实践需求的培训。有效的教育科研培训要避免与实践脱节，避免研究与工作"两张皮"。海淀区的教育科研培训，以课题研究过程为主线，以解决实际问题为出发点，以研究内容为要点，层层递进、全面铺开，不断帮助教师聚焦研究问题，解决课题研究和教育教学中的实际问题，最大限度将理论培训知识融会贯通。

导师伴随式的培训。为解决理论融合实践中存在的问题，海淀区以"导师个性化指导"为路径，逐步引领教师结合具体教育教学实践开展课题研究。找准一线教师工作中的重要症结，切实抓好理论培训与实践指导之间的密切联系，通过下沉式和伴随式的指导解决课题研究中的痛点和难点，为一线教师教育科研服务，为教育教学服务。

三、市区校联动，开创教育科研活动新机制

纵向上，加大科研资源统筹力度，促进中小学校与高校科研院所、高科技企业、各类社会组织和团体的深度交流、深度合作，构建上下联动、横纵贯通、内外合作的协同创新体系，全面提升协同攻关能力。横向上，建立更广泛的研究共同体，将科研引领和学校的实践改进需求相结合，实现优势互补、合作共赢，形成联合攻关、共研共享的发展态势。

为加强区域内和区域间交流，发挥海淀区域内专家资源的指导和引领作用，在"市、区、校三级管理机制"的推进下，海淀区先后在清华大学附属小学、北京市第十九中学、万泉小学等多所学校召开交流会。交流会采用线上、线下相结合的形式，面向各区县或区域内的学校进行交流，以期通过不同学校间的交流凝聚智慧、达成共识，助力"双减"政策落地。例如，清华大学附属小学提出要从当今"双减"本质追问到提升"课上高质量育人"与"课后服务供给多样性"；中关村中学提出要通过构建学的课堂，聚焦深度学习教学改进实践研究，做到"减负不减责任，减负不减质量"，创造性地提供更多样化、

更高质量的教育服务。

"双减"政策对教育科研提出了更高的挑战，如何主动识变，积极转型成了时代对教育人提出的要求。在"双减"背景下，国家、市区级的专家和领导提出：紧抓课堂主阵地，把解决"双减"难题作为目标，通过对课堂的研究设法找到突破口；立足于学科组、年级组，探索普通教师也能用得上的普适化的课堂教学改进方案；以科研服务体系为引领和依托，以横纵交织的共同体为研究主体，致力教育思想创立、教育方式变革、教育技术突破、学校实践创新，积极构建高质量教育体系。

四、发挥区域引领作用，助力"双减"成果梳理与转化

"双减"政策中明确提出：建设高质量育人体系，是教育高质量发展的内在要求，是教育现代化的重要部署。实现教育高质量发展，推进教育领域综合改革，其发展要从"数量追赶"转向"质量追赶"，其结构要从"规模扩张"转向"结构优化"，其增长动力要从"要素驱动"转向"创新驱动"的发展。

教育科研成果应用于教育实践并融入教育实践，是转变教育思想观念、深化教育改革、提高教育质量、改进教育教学手段、更好地服务发展的有效路径之一。教育科研成果转化既是教育科研的目的又是教育科研的关键环节。教育部原部长陈宝生在2017年全国教育科学工作大会上指出：教育科学研究完整的过程至少应包含两个阶段，第一阶段是理论生产阶段，第二阶段是成果转化阶段，两个阶段各有各的任务，各有各的侧重，统合起来才是教育科学研究的完整过程。

因而，基层教育科研要合理引导，明确教育科研成果转化方向；培养骨干，强化教育科研成果转化意识；下沉学校，规范教育科研成果总结提炼；成果推广，发挥成果社会效益学术贡献等多种路径，增强中小学教师科研成果转化意识，引导鼓励开展实践应用类研究，推动"双减"课题研究转化为教案、制度等，以指导教育教学、服务决策、完善制度、引导舆论，切实推进"双减"政策的落地。

在"双减"政策落地的今天，时代为我们提出了大量亟待回答的理论和实践课题，如何破解难题，落实任务，需要教育科学研究提供支撑和引领。区域管理部门更要做好方向引导、提供科研支撑和服务、搭建区域交流平台和机制，更好地促进"双减"研究的落地和成果的转化与应用。

> **专家 点评**
>
> 海淀区是北京市的教育强区，也是教育科研高地，教育科研优势在海淀区推进和深化区域基础教育改革进程中一直发挥着重要支撑和促进作用。在"双减"专项课题推进中，海淀区特别注重整体部署和系统推进，整合和充分发挥不同层面的资源和力量。海淀区的实践探索有三个突出特点：一是行政推进和学术支持有机结合，充分发挥"行政主导、科研引领"的优良传统和工作模式，有序有效推进"双减"课题研究；二是市、区、校三级联动，借助高校和科研院所的学术资源和研究指导，

深入中小学办学实践和重点问题，有高度、接地气地开展课题研究；三是课题研究和成果实践转化并重，在课题研究过程中重视研究成果的总结提炼和实践转化、借鉴推广，真正体现课题研究的价值和意义。

在后续实践中，建议充分发挥海淀区的教育资源和发展优势，进一步聚焦首都基础教育"双减"实践探索中的重点、难点和热点问题，积极探索区域层面有组织的科研，开展联合研究和集体攻关，率先破解"双减"推进中的实践难题，在首都基础教育"双减"改革实践中发挥引领作用。

建议题目修改为：以高质量课题研究助力区域"双减"政策落地。

李　雯
北京教育学院

"双减"政策下顺义区学校育人功能的实践探索

顺义区教育研究和教师研修中心教科室 周靖彦

摘 要 "双减"是党中央立足中华民族复兴千秋伟业和学生全面发展的一项重大教育改革,政策实施后,教师的教学和学生的学习状态都悄然发生了变化。学校教育提质增效,校外教育规范健康,校内校外持续双向发力,教学质量、作业管理、课后服务等方面都有新的提高。本文聚焦学校教书育人主体功能发挥,从课堂教学质量提升、课后服务提质增效、课题深度研究、研究成果转化四个方面,梳理了顺义区落实"双减"政策,培养德智体美劳全面发展的社会主义接班人的探索与实践。

主题词 双减 立德树人 提质增效

2021年5月21日,习近平总书记在主持中央全面深化改革委员会第19次会议上强调:"义务教育是国民教育的重中之重,要全面贯彻党的教育方针,落实立德树人根本任务,充分发挥学校教书育人主体功能,强化线上线下校外培训机构规范管理。"2021年7月,中共中央办公厅、国务院办公厅印发《关于进一步减轻义务教育阶段学生作业负担和校外培训负担的意见》,文件要求减轻义务教育阶段学生过重作业负担。减轻校外培训负担,提高学校教学质量。"双减"不仅要给学生减负,而且要全面提升教育教学质量,最终实现义务教育回归立德树人初心,培养社会主义接班人的目标。

自"双减"工作开展以来,顺义区将"双减"作为提高学校育人质量的重要突破口和有力抓手,紧紧围绕党中央、市教委"双减"工作部署和要求,坚持靶向破题、精准施策、标本兼治、真抓实管,全力推动"双减"工作有序推进。立足严管长治,规范校外培训行为,更重要的是着眼提质培优,筑牢学校育人主阵地。

一、聚焦课堂教学质量提升,优化作业管理

学校教育教学质量的提升是"双减"的终极目标,只有提供高质量的教育服务,让学生学习更好地回归校园,在校内"吃饱""吃好",才能减少学生参加校外培训的需求。为此,顺义区制定出台《顺义区小学"强基工程"实施意见》,以学校教育教学管理为重点,强化区域引领和完善学校内部治理,侧重提高管理质量,引导学校教育教学工作重视顶层设计,统筹落实,科学施策。出台《顺义区中学"挺腰工程"实施方案》及实施细则,以"一堂好课的标准"为指引,以"四精"为主线(备课精细、上课精彩、作业

精选、课后服务精心），切实提升常态课质量。区研修中心加大教研、视导力度，通过智慧巡课平台对全区中小学进行实时听课，帮助学校提高课堂教育教学质量。

作业管理既是一门科学，也是一门艺术。各学科、各年级的教师相互配合，形成统一、协调、相互促进、整体协同的作业管理机制，使课内教学和课外作业有机衔接。作业的变化，仅仅是"双减"工作一年来，学校教育减负提质的一个缩影。"双减"要推进，提质增效是关键。压总量、控时间，但作业效果和教学质量却不能打折扣，很多学校都在作业设计上深入研究，减少重复性、机械性作业，在针对性、有效性上下功夫，取得了初步成效。一是优化学校课程作业管理机制，精准计算，因人制宜，为学生布置适宜的作业。在作业管理上，落实"七要""两严禁"管理措施，将作业设计纳入教研体系，发挥作业诊断、巩固及学情分析等作用。东风教育集团探索集团横向校区纵向的常态教研，建构集团"五张网"新型作业管理体系（教研一体网、作业分层网、课后服务网、多元评价网、家校协作网），助力每一个孩子的幸福成长。光明教育集团探索"一统·三维"作业管理方式。仓上小学、裕龙小学将作业设计纳入单元整体设计中，打破了作业设计的单一性和单点化。明德小学制定《分层作业实施方案》，为不同水平的同学提供了差异化服务。二是优化课后的延时服务和学校常规教育教学活动的管理机制。针对作业完成的差异化、个性化难题，在课后服务时间，教师现场答疑解惑，切实让作业成为提升学习质量的抓手。

二、聚焦课后服务落细落实，全面优化课后服务

"双减"政策出台后，孩子们的学业是家长最担心的，作业不回家，没有了过去的题海战术，孩子们能否掌握必要的学科知识是家长重点焦虑的问题。如何回归育人初心，如何在更高效的学习环境里，让学生们变被动为主动，增强学习能力，学会解决问题和难题，学校必须学会在"减法"中做"加法"，增加课后服务势在必行。课后服务可以发生在校园，也可以在博物馆、在科普基地、在田间地头、在企业和工厂。顺义区以五育并举为目标，重新整合各类教育资源，实现课后服务与课内学习有效衔接。根据学生不同需求，提供不同的教育服务，拓展学生的课外发展空间，实现辅优补差，去焦虑化、去泡沫化，将最难的教学任务在校园内解决，给家长减负也给学生更多的自由时间。

"双减"减的是学生的负担，但增加的是高效率、高质量的德智体美劳全面的教育时间。顺义区于2022年3月在全市率先启动义务教育学校课后延时托管工作，切实解决家长接送难问题。出台《顺义区全面提升课后服务方案》及《课业答疑辅导专项工作方案》，启动"拓展课后服务内容，助力中小学生健康成长"工程，实现课后服务"一校一案"。课后服务工作重点落实课业辅导，开设面向人人的课后服务课程。一是保证课后服务时间。实施课后服务"5+2"模式，即学校每周5天都开展课后服务，每天至少开展2小时，结束时间不早于17:30，尽量吸引有需求的学生每周5天都参加课后服务。二是服务内容"五落实"。服务内容以"五落实"为基本要求，实现丰富供给，优质高效，即落实五育并举、落实课业辅导、落实优秀教师答疑、落实校内体育锻炼一小时、落实兴趣培养面向全体。三是增强课后服务的吸引力。学校层面统筹学生需求、课程建设、资源单位三方面，通过招募、比选、考核等形式，研发面向人人的课后服务课程。如沙岭小

学的课后服务"学·院课程",提供跨年级、多类别的选课"菜单",形成一生一课表,满足多样化发展需求。部分学校精选校园周边优质企事业单位,让学生走出学校参与实践探究,同时邀约家长和社区志愿者开设志愿讲座,将资源请进来,为课后服务引入源头活水,如黄城根附小的作业+课后服务模式、木林小学的"三导一拓展"模式、天竺二小的"两段式三途径四环节"工作模式、北石槽小学的"1+N+X"课后服务模式等。

三、聚焦课题深度研究,全面参与"双减"工作

"双减"不仅仅是"减法"的问题,更重要的是背后做"加法",减法是纠偏勘误,加法是正源立本,要让教育在科学合理的加减运行中走向整体优化,"双减"工作才能真正落地有声。顺义区教委、区研修中心按照"认识要高起来、系统要串起来、家校要拉起来、干劲要激起来、五育要托起来"的整体思路,以课题为重要抓手,系统推进全区"双减"专项研究工作。

一是以三项北京市规划办立项的"双减"专项课题为统领,组织连同二十项区级双减课题围绕重点问题开展研究。"十四五"初,顺义区教育科学规划办在原有重点课题和一般课题的基础上,增加了"关注课题",即在热点重点领域由区级行政部门和研修部门牵头,带领基层学校开展相关领域研究。中教科定位在"限时赋分,强化作业管理",小教科则重点研究"课后服务的探索",学前科重点关注"幼小衔接",研修中心还在劳动教育、思政建设以及优化认知负荷等方面开展研究。

二是谋定启动,做好常态调研。为更好地落实"双减"政策,厘清区域及学校在"双减"中的问题和需求,研修中心教科室组织专项力量,采取"双减"专项设计及合并研修等方式完成了中学、小学、学前三个学段的不同主题的调研工作。其中中学围绕"大概念下的单元备课和教学模式""学校五项管理的个性化举措"开展调研,小学围绕课后服务实效性方面进行调研,学前重点做好幼小衔接的调查研究,通过调研总结推广先进校的典型经验和成功做法。

三是扎实做好"疏"的研究,深入推进教育供给侧改革。聚焦课堂教育教学质量提升,加大对课堂教学的监督指导。协同教研部门对小学毕业年级定期进行常态课指导、调研、评价,做好毕业年级的专题教研活动,加强命题研究与结果分析。聚焦课后服务提质增效,实施"三化提质"管理框架,即课后服务智能化管理,通过探索智能化管理平台建设提高管理效能,目前,已有5所学校作为试点推进,下一步将以点带面、全区推进。社团活动课程化实施,支持和鼓励各学校立足办学理念,将课后服务开设的兴趣小组、社团活动纳入学校整体课程体系。校内外资源一体化应用,校内依托少先队室、图书室、体育场馆、科技种植园等场所,校外积极整合周边、高校和区域资源,与北京城市学院、少年宫、区体育局等单位或机构合作,开展丰富的体验活动,拓展育人空间。

四、聚焦研究成果转化,做好"双减"经验的总结和分享

"双减"政策落地实施一年,大家直观感受到,孩子们不用再那么早上学了,课后服务的种类增加了,户外活动的时间也多了,培训班上得少了,家长的焦虑情绪缓解了,

科研管理篇

这些现象背后的管理经验需要我们研究部门认真及时地反思总结，拓宽成果转化途径，让研究成果进一步充实教育决策的内容，转化为推动"双减"工作的制度机制，转化为推动实践的方式方法。

一是设计开展"第十六届"科研月活动，交流分享落实"双减"政策的经验、成果与思考。以"双减在行动：聚力双减，同向而行"为主题，采取7个主题论坛形式，聚焦问题解决和实践创新，尤其是"双减"以来的经验、成果与思考，干部教师自愿投稿300余篇。结合各个论坛特点，分别设立6～9个大会发言，供全区干部教师学习讨论与交流。各个论坛均邀请市教科院、兄弟区县研究人员进行"双减"培训和点评推介，先后共有800人次干部教师线上参与活动。

课后服务分论坛，探讨课后服务的着力点是课程化实施，发力点在校内生活和校外生活的交界处、学校教育和家庭教育的过渡处、学习指导和素质拓展的融合处。德育与心理实效探索分论坛以区域及中小学心理健康教育模式的实践路径为落点，分别对心理健康教育课、心理专项课题研究、校园心理剧、班主任心理健康教育工作坊等内容进行交流和讨论，培育学生积极的心理品质、关注教师和家长的心理健康，从"常规发展"到"特色推进"。创新项目分论坛展现了干部教师的智慧、精致与突破，今后需要在项目优化设计上、融合"双减"的突破上、创新的方法与成果方面继承与创新。五项管理分论坛上，主要讨论了作业、读物和体质三个方面的案例，明确今后需要在睡眠和手机管理方面加大研究覆盖面。教与学新方式分论坛聚焦课堂教学的有效改进，探讨"双减"背景下的教学"新"方式的内涵是做好传承和创新。课程建设分论坛探讨了课程建设在落实"双减"过程中发挥的作用，认为课程目标清晰，教师系统设计课程的意识和能力明显增强，下一步需要在课程内容的丰富性方面做出努力。作业探索分论坛形成以下基本结论：作业呈现丰富性，作业已经成为学生的生动学习体验，反映了认知观念的转变；作业呈现层次性，对个体差异的人文关照，符合因材施教的规律；作业呈现统筹性，从割裂边缘到一体协同，课程视域更加丰满。今后应在作业设计和实施中，重点关注学生的学，把握作业目标的精准度，克服作业分层简单化问题。各中小幼单位也围绕"双减"展开了以研究为特征的推进活动，如"双减"专项课题开题、"双减"论坛、作业评比会等。

二是搭建成果转化平台，促进"双减"成果落地。与北京市教科院基教所联合开展"聚智论坛"活动，不断总结提升经验做法。在北京市规划办"双减"专项课题管理组织下，联合昌平区教科所，开展"双减"专项课题阶段成果交流活动。通过专项研究实践，总结、交流实施经验，以更快更好地形成作用于实践的"双减"成果。课程研究室和昌平区联合开展以"课后服务课程化实施思路和经验分享"为主题的月末微论坛活动，推动区域"双减"经验的互动、交流，每月向市课程中心报送顺义区"双减"优秀课后服务经验。围绕"聚力双减减负增质"，开展教育学会年度专题征文，推广学校干部教师在"双减"工作中的成功做法。

通过减过重的负担，提供更多的教育供给，最终助力学生健康快乐成长，这是"双减"的本意。"双减"实施一年来，取得了阶段性的成果，但依然面临着很多挑战。我们深刻认识到，下一步继续推进"双减"改革，教师作为第一资源，提升教师核心素质是关键。顺义区将通过区级"十百千"教育人才引入计划，抓住党组织领导的校长负责制和干部教师交流轮岗等契机，全面提升干部教师队伍专业能力和综合素质，力促"双减"工作更多成果落地见效，让教育回归校园本位，回归育人本质，为党育人，为国育才。

专家点评

　　顺义区的"双减"工作聚焦学校育人主阵地，从课堂教学、课后服务、课题研究和成果转化四个方面，把育人为本和提质增效作为工作着力点。从总体上看，顺义区落实"双减"工作的思路明确，重点突出，举措有力。具体而言，一是行政推动，顺义区教委注重政策引导，对课堂教学、作业优化和课后服务出台多项制度，建标准、立规矩，扎实推动区域"双减"工作落地和教育教学变革。二是集团发展，利用教育集团在作业管理、课堂教学和课后服务等方面的集成优势，发挥集团校之间的协作互动机制，快速形成突破"双减"实践瓶颈的合成力量。三是前端发力，实施"三化提质"管理框架，以供给侧改革推进课后服务的智能化、课程化和一体化管理，既注重数字化时代的技术应用，又统筹校内校外资源。

　　扎实推进"双减"工作，既需要行政推动，又要科研引领。建议进一步凸显科研工作在"双减"工作中的支撑、驱动和引领作用，更多思考教育科研服务区域教育发展的路径、方法和举措，真正让科研先行。

　　建议题目修改为："双减"政策下顺义区学校育人功能的实践探索。

孟兆海
中国教育科学研究院

专项管理、层级示范、真实推进，助推"双减"课题成果落地

北京市怀柔区教科研中心　高春蕾　刘瑞峰　高小兵　李艳坤　张雪琪

> **摘　要**　本研究从区域教科研管理的视角，基于年度工作重点，基于"双减"工作的核心任务，基于市、区、校三级"双减"专项课题的过程性研究，从"专项管理、形成机制；层级示范、形成网络；真实推进、形成品质；异彩纷呈、成果初显"四个维度具体阐述了区域教科研的管理经验、特色和阶段成果，为今后更加深入、更具规模地开展"双减"课题研究提供实践性依据和案例基础。
>
> **主题词**　管理　示范　推进

2021年7月，中共中央办公厅、国务院办公厅发布《关于进一步减轻义务教育阶段学生作业负担和校外培训负担的意见》，如何把"有效减轻义务教育阶段学生过重作业负担和校外培训负担"的"双减"核心任务落到实处，结出硕果成为一个具有时代特征的新的重大命题。

基于对"双减"政策的准确理解和把握，基于对各级教育主管部门对"双减"工作的各项要求，怀柔区教科所从教育高质量发展的视角，充分发挥管理、指导、研究、服务的工作职能，把开展"双减"课题专项研究作为年度重点工作，专项管理、层级示范、真实推进，助推"双减"课题成果落地，为区域"双减"工作的深入开展提供了优质服务。

一、专项管理、形成机制

基于"双减"工作的独特性和重要性，2021年起，我们把市、区级"双减"课题独立建档，根据需要，随时查阅档案材料，监控研究进程和阶段成果。同时，结合我所科研人员的岗位职责，按照学区（片区）从幼儿园至高中学校分别分配给各位科研员，各科研员具体负责所包学校课题研究的一切事宜，成为学校与教科所的联络员和学校课题研究的指导员、服务员，并重点关注所分管学校的"双减"课题，发现优秀成果和优秀经验及时记录，积累素材。

课题研究的进程，也是区教科所与学校教师不断交流研讨的过程。从课题申报到立项开题，从开展研究到成果总结，各科研员始终监控指导这些专项课题。我们以市区级课

题为突破口，推动"双减"课题的顺利开展；以带题授课为研究范式，验证研究效果；以作业设计、课后服务、课程评价为重点研究任务，指向"双减"工作的核心；以校本课题为基础，使"双减"研究形成群体性氛围。

二、层级示范、形成网络

2021年度，我区共立项市级"双减"专项课题2项，区级规划课题21项，年度占比为17%。2022年度，新获批市级规划课题6项，其中"双减"背景课题2项。9月，怀柔区规划办又发布了"双减"专项课题申报指南，加强课题研究的广度，力争使"双减"课题年度占比30%以上。同时，鼓励学校和教师加强校本课题研究，使教育科研真正赋能"双减"工作。两年时间，怀柔区基本上构建了结构合理、数量适中、内容多样的市、区、校三级"双减"课题网络。

为强化市、区级课题的示范效应，两年来，我们邀请市内外各领域专家学者对课题的申报、开题、进程等进行专项指导，受众教师几百人次，达到了高品质课题对学校和教师的引领效果。由教科研中心黄海明主任主持的市级"双减"专项课题"'双减'背景下区域中小学单元作业设计的实践研究"、怀柔区第五中学周志峰校长主持的"同一教学班教师间合作减轻学生学业负担的研究"、教科所高春蕾主任主持的"人工智能赋能日常智慧作业的研究"，研究内容聚焦"双减"的核心任务，通过开题、云讲坛、科研周、公众号和怀柔教育等平台宣传推广，引领了区域"双减"工作的开展。

三、真实推进、形成品质

基于已有工作经验，我们进一步总结明确了区域教育科研的工作思路：全面推进—重点突破—群组研究—培训跟进——精准帮扶。

我们坚持从整体出发，对区科研室发展、学校教科研室建设、学科教研组群体研究等进行整体构想与设计，既发挥区校的管理职能，又辐射教师的个体研究；我们选准研究、改革的具体突破口，进行重点突破，发挥优势、形成特色、解决难点（如"双减"问题、教师基础科研能力提升问题等），从解决小问题着手，先易后难，逐步突破；我们倡导学校骨干教师与青年教师之间、同学科教师之间、不同学科教师之间，根据需要组成志趣相投的研究小组进行小课题研究；我们坚持贴近基层教师的科研实践培训，采用集中培训与分散培训相结合、菜单培训与需求培训相结合、常规培训与重点培训相结合等方式，下大力气做好基层学校科研知识的普及；我们根据教师需求进行精准帮扶，从选题到申报，从立项到开题，从带题授课到阶段总结，从研究过程到课题结题，普遍问题集中培训，个别问题个别辅导，即使是集中培训，培训内容也是专题性内容，不求大而全，只求准而精，对参与研究的教师实行"一拖几"导师制精准帮扶，使课题研究者在区科研人员的帮助下完整地进行课题研究，能力提升很快。

实践中，我们通过组织系列专项"双减"活动，扎实有序地推进"双减"课题的研究进程，使研究行为真实发生，研究过程真实有效，为形成优质成果奠定基础。

（一）立足课堂，落实专项视导

立足课堂主阵地，以作业为抓手，聚焦人的发展，努力实现"教—学—评"一致，让减负提质真正落地。教研员示范引领，带动学科教师共研减负提质的高质量课堂。我们举办了教研员与教师同台、师徒同构、骨干跨校联合等多形式的大单元、大概念整体教学研究课活动；开展了单元整体教学之下的单元作业设计研讨交流；举办了教研赋能大学习、大讨论等活动。

（二）大赛推优，营造示范效应

2021年11月到2022年3月，举办了怀柔区单元作业设计评比，共收到作业设计1 100余份，包含中小学各学科不同类型的作业设计。我们推出了优秀单元作业设计典型，优秀教师代表介绍单元作业设计思路，分享自己的作业设计经验。2021年和2022年区级教学基本功大赛，我们把作业设计作为重要评价指标。教师在参与活动过程中，提升了从单元整体角度科学系统地设计作业的意识，也在参与和学习的过程中提高了自己的作业设计能力。

2022年5月24至27日举办的首届"聚焦减负提质，推进实效科研"教育科研周活动中，我区优秀课题组代表围绕"科研赋能双减、科研优秀成果转化、在研课题优秀课例展示和科研助力教育高质量发展"四个不同主题开展教育科研经验分享。科研周活动累计参会10 000余人次，内蒙古自治区四子王旗教育局领导，各中小学、幼儿园教师也全程观摩了活动。

为全面挖掘、展示我区教师在开展"双减"工作中的特色活动和实践经验，我们于2022年起进行了首届"双减"成果征集，共征集成果172项，为今后更加深入地落实"双减"工作奠定了基础。

（三）专家助力，赋能专业成长

一年多以来，我们先后邀请多位专家学者对我区干部教师进行专题讲座培训，打开教师眼界，拓宽工作思路，为教师在"双减"背景下的教育教学指出方向。

首师大杨志成副校长为我们做科研赋能"双减"专题讲座，深入解读"双减"政策，把握"双减"的本源，研究解决教育的热点难点问题；北京市教育科研规划办原主任耿申对成果转化进行专题讲座，指导每一类科研成果的转化路径和方法；海淀教师进修学校罗滨校长对怀柔区市级"双减"专项课题进行了精准的点评；此外，赵福江所长、王凯主任、朱继文园长、王薇研究员、佟德所长、林春腾院长、赵连顺主任、刘胡权研究员等多位专家也做客怀柔，为"双减"工作出谋划策。

四、异彩纷呈、成果初显

推进"双减"工作以来，怀柔区教科研与学校联手互动，发挥了教育科研助力学校"双减"工作落实的职能和作用，使"双减"专项研究成果初显。

《"双减"背景下区域中小学单元作业设计的实践研究》，结合区域现状，分析存在问题，以案例研究法开展区域中小学单元作业设计，提炼出了单元作业设计的基本流程、设计策略，探索出了单元作业设计评价标准。

《人工智能赋能日常智慧作业的研究》，基于智慧作业平台对作业管理、作业设计、作业布置、作业数据采集和作业结果分析进行了探索和实践，初步形成了人工智能阅判赋能日常作业的应用模式，减轻了教师负担，增强了作业反馈实效性，精准掌控了学情，助力教师调整教学手段，促进教师个性化辅导。

《同一教学班教师间合作减轻学生学业负担的研究》，进一步提升了教师对"双减"工作的认识，教师间合作和学生负担现状得到准确把控，教师合作减轻学生负担的操作框架已基本搭建完成，教师合作意识和能力已得到较大提升，实验班学生在学习各科知识过程中的消极负担心理感受已明显减轻。

怀柔三小依托"互联网+教育"，科学管理，紧贴热点，注重实效，使科研促"双减"落地；一零一中学怀柔校区建立完整的科研体系赋能"双减"，科研与教研有机融合促进学校高质量发展；北房中学通过专家引领和实践，探索出以科研赋能教师，助力教师专业发展的成长之路；实验小学依托"YUE"课程体系，持续在课程资源、课程管理、课程实施和课程评价上发力，精准落实"双减"要求；桥梓中学对接"双减"政策，应用科研明确学校发展方向，助推教育教学实践，赋能青年教师快速成长；实验二小怀柔分校构建"双减=（提质+增效+赋能）×科研"体系，准确理解"双减"的时代本意，在落实"双减"的关键点上发力，不断助力师生在"双减"工作中更快、更好地成长。

"双减"工作在路上，路长且远；"双减"专项研究在路上，没有捷径，更没有坦途。作为区域教育科研管理部门，更应乘着"双减"的东风，深窥育人的真意，回望教育的本源，携手学校、赋能教师，使"双减"工作在我区遍开鲜花，遍结硕果。

专家 点评

怀柔区在"双减"课题组织管理工作上表现出强化常规环节和要求的特点，从文本中能看出对科研管理工作若干常规的重点强调。在具体思路上，怀柔区特别重视"专项管理""层级示范"和"真实推进"，这些环节是区域做好所有科研管理工作的普遍性重点。因而，对这个方面的强调，也显示出此区域工作的务实性。在具体措施上，"专项管理"是让"双减"课题研究做出质量的根本保障，"双减"工作本身的针对性目标和要求需要课题研究者在研究中得到更全面和全过程的指导与支持。"层级示范"是"双减"科研工作发挥带动性作用的核心思路，通过层级带动可以发展到更大的研究范围和影响范围。"真实推动"是所有科研管理工作的基本要求，也是科研工作本身的需求，是科研发展的长期保障。这些方面的行动最终保障了怀柔区"双减"科研管理工作具有稳定发展的整体局面。总体上看，怀柔区在"双减"课题研究管理工作上的最大特色是强化科研管理工作的日常机制，通过强化的重点日常机制来保障此项工作的真实发展。

在今后的"双减"课题研究管理上，还可以通过注重"双减"工作的核心目标和核心内容来针对性地进行科研工作引导和管理，把专题工作与长期机制建设深度结合起来，探索出更具创新性的区域科研管理工作特色。

建议题目修改为：立足日常机制优化的区域"双减"科研管理探索。

余清臣
北京师范大学

立足日常机制优化的区域"双减"科研管理探索

北京市门头沟区教育研修学院　宋淑英

摘　要　在推进"双减"落实进程中,"作业"作为减轻学生负担最直观的环节,已成为落实"双减"的重要突破口。围绕"作业"的布置、实施、批改、讲评等一系列过程,门头沟区教育研修学院研修中心开展了深入、持续的研究和实践,稽人振己,教研解译减负之"症":任务驱动、团队研修为教研赋能,立足单元进行系统设计,情境创设实施长效作业,支架运用指向素养积淀,形式多样对接生活实际;蓄势谋法,科研调控提质之"标";积微成著,实践当关得卢之"果"。"基于学业水平的单元整体作业设计"研究成为"双减"工作持续推进拓前路、深植根的有效举措,在区域内起到了引领和指导作用。

主题词　教研立基　区域引领　单元整体作业

在推进"双减"落实进程中,"作业"作为减轻学生负担最直观的环节,已成为落实"双减"的重要突破口。围绕"作业"的布置、实施、批改、讲评等一系列过程,门头沟区教育研修学院研修中心开展了深入、持续的研究和实践,在区域内起到了引领和指导作用;于2022年4月18日承办了北京市"优化作业减负提质——北京市作业优化成果展示交流研讨会",并在大会上做了专题交流。

一、稽人振己,教研解译减负之"症"

作业设计不能脱离课堂教学,否则就变成了空谈。作业设计必然要纳入教学之中。门头沟区研修学院在"单元整体教学"研究的基础之上,致力于找到课堂教学与作业设计间的交点,突出发挥作业的功能,从而提高课堂教学的实效。

(一)顶层设计明晰路径

区域聚焦基于"学业标准"整合"课堂教学与作业设计"三位一体的研究路径进行顶层设计,以"一带、三促、五融、广辐射"为发展目标。

1. 打造"一主带动"教师团队

以学科研修员为主导努力打造一支理论功底扎实、学科知识深厚、教学水平优秀的教师队伍,从而形成优秀群体效应。

2. 三段互促，序列推进

区域进行小学、初中、高中学段衔接、贯通的顶层设计，积极探索教学研究规律、三段学生互促的路径。

3. 五融发展，全方推进

充分发挥区域领航的作用，将"双减"要求融于教研，将课改理念融于教学，将课题研究融于实践，将信息技术融于课堂，自我提升融于日常。

4. 区域均衡，推广辐射

通过多渠道进行教育教学引领、培训，致力于"广辐射"；尤其关注山区学校、教师、学生的发展，多种形式促进区域教育均衡。

（二）教研解译寻突破

为了落实"双减"精神，研修中心对全区教师做了问卷调查，在3 000多份问卷中，我们惊喜地发现我区的中小学教师对作业设计有积极的应对举措。同时发现，面对"双减"，教师们有压力，但可以自行调整、缓解。对于现在的工作拥有很高的兴趣，且抱有较高期望，对工作充满热情，相信自己所做的工作是有意义的，并且认同自己所做的工作对社会对他人都有一定贡献。面对工作中遇到问题能较好地处理，同时相信自己能较好地完成各项工作。这就是门头沟区研修学院研究的底气，也是门头沟区教育的一笔宝贵财富。中小学研修中心带领全体研修员一年两次走进全区中小学校开展集中视导，诊断课堂，查找问题，发现在作业设计方面存在着"两有两无"的现象——有作业、无设计，有批改、无分析；在作业管理方面存在着"仅留作业，不研作业；仅重训练，不做诊断"的现象。

面对现状与教师的工作状态，教研立基，为破解"减负"之症结，我们稽人振己，凭着研修员自身可持续的研究力，积极学习，努力实践，遇到瓶颈时，我们再学习再实践，循环提升，最终直指核心素养。这里的素养一方面指的是研修员将学习到的理念应用到课堂教学实践之中，另一方面指的是培育全区教师的专业发展，通过作业设计培育全区学生的学科核心素养。在学习阶段，我们采用必学+自学的方式，学院为每位研修员配置了必学的书目。邀请市级专家传经送宝，研修员之间相互学习。2021年8月开始，我们通过购买书籍、活动观摩、讲座培训、参与研修坊等多种渠道进行"作业设计"方面的理念学习。心有方向，行有路径；学习储备，还需内化吸收。研修学院组织了多层次的论坛分享，不同学科、学段的研修员把自己的学习心得、实践反思与大家共享，众人说，众人行，我们才会走得更远更实在。在"优化作业设计——推进'双减'落地"主题论坛上，小学、初中四位研修员分享了自己理念学习、作业设计研修的想法、做法。在"'双减'落实背景下的单元整体教学与作业设计"主题研修论坛上，研修员相互行交流，在倾听中思索，在分享后沉淀，博采众家之长。通过知行合一落位实践的交流分享，找到作业设计和课堂教学的契合点，从而发挥作业的功能。

1. 任务驱动为教研赋能

我们依托市级教研部门开展的作业优秀案例和优秀设计的征集与展示活动，发挥研修部门的指导功能，根据市级成果征集任务，每个学科组建了N个研究团队，涉及义务教育每个学段单元的作业案例与作业设计。通过任务的引领与驱动，助推区域研究的进一步深化、细化、精准化。

2. 团队研修为教研赋能

研究团队在各研修员带领下，从寒假开始集结进行团队研修。假期中，既是学习充电时，也是作业设计进行时。教研赋能，使得研修员能汲取课堂教学、作业实际中的问题，与教师们一道研判、反思、再设计。作业设计绝非空中楼阁，亦非"只重设计不看实施"，它是植根于教材使用、课堂教学、学生活动的根深之木。

3. 立足单元进行系统设计

我们基于单元整体教学理念，力求让作业设计成为单元整体教学设计的有机组成部分。研修团队都依据学段特点、教材特点，进行了基于单元的系统设计。设计理念如图1所示。

图1　单元整体作业设计理念（依据：《"双减"政策下的教师担当与北京行动》）

作业设计立足单元整体，进行整体架构，再分解单元内的任务板块，将单元课时教学内容、教学目标、教学资源、作业目标与内容等融合起来。

整体框架指引下，依据单元内容的不同，设计"单元课时及作业分解表""单元作业类型表""作业布置及使用表"；通过系统的架构使得教师对本单元的作业与教学融合先做到心中有数，具备"目标先行"的意识，以此作为引领学生完成作业的学习指南。

4. 情境创设实施长效作业

作业设计与教学融合要充分体现灵活性与多样性，重点关注学生在真实情境中运用语言文字分析问题和解决问题的能力；以情境为载体，以学生在真实情境下解决问题的过程和结果作为评价标准。情境创设、问题解决，是作业设计的出发点与归宿。

同时，专家指导也让我们明确了：首先要体现单元整体，设计长效作业，再进行分解设计。我们尝试在单元作业设计中创设真实、学生可参与的情境，设计长效作业，任务驱动，以期通过作业与教学的融合达成单元学习目标。要完成最终的长效作业，就要进行单元整体视野下的教学与作业融合，步步实施，进阶推进。

5. 支架运用指向素养积淀

在单元作业设计中，还要考虑、了解、调研学情，根据学情，为启发学生调动既有知识和资源解决问题、完成任务，提供可选择的知识支架、学习工具等，借助每一个单元双线要素的落实，叠加、积累、深化、灵活化，最终指向学生的素养积淀、形成。

①变资料呈现者为资源启发者。把出示相关背景资料，转化为给出任务，激发学生搜集、筛选、梳理、探究，组合有用的资源。

②变知识输出者为活动设计者。把单纯讲解、讲述知识点，转化为依据教学内容设计学生可参与、可探究的学习任务活动，"纸上得来终觉浅，绝知此事要躬行"，在实践中、体验中提升语文实践能力。

③变结论拥有者为支架推荐者。把教学结论的总结"万众归一"，转化为为学生提供、推荐相应的学习支架、工具等，给予学生自主选择、运用适合的学习支架，完成学习任务，达成学习目标。

④变正误决策者为任务推进者。把作业的正误唯一标准判断，转化为可实践的开放性、体验性、综合性作业实施、讲评过程，切实使作业成为检验教学、评价学习达成度、促改进的环节。

6. 形式多样对接生活实际

作业表现为可视化成果，让学生更有成就感、有实际获得感；提供充分的机会让学生展示自己的作业，发挥"展示即评价"的功效。如"跨域时空的对话""历史名人故事展""吉祥物推荐""老故事新讲"等学习任务的设计，为每个学生搭建展示的平台，人人参与，人人评价。可以充分调动课内外文本等资源作为作业辅助，激发学生运用多种学习支架，为达成自己的学习目标开展识字与写字、梳理与探究、阅读与鉴赏、表达与交流。

顶层设计，明确了作业设计研究的整体与细化工作思路，切实发挥研修学院领头雁的作用，最终实现"双减"落地生根。

二、蓄势谋法，科研调控提质之"标"

门头沟区教育研修学院秉承用科学的研究做科学的教育的理念，坚持以问题为导向，使作业设计研究更趋于科学化和实效性，让"作业设计"与单元整体教学协调统一，并融推进，带给教育教学真正的变革，带给学生实际的获得。这也是研修学院研究的聚焦点、着力点。研修学院研修中心集体申报"基于学业水平的单元整体作业设计实践探索"区级重点课题。此课题研究在区域内产生了一定的辐射引领作用，学校、教师聚焦重难点，也开展了基于校情的针对性实践研究：在基层学校中，有以校长为负责人的课题；小初高不同学段、不同学科的教师申报了作业设计的课题。区域内确定了"教研立基—科研立项—实践落位"的单元整体视野下作业设计与教学融合进阶模式。

在课题研究的引领下，作业设计的新思路新方法跃然而生。中小学归纳出不同的设计思路，如中学以知识推进的三级阶梯式作业设计，小学语文"1+2+N"模式，小学数学"3单1表"模式（图2~图4）。

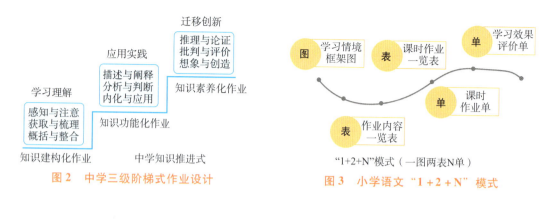

图 2　中学三级阶梯式作业设计　　　　图 3　小学语文"1+2+N"模式

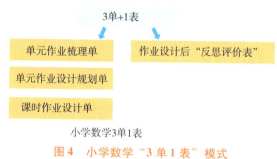

图 4　小学数学"3 单 1 表"模式

三、积微成著，实践当关得卢之"果"

为了扎实推进"双减"工作，呈现前期研究所得，2021 年 12 月 22 日，门头沟区教育研修学院采用线上线下相结合的方式组织召开"'双减'落地优化作业设计——门头沟区单元作业设计实践"研讨会。研讨会聚焦"单元作业设计"主题，通过课例、主题发言引领教师在作业的"量"上做减法，在作业的"质"上做加法，真正使"双减"落地生根。

上一学期以来，"优化作业设计"已经成为区域落实"双减"政策的重要突破口。在"基于学业水平的单元整体作业设计"研究之路上且行且思，且思且行，努力通过我们的研究、实践，真正实现"减负、提质、增效"，形成门头沟经验，为学校、教师带去实实在在的区域引领。

以上途径的尝试，实现了教研赋能、研究先行。我们也清楚，纸上谈兵不可取，务必要落位于实践，在实践中发现问题、不断改进，才能真正实现作业设计的目的。正是课堂教学实践，让我们能从教师设计、学生完成的不同角度去反思作业设计与教学融合的契合度、针对性，并发挥作业的诊断、检验、评价、改进功能，去调整、优化教学与作业设计。

总之，前期的学习、研究、实践、反思，让我们能基于已有经验，持续深化研究。"基于学业水平的单元整体作业设计"研究成为区域"双减"工作持续推进拓前路、深植根的有效举措，我们会持续关注作业设计研究中的重点，不断突破作业设计中的难点，努力开发作业设计中的创新点，深耕、细耘，笃行致远。

参 考 文 献

［1］李奕，肖韵竹．"双减"政策下的教师担当与北京行动［M］.北京：北京出版社，2021.
［2］王月芬．重构作业——课程视域下的单元作业［M］.北京：教育科学出版社，2021.

专家 点评

"双减"背景下，"作业"作为减轻学生负担最直观的环节，已成为重要的工作突破口，区域教研层面就学校教育提质增效和作业减量增质开展了深入、持续的研究和实践。该成果总结了区域内围绕"作业"的布置、实施、批改、讲评等一系列过程及效果。在教研中解译减负之"症"：任务驱动、团队研修为教研赋能，立足单元进行系统设计，情境创设实施长效作业，支架运用指向素养积淀，形式多样对接生活实际；在科研中调控提质之"标"，指导中小学归纳出不同的作业设计思路，如中学以知识推进的三级阶梯式作业设计，小学语文"1＋2＋N"模式，小学数学"3单1表"模式；在实践中当关得卢之"果"，聚焦"单元作业设计"主题，通过课例、主题发言引领教师在作业的"量"上做减法，在作业的"质"上做加法，真正使"双减"落地生根。"基于学业水平的单元整体作业设计"研究成为"双减"工作持续推进拓前路、深植根的有效举措，在区域内起到了引领和指导作用。

建议呈现不同作业设计的具体案例，用师生实际获得来反馈对作业的看法及学生学业质量的提升情况。

邱　磊

北京教育学院人文与外语教育学院